오늘이 온다

제헌국회 회의록 속의 건국

권기돈 權奇敦, Kwon Keedon

서울대학교 동양사학과 졸업. 위스콘신-매디슨대학교University of Wisconsin-Madison 사회학 박사. 대통령실 연설기록비서관실 선임행정관, 한국장애인고용공단 고용개발원 원장, 바른정당 정책연구위원을 역임했다. 저서로는『한국은 어떻게 선진국이 되었나』2016,『보수의 재구성』2019, 공저이 있으며 역서로는『군주론』,『자유론』,『자아의 원천들』등 20여 권이 있다.

오늘이 온다
제헌국회 회의록 속의 건국

초판 1쇄 발행 2022년 12월 31일
초판 2쇄 발행 2023년 12월 1일
지은이 권기돈 **펴낸이** 박성모 **펴낸곳** 소명출판 **출판등록** 제1998-000017호
주소 서울시 서초구 사임당로14길 15 서광빌딩 2층
전화 02-585-7840 **팩스** 02-585-7848
전자우편 somyungbooks@daum.net **홈페이지** www.somyong.co.kr

값 48,000원 ⓒ 권기돈, 2022
ISBN 979-11-5905-735-9 93300

오늘이 온다

권기돈 지음

제헌국회 회의록 속의 건국

대한민국 최초의 국가 기관은 국회이다. 대한민국 국회는 1947년 11월 14일 유엔총회의 결의에 따라 열린 1948년 5월 10일의 선거를 통해 구성되었다. 첫 국회의 일차적인 목적은 헌법을 제정해 대한민국 정부를 세우는 것이었다. 이 국회는 또한 헌법 제정의 임무를 넘어 2년에 걸쳐 국가의 운영에 필요한 가장 기본적인 법률들을 제정해 대한민국의 뼈대와 근육을 만들었다. 국회는 그야말로 민주공화국 대한민국의 모태였다.

1948년 5월 31일에 개원한 제헌국회는 1950년 5월 30일에 폐회하기까지 6차례의 정기회기와 임시회기에 모두 399차례의 본회의를 열었다. 제헌의원들과 국회 사무처 직원들은 자주 정전이 되어 마이크가 꺼지는 상황에서도 본회의 때 어떤 토의가 이루어졌고 어떤 일이 있었는지 성실하게 기록한 회의록을 남겼다. 이 회의록에는 초대 국회의장이 뽑히고, 초대 대통령이 뽑히고, 초대 국무총리가 뽑히고, 초대 대법원장이 뽑히는 과정이 고스란히 담겨 있다. 또한 헌법, 국회법, 정부조직법, 지방자치법, 법원조직법, 국군조직법, 병역법, 농지개혁법, 귀속재산처리법, 한국은행법 등등 나라의 제도적 근간이 조금씩 마련되어 가는 과정도 담겨 있다. 한마디로 제헌국회 회의록은 대한민국의 국가가 탄생하는 과정을 미시적으로 보여주는 중요한 사료이다. 따라서 대한민국 건국사를 제대로 쓰기 위해서는 이 회의록을 아주 꼼꼼하게 읽을 필요가 있다.

하지만 그동안 제헌국회 회의록은 관련 연구자들에게서 마땅한 대접을 받지 못했다. 일반인뿐만 아니라 학자들 사이에서도 진짜 역사는 막후에서 이루어진다는 편견 같은 것이 있다. 물론 역사의 적지 않은 부분이 막후에서 이루어지는 것은 사실이다. 이런 경우 국회와 같은 공적 무대에서 이루어지는 일은 이미 막후에서 결정된 것을 단지 추인하는 과정일 뿐이다. 하지만 이러한 입장을 지나치게 강조하는 것은 건전하지 않다. 역사는 음모론이 확인되는 무대가 아니다. 역사의 행위자인 인간이 음모에 능한 존재라면 나 혼자만 음모를 꾸미는 것이 아니라 모두가 음모를 꾸미기에 음모들은 서로 상쇄되거나 어떤 행위자도 의도하지 않은 방향으로 역사의 방향을 바꾸게 될 것이다.

국회도 마찬가지이다. 여야의 정당들이 아무리 전략을 내세워도 국회는 그들의 의도대로 흘러가지는 않는다. 국회에서는 누구도 예상치 않았던 이야기가 전개되고 사건이 일어나며, 이 이야기와 사건이 여론에 영향을 미치고 정치를 만든다. 더욱이 지금의 국회가 정치의 1/3을 차지한다면 제헌국회는 2/3 이상을 차지했다. 국회에서 일어나는 모든 중요한 일들과 모든 중요한 법안들이 언론에 보도되었고 곧바로 여론의 반향을 불러일으켰다. 뿐만 아니라 정당정치가 아직 미숙한 상태였고 초기에는 원내교섭단체 제도가 없어 어느 제헌의원의 말대로 '일인일당一人一黨'을 이루었기 때문에, 국회 연단은 온갖 제안과 발언이 난무하는 무대가 되었다. 한마디로 중구난방이었고, 이것은 여론과 정치에 강력한 영향을 미쳤다. 물론 여러 정당과 정파들이 나름대로의 원내전략을 논의했지만, 발언은 어디로 튈지 몰랐고 정치는 어디로 갈지 몰랐다. 냉전체제가 심화되고 국제정세가 요동치는 가운데 원내에서도 원외에서도 각본 없는 드라마가 전개되었고 원내의 사건과 원외의 사건은 강력한 상호작용을 하며 신생 대한민국의 정치를 움직였다.

따라서 제헌국회의 회의록은 대한민국 정부 수립 시기 국회 본회의의 기록일 뿐만 아니라 정치 자체의 기록이기도 했다. 본서는 회의록을 바탕으로 1948년 5월에서 1950년 5월까지 제헌국회 기간 동안 대한민국 정치에서 일어난 중요한 사건들과 이 시기에 제정된 몇 가지 중요한 법률들을 따라가 보려는 책이다. 다만 전문 학술서라기보다 이야기하듯 자연스럽게 읽히고자 했다. 이 시기를 다루는 글들은 무수히 많지만 국회 회의록을 핵심 자료로 삼아 이 시기를 들여다보려는 시도는 없었다. 본서는 이 회의록을 통해 건국의 미시적 과정을 자세히 들여다보려고 한다.

하지만 이 미시적 과정을 더 잘 이해하고 그 의미를 더 잘 음미하기 위해서는 먼저 1945년에서 1955년에 이르는 건국의 시간에서 제헌국회의 2년은 어떤 시기였고 그 역사적 의미를 어떻게 보아야 할지, 그리고 그 시기의 주역이었던 이승만 대통령과 제헌국회의 역사적 역할을 어떻게 평가할지를 큰 붓으로 그려보는 일이 잠시 필요하리라 생각된다.

1945년 8월 15일 한반도가 일제로부터 해방되었을 때 한반도의 미래에는 다양한 역사적 가능성이 열려 있었다. 즉시 독립할 것인가 일정한 기간이 지난 뒤에 독립할 것인가, 통일국가가 될 것인가 분단국가가 될 것인가, 민주공화국이 될 것인가 인민공화국이 될 것인가, 외세의 영향이 큰 나라진영국가가 될 것인가 외세의 영향이 작은 나라종립국가가 될 것인가? 이렇게 변수를 가장 간단하게 해도 한반도의 미래에는 최소한 열여섯 가지의 역사적 가능성이 있었다고 할 수 있다. 10년이 지났을 때 한반도는 대규모 전쟁을 거치며 반영구적 분단국이 되어 있었고, 북쪽에는 소련 및 중국과의 동맹과 사회주의 계획경제에 기초한 인민공화국이, 남쪽에는 한미동맹과 자본주의 시장경제에 기초한 민주공화국이 들어섰다.

열여섯 가지의 역사적 가능성이 단 하나의 역사적 현실로 좁혀지는 과정은 당연히 다른 모든 역사적 가능성이 차례차례 차단되는 과정이었다. 가장 먼저 즉각적 독립의 가능성은 애초에 존재하지 않았다. 1919년에 설립된 대한민국 임시정부가 국제적 승인을 받지 못해 한반도를 대표하는 정부의 자격으로 제2차 세계대전에 참여할 수 없었기 때문이다. 따라서 식민지 조선의 운명은 강대국들의 전후 처리 협상에 의해 결정될 수밖에 없었다. 미국, 영국, 중국 정상들은 1943년 11월 카이로선언을 통해 한반도에 '적절한 시기에in due course' 자주독립국을 세울 것을 결정했고, 이는 1945년 7월 포츠담선언에서도 재확인되었다.

하지만 해방 직전 미소 양군이 북위 38도선을 경계로 한반도를 분할 점령하기로 한 순간부터 한반도의 운명은 다시 한번 크게 바뀌었다. 미소 양국의 분할 점령과 함께 한반도에 빠른 시일 내에 통일국가가 들어설 확률은 아주 낮아졌다. 1945년 12월 미국, 영국, 소련의 모스크바 삼상회의에서 결정된 신탁통치안은 겉으로 보기에는 이 확률을 높이는 구상이었지만, 현실적으로는 이미 실현되기 힘든 것이었다. 신탁통치를 구체화하기 위해 구성된 미소공동위원회에서 소련은 신탁통치가 끝난 후 한반도에 들어설 통일국가가 인민공화국이 되도록 하기 위해 모든 노력을 다했고, 미국은 그것을 막기 위해 노력했다.

미소공동위원회가 1947년 10월 최종적으로 결렬되자 미국은 한반도 문제를 유엔으로 이관했고, 1947년 11월 유엔총회는 1948년 3월 31일까지 유엔한국임시위원단의 감독 아래 남북한을 포괄하는 총선거를 실시해 한반도 유일 합법정부를 세울 것을 결의했다. 소련이 이 결의를 거부해 임시위원단의 북한 입경을 막으면서 총선거는 5월 10일에 38선 이남에서만 열리게 되었다. 이 시점에 이르러서는 외세를 배제하고 남북협력에 기초해 중립국 같은 것을 수립하고자 한 김구의 노선도 현실성이 전혀 없게 되었다. 사실을 말하면, 이 노선은 미소 양군이 한반도를 분할 점령하는 순간부터 이미 현실성이 거의 없던 구상이었다.

5·10총선에 따라 세워진 대한민국 정부가 유엔총회의 결의에 따른 한반도 유일의 합법 정부였고, 이 정부는 1948년 8월 15일을 공식적인 정부 수립일로 선포했다. 북한에는 이미 1946년 시점에 인민공화국이 사실상 세워져 있는 상태였기 때문에, 1948년 8월 15일에 이르러서는 이미 1955년 무렵에 한반도에 존재하게 될 역사적 현실의 90%가 완성되어 있었다. 하지만 이것은 외형적인 틀의 측면에서만 그렇지 내실을 보면 전혀 그렇지 않았다. 이는 신생 대한민국의 근원적 취약성 때문이었다.

보통 건국의 과정이라 하면 온갖 고난과 위기를 극복하고 새로운 정부를 세우는 것으로 정점을 이룬 다음 새 정부가 서서히 새 나라의 기초를 놓아 나가는 과정을 연상하게 된다. 비록 앞날이 꽃길만은 아니겠지만 나라의 존립을 위협하는 최대의 위기의 순간은 이미 지나갔을 것이다. 하지만 대한민국의 경우는 그렇지 않았다. 대한민국 정부가 들어선 1948년 8월 15일은 건국의 시간의 빛나는 정점이 아니라 신생국이 최대의 존립 위기를 맞이하는 첫날이었다. 그것은 유엔의 결의에 따라 남한의 생존을 지켜주던 미군이 대한민국 정부 수립 후 "실행 가능한 한 빨리 그리고 가능하면 90일 내로as early as practicable and if possible within ninety days" 철수하도록 되어 있었기 때문이다. 북한은 이미 소련의 집중적 지원 아래 인민군의 군비를 증강시켜 대한민국을 압도하는 무력을 보유하고 있었다.

따라서 미국이 별도의 안전보장책 없이 그냥 철수할 경우 대한민국은 곧바로 생존의 위기에 처할 수밖에 없었다. 후대의 역사적 문서가 증명하듯이 북한 김일성은 스탈린에게 끊임없이 남침 승인을 요청하고 있었다.

하지만 미국은 이미 유엔총회의 결의와 무관하게 1947년 4월경부터 군부의 희망에 따라 주한미군을 조기 철수시키는 방향으로 움직이고 있었다. 미국 국무육군해군조정위원회의 1947년 5월 12일 자 비망록에 따르면, 미국의 한국 지원 순위는 16개국 중 13위에 그쳤다. 이 비망록은 대상 국가들에 대해 '긴급한 필요성'과 '미국의 국가안보에 대한 중요성'의 두 가지 기준에 따라 순서를 매겼다. 앞의 기준으로 한국은 16개국 중 4위였지만 뒤의 기준으로는 16개국 중 15위에 불과했다. 이 둘을 종합한 순위가 13위였다. 어느 제헌의원의 말대로 미국에게 대한민국은 전략적으로 무용한 땅이었다. 미군은 결국 1949년 6월 29일 500명의 군사고문단만 남기고 철수했다.

철군 결정의 이면에 있었던 미국 정부의 전략적 고려 사항은 두 가지였다. 첫째, 미국은 제2차 세계대전이 막 끝난 상황에서 제3차 세계대전이 일어나는 것을 원하지 않았고 한반도에서의 남북 충돌이 제3차 세계대전의 단초가 되는 것을 막으려 했다(특히 미국에 이어 소련도 1949년 8월 원자탄 실험에 성공한 이후로는 세계대전은 더더욱 악몽이 되었다). 미국 정부는 소련도 자신들과 똑같은 입장일 것으로 보았고 따라서 소련과 북한의 대규모 남침은 없을 것으로 판단했다. 이러한 전략적 판단 아래 500명의 군사고문단과 유엔한국위원단의 존재만으로도 남침에 대한 일정한 억지력을 발휘할 것으로 생각했다. 둘째, 미국 정부는 자신들의 엄청난 군사적·경제적 지원에도 불구하고 중국 국민당 정부가 붕괴하고 민심의 광범위한 이반 속에서 중국 대륙이 공산화되는 것을 보면서, 해외원조정책의 기조를 수원국의 자생력을 강화하는 방향으로 바꾸었다. 따라서 대한민국에 대한 원조도 군사적 지원보다는 대한민국의 경제적 안정과 민주주의의 정착에 강조점을 두었다. 더욱이 대한민국에 대한 대규모 군사적 지원은 이승만 정부의 북침을 유발할 수 있다고 생각했다. 따라서 미국은 북한의 남침을 억지하고자 했을 뿐만 아니라 역설적이게도 대한민국의 북침도 억지하고자 했다.

하지만 이승만의 생각은 전혀 달랐다. 그는 항상 소련과 북한의 남침이 언제라도 일어날 수 있다고 생각했다. 그는 신생 대한민국의 대통령으로서 한반도의 안보상황을 가장 비관적으로 바라볼 수밖에 없는 입장이었고, 실제의 안보상황 자체도 가장 비관적인 상황이었다. 대한민국의 생존을 위해 확고한 군사적 안전 보장이 최우선이었다. 이는 세계 최강의 민주주의 국가이자 주변 강대국 중 유일하게 한반도에 영토적 야심이 없는 미국만이 할 수 있는 일이었다. 따라서 1949년 4월 미군 철수 방침이 최종적으로 공개되었을 때, 이승만은 미국 정부에 대해 세 가지 안전 보장책 중 하나를 해줄 것을 요구했다. 한미동맹을 맺거나, 나토와 같은 집단안보체제를 태평양지역에서 만들거나, 대한민국에 대한 안전 보장을 공식석으로 선언해주는 것이 그것이었다. 하지만 미국은 어떤 요구도 들어주지 않았다. 특히 한미동맹에 대해서는 미국이 제퍼슨 시대 이후 어떤 한 나라와도 상호방위동맹을 맺은 적이 없다며 거부했다. 미국이 이 모든 안전 보장 요청을 거부하자 이승만은 군사적 지원만이라도 충분히 해달라고 요청했지만, 미국은 소극적 방어를 위한 필요 최소한의 군사적 지원만을 제공했다. 공군과 해군을 강화해 달라는 이승만의 지속적인 호소는 한국전쟁이 일어날 때까지 미국으로부터 한 번도 응답을 받지 못했다. 공군과 해군의 강화가 북침에 이용될 수 있다는 미국의 우려 때문이었다.

따라서 이승만 정부는 미국으로부터의 확실한 안전보장이 없는 상황에서 국군 강화와 치안 확보에 모든 힘을 쏟지 않을 수 없었다. 사실 대한민국 정부가 수립된 후 약 2개월 만에 일어난 여순사건은 이 신생국이 얼마나 허약한 나라인지를 극명하게 보여주었다. 어느 제헌의원의 말대로 대한민국 정부는 껍데기에 불과했다. 정부만 수립되었지 나라의 저변은 정부 수립 이전과 크게 다르지 않았다. 남로당 세력은 여전히 강했고, 나라를 밑에서부터 뒤흔들었다. 이승만 정부가 국군 설립에 본격적으로 착수하고 치안 강화에 적극적으로 나서기 시작한 것도 여순사건을 경과하면서였다. 특히 1949년 상반기에 미군 철수가 돌이킬 수 없는 현실이 되면서 이승만 대통령은 안보와 치안을 다른 모든 것에 앞세웠다.

이 과정에서 반민특위 특경대의 강제적 해산이나 경찰권의 무리한 행사에 따른 인권 유린의 심화 같은 민주주의의 후퇴가 일어났다. 대통령과 행정부가 의회를 압도했고, 그에 따라 대통령과 국회의 갈등도 심해졌다. 그렇다고 국회가 대통령 권력의 권위주의화를 그대로 용인한 것은 아니었다. 비록 압도적 카리스마의 이승만 대통령에게 힘의 현저한 열세를 보이기는 했지만, 국회는 대통령제이면서도 내각책임제 요소가 강한 헌법을 활용해 정부의 중요한 실정이 있을 때마다 내각의 사퇴를 요구하며 대통령에게 정치적 압박을 가했다. 설명하지 않고 가르치려는 대통령에게 설명을 요구하며 정부의 '책임성accountability'을 일깨워주었다.

물론 행정부와 입법부 사이에 갈등만 있었던 것은 아니었다. 제헌국회에서 제정된 대다수 법률의 초안은 정부가 작성한 것이었으며, 국회 상임위들은 정부 초안을 충실히 심의해 본회의에 제출했고 본회의는 진지한 토의를 거쳐 최종 법률을 확정했다. 이렇게 해서 행정부, 입법부, 사법부의 운영에 필요한 제도와 법률을 완성했고, 국방에 필요한 국군조직법과 병역법을 만들었으며, 농지개혁법, 귀속재산처리법, 한국은행법 같은 가장 중요한 경제 법률을 통과시켰고, 선진적인 교육법을 제정해 국가백년대계를 세웠다.

무엇보다 이승만 대통령과 국회는 협력과 갈등 속에서 1950년 5월 30일에 자유롭고 공정한 제2대 총선을 치러냄으로써 민주주의를 재생산하는 데 성공했다. 『뉴욕타임스』가 감탄할 정도로 자유롭고 공정한 선거였고, 2년 전 5·10총선을 전후한 국제사회의 우려를 깨끗이 씻어내는 결과였다. 5·10총선 당시 국제사회에는 세 가지 큰 우려가 있었다. 이 선거가 한국에서 최초의 선거인 동시에 최후의 선거가 되지 않을까? 냉전의 제1선인 곳에 민주주의적 자유지역을 수립하려는 유엔의 실험이 과연 성공할 것인가? 극동 인민이 자립할 경우 그들 사이에서 민주주의가 기능을 발휘할 수 있을까? 제2대 총선은 이 모든 의문을 일소했다. 선거를 앞두고 미국 국무부는 민주적 선거가 제대로 치러질지 심각한 의문을 가지고 있었지만, 대한민국은 최악의 상황에서도 민주주의를 재생산할 수 있는 능력을 보여주었다.

제2대 총선이 실시된 지 25일 후에, 제2대 국회가 개원한 지 6일 후에 한국전쟁이 일어났다. 소련의 지원을 등에 업은 북한의 전면 남침으로 그동안의 미국의 전략적 판단이 터무니없는 오판이자 소망적 사고였음이 드러났다. 1950년에 들어 대한민국의 생존이 경각에 걸려 있을 때 미국은 이승만의 말대로 대한민국에 대해 한 발은 들여놓고 한 발은 빼놓고 있었다. 바꾸어 말해 정확히 무엇을 해야 할지 몰랐다. 한편으로 제3차 세계대전을 두려워하는 소련이 북한의 전면 남침을 허용하지 않을 것이라는 막연한 기대를 하고 있었다. 다른 한편으로 전면 남침이 있을 경우 막을 길이 없다는 막연한 체념도 하고 있었다. 1950년 1월 12일의 애치슨 연설은 대한민국을 극동방어선에서 배제하고 있었지만, 동시에 대한민국에 대한 미국의 책임도 강조하고 있었다. 반복하면, 미국은 냉전의 최일선에 있던 대한민국에 대해 무엇을 해야 할지, 무엇을 할 수 있는지 정확히 몰랐다. 소련과 북한이 기껏해야 게릴라의 침투와 폭동을 통해 대한민국의 전복을 추구할 것으로 예상했다가 전면 남침을 감행하는 모습을 보고 나서야 미국은 백일몽에서 깨어났다. 미국은 지체 없이 유엔과 함께 전면 대응에 나섰다.

미군과 유엔군이 한국전쟁 참전을 결정할 무렵, 2년 전 유엔총회의 결의에 기초해 세워졌던 대한민국은 유엔이 지켜줄 가치가 있는 나라가 되어 있었다. 이미 많은 나라들이 대한민국 정부를 승인한 상태였고, 이 신생국은 유엔의 보호를 받을 자격을 갖추고 있었다. 여전히 수많은 문제가 있었지만, 제대로 작동하는 행정부, 입법부, 사법부의 삼부를 갖춘 현대 국가, 내적 평정internal pacification 혹은 치안을 확보한 나라, 최소한의 경제적 안정을 되찾은 나라, 민주주의를 재생산할 수 있는 나라가 되어 있었다. 그리고 그 나라 안에서 살고 있는 국민들은 나라를 지킬 결의가 되어 있는 국민이었다. 대한민국의 국민은 장제스 정부를 버린 중국의 인민과 달리 이승만 정부를 버리지 않았다. 이는 물론 이승만 정부가 수많은 고난과 역경 속에서도 건국 사업에 매진하며 국민이 애써 지킬 가치가 있는 나라를 만들어 나가고 있었기 때문이다.

1953년 상반기에 정전협상이 본격적으로 진행되면서 대한민국은 다시 한번 중대한 운명의 기로에 서게 되었다. 한국전쟁으로 인한 거대한 희생과 참혹한 비극은 남북통일로만 보상될 수 있다고 믿었던 이승만은 정전협상 자체를 거부하고 북진 통일을 유엔과 동맹국들에게 호소했다. 하지만 국제사회의 대세는 이미 휴전으로 기울어져 있었다. 문제는 이대로 정전협정이 체결되고 미군과 유엔군이 철수한다면 대한민국은 다시 확고한 안전보장이 없는 상태에 빠지고 생존의 위기는 계속되리라는 것이었다. 이승만은 미국 정부에 한미동맹, 경제원조, 미국 공군과 해군의 계속 주둔 등의 조건을 들어주면 정전협정을 받아들이겠다고 했다. 양국이 이러한 조건 등을 놓고 실랑이를 벌이는 가운데 정전협상^{1953년 7월 27일 정전협정 체결}은 계속되었고, 그는 결국 1953년 6월 18일에 2만 5천 명의 반공포로를 석방해 정전협정 자체를 파산 위기에 빠뜨렸다. 포로 교환 문제는 정전협상에서 가장 중요한 사항의 하나였기 때문에, 반공포로 석방은 협상 자체의 중지로 이어질 수 있었고, 또 그것이 이승만의 일차적인 목적이었다. 하지만 현실적으로는, 한미동맹을 약속하지 않으면 어떤 무모한 일이라도 벌일 수 있다는 광인전략이었다. 동맹이 없으면 정전도 없다는 협박이었다. 미국은 결국 이승만의 요구를 수용해 1953년 8월 8일 대한민국과 상호방위조약에 가조인했다. 이로써 신생 대한민국에 대한 가장 확실한 안전보장이 이루어졌고 대한민국의 생존이 마침내 확보되었다.

1945년 8월 15일의 시점에서 10년이 지난 후 남한 땅에 강력한 한미동맹과 시장경제에 기초한 민주공화국이 들어설 역사적 가능성은 아주 낮았다. 해방 이후 한반도가 처했던 세계의 외교안보적 상황을 고려할 때 남한에 이러한 체제가 들어선 것은 가장 최선의 결과였다고 할 수 있을 것이다. 한반도 전체에 명실상부한 자주독립을 이룬 통일 민주공화국이 들어설 수 있었다면 가장 이상적이었겠지만, 역사적 조건이 이를 허용하지 않았다. 남한에 현실적으로 가장 최선의 결과가 나올 수 있게 한 최대의 기여자는 이승만이었다. 한반도의 운명에 관한 한 그는 세계의 어느 누구보다 정확한 판단을 했고 정확한 방책을 제시했다. 미국도 결국은 그의 판단과 방책을 따랐다. 그는 특유의 비타협성과 고집 때문에 미국으로부터 자주 견제와 혐오의 대상이 되었지만, 그 사즉생의 비타협성과 고집이 없었다면 한미동맹은 결코 없었을 것이다. 대한민국의 생존 자체도 장담할 수 없었을 것이다. 그는 대한민국 건국 과정에서 대체 불가의 인물이었다. 그는 재임 기간에 적지 않은 오류와 잘못을 저질렀다. 하지만 건국의 시간에 세운 그의 역사적 공로는 이 모든 것을 상쇄하고도 남음이 있다.

보통 사이즈의 책으로 수만 쪽에 이를 제헌국회 회의록을 읽는 것은 참으로 색다르고 즐거운 경험이었다. 큰 붓으로 그려진 대한민국 현대사를 읽을 때보다 무한히 더 큰 발견의 기쁨을 얻었다. 몰랐던 사실들이 너무나 많았고 잘못 알고 있었던 사실들도 많았다. 이 회의록을 함께 읽을 기회를 주고 책을 쓸 때 도움을 주신 분들이 있다. 김영수 교수님, 서희경 교수님, 안도경 교수님, 최정욱 교수님, 고중용 박사과정학생, 그리고 일일이 거명하지 못하는 모든 회의록 강독회 참가자분들께 깊은 감사의 말씀을 드린다. 이 책의 출간을 설레는 마음으로 기다려온 아내와 아들에게도 고마움을 전한다.

차례

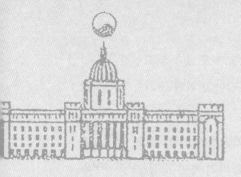

제1장

사람의 힘을 넘은
대한민국국회의 개원

한국사상 첫 국회의 개원

1948년 5월 31일 오전 10시 20분 대한민국 최초의 국회 본회의가 열렸다. 1947년 11월 14일 유엔총회의 결의에 따라 한반도 유일 합법정부를 세우기 위한 최초의 선거였던 5·10총선이 끝난 지 21일만이었다. 새로운 것은 종종 무법상태와 함께 탄생한다. 국회 소집과 개회 선언은 지금은 국회의장의 몫이지만, 단군 이래 첫 국회는 그렇게 할 국회의장이 없었다. 국회선거위원장을 맡았던 노진설이 등단해 이 최초의 상황에 대해 이야기했다. 국회의원은 선출되었지만 국회는 아직 성립되지 않았고, 따라서 국회 소집의 권한 소재가 정해지지 않았다. 그래서 국회선거위원회가 관여할 자격은 없지만 어쩔 수 없이 소집을 '알선'하게 되었다는 것이었다.[1-1, 1쪽]

어떻게 해서 '알선'이란 표현이 나오게 되었을까? 5·10총선 직후부터 미군정과 국회선거위원회, 그리고 이승만을 비롯한 정치지도자들이 국회를 어떻게 소집할 것인지를 논의해 나갔다. 이와 관련한 최초의 언론보도는 5월 18일 무렵 나온다. 이 날짜 『동아일보』는 국회가 24일에 소집될 것이며, 국회 소집자는 미군이 조선 문제에 간섭한다는 인상을 없애기 위해 국회의원 중 최고령자가 될 것이라고 보도했다. 최고령자라면 이 승만이었다. 하지만 최고령자가 국회를 소집할 법적인 근거가 없어서였는지 이 시나리오는 실현되지 않았다.

미군정과 국회선거위원회 등이 합의한 최종적인 시나리오는 5월 21일에 보도되었다. 국회 소집 권한은 법적으로 따져 보면 소집 가능 지역의 군정 최고 책임자에게 있겠지만, 군정 당국은 외국인이 조선 초유의 국회 소집을 하길 원치 않는다는 민족감정을 인지하고, 소집이라는 문구 대신 집회 알선이라는 명목으로 국회선거위원장이 국회를 소집하도록 한다는 것이었다.『동아일보』, 1948.5.21 이를 위해 존 하지John Hodge 미군정사령관은 25일 포고문을 통해 노진설에게 국회 소집 일자를 결정할 권한, 국회의 최초 집회를 소집할 권한, 그리고 최고령 의원을 임시 국회의장으로 지명할 권한을 부여했다. 이에 노진설은 5월 31일에 국회의사당에서 최초 집회를 연다고 공고했다. 이것이 '알선'이라는 이상한 표현 뒤에 있었던 사정이었다.

한편 이승만을 중심으로 한 제헌의원들도 최초의 국회 소집을 촉진시키기 위해 여러 가지 노력을 기울였다. 5월 21일 대한독립촉성국민회 회의실에서 당선된 국회의원 45명이 모여 간담회를 개최한 자리에서 이승만은 "국회 소집을 자주적으로 진행시키기 위해 준비해야 하겠다"는 요지의 발언을 했다. 이에 따라 5월 27일 중앙청 회의실에서 국회의원들이 모여 국회 개회를 준비하기로 하고 준비위원 12명을 뽑았다. 1948년 5월 28일 자『동아일보』에 따르면, 실제로는 26일에 국회 소집 1차 준비위원회가 열렸고, 여기에는 이승만을 비롯해 130여 명의 의원들이 참석했다. 이 회의에서는 개회식 일자 통과의 건, 선서문 통과의 건, 개회식 순서 통과의 건 등등이 토의되었다.

5월 31일 제1차 국회 개회식은 이처럼 미군정청, 국회선거위원회, 국회의원 당선자들 사이의 공식, 비공식 논의의 결과로 준비되었다. 노진설은 '알선' 이야기 직후 즉시 임시의장을 뽑아야 한다며 외국의 관례에 따라 최고 연장자인 이승만 박사가 어떠냐고 의원들에게 제안을 했다. 의원들은 박수로 동의했다. 박수와 함께 제헌국회에 수반되는 최초의 무법상태는 끝이 났다.

이승만[1875]은 당시 73세로 과연 최고령 의원이었고, 최연소 의원 배중혁[1922]과는 47년의 차이가 났다. 이승만은 의원들 가운데서만 최고령자였던 것은 아니다. 당시 정계에서 적극적으로 활동하던 정치 지도자들 중에서도 가장 나이가 많았다. 1868년생으로 제1대 부통령이 되는 이시영과 1873년생으로 제3대 부통령에 오르는 함태영은 이승만보다 나이가 많았지만, 이들은 대체로 상징적 역할만을 한 원로였다.

1945년 해방에서 1960년 제1공화국 종언까지의 시기는 영웅시대라 해도 좋았다. 수많은 큰 정치인들이 명멸했다. 김구[1876], 김규식[1881], 조완구[1881], 여운형[1886], 원세훈[1887], 조소앙[1887], 김병로[1888], 지청천[1888], 김약수[1890], 송진우[1890], 이윤영[1890], 김성수[1891], 안재홍[1891], 변영태[1892], 신익희[1892], 장택상[1893], 김도연[1894], 장덕수[1894], 조병옥[1894], 김준연[1895], 이기붕[1896], 이인[1896], 허정[1896], 윤보선[1897], 김원봉[1898], 윤치영[1898], 임영신[1899], 장면[1899], 조봉암[1899], 이범석[1900], 조헌영[1901] 등은 요즘 말로 하면 최소한 대선주자급의 인물들이었고, 그 가운데 2, 3인은 이승만과 더불어 국부급 인물이었다(북한에서 활동한 국부급 인물 조만식 선생은 1883년생이었다). 이 인물들 가운데 다수는 실제로 대통령이 되거나 국무총리가 되거나 정·부통령 후보가 되었다. 허헌[1885], 박헌영[1900] 등 급진 좌파 혹은 남로당 계열의 인사들까지 넣으면 큰 정치인의 명단은 더 길어진다. 이들은 해방이 되었을 때 모두 40대 후반부터 70대 중반까지의, 나라를 이끌기에 충분한 큰 정치인이었다.

어떻게 해서 이렇게 많은 정치 거물들이 이 시기에 한꺼번에 쏟아져 나왔을까? 난세가 영웅을 부른다는 말이 있다. 난세는 난제의 시대이다. 모든 곳에서 어려운 과제들이 해결을 기다린다. 마르크스가 말하길, "인류는 항상 스스로 해결할 수 있는 과제만을 제출해 왔다"고 했다. 난세가 영웅을 부른다는 말은 마르크스의 명제를 거꾸로 뒤집은 것이다. 난세에서는 사람이 문제를 발견하는 것이 아니라 문제가 사람을 발견한다. 문제는 대개 자신을 해결할 수 있는 사람들을 발견해 왔다. 난제가 많을수록 많은 사람을 발견한다. 반란, 전쟁, 정치 파동, 시민혁명, 빈곤으로 얼룩졌던 해방과 제1공화국이 그런 시대였다.

그러나 이런 문학적인 대답보다 더 설득력 있는 대답이 있다. 조선 말기에서 1905년의 을사늑약과 1910년의 경술국치를 거쳐 1945년 해방에 이르는 약 60년의 시기는 정치적 천재들이 공적 정치무대에서 자신들의 천재성을 드러내는 게 불가능한 시기였다. 나라가 없으니 정치도 없었다. 그들은 대신 독립운동가, 투사가 되어야 했다. 독립을 위한 운동과 투쟁도 정치이기는 하지만 정치의 의미를 많이 확대했을 때 그렇다. 그런데 거꾸로 식민지 상황에서는 개인적인 것이 너무나 쉽게 정치적인 것이 되기도 한다. 정치적이지 않은 비정치 분야는 원칙적으로 존재하지 않는다. 조선의 3대 천재로 문명을 날린 이광수, 최남선, 홍명희조차 절반 혹은 절반 이상 정치인 됨의 운명을 받아들여야 했다. 사회의 미분화와 저발전은 경제계와 법조계, 특히 예술계와 학계에 있어야 할 사람들을 독립운동으로 몰아넣기도 했다. 이처럼 자발적 비자발적 정치적 천재들의 층이 두 세대라는 긴 시간에 걸쳐 두텁게 축적되었다. 물론 도산 안창호[1878~1938]

처럼 이승만보다 젊으면서도 불행히 공적 정치를 이끌 기회를 갖지 못한 사람들도 있었다.

해방은 백화제방이었다. 백가쟁명을 예비하는 백화제방이었다. 일제라는 강고한 댐이 무너지자 60년 동안 거대한 호수에 갇혀 있던 정치 천재들이 앞다투어 뛰쳐나왔다. 이승만은 그 봇물의 첨단에 있었다. 나이도 가장 많았고 정치적 영향력 면에서도 짧은 기간 김구를 예외로 한다면 타의 추종을 불허했다. 김구가 대한민국 정부 수립에 참여하지 않기로 하면서, 헌법이 제정된 후 정부가 구성되는 날 이승만이 대통령에 오르리라는 것은 만인이 인정하는 기정사실이었다. 이런 그가 제헌국회가 열리는 날 먼저 임시의장이 되는 것은 아주 상식적이었다.

하나님에 대한 기도로 시작된 국회

이승만은 의장석에 오르고 회의를 진행하기 시작했다. 그의 첫 마디는 그러나 아무도 상상하지 못한 것이었다. "대한민국 독립민주국 제1차 회의를 여기서 열게 된 것을 우리가 하나님에게 감사해야 할 것입니다. 종교 사상 무엇을 가지고 있는지 누구나 오늘을 당해 가지고 사람의 힘으로만 된 것이라고 우리가 자랑할 수 없을 것입니다. 그러므로 하나님에게 감사를 드리지 않을 수 없습니다. 나는 먼저 우리가 다 성심으로 일어서서 하나님에게 우리가 감사를 드릴 터인데 이윤영 의원 나오셔서 간단한 말씀으로 하나님에게 기도를 올려 주시기를 바랍니다."[1-1, 2쪽]

제헌국회의 성립이 사람의 힘으로만 된 것이 아니라는 말은 1945년 8월 15일의 해방에서 이 날에 이르기까지 너무나 험난하고 절망적인 날들을 겪었기 때문이었다. 그렇다고 해도 보통 정치와 종교를 분리하는 근대 국가에서, 그것도 제헌국회를 하느님에 대한 기도로 시작하겠다는 것은 지나친 일이었다. 이것이 문제가 될 수 있다는 것, 개운치 않은 일이라는 것은 이승만 본인도 의식하고 있었던 것 같다. 앞의 인용문에서 "종교 사상 무엇을 가지고 있든지"가 아마도 그 불편함의 증거일 것이다. 이 문구를 통해 '하나님'이라는 말은 천우신조라고 할 때의, 우리 고유의 전통적인 의미의 '하늘'을 조금 품을 수 있다. 하지만 그야말로 조금에 불과하다.

이승만의 갑작스러운 요청에 이윤영 자신도 깜짝 놀랐다. 이윤영은 해방 직후 북한 민족진영의 아버지였던 조만식 선생과 함께 하다가(조만식 선생에 이어 조선민주당의 부위원장) 소련 군정의 탄압으로 1946년 2월에 월남해 나중에 이승만의 측근이 된 사람이다. 원래 북한에서 20년 이상의 목회 경험을 가진 목사여서, 갑작스러운 이승만의 기도 요청에도 감격스럽게 기도를 드릴 수 있었다. 그는 모든 의원이 기립한 가운데 정확히 800자로 된 기도를 올렸다. 일부만 인용해 보자.[1-1, 2쪽]

이 우주와 만물을 창조하시고 인간의 역사를 선립하시는 하나님이시여, 이 민족을 돌아보시고 이 땅에 축복하셔서 감사에 넘치는 오늘이 있게 하심을 주님께 저희들은 성심으로 감사하나이다. (…중략…) 하나님이시여, 이로부터 남북이 둘로 갈라진 이 민족이 어려운 고통과 수치를 심원하여 주시고 우리 민족 우리 동포가 손을 같이 잡고 웃으며 노래 부르는 날이 우리 앞에 속히 오기를 기도하나이다. (…중략…) 원컨대 우리 조선 독립과 함께 남북통일을 주시옵고 또한 우리 민생의 복락과 아울러 세계평화를 허락하여 주시옵소서 (…중략…) 이제 이로부터 국회가 성립이 되어서 우리 민족이 염원이 되는 모든 세계만방이 주시하고 기다리는 우리의 모든 문제가 원만히 해결되며 또한 이로부터서 우리의 완전 자주독립이 이 땅에 오며 자손만대에 빛나고 푸르른 역사를 저희들이 정하는 이 사업을 완수하게 하야 주시옵소서 (…중략…) 역사의 첫걸음을 걷는 오늘의 우리의 환희와 우리의 감격에 넘치는 이 민족적 기쁨을 다 하나님에게 영광과 감사를 올리나이다.

당시의 의원들 중에도 부적절하게 여긴 사람이 있었지만, 이승만이 공적인 자리에서 기독교 신앙을 표출하는 일은 계속되었다. 1948년 7월 24일에 열린 대통령 취임식에서 그는 헌법에 규정된 선서문을 어기고 "나 **이승만**은 국헌을 준수하며 국민의 복리를 증진하며 국가를 보위하여 대통령의 직무를 성실히 수행할 것을 국민과 **하나님 앞에** 엄숙히 선서한다"고 말했다. 굵게 강조된 문구가 헌법에 없는 추가된 부분이다. 이승만은 선서에 이어 대통령 취임사도 "여러 번 죽었던 이 몸이 하나님 은혜와 동포의 애호로 지금까지 살아 있다가 오늘에 이와 같이 영광스러운 추대를 받는 나로는 일변 감격한 마음과 일변 감당키 어려운 책임을 지고 두려운 생각을 금하기 어렵습니다"[1-34, 2쪽]로 시작했다.[1]

이승만 대통령의 '위헌적' 선서는 1948년 8월 5일 제40회 본회의에서 대한민국의 연호를 결정하는 문제가 안건으로 올랐을 때 몇몇 의원들에 의해 언급되었다. 연호 결정 문제란 연도를 어떻게 표기하는가 하는 것이다. 요즘은 서기를 쓰고 있지만, 그 당시에는 국회에서 나오는 문서는 단기를 쓰고 있었고, 정부에서 나오는 문서는 '민국'[대한민국]을 쓰고 있었다. 예컨대, 국회는 1948년을 거기에 2333년을 더한 4281년이라 표기했고, 정부는 민국 원년인 1919년에서 기산해 민국 30년이라 표기했다. 이에

---

1   회의록 원문에는 "여러 번 죽었던"이 아니라 "여러분, 죽었던"으로 나오지만, 공보처가 1953년에 출간한 『대통령이승만박사담화집』과 당시의 신문에 의하면 앞의 것이 맞다.

관한 의원들의 논쟁도 무척 재미있지만 여기서 상세히 다룰 여유는 없다. 다만 논란 끝에 단기가 채택되었다는 것, 그리고 이렇게 결정이 난 데는 '민국'이 쓰기에 너무 불편하다는 실용적 주장도 한몫을 했다. 민국을 쓸 경우 1919년 이전의 연도를 표현하는 게 여간 구차스럽지 않다. 지금 우리가 기원전 몇 년 하는 식으로, 예컨대 1910년은 '민국전 9년'으로 표기되어야 할 수도 있다. 그래서 어떤 의원은 그러면 내가 민국 마이너스 몇 년에 태어났다 이런 식으로 말해야 하느냐며 일갈했고, 이 발언이 상당한 설득력이 있었다고 생각된다.

아무튼 이 연호 결정 문제가 논의되던 중 조헌영 의원이 나와, 연호에 관한 주장을 펼치다가 갑자기 대통령 선서문의 '하나님' 문제를 꺼냈다. 지금 이 점을 분명히 해두지 않으면, 다음에 "예수 믿는 총리대신이면" 하나님을 넣을 것이고 불교면 부처님을 넣을 것이니 문제라는 것이었다. 그러면 헌법에서 규정한 선서문이 공문화空文化되니까, 꼭 이승만 대통령을 추궁한다기보다 이런 일이 재발하지 않도록 이번에 국회가 분명히 해두어야 한다고 주장했다.[1-40, 25쪽] 제헌국회에서 이진수 의원과 조헌영 의원에 이어 세 번째로 많은 발언 횟수를 자랑하는 서우석 의원은 한 걸음 더 나아가 "나 이승만"과 "하나님 앞에" 같은 헌법에 규정되어 있지 않은 말을 쓴 것은 명백한 '위헌'이라고 주장했다.[1-40, 26쪽]

반면 나중에 이승만에 이어 국회의장에 오르게 될 신익희 의원은 위헌이라고까지 말하는 것은 적당하지 않다며 이승만을 변호했다. "'하나님' 운운하는 것은 자기 이름 쓰는 것보다는 좀 의미가 다릅니다. (…중략…) 우리나라는 동방예의지국으로 생각할 때에 국민·인민·하나님 특별히 차별이 없을 것으로 해석해도 과히 틀리지 않는 줄 압니다."[1-40, 28쪽] 쉽게 말해 하나님이라는 말을 국민 혹은 인민과 비슷한 의미로 사용했다고 해석하자는 것이다. 신익희는 오랫동안 임정에서 활동했고 해방 후 김구의 한독당에서 활동하기도 했지만, 곧 김구와 멀어지고 이승만과 같은 길을 걷게 된 사람이다. 장병만 의원도 이승만을 변호했다. 옛 서적에 보면 고우황천告于皇天이라 해서 황천 앞에 고한다든지, 고우천지告于天地라 해서 천지 앞에 고한다든지, 맹우천지盟于天地라 해서 천지 앞에 맹세한다고 했으니, 대통령 역시 "하나님 앞에" 선서한다는 것도 이와 다르지 않다는 것이었다.[1-42, 5~6쪽]

이승만이 여러 번 죽었던 자신이 하느님의 은혜로 살아났다고 말한 것은 결코 과장이 아니었다. 그는 아홉 살 때 천연두에 걸려 눈을 잃기 직전까지 갔다가 미국 선교사 호러스 알렌Horace Allen이 치료해줘서 눈을 살릴 수 있었다고 한다. 또한 그는 1899년 고종 폐위 음모에 가담했다는 혐의로 체포되어 종신형을 받고 한성감옥에 복역하던 중 칼을 쓴 채 사경을 헤맬 때 빛이 쏟아지며 성령이 임하는 체험을 했다. 이 체험으로 그는 기독교를 전심으로 받아들이며 기독교 입국론을 결심하게 되었다. 한성감옥에서 옥살이를 하며 1904년 불굴의 의지로 완성한 『독립정신』도 기독교에 관한 권고로 끝을 맺는다. "그러므로 우리가 기독교를 모든 일의 근원으로 삼아 자기 자신보다 다른 사람을 위해 일하는 자가 되어 나라를 한마음으로 받들어 우리나라를 영국과 미국처럼 동등한 수준에 이를 수 있도록 최선을 다해야 할 것이다."[2]

이처럼 마음속 깊이 기독교 입국론을 품고 있었기에 이승만은 가장 중요한 역사적 순간들에 그 편린을 드러냈던 것 같다. 이렇게 하늘이 도와 세워진 제헌국회는 향후 2년간 헌법과 입법·행정·사법 삼부의 조직법

---

2   이승만, 『독립정신』, 동서문화사, 2010, 275쪽.

을 비롯해 국가의 근간이 되는 기본법들을 차례로 제정해 가면서 대한민국의 기틀을 놓을 것이었다. 제1차 본회의에서 내려진 가장 중요한 결정은 이승만을 국회의장으로, 신익희와 김동원을 부의장으로 선출한 것이었다. 국회의장 선거는 이승만 188, 지청천[3] 4, 김약수 2, 신익희 2, 이윤영 2, 기권 1의 결과가 나왔다. 부의장 선거는 1차 투표에서 과반수 득표자가 나오지 않아 1위 득표자 신익희[76표]와 2위 득표자 김동원[69표] 사이에서 결선 투표가 열려 신익희 116, 김동원 80, 무효 1, 기권 1의 결과가 나왔다. 다른 부의장 자리는 1차 투표 1위 득표자 김동원[77표]과 2위 득표자 지청천[73표] 사이의 결선 투표 결과 김동원이 101표를 얻어 95표를 얻은 지청천을 누르고 국회부의장이 되었다.

국회 개회식

이 날 오후 2시에는 국회 개회식이 열렸다. 애국가 제창, 국기에 대한 경례, 순국선열에 대한 묵념, 만세삼창과 같은 의례 이외에 가장 핵심적인 순서는 이승만 국회의장의 식사, 국회의원들의 선서, 그리고 유엔 대표, 존 하지 사령관, 윌리엄 딘[William Dean] 군정장관의 축사였다. 이승만 의장의 식사는 헌법과 향후의 정부 정책에 대한 기본 구상을 담고 있어 정독할 필요가 있지만, 선서부터 먼저 보기로 하자.

---

3   지청천은 1948년 12월 22일 제2회 국회 제2차 본회의에서 1948년 12월 20일부로 '이청천'을 '지대형'으로 개명했다고 통고했다가, 다시 1950년 1월 28일 제6회 국회 제17차 본회의에서 1950년 1월 26일부로 '대형'을 '청천'으로 바꾸었다고 통고했다. 헌정회 기록에도 지청천으로 표기되어 있기 때문에 이 책에서는 지청천으로 통일한다.

이 날 국회의원들이 낭독한 선서문은 다음과 같았다. "본 의원은 조국 재건과 자주 독립을 완수하기 위하여 헌법을 제정하고 국민 정부를 수립 하여 남북통일의 대업을 완성하여 국가 만년의 기초를 확정하고 국리민 복을 도모하여 국제 친선과 세계 평화에 최대의 충성과 노력을 다할 것 을 이에 하나님과 순국선열과 3천만 동포에 삼가 선서함."『동아일보』, 1948.6.1 여기에도 "하나님"이라는 표현이 들어가 있는 것이 이채로운데, 사실 5월 26일에 국회 소집 1차 준비위원회가 열렸을 때 준비된 초안에는 이 표현 이 없었다. 초안이 조금 더 길기는 하지만 최종안과 내용적인 차이는 없 고, 새로 들어간 것은 사실상 "하나님"이라는 표현밖에 없었다. 이승만이 선서문의 작성에도 관여했음을 짐작할 수 있다.

이승만 의장의 식사는 하나님의 은혜, 애국선열의 희생적 공적, 우방들 특히 미국과 유엔의 원조에 대한 감사로 시작되고 있다『동아일보』, 1948.6.1. 이 어서 국회를 대표해 "오늘에 대한민주국이 다시 탄생된 것과 따라서 이 국회가 우리나라의 유일한 민족대표기관임을 세계만방에 공포"했다. 이 는 5 · 10총선을 통해 성립된 국회와 앞으로 세워질 대한민국이 한반도의 유일한 정통성을 가진다는 것을 선포하는 것이다. 이다음부터는 향후 헌 법과 정부 정책에 포함되어야 할 아주 중요한 방침 몇 가지를 이야기하 고 있다.

첫째, 대한민국은 1919년 3월 1일의 국민대회에서 선포된 대한독립민 주국에 기원을 두고 있다. "오늘 여기에서 열리는 국회는 즉 대한국민대 회의 계승이요 이 국회에서 건설되는 정부는 즉 기미년에 서울에서 수립 된 민국 임시정부의 계승"이다. 오늘은 민국의 부활일이며, 이에 따라 민 국 연호는 기미년에서 기산할 것이다. "이 국회는 전 민족을 대표한 국회 이며 이 국회에서 탄생되는 민국정부는 완전한 한국 전체를 대표한 중앙

정부"이다. 이북 5도 동포가 함께 선거에 참여하지 못한 것은 통분할 일이지만, 북한에 대해 의석을 비워 놓았으니 하루바삐 자유선거로 이 의석을 채우고 완전무결한 국가를 회복하도록 준비할 것이다. "우리 민족은 죽어도 같이 죽고 살아도 같이 살 것이요 우리 강토는 일척일촌이라도 남에게 양여하지 않을 작정"이다.

둘째, 제헌국회의 최대 목적은 헌법 제정과 정부 수립이며, 그 외에도 국방군의 조직, 민생 구제를 위한 확고한 경제정책의 수립, 공평한 토지 개혁의 실시, 개인의 평등권 보호, 국제적 교섭을 통한 해외 거류 동포의 생명과 권리에 대한 보호, 교육의 향상과 공업의 발전, 평등하고 호혜적인 해외통상의 수립, 기본적 자유의 보장, 국제적 우의 강화를 통한 세계 평화의 증진, 소련과의 관계 시정, 일본과의 담판을 통한 제반 정치적 경제적 문제의 타결 등 무수한 과제를 가지고 있다. "시일이 급박하니만치 우리는 사소한 조리와 무익한 이론으로 시간을 허비할 수 없는 형편이니 중대 문제만을 차서로 토의 결정하여 실행하기에 주력할 것"이다.

셋째, 우리 정부가 수립되는 날 미군정은 자연히 폐지될 것이며, 미군정 당국은 이미 철폐를 준비하고 있다. 우리는 국방군이 준비될 때까지 미군이 머무르기를 원하지만, 이 문제는 유엔에서 결정되는 바를 따라 미국 정부가 행할 터이므로 미국과 유엔과 우리 정부가 협의를 해서 일정한 조건을 정해서 진행할 것이다. 주둔군의 연장으로 인해 우리의 주권이 침해되는 일은 없을 것이며, 우리가 주둔군의 철폐를 요구할 때는 즉시 철폐할 것이니 별 문제가 없을 것이다. 미국이 다른 나라에 대한 영토적 정치적 야심이 없는 것은 세계가 다 아는 바이다. 오직 민주정권을 세워서 세계의 평화를 유지하고 국제적 통상과 우호로 공동이익을 추구하고자 할 뿐이며 우리에게 바라는 것은 우리 민중의 호의밖에 없다. 비록 국제정세 때문에 주둔군이 얼마 동안 머무를지라도 우리가 원치 않을 때는 언제든지 철수할 것이니 우리는 이에 대해서 조금도 염려할 바가 없다.

그 다음으로 이승만 의장은 공산주의자들에 대해 과오를 고치고 마음을 돌려서 민족진영과 합심 협력해 국권의 완전한 회복을 위해 노력하면 선량한 동포로 대우할 것이지만, 계속 살인, 방화, 파괴를 자행하면 국법으로 준엄하게 처단할 수밖에 없다고 선언했다. 이어서 일반 동포를 향해 국회가 서고 정부가 생긴 뒤에는 가만히 앉아 원하는 대로 되기만을 바라서는 안 된다고 했다. "군주정치시대에는 정부 당국들에게 맡기고 일 없이 지냈지만은 민주정체에는 민중이 주권자이므로 주권자가 잠자고 있으면 나라는 다시 위태한 자리에 빠질 것이니" 지금부터 모든 시민은 자신의 직책과 권리를 충분히 이행하고 사용해 국권을 공고하게 하고 인권을 보호하여 만인의 공동번영을 도모해야 한다. 마지막으로, 국회의원을 향해서도 대한민국의 안위와 3천만 민중의 화복이 우리의 손에 달렸다며, "기미년 국민회원들의 결사 혈투한 정신을 본받아 최후 일인 최후 일각까지 분투하여 나갈 것을 우리가 하나님과 3천만 동포 앞에서 일심 맹약"하자고 호소했다.

봄은 왔지만 봄 같지 않다

사람의 힘을 넘은 대한민국 정부 수립. 그 좋은 날을 맞이하기 위해 너무나 험난하고 절망적인 날들이 있었다. 1945년 8월 15일 일본의 무조건 항복과 함께 조선은 만 35년의 일제 통치에서 해방되었다. 하지만 이 날은 국제법적으로는 조선이 주권을 회복한 날이 아니라 일본의 식민지에 서 미소의 점령지로 바뀐 날이었다. 춘래불사춘春來不似春. 봄은 왔지만 봄 같지 않은 것 마냥, 독립은 되었어도 독립 같지 않았다. 19세기 말 근대적 독립국가로의 길을 걷지 못하고 나라의 명운이 제국주의 열강의 손아귀 에 떨어졌을 때처럼 나라의 앞날은 다시 한번 열강의 상충하는 지정학적 경쟁에 규정되게 되었다.

한반도에서 미국과 소련의 지정학적 경쟁의 첫 번째 표현은 38도선 을 경계로 한 한반도의 분할 점령이었다. 아직까지는 경쟁이 아니라 협력 이 올바른 표현일지 모른다. 미국은 일본과의 태평양전쟁을 빨리 끝내기 위해 결과적으로 종전이 임박한 시점에 소련의 참전을 요청했고, 소련은 미국이 1945년 8월 6일 히로시마에 이어 8월 9일 나가사키에 원자폭탄 을 투하한 지 12시간 후에 일본과의 전쟁에 들어갔다. 이로부터 채 열흘 이 지나지 않아 일본이 항복했다. 이 시점에서 소련군은 이미 한반도 북 위 41도선까지 진공해 있었고, 미군은 아직 남태평양에 있었다. 미국은 일본이 항복할 조짐을 보이자 8월 10일 미소의 한반도 분할 점령을 위한 안을 마련했으며, 소련군의 한반도 진공 현실을 고려해 38도선을 분할선 으로 결정했다. 트루먼은 8월 15일 이 안을 스탈린에게 통고했고, 스탈린 이 즉시 이를 받아들였다. 평양에서는 8월 16일에 '북조선주둔소련군사 령부'가 수립되었고, 서울에서는 9월 12일에야 '남조선주둔미국육군군 사정부'가 수립되었다.

38도선을 기준으로 한 미소 양군의 한반도 분할점령은 애초에는 정치 적 군사적 편의를 위한 일시적인 합의 이상의 것이 아니었다. 이러한 일 시적인 군사적 약속은 보다 항구적인 국제적 합의로 대체될 것이었다. 한 반도 신탁통치안이 이미 1943년 11월 미국, 영국, 중국 정상의 카이로회담에서 처음으로 제출되어 있었고, 1945년 12월에는 미국, 영국, 소련 외상이 모스크바 삼상회의에서 한반도에 대해 5년간의 신탁통치안을 실시하기로 합의했다. 하지만 신탁통치안은 굴욕적인 일제 통치에서 해방된 조선인들의 민족 감정을 전혀 고려하지 않은 것이어서 조선인들의 격렬한 항의와 저항을 야기했다. 또한 종전 후 전 지구적 차원에서 세계질서가 재편되고 미소 경쟁의 심화에 따라 냉전시대가 서서히 시작되면서 이 신탁통치안이 실현 가능한 대안인지도 갈수록 의심스러워졌다. 실제로 신탁통치를 논의하던 미소공동위원회는 1946년 3월 20일부터 1947년까지 10월 21일까지 공염불만 날리다 결국 결렬되었다. 돌이켜보면 이것은 미소의 한반도 분할 점령으로 이미 99% 결정되어 있었던 운명을 공식적으로 확인하는 형식적 절차에 불과했다. 미소공위의 결렬 이후 미국은 소련과의 협상으로 한국의 독립 문제를 푸는 것은 불가능하다고 결론짓고, 이를 유엔에 회부했다.

이러한 결과를 낳은 가장 중요한 요인의 하나는 소련의 입장이었다. 스탈린은 1944~45년 겨울 유고슬라비아의 부대통령 밀로반 질라스Milovan Djilas와의 대화에서 제2차 세계대전의 성격과 관련해 이렇게 말했다. "이 전쟁은 과거의 전쟁과 같지 않다. 한 영토를 점령하는 자는 누구나 거기에 그 자신의 사회체제를 부과한다. 자신의 군대가 그렇게 할 힘을 가지고 있는 한 모두가 그 자신의 체제를 부과한다. 이와 다를 수는 없다."[4] 소련은 이미 1939년에 점령한 폴란드를 비롯해 제2차 세계대전 중에 점령한 모든 동유럽 국가들에 스탈린주의 체제를 이식했다. 공산당이 곧바로 집권할 수 있었던 나라들에서는 즉시 공산당 정부가 구성되었고, 그렇지

---

4   Milovan Djilas, *Conversations with Stalin*, Penguin Books, 1967, p.90.

못한 나라들에서는 우선 통일전선정부를 세운 후 서서히 공산당 정부로 대체되었다. 스탈린이 소련식 공산주의체제를 부과하지 못한 유일한 예외는 티토의 유고슬라비아였다. 소련은 이러한 전략을 한반도에서도 실현할 생각이었다. 스탈린은 소련의 안보를 위협할 그 어떤 세력도 한반도 전체를 장악하게 할 수 없었다. 이는 미국과 서유럽으로부터의 안보 위협을 차단하기 위해 완충지대를 마련하고자 했던 소련의 세계안보전략의 한반도 버전이었다.

이승만은 동구에서 진행되는 사태를 지켜보면서 해방도 되기 전에 한반도에서도 자칫 유사한 사태가 전개될 것이라 예상했다. 다음은 1945년 7월 25일 이승만이 대한민국 임시정부 구미위원부 위원장 자격으로 미국 국무부 극동국장 대리 프랭크 로크하트Frank Lockhart에게 보낸 서한의 일부이다.[5]

다른 한편, 국무부가 이 문제를 지금 결정하지 않고 내버려둠으로써 결국은 한국 공산주의자들이 대한민국임시정부에 반대해 또 하나의 정부를 구성할 수 있게 된다면, 그 필연적인 결과는 한국에서 다수의 한국 민족주의자들과 소수의 공산주의자들 사이에 유혈사태가 일어나리라는 것입니다. 소비에트정부는 한국적기군으로부터 약 8만 명의 한국인들을 해산시켜 민간인 복장으로 한국에 보내고 있습니다. 악독한 선전활동은 분명 중국과 유럽의 다수 국가들에서처럼 한국에서도 심각한 문제를 초래할 것입니다. 유럽의 해방된 국가들 대

5   "The Chairman of the Korean Commission in the United States (Rhee) to the Acting Chief of the Office of Far Eastern Affairs (Lockhart)", Washington, July 25, 1945. Foreign Relations of the United States : diplomatic papers, 1945. *The British Commonwealth, the Far East Volume VI*. http://db.history.go.kr/id/frus_001_0010_0130 (검색일 : 2020.9.18). 이하 FRUS로부터의 인용은 편의상 제목, 날짜, URL만 표기하기로 한다.

부분에서 일어난 사건에 비추어 볼 때, 유럽에서 일어났던 사태가 아시아에서도 일어나도록 미국이 허용한다면, 한국인들은 분명 자기 자기의 선택권을 가질 기회가 거의 없을 것입니다. 한국인들에게 스스로 선택한 정부를 수립할 공정한 기회를 부여하려는 미국 정부의 선의는 소련 지배하에서는 불가능할 것입니다. 장기적으로 이 정책은 미국을 불리한 처지에 빠뜨릴 것입니다. (…중략…) 1905년 이래 한국을 희생시켜 일본을 달래는 정책이 진주만의 재앙으로 이어졌던 것처럼, 한국에 대한 정의를 희생시켜 소련을 달래는 정책 역시 재앙으로 귀결될 수밖에 없습니다.

이 인용문에서 "유럽의 해방된 국가들"이란 바로 동유럽 국가들을 의미하며, 이승만은 여기에서 소련의 동유럽 장악을 이야기하고 있다. 그는 제2차 세계대전 말기로 가면서 미국에 대한민국임시정부의 승인을 더욱 강하게 요구했으며, 한반도의 유일 정부를 미리 확정해 놓지 않으면 분단이나 내전의 가능성이 아주 높을 것으로 보았다. 소련에 대한 미국의 유화책이 재앙으로 귀결될 것이라는 그의 예측은 5년 후 정확하게 실현되었다.

반면 미국은 소련의 점증하는 위험성에도 불구하고 해방 후 일정 기간이 지날 때까지 루스벨트 행정부 하에서 형성된 소련과의 협력 기조를 유지했다. 하지만 소련의 국제적 위협이 갈수록 커지면서 기존의 협력 기조를 그대로 유지할 수도 없었기 때문에 행정부 안에서, 특히 국무부와 국방부 사이에서 자주 의견 불일치가 일어났다. 전후 세계질서에 대한 구상과 소련에 대한 태도를 둘러싼 이러한 혼란은 1945년 4월에 사망한 루스벨트를 계승해 트루먼이 대통령 자리에 오른 후 1947년 3월 트루먼 독트린을 발표해 소련의 봉쇄를 천명할 때까지 계속되었다. 그 사이에 이승만의 호소는 아무런 반향도 얻지 못했다. 미국 국무부에게 이승만은 분란만 일으키는 늙은이였다. 제2차 세계대전의 개전 이래 이승만을 일관되게 지지한 거의 유일한 미국 인사가 바로 맥아더 장군이었다. 하지만 그는 군인일 뿐 최종 정책 결정자가 아니었고 또 한국을 넘어 태평양 전체를 바라보아야 하는 입장에 있었기 때문에, 이승만에게 줄 수 있는 것은 대개 도덕적 후원밖에 없었다.

해방이 되어 고국에 들어온 이후에도 이승만은 한반도의 미래를 놓고 미국 국무부와 번번이 싸웠고 하지 주한미군사령관과도 자주 다투었다. 특히 김구와 함께 반탁운동을 이끌면서부터는 미군정의 노골적인 탄압을 받았다. 서신을 검열 받았고 사실상 가택연금 상태에 들어간 적도 있었다. 이런 탄압은 미국이 여전히 소련과의 협상을 통해 한반도에서 신탁통치안을 실현시킬 수 있다는 백일몽을 꾸고 있을 때 일어났다. 하지만 소련은 자신의 사회체제가 들어서지 않는 계획은 그 무엇이건 모두 무산시킬 각오가 되어 있었다.

제1차 미소공위가 의미 있는 진전을 이루지 못하고 결국 1946년 5월 초에 결렬되자, 이승만은 5월 19일 미소공위에 참여하지 않겠다는 공식 성명을 발표하고 전국 각지를 돌며 대중 운동을 전개했다. 그리고 6월 3일 전북 정읍에서 중대한 발언을 했다. "이제 우리는 무기 휴회된 공위가 재개될 기색도 보이지 않으며, 통일정부를 고대하나 여의케 되지 않으니 우리는 남방만이라도 임시정부 혹은 위원회 같은 것을 조직하여 38 이북에서 소련이 철퇴하도록 세계 공론에 호소하여야 될 것이다. 여러분도 결심하여야 될 것이다." 이것이 이른바 '정읍 발언'이다. 이승만의 정읍 발언은 한반도에서 최초로 '단독정부론'을 주장한 것으로 규정되어, 남북의 분단을 초래하는 데 가장 큰 책임이 있는 것처럼 주장되어 왔다. 그러나 이것은 사실이 아니다.

소련의 해체 이후 공개된 자료를 통해 소련은 이미 점령 초기부터 북한에 단독 정부를 세우기 시작했다는 것이 드러났다.[6] 스탈린은 1945년 9월 20일에 연해주군관구 및 북조선주둔소련군사령부에 전보로 '지령'을 내렸다. 이 지령의 핵심은 "(북조선에서) 반일적인 민주단체들과 민주정당들의 광범위한 동맹에 기초해 부르조아민주주의적 정권을 수립하도록 하라"는 것이었다. 부르조아민주주의적 정권이란 것이 공산 세력과 비공산 세력의 연합을 뜻하는 통일전선 정부를 뜻하는 것임은 누구나 알 수 있다. 이 지령은 스탈린이 처음부터 북한에 공산주의 단독 정부를 세울 계획이었음을 분명히 보여준다.

스탈린의 지령을 구체화하는 작업은 즉시 실행되었다. 9월 하순 소련군 총정치국이 주최한 회의에서 북한을 이끌 최고지도자로 민족주의자 조만식과 친소공산주의자 김일성을 지목하고 두 사람의 '협력적 제휴'를 모색하기로 했다. 이러한 대원칙에 입각해, 소군정 치스차코프Ivan Mikhailovich Chistyakov 사령관은 1945년 10월 8일부터 11일까지 평양에서 '북조선 5도연합회의'를 소집했다. 소군정은 이 연합회의에 기초해 "북조선 전체를 통할하는 임시적인 인민위원회를 창설하되 그 인민위원회를 지도하기 위해 소련인들로 구성된 자문기구 역시 설치할 것"을 상부에 건의했다. 본국 정부는 이 건의를 받아들이고, 1945년 10월 17일 소군정에 지령을 내려 보냈다. 1945년 11월 초 평양에 '북조선림시민정자치위원회'를 구성하며, 이 위원회는 산하에 산업·농업·재정·교통·통신·교육·

---

6   이하의 북한 단독 정부 수립에 관한 서술은 김학준, 「소련은 38도선 이북을 '직접' 통치했다 : 김학준이 다시 쓴 현대사 결정적 장면 ③」, 『신동아』 2020년 10월호(https://shindonga.donga.com/3/all/13/2195423/1)을 참조했다.

보건·보안·사법의 10개 행정국을 개설한다는 내용이었다. 이 조직들은 모두 소군정 사령부의 '직접적이고 상시적인 통제'를 받을 것이었다. 11월 19일 북조선행정국이 평양에서 공식 출범했다. 그리고 소군정은 제1차 미소공위가 열리기 전 1946년 2월 8일에 마침내 김일성을 위원장으로 하는 북조선임시인민위원회를 발족시켰다. 3월 5일에는 이 인민위원회가 무상몰수 무상분배 농지개혁을 실시했다. 정부로서 통치행위를 한 것이다. 임시인민위원회 출범 행사 때 건물에 내걸렸던 현수막에도 인민위원회가 "우리의 정부이다"는 글귀가 있다. 김일성과 '협력적 제휴'를 할 것이라던 조만식 선생은 1946년 1월 평양 고려호텔에 감금되어 한국전쟁 중 살해되었고, 수많은 비공산계 인사들이 잔혹한 탄압을 받았다. 북한의 단독 정부 수립 과정에서 약 30만 명에서 50만 명에 이르는 북한 주민들이 남쪽으로 내려왔다.

북한에서 이렇게 점령 초기부터 단독 정권 수립이 진행되고 인민군의 군비가 강화되고 있었는데도, 우리 한국사학계 일각에서 이승만의 정읍 발언을 두고 남북 분단에 일차적인 책임이 있다고 비난하는 것은 참으로 어처구니없는 일이다. 굳이 따져보자면 한반도 이해당사국 중에서 한반도의 분단에 가장 책임이 큰 나라는 소련이었고, 대한민국은 가장 책임이 작은 나라였다. 그리고 대한민국은 분단의 가장 큰 피해자였다.

한반도 유일 합법정부 수립을 위한 5·10총선

해방 이후 2년이 지나면서 한반도에서 이해당사자들 사이의 대화와 협력을 통해 통일정부를 수립하는 것은 불가능하다는 것이 분명해졌다.

이에 따라 미국이 1947년 9월 하순 한국의 독립 문제를 유엔으로 회부했고, 유엔 총회는 11월 14일 찬성 43표, 기권 6표로 늦어도 1948년 3월 31일까지 유엔한국임시위원단의 감독 아래 남북한을 포괄하는 총선거를 실시해 한반도 유일 합법정부를 세울 것을 결의했다. 이 결의에 따라 임시위원단이 1948년 1월 12일 덕수궁에서 첫 회의를 열었고, 1월 24일에는 북한으로 들어가고자 했다. 소군정은 이를 거부했다. 임시위원단이 유엔 소총회에 이것을 보고했고, 유엔 소총회는 한반도에서 관찰 가능한 지역에 한해 총선을 치르기로 했다. 미군정은 최종적으로 5월 10일을 총선일로 잡았다.

한편 스탈린은 1948년 4월 12일 자의 「김일성 동지를 위한 조언」이라는 문서에서 유엔 총회의 결의에 대한 대응 방안을 지시하고 있다. 주요 내용은 다음과 같다. "남조선 단독 선거에 반대하는 남북 조선의 민주적인 정당 사회단체의 대표자 연석회의 소집에 대해 합의한다." "조선 인민이 참여하지 않은 상태에서 채택된 국제연합 총회와 두 회기 사이의 조선위원회의 비법적인 결의에 대해 항의하고, 조선에서 국제연합 조선위원회의 신속한 철거를 요구한다." "조선 인민들에게 호소하여 현재의 조선의 임시적인 분단 상태를 공고히 하고 조선의 통일과 독립을 지연시킬 목적에서 실시되는 남조선 단독선거를 보이콧하게 한다." "남조선에서 외국 군대의 철수에 대한 소련의 제안을 지지하고, 남조선에서뿐만 아니라 북조선에서도 신속하게 외국 군대를 철수시킬 것을 요구한다." "외국 군대 철수 후 전 조선에서 동시에 선거를 실시할 것을 주장한다." "조선에서 외국 군대가 철수하고 보통선거에 기초해 전 조선 정부가 수립될 때까지 조선에 대한 통치는 연석회의의 강령을 공유하는 남북 조선의 대표들로 구성되는 임시정부가 수행하지 않으면 안 된다." "전 조선 임시정부의 주요한 임무는 조선 최고인민회의(혹은 국회)를 조직하기 위해 전 조선 선거를 실시하는 것이다." 소련의 지원으로 이미 북한에 막강한 인민군이 존재하는 상황에서 미소 양군이 철수한 후 선거를 통해 통일 정부를 수립하자는 제안이 무엇을 의미하는지는 너무나 분명했다.

스탈린의 이 조언은 그 이래 남로당의 기본 입장이 되며, 다양한 경로와 기회를 통해 신생 대한민국의 정치 무대에도 등장하게 된다. 국회에서도 소장파를 통해 유사한 주장이 대두되었다. 김구, 김규식 등은 통일정부 수립을 위한 최후의 노력이라며 1948년 4월 19일부터 평양에서 개최된 남북연석회의에 참석했지만, 이는 스탈린 감독 김일성 주연의 연극에 들러리로 참여한 것에 불과했다. 그들 역시 김일성, 김두봉과의 4자 회담에서 위와 유사한 합의를 했고, 그 순수한 의도와 무관하게 스탈린과 김일성의 국제 선전 공세에 이용만 당하고 말았다.

이 모든 곡절을 뒤로 하고 1948년 5월 10일 한국사상 최초로 민주주의 선거가 열렸다. 하지만 한국사상 최초의 5·10총선은 한국사상 최대의 유혈 선거가 되었다. 우리 현대사에서 깊은 상처로 남아 있는 제주도 4·3사태도 5·10총선을 방해하려는 남로당의 폭동에서 비롯되었다. 1948년 5월 17일 조병옥 과도정부 경무부장의 담화에 따르면 선거인 등록이 시작된 3월 20일에서 선거일인 5월 10일까지 살해된 사람이 선거공무원 15명, 후보의원 2명, 경찰관 51명, 관공리 11명, 가족 17명, 양민 107명 등 총 203명이었고, 부상당한 사람이 선거공무원 61명, 후보의원 4명, 경찰관 128명, 관공리 47명, 경찰관 가족 16명, 양민 387명 등 총 643명이었다. 그 외 관공서, 도로, 철도, 전화시설에 대한 습격, 파괴, 방화도 아주 많이 일어났다.『동아일보』, 1948.5.18 외신은 선거일이 계엄령이 내린 것처럼 삼엄한 분위기였다고 전했다. 제헌의원 조헌영[7]의 말처럼 "총검과 폭동 속에서" 치러진 선거였다.[1·37, 8쪽] 건국도 하기 전에 건국의 에너지를 다 소진한 것 같은 지경이었다. 선거는 그래도 어쨌든 어떻게든 치러졌고, 건국의 주춧돌은 놓였다. 이렇게 어렵게 사람의 힘을 넘어 국회가 열렸던 것이다.

---

7   '승무(僧舞)'라는 시로 유명한 청록파 시인 조지훈의 아버지이며, 한국전쟁 중 납북되었다.

제2장

이승만의 긴박감과
헌법 초안을 둘러싼 파란

　6월 1일 제2차 본회의부터 국회는 곧바로 국회법과 헌법의 제정 일정에 들어갔다. 이 단계에서 국회법은 헌법 제정을 위한 의사 운영 방식을 규정하는 임시 법률의 성격을 띠었다. 헌법에서 권력과 통치의 구조가 어떻게 정해지는가에 따라, 예컨대 대통령제냐 내각책임제냐 혹은 단원제냐 양원제냐에 따라 국회법의 내용은 크게 달라질 수밖에 없다. 모든 관심은 헌법으로 모아졌다. 헌법 제정은 제헌국회의 첫 번째 이유이자 건국의 첫걸음이었다. 헌법 제정은 6월 1일 헌법 기초위원을 선출하기 위한 전형위원을 뽑는 것에서 시작해 7월 17일 헌법 공포에 이르기까지 약 한 달 보름이 걸렸다. 6월 1일 제2차 본회의에서 10인의 전형위원이 뽑혔고, 6월 2일 제3차 본회의에서 30인의 기초위원이 선출되었다. 기초위원들은 헌법학자 유진오를 비롯한 10인의 전문위원과 함께 6월 3일에서 6월 22일까지 16차례의 회의를 갖고 헌법 초안을 마련해 6월 23일 제17차 본회의에 상정했다. 본회의는 7월 12일에 헌법을 확정했고, 7월 17일 마침내 대한민국 헌법이 선포되었다. 앞으로 몇 개의 장에 걸쳐, 우선 헌법 초안의 전반적인 진행 과정을 서술하고, 국호와 헌법 전문에 대해 이야기한 다음, 권력의 구조와 같은 가장 중대한 쟁점으로 넘어가려고 한다.

국회 내 세력 분포

헌법은 정인보 선생의 제헌절 노랫말에 나오듯이 "대한민국 억만년의 터"이므로 사람들의 사리사욕이 전혀 깃들지 않은 국가 영혼의 순백의 결정체였으면 좋을 것이다. 하지만 세상에 그런 것은 없다. 억만년의 터를 닦는 것도 지금 여기에서 첫 삽을 뜨는 것에서 시작한다. 헌법은 언제나 상황의 산물이다. 미국의 헌법은 1770년대 미국의 상황을 담고 있고, 한국의 헌법은 1940년대 한국의 상황을 담고 있다. 인간은 항상 역사적 인간이고 상황은 언제나 역사적 상황이다. 헌법은 추상적 인간이 깨끗한 석판 위에 새기는 무균의 글자들이 아니다. 구체적 인간들이 특수한 상황 속에서 작성한 정치생활의 규칙집이다. 그래서 헌법은 차라리 온갖 사리사욕의 공통분모라 하는 것이 더 맞다. 이것이 일반의지에 대한 루소의 정의였다. 모든 시민에게 자신의 특수의지를 제출하게 하라. 서로 충돌하는 특수의지는 빼라. 서로 상쇄하고 남는 것이 일반의지이다. 특히 대한민국 헌법은 최초의 근대 헌법인 미국 헌법과 달리 권력 획득을 겨냥한 정치인들이 직접 만든 헌법이다. 우리 제헌국회는 헌법만을 만들고 해산하는 원초적 입법가의 집단이 아니라 헌법을 만든 후 권력의 자리들을 확보하기 위해 경쟁할 정치인들의 집단인 것이다. 그래서 권력 경쟁의 흔적이 유난히 강하다.

따라서 헌법 제정과정을 더 잘 이해하기 위해서는 당시의 상황적 요소들을 미리 알아두는 것이 좋겠다. 가장 중요한 것으로 국회 내 세력 분포와 이승만의 긴박감을 꼽을 수 있다. 우선 세력 분포를 보기로 하자. 제헌국회 당시에는 오늘날과 같은 정당정치가 아직 확고히 형성되어 있지 않았다. 정당은 존재했지만 후보들에 대한 통제력은 오늘날처럼 크지 않았고, 어떤 후보들은 순전히 자신의 의사에 따라 특정 정당의 후보를 자임하는 경우도 있었다. 무소속으로 나온 후보도 많았다. 5·10총선에는 20개 이상의 정치집단이 후보를 냈지만, 유의미한 숫자의 의석을 차지한 집단은 5개에 불과했다. 당시 국회의원 정원은 200석이었지만 제주도에서는 4·3사태로 인해 북제주 갑과 을을 제외하고 남제주에서만 선거가 진행되어 198명의 당선자만 나왔다. 편의상 나중에 당선된 의원 2명까지 포함해 의석 분포를 보면, 무소속이 85석$^{42.5\%}$으로 가장 많았고 그에 이어 대한독립촉성국민회 55석$^{27.5\%}$, 한민당 29석$^{14.5\%}$, 대동청년당 12석$^{6\%}$, 조선민족청년단 6석$^{3\%}$ 순이었다.

그러나 이러한 공식적 정파 분포는 실제 분포와 전혀 달랐다. 아주 많은 연구자들이 실제 분포를 파악하기 위해 다양한 자료를 들여다보고 의원들의 공식 비공식 의정활동 패턴을 자세히 연구했다. 그 결과, 대체로 한민당이 65~70석$^{33\sim35\%}$, 독촉이 60~65석$^{30\sim33\%}$, 무소속이 55~60석$^{23\sim30\%}$이었을 것으로 보고 있다.[1] 가장 최근의 한 연구는 과거의 모든 의석 추정치를 재검토하면서 의원 개인의 경력을 자세히 들여다본 후, 한민당 57명, 독촉 63명, 한독당 10명, 족청 5명, 무소속 63명으로 추산했다.[2]

하지만 당시 한민당은 자신들의 세력을 공식적 수치는 물론 학자들의 추정치보다 더 높게 잡고 있었다. 예컨대 한민당 선전부는 5월 21일에 발표한 담화에서 "국회의원 200의석 중 본 당원으로서 당선된 자는 우선 판명된 분만 하여도 84명에 달한다"고 주장했다.『조선일보』, 1948.5.22 한민당을 대변하던 『동아일보』 역시 1948년 5월 20일 자 기사에서 한민당 의

---

1   서희경, 『대한민국 헌법의 탄생』, 창비, 2012, 275쪽.
2   고중용, 「제헌국회 초기의 정치세력 분포에 대한 연구」, 『한국정치연구』 제30집 제1호, 2021.

원이 무소속, 독촉, 대청, 족청과 이중으로 소속된 사람들을 합치면 84명에 이르고, 향후 한민당 계열에 포섭될 인사 및 노선을 같이 할 인사까지 합치면 100명 이상일 것이라고 추산했다. 독촉의 경우 한민당과 이중의 적을 가진 사람이 10명 이상이고, 나머지도 순수 독촉파와 한독당파로 나누어져 있어 공식적 의석수보다 훨씬 적은 숫자였다. 무소속도 순수한 무소속은 10명 내외에 불과해서 한독당과 중간진영 인사들이 약 30명에 이르고, 나머지는 한민당원이거나 한민당과 노선을 같이 하는 사람들이었다. 김구가 이끄는 한독당의 경우 공식적으로는 5·10총선을 보이콧했지만, 실제로는 무소속으로 출마하거나 독촉과 대청에 들어가 출마하는 경우가 많았다. 특히 무소속 중 나중에 '소장파'로 불리게 되는 사람들은 한독당계이거나 한독당 노선과 함께하는 사람들이 많았다.

그런데 선거 시점으로부터 약 네 달이 지난 후인 9월 5일 자 『동아일보』에서 편집국장 김삼규는 "정당활동의 신단계"라는 제목의 글에서 국회 내 세력 분포를 한민당 85명, 독촉 56명, 한독·대동·족청·기타 67명으로 추산하고 있다(하지만 이 숫자들을 합계하면 당시 국회의원 총수 198명보다 10명이 더 많은 208명이 되기 때문에 이는 김삼규의 계산 착오이거나 오타이다). 김삼규는 자신의 추측이 정확하다는 증거로, 이시영이 부통령으로 선출될 때 얻었던 표가 133표였고 이는 한민당과 독촉 의원들을 합친 숫자와 비슷하다는 사실을 들고 있다. 물론 김삼규의 추산은 대통령과 부통령의 선출 이후에 이루어진 것이므로, 이 당시의 세력 분포는 총선 직후의 세력 분포와 다소 달랐을지도 모른다. 아무튼 제헌국회가 출범할 무렵에는 5·10체제의 주류였던 한민당과 독촉이 압도적 과반을 차지하고 무소속이 이에 도전하는 형태를 취했다.

한민당은 이승만과 협력해 대한민국 정부 수립을 주도한 국회 내 최대 정파로서, 헌법 제정 후에 수립될 대한민국 정부에서 최대의 지분을 가져야 한다고 생각했다. 하지만 당시의 상황에서 이승만을 국가수반으로 하지 않는 정부는 상상하기 어려웠다. 한민당의 중진이자 이승만 정부 내각에 참여하기도 하는 허정은 "이 박사를 제외하고는 건국 초의 막중하고 다난한 국사를 강력하게 수행하지 못한다는 정치가와 국민의 공통된 의견"이 있었다고 회고하고 있다.[3] 그렇다면 이승만이 국가수반으로서 대통령을 당연직처럼 맡는다고 할 때 한민당이 최대의 권력 지분을 쥐려면 내각책임제를 통해 한민당 대표가 행정수반이 되어야 했다. 따라서 헌법 제정을 앞두고 한민당의 기본 입장은 내각책임제를 택해, 대통령직을 명예직으로 만들고 그 자리에 이승만을 앉히는 한편 한민당의 당수인 김성수를 총리로 만든다는 것이었다.

그런데 국민들 사이에서는 한민당에 대한 반감이 상당히 높았다. 김삼규는 같은 글에서 핵심적인 이유로 네 가지를 들고 있다. 첫째, 군정과 경찰의 요직에 있는 사람들은 한민당원이거나 한민당과 가까운 사람들이어서 군정과 경찰의 과오는 곧 한민당의 과오로 인식되었다. 둘째, 제일선에 있는 지방 당원들은 관청을 출입하며 일신상의 편의나 도모했지 대중의 이익과 주권을 회복하는 데 등한히 했다. 셋째, 한민당의 합리적인 토지개혁안과 산업건설안을 민중에게 이해시키지 못했다. 넷째, 한민당의 과감한 투쟁사를 이해하는 지식인층조차 적극적인 지지를 거리끼는 것은 한민당의 지주적 보수적 성격에 대한 경계 때문이었다.『동아일보』, 1948.9.5

국회에서 한민당에 대한 이러한 반감을 대변한 집단이 무소속 의원들이었다. 특히 소장파 의원들은 한민당과 정면 대결을 벌이며 국회에서 독

---

3   허정, 『내일을 위한 증언-허정 회고록』, 샘터사, 1979, 151쪽.

자적인 위치를 구축하고자 했다. 그렇다고 무소속이 이승만을 지지한 것은 아니었으며, 특히 소장파는 대체로 김구 노선을 지지했기 때문에 이승만에 대해서도 대결적 자세를 취했다. 이승만의 권력에도 대항하고 한민당의 권력에도 대항하려면 무소속은 어떤 권력 구조를 택해야 하나? 결국 내각책임제밖에 없었다. 어떤 권력 구조를 취하든 이승만이 대통령 자리에 오른다는 사실은 명약관화했기 때문에, 내각책임제가 그나마 권력의 분산을 보장하고 무소속 의원들에게도 권력을 조금이라도 나누어줄 수 있는 방법이었다.

국회 내의 각 정파가 새 정부에서 권력을 확보하기 위해 전략을 구상하는 동안 이승만은 초당파적 태도를 취했다. 그는 5·10총선 당시 표면적으로는 대한독립촉성국민회독촉의 수장이었지만, 1945년 10월 16일 귀국 이래 한 번도 특정 정파의 수장이 된 적이 없었다. 김성수의 한민당, 여운형의 조선인민공화국, 심지어 박헌영의 조선공산당에 이르기까지 해방 직후부터 결성된 많은 정당이나 단체들은 좌우를 막론하고 이승만을 공식 대표로 내세우려 했지만 이승만은 한 번도 거기에 응하지 않았다. 그가 처음으로 회장을 맡은 조직은 1945년 10월 23일 설립된 독립촉성중앙협의회였다. 이 단체가 특정 정파가 아니라 좌우를 거의 망라한 거국 조직이었기 때문이다. 그는 귀국 이래 국권을 완전히 회복하고 정부를 반석에 올릴 때까지는 거국정치가 되어야 한다고 강조했고, 1951년 12월 자유당이 창당될 때까지 한 번도 정당의 대표가 된 적이 없었다.

그는 이러한 입장에 따라, 5·10총선이 끝난 후에도 국회 소집을 앞두고 당선자들 사이에서 합종연횡 움직임이 진행되자 이를 경계하는 담화를 발표했다. 예컨대『동아일보』5월 23일 자에 실린 담화에는 다음과 같은 내용이 들어 있었다. 나는 예전부터 정당운동을 정지하고 전 민족 통일로 국권을 먼저 회복하고 정부를 수립한 후에 정당을 조리 있게 조직하자는 주장을 했지만, 불행히 내 주장대로 되지 못하고 외국 신문에 400여 개 정당이 분쟁하고 있다는 수치스러운 말이 났었다. 이런 당쟁으로 인해 분열이 되어 통일을 이루지 못했다. 이런 쓰라린 경험을 겪고서도 시종 정당 투쟁만 일삼고자 하는 사람은 전 민족에게서 용서를 받지 못할 것이다. 일반 애국 남녀는 정당, 파벌, 지방열 등을 포기하고 오직 국회를 지지하는 정신으로 대동단결해 국권 회복과 정부 수립에 공헌해주기 바란다. 정부 수립 후에는 2, 3개의 정당을 세워서 국권과 민권을 동일하게 보호해야 할 것이나, 지금의 형편으로는 정당주의를 반대할지언정 새 정당을 더 만든다는 것은 국가를 위하는 마음이 아니다.

이승만은 이러한 입장에 따라 대한민국의 새 정부는 초당파 거국정부가 되어야 하고 실권을 가진 대통령이 이 거국정부를 이끌어야 한다고 생각했다. 따라서 순수 대통령제를 택한 헌법이 되어야 했다. 독촉 소속 의원들은 다수가 이승만의 입장을 따랐지만, 내적 응집성이 부족하고 한 독당 계열도 있었기 때문에 내각책임제를 찬성한 사람도 많았을 것으로 보인다.

다음 장에서 보겠지만, 각 정파의 동상이몽은 헌법 제정 과정에서 정면충돌을 일으키게 된다. 처음에는 이승만과 그의 추종자들 일부를 제외하고는 거의 모두 내각책임제를 찬성하고 있었기 때문에 헌법 초안도 그런 방향으로 작성되어 나갔다. 그러나 이승만이 대통령제를 채택하지 않으면 정부에 참여하지 않고 사회운동이나 하겠다고 버티는 바람에 헌법 초안은 갑자기 180도 방향 전환했다. 한민당 중진들이 직접 나서 하룻밤 사이에 내각책임제 헌법을 대통령제 헌법으로 바꾸었다. 설혹 197명의 의원들이 내각책임제를 찬성했다 하더라도 대통령제를 고집하는 이승만

한 사람을 이기지는 못했을 것이다. 당시의 시점에서 이승만이 곧 정부였기 때문이다. 하지만 방향 전환이 너무 급하게 이루어졌기 때문에 내각책임제의 흔적을 다 지우지 못했고, 헌법 최종안은 내각책임제 요소가 강하게 섞인 대통령제가 되었다. 오늘날 대한민국의 권력 구조가 세계 어느나라 대통령제에서도 볼 수 없는 독특한 모습을 띠게 된 것은 최초의 헌법 제정 과정에서 있었던 이러한 정치적 경쟁 때문이었다. '독특하다'는 말은 '기형적'이라는 말과 통할 수도 있다. 그래서 헌법 초안에 대한 독회과정에서 무소속 의원들은 이승만과 한민당의 야합을 암시하며 사람에맞춰 헌법을 만들었다고 맹공을 하게 된다.

헌법 제정을 통해 일합을 겨룬 국회의 여러 정파들은 이후에도 계속이합집산을 거듭하게 된다. 무엇보다, 당시의 정당들 자체가 강한 이념적통일성과 내적 응집성을 가지고 있지 않았다. 한민당이나 독촉 같은 최대 정파는 물론 우익 청년단체인 족청이나 대청도 내적으로는 엄밀히 말해 이념적 미분화상태였다. 식민지와 군정이라는 특수한 조건이 이념적으로 이질적인 사람들을 함께 묶어두고 있었고, 이러한 특수한 조건이 사라지자 정치인들은 유유상종의 길을 찾아 나섰다. 여전히 생존 자체가 문제가 되는 상황에서 이념이 유유상종의 유일한 척도가 될 수는 없었지만중요한 기준으로 기능하기 시작했다. 따라서 제헌국회 기간은 이념적으로 미분화된 기존의 정파가 해체되고 보다 현대적인 모습의 정당이 서서히 형성되어 가는 시기이기도 했다.

이승만의 긴박감

헌법 제정 과정에서 이승만 의장이 사회를 볼 때 가장 자주 한 말은 '빨리 빨리'였을 것이다. 헌법 제정과 정부 수립은 정해진 일정표에 따라 완수되어야 했다. 한국의 주요 정치 지도자들은 유엔 총회의 결의와 미군정과의 합의 아래 1948년 8월 15일까지에 이르는 아주 바쁜 일정을 짰다. 헌법을 제정하고 대통령 선출과 내각 구성을 통해 정부를 출범시킨후 미군정으로부터 행정권을 이양 받아 8월 15일에는 세계에 명실상부한 대한민국 정부 수립을 선포한다는 것이었다. 그 다음에는 9월 21일부터 시작되는 유엔 총회에 한국 문제를 상정시켜 대한민국의 국제적 승인을 얻는 일정까지 있었다. 시간적 급박감과 심리적 긴박감이 정치 지도자들의 마음을 짓눌렀다. 막스 베버는 폭력수단의 독점을 근대국가의 가장 중요한 특징이라 주장했다. 8·15 해방은 폭력수단의 해방까지 불러왔고, 효과적 근대국가의 부재로 인해 온갖 폭력이 난무하는 상황에서 우리의 정치 지도자들은 늘 위기의식을 벗 삼고 있었다. 국제 정세에 해박하고 국제 외교의 현실을 가장 잘 아는 이승만은 아마도 가장 강한 긴박감을 지니고 있었을 것이다.

1947년 3월 12일 미국 트루먼 대통령이 의회에서 소련의 지정학적 팽창을 봉쇄하기 위한 트루먼 독트린을 발표하면서 미소 냉전시대가 본격적으로 시작되었다. 냉전이란 무엇인가? 그것은 열전의 압력을 억지로 누르고 있는 상태이다. 하지만 압력은 반드시 분출되어야 한다. 분출은 지진처럼 상반되는 압력이 직접 맞부딪치는 결절지에서나, 화산처럼 지각이 약한 곳에서 일어난다. 한반도가 그런 곳이다. 강대국 간의 냉전은 약소국 내의 혹은 약소국 간의 열전이다. 나라를 세우던 즈음에 많은 사람들은 한반도에서 전쟁은 거의 필연이라고 느끼고 있었던 것 같다. 일사불란하고 신속한 건국과 임박한 전쟁이라는 정신적 압력은 많은 정치인들의 마음을 내리누르고 있었지만, 이 압력에 가장 민감하게 반응했고 또 가장 민감하게 반응하도록 기대된 사람이 이승만이었다. 그가 국회의장으로서 왜 그리 의사진행을 서둘렀는지는 이러한 사정에서 이해되어야 한다.

제3차 본회의에서 이승만 의장은 북한 동포에게 대한민국 국회가 개원했으니 동참하라는 취지의 메시지를 내자는 경기 포천 서정희 의원의 발언에 대해, 그것은 참 좋은 일이겠지만 별로 소용도 없고 급하지도 않은 일이라며 제일 긴급한 일을 먼저 하자고 호소한다. 국회법을 가장 먼저 통과시켜야 한다. 그것은 집안 살림살이를 위한 조리와 방식을 정하는 것이다. 이와 동시에 헌법을 만들어가는 것이 중요하다. 헌법기초위원들은 다른 모든 것을 중지하고 하루빨리 초안을 만들어내야 한다. 그러면서 "남의 나라의 예를 볼 것 같으면 비율빈 같은 나라는 이틀 동안에 헌법을 정했다고 세계 사람들은 칭찬합니다. 그러나 우리는 이틀에는 안 돼도 여러분의 성의로 최급 최단의 보조로 작정될 것으로 믿습니다"라고 했다.[1-3, 4쪽]

이처럼 이승만은 권력의 기본 구조를 제외하면 내용보다 속도를 더 중시했다. 국회 개원을 사흘 앞둔 1948년 5월 26일 이승만은 기자단과의 회견에서 다음과 같이 말했다. "국회 소집을 앞두고 항간에는 상하원제가 된다는 설이 유포되고 있으니 이것은 국회에서 제정하는 헌법에 따를 것이며, 만약 상하원제도로 한다 할지라도 이것은 정부 수립 후에 결정할 문제이다. 이러한 문제로 하루도 급한 우리 정부 수립을 지연시켜서는 안 될 것이다. 금번 국회는 정부를 수립하여 국권을 회복하는 것이 제일 급한 선결문제이다. 그러므로 정부 수립 후에 소집될 국회는 상하 양원으로 하여도 좋을 것이다."『동아일보』, 1948.5.27 당시 양원제 문제는 국호 문제와 대통령제/내각책임제 문제와 더불어 헌법 제정에서 가장 중요한 문제로 대두되고 있었다. 하지만 이승만은 하루빨리 정부부터 수립하자는 것이었으며, 다른 모든 문제는 그 후에 해도 된다는 것이었다. 철근으로만 빨리 국가라는 집을 짓고 시멘트는 나중에 바르면 된다. 지금 당장 가건물이라도 짓지 않으면 아예 못 짓게 될지도 모르기 때문이다.

속도전을 위해 이승만은 국호 문제처럼 정부를 세우는 일 자체에는 중요하지 않지만 시간이 많이 걸릴 것 같은 중대한 문제들에 대해서는 자신의 견해를 먼저 적극적으로 밝히고 의원들이 많은 토론 없이 그냥 수용하도록 유도했다. 또한 보통은 사회를 신익희나 김동원에게 맡겼지만 논의가 길어질 경우 자신이 직접 사회를 보며 회의를 빨리 진행시켰다. 원안의 조문을 하나하나 심의하고 수정안을 내어 결정하는 단계인 제2독회에서는 논의가 더디게 진행되자 의원들도 하여금 수정안을 철회하도록 유도하기도 했다. 국회 안에서 지나친 분란과 갈등이 일어나지 않도록 하는 것도 이승만의 중요한 관심사였다. 예컨대 제2독회가 시작된 1948년 7월 1일 이승만은 우리가 국호를 정하고 헌법을 만들고 정부를 세우는 것에 대해 외국인들이 기대감을 가지고 기다리고 있다, 다른 한편 한국인들은 무엇을 하더라도 분열하고 투쟁하니 국회에서도 분열이 일어나서 결국은 아무 것도 이루지 못하리라고 비판하는 외국인들도 있다, 그러니 지나치게 시비를 하지 말고 우리가 며칠 안에 헌법을 제정해서 정부를 세울 수 있는 능력이 있다는 것을 보여주자고 말했다.1-22, 7쪽

사실 강대국 정부들은 해방 전부터 조선의 독립운동가들이 심각한 분열과 갈등에 빠져 있다는 일관된 인식을 가지고 있었다. 예컨대 1945년 2월 5일 자 미 국무부 극동국장 발렌타인Joseph Ballantine의 대담 비망록에

따르면, 장제스 총통부 수석비서 샤오 유린Shao Yu-lin은 충칭에서 한국 독립운동 지도자들과 만나 그들에게 연합국으로부터 어떤 형태의 인정이라도 받으려면 서로의 차이를 극복하고 효율적인 조직을 결성하라고 충고했고, 또한 그러한 시도를 계속하면서, 연합국으로부터 구체적인 지원을 기대하기 전에 책임 능력을 보여주어야 한다고 했다. 샤오는 또한 발렌타인에게 미국에 있는 한국 독립운동 지도자들의 태도에 대해 질문했다. 이에 발렌타인은 미국 내 일부 한국인 대변자들이 한국의 국익보다 자기 개인의 이익이나 자신들 특정 집단의 이익 확대에 더 큰 관심이 있으며, 일부는 개인적 주목을 대단히 선호하고, 일부는 우호적 입장 표명을 하도록 국무부를 교묘히 조종하고자 하는 듯 보인다고 말했다.[4] 발렌타인이 말하는 한국인 대변자들 중에는 이승만도 포함되어 있었을 것이다. 이승만은 대한민국 임시정부의 구미위원부 대표로서 미국 국무부에 임시정부를 승인할 것을 끊임없이 요구했기 때문이다.

조선 독립운동의 분열성은 미국과 영국의 외교 문서에서 이미 1910년대부터 지적되었고, 그 이래 강대국들은 이러한 인식을 바꾼 적이 없었을 뿐만 아니라 오히려 강화해 왔다.[5] 모스크바삼상회의에서 결정된 조선 신탁통치안도 조선 정치지도자들의 통합 능력 부재를 하나의 빌미로 삼았다. 미국의 정부 관료들을 계속 괴롭혔던 이승만은 강대국 정부들의 이러한 부정적 인식에 대해 잘 알고 있었다.

이승만은 대한민국 정부가 유엔 총회에서 최종적으로 국제적 승인을

---

4   "Memorandum of Conversation, by the Director of the Office of Far Eastern Affairs (Ballantine)." Washington, February 17, 1945. http://db.history.go.kr/id/frus_001_0010_0020 (2020.9.18).

5   구대열, 『한국 국제관계사 연구』 1, 2, 역사비평사, 1995.

받을 때까지 정부 수립의 성공 가능성에 대해 결코 100% 낙관하지 못했던 것 같다. 예컨대 그는 7월 5일 제25차 본회의에서 의원들에게 신속한 헌법 제정을 독촉하면서, 미국 사람들의 정책은 민의가 돌아가는 대로, 민의에 따라서 조석으로 변경되는데, 미국 정부의 현재 정책은 우리가 요구하는 것과 원하는 것을 그대로 해간다는 것이다, 우리가 정부를 수립하면 미국 정부가 먼저 승인을 하고 대사를 둘 것이라고 하니 "이 기회를 놓치지 말고 이때 다른 변동이 없기를 바라고" 얼른 헌법을 만들어야 한다고 말했다.[1-25, 9쪽] 이승만의 이러한 불안감은 외교를 통해 조선의 독립을 얻어내고자 한 일생의 노력 속에서 수없이 맛본 실패의 경험에서 비롯되었을 것이다. 그가 제헌국회에서 거듭 분열과 갈등 없이 신속하게 헌법을 만들자고 호소한 것은 이처럼 역사적 과정의 역전에 대한 경계였다.

전형위원과 기초위원의 선출

이승만의 긴박감에도 불구하고 우리나라는 필리핀처럼 이틀 만에 헌법 제정을 끝내지는 못했다. 헌법기초위원을 뽑을 전형위원을 뽑는 것부터 쉽지 않았다. 6월 1일 제2차 본회의에서는 전형위원 10명의 선출 방식과 관련해 연기連記 무기명 투표로 뽑자는 동의와 지역별로 뽑자는 개의가 맞섰다. 지역별 선출은 지역별로 인구 규모가 다르기 때문에 공정하지 못하다는 의견도 있었지만, 지역별 선출이 재석 194, 가 180, 부 1로 압도적으로 통과되었다. 이렇게 해서 10인의 전형위원이 선출되었고 이들이 10개의 지역을 대표했다. 10개의 지역이란 남한 8도에 서울시와 제주도를 더한 것이었다. 이는 5·10총선 때의 지역 개념과 동일한 개념이었다. 당시 38선 이하 지역은 지금의 황해도 일부를 포함하고 있었지만, 이 지역은 경기도 지역구로 편성되어 선거가 치러졌다. 이것을 굳이 언급하는 이유는 이후에도 이러한 지역 기준에 따라 의정활동이 이루어지는 경우가 많았고, 반민특위 조사위원을 선정할 때는 이 기준을 둘러싸고 큰 논란이 일어나기 때문이다.

10명의 전형위원들은 그 다음 날 본회의에 서상일 위원장을 비롯해 30명의 기초위원 명단을 제출했다. 이 기초위원들의 정당별 분포를 보면, 총선 때의 당적 기준으로는 한민당 5인, 독촉 6인, 무소속 15인, 기타 4인이었다. 그러나 실제 분포는 한 연구에 따르면 한민당 8인, 독촉 10인, 한민당과 독촉 모두와 관련된 사람이 2인, 무소속 9인, 기타 1인이었다.[6] 그런데 기초위원들 중 한민당 소속은 헌법기초위원장 서상일 외에 김준연, 백관수, 조헌영, 허정과 같은 쟁쟁한 중진 의원들이 포함되어 있어 무게감으로는 다른 정파를 압도했다. 유진오 역시 자신은 국회 내 세력 분포를 잘 모르지만 한민당계 사람들이 "대체로 만족스러워하는 눈치"였다고 증언하고 있다.[7]

정치인들에게 헌법에서 가장 중요한 부분은 권력구조이다. 대통령제냐 내각제냐, 단원제냐 양원제냐는 그들의 정치적 경력을 직접 결정하기 때문에 초미의 관심사가 된다. 이 기초위원들이 권력구조의 첫 모습을 결정할 것이기 때문에, 기초위원들의 정당별 분포는 민감한 사안일 수밖에 없었다. 그래서 전형위원들이 30인의 기초위원 명단을 발표했을 때 즉시 많은 불만이 터져 나왔다. 특히 몇몇 전형위원이 기초위원이 된 것에 대해 비난이 쏟아졌다. 서상일, 이윤영, 허정, 류홍열이 그런 경우였다. 이와

---

6   서희경, 앞의 책, 279쪽.
7   유진오, 『헌법기초회고록』, 일조각, 1980, 46쪽.

관련해서는 이윤영이 기초위원 명단을 발표할 때 이미 설명을 한 바가 있었다. 전형위원들이 기초위원에 참가할 수 있느냐는 문제를 놓고 자기들도 길게 토론을 했는데, 전형위원이라고 해서 빠지는 것도 공평한 일이 아니다. 그렇게 이야기가 되어서 모두 일괄적으로 배수 공천자 명단에 들어가기로 한 끝에 몇몇이 최종적으로 기초위원이 되었다는 것이다.[1-3, 20쪽] 그 결과 공교롭게도 서상일과 허정 같은 한민당 중진들은 그대로 전형위원에서 기초위원이 되었다.

경남 동래 김약수 의원은 이에 대해 한민당을 강하게 비판하고 나섰다. 10명의 전형위원을 뽑을 때 지역별 기준을 채택한 것은 민족의 일치단결과 통일이라는 관점에서 보면 최선의 방책이 아니었다. 그런데도 내가 이 기준에 찬성한 것은 이전에 인사 문제에서 대차 정당의 암약이 너무나 심해서 이를 제재하고 일치단결을 이루자는 뜻이었다. 그런데 이번에 기초위원을 뽑아놓은 것을 보면 다시 대 정당이 암약했음을 볼 수 있다.[1-3, 28쪽] 김약수 의원의 날선 비판에 이어, 기초위원을 뽑은 전형위원을 소환해서 처음부터 다시 해야 한다는 주장까지 나왔다. 이렇게 해서 이 날 제출된 헌법 기초위원 명단을 처리하는 문제는 난관에 봉착했다. 하지만 온갖 논란 끝에 국회는 결국 이 문제를 검토하기 위해서 오늘 오후 회의는 휴회하자는 동의안을 통과시켰다. 바꾸어 말해, 긴 논의 끝에 결정된 것은 오늘 결정하지 말자는 것이었다.

이렇게 해서 기초위원 선출 문제는 6월 3일 제4차 본회의로 넘어갔다. 이 회의에서는 먼저 이승만 의장이 사회를 보았다. 보통 의장이나 부의장이 사회를 볼 경우 의사 진행만 할 뿐 자신의 의견을 내지 않는다. 의견을 내고 싶을 때는 다른 사람에게 사회권을 넘기고 의원 자격으로 발언하며, 일단 발언하게 되면 해당 논제가 종결되기 전까지는 사회 자리로 복귀하지 않는 것이 관례였다. 하지만 이승만 의장은 이 모든 관례를 초월할 수 있었다. 그리하여 교착상태에 빠진 기초위원 선출 문제에 대해서도 길게 발언하기 시작했다.

발언의 첫 번째 요지는 역시 통합이었다. 이 국회에서는 당신이 무슨 정당을 대표했다, 어떤 지방을 대표했다, 어떤 도를 대표했다 이런 것은 다 잊어야 한다. 오직 민족 대표로 나와서 한 덩어리, 한 묶음으로 우리나라 일을 해 가야 하니까 국회 안에서 당파나 그룹을 만들어 분열하고 분쟁한다면 삼천만 동포에게 죄를 짓는 것이다.1-4, 3쪽 당신이 대표한 정당이나 지방은 있겠지만, 삼천만 민족을 대표하는 나라보다 더 큰 정당은 없을 것이니까 이 하나의 큰 정당 안에서 뜻을 모으자는 것이었다.

발언의 두 번째 요지는 전형위원이 기초위원으로 된 것은 대단히 잘못되었다는 것이다. 그래서 이 문제를 가지고 계속 시비만 하지 말고 전형위원의 보고를 접수하지 않겠다는 동의를 내겠으면 빨리 내라고 촉구했다. 목적을 잊고 의견만 내지 말고 동의, 개의, 재개의를 내서 결정을 해나가자고 재촉했다.1-4, 4쪽 이에 전남 보성 이정래 의원이 전형위원단의 대표자로부터 사과를 받고 기초위원 명단을 접수하자고 했다. 전북 정읍갑 나용균 의원은 애초에 전형위원을 그렇게 뽑은 것도 우리 의원들이니 기초위원 명단을 그냥 접수하자는 개의를 냈다. 이진수 의원은 이승만 의장의 말을 받아 "전형위원의 보고를 재고려하여 보고하게 할 것"이라는 재개의를 냈다. 표결 결과, 전형위원의 보고를 그냥 접수하자는 개의가 가결되었다.

독촉이라는 한 정파의 수장이라는 입장에서 보면 이러한 표결 결과는 이승만의 패배이자 한민당의 승리였다. 하지만 그의 주된 관심은 기초위원회 내에서 한민당의 힘을 줄이는 것이 아니라 의사진행을 빨리 하는 것이었다. 이진수 의원이 자신의 말을 받아 거창한 어조로 전형위원들의 보고의 부당함을 지적한 후 재보고를 주장하자 이승만 의장은 도리어 "웅변은 두었다 하시고" 간단히 말하라고 했다.[1-4, 5쪽] 또한 이진수 의원의 재개의를 표결에 부칠 때는 "다만 재개의의 의의는 전형위원에게 다시 넘겨서 다시 보고하게 하는 것 (⋯중략⋯) 입니다. 그러면 더 끌고 더 주저하시기를 좋아하시는 분들은 손들어보십시오"라고 말해 의석에서 술렁임이 나오게 했다.[1-4, 6쪽]

이 코미디 같은 상황은 가능한 한 빨리 헌법을 제정하려는 이승만의 조급한 마음에서 비롯된 것이었다. 유엔의 결의에 따라 8월 15일까지 대한민국 정부를 수립하려면 촌각도 꾸물거릴 시간이 없었고, 아무리 중요한 문제라도 사소한 문제였다. 또한 이승만은 자신을 잠시라도 독촉만의 수장으로 여기지 않았다. 그는 모든 정치세력의 수장이자 대한민국의 수장이었다. 고국으로 돌아온 이래, 그리고 특히 제헌국회가 열리는 순간부터 그의 모든 발언은 전 국민의 지도자라는 위치에서 나오고 있다.

헌법 초안의 갑작스러운 변경

6월 3일 제4차 본회의는 헌법기초위원회가 되도록이면 6월 8일에 헌법 초안을 내놓을 것을 결의하며 그동안은 휴회하기로 했다. 국회법 초안도 마련해야 하는 것을 감안하면 이는 애초에 불가능한 요구였다. 기초위원회가 헌법 초안을 내놓은 것은 이로부터 20일이나 지난 6월 23일이었다. 6월 21일에 나올 수도 있었지만 마지막 순간에 권력구조가 내각책임제에서 대통령제로 갑자기 바뀌는 파란이 일어났다.

기초위원회는 유진오의 초안을 원안으로 삼고 권승렬의 초안을 참고안으로 삼아 헌법 초안을 확정해 나갔다. 유진오는 당시 최고의 헌법학자로 인정받고 있었기 때문에 이전부터 여러 정치 집단으로부터 헌법 초안 작성의 요청을 받고 있었다.[8] 우선, 미군정청 남조선과도정부가 1947년 하반기에 과도정부 사법부 안에 조선법전편찬위원회를 설치하고 헌법기초분과위원회로 하여금 헌법 초안을 마련하도록 했는데, 유진오가 위원이 되었다. 그가 과도정부의 헌법 초안을 한창 작성하고 있던 1948년 3월경에는 한민당의 김성수로부터 한민당 헌법 초안을 부탁받았다. 이에 그는 과도정부 헌법 초안이 완성되면 한 부를 주겠다고 약속했지만, 김성수는 주요 내용이라도 먼저 알려달라고 했다. 그는 양원제, 내각책임제, 농지개혁, 중요기업의 국영을 헌법의 기본 원칙으로 삼아야 한다고 했다. 김성수는 농지개혁에 대해서만은 조금 망설였지만 유진오의 설득에 이 기본 원칙들을 모두 수용했다고 한다. 유진오는 또한 4월에는 독촉의 신익희와도 만나 헌법 초안 작성을 요청받았다. 신익희는 이 자리에서 자신의 요청은 이승만의 뜻이기도 하다고 말했고, 유진오는 이번에도 자신의 4원칙을 설명하고 이승만의 동의를 요구했다. 후에 신익희는 유진오에게 이승만이 동의를 해주었다고 전했다. 내각책임제가 되면 대통령이 할 일이 적어지지만 부득이한 일이라고 하더라는 것이었다.

말하자면 유진오는 당시 정계의 세 거두 이승만, 김성수, 신익희 모두에게서 자신의 4원칙을 인정받았다고 생각한 상태에서 헌법 초안을 내놓았던 셈이다. 하지만 유진오의 착각이었다. 우선 기초위원회 제2독회에서 유진오의 완강한 방어에도 불구하고 양원제가 간단히 폐기되었다.

---

8   이하 유진오, 앞의 책, 17~44쪽.

그의 추측에 따르면 "국회의원들로 보면 양원제의 주장은 자기들이 한 손에 쥘 수 있는 권한을 둘이 나누어 가지자는 것"이었기 때문이다.[9] 하지만 양원제 폐기는 그의 학문적 소신에 치명상을 주는 것은 아니었기 때문에 불만을 누르고 그냥 넘어갔다. 그러나 내각책임제만큼은 결단코 양보할 수 없는 것이었다. 그는 기초위원들을 상대로 대통령중심제의 단점과 내각책임제의 장점을 역설했으며, 결국 허정과 같은 대통령제 찬성론자까지 모두 내각책임제를 받아들이게끔 했다.

그러나 기초위원회 제2독회 중에 이승만이 참석해 대통령제를 주장하기 시작하면서 사태가 바뀌기 시작했다. 유진오의 회고록에는 이승만이 두 번 출석해 발언한 것으로 나오지만, 당시의 언론 보도에 따르면 한두 번 더 출석했을 가능성이 높다. 유진오가 기억하는 첫 번째 출석은, 그의 회고록에는 정확한 날짜가 나오지 않지만, 6월 15일에 이루어졌다. 이승만 의장이 신익희 부의장과 함께 입장했고, 마침 내각책임제 채택을 역설하고 있던 유진오의 말이 끝나기를 기다렸다가, 반드시 대통령제가 되어야 한다는 발언을 하고 바로 퇴장했다는 것이다.[10] 발언 내용은 이러했다.[11] "대통령을 국회에서 간접선거하게 된다는 이유로 국무총리책임제로 기초위원들은 결의한 모양이나 그것은 안 될 일이다. 대통령은 간접선거이건 직접선거이건 인민이 선거하는 결과가 되는 것이다. 다시 말하면 국회에서 간접선거를 한다 하더라도 의원은 역시 국민이 선출한 것이니 인민의 신임을 받은 대표가 대통령을 선거하는 것은 곧 인민이 직접선거

9   위의 책, 56쪽.
10   위의 책, 58쪽.
11   김영상, 「헌법을 싸고도는 국회 풍경」, 『신천지』 제3권 제6호, 1948. 서희경, 앞의 책, 294쪽에서 재인용.

로 선거하는 것이나 다름이 없는 것이다. 그러므로 대통령에게 행정 책임을 직접 지우는 것이 옳은 일이지 대통령을 왕처럼 불가침적 존재로 한다는 것은 찬성할 수 없다."

하지만 유진오는 물론 기초위원들도 이미 내각책임제에 대해 일반적합의를 하고 있었고 6월 19일에 이르러서는 사실상 내각책임제 헌법 초안이 완성되었다. 그런데 21일 오후에 이승만이 다시 신익희와 함께 기초위원회에 나와 내각책임제 반대론을 역설한 다음, 만약 내각책임제 헌법이 채택된다면 "자신은 어떠한 지위에도 취임하지 않고 민간에 남아서 '국민운동이나 하겠다'고 선언하고 뒤도 안 돌아보고 퇴장해 버렸다."[12]

이승만이 6월 21일 월요일 오후에 헌법기초위원회에 나타나 이렇게 폭탄선언을 하게 된 것은 이 날 오전 본회의에서 자신의 전원회의 개최 동의안이 부결된 데 따른 것이다. 헌법 초안을 내각책임제에서 대통령제로 바꾸기 위한 이승만의 원래 계획은 국회의원들의 비공개 회의인 전원회의를 별도로 열어 의원들로 하여금 대통령제 헌법을 채택하게 하려는 것이었다. 그리하여 이 날 오전 제16차 본회의에서 그가 제안하기를, 헌법을 기초할 때 "국회 안의 몇몇 인도자 되시는 이들과 당파 되시는 몇몇분들" 사이에 헌법의 '대지大旨'에 대해 협의와 의논이 없었다. 그래서 자신이 헌법기초위원장 및 기초위원 몇몇과 이야기해서 대강령에 대한 의견 차이를 해소하자고 했고, 이를 본회의에서 공개적으로 난상토론하면 대외적으로 오해를 불러일으킬 수 있으니 전원회의에서 비공개로 논의하자는 것이었다.[1-16, 5~7쪽] 하지만 의원들은 이 제안을 재석 175, 가 12, 부 130으로 압도적으로 부결시켰다. 자신의 구상이 이렇게 오전 본회의에서

---

12   유진오, 앞의 책, 62쪽.

거부되자 오후 기초위원회 회의에 나타나 폭탄선언을 한 것이다.

　이는 한민당에 대한 심각한 통첩이었다. 이승만은 유진오도 말하고 있듯이 "앞으로 수립되는 정부의 하나이요 또 하나밖에 없는 대통령 후보자"였다.[13] 한민당이 내각책임제를 채택하려 했던 것은 이승만을 국가수반으로 만드는 대신 실권은 자신들이 쥐겠다는 뜻이었다. 이승만의 행동은 허수아비 대통령은 할 수 없다, 혹은 내가 어떻게 너희들을 믿고 뒷방에 앉아있을 수 있는가라는 선언이었다. 이제 발등에 불이 떨어진 것은 한민당이었다. 이승만이 정부 수립에 참여하지 않는다는 것은 정부 수립 자체가 무산된다는 것과 크게 다르지 않았다.

　그리하여 그날 밤 김성수의 집에서 백관수, 김도연, 서상일, 조병옥, 김준연, 조헌영, 정광호 등의 한민당 간부들이 모여 대통령제를 받아들이기로 하고 김준연의 주도로 즉석에서 유진오 초안을 수정해 대통령제 헌법으로 바꾸었다. 김성수는 유진오를 불러 김준연이 고쳐놓은 것을 검토해 달라고 요청했다. 유진오가 거절하자 김준연이 나서 그렇게 어렵게 생각하지 말자, 몇 조문만 빼고 앞뒤만 연결시키면 되지 않느냐고 했다. 유진오는 그게 그렇게 간단하지 않다, 국회의 내각 불신임 결의권이나 정부의 국회 해산권만 손본다고 되는 게 아니다, 헌법 초안에는 국무원이나 정부의 법률안 및 예산안 제출권이나 국무위원의 국회 출석 및 답변의 권리와 의무 등 내각책임제를 전제로 한 조문이 많다, 이 모든 조문들에 대해 깊이 생각하고 수정을 해야 한다고 대답했다. 그러자 김준연은 자기도 알지만 6월 23일에 반드시 상정해야 해서 그럴 시간이 없다며, 고친 게 앞뒤로 연결은 되느냐고 물었다. 유진오는 연결은 된다고 답한 후 더 이상

13　위의 책, 62쪽.

의 협조를 하지 않겠다고 선언하고 집으로 돌아왔다. 이튿날 김준연 등이 유진오의 집에 찾아와 헌법기초위원회에서 전날 밤 김성수의 집에서 결정된 헌법 초안을 통과시키고 제3독회도 끝마쳐 6월 23일 제17차 본회의에 제출하게 되었다며, 유진오에게 헌법 초안을 기초한 사람이니 본회의에 꼭 출석하라고 부탁을 하고 돌아갔다.[14] 제17차 본회의에 상정된 역사적인 대통령제 헌법 초안은 이런 우여곡절을 거쳐 나온 것이었다.

평생에 걸쳐 쌓은 학문적 소신에 치명상을 입은 유진오는 국회에 다시는 가지 않을 생각이었으나, 아침을 먹은 후 전날 김준연이 하던 말이 생각났다. "내일 아침에는 헌법안이 상정된다 해서 UN위원단은 물론이고 외국 신문기자도 수십 명이 와서 방청할 텐데, 우리들끼리 내분이 나서 당신이 헌법에서 손을 뗐다 하면 대외적으로도 무슨 꼴이냐. 그러니 제발 얼굴만이라도 뵈어 달라. 발언은 안 하도록 하겠다."[15] 유진오가 이런저런 생각을 하며 망설이고 있을 때 10시 10분쯤 국회에서 차를 보내왔다. 유진오가 국회에 도착했을 때는 이미 서상일 위원장이 한창 초안에 대해 설명을 하고 있었다. 서상일이 즉시 유진오에게 마이크를 넘겼다. 유진오는 상황의 무게에 떠밀려 단상에 올랐다. 그리고 자신의 학문적 양심과 어긋나는 대통령제 헌법 초안의 근본정신을 밝혔다. 어처구니없는 상황이었지만, 그 와중에도 헌법 초안에 내각제적 요소를 조금이라도 더 강화하기 위한 마지막 투쟁을 다짐하고 있었다.

---

14 위의 책, 73~80쪽.
15 위의 책, 81쪽.

제3장

국호와 헌법 전문

대통령제와 내각책임제의 문제를 둘러싼 유진오의 투쟁으로 넘어가기 전에, 헌법의 가장 앞부분에 나오는 국호와 전문에 얽힌 사연을 먼저 보기로 하자. 우리나라 헌법의 공식 명칭은 "대한민국헌법"이다. 헌법 명칭에 이미 우리나라의 국호가 명시되어 있다. 그런 다음 "유구한 역사와 전통"으로 시작되는 유명한 전문이 나온다. 대한민국이라는 국호와 헌법 전문은 어떻게 정해졌을까?

'대한민국'

오늘의 우리에게 대한민국이라는 국호는 공기처럼 자연스러운 것이지만, 새로 태어나고 있는 우리나라를 공식적으로 어떻게 부를지는 그리 당연한 문제가 아니었다. 대한민국이라 부를 수도 있었고, 한국이라 부를 수도 있었고, 고려라 부를 수도 있었고, 조선이라 부를 수도 있었다. 실제로 제헌헌법 전에 나왔던 작성된 여러 정치 집단의 헌법 초안들도 우리나라의 이름을 제각각 다르게 불렀다. 이름을 정하는 문제는 원래 쉬우려면 쉽고 어려우려면 어렵다. 대개는 새 나라의 이름을 정하는 문제가 그리 호락호락할 리 없다. 근본적으로는 나라의 역사를 어떻게 바라볼 것인지와 관련되어 있고 따라서 정파의 정체성과 본질적으로 관련되어 있다. 1948년 6월 20일 자 『동아일보』는 헌법이 본회의에 상정될 때 격론을 일으킬 주제의 하나로 국호 문제를 꼽았다.

헌법 초안이 제출된 6월 23일 국회는 이틀간 휴회하고 의원들은 헌법 초안에 대한 서면 질의를 작성해 제출하기로 결의했다. 6월 26일 제18차 본회의에서 제1독회가 시작되었고, 서상일 위원장이 등단해 의원들의 서면 질의에 대답하기 시작했다. 그가 소개한 첫 질의가 바로 "국호를 대한이라고 정한 의의와 근거가 무엇이냐"는 경기 인천갑 곽상훈 의원의 질의였다. 서상일 위원장은 대한이라는 이름이 청일전쟁의 종전 조약인 '마관조약시모노세키조약'에서 썼던 이름이며, '한일합병'으로 없어졌다가 '3·1혁명' 후 임시정부를 조직해서 다시 사용하게 된 것이라는 주지의 사실을 상기시켰다. 그런 후 "이 국회가 처음 열릴 때에 의장 선생님으로부터 여러분에게 식사式辭를 말씀하시는 끝에도 대한민국 36년이라는 연호를 쓴 관계로서 이 헌법 초안에도 아주 누가 이렇게 국호를 정해라 저렇게 해라 정할 수가 없어서 대한이라고 그대로 인용해서" 사용하게 되었다고 대답했다.1-18, 7쪽 하지만 '대한'이라는 말이 군주국의 뉘앙스를 주는 것 같기도 하고 또 대영제국이니 대일본제국이니 할 때처럼 제국주의를 연상시키는 것도 사실이라며 어쨌든 본인에게도 조금 비민주적으로 들린다고 덧붙였다.

대체토론에서 다수의 의원들이 국호 문제를 언급했는데, 충남 아산 서용길 의원이 포문을 열었다. 그는 대한민국이라는 국호에 반대한다고 했다. 우선 시모노세키조약에서 '망한 이름'으로 나온다는 것이었다. 또한 사람들이 나라의 법통을 계승한다는 의미에서 대한민국을 써야 한다고 주장하지만, 이름이 아니라 현실로 계승을 했으면 그만이다. "현실이란 무엇이냐, 3·1혁명 당시에 임시정부 대통령으로 계시는 이승만 박사가 자율적인 국회에 의장으로 계시는 사실"이며, 이것으로 법통은 계승된 것이고 굳이 더렵혀진 대한민국이라는 이름을 쓸 필요가 없다는 주장이었다.[1-20, 9쪽] 이에 대해 발언에 나선 의원들의 대부분은 대한민국이라는 국호를 써야 한다고 주장했다. 예컨대 진헌식 의원은 "대한민국은 3·1혁명 투쟁을 통하여 조성된 국호이며 이 역사적 광영을 가진 국호야말로 대내적으로는 민족통일의 기초가 되고 대외적으로는 민족투쟁의 긍지가 될 것"이라고 했다.[1-20, 9쪽]

가장 길고 절절한 호소는 전남 화순 출신의 유학자 조국현 의원으로부터 나왔다. 그의 웅변을 요약하면 이렇다. 지금 우리는 일본에게 빼앗겼던 대한을 찾아서 광복했다. 이민족에게 빼앗겼던 주권을 찾는 것을 광복이라 한다. 그래서 국호를 반드시 대한이라 해야 한다. 어떤 사람들은 일본이 청일전쟁 후에 이 나라를 집어삼키려는 과정에서 생긴 이름이 '대한'이니 창피해서 쓸 수 없다고 하지만, 크게 잘못된 생각이다. 그 당시 우리나라는 여전히 토지, 인민, 주권이라는 독립의 3대 요소를 갖추고 있었다. 또 어떤 사람들은 '대한'이 일본에게 망해버린 국호이니 모욕적이라 쓸 수가 없다고 하지만, 더욱 안 되는 소리이다. 우리 민족은 8·15 이전에 90% 이상 창씨개명을 당했다. 그러면 창씨 당한 본래 이름은 창피한 것이니 되찾지 않아야 한다는 말인가? 본래 이름을 되찾는 것이 민족적 양심이다. 마찬가지로 '대한'을 찾는 것이 국민의 본분이다. 또 어떤 사람들은 대한이 제국주의적이어서, 대청이니 대영이니 하는 말과 같아서 쓸 수가 없다고 한다. 그렇지 않다. 우리는 과거 삼천년 전부터 대한이라고 써 왔다. 마한, 진한, 변한은 모두 연방국으로서, 각각 총왕總王이 있었고 마한의 총왕은 또 총왕의 총왕이었다. 마한은 곧 '말한'인데, '말'은 높다는 뜻도 있고 크다는 뜻도 있다. '한' 역시 크다는 뜻이다. 우리의 선조들이 고대에 이 나라를 '말한[마한]'이라 불렀으니, 마한이 곧 대한이다. "현명하신 여러분, 우리 대한을 광복하는 오늘에 있어서 새삼스럽게 다른 국호로 변경하는 것이 옳다고 생각하십니까? 이것은 절대 불가한 것이올시다. 우리는 대한민국의 국호를 씀으로써 거룩한 3·1운동을 살려내며 세계에 천양하고 대한 임정의 법통을 계승하여 반만년 찬란한 역사를 접속하는 의미에서 나는 우리 국호를 대한이라고 생명을 놓고 절대 주장합니다."[1-20, 20~22쪽]

대한민국 찬성론자들의 열변에도 불구하고 충남 논산[을] 최운교 의원은 헌법이 통과될 때까지 상당한 시간이 있을 테니, 법률가와 학자들을 넘어 전 국민의 총의를 모아 참신한 국호를 만들어보자는 제안을 했다.[1-20, 10쪽] 전북 이리 배헌 의원도 전문학자도 많을 것이고 하니 198명의 의원들이 더 생각해보자는 의견을 냈다.[1-20, 35쪽] 당시 언론에서는 헌법의 주요 쟁점에 대한 학자와 전문가들의 의견을 많이 싣고 있었다. 『동아일보』 역시 「헌법 제정과 나의 의견」이라는 제목의 연재 기사를 실었는데, 다수의 필자들이 국호로 '고려'를 선호했다. 예컨대 초대 고려대 총장이자 철학자였던 현상윤은 『동아일보』 1948년 6월 23일 자에서 국호 문제와 관련해 다음과 같이 주장했다.

국호를 결정하는 요건은 역사의 사실에 정확한 근거를 두고 국가의 명예를 나타내고 국민의 이상을 만족시킬 만한 것이라야 할 것이다. 그런데 지금 기초위원회에서는 국호를 '대한'으로 결정하였다 하니 과연 그렇다 하면 대한은 이상의 요건에 비추어볼 때에 비난할 점이 많고 일치되지 않는 것이 많다. 첫째로 대한이란 명칭이 조선 역사에서 불려진 것은 고종 정유년 8월로부터 순종 경술

팔월에 이르는 불과 13년 동안의 일이요 또 삼한은 부락국가로서 한강이나 임진강 이남의 분산적 지방적 명칭임에 불과하고 하등 통일적 전국적 국호가 아니니 국호로서 국민의 이상을 만족시키지 못하는 것이요 또 둘째로 대한은 소위 '일한합병'의 치욕을 받아 국사 상에 있어서 영구히 잊을 수 없고 씻을 수 없는 오점이 찍혀 있는 이름이니 국호로 하여 국가의 명예를 보전치 못할 것이요 셋째로 대한이란 대자는 대영이나 대일본과 같이 제국주의 사상을 본 따서 지었던 것이니 오늘날 민주주의와 평화주의를 국시로 표방하는 때에 이것을 국호로 채용하는 것은 불가하다고 생각한다. 그러면 국호는 무엇으로 정하는 것이 좋으냐 하면 나는 이것을 '고려민국'으로 하는 것이 가하다고 생각한다. 첫째 고려는 세계인이 통칭하는 우리나라 지명에 일치하고 둘째 고려는 500년간 통일국가이던 왕씨 고려와 한漢민족으로부터 패覇를 다투던 동양사상의 영웅적 존재이던 고구려를 인용하는 것만큼 국민의 명예와 이상에 일치하는 까닭이다. 그밖에 '조선'도 있으나 이것은 일정시대의 오점과 조일선명이란 관념은 일본 태양의 반영을 구가하는 것이니 차역此亦 국민의 명예심을 만족시킬 수 없는 것이다.

대한민국이라는 국호를 가장 강하게 반대한 사람은 한때 조선공산당의 거물이었다가 단정 노선에 합류한 경기 인천의 조봉암 의원이었다. 그의 주장은 연단에서의 연설이 아니라 미발언 원고를 통해 이루어진 것이었다. 그는 특히 대한민국 임시정부의 법통을 계승하는 차원에서 대한민국이라는 국호를 채택해야 한다는 주장에 대해 강력하게 비판했다. "또 일부 논자는 대한민국 임시정부의 법통 계승문제와 결부해서 생각하는 모양인데 우리 인민의 대표가 여기서 헌법을 만들고 새 나라를 건설함에 있어서는 (…중략…) 혁신적이고 진취적인 신흥 국가를 건립하자는 것이고 어떠한 명의를 답습함이 목적도 아니고 본의도 아닌 것입니다. 더욱이 중경 임정의 주석이던 김구 선생이 이미 '지금 남조선에서는 대한민국의 법통을 계승할 아무 조건도 없다'고까지 반대 의사를 표시한 바도 있는 바이니 대한민국이란 말은 역사적 합리성으로 보거나 체제로 보거나 형식적 법통으로 보거나 천만 부당합니다."[1-21, 23쪽]

김구를 인용하며 대한민국이라는 말은 역사적 합리성 면에서나 형식적 법통 면에서나 부당하다는 주장은 엄청난 논란을 불러일으킬 수 있었다. 김구의 말은 6월 7일 "반단정反單政 정치세력의 합법적 통일전선 태세를 확대 강화하기" 위한 김구 한독당과 김규식 민족자주연맹의 제4차 연석회의를 계기로 기자단과의 회견에서 나왔다.[『조선일보』, 1948.6.8] 기자단이 국회에서 이승만이 대한민국을 계승할 것을 선포한 것에 대해 논평해 달라고 했을 때, 그는 지금 수립되고 있는 대한민국 정부가 3·1운동과 임정을 계승할 자격이 없다고 잘라 말했던 것이다.

조봉암 의원이 만약 연단에 올라 직접 이렇게 발언했다면 상당한 논란이 초래되었을 것이다. 하지만 이승만 의장은 7월 1일 제22차 본회의 헌법안 제2독회에서 국호 문제에 대해 별로 중요하지 않다는 듯 이렇게 이야기했다.[1-22, 8쪽] "그 다음은 국호 개정문제인데 국호 개정이 잘 되었다고 독립이 잘 되고, 국명이 나쁘다고 독립이 잘 안 될 것은 아니고 그런 것은 문제가 안 됩니다. 그래서 이 국호 개정이 제일 시간이 많이 걸리기 때문에 나는 1분 동안이라도 빨리 우리 헌법 통과시켜야 될 것이니까 그것 잘 아시도록 내가 부탁하는 겁니다. 그러니까 국호는 차차 국정이 정돈되어 가지고 거기에 민간의 의사를 들어 가지고 대다수의 결정에 의하여 그때 법으로 작정하는 것이 좋으리라고 생각합니다. 그러니까 국호문제에 있어서는 다시 문제 일으키시지를 말기를 또 부탁하는 것입니다."

조봉암 의원은 이승만 의장의 말을 국호는 일단 미결로 두자는 제안으로 생각하고, 헌법 제1조 "대한민국은 민주공화국이다"를 일단 결정하지 말고 넘어가자는 수정안을 냈다. 이에 대해 이승만 의장은 국호가 분명하지 않은 점이 있기 때문에 다음에 다르게 고치자는 얘기지 "지금까지 써 오던 국호를 그냥 작정을 말자는 얘기는 아닙니다"라고 말했다.[1-22, 9쪽] '다음에'라는 말이 이승만 특유의 어법이다. 시간을 끌 수 있는 모든 문제는 다음에 하자는 것이다. 아무튼 제1조 원안은 표결을 통해 재석 188, 가 163, 부 2로 압도적으로 가결되었다.

국호 문제에 대한 이승만의 접근은 유별난 데가 있다. 조봉암의 발언을 심각하게 취급했다면, 이는 하루 이틀로 끝나지 않을 심각한 논쟁점이 된다. 김구의 발언은 이승만의 단정 노선에 대한 부정임은 물론 임시정부에서의 이승만의 활동에 대한 평가와도 관련되는 문제일 것이기 때문이다. 이렇게 심각해질 수 있는 문제를 이승만은 아무 문제도 아닌 것처럼, 아주 실용적인 문제인 것처럼 슬쩍 넘기려 한다. 만약 조봉암이 엄청난 논쟁을 기대하고 있었다면 맥이 탁 풀렸을 것이다.

하지만 '대한민국'이라는 국호가 이승만에게 그냥 실용적인 문제일 리가 없다. 이 국호는 자신의 독립운동에 근원적 정당성을 주는 것이었다. 또한 이 국호를 채택할 경우 이미 1919년에 세워진 대한민국의 복구임을 뜻하기 때문에 신생국의 역사적 정당성을 더할 수 있어 대한민국의 국제적 승인에 조금이라도 더 유리할 것이라고 판단했던 것 같다. 아무튼 그는 7월 12일 제28차 본회의 헌법안 제3독회를 마치면서 국호 문제를 이렇게 정리했다. 우리나라 국호를 대한민국이라고 한 것에 대해 외국 사람들이 의구심을 가질 수 있다. 그들은 예로부터 우리나라를 '고려'라 불렀기 때문이다. 하지만 우리가 이번에 우리나라 국호를 새로 고친 것이 아니다. 우리는 왜놈들이 우리를 '조선'이라고 부르는 것에 진절머리가 나서 이미 기미년에 대한민국이라고 선포했었다. 지금 국호를 대한민국으로 정한 것은 기미년에 선언한 그대로 계승하는 것이지 새로 만든 것이 아니다. 그러므로 외국 사람들이 기미년에 우리나라를 '고려'라 불렀듯이 지금도 '고려'라 부르면 된다. 외국 사람들에게 우리나라 국호가 바뀌지 않았다는 것을 영문으로 공포하도록 사무국에 지시하겠다.[1-28, 18쪽]

헌법 전문

헌법 전문 문제는 1948년 7월 1일 제22차 본회의 제2독회에 와서야 본격적으로 논의되었다. 제1독회에서 헌법 전문을 어떻게 지을 것인가 하는 문제는 최운교 의원이 잠시 언급한 것[1-18, 8~9쪽]을 제외하곤 거의 논의되지 않았다. 이승만 의장은 제22차 본회의에서 국호 문제와 함께 전문 문제를 꺼냈다.

그는 전문 첫 부분을 "우리들 대한민국은 유구한 역사와 전통에 빛나는 민족으로서 기미년 3·1혁명에 궐기하여 처음으로 대한민국 정부를 세계에 선포하였으므로 그 위대한 독립정신을 계승하여 자주독립의 조국 재건을 하기로 함"으로 하자고 제안했다. 이 유명한 전문의 최초 작성자는 유진오이다. 유진오의 회고에 따르면 자신의 최초 초안은 "반만년의 광휘 있는 문화적 전통에 빛나는"으로 시작했고, 이것을 "장구한 역사와 전통에 빛나는"으로 고쳤다가 마지막으로 "유구한 역사와 전통에 빛나는"으로 확정했다고 한다.[1] 유진오가 헌법기초위원회에 제출한 헌법 초

---

1   유진오, 앞의 책, 25쪽.

안의 전문은 "유구한 역사와 전통에 빛나는 우리 한국 인민은 삼일혁명의 위대한 발자취와 거룩한 희생을 추억하며 불굴의 독립정신을 계승하여 지금 자주독립의 조국을 재건함에 있어서"로 시작했다.

유진오의 전문 초안과 이승만이 제안한 전문 초안은 얼핏 보면 크게 차이가 없는 것 같다. 하지만 자세히 보면 이승만 전문에는 "처음으로 대한민국 정부를 세계에 선포하였으므로" 하는 구절이 있다. 최종적으로 통과된 제헌 헌법의 전문은 "유구한 역사와 전통에 빛나는 우리들 대한국민은 기미 삼일운동으로 대한민국을 건립하여 세계에 선포한 위대한 독립정신을 계승하여 이제 민주독립국가를 재건함에 있어서"로 시작하고 있다. 이승만의 제안이 최종 전문에 그대로 반영되어 있는 것이다. 왜 이승만에게 삼일운동을 통해 "대한민국 정부를 세계에 선포"했다는 것이 그렇게 중요했을까? 이에 대한 단서는 이 전문을 제안한 바로 그 국회 발언 안에 들어 있다.[1-22, 8쪽]

또 따라서 내 생각은 총강 전의 전문 이것이 긴요한 글입니다. 거기에 즉 우리의 국시, 국체가 어떻다 하는 것이 표시될 것입니다. 나는 여러분에게 간절히 요구하는 것은 지난 번 개회식 할 때에도 그런 말한 일이 있습니다. 그래서 "우리는 민주국 공화체이다" 하는 것을 쓰는 것이 있습니다. 독립선포 전문 기미년 때 선포한 것에도 있는 것입니다. 그 후 정부가 상해로 갔던 남경을 갔던 그동안에도 이것은 독재제가 아니라 민주정권이다 하는 것을 쓴 것이 있습니다. 이 정신은 벌서 35년 전에 세계에 공포하고 내세운 것입니다.

지금 미국 사람들이 민주주의로써 일본 제국주의를 물리쳤습니다. 소련의 민주주의라는 것은 공산당을 민주주의라고 이름 짓고 있습니다. 이 각 나라들의 민주주의가 있습니다. 공산당은 자기네가 세계를 제패할 수가 없고, 지금 미국 사람들이 구라파나 아세아에나 자기네의 민주주의라는 것을 퍼자고 하는 것이 오늘의 정세입니다.

그러한 까닭에 일본에 가서도 전제주의를 없애 버리고 일본 백성들에게 민주주의를 전하고, 그런 정부를 만들어서 다시 군벌정치를 세우지 못하게 하려 하고 있는 것입니다. 일본에 천황폐하가 그저 있는 것은 민주주의로 하는 것이 아니냐에 대해서는 의혹을 말하는 사람도 있습니다.

그리고 조선에 와서도 미국은 민주주의 원칙에 임하여 자기네가 세워주겠다고 하고 있는 터입니다. 그러나 우리는 우리의 정신을 우리 헌법에 작정할 생각이 있어서 말씀하는 것입니다.

이 인용문에서 이승만은 대한민국이 민주공화국임을 이미 35년 전에 세계에 공포했다고 말하고 있다(29년이라 해야 맞을 것이다). 그리고 결정적으로 중요한 문장은 제일 마지막 문장인 것 같다. 곧 미국이 우리나라에 와서 민주주의를 세워주겠다고 하지만 우리는 이미 35년 전에 민주주의를 세운 바가 있고 그 정신을 우리 헌법에 넣겠다는 것이다. 우리의 민주주의는 다른 누군가가 세워준 것이 아니라 우리 스스로 세운 것이며, 헌법은 이 민주주의 전통의 연장선상에 있는 것이라는 당당한 선언이다. 이것은 사실 이승만이 독립운동 시절에 주장하던 바를 재확인하고 있는 진술이다.

예컨대 1945년 4월 25일 미국 샌프란시스코에서 국제기구 창설에 관한 연합국 회의가 열렸다. 이승만은 이 샌프란시스코 국제회의에 대한민국 임시정부가 참가할 수 있도록 하기 위해 대한민국 임시정부 구미위원부 위원장 자격으로 3월 8일과 4월 20일에 미국 국무부에 이 문제를 질의했다. 5월 15일에는 트루먼 대통령에게 직접 서한을 보내 대한민국 임

시정부가 샌프란시스코 국제회의에 참석할 수 있도록 요청했다.[2]

한국과 관련하여 얄타에서 카이로선언에 반하는 비밀협정이 있었다는 사실이 최근 밝혀져 각하께서도 분명히 저만큼이나 놀랐을 것입니다. 각하께서는 한국이 비밀 외교의 희생물이 된 것이 이번이 처음이 아니라는 사실을 기억할 것입니다. 1905년 한국을 일본에 팔아넘긴 첫 번째 비밀협정은 20년 뒤까지 비밀에 붙여졌습니다. 다행히 이번 얄타협정은 연합국회의 중에 바로 이곳에서 드러났습니다. 우리는 각하께서 이번 일에 개입해주기를 호소합니다. 오직 이것만이 과거의 잘못을 바로잡고 삼천만 민중이 다시 노예가 되는 것을 막을 수 있는 유일한 길이기 때문입니다. 우리는 연합국회의의 회원자격 심사위원회에 회의의 정당한 의석을 달라는 요청서를 제출했습니다. 각하의 지시만이 우리에게 문을 열어줄 수 있고, 그렇게 되면 한국은 총회에서 발언권을 갖게 될 것입니다.

이 편지에 대해 국무부 극동국장 로크하트는 6월 5일 답신에서 '대한민국 임시정부'는 한국의 어떤 지역에 대해서도 행정권을 가지고 있지 않고 오늘날의 한국 민중을 대표한다고 간주될 수 없다는 이유로 이승만의 요청을 거부했다.[3] 한마디로 대한민국 임시정부는 영토, 국민, 주권이라는 이른바 국가의 3요소를 결여하고 있기 때문에 샌프란시스코 국제회의에 참가할 수 있는 자격이 되어 있지 않다는 것이었다. 이에 대해 이승만은 앞에

---

2   "The Chairman of the Korean Commission in the United States (Rhee) to President Truman", Washington, May 15, 1945. http://db.history.go.kr/id/frus_001_0010_0100 (2020.9.18).

3   "The Acting Secretary of State to the Chairman of the Korean Commission in the United States (Rhee)", Washington, June 5, 1945. http://db.history.go.kr/id/frus_001_0010_0110 (2020.10.22).

서 인용한 바 있는 편지에서 로크하트의 주장을 조목조목 반박하며 대한민국 임시정부가 정부의 자격을 충분히 갖추었다고 답했다.[4]

귀하의 서한에서 "샌프란시스코 회의에서 대표되는 연합국들은 모두 적법하게 구성된 정부 당국인 반면, 대한민국 임시정부와 기타 한국인 기구들은 미국에 의해 통치당국으로 인정받는 데 필요한 자격을 갖추고 있지 않다"는 말은 임시정부가 어떤 근본적인 것을 결여하고 있다는 것을 의미합니다. 우리가 아는 한 임시정부가 미국의 승인을 받기 위한 자격으로서 갖추지 못하고 있는 것은 전혀 없습니다. 국제법에서 승인의 첫 번째 전제조건의 하나인 안정성은 임시정부가 이미 증명해 왔습니다. 임시정부는 4반세기에 걸쳐 모든 형태의 폭풍을 견뎌냈으며 여전히 유일한 한국 정부로서 존립하고 있습니다.

국제법이 요구하는 또 다른 조건은 국민 자신이 정부를 지지하는 것입니다. 이 조건 역시 한국인들에 의해 충족되었습니다. 우리가 만장일치를 주장하는 것은 아닙니다. 그러나 한국 안팎에서 우리 국민의 압도적 다수가 우리를 굳건히 지지하고 있습니다.

더욱이 한국 정부는 1919년 한국의 13개 도의 대표들에 의해 상하이나 다른 어떤 곳도 아니라 바로 서울에서 수립되었습니다. 여기에 서울 선언의 원본을 동봉합니다. 이 정부가 한국 내에서 조직되는 사이, 상하이와 시베리아에서도 동시에 각각 정부가 수립되었습니다. 그러나 서울 선언이 전해지자 다른 두 정부는 자발적으로 그들의 계획을 포기하고 한국인 수천 명의 생명의 희생으로 만들어진 서울 정부에 참여했습니다.

---

4   "The Chairman of the Korean Commission in the United States (Rhee) to the Acting Chief of the Office of Far Eastern Affairs (Lockhart)", Washington, July 25, 1945. http://db.history.go.kr/id/frus_001_0010_0130 (2020.10.22).

적어도 중국 정부와 프랑스 임시정부는 한국 정부의 그 실질적 지위를 인정해 왔습니다. 더욱이 중국 정부는 우리에게 그들이 할 수 있는 모든 재정 지원을 해주고 있습니다.

민족주의자, 공산주의자 그리고 "무정부주의자"까지 포함해, 1944년 4월에 조직된 우리의 연합내각은 자유 중국 내에서 모든 한국인의 단결을 달성했습니다. 하지만 "한국인의 분열" 이야기가 처음에는 친일 분자들에 의해, 나중에는 용공 분자들에 의해 이 나라 어디서나 워낙 광범위하게 선전되는 바람에, 일반 공중이 한국인에 관해 완전히 그릇된 인상을 갖게 되었습니다. 사실 한국인의 "분열"이란 것은 모든 민주국가에 존재하는 소수 공산주의자와 다수 민족주의자 사이의 분열 이상의 것이 결코 아닙니다. 국무부가 반복적으로 언급해 오고 있고 국무부 관리들이 대한민국 임시정부와 동일 선상에 놓고 있는 "기타 한국인 집단들"과 "기타 기구들"이란 (…중략…) 소수의 한국인 공산주의 선동가들과 용공 집단에 지나지 않습니다. 이들 집단은 몇몇 국무부 관리들의 협조를 받아 왔으며 아직도 받고 있습니다. 그들은 대다수 한국인들이 임시정부에 반대하고 있다는 인상을 은밀히 만들어내고 있습니다.

이처럼 이승만은 독립운동 시절 국제법적으로 적법한 대한민국 정부가 1919년 이래 계속 존재해 왔음을 지속적으로 주장했다. 그가 헌법 전문에 이미 대한민국 정부를 세계에 선포한 바 있다는 것을 강조한 것은 이처럼 자신의 과거 주장을 재확인하는 것이었으며, 유엔 총회에서 대한민국 정부의 국제적 승인에 더 큰 정당성을 부여하기 위한 것이라 할 수 있다. 여기에서 보듯이 이승만은 국제 외교 무대에서 대한민국의 국호와 헌법이 가질 수 있는 미묘한 의미와 파장에 대해서도 세심한 주의를 기울이고 있었다. 이것은 아무 정치지도자나 할 수 있는 일이 아니었다.

그가 자신의 정치적 생애 기간 동안 직접 상대하거나 고려해야 했던 역사 속의 주요 인물은 윈스턴 처칠[1874], 조셉 스탈린[1878], 더글러스 맥아더[1880], 프랭클린 루스벨트[1882], 해리 트루먼[1884], 장제스[1887], 드와이트 아이젠하워[1890], 딘 애치슨[1893], 마오쩌둥[1893] 등등이었다. 세계사를 움직이던 강대국 정치인들을 상대로 식민지 약소국 한국의 해방과 독립을 얻기 위해 이승만은 그들보다 더 큰 의지와 혜안을 갖추고 이를 남김없이 발휘해야 했다.

제4장

대통령제 대 내각책임제

이제 제헌 헌법에서 내용적으로 가장 중요하게 여겨졌던 대통령제냐 내각책임제냐의 문제로 넘어간다. 이 문제는 헌법 기초 단계에서도 파란을 일으켰던 문제이고, 제2독회 과정에서도 이 파란에 대한 언급이 나와 또 다른 파란을 일으켰다. 이 파란의 중심에 이승만이 있었다. 그가 아무리 헌법 제정의 속도를 강조했다 해도, 이 문제만큼은 속도에 양보할 수 없었다. 유진오의 마지막 투쟁도 이를 둘러싸고 전개되었다.

유진오의 창조적 논리

1948년 6월 23일 제17차 본회의에서 유진오는 헌법 초안 작성자의 자격으로 연단에 올랐다. 그는 먼저 정부 구조와 관련해 가장 중시한 것은 어떻게 하면 행정권이 흔들리지 않고 안정되는 가운데 강력한 정치가 이루어질 수 있겠는가 하는 것이었다고 말했다. 이러한 문제의식이라면 보통은 대통령제를 선호해야 맞지만, 유진오의 논리는 예상을 뒤집는 것이었다. 안정적 정부와 강력한 정치를 이루려면 "정부와 국회를 따로 떼어 놓고 양자가 서로 간섭하지 못하게 하는" 것이 아니라 오히려 양자의 관계를 밀접히 해놓고 국회의 다수파가 지지하는 정부를 수립해야 한다는 것이었다.[1-17, 10쪽] 국회의 다수에 기초한 정부 형태가 바로 내각책임제이다. 내각책임제의 한 가지 단점이라면 "국회와 정부 사이에 일종의 알력 관계가 생기는 경우" 정부가 즉시 영향을 받게 되어, 국회가 정부를 불신임해 정부가 총사직하거나 정부가 국회를 해산해 국민의 의사를 다시 물어야 하는 사태가 발생한다는 것이다.[1-17, 11쪽]

대통령제는 내각책임제와 정반대의 장점을 가지고 있다. 대통령제 하에서는 통상 국회의 정부 불신임권이 없기 때문에 정부와 국회 사이에 알력이 생겨도 대통령 임기 동안은 정부가 유지된다. 국회는 입법권과 감사를 통해 정부를 제약하거나 견제할 수 있지만, 보통 더 이상의 행동은 할 수 없다. 하지만 이러한 장점은 단점이기도 하다. "국회와 정부가 의견을 달리하는 경우에는 이것을 적당하게 조절하는 길이 적어도 법제상으로 없는 것"이다. 의견의 상치가 격화되어도 "정부는 국회의 해산권이 없고 국회는 정부에 대한 불신임권이 없으므로 그것을 법제상 조화할 수 없다는 것이 대통령제의 가장 큰 약점"이다.[1-17, 11쪽] 대통령제 하에서 통상 정부와 국회의 갈등을 해결하는 최후의 법제상 방법이라면 대통령 탄핵이다. 그러나 탄핵은 대통령이 어떤 범죄행위를 저질러야 가능하지, 정치적 정책적 견해 차이로 탄핵과정에 들어갈 수는 없다. 현대 정치학자들은 이처럼 정상적으로 해소될 수 없는 정부와 국회의 대결 상황을 흔히 '교착deadlock'이라 표현한다.

이렇게 내각책임제와 대통령제의 장단점을 설명한 후 유진오는 헌법기초위원회에서는 건국 초기에 안정된 정부와 강력한 정치를 도모하기 위해 대통령제를 채택하기로 했다고 말했다. 헌법을 처음 기초할 때는 바로 이 때문에 내각책임제를 제안했다고 해놓고, 이제 와서는 이 때문에 대통령제를 채택했다는 자가당착적인 발언을 한 것이다. 이 자가당착을 조금이라도 완화하는 길이 바로 헌법 초안의 대통령제가 미국식의 순수 대통령제가 아니라 내각책임제의 요소를 많이 가진 대통령제임을 강조하는 것이다. 미국식 대통령제와 달리 우리의 경우 장관들이 국회에 출석해서 발언할 수 있고 또 국회의 요구가 있으면 출석해서 발언을 해야 할 의무가 있다. "즉 국회와 정부는 미국식으로 아주 갈려 있지 않고, 다만 해산권과 불신임이 없을 뿐으로 항상 밀접한 연락을 할 수 있게 되어 있는 것"이다.1·17, 11쪽 또한 미국에서는 장관들이 합의체를 형성하고 있지 않지만, 우리는 국무원제도를 둬서 제67조에 "국무원은 대통령과 국무총리 기타의 국무위원으로 조직되는 합의체로서 대통령의 권한에 속한 중요 국책을 의결한다"고 했다. 따라서 "대통령의 권한에 속하는 사항은 대통령 한 사람이 결정하고 한 사람이 실행해 나가는 것이 아니라" 국무원의 의결을 통해 실행된다는 것이 미국 대통령제와 우리 대통령제의 차이이다.1·17, 11쪽

유진오는 연단에 오를 때 이미 구체적인 법조문을 통해서가 아니라 조문 해석을 통해 헌법을 조금이라도 더 내각책임제 쪽으로 몰고 갈 결심을 하고 있었다고 회고한다.[1] 그 최초의 시도가 이렇게 헌법 초안의 내각책임제적 요소를 부각시키는 것이었다. 앞에서 우리는 6월 21일 밤 유진오가 김준연에게 대통령제 헌법으로 바꾸는 게 간단한 문제가 아니라며, 내각책임제의 핵심 조항 외에도 헌법 초안에는 내각책임제를 전제로 한 조문이 많다고 이야기한 것을 보았다. 유진오는 시간이 촉박해서 채 제거되지 못한 이 내각책임제 관련 조문들을 최대한 이용하고자 했던 것이다.

---

1   유진오, 앞의 책, 86쪽.

우리나라의 대통령제가 미국의 대통령제와 달리 내각책임제적 요소를 많이 가지게 된 것은 행인지 불행인지 이처럼 우연의 산물이었다.

저간의 사정으로 유진오는 이 날 아무 준비 없이 국회에 나와 원고 없이 헌법의 기본 취지와 내용을 설명했다. 김약수 의원은 유진오의 사심이 담긴 창조적 논리를 정확히 꿰뚫었다. 그는 대체토론에 가까운 논평에서 대통령제의 결함에 대한 유진오의 설명이 형식적이고 우물쭈물 그냥 넘어가려는 인상을 받았다고 했다. 혁명이라 하면 사람들이 프랑스를 연상하지만, 사실 혁명이 많이 일어나는 곳은 남미 국가들이고, 이는 그 나라들이 대통령제를 채택하고 있기 때문이다. 유진오가 설명한 대로 정부와 국회가 떨어져 있어서 대통령이나 행정부가 그릇된 일을 해도 국회가 어찌할 수가 없고 결국 이에 대한 항거로 혁명이 일어난다. 나는 아직 태도를 결정하지 않았지만 의원들은 이러한 것을 참고해야 한다는 것이었다.[1-17, 14~15쪽] 아마 유진오는 김약수가 자신이 하고 싶은 말을 속 시원히 해주었다고 생각했을 것이다.

대통령제 찬반론의 정당별 연령별 분포

헌법 초안에 대한 대체토론은 6월 29일 제20차 본회의와 6월 30일 제21차 본회의에서 이루어졌다. 발언자의 숫자가 너무 많아 각 의원의 발언 시간을 최대 5분으로 정했다. 물론 다수의 의원들이 토론시간을 지나치게 제한하는 것에 이의를 제기하고 최대 10분이나 무제한을 주장했으나, 5분으로 제한하는 안이 재석 179, 가 95, 부 25로 쉽게 가결되었다. 이것은 물론 헌법을 최대한 빨리 만들어 달라는 이승만의 요청을 다수

의원들이 받아들인 것으로 해석할 수도 있겠지만, 사실 의원들은 끝없이 계속되는 토론이 얼마나 지겹고 비생산적인지 이미 많이 경험한 터였다. 한 주제로 이야기가 길어지면 그 주제가 아무리 중요해도 의원들은 대개 치를 떨며 토의 중단 동의를 내고 압도적으로 가결시키는 것이었다.

정부 구조와 관련해서는 미발언 원고를 포함해 약 25명의 의원들이 최소한 일정한 길이 이상의 실질적인 찬반 근거를 대며 토론에 나섰다. 〈표 1〉은 대통령제 찬성자와 내각책임제 찬성자, 그리고 대통령제를 비판하지만 내각책임제 찬성자라 할 수도 없는 의원들을 정당별, 연령별로 분류한 것이다. 이승만의 폭탄선언에 대해 암시적인 불만만을 표시한 전북 이리 배헌 의원무소속과 내각책임제를 찬성했지만 헌법기초위원이었던 조봉암은 분류에서 뺐다.

<표 1> 정부 구조에 관한 대체토론 발언자의 정당별 연령별 분포

	대통령제 찬성	내각책임제 찬성	대통령제 비판
한민당	서정희(1886)		장홍염(1910)
독촉	정구삼(1893) 송봉해(1889) 진헌식(1902) 이원홍(1903)	이주형(1906)	
무소속	이항발(1891) 최봉식(1892) 서이환(1894) 곽상훈(1896) 조한백(1908) 김수선(1911) 신상학(1913)	김장열(1897) 서순영(1900) 신성균(1905) 이문원(1906) 정준(1915) 김병회(1916)	오기열(1889) 황병규(1907)
족청		강욱중(1908)	
대청		원장길(1912)	

한민당 : 한국민주당 / 독촉 : 대한독립촉성국민회 / 족청 : 조선민족청년단 / 대청 : 대동청년단

이 표를 보면 국회 내 최대 계파인 한민당 의원들은 대통령제 찬반 논의에 많이 참여하지 않은 것을 알 수 있다. 서상일, 김준연, 조헌영 같은 한민당 중진들은 헌법기초위원이어서 토론에 직접 참여할 입장이 되지 못했고, 서정희 의원만이 나서 대통령제 찬성론을 폈쳤다. 이런 사태는 애초에 내각책임제를 선호했지만 마지막 순간에 입장을 바꿔야 했던 한민당의 난감한 입장을 반영하고 있는 것일 수도 있다. 이승만과 신익희가 주도하던 독촉 의원들은 대개 대통령제를 찬성했지만, 경남 밀양 이주형 의원은 당의 방침을 따르지 않고 강한 어조로 대통령제를 비판했다. 권력 구조에 대한 대체토론은 무소속 의원들과 군소 정당 의원들이 주도했다. 이 표에서 한 가지 의미 있는 현상은 소속 정당 못지않게 연령이 권력구조에 대한 선호를 예측하는 주요한 변수라는 점이다. 대통령제를 강하게 비판한 12명은 오기열, 김장열, 서순영을 제외하면 모두 43세 이하의 소장들이다. 반면 대통령제를 찬성 토론한 12명의 의원들은 조한백, 김수선, 신상학을 제외하면 45세 이상이었다.

대통령제 찬성론

대통령제를 찬성한 첫 번째 토론자는 원래 한민당 소속이었으나 공천에서 탈락해 무소속으로 나온 곽상훈 의원이었다. 그는 대통령제와 단원제를 찬성한다면서 다음과 같은 이유를 내세웠다. 우리는 아직 남북이 통일된 완전한 자주독립국가가 아니다. 완전 자주독립국가를 전취하는 것 이외의 모든 일은 소소한 일이다. 소소한 일에 법리를 따지고 논리를 따지지 말고, 독립 전취를 위한 가장 빠른 길로 가야 한다. 그것은 대통령에게 정권을 줘서 그를 독립 전취의 앞잡이로 내세우는 것이다. 다른 일로 시간만 보내면 우리의 최종 목표를 달성할 수 없다. 양원제를 해서 국가 대사를 신중히 토론하는 것이 옳은 일이겠지만 독립 전취를 위해 시간이 촉박하니 그럴 여유가 없다. 게다가 상원을 뽑으려면 또 한두 달이 더 걸린다. 지금 우리의 정부 수립 노력을 단정이니 남북통일이 아니니 하며 방해하는 불순분자들이 있다. 그들에게 시간을 내줄 수 없다.[1-20, 8쪽]

대통령제 찬성론자들의 주장은 대개 곽상훈의 논리를 변주하거나 세련화한 것이라고 할 수 있다. 신생국가 건설에서의 "비약과 전환", "쇄신과 추진"을 위해[진헌식], 자주독립국가의 신속한 수립을 위해[서정희], 건국 초의 혼란을 극복할 강력한 리더십을 위해[최봉식], "국제정세의 긴박성과 국내정세의 복잡상"[서이환]을 극복하기 위해, 시급히 "38선을 깨트리고 도탄에 빠진 민생문제를 해결[송봉해]하기 위해, "강력한 행정력"[김수선]을 위해, 대통령제가 필요하다는 것이다. 안정, 신속, 강력 계열의 단어들이 대통령제 찬성론자들의 토론에서 공통적으로 발견된다. 심지어 서정희 의원과 충북 옥천 정구삼 의원 같은 사람들은 우리가 헌법 초안에서 제시되고 있는 제도들을 이전에 경험해본 적도 없으니 헌법을 만든 전문가들을 믿고 얼른 통과시켜 정부 수립의 대업을 마치자고 호소한다. 전북 김제 조한백 의원은 미발언 원고에서 한층 더 차분한 대통령제 찬성론을 펼치고 있다.[1-21, 22~3쪽]

지금까지 대통령중심제와 내각책임제에 대해서 각각 찬부의 양론이 있었는데 본 의원은 대체로 대통령중심제를 찬성하는 바입니다. 왜냐하면 우리는 언제나 현실을 무시할 수는 없습니다. 따라서 우리나라 헌법도 현실에 적합해야 될 것이고 현실에 합치되지 않는 이상론적 헌법이어서는 안 될 것입니다. 그런데 지금의 우리나라의 현실을 살피건대 국토의 남북통일과 민족의 사상통일을 위시하여 민생문제 해결에 이르기까지 실로 다사다난한 현 단계에 있어서 내각책임제를 실시한다면 내각의 경질이 빈번할 것을 예상할 수 있으니 정변으로 말미암아 생기는 필연적 결과는 과연 무엇일 것인가 민심은 불안해질 것이고 사회는 혼란에 빠질 것이니 이 국가의 비상시 더욱 내외 정국의 정세 극히 미묘한 이때에 우리 민족에 어떠한 불행한 사태를 가져올지 실로 예측키 어려운 데가 있습니다. 그러므로 이러한 불안을 제거하기 위해서는 대통령중심제를 채택하여 연립내각을 세워 정국의 안정세력을 가질 필요가 절대로 요청되는 바입니다. 그 점에 있어서 대통령중심제를 찬성하는 바입니다.

이상론으로는 내각책임제가 좋을지 모르지만, 현재의 다사다난한 상황에서는 내각의 빈번한 경질이 예상되니 적절치 않다는 것이다. 진헌식 의원 역시 "의원내각제로부터 배태되는 정부 쟁투에 관한 흑막과 알력"에 대해 언급하고 있다.[1-20, 10쪽] 경남 합천乙 이원홍 의원은 미발언 원고에서 김약수 의원이 제기한 남미 대통령제 국가에서의 빈번한 혁명 문제에 대해 대통령제라고 해서 반드시 혁명이 일어나는 것도 아니고 내각제라고 해서 혁명이 일어나지 않는 것도 아니라며 이렇게 덧붙였다. "미국은 대통령제를 오랫동안 실시하여 왔으나 혁명이 일어난 일이 없고, 그 어떠한 나라는 내각제를 실시하여 왔으나 종종 혁명이 일어난 것은 역사가 증명하는 바이니 혁명은 결코 대통령제에 있는 것이 아니요, 민족성 여하가 큰 원인이 되고 있는 것"이다.[1-20, 17쪽]

대통령제 찬성론자들이 대통령제가 독재로 흐를 가능성을 무시한 것은 아니다. 진헌식 의원은 헌법으로 국민의 기본권을 보장하고 입법부가 엄존하는 이상 대통령은 군주제에서와 같은 전제 또는 독재를 할 수 없을 것이며, 이는 미국의 실례가 입증한다고 주장했다.[1-20, 10쪽] 또한 이원홍 의원은 우리 헌법이 다른 어떤 나라에서도 유례가 없는 국무원이라는 합의체를 설치해 대통령이 중요 국책을 국무위원과 합의해서 결정하도록 한 점, 대통령의 국무 행위를 문서로 하고 국무위원이 부서하도록 한 점, 대통령과 국무위원이 큰 실책을 한 경우 탄핵을 할 수 있도록 한 점을 들어 대통령이 독재를 할 우려가 없다는 논변을 펼쳤다.[1-20, 17쪽] 조한백 의원은 한 걸음 더 나아가, 제68조 "국무총리와 국무위원은 대통령이 임면한다"는 조항과 관련해 국무총리의 임면만은 국회의 인준을 받을 필요가 있고, 또한 국무총리가 장관들을 제대로 통리 감독하기 위해서는 장관 임명 역시 국무총리의 추천으로 해야 한다고 주장했다.[1-21, 22쪽]

대통령제 반대론

대통령제 찬성론이 이상론보다는 현실론, "이론의 당연성보다는 실제의 긴요성"[서이환, 1-21, 20쪽]에 중점을 두었다면, 내각책임제 찬성론자들은 "정치적 현실로 보는 특수성"보다는 "법리로 보는 원칙성"과 "국가 만년의 기본 이념"[김장열, 1-20, 31쪽]을 강조하고, "정세론"보다 "법리론"을 앞세웠다.[이문원, 1-21, 7쪽]

이런 점에서 내각책임제 찬성론자들이 가장 먼저 불만을 터뜨린 점은 헌법이 특정한 인물을 대통령으로 정해 놓고 마련된 것 같다는 점이었다. 경남 함안 강욱중 의원은 "지금 헌법 전문을 보건데 다소 부자연한 공기가 흐르지 않는가 합니다. 이 헌법은 대통령으로 어떠한 인물을 가상을 해 가지고 그 인물을 기초로 기초하지 않았는가 생각합니다"라고 말했다.[1-20, 12쪽] 전북 전주 신성균 의원도 "어떤 세력 있는 일당 일파가 대통령을 내고 대통령이 국정을 통괄하고 우리 민중의 의사를 무시할 이런 우려가 있는 정신이 흐르고 있다"고 주장했다.[1-20, 22쪽] 전남 완도 김장열 의원 역시 "국가의 헌법 설정에 대한 근본정신[은] (…중략…) 어떠한 인격을 특정해서 장차 대통령으로 추대할 것을 전제로 [한] 구상을 갖지 않은 공허, 냉정, 국가 만년의 기본이념만을 고집한 정신이라야 합니다"라고 말했다.[1-21, 31쪽]

유진오의 초안은 헌법학자로서의 소신을 담아 기초한 것으로, 국가 만년의 기본 이념을 실현하지는 못했다 해도 다양한 정파의 당리당략에서 자유롭게 작성되었다. 그러나 헌법이 기초되는 순간 그것은 정파들의 당리당략에서 자유롭지 않았다. 미국 헌법이 그 보편적 언어에도 불구하고 연방주의자들의 이념을 담고 있었듯이 유진오의 초안도 헌법기초위원회의 테이블에 오르는 순간 그것은 국가 만년의 기본 이념이 아니라 현실 정치의 인장이 찍힐 수밖에 없었다. 권력 구조에 관한 한 최대의 문제는 정구삼 의원의 말처럼 "우리가 국부로 섬기고 있으며", "삼천만 심중"에 이미 대통령으로 정해져 있는 인물[1-21, 20쪽]인 이승만이라는 난제를 어떻게 푸느냐 하는 것이었다. 이승만을 상징적 국가수반으로 만드는 것이 내각책임제 헌법이요, 국가수반에 행정수반을 겸하게 하는 것이 대통령제 헌법이었다. 한민당은 유진오라는 헌법학자의 학문적 열정과 권위에 편승해 내각책임제에 묻어가려 했으나, 이승만은 판세가 불리해지자 아예 판 자체를 깨버리고 대통령제를 관철시켰다.

이미 6월 21일의 사건에 대해 알고 있었을 내각책임제 찬성론자들은 정부구조 및 국무와 관련된 거의 모든 법조문을 대통령의 독재와 연관시켰다. 예컨대 이주형 의원은 헌법 전체를 통해 국가 권력이 거의 대통령 한 사람에게 집중되어 있다면서, 그 예로 대통령이 비상시에 비상사태를 선포하고 국회의 사후 승인을 받도록 한 점, 회계연도가 개시될 때까지 예산이 의결되지 않았을 경우 정부가 전년도의 예산을 실행하도록 한 점,

대통령의 법률 거부권, 대통령의 국무총리 및 국무위원 임면권 등을 예로 들었다. 그러면서 무솔리니와 히틀러가 자기 희망대로 헌법을 제정했어도 이보다 더 전제적專制的인 헌법을 만들지 못했을 것이라고 목소리를 높였다.[1-20, 13쪽] 전남 진도 김병회 의원 역시 국무총리와 국무위원의 임면권, 대법원장의 임명권, 헌법 개정권, 법률 제출권과 법률 거부권, 긴급명령권 등을 대통령의 과도한 권력의 예로 들며, 미국 대통령이 헌법 개정권을 가졌다는 이야기도, 일본 천황이 헌법 개정권을 가졌다는 이야기도 들어본 일이 없다고 주장했다.[1-20, 19~20쪽] 조봉암 의원도 이와 같은 조항들을 예로 들며 "전 세계에서는 그 예를 볼 수 없을 만치 제국 이상의 강대한 권한을 장악한 대통령"[1-21, 24쪽]이라고 신랄한 비판을 가했다. 세 의원이 지적한 것 중 비상사태 관련 조항이나 예산 관련 조항처럼 부분적으로 문제가 있어 나중에 유진오가 조금 수정하게 되는 조항들이 있지만, 사실 이러한 조항들은 헌법 초안이 대통령제로 급선회한 것과 무관한 것이었다.

경남 통영鎭 서순영 의원의 경우에는 내각책임제적 요소인데도 살아남았던 조항, 즉 유진오가 해석을 통해 내각책임제 쪽으로 더 갈 수 있겠다며 희망을 걸었던 조항을 오히려 나치 독일의 정치구조에 비견하기까지 했다. 행정 조직이 대통령, 국무위원, 행정 각부의 3급제로 되어 있는데, 국무원의 회의체와 국무원의 수상인 국무총리라는 제도에 대해서는 정치적 기대가 크다. 하지만 대통령이 국무원 조직에 참가해서 의장이 되고 그 회의체의 일원이 된다면 이는 국무원을 무시하는 제도이다. 독일의 히틀러가 국무원을 기피하고 국무원의 수상을 배척한 후 나중에 수상과 대통령을 겸하고 총통이라는 이름을 칭한 일이 있고, 다른 나라에서도 수상을 배척하는 의미에서 대통령이 수상을 겸하고 주석이라 자칭한 적이 있다.[1-20, 16쪽] 서순영 의원의 주장은 허수아비를 세우고 공격하는 것과 같았다.

김장열 의원은 우리 헌법에서 원칙적으로 대통령 직접선거제와 내각 책임제를 규정할 것을 주장했다. 다만 비상시국임을 감안해 초대 대통령에 한해서는 간접선거를 부칙에 규정할 수 있겠다. 그의 제안에서 대통령은 "국가의 대표"이자 "국내 모든 통치권의 총람자"이다. 내각은 "행정의 직접 책임 기관"으로 모든 행정에 대한 책임을 진다.[1-20, 32쪽] 그는 미국 대통령의 간접선거가 우리 헌법 초안에서 정한 대통령의 간접선거와 전혀 다르다면서, 구체적인 과정을 묘사하며 사실상 직접선거임을 보였다. 반면 우리의 경우 국회의원들의 간접선거는 "우리 국민의 의사와 하등 관련이 없는 순전히 우리들 주관에서 결정된 인물을 투표 선정하게 되는 것"이라며, 헌법기초위원들이 이것을 모를 리가 없는데 왜 자꾸 미국의 예를 드는지 심히 유감이라고 했다.[1-20, 31-2쪽] 내각책임제와 관련해서는, "정국 안정의 원리가" 특히 민주주의 국가에서는 "대통령 집권주의의 실시에 있는 것이 아니라는 것"을 알아야 한다고 말했다. 민주주의에서는 정부와 국회의 긴밀한 협조가 없이는 국정이 원활히 이루어지지 않으며 따라서 정국이 안정될 수 없다. 이 때문에 민주주의 국가 중에는 내각책임제를 실시하는 국가가 많으며, 이 나라들은 의회의 다수를 차지한 대정당으로 하여금 정부를 담당하게 한다. 우리도 현재 정치 결사를 자유롭게 만들 수 있으니까 오늘이라도 "우리 원내의 다대수 국회의원을 내포한 대정당이 출현한다면 그야말로 우리 비상시의 정국 안정을 담당하고 모든 건설을 위하여 강력적으로 추진할 수 있는 의원내각제가 실현될 수도 있는 것"이다.[1-20, 32쪽]

내각책임제 찬성론자 중 최대의 파란을 일으킨 사람은 전북 익산을 이문원 의원이었다. 그는 소장파의 핵심 인물로 나중에 국회프락치사건의 주범 중 하나로 구속 수감되는 사람이다. 그는 발언 서두에 양원제 국회,

대통령 직접선거, 내각책임제를 찬성한다면서 특유의 직설적인 언어로 발언을 이어나갔다.[1-21, 7쪽]

원래 법리론적으로 (…중략…) 이 헌법을 통과시켜야 할 것인가 또는 정세론적으로 (…중략…) 이 헌법을 통과시켜야 될 것인가 (…중략…) 나는 당연히 헌법은 만년 불멸의 대전인 관계로 (…중략…) 정세에 따르는 것은 부칙 (…중략…) 으로 해결할 수 있다고 (…중략…) 보는 것입니다. 이러한 점을 볼 때 나는 (…중략…) 이 국회[가] 너무 정세론적으로 흐르는 유감이 있다고 보는 것입니다. 그 예를 볼 것 같으면 하루빨리 (…중략…) 정부를 세워야 될 것이라 이러한 말을 합니다. 그러면 이 헌법을 어서 빨리 통과해 달라고 합니다. 그러면 여러분이 오늘이라도 이 헌법을 통과하면 우리나라는 완전 자주독립할 수 있[다]는 것입니다. [그러나] 이 초안으로써 우리 독립[이] 확실히 (…중략…) 보장이 될 것인가, 나는 오히려 그러한 정세론으로 흐르지 않은 우리의 기본적 태도에 치중을 해서 그야말로 인민[이] 갈망하는 헌법을 (…중략…) 통과함으로써 그 민중의 직접선거를 받아서 완전 자주독립[이] 국내적으로 실현이 되고 국제적으로 승인이 되어야 할 것이라고 믿는 것입니다. 그럼에도 불구하고 이것을 어떠한 간부 진영에서 의식적으로 모순된 헌법을 만들어가지고 자꾸만 이것을 통과시켜 가지고서 어떠한 자기의 의도를 달성해 보려고 하는 것은 인민이 우리를 보낸 본의가 아니고, 극단으로 말하면 이것은 어떠한 자기의 개인주의에 흐르는 경향이 있다고 비판을 받아도 변명할 재료가 없다고 본인은 생각합니다.

이문원 의원의 발언은 본회의장을 즉시 아수라장으로 만들었다. 여러 의원이 나와 즉시 발언 취소를 요구하고 징계까지 입에 올렸다. 전남 목포 이남규 의원은 전날 배헌 의원이 비슷한 발언을 했다가 사과를 한 사실을 들며(발언이 삭제되었는지 전날 회의록에는 나오지 않는다), 그 일이 있은 후에도 이문원 의원이 이러한 발언을 한 것은 단순한 실언으로 볼 수 없다며 징계위원회 회부를 요구했다.[1-21, 8~9쪽] 하지만 이문원 의원은 자기 발언의 결론을 짓겠다며 버텼다. 전에도 그랬고 앞으로도 그러겠지만, 이문원은 버틸 때까지 버티는 사람이었다. 그러자 경남 진주 이강우 의원이 나와, 실언이 아니라 고의가 분명한데도 조금도 반성하는 기미가 없이 헌법기초위원 전체를 무시하고 있다며 역시 징계 처분을 강력히 요구했다.[1-21, 10쪽] 이에 김동원 부의장은 10분간 휴회를 했다. 이 사이에 아마 김동원 부의장, 이문원 의원, 헌법기초위원들 사이에 의견 조율이 있었던지, 다시 개회가 되었을 때 헌법기초위원들이 나서서 헌법 초안을 작성할 때 다양한 의견이 수렴되는 과정에서 크고 작은 수정이 이루어졌다는 취지의 해명을 했고, 이문원 의원도 사과 의사를 밝혔다. 하지만 그는 그냥 깨끗이 사과를 하는 법이 없어서 의원들의 추궁을 더 받고 나서야 깨끗한 사과를 했다.

이문원이 그토록 세찬 비난을 받은 것은 사실을 왜곡했기 때문이 아니라 신사들의 협정과 예의 코드를 정면으로 위반했기 때문일 것이다. 그 일을 누가 모르겠는가. 모두의 명예를 위해 그냥 넘어가야 하는 것이다. 하지만 그의 발언이 정곡을 찌른 것은 사실이었고, 그래서 헌법 초안의 주요 책임자들이 앞 다투어 공격에 나서거나 해명을 하느라 쩔쩔 맸다. 헌법기초위원이자 탁월한 안목을 두루 인정받고 있던 조헌영도 구차한 변명을 해야 했다. 그는 헌법기초위원들은 국회의장이나 기초위원장의 명령을 그대로 복종한 적이 없다며, 한 가지 예로 "의장 선생은 이원제가 좋겠다는 의견"이었으나 일원제가 옳다는 어느 기초위원의 주장에 생각을 바꾼 것을 들었다. 또한 기초위원들은 좋은 헌법을 만들기 위해서 최선을 다했고, 길가에 다니는 장삼이사를 포함해 모든 이의 말을 다 들었으니 의장이나 기초위원장의 의견을 참고하지 말라는 법이 없다는 것이었다.[1-21, 12쪽]

유진오의 승리와 패배

헌법 초안의 갑작스러운 변경이 낳은 파문은 이렇게 계속되고 있었다. 해석을 통해 헌법을 내각책임제 방향으로 몰고 가려는 유진오의 나 홀로 음모의 무대도 마련되었다. 앞에서 우리는 대통령제 찬성론자들조차 대통령의 지나친 권한을 제한하고자 했으며, 그 핵심 조건으로 국무총리의 국회 인준과 국무총리의 제천에 의한 국무위원 임명 같은 것을 꼽고 있음을 보았다. 유진오가 목표로 삼은 것도 초안에 있는 관련 규정을 이런 방향으로 수정하는 것이었다.

사실 6월 28일 제19차 본회의 제1독회에서 이와 관련된 질의응답이 있었다. 제67조 "국무원은 대통령과 국무총리, 기타의 국무위원으로 조직되는 합의체로서 대통령의 권한에 속한 중요 국책을 의결한다"는 조항과 관련해, 대통령의 의견이 국무원의 합의와 상반되는 경우는 어떻게 되느냐는 질문이 나왔다. 이에 대해 전문위원 권승렬은 대통령의 권한에 속하는 일은 궁극적으로 대통령이 하는 것이라며, 대통령의 의사가 국무원의 결의와 상반된다면 집행을 하지 않아도 된다는 취지의 대답을 했다.[1-19, 10쪽] 하지만 한민당 김준연 의원의 생각은 달랐다. 국무원은 합의체이고 대통령이 그 의장이라도 한 명의 구성원인 이상 국무원이 다수결로 결정한 것은 대통령도 복종해야 하며, 이것이 우리 대통령제와 미국 대통령제가 다른 이유라는 것이었다.[1-19, 10쪽] 유진오도 김준연의 의견과 같아서, "국무원은 대통령에 속하는 권한에 대해서 전부 의결을 하고 대통령은 국무원 회의에 의장으로 국무원 회의에 의결에 따라 대통령은 이를 집행해야 할 것으로 생각"한다고 대답했다.[1-19, 14쪽]

김준연과 유진오가 이 조항을 이렇게 해석하는 것은 이해가 가지만, 사실 대통령제 하에서 국무위원들이 대통령의 생각에 따르지 않는다는 것은 보통 상상하기 힘들다. 이 조항을 아무리 그런 식으로 해석해도 현실적으로는 내각책임제의 방향으로 가지 않는다. 따라서 유진오에게는 이보다 더 확실한 조항이 필요했고, 그것이 국무총리의 국회 인준과 국무총리의 제천에 의한 국무위원 임명이었다. 이 두 조항만 헌법에 들어간다면 해석을 통해 내각책임제 방향으로 많이 갈 수 있다는 것이 유진오의 계산이었다.

그래서 유진오는 이승만을 직접 설득하기로 생각하고 6월 24일 혹은 25일에 김성수를 찾아가 이런 생각을 밝혔다. 김성수는 이승만 박사가 그 말을 듣겠느냐고 물었지만, 유진오는 나름대로 생각한 것이 있었다. 그는 김성수에게 얼마 전 국회의장실에서 의장으로부터 소개받은 적이 있는 '노블 박사'를 만나게 해달라고 요청했다. '노블 박사'란 오래 전 이승만의 첫 영어선생이기도 했던 배재학당 선교사 화이트 노블White Noble의 아들이자 하지 장군의 정치 고문이었던 해롤드 노블Harold Noble을 가리킨다. 그리하여 유진오는 6월 28일 경 김성수의 알선으로 노블 박사와 만나, 내각책임제 요소를 강화하기 위한 두 가지 조항에 대해 이야기를 나누었다. 노블 박사는 유진오에게 이미 대통령제 헌법을 채택하기로 하지 않았느냐고 이의를 제기했지만, 유진오는 미국 고위 관료의 상원 인준을 예로 들며 결국 설득에 성공했다. 이튿날 유진오는 국회의장실로 이승만을 찾아가 제2독회에서 두 가지 수정 조항을 관철하고 싶다고 말했다. 이승만 의장은 이에 대해 잠시 주저하는 빛을 보였지만, 유진오가 설득을 하자 생각보다 쉽게 "그러면 그렇게 해 보라"고 했다.[2]

이승만의 언행은 가끔 이해하기 힘든 때가 있는데, 이 장면도 그런 경우이다. 대통령제 헌법이 아니라면 정부 수립에 참여하지 않고 국민운동이나 하겠다던 이승만이 대통령의 권력을 약화시키려는 유진오의 계획을 왜 받아들였을까? 그 정도로는 대통령의 권한이 조금도 줄어들지 않는다, 설사 조금 줄어든다 해도 자신의 정치적 능력으로 충분히 극복할 수 있다, 이런 생각이었을까? 아니면 실제 의사과정에서 유진오의 계획을 무력화시킬 수 있다는 계산이었을까? 태산은 한 줌의 흙도 사양하지 않고 강과 바다는 가는 물줄기라도 가리지 않는다는 것인가, 아니면 그냥 귀찮아서였을까?

또 아니면 그냥 이 기특한 학자의 기를 살려주려는 것이었을까? 유진오의 회고[3]에 따르면 이승만이 헌법기초위원회에 나타나 대통령제를 주장하던 6월 15일에서 며칠 지난 날 자신을 국회의장실로 부른 적이 있었다. 어떤 서양인과 이야기하고 있던 이승만이 유진오를 반기며 노블 박사라고 소개시켜준 후 유진오를 안락의자에 앉히고 자신은 그냥 의자 옆 카펫에 앉고서는 "훌륭하오. 우리 한국사람 중에서 헌법을 기초할 사람이 있을 줄은 몰랐소" 하며 유진오의 손과 무릎을 쓰다듬어주었다는 것이다. 그는 어린 시절 역사적 인물로만 들어오던 노 애국자에게서 그런 대접을 받으니 황홀했다고 술회한다. 그리고 이승만은 자신이 한국으로 돌아올 때 프린스턴 대학의 슬라이 박사[Dr. Sly]에게 나중에 요청하면 한국의 헌법

---

2   유진오, 앞의 책, 85~91쪽.
3   위의 책, 60~61쪽.

을 기초해 달라는 부탁을 해놓기까지 했다며 유진오를 장하게 여겼다고 한다. 이승만이 유진오를 높이 평가했던 것은 사실인 것 같다. 제2독회가 끝날 때 이승만은 헌법기초위원 외에 전문가가 노력을 많이 한 것에 치사를 하며 이렇게 덧붙였다. "그중에 의장으로서 대단히 깊이 느끼는 것은 외국 친구들도 한인의 모든 법률가들이 자발적으로 이것을 만들었다고 하는 데에 그 설명은 보통 유진오 씨라는 이가 헌법 법률 만든 것을 남들이 다 칭찬합니다."1-27, 15쪽

아무튼 유진오는 이승만 의장과 만난 후 신익희, 김동원 부의장과 서상일 위원장에게 논의 결과를 전하고 6월 30일 헌법안 제1독회를 끝내기 직전에 발언할 기회를 달라고 요청했다. 김동원 부의장은 이튿날 대체토론 말미에 의원들에게 축조심의할 때 참고할 재료를 준다는 명분으로 그에게 발언 기회를 주었다. 그리하여 유진오는 우리 헌법의 초안이 잘못하면 대통령 독재 정치가 될 수도 있지 않겠느냐는 이야기가 있다면서 이에 대한 예방책으로 문제의 그 두 가지 조항에 대해 이야기를 했다. "국무총리를 대통령이 임명할 때에는 국회의 승인을 받도록 하는 것이 좋으리라고 생각합니다. 그렇게 하면 국회는 국무총리에 대해서 일단 승인을 한 것이므로 그 국회와 대통령이 임명하는 정부와의 관계는 원만해지고 밀접해질 것으로 생각합니다." 그리고 국무위원에 대해서도 자기가 보기에 한 사람 한 사람 국회의 승인을 얻게 할 수 있다. 실제로 미국의 경우에는 상원이 대통령의 고급 관리를 일일이 승인하고 있다. 하지만 미국의 상원은 대통령의 자문기관적 성격도 가지고 있어서 우리 국회와는 성격이 다르다. 따라서 우리의 경우 "국무위원 한 사람 한 사람 일일이 승인을 얻게 하는 경우에는 정부조직에 있어서 통일성을 기하기가 어려운 것이고 정부조직에 통일성을 얻지 못할 것 같으면 정치가 강력하게 전개되기가 대

단히 곤란할 것으로 생각됩니다. 그러므로 해서 다른 국무위원의 임명은 국무총리의 추천으로서 대통령이 임명하는 것이 가장 적당하지 않을까 생각이 됩니다.”[1-21, 31쪽]

7월 6일 제26차 본회의 제2독회에서 이 두 가지 항에 대한 표결이 이루어졌다. 국무총리의 국회 인준은 재석 165, 가 117, 부 19로 가결되었다. 하지만 국무총리의 국무위원 제천은 재석 165, 가 39, 부 90으로 부결되었다. 국무총리에게 국무위원 제천권을 주면 대통령의 권력이 지나치게 제약된다는 것이 의원들의 중론이었던 것이다. 유진오는 이 날 자기가 점심으로 초밥을 먹고 있는 사이에 신익희 부의장실에서 의원들 사이에 협상이 이루어져 국무총리의 국무위원 제천권은 날아가 버리고 말았다며, 내각책임제의 최종적 무산에 대해 한탄을 했다.[4] 그래도 유진오는 헌법 제정에 기여한 공로를 인정받아 초대 내각에서 법제처장의 자리에 오르게 된다.

중요한 것은 의회정치에 적합한 정당

유진오와 다수 의원들이 제시한 내각책임제 찬성론의 기본 논리는 현대 정치학자들도 많이 이야기하는 것이다. 특히 후안 린츠Juan Linz는 기본적으로 유진오의 핵심 논리와 동일한 논리로 ‘대통령제의 위험’을 지적하면서 내각책임제가 민주주의의 유지에 훨씬 유리하다는 것을 역설해 많은 학자들의 동의를 얻었다. 린츠의 주장은, 논란의 여지가 없지는 않지만 다수의

---

4   위의 책, 99~100쪽.

학자들에 의해 경험적으로도 실증되어 왔다. 대통령제에서 대통령은 필연적으로 제왕적으로 된다. 국민으로부터 정당성을 직접 획득하기 때문이다. 하지만 대통령만 국민으로부터 직접적 정당성을 획득하는 것은 아니다. 국회도 정당성을 직접 획득한다. 두 개의 정당성이 충돌할 경우 필연적으로 교착이 일어나고, 이 교착이 치명적일 경우라도 탄핵과 같은 최종적 수단 외에는 이를 해소할 헌법적 수단이 없다.[5] 결과는 무정부상태나 탄핵이나 쿠데타이다. 남미 국가들은 지금도 탄핵을 심심찮게 하고 있으며, 불행히 우리나라도 최근에 그 대열에 합류한 적이 있다. 정치 선진국이라는 미국이라고 예외가 아니다. 클린턴과 트럼프도 탄핵 절차에 처하는 운명을 겪어야 했다. 내각책임제라면 정부와 의회 사이에 치명적 갈등이 일어나도 정부 불신임이나 국회 해산으로 쉽게 해결한다.

그렇다고 내각책임제가 명예로운 기록만 자랑하는 것은 아니다. 내각책임제의 실패를 가장 극적으로 보여준 것이 바이마르 공화국 하에서 내각이 무너지고 사실상 무정부상태에 이르면서 히틀러가 등장한 사태이다. 당시 독일은 완전 비례대표제로 인해 정당이 난립한 탓에 내각이 어떤 정치적 합의도 이끌어낼 수가 없어서 항상 긴급명령으로 국정을 운영해야 했다. 바이마르 공화국 시기의 내각책임제 제도에 치명적 결함이 있음을 깨닫고 서독은 제2차 세계대전 후 일련의 헌법재판소 판결을 통해 정당의 난립을 방지하고 건설적 불신임 제도에 기초해 오늘날의 안정적 내각책임제를 실현했다. 프랑스의 1950년대 제4공화국에서도 다수당이 존재하지 않아 내각이 만성적 불안정에 시달렸다. 결국 1958년 알제리

---

5   Juan Linz, "Presidential or Parliamentary Democracy : Does It Make a Difference?", *The Failure of Presidential Democracy* edited by Juan Linz and Arturo Valenzuela, The Johns Hopkins University Press, 1994.

전쟁의 여파로 내각이 붕괴하고 프랑스 정치는 사실상 무정부상태에 빠졌다. 정치인과 군인을 비롯해 프랑스 국민 다수가 전쟁 영웅이자 정계에서 은퇴해 있던 드골에게 나라를 구원해달라고 요청했다. 드골은 대통령제로 헌법을 바꾸는 한에서만 수상에 취임하겠다고 했으며, 약속을 받은 후 수상이 되어 즉시 내각책임제를 대통령제로 바꾸고 대통령이 되었다.

1948년 6월의 상황에서 우리는 어떤 제도를 선택해야 했을까? 유진오의 소신대로 내각책임제를 선택했다면 더 좋은 결과가 나왔을까? 필자는 "다사다난한 현 단계에 있어서 내각책임제를 실시한다면 내각의 경질이 빈번할 것을 예상할 수" 있다는 조한백의 진단에 동의가 되는 편이다. 더욱이 이 시대가 대선급 주자들로 가득 찬 영웅들의 시대였다는 것을 상기해 보자. 정치적 경쟁은 피할 수 없었다. 이로부터 몇 달 후 여순사건이 일어났을 때 국회에서는 다수의 의원들이 정부의 책임을 물어 내각을 전면 교체하자는 '도각론倒閣論'을 들고 나오는 일까지 있었다. 국방과 치안이 절반은 무너져 있던 당시의 상황을 생각할 때, 이는 너무 지나친 정치 공세라 하지 않을 수 없다. 분열의 위험이 흘러넘쳤던 당시의 상황에서, 내각책임제가 채택되고 거기에 완전 비례대표제 같은 선거제도가 결합되었다면 이는 신생 대한민국에게는 죽음의 입맞춤이었을 것이다.

반면 제헌헌법에서 채택된 대통령제가 그 후 그리 순탄한 길을 걸어가지 못했기 때문에, 어떻게든 이보다 더 나은 권력구조에 대해 생각하고 싶은 유혹이 크다. 예컨대 김장열이 주장한 직선제 대통령제와 내각책임제가 결합되는 형태를 생각해볼 수 있는데, 이것도 대통령과 총리의 권한의 경계를 둘러싸고 갈등이 일어날 가능성이 높다. 대통령이 상징적 지위에 그치면 순수 내각책임제가 되고, 대통령이 상당한 힘을 가지게 되면 이원집정부제가 될 것이다. 그런데 프랑스의 준대통령제 혹은 이원집

정부제의 실제 운용을 보면, 총선 결과 대통령의 당이 국회 다수당이 될 경우 순수 대통령제에 가까워지고, 그렇지 않을 경우 즉 좌우동거가 되면 순수 내각책임제에 가까워진다. 우리의 경우 이승만이 상징적 대통령이 되기를 정면 거부했으니, 유일하게 남는 가능성은 이원집정부제였다. 그러면 일정한 실권을 갖는 이승만 대통령에 국무총리 자리에는 신익희, 김성수, 조소앙 같은 인사들을 넣어보자. 어떤 조합이든 양자가 공히 실권을 가질 경우 갈등이 항상 존재했을 가능성이 높다. 링컨이 라이벌들의 내각을 구성할 수 있었다면, 그 라이벌들이 내각에 들어오는 순간 대통령의 라이벌이기를 포기했기 때문이다. 따라서 이원집정부제 역시 험난한 길을 걸었을 가능성이 높다. 그래도 순수 내각책임제보다는 나았을 것이다. 순수 내각책임제는 가장 피해야 했을 제도였으리라고 생각된다. 대통령제가 독재의 위험을 가지고 있었다면, 내각책임제는 무정부의 위험을 가지고 있었다.

신생 대한민국이 겪고 있었던 전시와 다름없는 상황 속에서 평시의 좋은 정치는 거의 불가능에 가까웠다. 그 불가능한 상황을 일단 고려하지 않는다면 현재의 문맥에서 정치학자 사르토리의 주장이 교훈을 줄 수 있다. 대통령제냐 내각책임제냐의 권력구조 문제보다 의회정치에 적합한 정당들의 유무가 민주주의에 더 중요하다는 것이다. 정당들이 오랜 세월 존속을 유지하고 실패를 통해 교훈을 배우면서 의회정치에 적합한 정당으로 사회화되는 것이 좋은 정치의 핵심이다. 이러한 사회화 과정을 통해 정당들은 응집성과 규율성을 확보하고 야당일 때도 책임성을 갖고 행동하게 된다.[6] 우리 헌정사에 비추어보면 사르토리의 말이 꽤 무게 있게 다

---

6   Giovanni Sartori, "Neither Presidentialism nor Parliamentarism", *The Failure of Presidential Democracy*, p.112.

가온다. 제헌국회 때 우리는 제대로 된 정당이 없었다. 그리고 우리의 정당들은 오늘날에도 아직 실패를 흡수하지 않으려 한다. 역사는 본래 영광과 치욕의 기억을 동시에 가지고 있지만, 우리는 그리고 우리 정당은 치욕의 역사를 간직하려 하지 않는다. 치욕이 생기면 간판을 바꾸어 단다. 정치보다 화장에 능하다.

제5장

자본주의 대 사회주의

1946년 8월 13일 자 『동아일보』는 미군정청 여론국이 최근 실시한 여론조사 결과를 싣고 있다. 미군정청은 "조선 국민이 어떠한 종류의 정부를 요망하는가"를 알아보기 위해 30항목으로 된 설문조사를 실시했는데, 첫 세 질문과 그 응답 분포는 이렇다.

문1. 일신상의 행복을 위하여 가장 중요한 것은 어느 것이라 생각하십니까?

가. 생활안정을 실현할 기회 41%

나. 정치적 자유 55%

다. 모릅니다 4%

문2. 귀하께서 찬성하시는 일반적 정치형태는 어느 것입니까?

가. 개인독재(민의와는 무관계) 3%

나. 수인독재(민의와는 무관계) 4%

다. 계급독재(타 계급의 의지와는 무관계) 0%

라. 대중정치(대의정치) 85%

마. 모릅니다 5%

문3. 귀하의 찬성하는 것은 어느 것입니까?

가. 자본주의 14%

나. 사회주의 70%

다. 공산주의 7%

라. 모릅니다 8%

기사에는 전체 응답자 수가 나와 있지 않은데다, 오타 때문인지 아니면 조사 설계가 원래 그랬는지 각 질문에 대한 응답자 수도 다 다르다. 더욱이 각 대답 범주에 대한 응답자 수와 그 퍼센티지가 맞지도 않는다. 그래서 응답자 숫자는 생략했다. 이처럼 숫자의 신뢰성은 떨어지지만, 당시의 시대적인 분위기가 대충 어떠했는지를 짐작하는 데는 큰 무리가 없다. 아마 가장 놀라운 사실이 경제체제로 자본주의를 선택한 응답자가 고작 14%에 불과한 반면, 사회주의를 선택한 응답자는 무려 70%에 이르는 것이리라. 당시 사람들이 사회주의라는 말을 정확히 어떻게 생각하고 있었는지는 또 다른 연구과제이겠지만, 아마도 시장경제를 기본으로 하면서도 중요 기업의 국유, 중요 산업분야의 국가 통제, 일정 수준의 복지국가를 가미한 것으로 보면 크게 틀림이 없을 것 같다.

경제적 사회적 민주주의

자본주의는 이미 19세기 말부터 그 내적 메커니즘에 큰 문제를 드러내기 시작했고 착취, 빈곤, 비인간화의 각종 사회문제를 양산하기 시작했다. 고전적 자유주의의 시대는 갔다. 20세기에 들어와 제1차 세계대전이 터지면서 영국 같은 주요 국가들은 전시통제경제 정책을 취했고 상당한 성공을 거두었다. 1920년대 말의 대공황은 고전적 자유주의의 조종이었다. 무솔리니가 1923년에 "사람들이 요즘 자유에 신물이 나 있다는 것은 교조주의에 눈멀지 않은 모든 사람에게는 명백한 진실이다"라고 선언한 것도 이러한 시대상의 반영일 것이다. 뉴딜의 시대를 거치고 제2차 세계 대전을 경유하면서 고전적 자유주의는 빈사상태에 이르렀고, 계획경제와 사회주의가 시대적 대세로 부상했다.

하이에크가 『노예제로의 길 *The Road to Serfdom*』을 써서 당시의 대세였던 계획경제에 도전했던 것이 1944년이었다. 이 책에서 그의 목소리는 대단히 외롭고 필사적이다. 그는 서문에서 "이 책을 쓰거나 출간하지 않을 모든 이유가 있다"며, 이 책을 쓰면 그동안 친하게 지내온 많은 사람들이 기분이 상할 것이고, 자신이 더 잘 할 수 있고 더 중요하다고 생각하는 일을 미뤄 놓게 될 것이며, 무엇보다 앞으로 자신이 수행할 보다 학문적인 작업들이 편견에 시달릴 게 확실하다고 썼다.[1] 미군정청의 여론조사는 이로부터 불과 2년 뒤에 실시된 것이다. 그러므로 신생 대한민국의 경제체제로 70%의 사람들이 사회주의를 선호한 것은 결코 놀라운 일이 아니었다.

이러한 시대적 분위기는 제헌헌법에도 상당히 반영되었다. 유진오는 헌법 초안이 제출된 제17차 본회의에서 "정치적 민주주의와 경제적 사회적 민주주의와의 조화"를 꾀하는 것이 이 헌법의 기본 정신이라 했다. 바꾸어 말해 프랑스혁명이나 미국혁명에서 비롯된 만인의 자유와 평등과 권리를 존중하는 동시에 경제 균등을 실현해 보려는 것이 이 헌법의 기본 정신이다.[1-17, 8~9쪽] 그는 자신의 경제적 사회적 민주주의를 기본적으로

---

1   Friedrich Hayek, *The Road to Serfdom*, Chicago University Press, 1944[1994], xlvi.

헌법 제6장의 경제 분야 6개 조문으로 구체화하려 했다. 초안 제83조 "대한민국의 경제질서는 모든 국민에게 생활의 기본적 수요를 충족할 수 있게 하는 사회정의의 실현과 균형 있는 국민경제의 발전을 기함을 기본으로 삼는다. 각인의 경제상 자유는 이 한계 내에서 보장된다"는 조문은 그의 경제적 사회적 민주주의의 대강을 기술하고 있으며, 나머지 조문들은 농지개혁과 중요 기업의 국영을 밝히는 조문들이다.

그는 김명동 의원이 헌법 초안에서 제시된 경제제도에 모호한 점이 없지 않다며 설명을 요구하자, 헌법에 이런 종류의 경제 조항을 넣는 것이 흔한 일은 아니지만, 이렇게 헌법에 넣은 것은 "경제적, 사회적 민주주의가 발전되어 가지고 국가가 경제적, 사회적 기능을 광범하게 수행한다는 데 있고 현대적 사상[의] 결과입니다"라고 덧붙였다.[1-19, 21쪽] 시대의 추세라는 것이었다. 사실 그는 시대가 요구하는 것보다 덜 사회주의적이었을지도 모른다. 대체토론에서 의원들은 대개 유진오보다 훨씬 더 강한 어조로 통제를 주장했기 때문이다. 대체토론에 나선 사람들 중 자유경제의 방향으로 논지를 펼친 사람은 조한백 의원밖에 없었다. 그는 미발언 원고에서 헌법 초안이 국민경제와 재산권의 행사에 있어 인민의 자유를 구속하고 있고, 필요할 경우 사영기업을 국유 또는 공유할 수 있다는 규정은 기업가에게 공포를 일으키고 기업활동을 위축시킬 것이라고 주장했다.[1-21, 22쪽] 하지만 나머지 의원들은 모두 더 많은 균등, 더 많은 통제를 주장했다.

예컨대 여수수산학교를 졸업한 전남 여수을 황병규 의원은 자기 전공을 살려 수산자원의 국유화를 주장했다. 물고기는 왔다 갔다 하는데 국유화가 어떻게 가능하냐는 어떤 전문위원의 말에는 그것은 모르는 소리라며 물고기는 때가 되면 돌아온다고 했다. 또 앞으로 세계 수산자원계에 진출하기 위해서라도 중요 수산자원의 국유화가 필요하다고 했다.[1-20, 18쪽]

충북 단양 조종승 의원은 농지개혁을 규정한 제85조를 거론하며 농지뿐만 아니라 산림도 분배해야 한다고 주장했다.[1-20, 29쪽]

이들의 각론과 달리 총론적인 이야기를 한 의원들 중 언급할 만한 사람은 경북 상주 전진한 의원과 전북 순창 노일환 의원이다. 전진한 의원은 대한독립촉성노동총연맹의 초대 위원장으로, 초대 사회부 장관의 자리에 오르게 되는 저명한 독립운동가 겸 노동운동가였다. 좌익 계열 조선노동조합전국평의회[전평]의 대항 조직의 수장이었던 만큼 급진적인 언어를 쓰지는 않았지만, 헌법 초안의 노동 및 경제 조항에 대해 아주 비판적이었다. 정치적 민주주의에 대해서는 아주 상세하게 해놓았으면서도, 실질적인 경제적 민주주의에 대해서는 형식적이고 추상적일 뿐만 아니라, 결정적으로 사상적 대립의 근원인 노자문제를 전혀 다루지 않았다는 것이다. 노자 간의 모순을 해결하고 계급대립의 사상을 해소하려면, 노동자가 국가의 일원으로서 모든 건설 면에 진출해 그 재능과 창의를 발휘하고 평등과 자유를 향유할 수 있도록 해야 한다. 그럼으로써 이 국가가 "만민평등의 국가"라는 신념과 "국가에 대한 애착심"을 줄 수 있는데, 헌법은 이를 가능하게 하는 법률적 창의성을 발휘하지 않았다는 것이다.[1-20, 26쪽]

노일환 의원은 당시 34세의 청년으로, 평소 그의 발언은 아주 급진적이지만 5·10총선 당시 소속 정당은 한민당이었다. 그는 유진오의 경제체제 구상이 자유와 통제 사이에서 애매한 부분이 많다면서 통제 쪽으로 확실히 가야 한다고 주장했다.[1-21, 17쪽]

현재 해방된 우리는 3년째나 군정의 보호를 받아가지고서 일제시대의 지배계급이 있고 불순한 세력이 계급이 압도하고 있는 것이 뚜렷한 사실입니다. 그 사람이 경제적으로만 세력을 지고 있을 뿐만 아니라 정치적 세력에 있어서도 어느 정도 참혹한 단계에 있습니다. 이런 세력을 [붙들] 수 있는 확고한 선을 [긋]지 않으면 안 되리라고 믿습니다. 그러므로 중소상공업, 중소기업을 개인에게 옮길 것이 아니라 국영으로 옮겨가지고서 생산과 배급수단을 사회화하는 [방]향으로 이끌어가지 않으면 안 될 것이라고 믿습니다. 그 다음으로 무역 면에 있어서는 전후 세계를 풍비하는 '인플레' 경제로 가장 혹심한 비애[를] (…중략…) 많이 [빚어내고 있는 것은] (…중략…) 해방 후 (…중략…) 늘어가는 간상모리배[입니다]. 그 간상모리배들은 자유무역을 중심으로 해 가지고서 제일 많이 모여 있다고 생각합니다. 그 자유무역을 막연히 국가의 통제로 하는 것만으로는 그네들의 불순한 작란을 배격할 길도 너무나 애매하다고 생각합니다. (…중략…) 외국 무역은 (…중략…) 마땅히 나라에서 독점하지 않으면 안 될 이때에 임해서 제6장[은] (…중략…) 전폭적으로 다시 개정하고 싶습니다.

노일환 의원의 발언이 그 당시의 관점에서는 아주 많이 급진적이지는 않았던 것 같다. 이러한 사정으로 인해 헌법 최종안은 유진오가 의도했던 것보다 훨씬 더 '사회적 민주주의' 방향으로 갔다. 그리고 그와 같은 '좌클릭'은 경제 6개조의 수정으로 일어난 것이 아니라 제17조("모든 국민은 근로의 권리와 의무를 가진다. 근로조건의 기준은 법률로써 정한다. 여자와 소년의 근로는 특별한 보호를 받는다")의 수정으로 일어난다.

제17조 문제

7월 3일 제24차 본회의 제2독회에서 경남 부산구 문시환 의원이 제17조의 수정안으로 제1항을 "모든 국민은 근로의 권리와 의무가 있으며 근로자는 노자협조와 생산증가를 위하여 법률의 정하는 범위 내에서 기업의 운영에 참가할 권리가 있다"로, 제2항을 "근로조건의 기준은 법률로써 정한다"로, 제3항을 "기업주는 기업이익의 일부를 법률의 정하는 바에 의하여 임금 이외의 적당한 명목으로 근로자에게 균점시켜야 한다"로 할 것을 주장했다. 한 눈에 보아도 제1항은 독일의 공동결정제도 같은 것을 연상시키고, 제3항은 해석을 어떻게 하느냐에 따라 아주 급진적인 내용이 될 수 있다.

문시환 의원은 1897년생으로 당시 조선인들이 많이 가던 일본의 정칙영어학교현재는 正則学園高等学校에 다녔다. 유명한 조선인 동문으로 안익태, 조만식, 윤보선, 김성수, 송진우, 이정래 등등이 있다. 그 후에는 1921년에 설립된 소련의 모스크바 동방노력공산대학에 갔는데, 이 학교에도 조봉암 등 조선인 출신들이 있었다. 의열단에 가입해 독립운동을 했고, 5·10 총선에는 우익 계열 족청의 일원으로 참여했다. 문시환의 이력 자체가 이 시대의 정치인들이 얼마나 파란만장한 삶을 살았는지, 또 이념적으로 얼마나 혼종적일 수 있을지 짐작하게 한다. 아무튼 문시환 수정안은 엄청난 논란을 불러일으켰다. 많은 의원들이 등단해 의견을 내고 그들 자신의 파생적인 수정안을 내놓았다. 그래서 이 모든 수정안들을 정리하는 과정에서 문시환 수정안의 3개 항은 제17, 18조, 19조로 되고 다시 또 변화를 겪다가, 결국은 내용의 일부가 부결되면서 유진오 초안의 제18조에 편입되는 것으로 끝이 났다.

〈표 2〉 노동권에 관한 유진오 초안과 최종안

	유진오 초안	최종안
제17조	모든 국민은 근로의 권리와 의무를 가진다. 근로조건의 기준은 법률로써 정한다. 여자와 소년의 근로는 특별한 보호를 받는다.	모든 국민은 근로의 권리와 의무를 가진다. 근로조건의 기준은 법률로써 정한다. 여자와 소년의 근로는 특별한 보호를 받는다.
제18조	근로자의 단결, 단체교섭과 단체행동의 자유는 법률의 범위 내에서 보장된다.	근로자의 단결, 단체교섭과 단체행동의 자유는 법률의 범위 내에서 보장된다. 영리를 목적으로 하는 사기업에 있어서는 근로자는 법률의 정하는 바에 의하여 이익의 분배에 균점할 권리가 있다.
제19조	노령, 질병, 기타 근로능력의 상실로 인하여 생활유지의 능력이 없는 자는 법률의 정하는 바에 의하여 국가의 보호를 받는다.	노령, 질병 기타 근로능력의 상실로 인하여 생활유지의 능력이 없는 자는 법률의 정하는 바에 의하여 국가의 보호를 받는다.

〈표 2〉는 유진오 초안과 최종안의 제17, 18, 19조를 비교한 것이다. 문시환 수정안 중 '기업 운영 참가권' 항은 빠지고 '이익의 균점' 항이 최종적으로 유진오 초안의 제18조에 끼어든 것을 볼 수 있다. 그런데 이 조항 하나를 처리하는 데 꼬박 하루가 걸렸다. 또한 이 수정안은 두 번이나 미결되어 그대로 폐기되어야 했지만, 다수 의원들의 찬성과 동정 여론이 많아서 결국 번안동의를 통해 재상정되는 이례적 상황을 겪었다. 이 수정안의 부활에는 이승만 의장 자신이 상당한 역할을 했다. 이 문제에 대해 얘기한 의원들의 발언을 상세히 소개하려면 수십 페이지의 지면이 필요하다. 따라서 오늘날의 상식혹은 ^{편견}에서 볼 때 문시환 수정안을 그다지 좋아했을 것 같지 않은 두 사람의 발언을 소개함으로써 '경제적 사회적 민주주의'와 관련된 제헌의원의 전반적인 정신적 분위기를 가늠해보기로 하자. 7월 5일 제25차 본회의 제2독회에서의 이승만과 지청천의 발언이다.

먼저 서울 성동 지청천의 의견을 보자. 그는 시간상으로는 이승만의 발언 뒤에 단상에 올랐지만, 논의 전개상 그의 이야기를 먼저 듣기로 한다. 지청천은 1888년 생으로 광복군 창설에 참여했고 광복군 총사령관에 오르는 대표적인 독립운동가의 한 사람이다. 해방 후 단정노선에 합류했고 우익 청년단체인 대동청년단을 조직했다.

그는 경제문제에 대한 입국 이념이 통일되어야 하겠다고 하면서, 그것은 "만민평등의 전 민족적 경제체제"라고 말한다. 이 이념은 한편으로는 "전체주의를 주장하는 공산주의"를 배격하고 다른 한편으로는 "자유경제, 무제한 자본주의"를 배격하는 이념이다. 우리는 자유경제를 원칙으로 하되, "자유로 부패된 모든 조건을 조화, 절충하지 않으면 입국의 기본체제가 서지" 않는다. 정치적 민주주의를 하는 이상 경제적 민주주의도 해야 한다. 8할이나 되는 근로자와 농민도 독립을 해야 한다. 우리는 전체주의적 공산주의와 무제한 자본주의를 취하지 않고 "국가권력으로서 철두철미 민족주의로 나가야" 하고 "경제면에 들어가서는 사회주의로 나가야" 한다. 이것이 "민족사회주의"이다. 민족사회주의가 금후 조선의 나아갈 길이라는 것을 나는 확신한다.[1-25, 11~2쪽] 이렇게 특별한 단어들을 쓰는 것 치고 결론은 아주 평범해서, 초안 제17, 18, 19조로도 자신의 견해를 담아내기에 충분하니 빨리 넘어가자고 했다.

이제는 이승만의 발언이다. 경제가 생기려면 토지가 있어야 하고 토지에 깃든 자원과 경제력을 뽑아내려면 자본이 있어야 한다. 토지와 자본이 있어도 인력이 없으면 아무 것도 캐낼 수 없다. 그래서 토지, 자본, 노동이 경제의 근원이며, 이는 모든 나라가 똑같다. 우리 민주진영이란 자본가가 근로자를 노예처럼 부려 제 이익만 차리는 것을 타파하고, 지주가 자기 이익이 있기 전까지는 토지를 내놓지 않는 것을 철폐하는 사람들이다. 이것이 미국을 비롯한 민주주의 국가들이 이룩한 일이다. 그렇게 볼 때 나는 헌법 초안 제17, 18, 19조가 다 원만하게 되었다고 생각한다. 여기에는 근로 대중이 동맹파업할 권리도 내포되어 있다. 사실 지금 미국 의회에서는 동맹파업을 부분적으로 금지시키는 법을 만들려고 하고 있다. 원래는 허용되어 있었는데, 공산주의 세력이 동맹파업을 해서 전국의 경제력을 마비시키고 민생을 파탄시키자 동맹파업을 일정한 범위 안에서 금지시키려는 것이다. 이처럼 외국에서는 계급전쟁의 반동이 생겨 노동자의 동맹파업권을 제한하려는 움직임이 있는 터이지만, 우리 헌법은 이 권리를 보호해서 자본가의 이익 추구와 싸울 수 있게 했다.[1-25, 7쪽]

다른 한편, 자본가가 개인적 이익만을 위해 자기 자본을 쓰면 안 되고 토지소유자가 개인적 이익만을 위해 자기 토지를 사용하면 안 되듯이, 노동자도 협의적으로 일을 해 공동이익을 취하도록 노력해야 한다. 공산당의 충동으로 동맹파업을 하게 되면 가장 먼저 고생하는 사람들은 노동자이다. 그러므로 다른 나라처럼 자본가만 보호하다 동맹파업이 일어나 모두가 고생하는 일이 없도록 자본가와 노동자가 협의적으로 의논하고 일을 해야 한다. 헌법 초안의 제17, 18, 19조가 이러한 것도 다 고려해서 잘되어 있다고 생각하지만 부족한 점이 있다면, 지주와 자본가와 노동자의 균등 이익을 법률로 보호한다는 조항을 하나 넣어도 괜찮겠다. 헌법에는 이렇게만 해놓고 다음에 법률로 정하면 충분히 효과가 있을 것이다. 어느 나라 헌법이든지 노동을 특별히 더 보호한다고 하는 경우는 없다. 우리가 지금 그렇게 하면 바깥에 있는 세력이 우리 국회가 공산 색채를 띠었다고 생각하고 그들의 정부와 연락해서 우리 국회에 침투해 방해를 할 수도 있다. 그러므로 이 문제에 대해서는 이 정도로 하고 빨리 가부를 묻고 넘어가자.[1-25, 8쪽]

이승만의 발언은 꽤 혼란스러워서, 정확히 무슨 주장인지 100% 분명하지는 않다. 아마 헌법 초안의 관련 조항은 신생 대한민국의 입국 이념을 잘 반영하고 있기 때문에 별도의 수정이 필요하지 않다는 것이 이승만의 기본 논지인 것 같다. 하지만 부족한 점이 있다고 생각된다면 이익의 균점에 관한 중립적인 조항을 넣고, 향후 노동 관련 법률을 통해 이를 구체화하자는 것이다. 더 중요한 것은 빨리 헌법을 완성해서 정부 수립을 하는 것이다. 지청천이 이승만의 발언 직후 바로 연단에 올라 발언을 했던 것도 의원들에게 다시 한번 이승만 의장의 논지를 정확히 이해시키고자 하는 목적이었던 것 같다. 이어지는 이승만의 발언은 헌법 제정을 서두르자는 익숙한 촉구인데, 그가 헌법 제정을 어떻게 보고 있었는지 잘 드러난다.1-25, 9쪽

이 헌법이라는 것은 작정해놓은 다음에는 백년 만년 고치지 못하고 대들보가 쓰러져도 고치지 못한다는 이야기가 아닙니다. 이전에는 임금이 앉아서 맘대로 자기 뜻대로 고쳐서 임금이 명령을 하면 그것을 국법으로 한다고 했지만 지금은 민주주의인 까닭에 백성 다수가 그것을 제정한 국법이니까 이 국법을 오늘 결정하였다가도 내년에 가서 달리 다수 결의해 가지고 고치자고 하면 우리가 다 할 수 있는 것입니다.

국회에서 무엇이든지 봐가지고 (…중략…) 그 전에는 이렇게 했지만 오늘 시기는 이렇게 되었으니까 이것을 변동해서 다시 해야 되겠다고 언제든지 할 수 있으니까 헌법에다가 다 집어넣어서 비끄러매[지 말고] (…중략…) 대강만 특별히 제정해놓고 여지를 둬야 합니다. 내일 모레 변동을 하려는데 여지없이 미리 작정해놨으면 못할 것이 아닙니까? 여유를 둬둬야 한다 그 말이어요.

그런 의미에서 미국 사람들은 지혜롭다고 세계에서 칭찬하고 있습니다. 여지를 남겨놔서 이 다음 형편 되는 대로 개정하기로 하고 대강만 명시하고서 여유를 두고서 이것을 공포하고 하루바삐 우리 정부를 수립합시다. 지금 8월15일 날이 며칠 안 남았습니다. 지금 헌법을 통과한 뒤에 정부수립에 대해서 할 일이 많이 있습니다. 그때까지 우리가 완전히 해 놓고서 일어나야 하겠습니다.

밤을 새우더라도 이 조문만 속히 통과해 가지고서 남들이 밖에서 기대하는 이 것을 속히 하시기를 바랍니다. (…중략…)

노동하는 사람들은 나에게 이익이 있어야 한다고 하고 자본가는 이익이 우리 자본가에 있어야 한다고 해서 정부 수립을 못한다고 이렇게 되면 노동자나 자본가나 지주나 다 이익의 권리를 보호할 수 없을 것입니다. 그러므로 해서 정부를 수립한 뒤에는 내일 모레라도 그것을 고쳐서 권리를 보호할 수 있으니까 그것을 길게 말하지 말고 헌법을 하루바삐 통과해 가지고 정부를 조직해서 일어나자고 하면 누가 앉든지 남의 나라 사람의 정부보다 나을 것이 아닙니까?

(…중략…) 우리 대한민국은 여러분의 손에 있으니까 다른 이야기를 정지하시고 밤을 새워서라도 토의해 가지고서 하루바삐 헌법을 작정하시기 바랍니다. 또 한 번 권합니다.

앞 장에서 내각책임제 찬성론자들은 대개 헌법이 "국가 만년의 기본 이념"을 담아야 하며 따라서 정세론이 아니라 법리론에 입각해 제정되어야 한다고 주장하는 것을 보았다. 이승만은 대척점에 서 있었다. 적어도 이 인용문에서는 모든 것이 정세로 환원되어 있다. 그는 좋게 말한다면 정세의 변화에 대응할 수 있는 열린 설계의 헌법을 추구하고 있다. 한 가지 열려 있지 않은 절대적 기준은 8월 15일이라는 시점이었다. 이 일정에 맞추기 위해서라면 이승만은 헌법의 실질적 내용과 관련해서는 권력구조처럼 본인이 가장 중요하다고 생각하는 것을 제외한다면 웬만한 것은 양보할 준비가 되어 있었던 것 같다. 그가 헌법 제정 과정에서 논의가 길어질 때 자주 했던 말이 "이렇게 되나 저렇게 되나 그게 그리 중요하지 않다"는 식의 말이었다.

문시환 의원의 '이익 균점' 항이 제2독회를 통과할 때는 제17조 제2항

"단 근로자는 이익 배당의 균점권을 가진다"로 통과되었다. 그런데 7월 7일 제3독회 때 조병한 의원이 이 항을 법률 체제상 제18조 2항으로 넣는 것이 좋겠고, 내용적으로도 영리를 목적으로 하는 사기업에만 적용하는 것이 좋겠다는 제안을 했다.[1-27, 10쪽] 이로 인해 약간의 논의가 일어나려 하자, 이승만 의장은 다음과 같이 이야기했다. 이익분배권이나 노동 대중 균점권이라는 게 그리 큰 문제가 아니다. 왜냐하면 지금 이익을 균점한다는 게 그리 잘 되지 않을 것이기 때문이다. 국회에서 통과되기는 했지만 시행을 하면 잘 안 될 것이다. 그래서 5, 6개월 안으로 이것을 수정하자는 이야기가 근로 대중에게서 나올 것이다. 아마도 헌법의 대다수 조항을 수정해야 할 것이다. 왜냐하면 우리가 지금 아주 어려운 문제들을 급히 시행해볼 수밖에 없는 처지이기 때문이다.[1-27, 11쪽] 요컨대 이승만은 당초에 노동자의 이익 균점권이라는 것이 현실적으로 가능하지 않으리라고 생각하고 있었던 셈이다. 그러나 마치 유진오에게 국무총리와 국무위원에 대한 국회 인준과 관련해 "그러면 그렇게 해 보라"고 했듯이, 이 문제에 대해서도 "그러면 그렇게 해 보라"고 한 것 같다. 참으로 이해하기 쉽지 않은 인물이다.

대한민국 억만년의 터를 완성하다

위에서 인용한 이승만의 발언 중 마지막 부분에 가면 '박수'가 나왔다는 것이 회의록에 나온다. 아마 상당한 호소력이 있었던 것 같다. 이 날 오후부터 이승만은 직접 사회를 보며 의사진행을 서둘렀다. 점심시간에 모종의 합의와 조정이 있었던지 의원들은 그 이후의 조문들에 대해서는 자신들의 수정안을 대부분 철회했다. 가장 열정적이고 깐깐한 태도로 제2독회에 임했던 젊은 의원들도 마찬가지였다. 국무원의 권한이나 대통령의 거부권과 같은 예민한 문제에 대해서는 여전히 수정안이 나오고 찬반 토론이 진행되었지만 대개 일사천리로 진행되었다. 7월 1일 제22차 본회의에서 7월 5일 제25차 오전 본회의까지 17개조밖에 처리하지 못했던 제2독회였지만, 7월 5일 오후부터 7월 6일까지는 몇 가지 미결문제만 남기고 103조까지 모두 처리했다.

이렇게 해서, 필리핀처럼 헌법 전체를 이틀에 만들지는 못했지만, 제2독회 때 거의 85개에 이르는 조항을 이틀에 통과시키는 일은 할 수 있었다. 국회는 사흘 간 휴회를 한 후 7월 12일 제28차 본회의 제3독회에서 많은 논란 끝에 전문을 통과시키고 자구 수정을 한 후 마침내 헌법을 통과시켰다. 헌법이 최종적으로 통과되는 순간 회의록에는 전원 기립했다고 기록되어 있지만, 사실은 그렇지 않았다. 국가 만년의 기본 이념을 그렇게 빨리 처리하는데 어떻게 모든 사람이 동의를 하겠는가. 중간 중간에 이의를 제기하는 의원들이 있었고, 최소한 한 사람은 마지막에 이를 행동으로 보여주었다.

유진오가 회고록에서 그 사람을 기억했다. "다만 대한민국 헌법이 최종적으로 채택되는 마지막 순간에 있었던 일은 오랜 세월이 지난 지금까지도 나의 기억에 생생하기에 이곳에 기록해 두고자 한다. 의장^{이승만}이 '그러면 이 전문을 그대로 통과하자는 것을 가케 여기시면 기립하시오'라고 선언하였을 때 국회의원들은 모두 우루루 일어섰다. 그 순간이다. 나는 의원석 중간쯤에 자리 잡은 한 의원이 기립하지 않고 자리에 앉은 채 고개를 똑바로 들고 앞쪽을 응시하고 있는 광경을 내 눈으로 보았다. 이문원 의원이었다."^{1980, 105쪽} 이문원 의원의 행동이 언론의 눈을 피해 갔을 리는 없다. 『동아일보』는 헌법안이 통과된 것 자체를 거부하는 것인지 헌법안 내용에 불만이 있는 것인지 알 수 없지만 총 기립에 부화하지 않는 것만은 가상하다는 촌평을 냈다. 『동아일보』, 1948.7.13

　그러나 아무튼 아무리 현실주의적으로 그리고 정세론적으로 쫓겨서 만들었다고 해도, 대한민국 제헌헌법은 세계사의 시대정신을 최대한 반영하려고 노력했다. 극도로 상황적이지만, 동시에 진지하고 지적인 헌법이었다. 순간의 헌법이었지만 영원의 헌법이었다. 1948년 7월 17일 마침내 대한민국 헌법이 공표되었다. 이승만 의장은 이 헌법이 대한민국의 완전한 국법임을 세계에 선포하면서, 이 헌법은 전 민족에게 평등 자유의 공화적 복리를 보장할 것이니 오늘을 영원한 기념일로 삼자는 취지의 헌법 공포사를 읽었다.1-32, 2~3쪽 하지만 제헌헌법 제정의 의의에 대한 가장 뛰어난 글은 한학자이자 역사학자였으며 초대 감찰위원장이었던 위당 정인보 선생의 제헌절 기념곡 노랫말인 것 같다. 둘도 없이 빼어난 이 노랫말은 아마도 제헌헌법의 정신과 그리고 제헌헌법에 담은 민족의 여망을 가장 잘 표현한 글이 아닌가 싶다. 이렇게 뛰어난 글을 썼던 정인보 선생은 한국전쟁이 터진 지 한 달 남짓 만에 1950년 7월 31일 서울에서 납북되어 얼마 있지 않아 운명을 달리 했다. 정확한 일자도 경위도 확정할 수 없다고 하니, 통분하고 애석한 마음뿐이다. 선생을 기리면서 제헌절 노랫말을 기억해보자.

　비 구름 바람 거느리고

　인간을 도우셨다는 우리 옛적

　삼백예순 남은 일이 하늘 뜻 그대로였다

　삼천만 한결같이 지킬 언약 이루니

옛길에 새 걸음으로 발맞추리라
이날은 대한민국 억만년의 터다
대한민국 억만년의 터

손 씻고 고이 받들어서
대계의 별들 같이 궤도로만
사사 없는 빛난 그 위 앞날은 복뿐이로다
바닷물 높다더냐 이제부터 쉬거라
여기서 저 소리 나니 평화오리라
이날은 대한민국 억만년의 터다
대한민국 억만년의 터

제6장

대한민국 초대 대통령
이승만

헌법의 완성으로 정부 수립의 9부 능선을 넘었다. 대통령, 국무총리, 장관을 뽑기 전에 마지막으로 거쳐야 할 단계가 정부조직법의 제정이었다. 8월 15일에 대한민국 정부의 출범을 세계만방에 선포하려면 정부조직법 역시 최대한 신속히 통과되어야 했다. 법의 법인 헌법보다는 중요도가 떨어졌지만 그래도 가장 중요한 법률 중 하나이다. 정부 부처의 구성과 같은 문제는 그 자체로 대단히 중요한 문제이다. 하지만 속도라는 그 지상명령 때문에 여러 가지 중요한 문제들이 충분한 토론 없이 빨리 처리되었다.

대통령 부통령 선거 절차

헌법과 정부조직법을 제정한 다음 국회는 즉시 대통령과 부통령의 선출에 들어갔다. 7월 17일 토요일 오전 10시에 헌법 공포식을 거행한 국회는 오후에 다시 제32차 본회의를 열어 이 문제를 논의했다. 헌법 제53조는 대통령·부통령 선거의 대강만을 기술해 놓았기 때문에 구체적으로 언제 어떻게 할지에 대해서는 조금 논의가 필요했다. 제53조는 다음과 같다. "대통령과 부통령은 국회에서 무기명투표로써 각각 선거한다. 전항의 선거는 재적의원 3분지 2 이상의 출석과 출석의원 3분지 2 이상의 찬성투표로써 당선을 결정한다. 단, 3분지 2 이상의 득표자가 없는 때에는 2차 투표를 행한다. 2차 투표에도 3분지 2 이상의 득표자가 없는 때에는 최고득표자 2인에 대하여 결선투표를 행하여 다수득표자를 당선자로 한다. 대통령과 부통령은 국무총리 또는 국회의원을 겸하지 못한다."

대통령과 부통령을 선출하기 위한 세부 절차에 관련해서는 먼저 국회의장과 부의장, 상임위원장들이 모여 논의한 결과가 발표되었다. 7월 19일에 전원위원회를 열어 예비선거를 통해 '출석의원 1/3 이상의 득표'를 기준으로 한 사람 이상의 예비후보를 정한 다음, 그 예비후보들에게 최종 후보로 나갈 의사가 있는지를 확인하고, 7월 20일 본회의에서 헌법의 절차에 따라 대통령과 부통령을 최종 선출한다는 것이었다. 하지만 허정 의원을 비롯해 다수의 의원들이 이 계획에 반대했다. '비밀' 전원위원회에서의 예비선거는 일반 대중의 의혹만 살 뿐이고 쓸데없는 시간 낭비라는 것이었다.[1-32, 5쪽] 또한 이것은 헌법에 규정되어 있지 않은 절차이기 때문에 위헌이라는 주장도 나왔다. 이러한 이의 제기는 아주 타당하게 들렸다. 사회를 보던 신익희 부의장이 김동원 부의장에게 사회를 맡기고 의원 자격으로 설득에 나섰지만, 반대 분위기를 되돌리지 못했다.

국회 간부들이 무엇 때문에 이와 같은 '위헌적' 절차를 밟으려고 했을까? 특히 이승만이 압도적으로 대통령이 되리라는 것은 일반 국민의 눈에도 의원들의 눈에도 너무나 분명했는데, 왜 이런 불필요한 예비선거를 거치려고 했을까? 이는 아마도 김구와 서재필을 둘러싼 정계 동향 때문이었을 것이다.

김구는 남북협상노선을 고수하며 5·10총선을 거부했고 당연히 대한

민국 정부 수립에도 참여하지 않았다. 하지만 막상 국회가 소집되고 헌법을 제정하는 과정에 들어서자 김규식과 더불어 다시 통일전선운동의 움직임을 보이며 정치를 재개하고 있었다. 이승만에 버금가는 정치적 위상을 가진 김구가 대통령 선거를 앞두고 자의든 타의든 사람들의 하마평에 오르지 않을 수 없었다. 당시 언론 보도에 따르면 장제스까지 김구에게 사적 사절을 보내 신정부에 참가할 것을 극력 종용했다고 한다.『동아일보』, 1948.7.17 또한 무소속 의원들 중에도 한독당 계열이거나 한독당 노선에 찬성하는 사람들이 많아 김구의 정부 참여를 강하게 원하고 있었다. 당시 이승만은 김구가 과거의 남북협상노선을 청산하고 새로 수립되는 대한민국 정부를 인정한다면 얼마든지 협력할 것이라는 입장을 기회가 있을 때마다 밝히고 있었다. 물론 김구가 노선을 전환할 가능성은 희박했다.

한편 이 즈음에 흥사단계 독립협회가 주축이 되어 서재필을 신생 대한민국의 최고 지도자로 추대하려는 정치운동도 일어나고 있었다. 사실 미군정은 미국 정부와 미군정의 정책에 번번이 반대하는 고집불통의 이승만 대신 개화운동의 선구자였던 서재필을 대안으로 내세우려고 한 적이 있었다. 그리하여 서재필은 하지 중장의 요청으로 미군정청 최고정무관 겸 남조선과도입법의원 특별의정관으로 초빙 받아 1947년 7월 1일에 입국했다. 하지만 서재필은 미국 시민권자인데다 본인 스스로 고령1864년생을 이유로 정치활동을 사양했기 때문에 미군정의 계획은 수포로 돌아갔다. 하지만 그는 아직 남한에 체류하고 있었고 정치권 일각에서 그를 대통령 후보로 내세우고자 했던 것이다. 그러나 서재필 본인은 조국의 독립이 걸린 위기의 시기에 이러한 정당 조직을 세우려는 것은 나라를 더욱 혼란하게 할 뿐이라며 거절하다가,『동아일보』, 1948.6.20 결국 7월 4일에는 명시적 거부 성명까지 발표했다. 자신은 결코 대통령에 입후보하지 않을 것이며, 설사 대통령의 지위가 제공된다 해도 수락하지 않겠다면서 "나는 미국 시민이며 또한 미국 시민으로서 머무를 생각이다"『동아일보』, 1948.7.6라고 선언했다. 하지만 본인의 거부에도 불구하고 서재필을 대통령으로 만들려는 일각의 움직임은 멈추지 않았다.

그리하여 7월 20일 자 『조선일보』에 따르면, 대통령, 부통령, 국무총리 후보로 한민당계는 차례대로 이승만, 이시영, 김성수를, 무소속구락부는 이승만, 김구, 조소앙을, 독촉계는 이승만, 이시영, 신익희를 밀고 있는데, 정부통령은 이승만과 이시영이 될 것이나 김구와 서재필의 존재로 인해 절대다수표를 얻지는 못할 것이라는 전망이 있었다. 국회 간부들은 크나큰 역사적 의미를 갖는 최초의 정부통령 선거를 성공적으로 치르기 위해 이런 정계 상황을 충분히 고려하고자 했던 것 같다.

제53조에 따르면, 대통령은 재적의원 2/3 이상의 출석과 출석의원 2/3 이상의 찬성으로 선출된다. 1차 투표로 결정이 안 되면 동일한 요건 아래 2차 투표를 하게 되고, 여기에서도 안 되면 3차 투표에서 다수 득표자가 대통령이 된다. 만약 예상 외로 김구나 서재필의 표가 많이 나온다면 3차 투표까지 가게 된다. 그런데 문제는 김구가 이미 정부 수립에 참여하지 않겠다고 선언한 상황이었고, 서재필은 아예 입후보 자격이 없었다. 대통령이 되지 않을 사람과 대통령이 되지 못할 사람이 최종 후보로 나와 3차 투표까지 가게 된다면 너무나 이상한 그림이 된다. 나라를 되찾아 대한민국의 초대 대통령을 뽑는 이 역사적인 순간에 이 무슨 낭패란 말인가?

신익희 의원이 전원위원회 개최의 필요성을 설득할 때 아주 완곡한 어법을 썼다. 지금 우리 각자 대통령으로 누구를 뽑을지 다 결정한 바가 있을 것이다. 하지만 대통령 선거는 법률에서 정한 정당한 절차를 밟아야 한다. 그러기 위해서는 우리가 신중을 기해야 한다. 함께 모여서 생각을 나누고 의논도 해서 정당하고 간단한 세칙을 만들어 보아야겠다.[1-32, 10쪽] 바꾸어 말해 위와 같은 낭패스러운 그림이 나오는 것을 피하자는 제의였던 것이다. 전원위원회에서 어떤 식으로든 예비선거 단계를 거친다면 예컨대 김구가 1/3 이상의 득표를 할 경우 국회의 교섭위원들이 찾아가서 그의 의사를 확인할 수 있게 되어 낭패스러운 상황을 피할 수 있다.

그러나 어떤 의원들은 국회 간부들의 완곡한 어법에 숨은 진의를 제대로 파악하지 못했던 것 같고, 허정 같은 중진 의원들은 그들의 숨은 뜻을 알고 있었겠지만 그냥 기우라고 생각했던 것 같다. 아무튼 전원위원회 예비선거 이외에도 대통령과 부통령의 뜻이 너무 다르면 곤란하니 대통령을 먼저 뽑고 부통령은 대통령의 의중을 물은 다음 뽑아야 하지 않을지, 그러므로 하루의 여유를 두고 선거를 해야 하지 않을지, 아니면 대통령과 부통령을 하루에 다 뽑을지에 대해서도 많은 논의가 오갔고, 결국 표결로 결정했다. 그리하여 "대통령 부통령의 선거는 전원위원회를 개최하지 않고 국회 본회의에서 직접 선거할 것"이라는 안이 재석의원 189, 가 139, 부 19로 압도적으로 가결되었다. 또한 대통령 선거는 7월 20일 오전에, 부통령 선거는 같은 날 오후에 행하기로 결정했다.

이승만과 이시영의 선출

7월 20일 화요일 오전 10시에 제33차 본회의가 개회되었다. 백관수, 신성균, 김도연, 주기용, 이종린 의원을 감표의원으로 하고 10시 15분에 대통령 선거 절차에 들어갔다. 재석의원 숫자는 재적의원 198명에서·두

명이 모자란 196명이었다. 그 두 명 중 한 사람은 이승만이었고, 다른 한 명은 누구인지 알 수 없다. 11시 5분에 투표가 종료되고 11시 10분에 투표함을 열었다. 김도연, 주기용, 이종린 세 의원이 창표唱票하는 데 입회하고 백관수, 신성균 두 의원은 득표 기입하는 데 입회했다. '창표'란 누구의 득표인지를 외치는 행위이다.

그런데 창표 과정에서 '서재필'이라는 이름이 나왔다. 이에 서울 중구 윤치영 의원이 즉시 서재필은 외국인이니 무효를 선언할 것을 요구했다. 윤치영 의원은 한민당 소속으로 당선되었지만, 이승만의 최측근이었던 사람이다. 김동원 부의장이 결과를 다 보고 해도 괜찮겠다고 하자, 매사에 적법성을 따지는 서우석 의원이 "서재필 박사의 표를 무효로 할 것이냐 유효로 할 것이냐 하는 것은 법률상으로 크게 문제되는 것"이라며 외국인에 대한 투표는 마땅히 무효 처리되어야 한다고 주장했다.[1-33, 3쪽] 김동원 부의장이 서재필 박사의 국적을 다시 확인해서 오후에 결정하자고 버티자 다른 의원들이 가세해 서재필 박사 본인이 외국인임을 거듭 밝힌 적이 있다며 결국 김동원 부의장을 굴복시켰다.

이 사건 외에는 개표가 순조롭게 진행되었고, 이승만의 득표가 132표에 이르자 의원 일동의 박수가 2분간 계속되었다. 131표가 2/3선이었다. 그리고 마침내 최종 개표 결과가 나왔다. 이승만 180표, 김구 13표, 안재홍 2표, 무효 1표. 이승만의 압도적 당선이었고, 김동원 부의장이 이승만 의원의 당선을 공식적으로 선포했다. 회의록에는 의원석과 방청석에서 동시에 박수가 2분간 계속되었다고 기록되어 있다. 박수가 계속되는 사이에 최고 연장자의 한 사람이었던 서정희 의원이 발언을 신청해 유사 이래 오늘 같은 경사가 없으니 방청석과 국회의원들이 모두 기립해 이승만 박사에게 만세삼창을 해주자고 했다.[1-33, 4쪽] 하지만 김동원 부의장이 회의장에 이승만 당선자가 부재중임을 상기시키고, 신익희 의원과 서정희 의원을 의장실로 보내 경과를 설명하고 당선자를 모셔 오게 했다. 이를 위해 11시 35분에 휴회가 되었고 11시 54분에 이승만의 입장과 함께 회의가 속개되었다.

신익희 의원이 먼저, 오늘 우리 역사상 처음 있는 성스러운 일을 했으니, "우리 민족의 원수이고 우리 독립운동의 노선배이시며 (…중략…) 앞으로 우리 전체 민족을 구원해주실" 오직 한 사람인 이승만 박사가 대통령으로 당선되었다면서, "방청석에 있는 우리 남녀 동포 동지들과 함께 우리 대통령의 전도를 축복하고 우리 국가의 장래를 축복하는 의사로 만세 삼창"을 하자고 제의했다.[1-33, 4쪽] 의례적으로 하는 말이 아니라, 이 나라 역사에서 대통령이라는 사람이 최초로 탄생하고 그 사람이 이승만이라는 것을 진심으로 기뻐하는 것을 느낄 수 있다. 이어서 이승만 당선자의 발언이 있었다. 요즘 같으면 혹은 다른 사람 같으면 수락 연설을 준비했을 텐데 이승만은 즉흥적으로 연설했다. 꽤 중요한 연설도 일상적인 대화처럼 하고 말에 군더더기가 많아서 그의 연설이나 발언을 직접 인용하는 것이 쉬운 일은 아니다. 그래서 현대적 어법으로 정리해서 소개하기로 한다. 맨 마지막 부분은 직접 인용을 한다.[1-33, 4~5쪽]

> 저에게 대통령이라는 영광스러운 이름을 주셔서 몹시 감격스럽습니다. 저는 원래 독립운동을 해 오던 사람이라 대통령이 된다는 것은 생각하지 않았습니다. 제가 당초에 총선거를 주장했을 때 제가 대통령이 되고 싶어서 그런다는 이야기가 있었습니다. 그래서 여러분께서 저더러 대통령 후보로 나오라고 할 때도 승낙을 하면 그 이야기가 사실이 될까봐 조용히 있어 왔습니다.
>
> 민주국이란 국민에게 권리가 제일 많은 나라입니다. 국민만이 우리나라를

위해 끝까지 힘씁니다. 그들이 대표를 내고 우리 정부를 세웠습니다. 국회의원이나 국민이 가장 중요하게 생각할 것은 이제 정부가 섰으니 이 정부에 무슨 풍파가 있든지 만전을 기할 수 있는 튼튼한 정부를 만들어야 한다는 것입니다.

정부에 들어와서 일할 분들도 개인의 영광 같은 것은 버리고 아무리 작은 직책이라도 기꺼이 영광스럽게 받아들이고 전심으로 일해야 합니다. 이기주의를 버리고 민족대업을 수행해서, 나라의 큰 기틀을 세우는 것만을 생각해야 합니다. 정부에 들어오면 다른 나라 사람들이 뭐라고 하건 마치 시계가 큰 부속 작은 부속 일체가 되어 움직이듯이 질서정연하게 한 덩어리처럼 일해야 할 것입니다.

여러분께서 나에게 중책을 맡겼지만 제 건강이 좀 우려됩니다. 하지만 영광을 주시고 책임을 맡기신 만큼 목숨이 닿는 데까지 국권을 세우는 데 극력 노력하겠습니다. 내가 국회의장의 이름을 가졌든 대통령의 이름을 가졌든, 여러분께서 절대로 지지해주셔야 합니다. 민족 전체가 받쳐주어야 합니다. 한 덩어리가 되어서 세계가 놀랄 만한 정부를 만드는 것만 결심하고 나가야 할 것입니다. 제가 친구가 많습니다. 정부조직에 몇 명의 친구가 들어올지 모르겠지만, 제가 정성껏 해드릴 테니까 저를 믿어주시고 저를 붙잡고 나가주셨으면 합니다.

국회의원 여러분께 특별히 고마운 점이 있습니다. 처음에 이 국회 안에 이러저러한 정파가 많다고 해서 민주주의를 해나가는 데 조금 염려가 되었습니다. 그런데 그동안 여러분께서 일하시는 것을 보면 무슨 문제가 있든 처음에는 토의를 많이 하다가 마지막에 가서는 국가 건설에 한 덩어리가 되었고 그래서 헌법도 만들고 정부조직법도 만들었습니다. 외국 사람들도 다 칭찬을 합니다.

"우리는 앞으로 할 일이 많습니다. 지금 우리의 일을 시작한 것입니다. 다 이 정신을 가지고 나가면 앞으로 우리 민족의 영광은 세계에 빛날 것으로 확실히 믿습니다. 여러분 다시 이 사람에게 중요한 책임을 맡겨주신 것을 감사히 생각하며 여러분의 뜻으로 진행하려 합니다."

오후에는 부통령 선거가 진행되었다. 투표에 앞서 다시 이승만 당선자가 등단해 부통령 후보와 관련해 자기 생각을 밝혔다. 얼마 전 몇 사람이 찾아와서 부통령과 국무총리가 누가 되겠느냐고 물어서 그것은 대통령 되는 사람이 결정할 일이겠지만, 자신이 듣기로 이시영 씨[1868]와 오세창 씨[1864]가 추대를 많이 받고 있고 조만식 씨[1883]도 언급되더라는 것이었다. 자신은 누구와도 합작할 수 있다고 말했다. 이시영 씨는 임시정부의 환국 이후 많은 대중의 지지를 받으며 충직하게 싸워 온 분으로 부통령이 되어도 반대할 사람이 없다. 오세창 씨는 기미년 전에도 후에도 독립운동을 해온 투사이며 애국정신으로 국권을 건설하는 데 전력을 다할 분이다. 조만식 씨는 북한에서 활동하고 계시지만 부통령이 무슨 특별한 직무가 있는 것은 아니니까 이름만 갖고 있어도 괜찮겠다. 이 분들이 모두 연세가 많아서 젊은 분이 하는 것도 괜찮겠다는 바람도 있다. 아무튼 자신이 누구를 딱 지정하는 것이 아니므로 여러분이 세 분 중 누구를 뽑아도 좋겠다는 것이었다.[1-33, 6~7쪽]

대통령 선거 때 13표를 얻었고 무소속구락부가 부통령으로 밀고 있던 김구가 전혀 언급되지 않은 데 의아함을 느끼는 독자도 있을 것이다. 사실 이승만은 대통령 당선 직후 부통령 선거를 기다리는 사이에 기자단과 회견을 했다. 이 자리에서 기자들이 김구 씨가 부통령 선거에 나오면 합작할 의사가 있는지 물었다. 이에 대해 이승만은 그것은 불가능한 일이라며, 의사가 맞는 사람들이 정부를 구성하는 것인데 대통령과 부통령이 의사가 맞지 않으면 정부가 자연히 흔들리기 때문이라고 했다. 또한 김구

씨의 태도는 아직 동포에게 알려지지 않았고 머지않아 태도 표명이 있을 것으로 추측된다고도 했다. 하지만 이승만은 김구의 태도에 대해 전혀 낙관적이지 않았다. "김구 씨는 정부가 수립되더라도 미국 사람이 우리 정부에 간섭할 것이라고 하는 모양인데 지금 우리 정부 수립에 있어서는 미국은 조금도 간섭하지 않고 있다. 사실 미국 사람이 우리 정부에 간섭한다면 내 자신도 그것을 반대한다"고 덧붙였기 때문이다. 『동아일보』, 1948.7.21

이승만의 발언 이후 부통령 선출에 들어갔다. 이승만 당선자도 투표에 참가해 총 투표수는 197이 되었다. 1차 투표에서는 이시영 113표, 김구 65표, 조만식 10표, 오세창 5표, 장택상 3표, 서상일 1표의 결과가 나와, 아무도 재석의원 2/3 이상의 득표를 하지 못했다. 그래서 2차 투표에 들어갔고, 이시영 133표, 김구 62표, 이구수 1표, 무효 1표가 나와 이시영이 부통령으로 당선되었다. 하지만 이시영 부통령 당선자는 현장에 없었고 당선 연설도 할 수 없었다. 그래서 국회는 장면, 김상돈, 김종린 의원을 이시영 당선자에게 보내 경과를 보고하기로 했다. 아울러 일주일을 휴회하기로 했다.

정부통령 취임식

역사적인 초대 정부통령 취임식은 7월 24일 토요일 10시에 거행되었다. 신익희 부의장의 개회사 다음에 대통령 취임 선서가 있었고, 곧바로 대통령 취임사가 이어졌다. 이승만은 신생국의 첫 번째 국회의장과 첫 번째 대통령을 거치며 '최초'라는 수식어가 붙는 연설을 많이 했다. 하지만 그는 이렇듯 역사적인 의미가 큰 연설에서도 그에 맞는 장엄한 수사 없이 당면한 현안에 대해 평범하게 이야기하는 경우가 많았다. 대한민국 초대 대통령의 취임사라면 이 취임식의 역사적 의미, 대체적인 국정 방향, 대한민국의 장기적 국가 비전 등에 대한 깊이 있고 감동적인 연설을 기대할 것이다. 하지만 이승만 대통령의 취임사는 그런 연설과는 거리가 멀었다.

연설의 첫 부분은 앞에서 이미 인용했듯이 개인적 소감을 드러낸 후에 맡겨진 책임을 다할 것이며 애국 남녀의 합심과 합력을 부탁하고 있다. 그 다음에는 헌법과 정부조직법을 만들어 오늘이 있게 한 국회에 대한 감사, 그리고 국회 부의장들에 대한 감사가 이어진다. 그 다음 국무총리와 국무위원의 선임을 둘러싼 낭설을 경계하며 여론의 추측과는 다를 것이라는 말이 나온다. 대통령 취임사에서 당면한 내각 인선과 관련해 일반의 기대와 다를 것이라고 이야기하는 대통령은 세상에 아무도 없을 것이다. 이런 예기치 않은 말을 한 다음, 일할 수 있는 정부를 만들겠다고 다짐하면서 장래의 고위 관료에게 큰 일 작은 일 가리지 않고 함께 책임을 다하자고 한다. 민주정부에서는 민중이 주인이므로 민중이 의로운 사람과 불의한 사람을 가려야 한다고 요청한다. 대한민국 정부에 대한 국제적 승인과 관련된 계획이 나오며, 북한 정권에 대해서는 우리가 공산당을 반대하는 것이 아니라 공산당의 매국주의를 반대하는 것이라며 회개와 평화통일을 위한 협력을 요구한다. 외국과의 호혜적 친선과 평화 증진, 균등한 외교통상을 추구한다고 선언한다. 연설의 마지막 부분에는 그나마 약간의 수사가 나온다. "새 나라를 건설하는 데는 새로운 헌법과 새로운 정부가 다 필요하지마는 새 백성이 아니고는 결코 될 수 없는 것입니다. 부패한 백성으로 신성한 국가를 이루지 못하나니 이런 민족이 날로 새로운 정신과 새로운 행동으로 구습을 버리고 새 길을 찾아서 날로 분발 전진하여 지나간 40년 동안 잃어버린 세월을 다시 회복해서 세계 문명국에 경쟁할 것이니 나의 사랑하는 삼천만 남녀는 이날부터 더욱 분투용진해서 날로 새로운 백성을 이룸으로써 새로운 국가를 만년 반석 위에 세우기로 결심합시다."[1-34, 2~4쪽]

애국 남녀의 합심 합력에 대한 요청은 어떤 대통령의 취임사에도 나오는 것이겠지만, 대한민국 초대 대통령의 취임사라면 더더욱 없어서는 안 될 것이다. 그런데 이 취임사를 더 자세히 들여다보면 초당파주의 국회와 거국 정부에 대한 요청이 있고, 이를 떠받치는 힘으로 민중의 지지에 대한 요청이 있다. 초당파주의 국회에 대한 요청은 연설 앞부분에서 발견될 수 있다. 성공적인 총선의 결과로 국회가 성립되었는데, "완전무결한 민주제도로 조직되어 2, 3정당이 그 안에 대표가 되었고, 무소속과 좌익 색태色態로 지목받는 대의원이 또한 여럿이 있게 된 것입니다. 기왕 경험으로 추측하면 이 많은 국회의원 중에서 사상 충돌로 분쟁, 분열을 염려한 사람들이 없지 않았던 것입니다. 그러나 중대한 문제에 대하여 종종 극렬한 논쟁이 있다가도 필경 표결될 때에는 다 공정한 자유 의견을 표시하여 순리적으로 진행하게 되므로 (…중략…) 이 중대한 일을 조속한 한도 내에 원만히 처결하여 오늘 이 자리에 이르게 된 것이니 국회의원 일동과 전문위원 여러분의 애국성심을 우리가 다 감복하지 않을 수 없는 것입니다."[1-34, 2쪽]

거국 정부와 민중의 지지에 대한 요청은 다음의 인용에서 찾을 수 있다. 대통령 취임식이 열리던 이즈음은 이승만 대통령이 국무총리와 장관에 대한 구상을 한창 하고 있을 때였다. 이 인용문에는 왜 이승만 자신의 인선이 당시의 여론과 다를 것이라고 했는지 실마리를 찾을 수 있다.[1-34, 3쪽]

그러므로 개인의 사회상 명망이나 정당, 단체의 세력이나 또 개인 사정상 관계로 나를 다 초월하고 오직 기능 있는 일꾼들이 함께 모여앉아서 국회에서 정하는 법률을 민의대로 수행해 나갈 그 사람끼리 모여서 한 기관이 되어야 할 것이니 우리는 그 분들을 물색하는 중입니다. (…중략…) 이런 인물들이 함께 책임을 분담하고 일해 나가면 우리 정부 일이 좋은 시계 속처럼 잘 돌아가는 중에서 업적을 많이 나타낼 것이요, 세계의 신망과 동정이 날로 증진될 것입니다. 그런즉 우리가 수립하는 정부는 어떤 부분적이나 어떤 지역을 한하지 않고 전 민족의 뜻대로 전국을 대표한 정부가 될 것입니다.

기왕에도 말한 바이지만 민주정부는 백성이 주장하지 않으면 그 정권이 필경 정객과 파당의 손에 떨어져서 전국이 위험한 데 빠지는 법이니 일반 국민은 다 각각 제 직책을 행해서 우선 우리 정부를 사랑하며 보호해야 될 것이니 내 집을 내가 사랑하고 보호하지 않으면 필경은 남이 주인 노릇을 하게 됩니다. 과거 40년 경험을 잊지 말아야 될 것입니다. 의로운 자를 옹호하고 불의한 자를 물리쳐서 의義가 서고 사私가 물러가야 할 것입니다. 전에는 임금이 소인을 가까이 하고 현인을 멀리 하면 나라가 위태하다 하였으나, 지금은 백성이 주장이므로 민중이 의로운 사람과 불의한 사람을 명백히 판단해서 구별해야 할 것입니다.

초대 정부는 특정 단체, 정파, 지역을 초월한 정부가 되어야 하며, 국무총리와 각료도 이런 원칙을 실현할 수 있는 사람들로 구성될 것이라는 이야기이다. 민주정부는 백성이 나서지 않으면 그 정권이 정객과 파당의 손에 떨어지고 말 것이라는 이야기도 흥미롭다. 마치 자신의 정부가 파당에 위협을 받으면 국민이 직접 나서달라고 말하는 것 같다. 대통령제에서 대통령은 행정수반인 동시에 국가수반이다. 국가수반으로서의 대통령은 때로는 주권의 또 다른 위임기관인 국회에 맞서 이렇게 민의에 직접 호소하려는 경향을 항상 가진다. 아무튼 이와 같은 취임사를 통해 이승만 대통령은 자신을 초당파적 지도자로 자리 매김하고 초당파적 국정 운영을 하겠다고 선언한 것이다.

대통령 취임사 다음에는 부통령 취임사가 있었다. 이시영 부통령은 편한 몸이 아니었지만 국회에 나와, "위로는 이승만 대통령을 보좌하고 아래로는 삼천만 애국동포 여러분의 적극 협력을 얻어 우리의 숙망인 조국 광복을 완수하여 빛나는 민족 전통을 길이 살리고 찬란한 민족 문화를 세계에 앙양하여 만방과 더불어 공존하고 공영케 하기에 얼마 남지 않은 나의 여생을 바칠까 합니다"라는 말로 끝나는 짧은 취임사를 남겼다.[1-34, 4쪽]

이어서 각계에서 온 꽃다발 증정식이 있었고, 그 다음에는 예술대학합창단이 서울시립취주악단의 연주에 맞춰 박종화 작사 현제명 작곡의 〈대통령 취임 축하가〉를 불렀다. 1절만 소개하기로 한다. "성스럽다 대통령 취임의 날 / 북쪽으로 백두산 남으로 한라 / 황해바다 동해물 울릉도까지 / 대한민국 기세가 호탕하구나 / 찬란하다 동방에 서기가 인다 / 끊어졋든 국토는 이여서지고 / 삼천만의 겨레는 다시 손잡네 / 영광의 날 오너라 어서오너라."[1-34, 5쪽] 이승만 당선자가 부통령 후보의 한 사람으로 언급했던 오세창은 대통령 취임식은 우리 배달민족의 역사적 신기원이며 삼천만 동포가 모든 역량과 충성을 다해 대통령의 선서에 보답하자는 취지의 축사를 했다.[1-34, 5쪽] 이 날의 행사는 대한민국 만세 삼창, 대통령 만세 삼창 다음, 본회의는 7월 24일에 다시 개회한다는 신익희 부의장의 공고와 함께 끝이 났다.

제7장

파란 속에 탄생한 대한민국 초대 국무총리

대통령 취임식이 끝난 후 나라의 모든 관심은 누가 초대 국무총리로 임명될 것인가에 쏠렸다. 이승만 대통령은 이미 7월 22일에 기자단과의 문답에서 '의외의 인물'이 국무총리가 될 것이라고 해 '국내외에 다대한 센세이션'을 불러일으켰다.『동아일보』, 1948.7.24 당시 한민당은 김성수를, 독촉은 신익희를, 무소속구락부는 한독당의 조소앙을 밀고 있었다. 특히 무소속구락부는 한독당 계열 의원들이 주동이 되어 국회의원 100여 명의 서명을 받아 조소앙을 임명하라는 제안서를 이 대통령에게 제출했다.『동아일보』, 1948.7.23

사실 가장 상식적인 선택이라면 한민당의 김성수였다. 많은 사람들이 김성수의 임명을 당연시하고 있었다. 한민당은 대한민국 정부 수립과정에서 이승만의 주요한 조력자였고, 김성수는 한민당을 대표하고 있었다. 한민당의 입장을 대변했던 『동아일보』는 「조각과 헌정의 상도」라는 제목의 7월 23일 자 사설에서 사실상 한민당을 중심으로 정부를 구성할 것을 주장했다. 안정적 정부는 "여하한 난국에 처하여서라도 동요하지 않는 안정 세력을 토대로 하여야 할 것이요, 만일 절대적인 안정세력을 발견할 수 없다면 적어도 중심세력을 탐색하여야 할 것이니, 이 점을 등한히 하고 그저 원만과 불편부당이라는 명목하에 부동 세력을 망라한다는 것은 정국을 안정시키는 도리가 아닐 것이며 따라서 국가 민족의 첫 출발에 있어서 현명한 주책籌策이 아닐 것"이었다.

이러한 상황에서 의외의 인물이 국무총리가 될 것이라고 하자 언론에서는 누가 제3의 인물일지 추측하기 시작했다. 한국인 최초로 독일철학박사 학위를 취득하고 이승만에게 이화장 부지를 제공하기도 한 불교학자 겸 정치인 백성욱1897~1981, 개화 운동가이자 감리교 목사 신흥우1883~1959, 광복군 출신의 군인이자 족청의 당수 이범석, 그리고 이윤영 등이 하마평에 올랐다. 특히 이범석이 유력한 후보로 떠올랐는지 기자들은 그에게로 달려가 논평을 부탁했고, 그는 자신은 정치를 모르고 이 난국을 수습할 수 없다며 그래도 임명한다면 사양할 것이라고 했다.『동아일보』, 1948.7.24

이승만의 최종 선택은 이윤영이었다. 하지만 이 결정은 모두를 충격으로 몰아넣었고 심지어 이윤영 본인까지 놀라게 했다. 그는 대통령 당선 직후 "지금 우리의 일을 시작한 것"이라며 "여러분의 뜻으로 진행하려" 한다고 했지만, 이윤영의 임명은 국회의 뜻과 많이 어긋난 것이었고 대통령과 국회의 관계에 처음부터 암운을 드리웠다. 국회는 이윤영의 인준을 거부했고, 이승만은 국회를 비난했고, 대통령과 국회가 힘겨루기를 하다가 결국 국회가 이승만의 두 번째 선택이었던 이범석을 인준했다. 그 전말을 들여다보자.

이윤영에 대한 국회의 인준 거부

7월 27일 제35차 본회의에 대통령 자격으로 출석한 이승만은 국무총리 인준과 관련해 발언을 했다. 짧게 모두 발언을 한 뒤 평소와 달리 미리 준비한 원고를 읽어 내려갔다. 그 요지는 이러했다.[1-35, 5~7쪽] 지난 며칠간 국무총리 후보에 대해 여러 가지로 생각하던 중에 각 방면의 지도자들이 나를 돕기 위해 추천자 명단을 많이 보내 왔다. 신문에서도 여러 인사들을 언급했다. 그 중 김성수, 신익희, 조소앙 세 분이 가장 중망을 받고 있었다. 모두 내가 존중하는 친우이고 충분히 함께할 수 있는 분들이지만, 민의와 내정의 문제를 고려해 그렇게 하지 않기로 했다. 대단히 미안한 마음이며, 그 이유를 설명하겠다.

정부 수립 전에 여러 정당이 생겨 많은 분규가 있었던 것은 우리 모두가 인정하고 있고 또 유감으로 생각하는 바이다. 장래에 정치가 안정이 되면, 몇 개 정당이 각자의 주의·주장을 두고 경쟁하는 가운데 선거에서 승리한 정당이 정권을 잡고 다른 정당은 정부에 참여하지 못하는 그런 날이 올 것이다. 그러나 지금은 형편이 그렇지 않다. 만약 지금 여러 정당이 포함된 정부를 구성하게 된다면 정당주의에 따라 권리를 다투게 되어 행정을 펴기 힘들 것이다. 이는 지난 2년 사이에 몇몇 사회민족운동단체들이 자세히 증명하는 바이다. 따라서 국무총리 자리에 정당의 지도자가 임명된다면 어려움이 많이 발생할 것이라 염려가 되어서 이를 피하기로 한 것이다.

이렇게 말한 후 이승만은 김성수, 신익희, 조소앙 각각에 대해 그들의 장점, 자신과의 인연을 이야기한 후 그들을 국무총리에 임명하지 않은 개별적 차원의 이유를 들었다. 우선 김성수에 대해서는 향후 국무총리에 못지않게 중대한 책임을 맡길 계획이라면서 곧 알게 될 것이라 했다(나중에 재무장관을 제의한다). 신익희에 대해서는 현재 국회 부의장의 자리에 있지만 곧 의장이 되어 김동원 부의장과 함께 입법부의 중대한 책임을 계속 맡아달라는 것이 자신의 뜻이라고 했다. 그리고 조소앙에 대해서는 임시

정부 외무총장 시절 자신과 밀접한 통신을 통해 공동보조를 취하다가 최근 총선 문제로 노선이 갈린 바가 있었지만, 차츰 손잡고 함께 갈携手同去 희망이 보이므로 곧 한 길로 나갈 수 있으리라는 것이었다.

그런 후 이승만은 "대한민국 헌법 제69조에 의하여 이윤영을 대한민국 30년 7월 27일에 국무총리로 임명했으니 승인하여 주심을 앙청하나이다"라는 말로 국회의장에게 이윤영의 승인을 공식적으로 요청했다. 이 임명에 대해서는 이윤영 자신이 가장 놀랄 것이라며, 이승만은 그를 임명한 이유를 설명했다. 첫째, 국회의원 중에서 총리를 뽑겠다고 생각한 것은 민의를 존중하고자 하는 뜻에서 나왔다. 둘째, 북한을 대표할 수 있는 사람이 총리 자리를 차지하는 데 특별한 관심을 두었다. 지금 가장 급한 것이 남북통일 문제이고, 무슨 정책이건 북한 동포의 합심합력을 얻지 않고는 이루기 어렵다. 조만식을 부통령으로 추대하면 좋겠지만 그것은 그의 생명을 위태롭게 하는 것이니, 조선민주당의 부위원장인 이윤영을 모시는 것이 민족적 정의情誼를 봐서라도 좋겠고 남북통일에도 도움이 될 것이다.[1]

이 문맥에서 이승만은 특히 지방열地方熱, 곧 지역주의의 악습을 없애는 것이 중요하다고 역설하며, 이윤영이 적격임을 강조했다.[1-35, 7쪽]

---

[1] 1948년 7월 26일 자로 자신의 미국인 고문 로버트 올리버에게 보낸 서한에서 이승만 대통령은 이윤영을 택한 이유로 북한 출신인 점과 부유한 계급 출신이 아닌 점을 꼽았고, 이렇게 하는 것이 유엔총회에서 신생 대한민국 정부가 승인을 받는 데 유리할 것이라고 생각했다. Robert Oliver, *Syngman Rhee and American Involvement in Korea, 1942-1960 : A Personal Narrative*, Panmun Book Company, Seoul : 1978, p.184.
로버트 올리버는 1909년 미국 오리건(Oregon) 주에서 태어났고, 1936년 위스콘신 대학교에서 연설학(Speech) 박사학위를 받았다. 1942년부터 이승만 대통령의 고문이 되었으며, 1949년부터는 펜실베이니아 주립대학 교수로 있으면서 한국을 왕래하며 고문직을 수행했다. 미국에서 대한민국과 이승만을 알리는 수많은 글을 썼다.

나는 지나간 40년 해외 경력으로 이 소위 지방열에 대해서 통심 절치하는 사람입니다. 임시정부 소재지인 상해에 가 보니까 몇 백 명 되지 않는 한인 중에 서북파 영남파 기호파가 서로 대립하고 있고, 그 파 중에서도 몇씩 갈려 있어서 정부 각원이 다 각각 한 파당이 있어 가지고 나라 일을 한다고 앉은 것을 볼 적에 나는 속으로 통곡하고 미국으로 다시 갔던 것입니다. 우리 국권 건설하는 이때에 애국 성심 가진 남녀는 절대로 이 악습을 각각 자기 마음에서 먼저 소청掃淸하고 다른 사람이 누구나 이런 사상을 가진 줄 알거든 울며 말려서 파당이나 분열이 없도록 만들어야만 될 것입니다. 지금부터는 이남 사람은 이남 사람만 내시지 말고 끝끝내 이북 사람을 내세우고 이북 사람만을 받들지 말고 이남 사람과 합작하기를 명심불망銘心不忘해서 끝끝내 노력하기를 부탁합니다. 내가 믿고 아는 바는 이윤영 의원이 지방열을 절대 증오하며 이 악습을 극력 반대하는 분입니다.

이승만 대통령이 제시한 이유가 아무리 합당하다 해도, 의원들이나 일반인들 모두 거물 정치인을 예상하고 있었기 때문에 북한에서 혈혈단신 내려와 아무 세력이 없던 이윤영을 국무총리라는 중요한 자리에 앉힌 것은 큰 충격이었다. 특히 김성수의 임명을 당연시하던 한민당의 충격이 컸다. 이승만의 결정은 나쁘게 말하면 배신이나 토사구팽이고 좋게 말하면 암묵적 합의의 위반이나 신의칙 위반이었다.

대통령의 말처럼 이윤영 본인도 놀랐다. 1973년 4월 19일 자 『동아일보』에 실린 비화에 따르면, 그는 당일 아침 서울 필운동 자택으로 찾아온 대통령 비서 이기붕에게서 임명 사실을 처음으로 들었다. "어른께서 오늘 국회에 나가서 이 선생님을 국무총리로 지명해서 인준토록 하겠으니 그리 알고 계시라"는 것이었다. 이윤영에게도 너무나 뜻밖이었다. "내가 총리가 되리라고는 생각해 본 일이 없소. 하지만 대통령은 어느 당 사람이나 세력 있는 사람보다 그렇지 않은 사람을 원했던 것 같아요. 임정계는 선거에 불참했거나 세력이 없으니 더 신경 쓸 게 없고 내가 이북 사람이니 이북사람 우대한다는 명분도 설 수 있겠고."

의외의 사태를 맞아 의원들도 몹시 당혹스러워했다. 국무총리 임명 동의안을 즉시 표결하지 말고 조금 생각할 시간을 가진 후 오후나 다음날 표결하자는 제안도 나왔고, 즉시 표결에 들어가자는 반론도 나왔다. 우리가 절대다수로 추대한 대통령의 결정이니 즉시 표결해서 인준하자는 경기 김천값 권태희 의원의 발언도 있었고, 이윤영 임명자가 어떻게 북한을 대표한다는 것인지 이해할 수 없다는 노일환 의원의 발언도 있었다. 하지만 이 문제를 놓고 연단에 올라 토론에 나선 사람은 여섯 명밖에 되지 않았다. 게다가 한민당 중진들을 포함해 중대한 문제를 토의할 때면 늘 등단하곤 하던 의원들도 침묵을 지켰다. 그만큼 충격적이었다. 결국 동의안은 그 자리에서 표결에 붙여졌고 결과도 놀라운 것이었다. 재석의원 193, 가 59, 부 132, 기권 2의 압도적 부결이었다.

이승만 대통령의 반격

대통령은 이 날 오후 본회의에 다시 출석해 인준 부결에 대한 생각을 밝혔다. 이윤영의 임명은 내가 일주일 동안이나 생각한 것이다. 여러분이 일을 너무 급하게 결정한 것 같고, 그 사람에 대해 깊이 생각할 여유가 없었던 것 같다. 나도 다시 생각해 보겠고, 여러분도 해결책을 생각해 달라. 국회가 부결할 권리가 있지만, 나도 좀 어려워졌다. 내가 듣기로 국회 안에 두세 파가 있어서 각자 후보를 내정하고 자파 사람이 나오지 않으면 투표하지 말자는 얘기가 있었던 것 같다. 그렇다면 내가 다시 열 명을 임명해도 되지 않을 것이다. 그러니 여러분도 다시 생각하고 나도 그동안에 생각하겠다. 국무총리를 일찍 내정했으면 발표를 해서 여럿이 의논을 했으면 좋았을 텐데 너무 갑자기 후보를 내놓았다고 할는지 모르겠지만, 내 나름으로는 일주일 동안 숙고한 결과 그렇게 늦어진 것이다. 특정 정당이나 단체를 초월해서 합작 정부를 세우는 데 별로 특별한 사람이 없는 법인데, 여러분이 의견이 다르다면 서로 잘 생각해야 할 필요가 있다. 나도 다시 생각하겠다. 내가 다시 결정을 해서 여러분과 곧 토의하게 될 때 재고려를 해달라고 할 수도 있지만 단언하기 어렵고, 그때 여러분이 결정한 것이 있다면 나도 그 결정을 따르겠다.[1-35, 10쪽]

여기서 '재고려'라는 말의 의미가 완전히 뚜렷하지는 않다. 이윤영에 대한 재고려를 뜻할 수도 있고, 두 개의 대 정당이 자기 사람을 고집하는 것을 재고려하라는 뜻일 수도 있다. 하지만 의원들은 대체로 이를 이윤영에 대한 재고려로 해석하고 일사부재의를 규정하는 국회법을 들어 말도 안 되는 소리라고 했다. 노일환 의원은 대통령이 국회의원을 '산송장', '바지저고리'로 안다는 극언까지 했다.[1-35, 12쪽] 아무튼 재고려를 위해서는 휴회가 필요했고, 휴회를 언제까지 할 것인지를 두고 의논이 분분했다. 이런 가운데 조헌영 의원이 등단해 평소의 토론 종결자다운 발언을 했다.

그는 휴회 후에 모인다 해도 일을 어떻게 처리하느냐에 대해 신중하게 생각해야 한다며 먼저 인준 부결의 충격을 털어놓았다. "오전에 국무총리 인준이 부결되어서 본 의원은 여기에 나와서 말할 용기를 잃었습니다. 몸이 떨리고 무엇을 잃어버린 거 같고 큰 과오를 범한 것 같아서 마음을 잡지 못하는 이러한 심경에 있습니다. 여러분도 다 같이 그러한 심경에 있을 줄 압니다."[1-35, 14쪽] 그래서 이런 중대한 문제에 대해 그냥 모여서 다시 오늘 같은 일을 반복해서는 안 된다. 지금 국회와 대통령의 권한을 따질 때가 아니다. 나라가 백척간두에서 어떻게 될지 모르는데 법을 따지고 인물을 따지는 것은 형식적 문제일 뿐이다. 일이 이렇게 된 근본적인 원인은 오늘 국무총리를 내놓은 순간에도 우리가 전혀 몰랐다는 데 있는 것 같다. 이번에는 대통령도 그렇고 국회도 그렇고 사전적인 준비가 있어야 하겠다. 대통령도 사전에 후보를 조금 공개했으면 좋겠다. 만약 후보가 백지상태에서 나온다고 해도 이번에는 충분한 시간을 두고 사회 인사들의 의견도 듣고 전원회의를 열어 우리끼리 의견도 교환한 후에 표결하자. 그래서 다시는 오늘과 같은 일이 없게 하자.[1-35, 14~5쪽]

조헌영이 대통령을 배려하는 마음이 두텁다. 하지만 오후에 나온 대통령의 공식 담화문을 보고는 후회했을지도 모른다. 이 담화문은 대통령의 국회 발언을 다듬고 보충한 것으로 요지는 비슷했지만, 국회와 그 내부의 파벌주의에 대한 보다 신랄한 비판을 담고 있었다. 예컨대 이런 구절이 있다. "전 민족의 다대수가 지금 현재 있는 정당으로 정권을 잡게 되는 것은 원치 않는 바인데 그 중 한 정당의 유력한 분으로 정권을 잡게 하면 서울 정치객 측에서는 환영할는지 모르지만 다대수 동포에게는 낙망될 것이다. 독립촉성국민회 간부를 내가 몇 번 개조하여 보았는데 처음에는 모든 정당이 다 민족운동에 협의 진행하기를 목적하고 두 정당의 간부 인물로 국민회 책임을 맡게 하였더니 그 후 결과로는 각각 자기 정당을 중요시하므로 민족운동을 해갈 수 없게 되었었다. 지금 국권 건설의 초대 정부에 이것을 또 만들어 놓고 이 앞길을 어떻게 해 갈 수 있을 것인가? 그러므로 적어도 국무총리 책임을 두 정당 중의 유력한 인물로 임명하지 않는 것이 민중이 바라는 바이요 또한 나의 뜻하는 것이므로 천사만려

千思萬慮한 결과 이와 같이 한 것인데.〞『동아일보』, 1948.7.29 요컨대 지금 이 나라 정치에는 파벌주의가 만연해 있으니 국회의 인준 부결은 이 파벌주의 때문이며, 이는 참된 민의가 아니라는 것이었다.

국회가 가만히 있을 리 없었다. 이틀간의 휴회 후 7월 30일에 열린 제36차 본회의에서는 대통령의 담화문에 대한 강력한 반발이 나왔다. 가장 먼저 당시 29세의 강원 정선 최태규 의원이 나와 담화문을 다소 거칠게 조목조목 반박했다. 그의 주장의 핵심은 한민당, 독촉, 무소속 그룹이 각자 자당의 인사를 내놓은 것은 사실이지만, 자유선거로 구성된 국회인 이상 국회가 결정한 것이 국민의 결정이라는 것이었다. 국회의 결의가 곧 민의이다. 따라서 "우리가 이윤영 씨를 부결한 것[이] 어떠한 당파의 모략이라고 하더라도 (…중략…) 우리 삼천만 민중이 결국 요망치 않는 사람이라고 해서 부결되었다."1-36, 2쪽[2] 최태규 의원의 거친 발언은 장면 의원으로부터 탄핵 연설이라는 비판을 받았지만, 그의 발언의 요지는 다른 발언자도 동의하는 바였다. 조종승 의원은 "천하라는 것은 천하의 천하요, 한

---

2   최태규 의원은 나중에 국회프락치사건으로 구속 수감되었다. 전쟁의 혼란 통에 감옥에서 나와 북한으로 갔다. 그는 1999년에『복받은 인생』(평양출판사)이라는 책을 출간했는데, 이 책에서는 이 날의 발언에 대해 다음과 같이 서술하고 있다. "다음날 나는 제일 먼저 언권을 얻어 연탁으로 달려갔다. 그리고는 단숨에 내뱉었다. '나는 어제 신문에 발표된 **대통령**의 담화내용을 보고 분기를 참지 못해 나왔다, 나는 **대통령**이 3권분립에 기초한 의회민주주의의 초보도 모르는데 대해 놀라움을 금할 수 없다, **대통령**이 민의에 어긋나는 제안을 제출했을 때 **국회**가 그것을 거부할 수 있다는 것을 모른단 말인가, 친일구구인 리윤영 **총리** 인준을 부결한 것은 민의에 맞는 너무도 정당한 것이었다, 그런 자를 **총리**로 제기한 그 자체가 틀려먹었다, **대통령**은 마땅히 이 연단에서 **국회**를 무시하고 모독하는 담화를 발표한 데 대해서 사과해야 한다.' 내가 연설을 마치자 장내에서는 **옳소!, 사죄하라!** 하는 고함소리가 터져 나왔다. 내가 연단을 내리는데 얼굴이 시뻘개진 리승만이 나를 쏘아보며 **망할 놈의 새끼**라고 뇌까리는 것이었다."(25~26쪽) 하지만 최태규가 발언하고 있을 때 이승만은 본회의장에 있지 않은 상태였다. 자신의 행위를 과장하기 위한 거짓말이다.

사람의 천하가 아닌 것"이라며 민주주의에서 민의를 존중해야 하므로, 대통령께서 "삼천만 민중이 가장 기대하고 갈망하는 인물"을 내놓아야 한다고 주장했다.[1-36, 3쪽] 전북 무안乙 장홍염 의원은 이승만 대통령을 선출한 표결은 국민의 의사이고 이윤영을 부결한 표결은 국민의 의사가 아니라는 그런 법적 근거가 어디 있느냐며, 대통령의 담화는 행정부가 입법부 위에 있다는 생각이며 행정부가 입법부를 무시하는 발언이라고 했다.[1-36, 4~5쪽] 문시환 의원은 이승만 박사가 우리 모두가 숭배하던 분이지만, 이제 행정부 수반이 된 이상 더 이상 혁명인으로 대접해서는 안 되고 법적으로 비판할 것은 비판해야 한다고 했다.[1-36, 5쪽]

이러한 토의가 이루어지던 중에 이승만 대통령이 입장해, 담화문에 대해 해명하고 국무총리 문제를 어떻게 해결할 것인지를 길게 이야기했다. 이 발언에는 이승만이 제헌국회를 어떻게 바라보고 있었는지 혹은 이윤영 부결을 계기로 제헌국회를 어떻게 바라보게 되었는지가 잘 나타난다. 직접 인용이 어려워서 주요 내용을 각색해서 소개하기로 한다.[1-36, 5~9쪽]

국무총리 임명건이 부결되어서 내가 섭섭하게 여길 것이라 생각하겠지만, 사실 나는 이를 극히 환영한다. 부결되어서 좋다는 것이 아니라 우리나라가 민주주의 국가인 것이 증명되어서이다. 나라 안팎에서 우리나라가 전제정치가 되었다느니 하는 소리가 있지만, 국회가 대통령이 임명한 국무총리를 인준하지 않았다는 것은 우리나라가 전제가 아니라 민주국임을 증명하는 것이다. 그래서 환영한다는 것이다. 내가 지난번에 '재고려'라는 말을 했지만, 이는 이윤영을 다시 고려해 달라는 뜻이 아니라, 일이 되게 하도록 생각해 달라는 뜻이었다.

지금의 민의는 정부가 어떤 한 정당의 정부가 되어서는 안 되겠다는 것이라고 생각한다. 물론 통상적으로 민주주의 국가에서는 두 정당이나 세 정당이 사회주의건 공산주의건 민주주의건 군주주의건 각자의 주의·주장을 가지고 경쟁하다 한 정당이 집권하게 된다. 그런데 만약 정당들이 다 같은 주의·주장이라면 그것은 정당이 아니라 파당에 불과하다. 나라 일이 어떻게 되는지는 관심이 없고 정권을 놓고 싸움만 하는 파당인 것이다. 우리는 아직 이와 같은 정당정치를 할 준비가 되어 있지 않아서, 심지어 정당이 200개니 400개니 하는 수치스러운 이야기도 있다.

이런 때에 어떤 정당이 대통령에게 후원을 많이 했고 그 대통령이 정권을 잡았으니까 그 정당만 들어앉혀 정부를 조직하고 다른 정당은 다 물리친다는 것은 있을 수 없는 일이다. 나는 이것이 민의라고 생각하는데 내가 민의를 잘못 알고 있다면 여러분이 교정해 주기를 바라지만, 교정하기 전까지는 정당의 주장과 민의가 서로 같지 않다고 주장할 권리가 나에게도 있다. 국회 안에 파당이 있다고 하면 여러분이 부당하다고 책망하겠지만 나는 그렇다고 주장한다. 이것이 사실이 아니라면 내가 사과하겠지만, 국회 안에 이러한 분열이 있다는 것을 여러분은 아시는가?

이번에 국무총리 임명건이 부결된 이유를 캐보면 두 정당이 의견이 갈려 어느 한편에서 이 사람이 좋겠다 하면 다른 편에서는 못 쓰겠다 이렇게 되었는데, 이에 대해서는 중간에 있는 무소속 의원들은 잘 모를 것이다. 의견이 다를 경우에는 파당의 벽을 없애고 함께 합의해서 일을 해나가야 한다. 그렇게 하지 않고 파당들이 제 마음대로 하는 것은 민주주의 국가의 국회라면 있을 수 없는 일이다. 이것은 국회가 아니고 비유하자면 미소공동위원회와 같은 것이다. "만일 이런 국회가 있다면 그 국회는 그 나라의 대표인 국회라 할 수가 없는 것"이다.

이제 여러분이 다 함께 모여앉아 합의를 이루고 하루 빨리 나라를 조직해 나가야 한다. 특정 파당들의 뜻에 따라 일을 처리하는 것은 그야말로 파당의 짓이지 국회가 할 일은 아니다. 국회에서 두 정당이 각자의 입장을 내세운다면 내가 어떤 이름을 내놓아도 통과하지 못할 것이다. 여러분이 민의와 애국정신을 앞에 두고 함께 모여 해결책을 제시해야 한다. 여러분이 두 사람이나 세 사람을 후보로 올리면 내가 한 명을 임명하는 방법도 있겠지만, 한 정당이나 두 정당이 파당적으로 일을 해서는 안 된다는 것이 중요하다. 내가 이름을 내놓으면 파당을 초월해서 해 달라. 입법부와 행정부가 싸움을 한다는 오해를 줘서는 안 된다. 우리가 합의해서 일을 잘 진행해 나가야 한다.

이승만 대통령의 발언에서 국무총리 인준 문제를 어떻게 처리하자는 것인지 분명하지 않다. 의원들이 합의해서 두세 명의 명단을 제출하면 그중에서 한 명을 뽑겠다는 것인지, 아니면 자신이 새로 후보자를 내놓으면 파당적으로 표결하지 말고 그냥 인준을 해달라는 것인지 분명치 않은 것이다. 경기 고양甲 서성달 의원은 앞의 뜻으로 해석하고, 국회가 서너 명의 후보를 내서 무기명투표로 결정하면 대통령이 임명하는 것으로 하자는 제안을 했다.[1·36, 9쪽] 하지만 경기 김포 정준 의원은 헌법상 그렇게 할 수는 없다며 며칠 휴회를 하고 대통령이 새 후보를 내놓으면 큰 오점이 없는 한 대통령의 의사를 존중하자는 의견을 냈다.[1·36, 9쪽]

이어서 노일환 의원이 등단했는데, 대통령의 면전에서 담화문을 격한 어조로 비난하는 바람에 큰 파문이 일어났다. 그는 담화문 전체가 비민주적인 내용으로 가득 차 있고 독선적이며 국회의 의견을 무시하고 있다고 주장했다. 대통령이 국회가 자신을 압도적으로 뽑은 것은 민의라고 하면서도, 국무총리를 부결한 것은 민의가 아닌 것처럼 이야기하는 것은 대통령의 독선적 해석이다. 이런 어법은 제국주의에서 "짐이 국가다" 하는 식이나 천황제와 비슷하다. 국회는 이러한 비민주적 담화를 용납해서는 안 된다. 대통령은 담화를 취소해야 한다.[1-36, 10쪽] 노일환 의원이 발언하는 중에 다수의 의원이 발언 신청을 하고 의석에서 소란이 일어났다.

하지만 이승만 자신이 곧바로 노일환의 발언에 답했다. 우선 국회 안에 파당이 있다는 말에 분개했다면 그 말을 취소하겠다고 했다. 의석에서 "취소할 것 없습니다", "사실입니다" 하는 소리가 나오자 이승만은 그러지 말라며 일이 잘못되면 일이 고쳐지게끔 해야지 그렇게 문란하게 해서는 안 된다면서 오히려 그들을 나무랐다. 그리고 파당이 있다는 것을 모르는 의원들도 있을 것이고 그래서 그런 파당의 선동에 자기도 몰래 휩쓸리기도 할 것이라고 했다. 그러므로 이제 지나간 것을 가지고 누구 잘잘못을 따지지 말고 의원들이 문제에 대한 해결책을 연구해 달라고 했다.[1-36, 10~11쪽]

여기에서도 다시 이승만의 독특한 모습이 나타난다. 34세의 청년 의원이 코앞에서 자신을 일본 천황에 비유하는데도 전혀 화를 내지 않고 그냥 자신의 발언을 취소하겠다고 한다. 노일환의 결기도 놀랍거니와 이승만의 여유도 놀랍다. "그래 알았네, 진정하게. 그런데 어쩌지? 자네가 잘 모르나 본데 파당이 있긴 있어"라고 말하는 것만 같다. 이승만의 이런 어법에 웬만한 사람은 심적 무장해제를 당할 것 같다. 정작 화를 낸 것은 그의 측근인 윤치영 의원이었다. 그는 즉시 연단에 올라 노일환 의원의 발언은 도저히 묵과할 수 없다며 발언을 취소하고 국회와 대통령에게 사과할 것을 요구했다. 심지어 노일환을 반역자라 부르고 노일환이 평소 사석에서도 이런 말을 했다면서 징계를 요구했다. 의석에서는 박수가 나왔고 그의 동의안은 재청과 삼청을 받아 표결에 들어가야 할 문제가 되었다. 신익희 부의장이 표결을 미루고 다른 의원들이 국무총리 임명 문제를 계속 논의하자 윤치영은 집요하게 노일환 징계안의 처리를 요구했다. 그러다가 결국은 둘 다 각자의 과한 발언에 대해 사과하는 것으로 끝이 났다.

정당과 파당, 진짜 민의와 가짜 민의

국무총리 인준 부결과 관련한 '민의'와 '파당'의 문제는 짧게는 국무총리 임명 문제의 해결을 어렵게 하고 길게는 대통령과 국회의 관계에 계속 긴장을 초래했다. 권태욱, 이항발, 김준연 의원 등의 발언을 보면, 국회 내의 다양한 구락부들이 조각을 구상하고 있던 이승만 대통령에게 자신들이 원하는 총리 및 각료 명단을 제출했고, 또 국무총리 임명 때는 이윤영 반대 운동을 벌였다는 것을 알 수 있다. 따라서 이승만이 '파당'을 운운한 것은 충분한 이유가 있었다. 다만 파당적인 표결이 이루어졌다고 해서 그것이 국회의 뜻이 아닌 것은 아니다. 따라서 그것이 민의가 아니라는 말도 성립하지 않는다. 대의민주주의에서 국회는 어쨌든 민의의 전당인 것이다. 하지만 국회에서 선출된 대통령도 민의의 인격적 구현이다. 대통령제 하에서 대통령과 국회가 각각 국민의 주권을 위임받는다는 것은 대통령과 국회 모두 자신이 민의의 인격적 구현임을 주장할 수 있다는 뜻이다.

대통령제의 대통령은 이러한 이중 주권 문제 때문에 국회가 자신과 대립할 때마다 국민에게 직접 호소하려는 유혹을 가지기 쉽다. 국회의 민의는 가짜 민의, 대통령의 민의는 진짜 민의라는 것이다. 일반적으로 말해, 대의민주주의는 항상 가짜 민의와 진짜 민의의 문제가 존재한다. 이 문제의 정치적 함의를 논하며 의회민주주의의 취약성을 비판한 것이 카를 슈미트Carl Schmitt의 『의회민주주의의 위기』이다. 그는 이 책에서 독재자가 민의를 더 잘 대표할 수 있는 가능성에 대해 의회민주주의는 대답을 가지고 있지 않다고 주장했다. 슈미트가 제기하는 의회민주주의의 문제는 대통령제 하에서 더 첨예해질 수 있다. 이렇게 보면 이승만 대통령의 취임사에 나왔던 부분, 즉 민주정부는 백성이 나서야 정객과 파당을 물리칠 수 있다, 민중이 의로운 사람과 불의한 사람을 구별해야 한다고 말한 부분도 예사롭지 않게 다가온다. 그는 항상 파당을 넘어 '진정한' 민의에 호소할 준비가 되어 있었던 것이다.

그런데 이번에 그가 민의에 도달하기 위해 동원한 장치는 '정당'과 '파당'의 구분이다. 성숙한 정당정치라면 정당들이 서로 다른 이념과 정강정책을 가지고 경쟁하며, 민의를 더 잘 알아서 선거에서 이긴 정당이 집권하게 된다. 그러나 지금 대한민국의 정당이라는 것은 그렇지 못하다. 고유의 정치노선이 없이 모두 비슷비슷하며 국가의 대업을 외면하고 오직 권력만을 추구하는 파당일 뿐이다. 이러한 파당들이 내리는 결정은 진정한 민의가 아니다. 지금은 파당을 초월한 정치를 해야 한다. 파당을 가진 사람에게 정부를 맡길 수는 없다. 이러한 논리에 허점이 많다는 것은 두말할 필요가 없다.

이승만의 정당/파당 논리가 지닌 취약성 혹은 위험성은 조헌영 의원이 잘 밝히고 있다. 그는 대통령과 국회 사이에 큰 견해의 차이가 있다면서, 대통령이 정당과 파당을 구분하는 것 자체가 잘못된 것이라고 주장한다. "대통령도 반탁에 직접 투쟁한 당파의 두령"이라는 것이다. 파당이 아닌 사람이 없다. 외국의 독립운동에서도 터키는 케말 파샤의 청년단이 이끌었고, 아일랜드는 신페인당이 이끌었고, 중국은 국민당이 이끌었다. 어떻게 파당에 속하지 않은 사람이 나라를 이끌 수 있나. 대통령께서 우리에게 나라와 민족을 생각하지 않는다고 말하신다면, 국회 해산의 법규는 없지만 우리 국회 스스로 우리 자신을 부정할 수밖에 없다. 그는 이렇게 대통령과 국회의 차이를 예각화하면서도, 결론은 온건하다. 대통령이 우리 국회에 대해 이런 생각을 가지게 된 데 대해서는 우리 국회도 반성할 점이 많다. 국회 안의 각파가 각자 자신의 후보를 내고 싶겠지만 자신의 후보가 아니면 안 된다고 한 것에 대해서는 반성을 해야 한다. 따라서 국회가 위신을 지키기 위해 전원위원회나 각파의 비공식적 타협을 통해서 합의를 하든지, 아니면 국회와 전혀 상관이 없는 사람을 내든지 해야 할 것이다.[1-36, 16~8쪽]

김준연 의원은 전원위원회를 열어서 국무총리 후보를 논의하자는 것은 대통령의 국무총리 임명권을 규정한 헌법을 위반하는 것이라며 반대했지만, 그의 논변도 조헌영 못지않게 신랄했다. 국회 안에 세 파가 있든 네 파가 있든 국무총리를 임명하는 것은 대통령의 책임이다. 따라서 대통령이 국회를 향해 두 파가 연합한다든지 해서 결정을 하라고 하는 것은 무책임한 발언이다. 대통령이거나 군주거나 가장 어려운 일은 나라를 다스릴 사람을 얻는 것이다. 순 임금의 중요한 임무가 임금을 얻는 데 있었던 것처럼, 대통령의 가장 중요한 직책 중 하나는 국무총리를 잘 얻어서 내각을 잘 조직하고 정부를 잘 운영하는 것이다. 따라서 대통령은 국회 내의 형세를 명찰하고 모든 지혜와 총명을 동원해서 국회의 승인을 받을 수 있는 국무총리를 내놓아야 한다. 삼천만의 의사는 국회에 응결되어 있다. 대통령은 어떤 사람을 총리로 내놓아야 국회에서 다수로 통과될 수 있을까를 생각해야 하고, 대통령의 정치적 수완이 여기에서 나타난다.[1-36, 25~6쪽]

결국 많은 논의 끝에 전원위원회를 개최하자는 제안은 부결되고, 대통령으로 하여금 8월 2일에 새 총리 지명자를 승인받도록 하라는 동의가 재석 191, 가 118, 부 45로 가결되었다. 이로써 총리 인준 문제는 8월 2일 제37차 본회의로 넘어갔다.

이범석의 국회 인준

　정가에서는 이윤영이 인준 거부를 당한 이튿날인 7월 28일부터 이미 이승만 대통령과 가까웠던 이범석이 새 국무총리 후보로 유력하다는 이야기가 퍼졌다. 이승만의 최측근으로 조각 과정에서 자문 역할을 했던 윤치영의 회고록에 따르면 이범석은 원래 국방장관에 내정되어 있었지만, 이윤영의 인준이 거부되자 국무총리 후보로 부상했다고 한다.[3] 이범석 총리 후보 지명은 그가 국회의원이 아니었기 때문에 어떤 의미에서는 특정 정파의 국무총리를 허용하지 않겠다는 이승만 자신의 원칙을 실현한 인사事였다. 하지만 조헌영이 말하듯이 국회의 위신을 세울 수 있는 인사도 아니었고, 김준연이 말하듯이 순 임금이 찾아낸 우 임금에 버금가는 인사도 아니었다.

　그러나 국회가 이범석까지 거부하는 것은 엄청난 정치적 부담이 따랐다. 대통령을 궁지로 모는 것일 뿐만 아니라 대한민국 정부의 수립을 지연시킨다고 비난받을 수도 있었기 때문이다. 국무총리 인준의 열쇠를 쥔 한민당은 쉽게 태도를 결정하지 못했다. 당 내부의 공식적인 결의는 계속 김성수를 미는 것이었지만, 정작 김성수 본인은 이윤영과의 관계나 북한 동포와의 관계를 고려해 입각을 고사하고 있었다.『동아일보』, 1948.7.31 7월 29일에는 김성수가 이범석에게 만나자는 연락을 했고, 이에 이범석은 7월 30일 김성수의 계동 자택을 찾아가 장시간 요담을 나누었다. 이 자리에서는 김성수가 이범석에게 조각 때 한민당에 여덟 자리를 내어줄 것을 요구했고, 이범석은 처음에는 무리한 요구라며 난색을 표하다가 결국 수

3　윤치영, 『윤치영의 20세기』, 삼성출판사, 1991, 211쪽.

용했다고 한다. 한편 무소속구락부도 7월 28일에 회원 50여명이 회의를 열고 조소앙을 총리로 추진하되 여의치 않으면 한민당 계열의 후보만 아니면 승인하자는 합의를 했고,『동아일보』, 1948.7.31 7월 30일에도 회의를 열어 비슷한 결론을 내리고 이를 이승만 대통령에게 전달했다.『동아일보』, 1948.8.1

한편 이승만 대통령도 이번에는 인준 거부를 막기 위해 주요 정치지도자들과 계속 만나 협의를 했다. 이미 7월 28일부터 무소속 대표로 윤재욱, 김병회, 오석주 의원의 예방을 받고 총리 인선과 조각에 관한 그들의 건의를 받았다. 7월 29일에는 비서 윤석오를 이시영 부통령에게 보내 의견을 구했고, 오후 1시와 1시 30분에는 각각 김성수와 지청천을 초대해 대화를 나누었다.『동아일보』, 1948.7.30 7월 30일에도 한민당, 족청, 무소속 일부에게서 표를 확보하기 위해 바삐 움직였다. 오후에 재정경제위원회로 하여금 분과위원회를 열도록 해서 이범석 후보를 무조건 통과시키자는 서명을 약 80명의 의원들로부터 받았고, 3시 50분에는 김성수, 허정, 이범석을 초청해 7시 30분까지 협의를 했다. 4시에는 신익희 의장, 김동원 부의장과 회견했다. 7월 31일 오전에도 허정과 만나 1시간을 협의했고, 한민당은 오후에 긴급회의를 열었다.『동아일보』, 1948.8.1

이승만 대통령의 이러한 공작이 마침내 성공해, 8월 2일 제37차 본회의에서 이범석 지명자는 결국 재석 197, 가 110, 부 84, 무효 3으로 아슬아슬하게 인준의 좁은 문을 통과했다. 이승만 대통령은 이화장에서 소감을 묻는 기자들에게 "국회의원들이 정당과 파당관계를 초월해서 국사에 돕기로 주장하고 통과시킨 것을 내가 감사히 생각한다. 우리 동포들의 애국성심을 믿는 나로는 이것을 미리 알았으며 이범석 씨가 민족의 신망을 받을 만한 지도자인 것을 내가 인정하므로 앞으로 모든 일이 잘 진행될 줄 믿는다"고 대답했다.『동아일보』, 1948.8.3 하지만 이승만과 이범석 자신의 노력에도 불구하고 부가 84표나 되었다는 것은 그만큼 국회 내부의 정파적 형세로 인해 초대 국무총리 임명이 쉽지 않은 일이었음을 보여준다.

8월 3일 제38차 본회의 때 이범석 신임 국무총리가 국회에 나와 취임 인사를 했다. 그 일부를 인용하면 다음과 같다. "오늘 천학 비재한 이 사람이 대통령의 간곡하신 임명과 국회의원 제위의 엄정하신 승인으로 국무총리의 중책을 외람히 지게 되어 이 사람으로서는 과분의 영광을 느끼는 동시 그 책임의 중대와 전도에 가로놓인 거대한 임무를 생각할 제 일개 군인으로서 평생을 지나온 나로서는 부담이 너무 크고 어려운 것을 심심히 느끼는 바입니다. 그러나 이는 오로지 국제적으로 국내적으로 정세의 긴박한 수요에서 나온 엄연한 지령인 것을 알고 오직 대통령 부통령의 의지意旨를 봉승奉承하여 국회, 즉 우리 민족 전체의 협조를 얻어 이 중임을 완수하고자 합니다."『조선일보』, 1948.8.4

이렇게 해서 우여곡절 끝에 대한민국 초대 국무총리의 임명과 관련된 모든 절차와 통과의례가 끝났다. 하지만 신임 총리는 한 번 더 간단한 시험을 치러야 했다. 취임 인사가 끝난 후 신익희 국회의장이 내각책임제라면 총리가 시정연설을 해야 하지만 대통령제에서는 총리가 대통령을 보좌하는 책임만 진다, 그럼에도 새 총리가 추상적인 언어로나마 향후의 시정 방향을 말했으니 의원들 중 질문이 있으면 하라고 했다. 그러자 곽상훈 의원이 더 구체적으로 남북통일의 대업을 실현하기 위한 방침에 대해 한 마디 해주기를 요청했고, 서우석 의원은 한 걸음 더 나아가 대통령제에서는 총리가 시정연설을 하지 않아도 된다는 신익희 국회의장의 발언에 이의를 제기했다.1-38, 8~9쪽[4]

---

4 이범석에 대한 위키피디아의 기사(https://ko.wikipedia.org/wiki/이범석_(1900). 검색일 : 2021.6.1)를 보면 마치 신익희가 소원한 관계였던 이범석을 시험하기 위해 갑자기

이에 이범석 총리가 다시 연단에 올라 발언을 시작했다. 솔직히 말해 내가 구체적인 시정 방침을 가지고 있지 않다. 추상적 강령의 측면에서는 나나 여러분이나 90% 이상 같을 것이다. 지금 국제적으로 국가 지위의 획득이라는 가장 긴박한 과제가 있는 터에 완벽한 시정 방침을 마련할 여가가 없다. 또한 대통령에게서 시정 방침을 듣기 전에 취임 인사를 하러 온 총리가 시정 방침을 구체적으로 얘기할 일은 없다. 그리고 나는 실천할 수 없는 이론으로 대중의 호감을 사려는 일은 하지 않겠다. 솔직히 국회의원이고 국무총리고 모두 처음으로 하는 일이다. 이 자리에서 시정 방침을 얘기한들 시간 낭비고 정력 낭비일 것이다. 장개석 대통령의 말처럼 '행장구지行將求知', 즉 행해 가면서 아는 것을 구하겠다.[1-38, 10~11쪽]

이범석은 기본적으로 무인이었지만, 문인의 면모도 많았던 것 같다. 학식이 높고 언변이 뛰어났다. 어릴 때부터 탁월한 문장력으로 높은 평가를 받았다고 한다. 취임 인사나 이 즉흥 연설에도 그런 자취가 많다. 이범석 총리는 시원시원한 언변으로 일단 첫 단추는 잘 꿰었지만, 대통령과 함께 곧바로 초대 내각의 구성이라는 힘든 작업에 착수해야 했다.

시정연설을 시키고 당황하게 만든 것처럼 되어 있지만, 이것은 사실이 아니다.

제8장

대한민국 초대 내각의 구성과 정부 수립

조각에 관한 국회의 요구

이범석 국무총리에 대한 인준이 이루어졌던 8월 2일 제37차 본회의 오후 회의에서는 조각 인선에 관한 건의안이 마련되었다. 총리 임명 파동을 통해 대통령의 인사 방침을 맛본 의원들이 내각 인선에서만은 놀랄 일을 겪고 싶지 않았다. 조각과 관련해 항간에 돌고 있는 소문에는 이미 마음에 안 드는 게 많았다.

먼저 진헌식 의원이 등단해, 국회가 조각에 개입하는 것은 헌법에 위배되지만 조각과 관련해 국민의 의사와 맞지 않는 소문이 나고 있다면서 전원회의를 열어 충분히 토의한 후 국회의 의사를 '조각 본부'에 전해야 할 것이라고 주장했다.[1-37, 7쪽] 이 소문이란 최태규 의원의 미발언 원고에 따르면 상공장관에 박흥식, 내무장관에 장택상이 임명되리라는 것이었다.[1-37, 22쪽] 박흥식은 일제 강점기 1931년에 화신백화점을 세운 경제인이고 후에 일제에 적극적으로 협력했다는 혐의로 반민특위 체포 1호가 되는 사람이다. 그리고 장택상은 미군정 하에서 수도경찰청장을 하면서 경무부장 조병옥과 함께 일제 강점기의 경찰을 재기용해 논란을 일으킨 사람이었다. 진헌식 의원의 발언을 기화로 다시 조각에 관한 국회의 의견

표명이 국회의 당연한 권리라느니 월권이라느니 하며 엄청난 논란이 일어났다.

신성균 의원은 국회가 민주주의 원칙을 통해 이범석을 국무총리로 인준했지만 크게 우려된다는 취지의 발언을 했다. 이범석은 과거 경력으로 볼 때 정치인이 아니라 순전한 군인이다. 대통령도 남북통일은 평화적으로 이뤄져야 한다고 했는데, 군인 출신이 총리가 되어서 나라가 군국주의나 경찰국가로 흐를까 우려된다. 내각이 그렇게 구성되어서는 안 된다는 것이었다.1-37, 8쪽 사실 이범석이 족청을 조직해서 청년들을 교육시키는 것에 대해 당시 좌익 계열은 파시스트적이라 비난했는데, 신성균의 발언은 이를 점잖게 표현한 것이라 하겠다.

이어서 조헌영 의원이 발언에 나섰다. 그는 지금까지 거의 항상 이승만 편을 들었지만, 이 발언으로 마침내 결별을 선언한 것처럼 보인다. 오늘 오전 우리가 국무총리를 인준했다. 그렇지만 앞으로 내각을 구성하고 국정을 운영할 때도 대통령이 그렇게 국민의 대표기관인 국회를 무시하는 것을 용인해야 하느냐는 문제가 있다. 정치는 정치하는 사람이 하는 것이 상식이다. "정치는 힘이요 투쟁이요 기술"이다. 이 국회를 성립시키기 위해 반탁운동을 하고 유엔의 결의를 지지하고 총검과 폭동 속에서 총선거를 했다. 이 국회가 바로 지난 3년간 이 정부를 설립하기 위한 기초를 닦고 주춧돌을 세웠다. 그렇다면 민중이 원하는 정부는 지난 3년 동안 닦은 튼튼한 기초 위에 세운 정부이다. 그러면 "이 기초 위에 이 주춧돌 위에 집을 세운다고 하는 국민의 요청을 잘 아는 목수가, 건축가가 와서 집을 짓지 않으면 안 된다". 그런데 대통령의 태도는 그렇다고 보기 어렵다. 국회와 관련이 적은 인물, 민중이 원하는 집이 무엇인지 잘 모르는 건축 청부업자에게 집 짓는 일을 맡기는 것과 같다. 대통령이 내각을 구성할 때

사상누각을 짓지 않을까 염려가 된다. 그렇다면 우리가 대통령, 부통령, 총리에게 우리가 원하는 정부를 세워달라고 요구해야 한다. 그래서 우리 국회가 중대한 결심을 해야 한다. 국회가 이 인물을 임명해라, 저 인물은 안 된다 하는 것은 헌법에 저촉되겠지만, 헌법을 위해서 국회를 살리기 위해서 민주주의 국가를 건설하기 위해서 우리는 그렇게 요구해야 한다. 우리가 요구하는 것은 자주독립 정부, 새 정부다운 정부, 민중이 신뢰하는 정부이다. 이 국회는 그냥 국회이지 독촉의 국회가 아니라는 것을 대통령에게 알려야 한다. 정부를 세우는 것은 대통령의 '사랑방'을 만드는 것이 아니라는 것을 알려야 한다. 우리는 국회를 죽이느냐 살리느냐 하는 것을 걸고 대통령과 싸워야 한다.[1-37, 8~10쪽]

총리와 장관은 지난 3년간 나라를 세우는 데 직접적으로 기여한 정치인들에게서 나와야 한다는 것이며, 따라서 한민당 출신 국회의원들이 많이 발탁되어야 하겠다는 뜻도 품고 있다. 아울러 이승만이 국회를 무시하고 정부를 사유화해 독재로 흐르지 않을까 하는 경계심도 발언의 저변에 흐르고 있다. 서울 영등포 윤재욱 의원 역시 대통령을 너무 신성시하고 우상화하는 것은 망동적 행동이라며, 대통령이 국회를 자문기관으로 보는 태도가 많다고 주장했다. 또한 대통령이 초당파적 초당파적 하시지만, 초당파적이 된다는 것도 또 하나의 당파적 입장을 취하는 것일 뿐이라 했다.[1-37, 16~7쪽]

이상의 서너 의원들이 내각 구성에서 국회의 적극적 역할을 가장 강하게 주장했다면, 더 많은 의원들은 국회가 조각에 개입할 권한이 없다고 반박했다. 오랜 논란의 결과 세 가지 안이 제출되었다. 첫째 안은 "앞으로 수립될 정부는 군국주의나 경찰국가화하지 말고 현 정부[과도정부] 고급 관리는 등용하지 않기를 대통령에게 건의함"이었다. 둘째 안은 "앞으로 수립될 정부는 금반 조각에 현 정부 관리를 국무위원이나 행정 각 부처 장에게 등용함은 민의에 위반함을 대통령에게 건의함"이었다. 셋째 안은 "국회 안에서 앞으로 수립될 정부에 대해서 동의와 개의와 같은 언론이 있었다는 것을 부의장으로 하여금 대통령에게 전달하게 함"이었다. 셋째 안이 나오게 된 것은 첫째와 둘째가 대통령의 국무총리 임명권을 침해할 수 있고, 또한 국민의 공무 담임권을 침해할 수 있었기 때문이다. 그리고 이 셋째 안이 재석 166, 가 121, 부 16으로 압도적으로 가결되었다. 조헌 영을 비롯한 몇몇 의원들이 총리 임명 및 내각 구성과 관련해 대통령을 향해 강경한 발언을 쏟아냈지만, 결국 헌법과 법률을 준수하면서 온건하고 합리적인 결정이 이루어진 셈이다. 조헌영 자신도 셋째 안에 찬성 토론했다.

'약체 내각'의 성립

이범석의 총리 인준과 함께 조각도 신속히 이루어졌다. '신속히'라고는 하지만, 한민당을 비롯한 여러 정파와 단체들의 요구로 이승만 대통령은 큰 어려움을 느꼈던 것 같다. 그는 8월 3일 기자들에게 "조각은 참으로 곤란한 일이다. 이렇게 곤란할 줄은 몰랐다. 달아나고 싶은 생각이 났다"고 토로했다.『경향신문』, 1948.8.4 그러나 아무튼 사흘 만에 전 부처에 대한 인사가 이루어졌다. 우선 8월 2일 오후 9시 14분에 재무장관 김도연, 농림장관 조봉암, 교통장관 민희식, 법무장관 이인의 임명이 이루어졌다. 다음날 8월 3일 오후 5시 45분에는 내무장관 윤치영, 문교장관 안호상, 사회장관 전진한의 임명이 이루어졌다. 그리고 8월 4일 오후 1시에 외무장관 장택상, 상공장관 임영신, 체신장관 윤석구, 국방장관 총리 겸임, 공보처장 김동성, 법제처장 유진오의 임명이 있었고, 오후 6시에 기획처장 이교선, 총무처장 허정의 임명이 이루어졌다. 하지만 이교선과 허정의 임명은 취소되었다. 허정은 자신의 회고록에서 원래 상공장관을 제의받았지만 임영신으로 바뀌었고, 대통령의 부름으로 제1차 국무회의에 갔다가 그 자리에서 총무처장을 제의받고는 국무회의에서 표결권도 없는 처장 자리는 싫다고 하고 바로 퇴장했다고 한다.[1]

첫날 인사가 발표되자마자 비판 여론이 일어났다. 특히 국회가 과도정부 고위 관리 출신의 임명에 반대를 표했음에도 불구하고 네 명 중 두 명 ^{민희식과 이인}이나 포함되어 있어 비난의 목소리가 높아지고 있다고 8월 4일자 『경향신문』은 보도하고 있다. 이런 상황에서 과도정부 수도경찰청장을 지낸 장택상의 내무장관 내정설이 유포되자 보다 순수한 민족거국내각을 생각하고 있던 이시영 부통령이 강하게 반발했다. 그는 8월 3일 장택상이 정말 내무장관에 임명되면 "나는 나대로의 결심이 있다"며 부통령 사임까지 암시했다.『경향신문』, 1948.8.4 이 때문이었는지는 몰라도 장택상은 내무장관이 아니라 외무장관에 임명되었다. 하지만 이것이 이시영 부통령의 뜻을 굽히지는 못했다. 그는 8월 4일 중대한 성명을 발표하려 했지만, 이화장의 만류로 그것만은 그만두고 수원으로 내려가 버렸다.『경향신문』, 1948.8.6 그는 조각에 관한 논의에서 사실상 완전히 배제된 것으로 보도되었고, 아무튼 조각에 크게 분노해 8월 5일의 제1차 국무회의에도 참석하지 않았다. 부통령이 사임을 한다면 갓 수립된 정부가 큰 타격을 받을 수밖에 없었다. 결국 이시영의 마음을 돌리려는 전 방위적 노력이 있었던

---

1   허정, 앞의 책, 159쪽.

것 같다. 신익희 의장이 직접 수원에 내려갔고 이범석 총리도 비서를 보내 일박을 시킨 끝에 부통령은 8월 9일 서울로 돌아왔다.『동아일보』, 1948.8.11

초대 내각 인선은 최대 정파인 한민당에게는 대참사였다. 이승만 대통령이 로버트 올리버에게 보낸 1948년 10월 27일 자 서한에 따르면 김성수는 일곱 자리를 요구했었지만,[2] 이 요구는 완전히 무시되었다. 한민당 인사로는 재무장관 김도연밖에 없었다.[3] 사실 재무장관 자리는 원래 김성수에게 제의된 것이었다. 이승만 대통령이 이윤영을 국무총리 후보로 발표하던 날, 향후 김성수에게는 국무총리에 못지않게 중대한 책임을 맡길 계획이라 말한 것을 독자들은 기억할 것이다. 그 중대한 책임이라는 것이 바로 재무장관이었다. 윤치영의 회고에 따르면 이승만은 김성수를 높이 평가해 왔고, 그에게 합당한 자리는 대통령제하에서 명예직에 가까운 국무총리보다 신생 대한민국의 가장 중요한 과제인 경제부흥을 담당할 재무장관이라고 생각했다는 것이다.[4] 하지만 한민당과 김성수의 입장에서 재무장관 자리를 수용할 수는 없었다.

이렇듯 초대 내각 인사는 한민당을 의도적으로 배제한 것이었지만, 한민당이 8월 6일 발표한 공식 담화는 차라리 온건한 것이었다. 이해하기 쉽도록 약간 수정해서 인용한다. "거족적으로 대망하던 대한민국 정부가 탄생한 것은 경하할 일이다. 정부 구성의 방법 등에 대해서는 논의할 점이 없지 않을 뿐더러 사회의 물의도 높은 듯하다. 이제 우리는 중앙정부

---

2   Robert Oliver, 앞의 책, 203쪽.
3   허정은 김도연 재무장관 외에 이인 법무장관도 한민당 인사로 꼽고 있다. 하지만 그들의 장관 임명은 이승만 대통령과의 개인적 관련으로 이루어진 것이지 한민당을 배경으로 한 것은 아니었다고 주장한다(앞의 책, 156쪽). 그런데 아래에서 곧 보겠지만 한민당은 조각에 대한 성명에서 한민당원 중 입각한 사람은 김도연밖에 없다고 하고 있다. 아마 이 당시에는 이인이 한민당적을 가지고 있지 않았던 것 같다.
4   윤치영, 앞의 책, 208쪽.

가 하루 바삐 국제적 승인을 얻도록 힘써야 할 것이다. 우리 당원 중 국무위원으로 입각한 사람은 김도연 재무장관 한 사람뿐이어서 관련은 극히 박약하다. 우리 당은 새 정부에 대해 시시비비주의로 임할 것은 물론이고, 정부로 하여금 하루 바삐 남북을 통일하고 화급한 민생문제를 해결해 진정한 민주주의적 독립 국가를 건설하도록 책선적責善的 편달과 감시를 게을리 하지 않을 것을 명언明言하는 바이다."『동아일보』, 1948.8.7

하지만 한민당을 대변했던 『동아일보』는 이보다 훨씬 더 강경한 어조로 이승만의 조각을 비판했다. 8월 7일 자에 실린 「측측惻惻한 국민의 심정」이라는 제목의 사설은 "건국 정부의 구성 인물을 보고 국민의 실망과 낙심은 너무나 크다"는 말로 비판의 포문을 열었다. 이어서 조각 구성에서 몇 가지 중대한 과오를 저질러 "국민의 기대와 너무나 현격한 위약 정부를 출현"시켰다면서, 초대 내각을 약체 정부로 규정했다. 사설은 세 가지 과오를 지적했다. 첫째, "대통령은 자기의 우월성을 너무도 과시한 나머지 국회의 세력관계를 완전히 무시"했고, 지모와 덕망이 뛰어난 인물이 있는데도 조금도 포섭하지 못하고 차선次善 삼선三善의 인물을 흩어진 모래처럼 그러모으는 데 만족했다. 둘째, "대통령은 정실을 경계하면서 스스로 정실에 흘렀고 파당성을 배격하면서 스스로 파당성을 초월하지 못한 유감이" 없지 않았으니 "민의와 민성을 끝끝내 물리치고", "기상천외의 인사"로 국민을 아연실색하게 했다. 셋째, 이번 인사는 신당을 만들기 위한 불순한 의도가 있으니, 신당 공작에 대해서는 이미 항간에 소문이 널리 퍼져 있고 지방에 따라서는 그 맹아가 나타나고 있다.

초대 내각이 민의와 어긋나는 약체 내각이라는 비판은 한민당에 국한된 것이 아니라 대체적인 여론이었던 것 같다. 특히 이윤영의 조선민주당을 중심으로 구성된 이북애련以北愛聯은 8월 6일 대통령이 이북인과의 약속을 배반한 것은 물론 비서진을 강화한 것에 불과하다며 도각, 즉 전면 개각 운동은 아니라 해도 강력한 내각개조운동을 전개할 것이라고 했다.『동아일보』, 1948.8.8 이처럼 부정적 여론이 비등한 탓이었는지, 8월 6일 국무회의에서는 내각 보강을 논의하고 무임소 국무위원으로 김성수, 지청천, 이윤영을 내정하고 교섭에 들어갔다. 또한 원래 기획처장으로 내정되어 제1차 국무회의에도 참석했던 이교선을 대체해 한민당의 홍성하와 김준연에게 자리를 제의했다. 8월 8일 자 『동아일보』의 보도는 김성수, 지청천, 이윤영이 일언지하에 거절했다는 것이며, 홍성하와 김준연도 마찬가지였다.

이승만 대통령은 8월 9일 담화를 발표해 약체 내각이라는 비판에 날선 언어로 대응했다. "3천만 동포 중에 독립을 위하여 당파를 희생하겠는가 당파를 위하여 독립을 희생하겠는가 두 길 중에 한 길을 택해야 할 것이다. 당파를 가지고 정권을 잡으려고 싸우는 사람이 있어야 민족이 잘 살겠는가 그 싸움을 버리고 정부를 세워야 민족이 잘 살 수가 있겠는가 일반 국민은 남의 일로 알고 방임할 수 없게 되었다. 지금 우리 정부 조각을 반대하는 사람들이 이유는 누가 있어서 독립이 지연되고 국권 회복에 방해가 된다는 말은 없고 자기 자신이 참여 못한 데 있다. 지난 3년 동안 군정부는 우리 마음에 맞아서 복종하였는가? 우리 손으로 세운 우리 정부가 다소 미흡한 점이 있더라도 육성해서 국권 잡기만 급무로 할 것이지 선동적으로 파괴하는 것은 우리 바라는 바가 아니다."『동아일보』, 1948.8.10 약체 내각이라는 비판 뒤에는 협소한 정파적 이해관계가 깔려 있다는 역공이자, 이것이야말로 진정한 민의와 어긋난다는 익숙한 논법이다.

무임소 국무위원 자리를 거절한 것으로 보도되었던 지청천과 이윤영은 결국 재교섭을 통해 임명을 수락하고 8월 12일 국무회의에 참석했다.

이윤영은 이 날 기자들에게 "그간 여러 가지 곤란한 입장에서 국무위원 교섭에 대한 것을 수락치 못하였던 것이다. 그러나 재차 교섭에 의하여 모든 사정을 초월하고 중대한 현 단계에 있어서 오직 국가를 위하여 무임소 국무위원을 수락하는 바이다"라고 밝혔다.『동아일보』, 1948.8.13 정부는 김성수와도 다시 교섭했지만, 한민당은 끝까지 거절했다. 국무총리가 되어도 시원찮을 사람을 뚜렷한 직무가 없는 무임소 장관에 임명한다는 것은 한민당과 김성수에게는 모욕에 가까운 것이었으리라.

이승만과 한민당의 공동 정부가 되리라 예상되었던 대한민국 초대 정부는 이렇게 이승만의 단독 정부가 되었고, 한민당은 이제 야당의 길을 걷게 되었다. 이승만은 총리 임명과 조각 과정을 통해 한민당은 물론 국회의원 다수의 지지도 기대하기 어렵게 되었다. 대통령이 의회에서 안정적 다수를 확보하지 않으면 국정을 제대로 운영할 수가 없다. 이승만도 조각 과정에서 여당의 필요성을 절감하고 윤치영, 이범석, 신익희, 배은희 등으로 하여금 여러 방면으로 신당 창당 공작에 나서도록 했다는 보도가 나왔지만, 이 공작이 성공해도 약 50명 정도의 의원밖에 흡수하지 못해 안정적 다수를 확보할 수 없다는 전망이었다.『동아일보』, 1948.8.14 이승만 정부 앞에는 험로가 예정되어 있었다. 하지만 그것은 나중의 걱정이고 일단 정부 수립부터 완성해야 했으며, 이는 입법부와 사법부도 완성되어야 함을 뜻했다.

국회 지도부의 재구성과 김병로 대법원장의 임명

이승만이 대통령으로 선출되면서 국회의장 자리는 공석이 되었지만, 내각 구성이 완료될 때까지는 국회의장과 부의장의 재선거가 이루어지지 않았다. 신익희나 김동원은 물론 의원 누구라도 내각에 들어갈 수 있었기 때문이다. 따라서 국회는 조각이 끝나자마자 8월 4일 제39차 본회의에서 의장과 부의장을 뽑았다.

새 국회의장에는 국무총리 자리에 하마평이 오르내리던 신익희가 선출되었다. 표결 결과는 재석 176인 중 신익희 103, 김동원 56, 지청천 7, 서정희 3, 김약수 2, 이윤영 1, 이훈구 1, 이종린 1, 기권 2였다. 신익희가 압도적 과반을 얻어 1차 투표로 결정이 났다. 부의장이던 신익희가 새 의장이 되면서 부의장 자리 하나가 공석이 되었다. 김동원은 이미 부의장이었으므로 공석에 대한 표결만 이루어졌다. 이 자리는 김약수와 김준연의 대결로 좁혀졌다. 두 사람은 두 가지 공통점을 가지고 있었다. 젊었을 때 조선공산당 간부였던 것과 해방 후 한민당이 출범할 때 함께 참여했던 것이 그것이다. 하지만 김약수는 한민당을 떠나 좌파의 대표적인 인사가 되었고, 김준연은 한민당의 중핵으로 우파의 대표적인 인사가 되었다. 두 사람은 1, 2차 투표에서 누구도 과반수를 얻지 못해 3차 결선투표까지 가는 접전을 벌였다. 1차 투표에서는 재석 181인 중 김약수 38, 김준연 39였고, 2차 투표에서는 재석 178인 중 김준연 59, 김약수 46이었다. 최종 결과는 재석 176인 중 김약수 87, 김준연 74로, 김약수가 과반수 획득에는 실패했지만 최종적으로 부의장에 당선되었다. 결선 투표의 결과를 2차 투표의 결과와 비교해 보면, 김준연이 15표를 더 얻은 데 비해 김약수는 무려 41표를 더 얻었다. 이는 한민당에 대한 견제가 그만큼 컸고 특히 무소속 의원들이 김약수에게로 결집한 탓일 것이다.

정부 수립의 최종 절차는 대법원장의 임명이었다. 입법부와 행정부에 이어 입법부까지 수장이 결정되어야 정부 수립이 완성되는 것이었고, 대한민국 정부 수립은 8월 15일에 세계만방에 공식 선포될 예정이었다. 대법원장 인준은 8월 5일 제40차 본회의가 8월 14일까지 휴회를 결정하고, 의원들이 회의장을 떠나기 직전에 이루어졌다. 그대로 산회하면 예정된 날짜에 정부 수립을 선포하는 것이 어려워질 수도 있었기 때문에, 당시 유엔위원단과의 연락을 맡고 있던 장면 의원이 급히 발언에 나서, 정부의 대법원장 임명 동의안이 곧 온다고 하니 표결 후 산회할 것을 주장했다. 대법원장 후보로 김병로가 임명되었고, 재석 157, 가 117, 부 31, 무효 6, 기권 3으로 통과되었다. 이 동의안은 원래 의사일정에 없다가 갑자기 제출된 것이어서 일부 의원들은 신중을 기하기 위해 다음날 표결할 것을 주장했다. 하지만 이미 다음날부터 휴회에 들어가기로 결정한 만큼 즉시 표결하자는 의견이 압노적으로 우세했고 그대로 표결이 이루어졌다.

김병로 대법원장이 국회에 나와 취임 인사를 하고 취임의 변을 밝힌 것은 대한민국 정부 수립 공식 선포일 다음 날인 8월 16일 제41차 본회의에서였다. 연설 서두에서는 의례적인 인사말을 한 다음 해방 후에 정당에 참여하다가 미군정 하에서 사법업무를 통해 나름대로 독립 국가의 건설에 봉사하던 시절을 회고한다. 그런 다음에 독립적이고 신뢰 받는 사법부를 만들기 위한 법관들의 과제에 대해 말하는 핵심 부분이 나온다. 공직에 있는 사람이라면 누구나 인격 수양과 기술적 훈련에 힘써야 하지만, 사법업무에 종사하는 사람은 특히 여기에 힘을 쓰고 자기 몸을 절대적으로 바로 하여 국민의 신뢰를 얻도록 해야 한다. 저 자신은 실천궁행해서 국민의 기대에 맞추어 용감하게 나아가겠다는 것을 얼마든지 맹세하는 것이지만, 나라가 새로 탄생한 불안정한 상황에서 모든 법관이 다 그렇게 해나가기는 대단히 어려울 것이다. 한 걸음 한 걸음 그렇게 해나가도록 하겠다. 그리고 사법부의 운영은 엄정한 독립성을 가져야 한다. 국회의원 여러분이 헌법에 삼권분립의 원칙을 뚜렷이 세웠으니 그 원칙에 따라 법률을 제정해주셔서 사법기관이 소신과 능력을 유감없이 발휘할 수 있도록 해주기 바란다.[1-41, 17~18쪽]

대법원장 취임사로서 평범하다면 평범한 연설이지만, 신생 국가에서 이 과제를 실현하는 것이 얼마나 어려울 것인지를 예감하면서 나직한 언어로 확고한 결의를 다지고 있는 것 같아 범상치 않게 들린다. 대법원장 임명 동의안의 처리 직후에는 이승만 대통령이 임명이 불발된 이교선과 허정을 제외한 모든 국무위원을 인솔하고 국회에 나와 신임 장관들을 공식적으로 소개했다. 선임 장관인 윤치영 내무장관이 대표로 간단한 인사말을 하고 장관들이 차례로 인사를 했다. 이로써 대한민국 정부 수립을 선포하기 위한 모든 절차와 통과의례가 마무리되었다.

김병로 대법원장의 국회 인준 장면과 예고되지 않은 내각 출석 장면에서 우리는 이 당시 정부와 국회의 연락이 얼마나 부실했는지를 짐작할 수 있다. 8월 15일에 정부 수립을 선포해야 하는데도 국회는 대법원장을 임명하지 않은 채 14일까지 휴회를 결정했고, 정부는 사전에 국회에 임명 동의안과 관련해 국회에 아무 언질도 주지 않았던 것으로 보인다. 더욱이 신생 국가의 초대 대법원장에 대한 임명 동의안이라면 국회의원 전원 출석에 전원 찬성이 있었을 법도 한데, 결석이 40명에 이르고 부표, 무효표, 기권표도 모두 합쳐 40표에 이른다. 오늘날이라면 상상하기 어려운 광경이다. 여당과 야당이 없었고 원내교섭단체가 없었다. 행정부와 입법부 사이의 연락을 체계적으로 보장하는 제도적 장치가 부실했고, 이런 상황에서 쌍방 연락의 의지가 없으면 두 기관은 그대로 단절되는 것이었다. 그래도 일은 되어야 하니 국회가 갑자기 휴회한다는 얘기를 듣자 정부가 국제관계를 담당하는 장면 의원에게 긴급 개입을 주문했을 것이다.

하지만 신생 국가에게 처음부터 너무 많은 것을 기대할 수는 없을 것이다. 되는 일이 없는 것보다 아무튼 일이 되었다는 것이 더 중요한 시간이었다. 이렇게 때때로 바늘허리에라도 매어 쓰는 식으로 정부 수립 작업이 공식적으로 완료되었다.

대한민국 정부 수립 선포

이승만 대통령은 8월 6일 부로 유엔한국위원단에게 대한민국 정부 수립을 통고하는 서한을 보낸 데 이어, 8월 9일에는 하지 주한미군 사령관에게도 "본관은 (…중략…) 1948년 8월 5일 자로 대한민국 정부가 수립된 것을 귀하에게 통고함을 영광으로 생각합니다"라며 대한민국 정부의 수립을 통고했다.[5] 국회가 5월 31일에 개회한 지 약 65일 만의 일이었다. 이로부터 열흘 후 대한민국 정부의 수립이 세계만방에 선포되었다. 이승만 대통령은 기념사에서 "건국 기초의 요소" 몇 가지를 말했다. 조금 길더라도 전문을 인용하기로 한다.『동아일보』, 1948.8.16

---

5   이승만 대통령의 통고 서한과 하지 사령관의 접수 서한은 「대한민국 정부와 아메리카 합중국 정부 간의 대한민국 정부에의 통치권 이양 및 미국점령군대의 철수에 관한 협정(Agreement between the Government of the Republic of Korea and the Government of the United States of America concerning the Transfer of Authority to the Government of the Republic of Korea and the Withdrawal of the United States Occupation Forces)」으로 정식 문서화되었다.

외국 귀빈 제씨와 나의 사랑하는 동포 여러분. 8월 15일 오늘에 거행하는 식은 우리의 해방을 기념하는 동시에 우리 민국이 새로 탄생한 것을 겸하여 경축하는 것입니다. 이 자리에 미국 극동 최고사령장관 맥아더 장군과 그 부인을 환영하게 되는 것은 우리에게 큰 영광입니다. 우리는 맥아더 장군의 경력을 바탄 반도에서 모험하던 날부터 승전하고 일본에 들어가서 한국을 해방시킬 때까지 심심한 관심과 상쾌한 기분을 가지고 주시하여 오던 바입니다. 태평양전쟁 중 미국최고지휘관으로 있을 때와 승전 후 재일본연합군 총사령관인 맥아더 장군은 다만 미군의 영도자뿐 아니라 가혹한 일본의 침략 하에서 유린을 당하고 있던 많은 민족들에게 유일한 희망의 표적이었습니다. 우리 한국도 일본의 모욕을 무한히 받았던 것이므로 맥아더 장군의 지도하에서 일본 사람들이 전적으로 변화해서 진정한 민주제도를 흡수하여 새 백성이 되기를 바랍니다.

우리가 목적지에 도달하기에는 앞길이 아직도 험하고 어렵습니다. 오늘을 기뻐하지만 말고 내일을 위해서 노력해야 될 것입니다. 우리가 앞에 해야 할 일은 우리의 애국심과 노력으로 우리 국민을 반석 같은 기초에 둘 것이니 이에 대하여 공헌을 많이 한 남녀는 더 큰 희생과 더 굳은 결심을 가져야 될 것이요 이것은 우리의 평화와 안전뿐만 아니라 전 인류의 안전과 평화를 위함입니다. 이 건국 기초의 요소를 몇 가지 간단히 말하면

◎ 민주주의를 전적으로 믿어야 될 것입니다. 우리 국민 중 혹은 독재제도가 아니면 이 어려운 시기에 나갈 길이 없는 줄 생각하며 또 혹은 공산분자의 파괴적 운동의 중대한 문제를 해결할 만한 지혜와 능력이 없다는 관찰로 독재권이 아니면 방식이 없다고 생각하는 이도 있으나 이것은 우리가 다 유감으로 생각하는 것입니다.

◎ 민권과 개인 자유를 보호할 것입니다. 민주정체의 요소는 개인의 근본적 자유를 보호하는 것입니다. 국민이나 정부는 항상 주의해서 개인의 언론

과 집회와 종교와 사상 등 자유를 극력 보호해야 될 것입니다. 우리가 40여 년 동안을 왜적의 손에 모든 학대를 받아서 다만 말과 행동뿐 아니라 생각까지도 자유로 하지 못하게 되었던 것입니다. 그러나 이것은 우리 민족이 절대로 싸워온 것입니다.

◎ 자유의 뜻을 바로 알고 존숭히 하며 한도 내에서 행해야 할 것입니다. 어떤 나라에든지 자유를 사랑하는 지식계급의 진보적 사상을 가진 청년들이 정부에서 계단을 밟아 진행하는 일을 비평하는 폐단이 종종 있는 터입니다. 이런 사람들의 언론과 행실을 듣고 보는 이들이 과도히 책망해서 위험분자라 혹은 파괴자라고 판단하기 쉽습니다. 그러나 사상의 자유는 민주국가의 기본적 요소임으로 자유 권리를 사용하여 남과 대치되는 의사를 발표하는 사람들을 포용해야 할 것입니다.

◎ 우리가 가장 필요를 느끼는 것은 경제적 원조입니다. 과연 기왕에는 외국의 원조를 받는 것이 받는 나라에 위험스러운 것을 각오하지 않을 수 없었던 것입니다. 그러므로 우리가 언제든지 무조건하고 청구하는 것은 불가한 줄로 아는 바입니다. 그러나 지금 와서는 이 세계 대세가 변해서 각 나라 간에 대소강약을 물론하고 서로 의지해야 살게 되는 것과 전쟁과 평화의 화복안위를 같이 당하는 이치를 다 깨닫게 되므로 어떤 적은 나라의 자유와 건전이 모든 큰 나라들에 동일하게 관심하게 되는 것입니다. 연합국과 모든 그 민족들이 개별적으로나 단체적으로나 기성에 밝게 표시하였고 앞으로도 계속하여 발표할 것은 이 세계의 대부분이 민주적 자유를 누리게 하기로 결심한 것입니다. 우리 정부의 주의主義하는 바는 기왕에 친근히 지내던 나라와는 더욱 친선을 도모하는 것이요 기왕에 교제 없던 나라들도 친밀한 교제를 열기로 힘쓸 것입니다. 미국과 우리 관계가 더욱 밀접해지는 것을 기뻐합니다. 중한 양국은 자고로 우의가 특별했던 바인데

이번 또 다시 중국 정부에서 특별 후의를 표한 것은 금월 12일에 한국 정부를 사실상 승인을 공포할 것입니다. 따라서 우리가 친신親信하며 좋은 친우로 아는 유어만 공사가 대사로 승진케 된 것을 우리는 더욱 기뻐하는 바입니다. 지금 유 박사를 중화민국 대사 자격으로 이 자리에서 환영하게 된 것입니다. 지금 태평양에 새 민주국인 비율빈과 정의情誼 상통이 더욱 밀접한 것을 기뻐하는 바입니다. 이때에 유엔위원단장으로 이에 참석하신 이가 비율빈 민국의 대표로 된 것이 또한 우연한 일이 아닙니다. 앞으로 유엔총회가 파리에서 열릴 때에 우리 승인문제에 다 동심 협조하여 이만치 성공된 대사업을 완수케 하기를 바라며 믿습니다.

우리 전국이 기뻐하는 이 날에 우리가 북편을 돌아보고 비감한 생각을 금하기 어렵습니다. 거의 일천만 우리 동포가 우리와 민국 건설에 같이 진행하기를 남북이 다 원하였으나 유엔대표단을 소련군이 막아 못하게 된 것이니 우리는 장차 소련 사람들에게 정당한 처치를 요구할 것이요 다음에는 세계 대중의 양심에 호소하리니 아무리 강한 나라이라도 약한 이웃의 강토를 무단히 점령케 하기를 허락한다면 종차는 세계의 평화를 유지케 할 나라가 없을 것입니다. 기왕에도 말한 바이지마는 소련이 우리의 접근한 이웃이므로 우리는 그 큰 나라로 더불어 평화와 친선을 유지하려는 터입니다. 결론으로 오늘에 지나간 역사는 마치고 새 역사가 시작되어 세계 모든 정부 중에 우리 새 정부가 다시 나서게 됨으로 우리는 남에게 배울 것도 많고 도움을 받을 것도 많습니다. 가장 중대한 바는 일반 국민의 충성과 책임심과 굳센 결심입니다. 이것을 신뢰하는 우리로는 모든 어려운 일에 주저하지 않고 이 문제를 해결하며 장애를 극복하여 이 정부가 대한민국에 처음으로 서서 끝까지 변함이 없이 민주주의의 모범적 정부임을 세계에 표명되도록 매진할 것을 우리는 이에 선언합니다.

어떤 글을 보면 이 기념사의 모든 내용이 결국 "맥아더에 대한 감사"로 모아졌다고 주장하고 있는데,[6] 도대체 어떻게 글을 읽으면 그런 주장이 나올 수 있는지 모르겠다. 앞에서도 이야기했듯이 이승만은 맥아더에게 큰 신뢰를 보내고 있었다. 그는 대한민국 정부 수립 이래 주한 미군의 철수를 유예시키려는 필사적 노력 속에서 맥아더에게 번번이 도움을 요청했지만, 맥아더가 정부 정책을 막을 수는 없었다. 아무튼 취임사 첫 부분에서 맥아더를 칭송한 것은 일본에서 날아와 기념식에 직접 참석한 전쟁 영웅에 대한 당연한 헌사일 것이다. 또한 기념식이 시작되기 전 맥아더는 이승만 대통령의 어깨를 감싸 안고 "한국이 공산주의자들의 공격을 받는 사태가 발생하면 나는 캘리포니아를 지키듯 방위에 나설 것입니다"라고 했는데,[7] 그에 대한 화답이기도 했을 것이다. 더욱이 한반도와 대한민국의 운명이 시시각각 변하는 결정적인 시간에 미 정부를 조금이라도 움직일 능력이 있는 장군에게 이 정도의 헌사를 하는 것은 외교적으로도 아주 현명한 일이라 해야 할 것이다.

행정권 이양, 정부 수립의 마지막 절차

이 취임사에서 이채로운 것은 원조에 대한 이승만의 생각이다. 약소국이 강대국에게서 원조를 받는 것을 일종의 권리인 것처럼 이야기하고 있

---

6   진덕규, 『한국 현대정치사 서설』, 지식산업사, 2000, 32쪽. 강준만, 『한국현대사산책─
    1940년대편』 2권, 인물과사상사, 2006, 151쪽에서 재인용.

7   Robert Oliver, *Syngman Rhee: The Man Behind the Myth*. 황정일 역, 『이승만─신화에 가린
    인물』, 건국대 출판부, 2002, 283쪽.

다. 이것은 현재의 세계체제 속에서는 강대국조차 단독으로 존립할 수 없고 타국과 협력해야 한다는 새로운 형세 때문이라는 것이다. 이 시대에 대한민국 정부의 관리가 미국 정부의 관리와 만나 이런 논리를 구사하며 원조를 요구했다면 미국 관리는 황당해 했겠지만, 이게 전혀 말이 안 되지는 않는다. 미소 간의 체제 대결이 막 시작한 시대에 미국으로서도 대한민국을 원조할 충분한 이유가 있는 것이다.

실제로 미국은 새로 수립된 대한민국 정부에게 파격적인 조건으로 행정권을 이양했다. 미군정에서 대한민국 정부로의 행정권 이양은 독립 국가 건설의 마지막 절차였다. 대한민국은 유엔총회의 결의에 따라 총회가 정한 조건 아래에서 정부 수립 과정을 시작했고, 국제법적으로는 행정권이 미군정에서 대한민국 정부로 이양되어야 대한민국이 정식으로 성립할 수 있었다. 행정권 이양은 또한 9월 21일 프랑스 파리에서 개최되는 유엔총회에 대한민국의 국제적 승인을 요청할 수 있는 전제조건이었다. 행정권 이양이 8월 15일까지 이루어졌다면 가장 좋았겠지만, 새 정부의 내각이 8월 초에야 구성된 마당에 과도정부의 모든 행정을 불과 열흘 만에 다 이양할 수는 없었다. 오늘날에도 대통령 선거가 끝나면 인수위원회가 설치되어 두 달 이상의 정권 인수 기간을 거친다. 당시와 오늘날의 행정 규모의 차이를 일단 무시한다면, 미군정의 행정권을 대한민국 정부에게 넘기는 일은 정권 인수인계보다 훨씬 더 복잡한 일이었을 게 틀림없다.

본격적인 행정권 이양은 8월 16일 미군 민사처 제200호실옛 중앙청 별관에서 열린 제1차 회의와 함께 시작되었다. 미군 대표로 찰스 헬믹Charles Helmick 미군 민사처장과 에버레트 드럼라이트Everett Francis Drumright, 한국 대표로 이범석 총리를 수반으로 윤치영 내무장관과 장택상 외무장관이 회의에 참여했다. 8월 17일 경에는 대통령령으로 "남조선과도정부기구 인수에 관한 건"이 발표되는 등 행정권 이양 작업이 원활하게 진행되는 것 같았지만, 이내 행정권 이양이 난항을 겪고 있다는 소문이 파다하게 퍼졌다. 언론이 '약체 정부'를 공격하기 시작했고 미군정에게도 행정권을 꾸물거리지 말고 빨리 이양하라며 압력을 가했다. 국회도 8월 26일 제49차 본회의에서 정부에게 행정권 이양에 관한 경과보고를 요구하는 정준 의원의 동의안을 통과시켰다.

행정권 이양 협상이 난항을 겪은 일차적인 이유는 로버트 올리버에 따르면 미군이 남한 땅에서 보유하고 있던 무기와 군수품을 어느 정도 대한민국 정부에 이양할 것인지를 둘러싸고 이승만 대통령과 하지 중장 사이에 큰 이견이 있었기 때문이었다. 북한의 침공을 자력으로 물리칠 수 있는 강군의 육성을 원했던 이승만 대통령은 가능한 한 많은 군사물자를 이양 받고자 했고, 하지 주장은 대한민국이 강군을 가지기를 원치 않았던 미국 정부의 입장에 따라 가능한 한 많이 가지고 나가고자 했다.[8] 이로 인해 하지 중장은 점령군 사령관 임무의 종료를 행정권 이양 협상의 완결로 장식하지도 못한 채 8월 27일 한국을 떠나야 했다.

그 사이에 미국 대표는 하지 중장에게서 대사의 지위를 가진 존 무초 John Joseph Muccio 대통령 특사로 바뀌었다. 무초는 8월 23일 한국에 도착해, 8월 25일 오전 10시에 공식적으로 이 대통령을 방문하고 신임장을 수교했다. 점령군 사령관 하지 중장의 임무는 이제 무초 특사에게로 이양되었고, 이는 한국에 대한 미국의 군사적 점령이 공식적으로 끝났음을 뜻했다. 미주둔군도 이제는 군사사절단이라는 이름으로 주둔하게 되었다. 무초는 행정권 이양에 있어 미국 행정부의 구체적인 지령을 가지고 들어온

---

8   Robert Oliver, *Syngman Rhee and American Involvement in Korea*, 210쪽.

것으로 보도되었다.

아무튼 행정권 이양은 조금씩 진행되었다. 8월 23일에는 이승만 대통령과 하지 중장이 군사상 통수권 이양에 관한 협정을 체결했다. 공보처가 발표한 담화문의 일부를 인용하면 다음과 같다. "국방군에 관한 이 협정은 금일 대한민국 대통령이며 헌법상 한국군 총사령관인 이승만 박사와 주한미군사령관 존 알 하지 육군중장이 서명하였다. 이 협정은 잠정적인 것으로 대한민국과 미주둔군의 공동안전보장을 위하여 한국 전 국방군 비경찰 통위부 해군 경비대의 통할권과 통수권을 가급적 속히 점진적으로 이양할 것을 규정한 것이다. 협정기간 중에는 미군이 통위부와 해군 경비대의 훈련과 장비에 관하여 대한민국 정부의 원조를 계속할 것이다. (…중략…) 본 협정은 미군이 대한민국에서 철퇴하기까지의 기간 중에만 유효하다." 『동아일보』, 1948.8.26 국군 통수권의 이양에 이어 당시 가장 중요한 무력이었던 경찰의 행정권도 9월 3일 정오를 기해 이양되었다. 경찰 지휘권이 조병옥 과도정부 경무부장에게서 윤치영 내무장관으로 옮겨간 것이다.

행정권 이양 협상에서 가장 중요했던 것은 미군정의 재정과 재산을 대한민국 정부에 이양하는 것이었다. 이 작업은 일정한 시간이 소요될 수밖에 없었다. 우선, 이를 위해 작성된 문서는 미군정이 대한민국에서 보유하고 있는 재산의 목록을 작성하고 각 재산의 평가 금액을 부기하는 것은 물론 미군정의 기존 시책의 인정이나 각국 재산권의 보장 등 이양의 다양한 조건을 명기하는 등등 복잡할 수밖에 없는 문서였다. 양국 대표들 사이에 많은 이야기가 오간 것은 당연했다. 더욱이 협상이 끝난 후에는 수정 사항에 대한 최종 재가를 위해 백악관의 훈령을 기다려야 했다. 이렇게 해서 협상은 9월 8일에 끝났고, 9월 11일 오후 2시에 마침내 행정이양조인식을 거행하게 되었다. 이 협정이 국회의 비준을 받으면 9월 13일

정오를 기해 외정은 영원히 사라지게 되는 것이었다.『동아일보』, 1948.9.12

비준건은 9월 13일 제64차 본회의에서 "대한민국 정부와 미국 정부 간의 재정과 재산에 대한 최초의 협정안 비준에 관한 동의의 건"으로 다루어졌다. 이순탁 기획처장이 협정안의 전문을 읽고 또 난해한 내용을 쉽게 풀어서 설명했다. 이 협정은 미국 측의 주장에 의하면 "한국의 경제 사정을 충분히 [고려하고] 앞으로 한국의 경제 부흥에 가장 유리하게 공헌하기 위해서 작성한 것이요, 이러한 내용의 협정은 일찍이 미국과 타국과의 사이에는 과거 유례를 보지 못한 특례의 것"이라 했다.1-64, 13쪽 하지만 제9조가 문제가 되었다. 제9조의 내용은 미국 정부가 미국 해외물자청산위원회와 재한국 미군정청을 통해 한국 경제에 제공한 재산과 물자 대금을 한국 정부가 2,500만 달러(1948년 환율 450원을 곱하면 112억5천만 원)까지의 한도 내에서 1948년부터 향후 20년에 걸쳐 2.37%의 이자와 함께 원화로 연납한다는 것이었다. 다만 이 금액은 "(1) 양 정부가 상호 협정할 교육안 (2) 동산 또는 부동산, 유체 또는 무체임을 막론하고 미국 정부가 관심을 가진 재한국 재산 및 그 첨부물의 취득"을 위해 한국 내에서만 사용할 것이라 했다. 그리고 해당 재산은 협정문의 부록에 열거한 재산을 포함한다고 되어 있는데, 부록을 보면 재산 항목이 열거된 후에 다시 이 항목에 제한되지 않는다는 조건이 달려 있다. 일단 표면적으로 보면 미국 정부가 관심을 가진 재산이라면 유형이든 무형이든 그 어느 것이나 한국 정부가 매도해야 하는 것으로 읽힐 수도 있다. 그리하여 이 문서를 공동으로 검토한 국회 재정경제위원회와 외교국방위원회는 이 조항에 문제가 있다고 보고 이것을 전원회의에 회부해 논의할 것을 제안했다.

이에 따라 9월 16일에 전원회의가 열렸고 이 자리에는 이승만 대통령까지 참여했다. 다음날 제68차 본회의에서 지청천 의원이 "협정의 비준을 동의하는 것이 가하다"는 전원회의의 결과를 보고했다.[1-68, 1쪽] 하지만 9월 18일 제69차 본회의에서는 제9조의 문제를 두고 다시 한번 큰 논란이 일어났다. 적잖은 의원들이 이 조항에 큰 문제가 될 것이 없다고 했지만, 역시 적잖은 의원들은 망국적 조항이라는 식으로 비판했다. 예컨대 충남 논산郡 유진홍 의원은 미국이 여태껏 우리를 도와준 것은 고맙지만, 임진왜란이나 병자호란, 그리고 '일청전쟁'이나 '일로전쟁'에 따라 쓰라린 고비를 맛본 우리로서는 이 조약을 등한시할 수 없다고 했다. 그러니 무제한으로 뒷길을 열어 줄 그 조문을 시정하기 위해 과거의 역사를 봐서 그리고 국민의 기대를 생각해서 죽음으로 투쟁할 것을 주장했다.[1-69, 8쪽] 조국현 의원도 차라리 국채를 모집해서 2,500만 달러를 다 갚아버리자며 "이 자리에서 이 몸이 죽고 죽어도" 이 협정은 반대하지 않을 수 없다고 했다.[1-69, 13쪽] 경북 선산 육홍균 의원 역시 이 조항이 지금이야 어떨지 몰라도 나중에라도 미국에 반대당이 집권해서 이 조항으로 권리를 요구하면 어떡할 것이냐며 명백한 주권 침해이자 자주권 침해라고 했다.[1-69, 9~10쪽] 그리고 최태규 의원은 미발언 원고에서 말하기를, 전원회의에서 국회가 인민을 기만하고 민의를 무시하고 있다고 느꼈고 국가 운명이 "멸망의 운명으로 투족投足한다는 통분"을 느꼈다고 했다. 협정문처럼 현실만 고집해 원칙을 무시함으로써 "인민에게 혁명의 '씨'를 뿌리게 하는 국가 [의] 일시적 정책은 멀지 않아 장래에 폭발성을 내포한 결과를 나타낼 것이다." 미국이 극동에서 정치는 자유에 입각해서 할는지 모르지만 경제는 독재성을 띤 정책을 감행하고 있다고 느낀다. "우리는 민의에 순응하여 9조2항을 수정하기 위하여 전폭적으로 생명을 걸고 싸워야 할 우리 전 민족체의 시기다."[1-69, 23쪽]

논란이 계속되는 가운데 이순탁 기획처장은 발언 기회를 얻어 이 문제와 관련해 헬믹 민사처장이 자신에게 보낸 서한의 내용을 소개했다. 한마디로 미국이 관심을 가질 만한 재산이란 대사관이나 공사관의 설치에 필요한 재산을 뜻하며 현재로서는 그 이외에는 관심이 없다, 다만 장래의 필요성에 따라 그 이외의 재산을 더 매수할 수도 있지만 그 경우라도 대한민국 정부와의 협약을 통해서만 매수하게 될 것이다, 이 협정 중에 불분명한 표현을 하게 된 것은 유감이지만 지금 범위를 너무 협소하게 국한시키면 한미 양국의 이익을 위한 적확한 계획을 진행하기 어렵다는 것이었다.1-69, 12쪽

이순탁 기획처장의 해명에도 불구하고 격한 반대 토론이 계속되었고, 이 와중에 신익희 의장의 요청으로 이승만 대통령도 논의에 참가하게 되었다. 대통령의 논리는 평소의 그답게 아주 쉬운 것이었다. 이 문제에 대해 의구심을 품을 이유가 없다. 우선, 미국 사람들이 한국에 들어와서 무슨 토지를 차지하거나 정권의 이익을 추구하려는 것이 아닌 것은 여러분이 잘 아는 바이다. 자기들이 몇 해 동안 만든 정권을 그냥 호의적으로 우리에게 주는 것이다. 그런데 그들이 우리에게 정권을 주려고 하는 이때에 미국이 제국주의적으로 우리의 이익을 뺏으려 하는 것이라며 공개적으로 의혹을 제기한다면 우리가 오해를 받는다. 호의에는 호의로 대해야 한다. 미국이 지금 우리나라만 도와주는 것이 아니라 서구 각국에게도 도와주고 있고, 지금까지는 우리나라가 주권이 없어서 제대로 도움을 못 받았지만 이제 주권을 찾았으므로 제대로 도와주자는 것이다. 그들이 다른 나라에도 주는 것이니까 우리도 당당히 받을 수가 있는 것이다. 유무형의 재산이라 해서 여러분이 염려하지만, 미국이 조금 달라고 하면 조금 주고서 전체를 얻는 것이 낫지, 조금 주기 싫다고 전체를 얻지 못하는 것은 지혜롭지 못하다. 이제 대다수로 가결을 시켜서 우리의 호의를 표시해 주

자. 이것이 정당하고 널리 지혜로운 것 같다.[1-69, 15쪽]

결국 표결에 들어갔는데 표결 방법을 놓고서도 논란이 일어났고 무기명투표가 재석 135, 가 68, 부 34로 통과되었다. 그 후 "9월 11일 부 대한민국 정부와 미국 정부 간의 재정과 재산에관한 협정은 정부에서 제출한 동 협정의 설명서와 9월 16일 부 미국 대표 헬믹 씨가 정부 기획처장 이순탁에게 보낸 서한의 범위 내에서 해석할 것을 조건부로 본 국회는 그 비준을 동의하기를 결의함"이 재석 109, 가 78, 부 28, 기권 3으로 과반수로 통과했다. 표결 방법을 투표할 때 재석인원이 135인이었는데 비준 때는 109인밖에 안 된 것은 25명의 의원들이 퇴장을 했기 때문이다. 이렇게 해서 행정권 이양은 9월 18일에 완료되었고 대한민국 정부는 유엔총회에서 국제적 승인을 받을 모든 준비를 마쳤다.

대통령과 국회의 결별

대한민국 정부의 수립은 대통령과 국회의 우호관계의 종말을 동반했다. 이윤영 파동은 종말의 제일보였다. 대통령과 국회는 강타를 주고받았다. 서로에게 휘두른 최초의 일격이 최후의 일격이 된 것만 같았다. 이것은 제헌국회를 파당의 집합체로 본 이승만의 견해를 볼 때 필연적인 것이었는지도 모른다. 그는 제헌국회가 파당적 이해의 경쟁무대가 아니라 대통령과 협력해 대한민국 정부를 수립하고 국가의 기반을 닦는 분견대가 되어야 한다고 생각했다. 하지만 이것이 국회의원들의 말대로 국회가 이승만의 '사랑방'이나 '자문기관'이 되는 것을 의미했다면 국회는 거부할 수밖에 없었다. 국회는 이승만이 대통령으로 선출되기까지는 일부를 제외하고 모두 여당이었지만, 이윤영 파동부터는 일부를 제외하고 모두 야당이 되었다.

산전수전을 겪은 70대 중반의 노련한 정치인은 왜 초대 국무총리의 임명이라는 중대사에서 실패했을까? 국회는 왜 초대 대통령의 초대 국무총리 후보를 거부하고 대통령의 위신을 결정적으로 깎는 무리를 저질렀을까?『동아일보』7월 29일 자 사설은 네 가지 이유를 꼽았다. 첫째, 이승만 대통령이 국회 내의 세력을 고려하지 않고 국회에서 승인받지 못할 인물을 천거한 것. 둘째, 국회가 자신의 의사대로 움직일 것이라고 과신한 것. 셋째, 과도하게 신중을 기해 비밀에 붙인 나머지 국회와 사전교섭을 할 여유가 없었던 것. 넷째, 의회정치에서 너무 초당파주의를 내세워 정당정치를 배격한 것 등이다.

이 이유들을 하나로 이어주는 가느다란 실은 이승만이 국부의 입장에서 국회 위에 서서 거국 정부를 이끌고자 했다는 것이다. 앞에서 언급했듯이, 이승만은 국권을 완전히 회복하고 정부를 반석에 올릴 때까지는 거국 정치가 되어야 한다고 생각했다. 그는 이미 독립운동에서 반탁운동에 이르기까지 줄곧 파벌주의의 폐해를 목격해 왔다. 한 정파의 수장을 국무총리로 내세우면 반드시 파벌 투쟁이 일어나리라는 것이 그의 경험이었다. 더욱이 제헌헌법하에서 국무총리는 국무위원 제천권을 가지고 대통령과 행정을 분담하는 상당한 실권을 갖는 것으로 인식되었다. 각 정파와 의원들이 그토록 국무총리 임명에 관심을 기울인 이유도 이 실권 때문이었다. 만약 김성수와 같은 인물이 국무총리가 된다면 사실상 두 사람의 행정 수반이 존재하게 될지도 몰랐다. 그렇다면 거국 정치는 물 건너가는 상황이 되는 것이다. 따라서 사실상 어느 당파에도 속해 있지 않아 정치적 실력이 없는, 하지만 인품이 좋고 북한 출신인 이윤영이 초대 국무총리의 적임자일 수 있었다. 압도적 지지로 대통령이 되었고 또 대통령으로서 국회에 최초의 요청을 하는 것이니 국회도 결국은 이윤영을 인준해주지 않을까? 이승만은 이런 생각을 했을 것이다. 하지만 이것은 그 혼자만의 생각이었다. 이승만은 그 뒤에도 이윤영을 두 번 더 국무총리에 임명했지만 그때마다 번번이 실패했다. 이윤영은 참으로 불운한 정치인이었다.

이승만의 선택과 이 선택을 뒷받침한 근거가 아무리 타당성을 가진 것이었다 해도 의회가 성립한 이상 의회를 파벌의 집합체로 폄하하고 현실적으로 존재하는 정파를 무시할 수는 없었다. 이승만이 국부로서의 위신과 명망이 높고 국제정치를 읽는 안목이 타의 추종을 불허했다지만 의회정치에 수반되는 일상적 허드레를 벗어날 수는 없었다. 『동아일보』의 사설은 정곡을 찔렀다. "그러나 이번 국회의 그와 같은 강경한 태도가 일 개인의 존엄과 총명만 가지고 결코 정치가 운용되지 않는 것을 여실히 천명하는 것으로 이후 대통령 집정에 당하여 참고가 될 좋은 자료가 아닐까 생각한다."『동아일보』, 1948.7.29

이승만이 국회의 모습에서 과거의 파벌주의 분열상을 다시 발견했다 해도, 그것이 현실이었고 정치는 현실에서 출발해야 한다. 정당과 파당을 구분한다고 그 현실이 없어지지는 않는다. 대한민국은 비상한 상황에서 수립되었다. 그러나 대한민국 정부의 일차 과제는 비상한 상황에서 정상을 수립하는 것이었다. 헌법은 정상을 수립하기 위한 가장 기본적인 절차를 규정한 문서이다. 거기에 규정된 절차는 비상한 정치를 행하는 절차가 아니라 정상적 정치를 행하는 절차이다. 비상한 상황이었지만 정치는 정상적인 방법으로 이루어져야 한다. 아마도 비상한 상황 때문에 이따금 비상한 정치를 해야 할 때도 있을 것이다. 하지만 헌법에 규정된 정치 기계들이 시계 부속처럼 잘 맞물려 돌아가기 위해서는 그 기계들 각각이 기본적으로 존중되어야 한다. 이 원칙을 우회하는 정당한 길은 없다. 국회는 이승만이 자주 이 원칙을 우회하려 한다고 비판했다.

하지만 국회도 이승만이 가한 충격에 점진적인 변화의 과정을 시작했다. 기존의 한민당과 독촉은 뚜렷한 이념적 정체성 없이 다양한 인연과 거래에 기초해서 만들어진 정파들이었다. 한민당에는 잠시나마 윤치영 같은 이승만의 최측근도 있었던가 하면 노일환처럼 급진적 발언을 쏟아낸 사람도 있었다. 독촉도 애초에 반탁운동을 위해 만들어진 여러 정파의 연합세력이었다. 그리고 무소속에는 김구의 한독당을 지지하는 사람들이 많았다. 이승만이 국무총리와 장관 인선을 통해 기존의 유력 정치세력들과의 권력 분점을 거부하려는 것이 명확해지자, 이들도 대통령에 대해 향후의 입장을 정해야 했고 이 과정에서 내적 분화가 필연적으로 일어났다. 예컨대 한민당은 이승만과의 결별을 분명히 하면서 1949년 2월에는 신익희와 독촉계 일부까지 포함해 민주국민당을 창당하게 된다. 여전히 현대적 이념정당과는 거리가 있었지만, 5·10총선 당시의 이념적 잡동사니의 모습에서는 많이 탈피한 것으로 보인다. 사르토리의 표현을 빌리자면, 이승만과 국회 사이의 최초의 대결을 통해 국회는 점진적인 사회화의 길에 들어섰다.

하지만 이승만은 더 사회화되기에는 너무 나이가 많았고 너무 정신의 습관이 강고했다. 그것이 꼭 나쁘기만 한 것은 아니었던 것 같다. 아무튼 비상한 상황이었다. 이를 뚫고 나갈 수 있는 강력한 카리스마가 자주 필요했다. 비상 상황에서는 통상적 의미의 균형감을 넘어서는 결단과 책략이 필요하다. 1953년 6월과 7월 한국전쟁 정전협상이 벌어지고 있을 때, 망설이는 미국으로부터 한미상호방위조약을 얻어내기 위해 반공포로 석방과 같은 미치광이 전략을 서슴지 않는 일은 오직 이승만만이 할 수 있었을 것이다. 막스 베버가 정치인의 3대 자질로 열정, 책임감, 균형감을 이야기 했을 때가 그의 나이 59세 때였다. 그도 정계에 나간 적이 있지만 아주 잠시였다. 1948년 이승만은 73세였고 평생 정치를 한 사람이었다. 굳이 막스 베버의 조언을 따르지 않아도 될 연륜과 경험을 가지고 있었다.

제9장

반민족행위처벌법

반민족행위처벌법은 정부조직법, 사면법에 이어 대한민국 법률 제3호이다. 그만큼 중요하게 여겨진 법률이었고, 또한 제헌국회 내내 주기적으로 폭발적인 논란과 사건을 만들어낸 가장 문제적인 법률이었다. 그리고 70년이 지난 지금도 그 여진은 계속되고 있으며 여진의 충격이 본진의 충격 못지않게 크다. 이제 우리는 제헌의원들이 이 논쟁적인 법을 어떻게 만들었는지, 어떤 논란을 벌였는지 살펴보기로 한다. 의원들의 발언을 읽고 나면 역사는 반복된다는 것을 실감하게 될 것이다.

반민법 기초위원회의 구성

반민법 제정이 본격적 의제로 오른 것은 8월 5일 제40차 본회의에서 경기 수원乙 김웅진 의원이 반민법기초위원회를 설치하자는 긴급동의안을 내면서였다. 그는 이제 정부가 조직되고 앞으로 공무원이 20만에서 30만까지 등용될 것이므로 속히 이 특별법을 제정해 악질적인 반민족 인사가 정부에 들어오는 것을 막아야 한다고 주장했다. 아울러 특별법을 기초할 특별위원회는 각 도별로 한 사람씩 뽑아서 구성하자고 제안했다.[1-40, 2쪽]

헌법 제101조는 "이 헌법을 제정한 국회는 단기 4278년 8월 15일 이전의 악질적인 반민족행위를 처벌하는 특별법을 제정할 수 있다"고 규정하고 있다. 이 특별법은 소급 입법이므로 현대 입법 원칙과 어긋나지만, 나라가 새로 열리는 상황이므로 헌법 부칙에 예외를 인정하는 조항이 들어간 것이다. 헌법을 기초한 유진오는 이 조항과 관련해 "누가 그것을 먼저 주장하고 나섰던지는 지금 기억이 없으나 그때의 정세로는 누구든지 그것을 주장하고 나서기만 하면 아무도 감히 반대할 수 없는 그러한 형편이었다"고 회고하고 있다.[1] 헌법기초위원회에 무소속 의원들이 다수 뽑혔으므로 그 중 한 명이었을 가능성이 높다.

실제로 김웅진 의원의 긴급동의안을 정면으로 반대한 의원은 아무도 없었다. 이 긴급동의안이 재석 155, 가 105, 부 16으로 가결될 때까지 발언에 나선 사람은 발의자를 제외하고 10명이었지만, 세 사람만이 시기의 문제 등을 들어 이의를 제기했다. 우선, 경북 울릉 서이환 의원은 이 문제를 특별위원회가 아니라 법사위에서 다룰 것을 주장했고, 그럴 경우라도 법사위에서는 먼저 더 시급한 법안들, 즉 지방행정조직 관련법이나 경제를 복구하는 데 필요한 법률을 먼저 만들어야 할 것이라고 했다.[1-40, 3~4쪽]

경기 개성 이성득 의원도 지금은 때가 아니라고 했지만 사실상 하지 말자는 주장에 가까웠다. 우선 도탄에 빠진 민생을 먼저 돌보아야 한다는 것이었다. "시급한 문제는 내 몸에 걸칠 의복이 없으며 (…중략…) 내 뱃속에 창자에 채울 물건이 없습니다." "가두에서 우는 사람은 배고파 우는 사람이요, 가두에서 우는 사람은 옷이 없는 사람이요, 친일파 민족반역자, 친소파 친미파 민족반역자가 있음으로써 가두에서 배고파 울고 헤매

---

1   유진오, 앞의 책, 55쪽.

며 우는 사람은 없습니다." 민생 문제 외에도 사회의 안정과 통합 문제도 있다. "종기가 아물어서 거진 나아갈 쯤 되었는데 (…중략…) 곪어 가지고 터뜨리는 격으로, 어느 정도로 사회질서와 국가의 안녕질서를 찾아서 전진하는 도중에 있어서 우리 국회에서 다시 특별위원회를 결성하여 친일파 민족반역자라는 이것을 규정해 가지고 다시 안식했던 이 문제를 소생시킨다고 하면 사회의 공기는 다시 험악해질 것"이다. 반대한다기보다 나중에 적절한 시기에 하자는 것이었다.[1-40, 5쪽]

경남 거창 표현태 의원은 헌법에 조항이 있는 만큼 할 수밖에 없지만 법률은 법사위에서 제정하고, 법률의 효력 발동은 국회 자격심사위원회가 하자고 했다. 관리 전체를 민족반역자로 규정하면 정부 수립에 지장을 줄 수 있으므로 자격심사위원회가 적절히 법률 적용을 해야 한다는 취지였다.[1-40, 7~8쪽] 서이환 의원과 이성득 의원의 발언과 달리 표현태 의원의 발언은 긴급동의안에 대한 심각한 이의 제기로 보기 어렵다.

나머지 의원들은 모두 이들의 의견을 정면으로 반박하며, 이 긴급동의안의 당위성을 강조했다. 그 중에서도 장홍염 의원과 김병회 의원은 긴급동의안보다 더 나아간 발언을 했다. 우선 장홍염 의원은 이 법률이 제정된다 해도 제대로 시행이 될지 의심된다고 했다. 우리 국민 전체가 받드는 대통령이지만 우리가 청원한 것을 잘 들어 주지 않는 느낌이다. 이렇게 의심은 들지만 민주주의 헌법 하에서 이 법률을 밀고 나가야 한다.[1-40, 5쪽] 김병회 의원은 친일파와 민족반역자가 정부 조직에 들어가지 못하게 하자는 것은 이 법률을 제정하는 이유의 일부에 불과하다며, 친일파와 민족반역자를 하루 빨리 응징해 민족정기를 살리는 것이 이 법률의 주된 목적이 되어야 한다고 주장했다. 따라서 이러한 중대한 목적을 가진 법률은 법사위보다는 특별위원회에서 만드는 것이 온당하다는 것이었다.[1-40, 8쪽]

장홍염, 김병회 의원의 주장에서, 특별기구가 법률 제정뿐만 아니라 법률 집행까지 책임져야 한다는 주장까지는 거리가 멀지 않다.

반민법기초위원회 설치 동의안이 압도적으로 통과된 뒤에는 특별위원을 선정하는 방법에 관한 토의가 이어졌다. 앞에서 김웅진 의원은 지역별로 한 명씩 뽑자는 제안을 한 적이 있다. 그런데 이번에는 도별로 3명씩을 뽑고 제주도는 한 명을 뽑아서 8월 16일까지 특별법을 기초하도록 하자는 동의안을 냈다. 이러한 지역별 선출에 대해 조헌영 의원, 전북 완주을 이석주 의원, 제주 남제주 오용국 의원 등의 주도로 상임위원회 위원장과 의장, 부의장이 합의해 위원 15인을 전형하고 8월 15일까지 특별법을 기초하도록 하자는 수정안을 냈다. 처음에는 동의안과 수정안이 모두 미결되었다가 더 토의를 한 끝에 결국 동의안이 재석 139, 가 73, 부 41로 가결되었다.

반민법 기초위원을 지역별로 뽑을 것인가 아니면 국회의 간부들이 적절히 전형할 것인가는 단순히 절차적인 문제에 불과한 것으로 보이지만, 사실 반민족행위자 처벌에 대한 상이한 접근법을 반영하고 있었다. 지역별 선출은 보다 급진적인 접근과 연결되어, 반민특위처럼 행정부와 사법부에서 독립한 국회 차원의 독립기구를 통해 반민족행위자를 처벌해야 한다는 주장으로 이어졌다. 반면 국회 간부들에 의한 전형은 보다 온건한 접근과 연결되었고, 반민족행위자 처벌은 행정부와 사법부를 통해 이루어져야 한다는 주장으로 이어졌다. 기초위원의 선정 방법이 꼭 접근법의 강약과 연결되어야 할 필연적인 이유는 없고, 또 모든 의원들이 그렇게 인식한 것은 아니었겠지만, 이 문제에 대한 주요 발언자들이 그렇게 연결 지었다. 주요 발언자들은 이문원, 조헌영, 신익희였다.

이문원 의원은 국회에 따로 특별위원회를 두자고 하는 데는 두 가지 큰 목적이 있다고 했다. 첫째, 이 문제를 행정부에 맡겨서 적절한 시기에 하도록 해도 되지만, 국회가 전 민족을 대표하는 국가의 최고 권력기관이기 때문에 다른 누구를 믿지 말고 직접 해야 한다는 것이었다. 미군정 하에서도 관리 등용에 있어 3등급 이상은 입법의원이 인준하고 자격 심사를 했으니, 이는 미군정을 믿지 않았기 때문이었다. 따라서 "전체 민족을 대표해서 민족정기를 살리며 앞으로 신생하는 정부의 청결을 위해서" 특별위원회는 행정부가 아니라 우리가 직접 해야 한다. 둘째, 특별위원회가 유명무실에 흐르지 않으려면 자료를 충분히 확보해야 하는데, 이는 각 지역의 인심과 과거 상황을 잘 알아야 가능하다는 것이었다.[1-40, 9~10쪽] 여기서 이문원은 이미 법률 기초위원회를 넘어 반민특위 같은 것을 구상하고 있다.

조헌영 의원은 이문원 의원의 발언에 정면으로 맞섰다. 우선 국회는 법률을 제정할 뿐 그 실행은 행정부에 맡겨야 하며, 행정부가 제대로 하지 않는다면 탄핵을 하든지 간섭을 하면 된다는 것이었다. 그리고 도별 선출 주상은 이미 도의 특정한 인물들을 미리 염두에 두고 법률을 제정하는 폐단을 낳을 수 있다. 법을 먼저 정한 다음에 그 법에 해당하는 인물을 찾는 것이 바른 순서이지 그 역은 안 된다. 그는 여기에 그치지 않고 반민법 문제에 대한 조심스러운 접근을 주장했다. 국회가 헌법을 만들고 정부를 세우는 일을 끝마친 후 첫 공사로 민족반역자를 처단하는 규정을 만드는 데는 조금 생각해야 할 점이 있다. 민심에 동요가 일어날 수 있다. 물론 대다수 국민의 민심이라는 것은 왜놈과 그 앞잡이들을 미워하는 마음이다. 반면 부일협력자라는 것을 자꾸 따져 들어가면 한도가 없으니 이 점을 유념해야 한다는 것이었다.[1-40, 10~11쪽]

조헌영 의원의 이러한 온건한 접근에 대해서는 신익희 의장도 동의하는 바였다. 의장이기 때문에 의사 진행 중에는 자신의 견해를 명시적으로 밝힐 수 없었지만, 이 문제에 관해서는 의장으로 사회를 보면서도 꽤 길게 발언하며 간접적으로 자신의 의견을 밝혔다. 그는 반민법 처리 과정에서 의원들 사이에서 핵심적 문제에 대한 논쟁이 격화되었을 때 의원 자격으로 긴 발언을 통해 자신의 견해를 밝히게 된다. 아무튼 이 단계에서는 그는 반민특위와 같은 독립기구를 만드는 것에 대해서는 의견을 밝히지 않고, 기초위원 선출 문제에 대해서만 언급하면서 도별 선출을 만류하는 듯한 발언을 한다. 기초위원 선출을 의장에게 위임할 수도 있고, 그렇게 선출된 사람들이 법사위와 연석해서 법률을 기초할 수 있으며, 그 과정에서 전문위원들의 조력도 받을 수 있겠다는 것이었다.[1-40, 12쪽] 이러한 발언은 반민법 초안이 지나치게 급진적으로 되거나 위헌적 요소를 많이 가지게 되는 것에 대한 염려의 발로라고 할 수 있다.

하지만 신익희 의장의 '공작'은 무위로 돌아갔다. 아마 다수의 의원들은 국회 간부들이 일방적으로 선정할 경우 명망가들이 주로 뽑힐 것이고 그렇게 되면 한민당 인사들이 많이 뽑힐 것이라고 우려했던 것 같다. 그렇다면 도별로 뽑는 것이 더 공정한 것이다. 아무튼 도별 선출 방식이 가결된 후 15분간의 휴회 시간을 갖고 28인의 기초위원을 선출했다. 국회는 8월 15일까지 휴회에 들어갔고, 반민법 기초위원들은 이 시기에 반민법 초안을 만들어서 8월 16일 제41차 본회의에 제출했다.

반민법의 주요 내용

반민법 초안은 기초위원장 김웅진 의원의 대체 설명에 따르면 해방 이후 각 단체에서 만든 초안, 일본의 공직추방령, 북한 인민위원회에서 만든 관련 법안, 중국 장제스의 전범자 처벌 방식 등을 참고해 만든 것이었다. 각 단체에서 만든 초안 중에는 미군정 남조선과도입법의원에서 제정한 「부일협력자·민족반역자·전범·간상배에 대한 특별조례법률」도 들어 있었다. 이 법의 초안은 1947년 3월 13일에 상정되었다가 수많은 논란을 거친 끝에 세 번의 수정안 재상정을 거쳐 1947년 7월 2일에 최종안이 통과되었다. 하지만 입법의원에서 제정된 법률을 최종적으로 인준하는 미군정 장관은 이 법을 인준하지 않았다. 미군정은 처음부터 '선 선거법, 후 친일파 처리'의 논리로 이 법을 반대하고 있었다. 또한 미군정이 일제 강점기 시절 관리를 했던 조선인을 다수 군정 관리로 기용하고 있었기 때문에 현실적으로 이 법을 받아들일 수 없었다. 하지만 이 법의 제정과정에서 논의된 당연범과 선택범의 구분 등 몇 가지 중요한 요소들이 반민법 초안에 많이 반영되었다.

반민법 초안은 3개의 장과 부칙을 포함해 총 32조로 구성되어 있다. 제1장은 '죄', 제2장은 '특별조사위원회', 제3장은 '특별재판부 구성 및 수속'이었다. '죄'는 반민법의 가장 중요한 부분으로, 반민족행위라는 죄의 구성 요건을 규정하고 있다. 예컨대 일제 강점기에 군수를 하는 것이 그 자체로 반민족행위의 죄를 짓는 것인가, 혹은 조선총독부에서 하급 기능직으로 일한 사람도 반민법의 처벌 대상이 되는가, 혹은 창씨개명을 한 사람도 반민법에 따라 응징을 받아야 하는가를 규정한다. 반민족행위의 범위를 어떻게 잡느냐에 따라 처벌되어야 할 사람의 숫자도 줄거나 늘어난다. 반민족행위를 정확하게 규정하지 않을 경우 인권 침해의 소지가 생기고 위헌의 문제가 제기될 수 있다. 예컨대 '악질적인 행위'라는 문구에서 '악질적'이 정확히 무엇을 뜻하는지, 혹은 '죄적이 현저한 자'라는 문구에서 얼마나 현저해야 현저한 것인지가 논란의 대상이 될 수 있다. 실제로 반민법 독회 과정에서 이런 문제들은 크게 논란이 되었다.

제2장 특별조사위원회에 포함된 조항들은 대체로 논란의 여지가 적지만, 제3장은 특별재판부, 특별검찰, 특별경찰과 관련된 조항을 담고 있어 삼권분립의 원칙을 침해한다는 비판을 불러일으켰다. 또한 특별검찰과 특별경찰은 큰 원칙적 논란 없이 허용될 수 있다 해도, 특별재판부는 통상 사법부의 독립성을 강조하는 삼권분립의 원칙과 정면으로 배치된다. 물론 반민법 자체가 법률 불소급의 원칙을 어기고 있어서 보통의 상황이라면 입법이 불가능하다. 다만 해방과 건국이라는 비상한 상황에서 헌법 부칙에 단 한 번의 예외를 허용한 것이다. 제헌 상황이라는 것은 어떻게 보면 자연상태에서 시민상태로 옮아가는 상황이고 따라서 불소급을 규정하는 것만큼 불소급의 예외를 규정하는 것도 정당화될 수 있다고 하겠다. 그렇다면 이 경우 특별재판부의 설치 역시 예외적으로 정당화될 수 있다. 물론 이에 대해서는 비상한 상황이라고 모든 것이 허용된다면 왜 굳이 법을 만드느냐는 반론이 가능하다.

〈표 3〉은 반민법에서 가장 중요한 부분인 '죄' 조항을 열거한 것이다. 김웅진 기초위원장은 1조에서 3조까지를 당연범에 관한 조항, 4조를 선택범에 관한 조항이라고 말했다. 당연범이란 구체적인 악행을 저질렀건 아니건 특정 지위나 직위에 있었던 사실 자체로 처벌을 받는 사람을 뜻하고, 선택범이란 특정 지위나 직위와 무관하게 구체적인 악행을 저질러서 처벌을 받는 사람을 뜻한다. 따라서 법률 전문가 서우석 의원이 지적하듯이[1-42, 8쪽], 김웅진 의원의 말은 잘못된 것이다. 제1-3조, 그리고 제4조의 1항에서 5항까지에 해당하는 사람들이 당연범에 속하고, 나머지가 선택범으로 분류되어야 할 것이다(제3조도 조금 모호한 점이 있다).

오늘의 우리에게 생소한 직위인 '칙임관'에 대해 약간의 설명이 필요

	초안	최종안
1조	일본 정부와 통모하여 한일합병에 적극 협력한 자, 한국의 주권을 침해하는 조약 또는 문서에 조인한 자 및 모의한 자는 사형 또는 무기형역에 처하고 그 재산의 전부 혹은 일부를 몰수한다.	일본 정부와 통모하여 한일합병에 적극 협력한 자, 한국의 주권을 침해하는 조약 또는 문서에 조인한 자와 모의한 자는 사형 또는 무기징역에 처하고 그 재산과 유산의 전부 혹은 2분지 1이상을 몰수한다.
2조	일본 정부로부터 작(爵)을 수(受)한 자 또는 일본 제국의 회의 의원이 되었던 자는 무기 또는 5년 이상의 징역에 처하고 그 재산의 전부 혹은 일부를 몰수한다.	일본 정부로부터 작을 수한 자 또는 일본제국의회의 의원이 되었던 자는 무기 또는 5년 이상의 징역에 처하고 그 재산과 유산의 전부 혹은 2분지 1이상을 몰수한다.
3조	일본 치하 독립운동자나 그 가족을 악의로 살상 박해한 자 또는 이를 지휘한 자는 무기 또는 5년 이상의 징역에 처하고 그 재산의 전부 혹은 일부를 몰수한다.	일본 치하 독립운동자나 그 가족을 악의로 살상 박해한 자 또는 이를 지휘한 자는 사형, 무기 또는 5년 이상의 징역에 처하고 그 재산의 전부 혹은 일부를 몰수한다.
4조	좌의 각호의 1에 해당하는 자는 10년 이하의 징역에 하거나 15년 이하의 공민권을 정지하고 그 재산의 전부 혹은 일부를 몰수할 수 있다. 1. 습작(襲爵)한 자 2. 중추원 부의장 고문 또는 참의 되었던 자 3. 칙임관 이상의 관리 되었던 자 4. 밀정행위로 독립운동을 방해한 자 5. 독립을 방해할 목적으로 조직된 중앙 단체의 수뇌간부 되었던 자 6. 군 경찰의 관리로서 악질적인 행위로 민족에 해를 가한 자 7. 국내에서 대규모인 군수공업을 책임 경영한 자 8. 도(道) 부(府)의 자문 또는 결의기관의 의원이 되었던 자로서 일정에 아부하여 그 반민족적 죄적(罪跡)이 현저한 자 9. 관공리 되었던 자로서 그 직위를 악용하여 민족에게 해를 가한 악질적 죄적이 현저한 자 10. 일본 국책(國策)을 추진시킬 목적으로 설립된 각 단체본부의 수뇌간부로서 악질적인 지도적 행동을 한 자 11. 종교, 사회, 문화, 경제, 기타 각 부문에 있어서 민족적인 정신과 신념을 배반하고 일본 침략주의와 그 시책을 악질적인 반민족적 언론, 저작 및 기타 방법으로써 지도한 자 12. 개인으로서 가장 악질적인 행위로 일제에 아부하여 민족에게 해를 가한 자	좌의 각호의 1에 해당하는 는 10년 이하의 징역에 처하거나 15년 이하의 공민권을 정지하고 그 재산의 전부 혹은 일부를 몰수할 수 있다. 1. 습작한 자 2. 중추원 부의장, 고문 또는 참의 되었던 자 3. 칙임관 이상의 관리 되었던 자 4. 밀정행위로 독립운동을 방해한 자 5. 독립을 방해할 목적으로 단체를 조직했거나 그 단체의 수뇌간부로 활동하였던 자 6. 군, 경찰의 관리로서 악질적인 행위로 민족에게 해를 가한 자 7. 비행기, 병기 또는 탄약 등 군수공업을 책임 경영한 자 8. 도, 부의 자문 또는 결의기관의 의원이 되었던 자로서 일정에 아부하여 그 반민족적 죄적이 현저한 자 9. 관공리 되었던 자로서 그 직위를 악용하여 민족에게 해를 가한 악질적 죄적이 현저한 자 10. 일본 국책을 추진시킬 목적으로 설립된 각 단체 본부의 수뇌간부로서 악질적인 지도적 행동을 한 자 11. 종교, 사회, 문화, 경제 기타 각 부문에 있어서 민족적인 정신과 신념을 배반하고 일본침략주의와 그 시책을 수행하는 데 협력하기 위하여 악질적인 반민족적 언론, 저작과 기타 방법으로써 지도한 자 12. 개인으로서 악질적인 행위로 일제에 아부하여 민족에게 해를 가한 자
5조		일본 치하에 고등관 3등급 이상, 훈 5등 이상을 받은 관공리 또는 헌병, 헌병보, 고등경찰의 직에 있던 자는 본법의 공소시효 경과 전에는 공무원에 임명될 수 없다. 단, 기술관은 제외한다.

할 것이다. 국사편찬위원회의 "우리역사넷"의 자료에 따르면 조선총독부 관리는 일본의 「문관임용령」에 따라 고등관, 판임관, 대우관으로 분류되었다. 고등관은 일본 천황이 직접 임명하는 관리로 전체 9등급으로 나뉘었다. 1~2등관을 칙임관이라 했고, 그 중에서도 '친임식'을 거치는, 즉 천황에게서 직접 임명장을 수여받는 관리를 친임관이라 불렀다. 일본 내에서는 수상과 대신급이 친임관이었고, 조선에서는 조선 총독과 정무총감만이 친임관이었다. 일반 칙임관에 해당하는 사람들은 도지사, 재판소장, 총독부 국장 등이었다. 3~9등관은 주임관이라 불렸고, 부윤, 군수, 제주도사 등도 주임관에 속했다. 따라서 칙임관의 숫자는 그리 많지 않았다. 이 점에 관한 한, 남조선과도입법의원 때의 제1차 수정안과 내용이 같았고, 당연범의 범위를 확대한 최종안보다는 더 관용적이었다.

초안과 최종안을 비교해 보면, 제1-3조와 관련해 최종안이 신체형과 재산형을 더 강화한 것을 알 수 있다. 가장 큰 차이는 최종안에서 제5조로 "일본 치하에 고등관 3등급 이상, 훈 5등 이상을 받은 관공리 또는 헌병, 헌병보, 고등경찰의 직에 있던 자는 본법의 공소시효 경과 전에는 공무원에 임명될 수 없다. 단, 기술관은 제외한다"는 새 조항이 추가된 것이다. 여기에 해당되는 사람들은 형사 처벌은 면하더라도 공민권 제한을 받아 일정 기간 공무원에 임명될 수 없다. 다만, 건국 사업에 기술자들이 필수불가결하다는 것이 독회 과정에서 인정되어 '기술관'은 예외로 했다. 표에는 없지만 공소시효가 초안 1년에서 최종안 2년으로 연장된 것도 언급할 만한 중요한 차이 중 하나이다.

평행선을 긋는 찬반토론

반민법은 세부 내용 면에서도 여기저기에 폭발적인 쟁점이 많았고 법률이 실제로 운용될 때도 엄청난 논란을 초래했다. 우선 제1독회를 따라가 보기로 하자. 제1독회 질의응답에서 의원들이 가장 많이 지적한 문제점은 법조문에 애매모호한 부분이 많고 적용의 범위와 한계가 뚜렷하지 않다는 것이었다. 서우석 의원은 제3조에서 "독립운동가나 그 가족을 악의로 살상 박해한 자 또는 이를 지휘한 자"라 했는데, '악의'는 '고의'와 다른 뜻인지, '지휘한 자'만 처벌하고 집행한 자는 처벌하지 않는 것인지를 물었다. 보다 결정적으로는, 당연범의 경우 직위를 기준으로 삼는다는 것인데, 그 직위에 있는 사람이 악질이든 아니든 처벌한다면 헌법 제101조에서 "악질적인 반민족행위를 처벌"한다는 취지를 위반하는 것이 아닌가라고 했다.[1-42, 8쪽] 서우석 의원의 마지막 지적은 사실 반민법과 관련된 논란에서 가장 핵심적인 쟁점이었다.

전북 무주 신현돈 의원은 직위가 높았던 사람이라도 부득이한 상황을 참아내며 민족 양심을 유지한 사람이 없다고는 할 수 없으며, 따라서 당연범의 범주에 들더라도 '악질적인 자'에 한해서 처벌해야 한다고 주장했다. 또한 특별위원회에 임명될 구성원의 자격으로 "독립운동의 경력"이라거나 "절개 견수"라거나 "애국의 성심"이라거나 "학식 덕망"이라고 했는데, 이것의 한계를 어떻게 정할 것인지를 물었다.[1-42, 11쪽] 조한백 의원역시 칙임관 이상의 관리 중 기술관도 있고 기획관도 있었는데 이들을 똑같이 취급할 것인지, 그리고 "고문 또는 참의 되었던 자" 중에 본인이 거부했는데도 억지로 맡긴 경우가 있었는데 이런 자를 악질적인 행위자로 볼 수 있는지를 물었다.

8월 18일 제42차 본회의에서 계속된 반민법 제1독회에서 이원홍 의원은 서면질의를 통해 아주 많은 질의와 이의를 제출했다. 대부분은 제4조의 12개 항에 관한 것으로 역시 단어의 의미가 모호하고 한계가 분명하지 않은 경우가 많다는 것이었다. 1항에서 5항까지는 선택범이라 하면서도 실제로는 당연범처럼 취급되고 있다. 2항에는 '칙임관 이상'이 나오고 6항에는 '군 경찰의 관리'가 나오고 9항에는 '관공리 되었던 자'가 나오니 매우 혼란스럽고 일관성이 없다. '악질'의 한계가 어디인지 알 수 없다. 그 외에 특별조사위원회가 초래할 폐해에 대한 방비책을 마련하고 있는가도 물었고, 제27조의 단심제 재판도 위헌이 아닌가를 물었다.[1-43, 4~6쪽]

김웅진 기초위원장의 대답을 들은 이원홍 의원은 단상에 나와 대답이 여전히 모호하다며, 이 법을 빨리 시행하려면 적용할 수 있는 법률을 만들어야 하는데, 자신이 해방 이후 재판소에서 약 2년 동안 법을 집행해 본 경험에서 볼 때 초안이 "너무 모호하고 추상적이고, 절개가 없어서" 실행이 불가능하다고 했다. 따라서 이 초안을 법사위로 넘겨서 완전한 법안으로 만들 것을 동의했다.[1-43, 6쪽] 강원 평창 황호현 의원은 이에 동의하면서, 미군정으로부터 행정권을 넘겨받고 중앙 관제와 지방 관제를 완전히 세우며 국군을 창설하고 국제 승인을 받아야 하는 등 할 일이 많은데 반민법은 시기상조인 느낌이 있을 뿐만 아니라, 내용적으로도 이 법을 이대로 적용한다면 삼천만 국민 모두가 조사 대상이 될 수 있다고 주장했다. 그래서 법사위로 넘겨 범위를 좁힌 법을 만들어야 한다는 것이었다.[1-43, 7쪽]

반면 노일환 의원은 이 법안과 관련해 세세한 법률적 기술을 따져서는 안 된다고 했다. 이 법안은 반민족 분자가 발호하고 경제사회가 파멸하는 비참한 현실에서 친일 잔재를 청산하고 남조선을 민주화하며 북조선과 함께 통일 정부를 세운다는 큰 차원에서 생각해야 한다. 따라서 특정한 지위나 위치에 있었던 사람들을 모두 당연범으로 취급하는 것은 온당하다. 예컨대 칙임관 이상으로 친일을 하지 않은 사람은 없을 것이니 고급 관직에 있었던 사람은 "일종의 허가를 받은 반민족행위를 한 자"이며, 밀정행위로 독립운동가를 방해한 자들에게 다른 구구한 사연이 있을 수 없을 것이다. 또한 공소시효 1년은 너무 짧으니 적어도 3년은 되어야 한다.[1-43, 8쪽]

하지만 적지 않은 의원들은 법안에 기술적인 문제나 위헌적인 요소가 있다고 생각했다. 그렇다고 법안을 법사위로 돌리자는 제의에 대해서도 동의하지 못했다. 이에 김약수 부의장은 질의응답 때 이미 어느 정도 대체토론을 하고 있었으므로 이제 본격적으로 대체토론에 들어가자고 했다. 먼저, 조국현 의원은 위에서 여러 번 지적되었던 법조문의 모호함과 불분명한 한계를 총망라하는 발언을 했다. 제1조와 관련해 십 수만 명의 회원을 가진 일진회가 한일합방을 서명 날인으로 청원했었는데, 그 전부를 지적하는가 아니면 그 주모자만을 지적하는가? 아울러 군신이 모두 합방조약에 조인했는데, 이 조항은 천추의 비분을 품은 고종 황제에게도 적용되는가? 제2조와 관련해, 작위를 받은 황족들이 일본 정부가 주는 공작 작위를 탐해서 받은 것으로 생각되지는 않는데, 이 조항은 이들에게도 적용되는가? 제3조와 관련해, 직접적인 가해자나 사형을 집행한 간수에게만 적용되는가 아니면 형을 구형하거나 언도한 검사와 판사에게도 적용되는가? 제4조 제1항과 관련해, 습작한 자 중에도 부형의 죄를 덮어썼을 뿐 악질이라 할 수도 없고 극히 가난한 자들이 있는 반면, 작위를 받지 않아도 고대광실 부귀를 누린 친일 반역자의 가독家督 상속자가 있는데, 이런 경우는 어떻게 되나? 5항 및 10항과 관련해, 수뇌간부 말고 단원은 어떻게 되나? 7항과 관련해, 기업 규모의 대소와 무관하게 악질적 심리는 차이가 없을 수 있는데 대규모에만 적용하는 것은 왜인가? 11항

과 관련해, 수많은 언론인, 저작가, 예술가, 방송인, 연극인, 교육자 등등
이 포함되는데 과연 애국자가 몇 사람이나 남을 것인가? 제5조와 관련해,
개전의 정상이 현저하다는 것의 기준은 무엇인가? 제7조와 관련해 특별
조사위원의 자격을 그렇게 정한 것은 국회의원 중에도 친일파가 다수 있
다는 뜻인가? 그는 총괄적으로 말해 분명한 한계를 정해서 처벌을 거물
에만 그치게 하는 것이 좋겠다고 주장했다.[1-43, 12~4쪽]

　반대로 이 법안을 좀 더 강화하자는 의견도 많았다. 이런 쪽의 의견은
공소시효를 연장하거나 개전의 정상이 있는 사람들에 대한 관용의 범위
를 제한하거나 신체형과 재산형의 처벌 기준을 강화하자는 주장으로 나
타났다. 경북 경산 박해정 의원은 민족반역자들이 반민법 초안을 보면 대
단히 기뻐할 것 같다며, 개전의 정상이 현저한 자라도 처벌의 경감은 허
용될지언정 면제는 절대 있을 수 없으며, 1년의 공소시효도 너무 짧다고
했다. 또한 반민법 공포일 이후에 행한 재산의 매매, 양도, 증여, 기타의
법률행위를 무효로 한다는 제30조도 반민족행위자를 옹호하는 규정이
라고 했다. 왜냐하면 반민족행위자들이 이미 그렇게 했거나 지금 이 순간
에도 그렇게 하고 있기 때문이라는 것이었다.[1-45, 9~10쪽]

　김병회 의원은 박해정 의원의 주장에 동조하면서도 '개전의 정상'과
관련해 독특한 주장을 했다. 지금 우리 민족이 좌익, 중간, 우익의 세 갈
래로 나누어져 있는데, 좌익은 좌익이야말로 애국운동, 독립운동, 건국운
동에 전력을 바쳤다 하고, 중간은 중간이 그렇다고 하고, 우익은 우익이
그렇다고 한다. 그렇다면 특별검찰관이나 특별재판관이 어느 파에 속하
느냐에 따라 개전의 정상이 현저한 자에 대한 판단이 달라지지 않겠느냐
는 것이었다. 또한 남조선에 있는 모든 대상자를 일일이 심사해 처리하
려면 많은 시간과 인력이 필요한데, 법에 규정되어 있는 특별조사위원,

특별검찰관, 특별재판관의 숫자가 얼마 되지 않으니 큰 문제라고 했다. 이외에도 그는 북한에서 월남한 반민족행위자는 어떻게 할 것이냐는 질의도 했다.[1-45, 11~3쪽]

서성달 의원의 주장은 양론의 중간지대에 있었다. 자신도 일본 놈이나 조선 놈한테 물고문 같은 괴로운 악형을 받아본 사람으로서 독립을 하면 너희들을 죽이겠다는 마음을 먹기도 했다. 고문할 때는 "사왜비왜似倭非倭라 심어왜甚於倭 이선타선以鮮打鮮하니 사자선死者鮮이라" 흡사 왜놈 같지만 왜놈 아닌 놈이 왜놈보다 심하고, 조선 놈으로 조선 놈을 치니 죽어나가는 것은 조선 놈이었다. 법이라는 것은 행위론이니 고문하던 놈들의 죄악은 해방 전에 이미 법률적으로 행위적으로 구성된 것이다. 해방이 되어 그들이 "가면을 쓰고 연지를 찍고 분을 바르고 검은 도깨비가 흰 도깨비로 변했다" 해도 그들에게 처벌을 면제해주는 것은 법률적으로 타당하지 않다. 하지만 그는 대법원에 특별재판부를 둔다는 조항은 삼권분립의 위반이기 때문에 반대한다고 했다. 또한 "칙임관 이상" 조항에 대해서는 장개석이 남북통일을 할 때 "불문기직不問其職하고 단문기행但問其行하라", 즉 그 직위를 묻지 말고 다만 그 행위를 물으라고 했다면서, 고등관인가 하급관인가를 보지 말고 행실이 나쁜지 좋은지를 봐야 한다고 했다.[1-45, 14~5쪽]

8월 21일 제46차 본회의에서 반민법 제1독회가 재개되었을 때 3명의 대체토론이 있은 후 제1독회 종결의 동의가 나와 가결되었다. 제2독회로 넘어갈 것인지를 결정하기 전에 서우석 의원이 나와, 반민법을 기초위원회로 다시 돌려보내 제1독회의 토의에 기초해 법문을 수정하게 하자는 동의를 했다. 반민법이 과거 미군정 과도입법의원에서 제정한 관련 법률에 기초한 것인데, 그 때는 헌법이 없어서 마음대로 법을 만들 수 있었지만 지금은 헌법이 있는 이상 헌법을 위반해서 법을 만들 수는 없다는 것이었다. 대체토론 중에 이미 여러 가지 위헌적 요소가 지적되었지만 기초위원장이나 전문위원이 제대로 된 답변을 하지 못했고, 자신이 보기에도 특조위는 몰라도 특별재판소의 설치는 분명한 헌법 위반이라 주장했다. 이런 이유로 수정이 불가피한데, 대체토론에서 나온 의견을 반영해 미리 수정하면 제2독회를 빨리 진행할 수 있는 이점도 있다고 했다.[1-46, 11쪽]

그런데 서우석 의원의 발언이 또 다른 대체토론의 시발점이 되어 버렸다. 여러 의원들이 나서 다시 반민법 기초안이 지닌 대표적인 문제점들, 즉 모호함과 광범위함을 지적했다. 서이환 의원은 "옛날 고등시험에 합격하고 또는 일본에서 최고 학부를 졸업해 가지고 혹은 사법관 혹은 행정관 시험에 합격되었기 때문에 민족반역자라고 규정지우면" 바로 자기 자신이 거기에 해당한다고 했다.[1-46, 14쪽] 사실 일제 강점기에는 조선에 고등교육기관이 많지 않아 여유가 있는 집안의 자제들은 고등학교 때부터 일본에 많이 유학을 갔고, 제헌의원 중에도 일본에서 대학을 다닌 사람들이 많았다. 또 적지 않은 사람들이 법학 전공자였고 헌법기초위원이었던 경북 울진 김광준 의원처럼 고등문관시험에 합격한 사람들도 있었다. 나중에 설치되는 반민특위에도 일본에서 대학을 나온 사람이 많았다. 김준연 의원은 특히 각 도와 군에 조사부를 두는 것은 큰 폐해를 일으킬 것이라며, 만약 그렇게 하면 반민족행위 처벌이 우리 민족정기를 살리기는커녕 "큰 협잡의 소굴이 될 것"이라고 주장했다.[1-46, 16쪽]

이렇게 해서 문제가 많은 기초안을 기초위원회에게 돌려보내 수정하게 할지, 법사위가 연석해서 수정할지 등을 놓고 다시 복잡한 토의가 진행되었다. 여러 가지 제안이 미결되거나 부결된 끝에 결국은 본회의에서 의원들 스스로 문제를 해결해야 한다는 조헌영 의원의 주장[1-46, 21쪽]으로 그냥 제2독회로 넘어가자는 결정이 내려졌다.

악질적인 군수의 죄보다 선량한 도지사의 죄가 더 크다

제2독회의 첫째 날인 8월 23일 제47회 본회의에서는 축조심의에 들어가지 못하고 각 조항에 대한 유사한 수정안들을 조정할 시간을 갖기 위해 다음날까지 휴회하자는 결의만 했다. 8월 25일 제48회 본회의에서의 반민법 제2독회는 전날 제출되고 조정된 예비 수정안들에 대한 보고로 시작되었다. 김웅진 기초위원장의 보고에 따르면 총 49건의 수정안이 제출되어 16건이 채택되었고 33건은 폐기되었다.[1-48, 3쪽]

이렇게 해서 제1조부터 축조심의에 들어가려는 순간, 신익희 의장이 의원 자격으로 반민법에 관한 자신의 생각을 길게 밝혔다.[1-48, 3~6쪽] 위에서 이미 언급했듯이, 신익희는 과거 청산과 관련해 온건한 입장을 가지고 있었다. 그는 대한민국임시정부가 1945년 11월 23일에 귀국해 건국을 준비할 때부터 일제 강점기에 고급관료로 일했던 사람들에 대해 유연한 입장을 가지고 있었다. 그들은 척결되어야 할 사람들이 아니라 건국에 도움을 줄 수 있는 사람들이었다. 이 날 본회의에서의 발언도 이러한 유연한 입장의 연장선상에 있는 것이었다. 그는 먼저 우리 스스로의 힘으로 적을 타도하고 해방을 했다면 적에게 아부하고 협력했던 반민족행위자를 지체 없이 모두 엄정하고 준열하게 처치할 수 있었을 것이지만, 불행히 그러지 못했기 때문에 반민족행위자 처벌 문제와 관련해 그동안 많은 우여곡절이 있었다고 했다. 그러나 새로 나라가 서고 새로운 살림살이를 시작하는 마당에 지난 죄악을 제대로 처단하고 숙청하는 작업은 반드시 완수되어야 한다. 민족정기를 바로잡고 장래 민족생활의 정의와 규율을 세우며 새 정신 새 기분으로 해나가기 위해 이 법안은 반드시 제정되어야 한다. 정부를 새로 수립해서 시급한 문제가 많으니 반민족행위자 처벌을 나중에 하자는 말들이 많지만, 이 일을 연기하면 할수록 국민의 마음을 불안하게 할 뿐이고 그러면 다른 일에도 악영향을 줄 것이다.

하지만 반민족행위자 처벌을 너무 가혹하고 광범위하게 해서는 안 된다. 일제 강점기라는 것은 한두 사람의 죄로 초래된 것이 아니라 우리 민족 전체에 닥친 슬픈 운명과도 같은 것이었다. 그렇게 공포 분위기 속에서 비참하고 치욕스러운 삶을 3~40년간 통분하는 마음으로 살았다. "사는 것을 탐내고 죽는 것을 무서워한다는 것은 보통 사람의 상정인데", 우리 삼천만 동포들이 적에게 마음까지 정복당하지는 않았지만, "그 흉악하고 포악한 강제 밑에서 살기 위해서 그대로 참으며 그대로 받으며 그대로 행하고 내려왔[던] 것"1-48, 4쪽이다. "적이 시키는 대로 적의 국기를 달고 적의 나라를 저의 나라라고 [말하고] 적의 주권자를 만세를 부르고" 적의 온갖 기관에 순종하고 친밀한 관계를 갖고자 하는 이 모든 일을 반민족행위라 한다면, 여기에서 예외가 되는 동포는 한 명도 없을 것이다.1-48, 4쪽 "심지어 소학교에 다녔던 어여쁘고 불상한 우리 어린이 동포까지 면하기 어렵다."1-48, 5쪽 이런 점에 대해 우리는 다 같이 원통하게 여기고 다 같이 뼈가 아프고 살이 저리게 여겨야 한다.

신익희는 중국에서 독립운동을 했기 때문에 이런 문제에서 완벽하게 자유로웠다. 그는 예컨대 국내에서 자주독립을 준비하기 위해 때로는 총독부와 타협을 해야 하는 곤혹스러운 상황에 처할 필요도 없었다. 반민족행위를 가장 넓은 뜻으로 해석해도 아무 거리낌이 없는 자신이 오히려 이렇게 생각한다면, 관용적인 접근이 더 올바른 태도가 아니겠는가? 그는 자신이 이 문제에 관한 한 말할 자격이 있느니 없느니 하는 논란에서 벗어나 있으므로 공정하고 합리적인 의견을 말할 '특권'이 있지 않겠느냐며 동료 의원들에게 자신의 말을 참고해줄 것을 부탁했다. 그는 또한 외국 친구가 대한민국의 국제 승인에서 국회가 열쇠를 쥔 기구라 말한다며, 국회가 하는 일에 조금의 결함이나 과오도 없어야 한다고 했다.

이 모든 이유로 신익희는 당연범의 종류와 범위를 축소시키고 선택범의 범위와 종류를 늘릴 것, 그리고 민족 전체가 도저히 용서할 수 없는, 아주 현저한 악질 행위를 저지른 자들만을 처단할 것, 그냥 관리를 했거나 경찰을 했거나 사회문화단체에서 활동한 자들에게는 관용을 베풀 것을 주장했다. 그의 입장은 이미 대체토론 과정에서 다수 의원들이 표명했던 입장과 비슷했지만, 어떤 상황 논리로도 부정할 수 없는, 반민법의 규범적 당위성을 분명히 한다는 점, 그리고 역사와 현실의 폭력 앞에서 무력한 인간 존재의 약함 같은 것에서 관용적 접근의 필요성을 호소한다는 점에서 다른 의원들의 주장보다 더 설득력이 있다. 국회의장이자 장래 대통령까지 바라볼 수 있는 거물 정치인이라는 점도 그의 발언에 무게감을 더 준다.

그러나 신익희 의상의 호소는 받아들여지지 않았다. 이승만이라는 저 가공할 인물도 견뎌내는 국회의원들인데 신익희의 발언 정도야 아무것도 아니었다. 실제로 반민법 초안과 최종안을 비교해 보면 최종안 제5조의 '기술관'에 관한 것을 제외하고는 법안이 조금이라도 더 강화되는 방향으로 진행되었다. 가장 많은 수정안이 제출된 조항은 역시 제4조였다. 이 수정안 중에는 "10년 이하의 징역"이나 "15년 이하의 공민권 정지", "재산의 전부 혹은 일부 몰수" 등의 처벌 외에 "공직으로부터의 추방"을 추가한 것도 있었고, "칙임관 이상"이던 것을 "고등관 이상"으로 강화하는 것도 있었다. 이런 수정안들이 모두 통과되면 아주 많은 관리들이 법 시행 즉시 쫓겨나고 행정조직과 경찰조직도 사실상 붕괴될 수 있었다. 실정법적으로 아무 범죄를 저지르지 않고 처벌을 받는 것이기 때문에 위헌이라는 비판이 가능하고, 현실적으로도 행정조직의 붕괴는 순조로운 건국을 불가능하게 할 것이었다. 따라서 당연범의 범주에 들더라도 악질적인 행위를 한 자에 한해서만 처벌해야 한다는 수정안도 나왔다.

제4조 중에서도 제1호 습작한 자, 제2호 중추원 부의장 고문 또는 참의 되었던 자, 제3호 칙임관 이상의 관리 되었던 자가 가장 큰 논란을 일으켰다. 악질에 한해서만 처벌해야 한다고 주장한 의원들은 대개 고위관료들 중 알게 모르게 독립운동을 후원한 사례 등을 들며 그들을 당연범으로 취급해 일괄적으로 처벌해서는 안 된다고 주장했다. 하지만 김웅진 기초위원장을 비롯한 반대편 의원들은 이들을 선택범으로 분류했다. 바꾸어 말해, 칙임관 이상의 관리가 되는 것 자체가 악질적인 행위이고 따라서 그들은 악질자라는 것이다. 어떤 사람이 예컨대 도지사가 되어 선정을 했다고 해서 그 사람이 '선질자善質者'가 될 수는 없다. 반민족행위자를 선질자라 부르는 것은 형용모순이다.

접점을 찾지 못하고 계속 평행선을 달린 이 두 가지 입장을 가장 잘 표현한 발언은 제2독회가 끝나고 제3독회로 넘어가기 전에 나온 경남 밀양慶 박해극 의원과 노일환 의원의 발언일 것이다. 박해극 의원은 일본 메이지 대학교 법학과를 졸업하고 조선총독부 재판소 판사를 지낸 사람이었다. 그는 반민법이 삼권분립의 원칙을 어기고 있다는 점, 실제법과 절차법을 결합해 놓고 있어서 나중에 운용하는 데 문제가 많으리라는 점을 지적하고 나서, 제4조가 위헌으로 판정될 것이라고 주장했다.[1-59, 6쪽]

제4조에 1, 2, 3항 (…중략…) 여기에 대해서는 악질이라고 하는 것은 빠지고 당연범이라고 (…중략…) 해서 그냥 통과는 되었습니다마는 (…중략…) 본 의원의 생각에는 원래 이 반민족행위처벌법이라는 것이 이 글자 자체를 보더

라도 반민족행위를 처벌하지, 행위 없이는 처벌 못하는 것입니다. (…중략…) 범죄라고 하는 것은 원래 주관적 요건과 객관적 요건이 병행하지 않으면 안 됩니다. 아무리 습작자요 아무리 중추원 부의장이요 칙임관 이상이라 하더라도 그 '악의'를, 주관적 요건의 결함을 돌보지 않는 것이 대단한 유감이라고 생각할뿐더러, 여기에 헌법 81조에 보면은 헌법과 법률에 위반될 때는 헌법위원회로 돌아가는 규칙이 있습니다. 이거로 볼 때에는 (…중략…) 이 4조에 대한 제1, 2, 3항의 그 범죄에 대해서는 헌법의 위헌이 된다고 본인은 생각합니다. 헌법에는 원래 말하면 악질적인 범의犯意를 가진, 즉 주관적 범의를 치중[한다는] 것을 여러분이 간주하시고 (…중략…) 위헌이 되면 말경에는 헌법위원회에 넘기는 이러한 문제가 되리라고 생각합니다.

이에 대해 노일환 의원은 이렇게 응답했다.[1-59, 7쪽]

제4조에 있어서 직업을 규정해 가지고 처벌한 것이 그 행동을 보지 않고 그 직업을 가지고 처벌하는 데 과오가 있다는 말씀을 하였습니다. 그러나 일제시대에 있어서 반민족행위 한다 하는 것은 이미 구체적으로 열거하려면 그 가짓수가 손으로 헤아릴 수가 없지 않아 많이 있습니다. 그러나 그 가짓수를 단적으로 표현할 방법은 무엇이냐 할 것 같으면 일제시대에 그 관직을 얻은 것을 단적으로 표현할 수가 있습니다. (…중략…) 중추원 참의라는 그 지금 어떠한 짓을 했느냐 할 것 같으면 (…중략…) 조선 사람 중에서, 우수한 분자 중에서, 조선 민족을 영도할 입장에 선 인사 중에서 가장 일제를 위하여 조선 민족을 황민화할 앞잡이로서 있었고 조선 독립운동에 선진적인 역할을 한 이러한 사람을 추려내 가지고 만들어 놓은 것이 중추원 참의라는 것은 다 잘 아실 것입니다. 그러므로 우리는 반민족 행동을 처벌하는 데 있어서 관직을 넣은 것은

가장 타당한 방법이라고 본 의원은 생각합니다. 일개의 악질적인 면장이 진 죄보다도 선량한 군수가 진 죄가 크고, 악질적인 군수가 진 죄보다도 선량한 도지사가 진 죄가 크다는 것을 알아야 할 것입니다. 물론 개인으로서 덕망이 있다는 것은 별문제입니다.

악질적인 면장의 죄보다 선량한 군수의 죄가 크고, 악질적인 군수의 죄보다 선량한 도지사의 죄가 더 크다는 주장이 아주 인상적이다. 이 주장이 설득력을 갖는 것은 어떤 불의한 체제에서 그 체제의 상부에 있는 자가 개인적 선악과 무관하게 그 불의에 구조적으로 더 큰 책임을 갖는다는 주장이 설득력을 갖는 것과 비슷하다. 하지만 노일환 의원의 발언은 그 불의한 체제에 참여하는 것 자체가 불의라는 것을 전제하고 있다. 이에 대해 만약 그렇다면 궁극적으로 일제 강점기에 그 불의한 체제에 참여하지 않은 사람은 어디 있냐는 질문을 할 수 있다. 어떤 주장에 따르면, 한 체제에서 적극적인 역할을 하는 것뿐만 아니라 그 체제 안에서 생활을 하는 것 자체가 체제에 대한 참여이고, 체제를 재생산하는 행위이다. 그렇다면 삼천만 민중 모두가 범죄자이며, 그들에 대한 처벌은 입법자의 자의에 내맡겨지게 된다. 형사적 처벌이 이런 식으로 이루어지는 것은 곤란할 것이다. 그래서 박해극의 주장도 일리가 있다.

신체형이나 재산형이 아니라 공직으로부터의 추방은 그래도 접점을 이룰 만한 여지가 있었을 것이다. 형사 처벌은 악질적인 행위를 저지른 자들만으로 국한하되, 예컨대 칙임관 이상은 최소한 일정 기간 공직으로부터 추방하거나 공민권을 제한하는 것은 적절한 타협점이 될 수 있었다. 그러나 이마저도 그리 쉽지 않았다. 제4조에 대한 수정안 중에는 제4조의 각 호에 해당하는 사람들을 일단 먼저 공직에서 추방한다는 조국현 의원의 수정안도 있었다. 이에 대해 노일환 의원은 전적으로 찬성한다면서, 맥아더 사령부가 일본에서 군국주의 잔재를 청산하기 위해서 3~40만 명에 이르는 공직자들에 대해 추방령을 내렸다는 예를 들었다.[2] 우리를 통치했던 일본도 민주화를 위해 이와 같은 과감한 조치를 취하고 있는데 우리도 마땅히 공직사회는 물론 경제계를 비롯한 사회 곳곳의 일제 잔재를 청산해야 한다는 것이었다.[1-50, 16쪽] 하지만 나중에 반민특위 재판관으로 활동하게 될 경기 고양을 최국현 의원은 현실을 떠난 법률은 있을 수 없다며, 일본은 국민 전체가 소학교는 졸업해서 광범위한 공직 추방이 있어도 충원이 가능하지만 조선의 현실에서는 이것이 불가능하다고 주장했다.[1-50, 16~7쪽] 경북 예천 박상영 의원 역시 추방된 사람들을 대체할 만한 예비군이 없다면 혼란기를 어떻게 메울 수 있겠느냐며 신중한 접근이 필요하다고 했다.[1-50, 16쪽] 신익희 의장도 우리는 일본의 경우와 사정이 다르다고 했다. 일본의 경우 미군이 진주했을 때 정부 기구가 그대로 서 있었기 때문에 공직자 추방령을 내린 것이지만, 우리의 경우 해방되자마자 일본인들과 당연범이라 할 수 있는 조선인 고위공직자들이 즉시 쑥 빠져나가 버렸다. 그러니 지금에 와서 다시 공직에서 먼저 추방시키고 말고 할 일이 없다는 것이었다.[1-50, 19쪽]

김준연 의원은 조국현 의원의 공직 추방 수정안에 반대하는 것은 물론, 제4조를 "제3조에 규정되지 않는 자로서 악질적인 반민족행위가 현저한 자는 5년 이하의 징역에 처하거나 공민권을 10년 이하 정지한다"로 대폭 수정할 것을 제안했다. 이는 반민족행위에 대한 처벌을 선택범 기준으로 행한다는 것을 분명히 하고 재산형을 없애는 등 처벌을 완화하는 수정안

---

2   1946년 1월 일본의 공직추방령은 처음에는 전쟁협력자를 공직에서 추방하는 조치였지만, 1947년부터는 지방정계, 언론계, 경제계로도 확대되어 20만 명을 상회하게 되었다.

이었다. 그는 반민법 제정이 "국민적 양심이나 국민적 분노의 발로로서 민족정기를 바로 찾는 데 당연한 일"이라 하면서도 "우리가 또한 정치가로서의 입장을 생각하지 않으면" 안 된다고 했다. 초안의 제4조처럼 반민족행위의 범위가 너무 넓으면 "남한에 있어서 물정이 바글바글 끓지 않을까 생각합니다. 또 이것으로 인해서 우리 사회는 지금껏 혼란에 빠지지 않았는가 이것을 염려합니다." 이렇게 혼란이 생기면 "5·10 총선거를 반대하고 우리 국회를 무시하려는 그 세력이 웃지 않을까 생각합니다." 그는 심지어 법안 전체를 7조목으로 할 것을 주장했다. 제5조는 "본 법에 규정된 범죄에 대한 공소시효는 1년으로써 완성한다", 제6조는 "본 법에 규정된 범죄에 대한 재판은 대법원의 권한에 속한다", 제7조는 "본 법은 공포일로부터 실시한다"로 하자는 것이었다.[1-51, 3쪽] 그는 필리핀에서 부일협력자에 대해 대사면을 했고 장개석이 만주국을 위한 반민족행위에 대해 관대하게 처분한 것을 예로 들며, 우리도 남한의 특수한 사정을 고려해 처벌 범위를 축소하고 관대하게 해야 한다고 했다. 우리는 먼저 "우리가 누구와 싸우지 않으면 안 될 것인가를 생각해야" 하며, "반대하는 진영에 기회를 줄 염려가 있는 것"을 고려해서 이러한 제안을 하는 것이라 했다.[1-51, 4쪽]

김준연 의원의 다소 극단적인 제안은 조국현 의원의 수정안 철회를 유도하기도 했지만, 장홍염 의원의 강력한 반발을 낳기도 했다. "물론 저도 황국신민서사도 읽었고 '덴노헤이까'[천황폐하]도 찾았습니다. 일본말도 했습니다. 일본에 세금도 물었습니다. 그렇다고 해서 죄가 아닌가, 죄가 아니라고 하면 죄가 아니고 죄라고 하면 죄입니다. 죄라고 해서 죄로 처단을 받게 되면 받아야지요. 제가 황국신민의 서사를 읽고 일본말을 했다고 해서 자기 죄를 은폐하려고 하지 않을 것입니다. 만일 죄가 있다면 죄를 받습니다. 이것을 전제조건으로서 말합니다." 그런 후 흥분한 어조로 김준연 의원의 주장에 맞서며, 죄를 조목조목 규정하지 않고 "악질적인 반민족행위가 현저한 자"로 얼버무리면 친일파로 처벌할 사람이 한 명도 없을 것이며, 앞의 제1, 2, 3조는 또 왜 필요하냐고 따졌다. 또한 민족반역 자로 사형을 받아야 할 놈이 미국으로 도망가서 호화로운 생활을 하다가 1년 후에 돌아와서 다시 호령한다면 어떻게 친일파를 처단하겠느냐고 목 소리를 높였다.[1-51, 5쪽]

많은 논란 끝에 김준연 의원의 수정안은 표결에 들어갔고, 결과는 재석 161, 가 54, 부 75로 미결이었다. 그의 수정안은 제4조의 12개 항목을 다 없애고 '악질적인 반민족행위'로 단순화할 뿐만 아니라 법안 전체를 7조 목으로 하자는 다소 극단적인 제안이어서, 의원들의 거부감이 컸던 것으로 보인다. 그 후 원안에 대한 표결이 이루어져 "좌의 1에 해당하는 자는 10년 이하의 징역에 처하거나 15년 이하의 공민권을 정지하고 그 재산의 전부 혹은 일부를 몰수할 수 있다"는 조항이 재석 161, 가 105, 부 10으로 가결되었다. 제4조의 제1항이 이렇게 큰 차이로 가결되면서 제4조 전체 가 사실상 통과된 것이나 다름없었다. 군수산업과 관련해 처벌 대상을 더 뚜렷하게 만드는 것 외에는 그대로 통과되었다.

특조위와 특별재판부, 그리고 부칙과 관련된 조항들은 큰 논란 없이 거 의 원안대로 통과되었다. 특별재판부와 관련해서는 삼권분립 위반이라 는 지적이 나왔지만, 이와 같은 위헌 주장은 이미 제1독회 때부터 나온 것이어서 새롭게 논란을 벌일 것이 없었다. 제4조가 엄청난 논란 끝에 큰 수정 없이 통과되는 순간 원안보다 더 온건한 법안을 만들려는 일체의 시도는 이미 가망 없는 것이 되었다. 반민법은 9월 7일 제59차 본회의에 서 최종적으로 통과되었다.

이승만 대통령의 반응

반민법 제2독회가 막바지에 이르고 있던 9월 3일 이승만 대통령은 공보처를 통해 정권 이양 및 친일분자 처벌 등에 관한 담화를 발표했다. 앞에서 보았듯이 행정권 이양이 생각보다 지연되고 있어서 언론과 국회에서 의혹의 목소리가 나왔기 때문에 이 시점에 정권 이양에 관한 담화가 나와야 할 이유는 충분했다. 하지만 9월 3일이라는 시점에 반민법을 언급한 것은 조금 이해가 가지 않는다. 그럴 만한 특별한 계기가 없었기 때문이다. 아마 이즈음 이승만 대통령이 9월 21일에 열리는 파리 유엔총회에 파견할 대한민국 정부 대표로 장면 의원^{정사}, 장기영 의원^{부사}, 전규홍 국회사무총장^{법률고문}을 선정하고 9월 2일 자로 국회에 승인을 요청했는데, 담화는 이와 관련된 것이었을 수도 있다. 즉, 이제 대한민국의 국제 승인이라는 절체절명의 시간이 임박했으니 그에 가장 유리한 국내 환경을 조성하는 데 국회가 협력해 달라는 뜻이었으리라. 아무튼 조금 각색해서 소개하기로 한다.『동아일보』, 1948.9.4

내가 3년 전 귀국할 때부터 주장했던 것처럼 친일분자 처벌 문제는 정부를 세워서 국권을 찾은 후에 특별법원을 조직하고 특별 법안을 만들어서 공적 결정을 통해 처결해야만 최종적 결론이 날 것이요, 그 전에는 인심만 선동되리라는 것이었다. 지금은 이런 문제로 민심을 흩뜨릴 때가 아니며, 나라와 국민을 위하는 애국 남녀는 심사원려를 해서 먼저 정권을 회복하고 정부의 위신이 내외에 확립되도록 힘써야 할 것이다. 원래 법률을 먼저 정하고 그 법률에 위반한 자를 정죄하는 것이 통례이지 전에 지은 죄를 벌주기 위해서 법을 나중에 정하는 것은 통례가 아니다. 그래서 국민 대다수의 협의 아래 비상조치를 통해 특별법원 판결에 복종할 수 있는 형식을 만든 후에 처단을 해야 할 것이다. 그렇지 않으면 문제가 계속 발생되어 끝날 날이 없을 것이다. 따라서 무익한 언론으로 서로 인신공격을 일삼지 말고 민중이 모두 복종할 만한 지혜로운 방식을 찾아야 할 것이다. 잘못하면 법을 만들어도 결국은 시행되지 못하고 남의 조소만 듣게 될 것이니, 지혜로운 우리 남녀 동포들은 무익한 쟁론을 피하고 조용히 방식을 연구해서 남의 나라 사람들이 이런 경우에 행한 것을 모범하는 것이 좋을 것이라 생각한다.

이승만 대통령은 반민법이 위헌일 뿐만 아니라 시기상조라는 지론에 따라 한때 반민법에 대해 거부권을 행사할 것을 고려했고, 실제로 반민법 공포 시한을 이틀 앞둔 9월 20일 국무회의에서 국회에 재심을 요청하기로 결의했다. 9월 21일에는 이인 법무장관으로 하여금 신익희 국회의장을 방문하게 해서 재심을 요청할 경우 국회의 입장을 타진하게 했다. 하지만 이 자리에서 신익희가 재심 요청을 해도 2/3 이상의 찬성표를 얻어 통과할 게 확실하다며 즉시 공포할 것을 강력하게 주장했다.『동아일보』, 1948.9.23 결국 대통령은 9월 22일 반민법에 서명 공포했지만, 다시 한번 "반민자 처단은 민의, 법 운영은 보복보다 개과천선토록 하라"는 제목의 담화를 발표했다.

이 담화에서 대통령은 반민족행위자를 처벌하는 것은 민의이며, 민의에 따라 반민법에 서명하지만 몇 가지 소감을 피력하겠다고 했다. 우선 "벌을 받은 자가 손자孫子에 가서 벌이 미치며 그 재산을 몰수한다는 규정이 있는바 이것은 소상한 해석이 없으면 중고시대中古時代의 일과 혼동될 염려가 있으므로 현대 민주주의 법치국가로서 이런 법을 적용한다는 오해를 피해야 될 필요가 있을 것"이라 했다. 그리고 "개전의 정이 있는 자에 대한 형의 경감 혹은 면제를 규정한 제6조와 관련해 "대개 법으로써 죄를 범함은 범죄자에게 보복을 가하는 것보다는 범죄자를 선도하여 개과천선의 기회를 주려는 데 목적이 있는 까닭이다. 법률은 공평하고 엄정하기를 주장으로 삼는 것이나 의혹이 있는 경우에는 후한 편으로 치우치는 것이 가혹한 편으로 치우치는 것보다는 항상 가할 것"이라고 했다. 반민족행위자의 처벌을 정부의 완전한 수립 후에 하자는 말도 잊지 않았다. 결론적으로 "지금 대한민국 정부가 비록 성립되었으나 정권 이양이 아직 진행 중에 있는 터이므로 또 UN총회의 결과도 아직 완정完定되지 못한 터이므로 모든 사태가 정돈되지 못한 이때에 이 문제를 처리함에 있어서는 내외정세를 참고하여야 할 점이 허다한 것이니 지혜로운 모든 지도자들은 재삼 생각할 필요가 있음을 이에 선명闡明하는 바이다."[3]

반민족행위자 처벌에 대한 이승만의 입장과 반민법을 주도한 의원들(특히 '소장파')의 입장 사이에는 깊은 간극이 있었다. 이승만과 신익희 사이에도, 그리고 신익희와 소장파 사이에도 일정한 혹은 상당한 간극이 있었다. 이러한 차이는 어쩌면 법안 제정 과정에서는 그리 크게 느껴지지 않았을 수도 있었다. 하지만 실제로 반민특위가 구성되어 활동에 들어갔을 때, 실천적 차이는 이론적 차이를 완전히 압도했다. 영화 〈매트릭스〉의 대사처럼, 길을 아는 것과 길을 걸어가는 것 사이에는 차이가 있다. 돌이켜 보면, 반민법의 도덕적 당위성과 당시의 현실적 여건을 동시에 고려한 가장 합리적인 입장은 신익희의 입장이었던 것으로 여겨진다. 적지 않은 의원들이 반민족행위자 처벌을 하되 악질적인 행위가 가장 현저한 자에게로 국한시키자는 입장을 가졌지만, 이 입장을 정당화하는 가장 설득력 있는 논변을 보여준 것은 신익희였다. 하지만 길을 아는 것과 길을 걸

---

3   『대통령이승만박사담화집』, http://www.pa.go.kr/research/contents/speech/index.jsp (2020.11.15).

어가는 것 사이의 차이가 너무 컸는지 신익희의 입장은 중개자가 되지 못했다. 상황은 극단의 입장이 아니면 허용하지 않았던 것 같고, 반민법은 파국만을 기다리고 있었다.

제10장

최초의 대통령 시정연설

　대한민국 최초의 대통령 시정 방침 연설은 9월 30일 제78차 본회의에서 이루어졌다. 제8장에서 잠시 언급했듯이, 국회에서 대통령의 시정연설 문제가 처음 제기된 것은 이범석이 국무총리 인준을 받고 8월 3일 취임 인사 차 국회에 나온 자리에서였다. 시정 방침 연설 문제가 다시 거론된 것은 8월 16일 제41차 본회의에서였다. 서용길 의원이 대통령이 조각에 착수한 지 한 달이 다 되어 가고 대한민국의 수립을 만방에 선포했으니 시정 방침을 밝힐 때가 되었다고 주장했다.[1-41, 10쪽] 하지만 이때는 사면법과 반민법이 막 논의되기 시작한 시점이어서 그의 발언은 별다른 호응을 얻지 못했다. 그 후 반민법에 이어 양곡매입법안이 처리되는 가운데 국회 안팎에서 행정권 이양이나 반공국민대회와 같은 다양한 쟁점이 발생하면서 대통령의 시정 방침 연설에 대한 의원들의 요구가 거세졌다. 정부에서도 준비에 들어가 국회와 연설 일정을 조율하기 시작했고, 마침내 제78차 본회의에서 시정연설이 이루어졌다.

현학적인 너무나 현학적인 연설문

이범석 총리가 대독한 "대통령 시정 방침"은 "1. 서론", "2. 민족국가로서의 민국의 특성", "3. 기본 국책", "4. 정부의 당면 정책", "5. 결언"으로 이루어져 있고, "정부의 당면 정책"에서는 "(1) 국권의 완전 회복과 국제 승인", "(2) 민생 개선과 국내 당면 중요 정책", "(3) 행정의 쇄신과 사회 기풍의 숙정"이 다루어졌다. 보통 이승만 대통령의 연설문은 먼저 본인의 구술을 통해 작성되었으며 따라서 쉬운 단어와 구어체가 특징이었다. 문장을 볼 때 대통령 취임사조차 구술을 통해 작성된 것이 분명하다. 하지만 "시정 방침"은 이승만의 여느 연설과 달리 어렵고 화려한 단어와 한자 성구가 많고 문장도 무거워 다른 사람이 기초한 부분이 많은 것 같다. 아마 안호상 문교장관이 상당 부분을 기초하지 않았을까 생각된다. 이승만 대통령은 1949년부터 민족주의를 표방하면서 자본주의와 공산주의를 동시에 배격하는 일민주의를 본격적으로 제창하게 되는데, 이 일민주의에 이론을 부여하고 철학의 색채를 더한 사람이 안호상이었다. "시정 방침"에 이 일민주의의 요소가 이미 많이 나타나는 것이다.

"1. 서론"은 우리 대한민국이 "단군 시조의 전통적인 역사와 단일민족으로서 찬란한 문화를 계승하여 온" 나라로서, "이제 바야흐로 국권을 회복하고 신생 자주독립 민족적 민주주의 국가로 탄생"했다고 선언했다.[1] 78, 3쪽 "단군 시조의 전통적인 역사와 단일민족으로서 찬란한 문화"라는 구절은 물론 상투적인 관용구로 들릴 수 있지만, 신생 대한민국을 "민족적 민주주의 국가"로 규정하는 데 이르면 상투적 관용구 이상임을 알 수 있다. 이는 곧 이어지는 구절을 보면 더 분명해진다. "대저大抵 조국 향로向路의 대강은 국조國祖 선시宣示의 숭고한 건국정신과 위대한 기미독립정신에 의감依鑑하여 소명한 터이며, 국가 정강의 기준은 이미 공포된 국헌에 명시되었나니 나는 마땅히 전통에 의빙依憑하고 국헌을 준수하여 일야경경日夜竟竟 오로지 조국 융창隆昌에 노구를 편달할 뿐입니다."1-78, 3쪽 나라의 향후 진로에 대한 대강은 단군이 널리 펴신 건국정신홍익인간과 기미독립정신에 비추어 이미 밝힌 바 있고 국가 정강의 대략도 헌법에 명시되어 있으니, 이러한 전통과 국헌에 기초해 나라의 융성과 번영에 늙은 몸을 바치겠다는 것이다.

이어서 "2. 민족국가로서의 민국의 특성"에서는 우리 민족을 "전 세계를 통하여 동일한 혈통과 강토를 계승 보유하여 왔으며 공동한 문화와 운명을 창조 담하擔荷하여 온 우수한 단일민족"으로 규정하고, 온갖 휘황찬란한 형용사와 명사를 헌정하고 있다. 우리 조상들은 "철혈의 영용심英勇心과 견결堅結한 민족의식으로" 무수한 외부의 위협을 극복했고, "위대한 덕성과 창조적 자질"에 기초한 "찬란한 예술과 발명으로 인류문화에 기여하여" 왔다. "우리 민족의 불굴의 영용성과 영민한 창발성은 지금도 우리의 혈관 속에 틀림없이 약동하고" 있다. "이 탁월한 덕성과 우수한 자질"은 일제 강점기에도 연면히 계승되다가 기미독립선언 때처럼 민족의식이 고양되는 시기에는 그 본질을 드러내어 "정의와 인도와 평화를 사랑하는 세계 인류로 하여금 우리 민족은 불가멸不可滅의 존재이며 대한 국가 재생이 필연적임을 인식시켜 왔던 터"였다. "귀중한 자기의 생명과 육친을 돌보지 않고 오로지 숭고한 민족의 생명에 공헌한 순국 선인 열사들의 영웅적 투쟁"이 연합국으로 하여금 우리 민족의 자주독립을 약속하게 했고 연합국의 승리로 우리는 마침내 "잃었던 민족과 국토와 문화를 찾고 이제 서기瑞氣 영롱하고 생기 충일充溢한 광복의 날을 맞이하게 된 것"이다.1-78, 4쪽

"3. 기본 국책"에서는 일민주의의 핵심 강령이 될 내용이 약간 덜 다듬어진 형태로 나온다. "대한민국은 완전한 주권국가인 동시에 우리 민족의 역사적 자주성과 현실적 환경에 비추어 반드시 단일민족 국가인 것이며, 결코 어떠한 개인적 또는 집단적 특권도 용허되지 않을 것입니다. 주권은 오로지 삼천만 민족에게 있고 모든 정치적 경제적 사회적 문화적 권리와 책임이 기본적으로 만민에 균등한 국가인 것"이다. 이러한 국가이념에 부합하지 않는 모든 악폐와 사회제도는 근본적 개혁에 처할 것이다. 그리하여 모든 제도가 만민 균등의 방향으로 나아간다면 "[모든] 동포가 평등한 인격과 생활과 교양을 가지게 될 것임으로 동포 간에는 원칙적으로 우수優秀의 차별이라든가 계급의 마찰이라든가 여러 가지 형태로 나타나는 동족 간의 대립 같은 것이 자연 소멸되고 삼천만 전 민족으로 하여금 자유로운 발달의 길을 걷게 하며 진정한 애국사상을 제고시켜서 우리 민족의 기반을 견고하게 할 것"이다.[1-78, 4쪽] 이 부분은 나중에 체계화될 일민주의의 4대 강령을 예비하고 있다. 4대 강령이란 빈부 차별, 계급 차별, 지역 차별, 남녀 차별의 혁파를 내용으로 한다. 모두가 부유하고 모두가 상등 계급이 되며 동서남북 모두가 한 민족이 되고 남녀가 동등해진다는 것이다. 이러한 기본 국책을 바탕으로, 민족을 억누르고 있는 일체의 폐단과 병폐를 쇄신해 "사상의 통일, 정신의 일치를 도모"함으로써 "국가 민족의 자주자립과 세계 민주주의 우방과의 공존공영의 기반을 닦아서 우리 민족의 전 역량과 역사적 자질을 집중 매진하는 데 정부는 부단의 노력을 주입할 것"이다.[1-78, 4~5쪽]

"4. 정부의 당면 정책"에서는 현실적인 문제를 다루는 만큼 현학적인 수사가 현저히 줄어든다. 우선 총론적으로 행정권의 완전한 인수, 대한민국의 국제적 승인, 민생문제의 해결, 그리고 국군의 창설, 국방 시설의 건설, 병역제도의 실시 등을 논의하고 있다. 최소한도의 우수한 정예 국군의 창설은 국제연합과의 긴밀한 합작과 더불어 동족상쟁의 참화를 방지하고 남북통일을 조기에 실현하는 데 이바지할 것이다.[1-78, 5쪽] 이승만은 5·10총선에서 당선된 후 『동아일보』와의 인터뷰에서 헌법 제정과 정부 수립 후 가장 먼저 해야 할 일로 토지개혁과 국방군 조직을 꼽은 바 있다.[『동아일보』, 1948.5.16] 미군정하에서 창설된 국방경비대에는 남로당원과 남파 간첩들이 대거 암약하고 있었기 때문에, 숙군과 한국군 창설은 가장 시급한 과제로 인식되고 있었다. 하지만 1948년 10월 중순의 여순사건과 수많은 반란, 38선 부근에서의 군사적 충돌, 그리고 1950년 6월의 한국전쟁을 생각한다면, 이때도 건군은 이미 한참 늦어 있는 상태였다.

세부로 들어가서 우선 "1. 국권의 완전 회복과 국제 승인"에서는 신생 대한민국에 대한 국제적 승인 상황이 나오고 "국제연합 가입 문제도 다소의 파란곡절은 예측되나 필경 실현되고야 말 것"이라는 믿음이 표출되고 있다. 특히 주목을 끄는 것이 대일 외교에 대한 구상이다. 먼저 "일본의 제국주의적 침략주의의 완전 포기와 향후의 민주주의적 재건에 관하여" "엄정한 감시를 게을리 하지 아니 할 것"이라는 것이었다. 또한 정부는 과거 일본의 제국주의 정책으로 인한 모든 해악을 회복하고 또한 장래 인접 국가로서 정상적인 외교 관계를 수립 유지하기 위하여 "연합국의 일원으로서 대일 강화회의에 참여"할 수 있도록 연합국에 요청할 것이다. 이와 동시에 대한민국이 "대일 배상에 대한 정당한 권리를 보유할 것"이며 "이후의 발전에 관하여 국제적 의무를 부하할 것을 주장할 것"이라고 했다.[1-78, 5쪽]

"2. 민생 개선과 국내 당면 중요 정책"에서는 우선 경제 기본 정책에 있어 "헌법에 규정된 범위 내에서 종합적 경제체제를 확립하여 이에 계획성을 보유케 하되 가능한 한 개인의 창의와 경제의 자유를 보장하여 이에 적절한 보호·조성·장려정책을 꾀할 것"이라 했다. 산업 재건 정책에서는 치밀한 연차계획을 통해 식량의 증산, 생필품의 자급자족, 동력원의 확보 및 지하·수산자원의 적극적 개발, 이에 부수하는 중요 공업의 적극적 조성, 교통·운송·통신 기관의 급속한 복구와 민활한 운용, 산림 황폐의 부흥 등을 급속히 도모할 것이다. 재정금융정책에서는 물가와 무역의 통제·관리정책을 수립해 물가의 전면적 합리적 안정을 꾀하고 인플레이션을 막겠다고 약속했다.[1-78, 6쪽]

농민과 노동자의 생활 향상과 관련해서는 우선 토지개혁법을 제정 시행할 것이라고 했다. "토지개혁의 기본목표는 전제적 자본제적 토지제도의 모순을 제거하여 농가경제의 자주성을 부여함으로써 토지 생산력의 증강과 농촌문화의 발전 기여에 지향될 것인 고로, 먼저 소작제도를 철폐하여 경자유기전耕者有其田의 원칙을 확립할 것이나 농민 대중의 원하는 바에 의하여 정부는 균등한 농지를 적당한 가격 또는 현물 보상의 방식으로써 농민에게 분배할 것"이다. 그리고 미곡 수집과 관련해서는 양곡매입법안의 제정이 지연되고 있는 가운데 시간이 급박하기 때문에 "임시 비상조치"를 실행할 것이라 했다.[1-78, 6쪽] 당시 국회는 조봉암 농림장관이 제출한 정부안(미곡 전량에 대한 사실상의 강제 수매)을 거부하고 별도의 안(소량의 미곡에 한해 자유 판매 허용)을 통과시켰고, 이승만 대통령은 거부권을 행사하고 있던 상황이었다. 임시 비상조치란 당초의 정부안을 통과시켜주지 않으면 국회안을 무시하고 전량 강제 수매를 내용으로 하는 미군정법령 212호를 발효하겠다는 것으로, 국회에 정부안 통과를 압박하기 위한 카드였다. 그 외에도 적산의 귀속 문제와 일본으로부터의 한국인 재산의 상환 문제, 북한의 단전 조치로 인한 전력 문제, 재외 한국 교민, 특히 재일동포와 재만주 동포의 구호·귀환·처우개선 문제, 그리고 현재 삼남지방을 강타한 막대한 수해와 관련한 구호·복구 문제 등이 논의되고 있다.[1-78, 7쪽]

"3. 행정의 쇄신과 사회 기풍의 숙정"에서는 "국가 백정百政의 성패의 관건"은 행정에 있다면서, 규정의 준수, 인사의 쇄신, 사무의 간소화와 책임제를 독려해 공복으로서의 자질의 향상을 도모하고 "이도吏道의 광정에 노력"하겠다고 했다. 아울러 "침체성과 방종 자의를 규찰함으로써" 명령계통을 확립하고 이에 따라 지방행정조직도 완비시켜 "강력한 중앙집권제적 행정체계의 순치에 전력할 것"이라 다짐했다. 국가 초창기에 정부 지출의 팽창이 예상되지만 긴축재정 방침을 견지해 국가 재정의 균형을 유지하도록 노력하는 한편, 세제를 간소 합리화해 건전 재정 확립에 노력할 것이다.[1-78, 7쪽]

사회 기풍의 숙정과 관련해서는 우선 현재의 혼돈한 사상을 시급히 통일하고 건국이념을 천명하겠다고 했다. 특히 국민교육의 보급을 철저히 하되 직업기술교육을 중시해 "개로皆勞 상로尙勞의 미풍"을 조성할 것이다. 과학의 급속한 건설과 외국 문화의 적절한 섭취를 통해 인재를 양성할 것이다. 국민 보건의 향상, 국민 체력의 배양, 특히 부녀의 사회적 지위의 향상에 주력할 것이다. 또한 "개인의 존엄을 보장하고 민권의 유린을 제지하며 개인의 언론 자유를 확보"할 것이지만, "개인 독선주의적 배타 내지 파괴 행동으로 사회질서를 문란하게 하는 것"은 엄격히 경계할 것이다. 마지막으로, 정부는 국민 조직의 강화에 부단한 노력과 관심을 가질 것이며, 특히 과거의 친일적 요소의 청산과 종파적 매국적 행동의 단속에 힘을 기울일 것이니 이에 대해서는 국민들도 연대 책임으로 감시해줄 것을 요청했다.[1-78, 7~8쪽]

시정연설의 마지막은 다시 한번 비할 데 없는 현학적 문장으로 장식되었다. "대체 국가 기본 정강은 앞서 말한 바와 같이 이미 공포된 헌법에 그 정신과 추향趨向이 소명昭明하나니 마땅히 국민주권의 제헌정신을 준수하고 중앙 지방의 유사有司 동료의 지교협심指敎協心을 얻어 만씨영생공락萬氏永生共樂의 민족 국가 건설에 전심할 뿐입니다. (···중략···) 원컨대 의원 제위와 삼천만 동포는 정부의 사명과 의도를 양해하여서 정부와 합심협력 분공합작分工合作하여 광고曠古의 조국재건 성업 완수에 분투 매진하여 주심을 거듭 요청하는 바입니다."1-78, 8쪽

이승만은 강경 반공주의 사회민주주의자?

이승만이 강경 반공주의자였다는 것은 모두가 동의하는 사실이다. 그는 "공산주의는 콜레라이며, 당신은 콜레라와 타협할 수 없다"고 했다. 하지만 이런 철두철미한 반공주의자에게서 자본주의의 극복과 평등주의의 옹호 같은 이야기를 듣는 것은 놀라운 일이다. 그러나 이승만이 이론과 사상으로서의 공산주의에 대해서는 전면적으로 부정하지 않았음은 이승만 연구자들 사이에서는 잘 알려진 사실이다. 예컨대 그는 하와이에서 독립운동을 하면서 자신이 발간한 『태평양잡지The Korean Pacific Magazine』 1923년 3월호제31호에서 "공산당의 당부당當不當"이라는 글을 써서 공산주의의 합당한 점과 합당하지 않은 점을 논했다.

공산주의의 가장 합당한 점이라면 그 평등주의이다. 인류가 예로부터 수천 년 동안 반상의 구별 아래 살아오다 프랑스혁명과 미국혁명을 거쳐 반상의 구별이 혁파되고 노예제도가 폐지되었다. 하지만 근대에 와서 반상의 구별 대신 빈부의 구별이 생겨서 다시 재산 가진 자는 양반이 되고

재물 없는 자는 상놈이 되었다. 반상의 명칭은 없어졌으나 반상의 차별은 여전한 것이다. 법률적으로는 노예가 없어졌다고 하지만 월급을 주고 노예 같은 부림을 당하는 사람이 있기는 마찬가지이다. 부자는 가난한 자의 노동으로 먹고살며 온갖 호강을 누리지만, 노동자는 늙어 죽도록 남의 종질을 하고 그 자손도 똑같이 살 뿐이니 노예생활과 다름없다. 공산주의는 이러한 것을 다 균평하게 하자는 것이니 평등을 이루자는 그 주의주장 자체는 옳다.

공산주의의 부당한 점은 크게 다섯 가지가 있다. 첫째, 재산을 나누어 가지자 함이다. 하지만 모든 것을 평균해서 나누면 결국 나라는 일하지 않고 그냥 얻어먹으려는 사람들로 가득할 것이다. 둘째, 자본가를 없애자 함이다. 이렇게 하면 부자가 양반 노릇하는 폐단은 없어지겠지만, 기업인들의 경쟁이 없어져 상공업이 발달하지 못하고 물질적 개명은 중지될 것이다. 자본을 폐기하기는 어려우니 법률을 통해 자본과 노동이 동등한 힘을 가지도록 하는 것이 나을 것이다. 셋째, 지식계급을 없애자 함이다. 모든 인민의 지식을 높여서, 지금 학식으로 양반 노릇하는 사람들과 비등하게 하는 것이 옳지 지식계급을 없애자는 것은 옳지 않다. 넷째, 종교단체를 혁파하자 함이다. 구교를 숭배하던 나라에서 인민에 대한 압제와 학대 같은 폐해가 많았던 것은 사실이지만, 신교에서는 이런 폐단이 없다. 또한 평등 자유의 사상이 원래 종교가 갈라지고 확장되는 과정에서 나온 것이니, 종교단체를 없애면 인류의 덕의가 크게 손상될 것이다. 다섯째, 정부도 군사도 국가사상도 다 없앤다 함이다. 하지만 지금 러시아만 보아도 정부와 인도자와 군사가 없이는 나라가 유지될 수 없다는 것을 공산주의자들 자신도 알 것이다.

이승만은 설령 세상이 모두 공산당이 되고 국가를 없애고 세계적 백성을 이루며 총과 창을 녹여서 호미와 보습을 만들지라도, 우리 한민족이 먼저 할 것은 국가를 회복해 세계에 당당한 자유국을 만들고 적국의 군함이 부산 항구에 그림자도 보이지 않게 하는 것이라 주장했다. 그런 후에야 국가를 없애볼까 생각해볼 수 있다는 것이다. 따라서 광복이 우리의 가장 급한 사업이니, 공산주의가 이 일을 도울 수 있으면 모두 공산당이 되기를 지체하지 않겠지만, 이 일에 방해가 된다면 결코 찬성할 수 없다고 했다.

이승만은 귀국 후 1945년 12월 17일에 라디오를 통해 다시 한번 "공산당에 대한 나의 입장"을 밝혔다. "한국은 지금 우리 형편으로 공산당을 원치 않는 것을 우리는 세계 각국에 대하여 선언합니다. 기왕에도 재삼 말한 바와 같이 우리가 공산주의를 배척하는 것이 아니요, 공산당 극열파들의 파괴주의를 원치 않는 것입니다." 그는 폴란드와 중국의 예를 들며 공산당의 파괴 분열 활동을 강경한 어조로 탄핵하면서, 나라를 찾으려는 건설자는 파괴자와 결코 합동할 수 없다고 했다. "건설자가 변경되든지 파괴자가 회심하든지 해서 같은 목적을 갖기 전에는 완전한 합동은 못됩니다. 우리가 이 사람들을 회유시켜서 이 위급한 시기에 합동공작을 형성시키자는 주의로 많은 시일을 허비하고 많은 노력을 써서 시험하여 보았으나" 끝내 각성이 되지 않고 있지만, "지금이라도 그 중 극열분자도 각성만 생긴다면 구태여 거절하지 않을 것입니다. 다만 파괴운동을 정지하는 자로만 협동이 될 것입니다". 그리고 이 문제를 지금 우리 손으로 해결하지 못하면 결국 "우리나라도 다른 해방국들과 같이 나라가 두 절분으로 나누어져서 동족상쟁의 화를 면치 못하고 따라서 결국은 다시 남의 노예노릇을 면치 어려울 것"이라고 했다.『대동신문』, 1945.12.24

위의 두 글을 보면 왜 시정연설이 강한 평등주의적 요소를 담고 있고 자본주의와 공산주의를 동시에 배격하는 일민주의를 내세우는지 조금 이해할 수 있다. 사실 이 시기에 자본주의라는 말은 대개 부정적인 의미로 사용되었다. 요즘도 일상적 대화에서 이 말이 좋은 의미로 사용되는 경우는 많지 않다. 물질주의나 배금주의를 뜻하는 것으로 사용되기 때문이다. 헌법 제정에 관한 논의에서 이야기되었듯이, 이 시기에 자본주의 시장경제는 심층적인 구조적 결함을 가지고 있는 것으로 인식되었다. 한마디로 계획경제가 대세였던 시대였다. 회의록에서 순수 자본주의 시장경제를 예찬하는 발언은 전혀 찾을 수 없다. 이승만이 이러한 시대적 대세에서 예외일 수 없었다. 따라서 그의 발언에서 사회주의적 요소를 찾는 것은 전혀 어렵지 않다.

테이비드 필즈David Fields라는 미국의 이승만 연구자는 「이승만—사회주의자」라는 논문에서 이승만의 조력자들, 그의 글, 그의 정책을 종합적으로 검토한 결과 다음과 같은 결론을 내렸다. 첫째, 생애 대부분에 걸쳐 이승만의 정치는 적어도 미국의 좌우 개념으로 볼 때는 "중도좌파"였다. 사실, 생애 대부분에 걸쳐 그의 신념은 우파 자유시장 자본주의보다는 "좌파 사회민주주의"와 더 공명하는 것이었다고 할 것이다. 둘째, 이승만의 반공주의는 철학적이기보다는 도구적이었다. 사실, 그를 반공주의자라기보다 "반소련주의자"로 묘사하는 것이 더 정확할 것이다. 셋째, 이승만의 이념에서 가장 두드러진 점은 "한국의 독립에 대한 헌신"으로, 그는 평생 거의 여기에만 마음을 바쳤다.[1]

국내 연구자들 중에는 필즈의 결론에 대해 이의를 제기할 사람이 적지 않겠지만, 어느 정도는 일리가 있어 보인다. 특히 이승만의 반공주의가

---

1 David Fields, "Syngman Rhee: Socialist", 2017. https://www.wilsoncenter.org/publication/syngman-rhee-socialist (2021.6.21).

철학적이기보다 도구적이었다는 것은 위에서 인용한 그의 글과도 어느 정도 부합한다. 사실 이 시기 그의 글이나 국회에서의 발언을 보면 그가 모든 이념에 대해 지극히 도구적인 태도를 가지고 있었다는 느낌을 지울 수 없다. 그는 철학자가 아니라 너무나 현실주의적인 정치인이었으며 어떤 이념에도 영속적 중요성을 부여하지 않은 것 같다. 광복과 독립에 도움이 된다면, 국가의 존속과 발전에 도움이 된다면 어떤 이념도 받아들일 수 있고 언제라도 버릴 수 있다. 그의 정치는 영원의 정치가 아니라 상황의 정치이다. 그에게는 왕도는 거의 없고 권도만 있다. 그가 평생 간직한 유일한 왕도는 기독교 신앙과 자유 독립에의 염원이었던 것 같다.

시정연설에서 나타난 일민주의에 대해서도 똑같은 말을 할 수 있을 것 같다. 그는 1948년 하반기부터 일민주의를 제창하기 시작하고 1949년부터는 체계적인 캠페인으로 발전시키도록 했다. 일민주의는 자본주의와 공산주의에 대한 동시적 배척과 강력한 민족주의를 결합하고 있다. 20세기의 역사는 이러한 조합이 통상 무엇으로 귀결되는지 잘 보여준다. 따라서 일부 학자들이 일민주의를 파시즘적 이데올로기로 묘사하는 것은 큰 무리가 아니다. 하지만 이념에 대한 이승만의 비철학적 도구적 태도를 볼 때, 그가 일민주의를 체계적인 파시즘의 한 유형으로 발전시킬 가능성은 거의 없었다고 해야 할 것이다. 실제로 1951년 12월 17일 자유당이 창당될 때도 일민주의는 당의 지도이념이 되지 못한다. 이념을 체계적으로 발전시키는 것은 철학자의 일이다. 일민주의의 이론적 기초를 닦았던 헤겔 전공자 안호상은 이후 신라 화랑도까지 결합시키며 일민주의를 계속 발전시키고자 했지만, 한국전쟁을 겪으며 이승만은 더 이상 여기에 관심을 기울이지 않았던 것 같다. 그는 철학자가 아니라 정치인이었다. 말보다 행동이 앞서는 사람이었다.

"다들 일어나시오"

이범석 총리의 "대통령 시정 방침 연설" 대독이 끝난 후 이승만 대통령은 직접 추가적인 발언을 했다. 그런데 여기서 이윤영의 기도로 제헌국회를 시작하게 했을 때만큼이나 진기한 광경이 연출되었다. 대통령은 연설을 시작하기에 앞서 갑자기 의원들에게 "다들 일어나시오"라고 말했다. 이에 의원들이 영문도 모르고 모두 일어섰다. 그리고 그가 말을 이었다. "내가 일어나라고 하는 말은 이승만 자신을 존경하는 말이 아니라 대통령을 존경하는 의미에서 일어나라는 것입니다. 우리나라 대통령이라고 하면 우리나라에서 최고의 관리입니다. 그러므로 대통령이 일어나면 다들 같이 일어나는 것입니다."[1-78, 8쪽] 이렇게 말한 후 "인제 다 앉으십시오"라고 말했고, 의원들은 자리에 앉았다. 이승만 대통령이 다시 말을 이었다.[1-78, 8~9쪽]

우리는 지금 국가를 건설하는 이때이며 국가를 건립하는 단계에 있습니다. 여러분이 다 노력하시고 분투하시는 그것이 다 우리나라를 건설하는 것입니다. 국무위원으로서 일하는 것도 다 국가를 건설하려고 하는 것입니다. 또 민주주의라고 하는 것은 평등히 권리를 주장하는 것입니다. 이것이 민주주의입니다.

그러나 윗사람을 내려 아랫사람과 공동하게 하려는 이것은 공산주의입니다. 그러나 우리 민주주의는 밑의 사람을 위로 올려 가지고 평등하게 하자고 하는 것이 민주주의입니다. 무슨 일을 하든지 정신을 잊어버리지 말아야 합니다. 그 정신을 잃어버리지 말아야 정당한 민주주의라고 할 수 있습니다.

대통령이라고 하는 사람을 존경해야 우리 국회의 지위가 높아지고 권위가 넓어지는 것으로 늘 존경하는 태도로 해야 옳을 것입니다. 그런 까닭에 될 수 있는 대로 또 여러분이 뜻을 받아 가지고 친선으로 하는 것이 국무원의 태도이고 그렇게 하도록 하는 것이 여러분의 태도입니다. 그렇지 않고 서로 악쓰고 다투게 되면 이것은 결국 공산당이 하는 것이니까 이것은 여러분은 절대로 피해 주셔야 될 것입니다.

이렇게 말한 후 이승만 대통령은 계속해서 최대의 현안이었던 미곡 수집 문제에 대해 말을 이어나갔고, 시정 방침 연설과 관련해 질문이 있다면 서면으로 하자는 것으로 긴 발언을 끝맺었다. 적어도 이문원이나 노일환 같은 소장파 의원들 중에서 대통령의 "일어나, 앉아"에 대해 한 마디 불만의 말이 나올 법도 했지만, 이에 대해서는 누구도 문제 삼는 사람이 없었다. 김약수 의원은 어쩌면 예외라고 해야 할지 모르겠다. 그는 의원이 일어나지 않은 것이 격에 틀린 것이라면 대통령이 질의는 서면으로 하리는 말만 남기고 국회를 떠난 것은 더 격에 틀렸다고 말했기 때문이다.[1-78, 12쪽] 나머지 의원들은 모두 대통령의 시정연설에 대한 간단한 소감을 밝히며 질의를 어떤 방식으로 할 것인지를 토론하거나 양곡매입법의 처리 문제에 초점을 맞출 뿐이었다.

시정연설에 대한 의원들의 일반적인 반응은 막연하고 추상적이라는 것이었다. 전남 보성 이정래 의원은 보통 시정연설이라 하면 각 부처가 이러저러한 정책을 이러저러한 견지에서 시행해 보겠다는 구체적인 계획이 있어야 하는데, 대통령 시정연설은 너무 서론적 추상적 개론적이라 질문할 거리조차 찾지 못하겠다고 했다. 그리하여 "오늘 이 시정방침 (…중략…)은 시정방침이라고 할 것이 아니라 정치를 잘해 보겠다는 서론밖에는" 되지 않는다며 대통령이 다시 나와 각 부처의 구체적 정책의 골자만이라도 애기해 줘야 질의를 할 수 있겠다는 것이었다.[1-78, 22쪽] 반면 전남 여수갑 김문평 의원은 자신도 불만이 있지만 대통령의 시정 방침이라는 것이 우리가 원하는 것처럼 구체적 방침을 다 열거할 수 없다는 것도 알아야겠다고 했다.[1-78, 23쪽] 강원 춘천 최규옥 의원은 한 걸음 더 나아가, 자신은 시정연설이 잘 되었다고 믿는다며 원래 대통령의 시정연설은 총론적 개론적으로 하는 것이고 각론은 장관이 하는 것이라고 주장했다.[1-78, 23쪽]

하지만 전반적인 여론은 대통령의 시정연설이 너무나 막연해서 질문거리를 찾을 수 없을 정도라는 것이었다. 따라서 각부 장관을 국회로 불러 구체적 시책을 들은 후에 질의를 하자는 의견이 대세를 이루었다. 그리하여 "10월 4일월 회의부터 대통령 시정 방침에 관한 각부 장관의 구체적 시책을 들은 후 질의할 것"이라는 동의가 재석 131, 가 92, 부 6으로 압도적으로 가결되었다. 이렇게 해서 10월 4일부터 10월 6일까지 교통부를 제외한 모든 부처의 구체적인 시정 방침이 제시되었다. 교통부는 민희식 장관이 9월 14일 미군 25명 사망, 78명 부상, 한국인 1명 사망, 22명의 부상을 초래한 내판역 열차사고를 책임지고 물러난 후 허정이 막 장관직에 오른 상황이어서 시정 방침을 때맞춰 준비할 수 없었다. 국방부 시정 방침 연설은 비공개로 이루어져 회의록에 나오지 않는다. 각 부처의 시정연설은 현재의 논의 맥락에서 그리 흥미롭지 않다. 다만 안호상 문교장관의 시정연설은 문교부 관련 내용에 관한 한 대통령 시정연설의 각주라 할 수 있을 정도여서, 그가 대통령 시정연설에 깊이 관여했음을 잘 보여준다. 또한 정부가 표방하는 민족교육이 "자본주의적도 아니고 제국주의적도 아니고 공산주의적도 아니고 파쇼주의적도 아니고 민주주의적"이라고 한 구절도 일민주의와의 관련성을 잘 드러내고 있어 흥미롭다.[1-82, 11쪽]

하지만 이승만 대통령과 각부 장관들의 시정 방침에 대한 질의와 답변은 결국 이루어지지 못했다. 의원들이 서면 질의를 작성하고 국회 사무국이 질의서를 모으는 동안 국회가 10월 15일부터 휴회에 들어갔고 10월 19일에는 여순사건이 일어났기 때문이다. 휴회 후 재개된 10월 27일 제89차 본회의는, 신익희 의장에 따르면 시정 방침 연설과 관련해 질의를 낸 사람이 179인이고 질문의 숫자는 339건이지만[1-89, 14쪽], 급한 일이 일어났으므로 질의를 미루기로 결정했다.

대통령직의 권위

이범석 총리가 대독을 마친 후 신익희 의장이 대통령의 말씀이 있겠다며 대통령을 소개했을 때, 대통령은 아마 연단 가까운 곳에 앉아 있다가 연단에 올랐을 것이다. 의원들은 그냥 자기 자리에 앉아 연설이 시작되기를 기다리고 있었으리라. 이것은 분명히 요즘과는 다른 광경이다. 지금은 대통령이 국회에서 연설을 할 경우 예정된 시간에 대통령이 본회의실로 입장하고 여야 모든 의원들이 기립해서 대통령이 연단에 오를 때까지 박수를 보낸다. 그런 후 대통령이 마이크 앞에 서고 의원들이 자리에 앉으면 연설이 시작된다. 하지만 국회 회의록을 보면 이와 같은 정황이 전혀 나타나지 않는다. 이승만 대통령이 국회에 나오는 일이 드물지 않았지만, 회의록에는 그냥 대통령이 입장했다는 말만 쓰여 있을 뿐 의원들이 박수로 환영하는 모습을 전혀 기록하고 있지 않다. 의원들이 열띤 토론을 벌일 때 의석에서 작은 탄성이 나와도 기록이 되어 있는 것을 볼 때 대통령이 입장할 때 박수가 있었다면 당연히 기록했을 것이다.

미국의 관행을 잘 알고 있었을 이승만 대통령은 아마도 시정연설과 같은 중요한 행사에서 대통령과 국회 사이에 적절한 예의의 교환도 없이 그냥 연설을 시작하기가 멋쩍었을지도 모른다. 그래서 요즘 그렇잖아도 국회의원들이 자기한테 자꾸 대들기도 하는 것 같으니 이 기회에 군기라도 한 번 잡자고 생각했을지도 모른다. 앞에서 소개한 김약수의 발언을 보면, 의원들이 대통령이 연단에 섰음에도 불구하고 가만히 앉아 있었던 것이 분명히 격에 어긋난다고 생각하기는 했던 것 같다. 아무튼 이 광경을 국회의원들에 대한 이승만의 군기 잡기라고 하면 아주 쉽다.

하지만 일어나라는 것이 이승만 개인을 존경하라는 뜻이 아니라 대통령을 존경하라는 뜻이라는 이승만 대통령의 말은 분명히 곱씹어볼 만하다. 영국의 정치철학자 마이클 오크쇼트Michael Oakeshott에 따르면, 국가라는 인간 결사체가 구성되려면 이 결사체를 떠받치고 있는 규칙들과 체계들의 권위가 인정되어야 한다. 하지만 규칙들과 체계들은 항상 변화하고 수정되기 때문에, 이 인정은 그 규칙들과 체계들을 관장하고 있는 직office의 권위에 대한 인정이자 그 규칙들과 체계들을 바꾸는 혹은 결정하는 절차에 대한 인정이다. 권위의 인정은 결정된 사항에 대한 승인이나 결정을 집행할 권력권한에 대한 인정이 아니다. 그보다 한 차원 더 깊다. 권위의 인정이란 원초적 결정권antecedent right to prescribe에 대한 인정이다. 이 인정은 그 직의 내재적 모습에 의해 주어지는 것이지, 그 직의 수행의 질이나 그 결과의 질에 의해 주어지는 것이 아니다.[2]

조금 말이 어렵지만, 오크쇼트가 말하는 '직'이라는 것이 대통령직이라 생각해 보자. 오크쇼트의 주장은 대한민국이라는 인간 결사체가 구성되려면 대통령직의 권위에 대한 인정이 필요하고, 이때 대통령직의 권위

---

2   Michael Oakeshott, *Rationalism in Politics and Other Essays*, Liberty Fund, 1991, p.442.

란 대통령의 권력과 다른 것이며, 법률과 제도의 변경과 관련한 원초적 결정권이다. 대통령직의 권위는 대통령직의 어떤 내재적 특성에서 나오는 것이지, 대통령직을 얼마나 잘 수행했는가에서 나오는 것이 아니다. 쉽게 말해 대통령의 직무 수행에 대한 여론조사 지지율에서 나오는 것이 아니라는 것이다. 따라서 권위는 권력보다 차원이 더 높은 것이다. 내가 특정한 대통령의 권력을 승인하지 않는다고 해서 나라를 떠나야 하는 것은 아니다. 그러나 내가 대통령직의 권위를 승인하지 않는다면 나라를 떠나야 한다. 그렇다면 권력보다 차원이 높은 이 권위라는 것은 도대체 어디서 나오는 것인가? 근대 이전이라면 이 권위는 신에게서 받은 것인지도 모른다. 서양에는 왕권신수설이 있었고 조선에는 하늘을 대신해 다스린다는 대천이물代天理物이 있었다. 하늘을 잃은 근대에는 이 권위가 어디서 나오는가? 대통령직이 선거를 통해 국민의 주권을 위임받은 자리이기 때문에? 오크쇼트는 정치철학이 더 이상 이 문제에 관심을 기울이지 않는다고, 점점 더 이 권위가 대통령 지지율에서 나오는 것처럼 이야기되고 있다고 개탄한다.[3]

이승만 대통령의 "다들 일어나시오"를 가장 선의로 해석한다면 대통령직의 권위를 인정함으로써 대한민국을 나라다운 나라로 만들자는 제안이라고 할 것이다. 직의 권위에 관한 오크쇼트의 주장을 이런 식으로 이해하는 것은 상당히 곡해이겠지만, 우리가 왜 역대 대통령의 직무 수행과 무관하게 대통령직의 권위를 인정하게 되었는지, 왜 대통령직이 우리의 존경을 불러일으키는지를 새삼 생각해 보게 한다. 대통령직의 어떤 내재적 성격이 대통령직을 존경받을 만한 것이게 하고 우리로 하여금 대통

---

3   Ibid., pp. 444~445.

령직이 권위가 있다고 여기게 할 것이다. 이 내재적 성격이 도대체 무엇인가는 여기에서 우리가 생각해야 할 과제가 아니다. 어쩌면 국민의 합의 이외에 전근대의 '하늘'에 해당하는 어떤 선험적 원천 같은 것은 존재하지 않을 것이다.

아무튼 대통령직에 대한 존경이 어떤 명시적인 법률적 규정에 의해 나올 수는 없다. 명령이 존경을 부르지는 않기 때문이다. 존경은 오히려 묵시적 관례와 관습의 축적에서 나오는 것이라 해야 맞을 것이다. 법률은 국가 제도라는 단단한 껍질을 가지고 있지만 언제든지 바뀔 수 있다. 관례와 관습은 불변성의 단단한 껍질을 가지고 있지는 않지만, 속이 아주 단단해서 좀처럼 바뀌지 않는다. 그래서 관례와 관습은 종종 성스러움의 후광을 두르고 있다. 국가는 법률에 뿌리를 내리고 있는 것만큼이나 관례에 뿌리를 내리고 있다. 대통령이 시정연설을 하러 국회에 올 때 의원들이 초당파적 박수로 환영하는 것도 대통령에게 존경을 보내고 대통령직의 권위를 높이기 위한 조그만 관례일 수 있다. 제헌국회는 헌법과 법률을 제정하는 국회일 뿐만 아니라 관례와 관습을 세워 나가는 국회이기도 했다.

제11장

소장파의 등장

1948년 10월 13일 제87차 본회의에 전남 광산 박종남 의원 외 46인이 「외군 철퇴 요청에 관한 동의안」을 제출했다. 차윤홍 의사국장이 통상적인 절차에 따라 먼저 외무국방위원회로 회부해 심의하도록 하겠다고 했을 때 경남 진양 황윤호 의원이 발언권을 신청해 이 문제는 너무나 중대한 안건이니 본회의에서 바로 토론에서 결정하자고 했다.[1-87, 1쪽] 즉시 재청과 3청이 따랐다. 사회를 맡은 김약수 부의장이 긴급동의안의 경우 10청까지 필요하다고 하자 노일환, 배중혁, 김옥주, 박윤원 같은 젊은 의원들과 40대 중반의 조옥현, 김봉두, 이석주 의원이 동의 대열에 나섰다.

외군 철퇴란 당시 한반도의 남쪽과 북쪽을 점령하고 있던 미군과 소련군의 철수를 뜻한다. 1947년 11월 14일 유엔총회는 1948년 3월 31일 이내에 선거를 실시하고 가능한 한 빨리 정부를 구성한 후 90일 이내에 미소 양군이 철수한다는 결의안을 채택했다.[결의안 112호 「한국독립문제」] 물론 유엔한국위원회가 북한 입경을 거부당하면서 선거는 5월 10일 남한 지역에서만 이루어졌고 양군 철수 문제도 공중에 떠버렸다. 하지만 소련이 북한의 군비를 크게 강화해 놓은 상황에서 양군 철수는 북한의 남침과 대한민국의 파멸을 뜻했고, 따라서 이는 남로당의 주된 노선이었다. 외세를 배제하고 남북합작을 통해 통일을 이루고자 했던 김구의 한독당도 양군 철수를 주장하고 있었다.

따라서 의사일정에도 없던 외군 철퇴 긴급동의안이 이례적인 절차를 통해 상정되려 했을 때 격한 반대에 부딪힐 것은 처음부터 분명했다. 이 동의안을 제출한 사람들도 이러한 반대를 예상해 일종의 기습작전을 펼친 것이었다. 통상적인 절차라면 어떤 동의안이 상정되면 해당 상임위원회를 거쳐서 오게 되며, 긴급동의안일 경우라면 최소한 그 동의안의 인쇄본을 미리 내놓고 의사일정 변경에 대한 표결을 먼저 거쳐야 한다. 하지만 동의 측은 이 모든 통상 절차를 생략하고 즉시 본회의에서 토론을 한 후 표결을 하자고 했다. 상정 자체부터 격심한 반대에 부딪치자, 대표 발의자인 박종남 의원은 동의안 제목만 보고 반대하지 말고 최소한 동의안의 내용이 무엇인지는 들어야 하지 않느냐며 끈질기게 발언을 시도했다.

어수선한 분위기 가운데 박종남 의원이 발언을 하기 시작하자 경남 통영갑 김재학 의원^{한민당}이 "공산당 모략이요"라고 크게 소리쳐 장내에 소란이 일어났다. 전남 고흥을 유성갑 의원^{단민당}도 "안 돼요. 말하지 못해요" 하며 박종남 의원의 말을 막았다. 하지만 무슨 일이 있었는지 김약수 부의장이 박종남 의원에게 계단으로 나와서 계속 발언을 하라고 한 것이 회의록에 나온다. 그러자 장내에 큰 소란이 일어났고 결국 김약수 부의장은 11시 10분에 오전 회의를 중지시키고 말았다. 오후 회의가 속개되었을 때 아픈 몸에도 손수 사회를 맡은 신익희 의장은 발언권을 얻은 박종남 의원의 말을 중간에 자르거나 의사진행에 관한 규칙을 들어 외군 철퇴 동의안의 낭독도 못하게 함으로써 이들의 의도를 봉쇄하고자 했다. 하지만 박종남 의원은 의사진행 발언을 하다가 동의안의 낭독을 시도했고, 이에 한민당 서우석 의원이 연단에 뛰어올라가 "안 돼" 하며 박종남 의원을 연단 밑으로 끌어내렸다. 10여 명의 의원들이 연단 앞으로 몰려나왔고 결국 신익희 의장이 경위 출동을 명령했다.

외군 철퇴 긴급동의안은 '소장파'라는 공식 명칭을 얻게 될 의원들이 처음으로 계획적인 단체 행동을 벌인 동의안이었다. 이들은 향후에도 이와 유사한 동의안을 다시 제출하게 된다. 그들은 반민법과 지방자치법처럼 이승만 대통령과 한민당 세력이 소극적인 태도를 보였던 개혁적 법안들에 열성적이었으며, 언젠가부터 국회의 연단을 지배하기 시작했다. 1949년 2월 무렵부터 이들의 조직적 활동은 최고조에 이른다. 제헌국회 최대의 파문인 국회프락치사건에 연루되는 의원들도 모두 이들 '소장파'에게서 나왔다. 1890년생인 김약수는 소장파일 수 없었지만 그들의 지도자 격이 되어 이 사건에 연루되게 된다. 이들은 누구인가?

소장파의 구성

1949년 잡지 『신천지新天地』의 3월호에는 김영상이 쓴 「국회 내 각파 세력의 분포도」라는 글이 실려 있다. 이 글을 탈고한 시점은 1949년 2월 20일인데, 주로 제헌국회 개원 이래 이 무렵까지의 무소속 의원들의 이합집산을 추적하고 있다. 그의 분석을 간략히 그림으로 나타내면 다음과 같다.

무소속 85인

↓

50인 무소속 그룹   90인 3·1구락부

↘   ↙

무소속구락부

무소속구락부 와해

이정회   대한노농당   동인회   성인회   사회당   대한국민당   청구회
56인   36인   26인   37인   27인   20인   12인

동성회

〈그림 1〉 무소속 그룹

　1948년 5월 10일 총선에서 무소속은 85명이 당선되었다. 예상을 뛰어넘은 숫자에 정치권은 그들의 움직임에 많은 관심을 기울였다. 그들이 최초로 의미 있는 단체 행동을 한 것은 헌법 초안 상정을 앞둔 6월 13일이었다. 조봉암, 윤석구, 최국현, 이문원 외 50여명의 의원들이 초당파적 입장에서 남북통일과 자주독립, 그리고 균등 사회 건설에 매진한다는 내용의 성명서를 발표했다. 6월 19일에는 신익희독촉, 지청천대청, 진헌식독촉, 신성균무소속, 김병회무소속, 이문원무소속 등 90여 명 의원이 3·1구락부라는 이름으로 모여 한민당 이외의 세력을 규합하려는 움직임을 보였다. 이 모임에는 위의 무소속 그룹도 포함되어 있었다. 여기에서 양 세력의 통합론이 나왔고, 무소속 그룹 내의 일부 반대론에도 불구하고 6월 29일 합동대회를 개최하고 공식적으로 "무소속구락부"라는 이름을 내걸었다. 하지만

무소속구락부는 한 달도 안 돼 와해되었다. 원래 양원제와 내각책임제 권력 구조를 합의했었지만, 앞에서 보았듯이 이승만이 대통령제를 관철시키면서 신익희 등이 합의를 지킬 수 없었기 때문이다.

헌법 제정과 국무총리 임명을 거치며 의원들은 서서히 여야로 갈라지기 시작했다. 원래의 예상대로였다면 독촉과 한민당이 여당 세력을 형성할 것이었지만, 이승만 대통령이 김성수 한민당 대표의 총리 지명을 거부함으로써 한민당은 야당 세력이 되어 갔다. 그렇다고 한민당이 중도 내지 좌파 성향의 무소속 의원들과 한 세력이 될 수는 없었다. 한편 무소속 의원들도 이합집산을 거듭했고, 한 동안은 아주 조그만 그룹들로 쪼개졌다. 그렇게 해서 7개의 무소속 그룹들이 난립하게 되었다. 이정회, 동인회, 민주노농당, 사회당, 대한국민당, 성인회, 청구회 등이 그것이다. 각 그룹의 회원들은 중복되는 경우가 많았다.

무소속 그룹 중에서 비교적 뚜렷한 노선을 견지하며 야당성을 일관되게 유지한 그룹은 동인회와 성인회였다. 동인회의 회원 26인은 김경배, 김상순, 김약수, 김영기, 김용재, 김익노, 김인식, 김재학, 박기운, 박찬현, 배중혁, 배헌, 백형남, 손재학, 신성균, 오택관, 원용만, 윤석구, 이구수, 이만근, 이문원, 임석규, 조봉암, 조종승, 홍순옥, 그리고 황두연이었다. 성인회의 회원 31인은 강욱중, 김광준, 김기철, 김동준, 김병회, 김약수, 김옥주, 김용재, 김인식, 김중기, 노일환, 박기운, 박윤원, 박종남, 배중혁, 백형남, 서용길, 원장길, 육홍균, 이구수, 이석, 이성우, 임석규, 정진근, 조규갑, 조옥현, 차경모, 최태규, 허영호, 황병규, 그리고 황윤호였다. 두 그룹의 회원들이 많이 중복되어 있는 것을 볼 수 있다.

이들은 10월 13일의 외군 철퇴 긴급동의안 시도가 무산된 뒤, 1949년 2월 7일 제2회 국회 제24차 본회의에 제출된 「남북화평통일에 관한 결의안」을 제출하는 주력이 된다. 나중에 자세히 논의하겠지만, 이 결의안은 김병회 의원 외 71인의 발의로 본회의에 상정되어 기립투표를 한 결과 재석 159, 가 37, 부 95로 부결되었다. 이 결의안에 찬성한 37인은 김철, 이성학, 유홍렬, 황병규, 김수선, 홍순옥, 조종승, 김장열, 육홍균, 김봉두, 김영기, 배중혁, 정진근, 이구수, 김동준, 김익로, 박기운, 차경모, 이성우, 김옥주, 박윤원, 유준상, 오기열, 손재학, 조옥현, 김중기, 김기철, 최태규, 강욱중, 서용길, 노일환, 황윤호, 김병회, 원장길, 배헌, 이문원, 그리고 김약수였다.

이 결의안에 찬성한 37명의 의원들이 언젠가부터 '소장파'라 불리게 된 집단의 중핵을 이루었으며,[1] 1949년 2월 18일 합동대회를 열고 '동성회'를 만들게 된다. 김철[1898], 홍순옥[1895], 배헌[1896], 오기열[1889], 김약수[1890]처럼 나이가 많은 의원들도 있었지만, 국회에서 명석하고 과격하고 정의롭고 순진하고 '건방진' 발언으로 맹활약을 하며 세인의 이목을 모은 사람들은 30대 중반 언저리의 젊은 의원들이었다. 이들 중 상당수는 국회프락치사건에 연루되어 1949년 5월 말부터 8월 중순까지 체포된 후 국가보안법 위반으로 기소되어 유죄 판결을 받게 된다. 김약수를 비롯해 이문원, 이구수, 최태규, 노일환, 김옥주, 강욱중, 박윤원, 황윤호, 김병회, 서용길, 신성균, 배중혁이 그들이다.

1949년 5월 13일 자『동아일보』도 국회가 크게 민국당, 동성회의 소장파, 그리고 이정회·청구회로 삼분되어 있다며, 동성회에는 모두 56명이 적을 두고 있지만 위의 37명이 단결해 민국당과 대결하고 있다고 주장했

---

1 이 결의안에 찬성했다고 해서 반드시 소장파의 정치노선에 일관되게 찬동했다고 볼 수는 없을 것 같다. 예컨대 김철은 1898년생으로 독촉으로 입후보해서 당선되었고 나중에 민국당에 가입한 것으로 되어 있다. 그가 소장파였는지 아닌지 확정하기 힘들다.

다. 원래 이정회는 무소속 그룹 중 가장 큰 세력을 형성했는데, 여기에는 유성갑이나 정준처럼 소장파에 자주 동조한 사람도 있었지만, 윤치영이나 임영신 같은 이승만의 측근들도 포함되어 있었다. 이정회는 또한 3·1구락부와 태백구락부에서 기원한 정파로 대체로 여당적 태도를 취했으며, 1948년 12월에 윤치영 등이 대한국민당을 창당하자 상당수가 여기에 가입하기도 했다. 위의 『동아일보』 기사에는 당시 이정회 회원이 28, 9명이라 되어 있다. 청구회 회원은 25명 정도였다.

이정회와 청구회의 상당수 회원들은 언젠가부터 소장파의 활동에 합류하게 되었다. 핵심 소장파 못지않게 적극적으로 소장파 활동을 이끈 유성갑은 1949년 5월 12일 자 『동아일보』에서 「의정단상의 1년 회고」라는 제목 아래 이 합류에 대해 이렇게 묘사하고 있다. "국제승인 이후 내각이 점차 개조되어 (…중략…) 동인회 성인회는 동성회로 합동하여 무조건 반대의 태도를 다소 완화하고 이정회 청구회에서는 비판적 태도를 적극적으로 취하여 상호 접근케 되어 대부분의 행동통일을 보게 되어 지방자치조직법, 농지개혁법, 반민법 개정안 등 중요 법률안 처결에 있어서 충분히 민의를 반영시켰던 것이다." 그렇다면 이정회와 청구회의 상당수 회원들을 친소장파로 부를 수 있을 것이다. 이들은 지방자치법, 농지개혁법, 반민특위 같은 사안들과 관련해서는 소장파와 자주 공동보조를 취했지만, 외군 철퇴와 같은 외교안보적 중대 사안에 대해서는 그들과 반드시 협력하지는 않았다. 『동아일보』 5월 13일 자 기사가 제시하는 동성회, 이정회, 청구회의 회원을 모두 합치면 적어도 재적 상으로는 100명이 넘는다. 물론 4중, 5중의 당적을 가진 사람도 있고 뚜렷한 입장이 없는 유동세력도 상당수에 이르렀기 때문에 소장파와 친소장파의 세력 규모가 100명 이상이었을 수는 없다. 그렇다 해도 그들의 세력이 1949년 2월부터 국회를 주도하기에 충분한 것이었음은 의문의 여지가 없다. 통상 수십 명의 의원들이 국회 본회의에 불참하는 상황에서 소장파와 친소장파가 조직적으로 행동하고 찬성표를 조금만 더 확보하면 과반수를 이룰 수 있었기 때문이다.

대한민국 국회사상 최초로 징계를 받은 이문원

김약수 부의장을 제외하고 소장파 중에서 가장 먼저 존재감을 보인 사람은 이문원 의원이었다. 1906년생으로 당시 42세였던 이문원 의원은 6월 26일 제18차 본회의에서 헌법 제1독회를 시작했을 때, 헌법이 워낙 중요하니만큼 통상적인 재적의원 과반수 출석, 출석의원 과반수 찬성으로 의결하지 말고 '재적'의원 2/3 이상의 결의로 헌법 조문을 통과시키자는 긴급동의안을 제출해 동료 의원들을 놀라게 한 적이 있었다.[1-18, 5쪽] 이 긴급동의안이 재석 182, 가 47, 부 122로 압도적으로 부결된 이후에도 그는 7월 2일 제23차 본회의에서 다시 '재적'의원이 아닌 '재석'의원 2/3 이상의 결의로 헌법 조문을 통과시키자는 취지의 긴급동의안을 시도해 다시 큰 소동을 일으켰다.[1-23, 3쪽] 이로 인해 이승만 의장은 국회 일각에 헌법 제정을 지연시키려는 움직임이 있다는 얘기를 듣고 있다며 몇몇 분자들이 장난을 해서 국회의 국사를 방해한다면 용서하지 않을 것이라고 했다.[1-23, 25쪽] 이처럼 문제적 발언과 행동으로 물의를 일으키곤 하던 이문원 의원은 결국 이승만 정부와 미국이 행정권 이양을 종결짓는 협정을 맺을 때 다시 큰 문제를 일으켜 정식으로 징계를 받게 된다. 그는 대한민국 국회의원 최초로 징계를 받은 사람이다. 징계의 전말은 이렇다.

우리는 앞의 제9장에서 행정권 이양에 관한 한미협정을 놓고 격렬한 논쟁 끝에 표결을 했을 때 25명의 의원들이 퇴장한 것을 보았다. 그런데 이들이 퇴장을 하고 나서 그냥 집에 돌아간 것이 아니었다. 그들이 퇴장 후 무슨 일을 했는지는 곽상훈 의원의 9월 23일 제73차 본회의 발언으로 알 수 있다. 그의 발언 내용은 이렇다. 한미협정 문제를 결정할 때 퇴장을 한 의원들이 있었다. 퇴장은 자유이다. 그러나 그들은 국회의 결의에 대해 반대 성명을 냈고, 이 성명서가 1차로는 『자유신문』에 났고 제2차로는 오늘 아침 『서울신문』에 났다. 어떤 사안에 대해 국회에서 결의가 이루어졌으면 의원들은 전체 의사를 따라야 한다. 국회가 한 번 결정한 것을 몇몇 의원들이 반대 성명을 내고 민심을 교란시키는 것은 국회의 존엄성을 모독하는 것이고 언어도단이다. 20여 명의 의원들이 국회의 결의에 대해 반대 성명을 낸다면 국회가 어떻게 삼천만 민의의 대변자라 할 수 있겠으며 어떻게 국민의 신뢰를 얻을 수 있겠나. 더욱이 두 번째 성명과 관련해서는 서명한 적도 가담한 적도 없는데 이름이 들어갔다는 사람들이 있다. 누군가 사기 행위를 했거나 신문의 오보이다. 이것을 규명해야 한다. 퇴장을 한 의원들 중 어떤 의원은 양곡매입법안에 대해 토론하는 모임에 가서 국회를 대표하는 척 하고 헌법을 통과시킬 때도 일어나지 않고 그대로 앉아 있었던 아무개라고 말했다는 얘기를 들었다. 그렇다면 국회의 모든 것을 반대하고 국회의 존엄을 손상시키는 상습자가 있는 게 아닌가 의심된다. 이 의원을 징계위원회에 회부할 것을 동의한다.1-73, 9~10쪽

이 상습자가 이문원 의원인 것은 두말할 나위가 없다. 사회를 보고 있던 김동원 부의장은 긴급동의안은 의사일정 변경이므로 10청이 필요한데 재청도 없고 3청도 없으니 토론을 허용할 수 없다고 했다. 이에 의석에서 다수가 이의를 제기하자 김동원 부의장이 찬성하는 사람이 있느냐

고 물었고, 순식간에 10청까지 나왔다. 흥미롭게도 6청을 한 의원은 같은 소장파로 분류되고 나중에 함께 국회프락치사건에 연루되는 김옥주 의원이었다. 긴급동의안에 대한 토의는 재석 141, 가 95, 부 4로 압도적으로 가결되었다. 김동원 부의장은 국회법 제93조 "징계사범의 의사는 비밀회의로 한다"는 규정을 들어 5분 동안 휴회를 하고 비밀회의에 들어갈 것을 결정했다. 비밀회의의 내용은 회의록에 나오지 않는다.

9월 27일 제75차 본회의에서는 김영기 징계위원장이 이문원 의원 징계에 대해 보고를 했다. 여러 차례 이문원 의원 본인과 관련된 사람들의 설명을 듣고 "이문원 의원은 국회의 결의에 위반하는 성명을 발표하여 국회의 위신을 훼상毀傷케 했다고 인정되므로 국회법 제81조의 취지와 동 91조제1항을 적용하여 공개회의장에서 사과케 할 것"으로 결정했다는 것이다.[1-75, 2쪽] 김옥주 의원이 왜 이문원 의원과 함께 퇴장한 다른 25명의 의원들은 징계하지 않느냐고 묻자, 김영기 위원장은 1차 성명은 본회의 의결 전이라 문제없다고 보았다, 이문원 외 25인 명의로 한 2차 성명이 문제인데 다른 의원 동의가 없었다, 한미협정을 반대해서 징계했다고 신문에 나고 있는데, 그게 아니라 국회의 결의에 반하고 타 의원의 동의 없이 이름을 넣은 것 때문에 징계한 것이라고 답했다.[1-75, 3~4쪽] 전남 해남을 이성학 의원이 징계위원회의 주문을 접수하자는 동의를 내었고, 이 동의는 재석 141, 가 87, 부 8로 압도적으로 가결되었다. 징계위원회의 주문을 접수하자는 것은 이문원 의원에 대한 징계가 최종적으로 확정되었다는 의미였다.

하지만 소장파 의원들이 반격에 나섰다. 경북 봉화 배중혁 의원은 김영기 위원장이 결의와 주문만 읽었지 이유는 읽지 않았다고 했고, 이를 이어받아 박윤원 의원은 내용 설명도 듣지 않고 접수 통과하는 것은 안 된다고 우겼다. 이미 회의장 분위기가 많이 어수선해진 가운데 김약수 부의장까지 포함해 다수의 의원들이 그냥 이문원 의원의 사과로 문제가 끝난다고 했지만, 애초에 이문원 의원의 징계 동의안에 6청을 했던 김옥주 의원이 다시 나섰다. 징계위원회에서 회부된 원문에는 한미협정을 반대한 의원으로서 국회를 무시했다는 조문이 있다고 하면서, 이것을 무시했다는 것이 징계의 이유는 될 수 없다며, 당사자를 퇴장시키고 다시 충분한 토의를 한 후 결의하자고 했다.[1-75, 7쪽] 이것은 완전히 억지이지만, 소장파들이 사전에 반박 논리를 철저히 연구했다는 것을 보여준다. 이에 신현돈 의원과 이정래 의원이 이미 비밀회의에서 충분히 토론한 후 징계위원회로 넘겼었기 때문에 주문을 접수하기로 했으면 끝난 문제라고 했다. 하지만 김약수 부의장은 이미 통과된 이성학 의원의 접수 동의를 다시 동의로 취급하고 김옥주 의원의 제안을 개의로 취급해 표결에 부치려고 했다. 의석에서 개의가 성립될 수 없다는 얘기가 나왔고 조헌영 의원도 연단에 올라 개의가 안 된다며 의장의 진행을 비판했다.[1-75, 8쪽] 하지만 김약수 부의장은 표결을 우겼고, 그 결과 김옥주 의원의 개의는 재석 147, 가 17, 부 82로 부결되었고, 이성학 의원의 원안은 재석 147, 가 90, 부 6으로 가결되었다. 이제 이문원 의원이 나와 사과를 할 차례였다. 하지만 그는 사과를 하지 않고 또 다른 드라마를 연출했다.

김약수 부의장은 이문원 의원에게 나오라고 말하고 그가 연단에 오를 때 낮은 목소리로 "이론이라든지 그런 것은 마시고 간단히 사과의 말씀만 하세요"라고 말했다. 차윤홍 의사국장 역시 낮은 목소리로 "간단히 사과의 말씀만 하십쇼"라고 말했다. 이문원 의원의 평소 행태를 잘 알고 있었기 때문에 더 이상 분란이 확대되지 않게끔 해달라는 취지였다. 하지만 이문원 의원은 연단에 올라 "대단히 죄송합니다마는 징계사범에 해당한다는 주문을 다시 한번 읽어 주시면 제가 태도를 결정하겠습니다. 대단히 죄송합니다. 아까 한 번 들었지만 그 주문을 잘 모르겠습니다. 다시 한번 읽어 주십시오"라고 말했다. 그러자 다시 차윤홍 의사국장이 낮은 목소리로 "사과의 말씀만 하시고 다른 말씀은 마세요"라고 했다. 이에 이문원 의원은 "당신이 무슨 권리가 있단 말이야? 월권행위가 아니야…… 이런 놈들 때문에 독립이 안 된단 말이야……" 하고 소리를 쳤다.[1-75, 8쪽] 이문원 의원은 1906년생, 차윤홍 의사국장은 1904년생이다. 국회는 난장판이 되었다. 많은 의원들이 발언권을 신청했다. 이문원 의원은 아주 소란한 가운데 연단에서 변명을 이어갔고 김약수 부의장은 빨리 사과하라고 다그쳤다. 이문원 의원이 결국 유감이라고 하자 김약수 부의장은 사과를 했으니 이 문제를 이만 끝내자고 했다. 하지만 이문원 의원의 행동은 압도적 다수의 공분을 샀고, 충남 공주갑 김명동 의원이 이문원 의원을 징계위원회에 다시 회부하자는 동의를 냈다. 순식간에 10청까지 나와 동의가 성립되었고, 이문원 의원의 계속된 버티기에도 불구하고 표결이 이루어져 재석 152, 가 103, 부 11로 가결되었다.

이승만 대통령의 시정 방침 연설이 있던 9월 30일 제78차 본회의에서 이문원 의원의 징계사범 혐의에 관한 재심사 보고가 이루어졌다. 김영기 징계위원장은 "이문원 의원은 국회법 제96조 제2호의 규정에 의하여 7일간 본회의에서 발언을 정지케 할 것"이라는 결의 주문을 냈고, 이번에는 이유도 상세히 설명했다. 이 보고를 접수 통과시키자는 동의안은 재석 126, 가 71, 부 29로 가결되었다. 이렇게 해서 이문원 의원에 대한 징계는 모두 마무리되었다.

국회는 10월 14일 제88차 본회의에서 10월 15일부터 20일간의 휴회를 결의했다. 헌법 제정에서 양곡매입법 처리에 이르기까지 넉 달 보름 동안 거의 쉬지 않고 달려와서 의원들이 많이 지쳤다는 것이 주된 이유였다. 백관수 법제사법위원장이 국군조직법을 비롯해 급히 처리해야 할 법안이 많다며 이의를 제기했고, 서상일 의원도 귀향할 의원들이 개별적으로 휴가원을 내는 식으로 해서 국회는 열어 두자고 했지만L-88, 25쪽, 결국 20일의 휴회가 결의되었다. 막 걸음마를 시작한 신생 대한민국을 온통 뒤흔든 여순사건이 일어난 것은 의원들이 한창 휴식을 취하고 있던 10월 19일이었다. 국회는 여순사건이 공식적으로 종료된 10월 27일, 예정보다 약 1주일 일찍 회의장을 열었다.

여순사건은 1948년 10월 19일 여수에 주둔하고 있던 제14연대의 군인 약 2천 명이 중위 김지회, 상사 지창수 등 남로당원들의 주도 아래 무장 반란을 일으킨 후 외부 동조세력과 합류해 일주일 남짓 살인과 폭력으로 여수와 순천 일대를 아비규환에 빠뜨린 사건이다. 반란의 직접적인 도화선은 제14연대에 내려진 제주도 4·3사건 진압 명령이라 알려져 있다. 하지만 당시 대한민국 승인 문제가 유엔총회에 상정되어 있었기 때문에 남로당이 남한에 혼란을 일으켜 국제 승인에 악영향을 미치려 했다는 더 큰 그림이 이 사건 배후에 있었다. 반란군은 초기에 인민위원회를 세우고 인민재판 등을 통해 경찰, 군인, 한민당원 등의 우익 민간인들을 다수 살해했다. 정부도 반란을 진압하는 과정에서 많은 수의 민간인들을 살상해 여순사건은 우리 현대사에서 또 하나의 깊은 상처로 남아 있다.

국회의원들은 반란이 한창 진행되고 있던 10월 22일경에 수십 명이 국회에 비공식적으로 모였다. 외무국방위와 내무치안위에 소속된 의원들 중 서울에 머물고 있는 의원들이 상시 대기하기로 결정했고, 23일부터는 때때로 국방부와 내무부의 장차관들을 불러 중간보고를 들었다. 하지만 공식 회의는 반란이 최종적으로 진압된 10월 27일에 가서야 열렸다. 그 이후 국회는 정부 측으로부터 공식 보고를 듣고 사후 수습대책을 논의하는 한편 반란지구에 '선무공작위원'을 파견해 민심을 어루만지고자 했다. 수습 논의는 두 방향으로 진행되었다. 우선 치안과 안보의 확보를 위해 국가보안법과 국군조직법을 신속하게 제정하고자 했다. 그리고 군란이 부분적으로 민란의 성격을 띠게 된 심층적 원인을 규명하고 정부의 책임을 묻고자 했다. 후자의 방향은 결국 도각론倒閣論, 즉 내각 총사퇴론으로 이어져 국회는 다시 이승만 대통령과 대결하게 되었다.

아래에서는 사건의 발단과 혼란상에 대한 관계 장관들과 의원들의 언급을 잠시 소개한 후 내각 총사퇴론의 추이를 묘사한다. 10월 22일에 내려진 계엄령의 법적 근거에 관한 정부와 의원들의 논쟁도 당시 대한민국의 법률적 제도적 혼돈상태를 보여주는 대단히 중요한 장면인데, 이에 대해서는 나중에 계엄법 제정을 다룰 때 논의하기로 한다.

반란과 혼란

여순사건은 막 걸음마를 시작한 대한민국에 큰 타격을 가했다. 정부도 휘청거렸다. 처음에는 사건을 정확히 파악하지도 못했다. 사건이 일어나고 이틀이 지난 10월 21일 이범석 국무총리 겸 국방장관은 언론과의 인터뷰에서 이 사건이 "공산주의자와 결탁한 국가주의적 극우진영의 반민족적 책동으로 인하여 초래"된 것이며, 주모자는 이 진영의 중견 분자인 제14연대장 오동기 소령이라 했다.『경향신문』, 1948.10.22 정부는 또한 이 사건을 10월 초에 드러난 '혁명의용군 사건'과 결부시켰다. 혁명의용군 사건이란 최능진, 서세충, 김진섭 3인이 1947년 12월 이후 "육군경비대 오동기 소령 등 국군 소속의 젊은 장교들과 공모해 국방경비대로 하여금 혁명의용군을 조직하고 기회가 도래하면 대한민국 정부를 전복시킴으로써 정권을 차지하려는 일종의 쿠데타"를 말한다.『조선일보』, 1948.10.5 최능진은 5·10총선 때 이승만이 당선되었던 서울 동대문 갑에 후보로 나왔다가 선거법 위반으로 후보 자격을 취소당한 적이 있는 사람이었다. 그는 혁명의용군 사건으로 이미 10월 1일에 경찰에 체포된 상태였다. 10월 27일 제89차 본회의에서 내무치안위원장 신성균 의원이 읽은 내무부 작성 문건에서도 여순사건은 "한국의 국제승인 문제가 유엔에 상정되자 남한 정부의 전도 파괴를 목적하고 공산좌익계열의 선동 음모 하에서 소련혁명 기념일을 계기로 실지적 행동을 전개코자 음험한 몽상을 해 오던 차" 최능진이 혁명의용군 사건과 관련해 체포되자 오동기가 음모 계획이 드러날 것을 우려해 일으킨 사건으로 되어 있다.1-89, 9쪽

사실 극우진영이라는 말은 김구를 겨냥한 말이었다. 정부는 아마도 오동기 소령에게서 어떤 연결고리를 발견했던 것 같지만, 극우진영과 공산

주의의 결탁이란 대단히 믿기 힘든 조합이었다. 그리하여 김구는 사건 초기부터 자신이 배후로 지목되는 것에 대해 10월 27일 언론과의 인터뷰에서 이렇게 대응했다. "나는 극우분자가 금번 반란에 참여하여 있다는 말을 이해할 수 없다. 그들은 극우라는 용어에 관하여 다른 해석을 내리는 자신의 사전을 가지고 있는 것으로 보인다. (…중략…) 현재까지의 당국 발표에 의하면 반도들의 목적은 북한 정권을 남한에 연장시키려는 것으로 보인다. 금번 반란의 반향에 관하여는 예측키 어렵다. 그러나 이는 한국 정세에 대하여 중립적 입장에 있는 일부 UN 회원국의 견해에 영향을 미칠는지도 모른다."『동아일보』1948.10.28 그럼에도 불구하고 이범석 국방장관과 윤치영 내무장관은 10월 28일 제90차 본회의에서 계속해서 '극우'를 언급했다. 극우라는 혼란스러운 말을 쓰지 말라는 전남 광주 정광호 의원의 이의 제기에 대해, 윤치영 내무장관은 공산당이 이 사건을 조직적이고 전국적으로 계획한 것이 사실이지만 극우가 이용당한 점도 있다, 오동기 소령과 관련되어 있지만 자세한 내용은 밝힐 수 없고 "참가한 것만은 사실"이라고 주장했다.1-90, 19쪽

그러나 사건의 전모가 조금씩 드러나면서 극우진영과 공산주의의 결탁이라는 정부의 초기 입장은 더 이상 유지될 수 없었던 것 같다. 이승만 대통령이 10월 29일 발표한 담화에는 "재래在來로 난민적자難民賊子가 없는 시대가 없다 하였거니와 이번 남도에서 일어난 반란군의 좌익 같은 것은 우리의 역사에 처음일 것이다"라고 했을 뿐 극우세력에 대한 언급이 전혀 없었다.[1]

이범석 국방장관과 윤치영 내무장관은 또한 이 사건이 군내의 무장 반

1   『대통령이승만박사담화집』. http://pa.go.kr/research/contents/speech/index.jsp
     (2020.11.20).

란 사건에 그치지 않고 군 내외에서 체계적이고 전국적인 준비가 있었음을 주장하면서도, 민란의 성격은 없다는 것을 애써 강조하고자 했다. 예컨대 이범석 국방장관은 10월 28일 제90차 본회의에서 자신도 사건 초기에 보고를 받고 국군 안에서만 반란이 있었다고 들었는데 그 후 여러 방면에서 종합된 보고에 따르면 오히려 지방 민중이 주동이 되었던 것 같다고 했다. 19일 밤에 반란 하사관이 무기고를 약탈하고 장교가 이를 저지하려던 즈음에 이미 민중 600여 명이 집결해서 병영을 향해 달려오고 있었고, 총소리가 나자마자 깃발 게양대에 인민공화국기가 올라가고 공산주의 찬양 연설이 시작되는 조직적 모습이 있었다. 또한 반란군이 인근으로 진출하기도 전에 이미 곳곳에서 무기, 식량, 환영 깃발 등이 준비되었고, 인민재판의 판결 방식도 이미 결정되어 1등급에서 4등급까지로 나누어 놓고 있었다는 것이다. 또한 각지에서 온 정보에 따르면 전국적 계획적으로 폭동을 일으키려는 움직임이 있었고, 그리하여 남원과 전북의 여러 곳, 그리고 서울에서 혐의자를 체포했다고 했다. 뿐만 아니라 수류탄과 구식 총으로 무장한 16세 혹은 17세의 어린 중학생들이 저항이 가장 강했고 민중을 총 지휘하던 최고사령관이 어느 여중학교의 교장이었다고도 했다. 요컨대 여순사건은 갑자기 일어난 사건이 아니라 "유구한 3년 이상의 조직체계를 가지고 지하공작한 결과"라는 것이었다.[1-90, 7-9쪽]

윤치영 내무장관은 반란세력이 각지에서 저지른 만행을 상세하게 보고하면서, 내무장관답게 경찰의 빈약한 후생과 허술한 장비에 대해 개탄했다. 이 과정에서 민심 이반의 일단을 토로하기도 했다. 서울에서 약 800명의 경찰관이 응원대로 내려갔는데 민간에서 밥을 해주지 않더라는 것이었다. 인민군이 지나갈 때마다 어떤 부락은 50원 어떤 부락은 1만 원, 어떤 부락은 쌀 두 가마, 세 가마, 네 가마를 내면서 굉장히 환영하지만, 경찰관에게는 담배 한 대 밥 한 숟가락도 내놓지 않는다고도 했다. 그는 또한 공산당 조직이 대단히 조직적 체계적으로 활동하고 있으며, 이전에 연락하던 모든 사람들을 다 모아서 11월에 1차, 2차, 3차 행동을 준비하고 있으니, 대비가 필요하다고 했다.[1-90, 14-6쪽]

두 장관은 이렇게 "국가가 존재하느냐 안 하느냐 (…중략…) 남의 노예가 되느냐 안 되느냐"[1-90, 14쪽]의 갈림길에 서 있는 상황에서 국회가 이상론을 부르짖거나 민중의 권리를 외치거나 경찰의 인권 유린을 비판하거나 양군 철퇴를 주장할 때가 아니라고 목소리를 높였다. 아울러 국회의원들에게 반란을 예방하고 치안을 강화하기 위한 신속한 입법적 대응을 요청했다. 이범석 국방장관은 오래 전에 제출되어 있던 국군조직법의 즉각적인 통과를, 윤치영 내무장관은 지방행정조직법의 수정[2]과 '공산당취체법'의 통과를 요청했다. 이들은 위기 상황임을 강조하기 위해 국회 보고에서는 이처럼 외부 동조세력의 존재를 언급했지만, 이것이 정부 실패의 반증으로 보일 수도 있어서인지 국회 밖에서는 상황이 통제되고 있음을 강조했다. 이범석 국무총리는 언론을 통해 "대한민국은 위험에 처하지 않았다. 신생 정부는 국방경비대뿐만 아니라 대한민국을 위험에 빠뜨릴만한 모든 곳에서 공산분자들을 적극적으로 제거해나갈 것이다"[3]라는 식의 메시지를 냈다.

---

2   지방행정조직법은 이승만 정부가 현 시점에서 완전한 지방자치제가 불가능하다고 판단하고 중앙집권적 지방행정제도를 실시하기 위해 제출한 법안이었으나, 국회는 여순사건이 일어나기 직전에 읍장과 면장의 직선을 허용하는 방향으로 수정했다. 이승만 정부는 이 수정안을 받아들일 수 없다고 보고 마침 여순사건도 일어나자 국회에 재의를 요구했던 것이다. 하지만 국회는 제95차 본회의에서 지방행정조직법 재의안에 대해 재석 136, 가 103, 부 16으로 가결시킴으로써 정부의 요청을 거부했다.

3   "The Special Representative in Korea (Muccio) to the Secretary of State", Seoul, October 28, 1948. http://db.history.go.kr/id/frus_004r_0010_2000 (2020.10.15).

국회는 외무국방위 3명과 내무치안위 3명으로 조사단을 구성해 반란 지구 현지 조사를 하도록 했다. 외무국방위원장 최윤동 의원이 11월 2일 제94차 본회의에서 도청 관계자, 군사령부, 민간단체, 피난민들과의 인터뷰를 통해 조사한 결과를 발표했다. 조사단에 따르면 제14연대에서 폭동이 일어날 때 40명 내외였던 숫자가 곧 외부 민애청民愛靑 등의 단체와 결합해 1,000명으로 늘어났는데, 이 모두가 공산 계열은 아니었다. 반란에 참여한 군인들은 세 부류가 있었다. 첫째 부류는 남한을 전복시키겠다는 생각을 가지고 재작년부터 군에 잠입한 소수의 공산 계열 분자들이다. 둘째 부류는 군에 들어오기 전에 경찰과 많이 마찰을 일으키다가 박해를 받은 적이 있는 분자들이다. 셋째 부류는 무능하고 무자격한 장교들에 대해 불만을 많이 가진 병사들이다. 이 세 부류에 외부 단체의 구성원들이 합쳐서 초기 주력부대를 형성했다는 것이다.[1-94, 3쪽]

최윤동 의원은 또한 인민재판소를 열고 경찰관을 비롯한 민족진영의 유력자를 색출할 때, 반란군들은 민애청 회원을 비롯해 중학생, 여학생을 앞세워 이 집은 순사의 집, 저 집은 한민당의 집이라는 식으로 가구를 일일이 조사했다면서 참으로 기가 막힌 일이라고 개탄했다. 또한 반란군들이 달아난 후 입수한 문서에서 어떤 인물 옆에는 '미왕未王'이라고 쓰여 있고 어떤 인물 옆에는 '왕王'이라 쓰여 있는데, '왕'이라 쓰인 사람은 바로 처결을 당한 사람이었다는 것이다. 그런데 이러한 작업을 한 사람 중에는 정부의 사법기관에 속한 사람도 있었다며 최윤동 의원은 놀라움을 금치 못했다.[1-94, 4쪽] 그는 또한 여수인민위원회 부위원장의 집을 수색한 결과 놀랍게도 소련제 따발총이 나와, 관계 기관이 이를 조사하고 있다고 했다.

전남 광양 출신으로 여순사건 당시 고향에 머물고 있었고 나중에 국회 프락치사건으로 구속되게 되는 김옥주 의원도 "우리의 제2세 국민인 천

진난만한 학생들"이 반란군의 선두에 섰던 것에 대해 민족주의 교육의 파탄이라며 개탄을 금치 않았다. 이들이 모두 혁명군이라 자칭하며 무기를 가지고 다니고 있고, 회개하면 용서하겠다는 군인과 경찰의 권고에도 불구하고 반항을 하고 심지어 "여학생 스커트 밑에서 나온 단총短銃으로" 국군과 경찰의 희생자 숫자를 매일 늘리고 있다는 것이었다.1-96, 8쪽

반란이 엄청난 혼란을 일으키고 있었고, 엄청난 혼란 속에서 반란의 본질에 대한 파악도 혼란에 빠졌다.

도각론의 제기

이범석 국무총리 겸 국방장관이 아무리 여순사건을 공산분자들의 테러 행위로 규정하고 민란의 성격을 부인하려 해도, 그의 진단에 절반 이상 동의하는 의원들은 많지 않았다. 민심 이반이 확인되었고 정부의 책임이 가볍지 않다는 것이었다. 10월 29일 제91차 본회의에서 이루어진 여러 의원들의 발언에는 이러한 시각이 잘 드러난다. 이항발 의원은 이번 사건이 반정부 반국가 세력의 총체적 반란의 전초전일 뿐이라며, 정부가 국민 속에 뿌리를 내리고 있지 않음을 지적했다. "지방정세를 보건데 우리 대한민국 정부는 껍질입니다. (…중략…) 남한에 있어서 반정부적인 세력은 음연陰然히 공연히 모든 행동을 취하고 있습니다."1-91, 2쪽 이 세력이 공출 때 쌀과 보리를 걷고 세금까지 징수하는 등 나라의 하부를 장악하고 있는데 정부는 이를 전혀 모르고 있다. 따라서 반란세력을 진압하고 처벌하는 것도 중요하지만, 공산주의자들이 어떻게 해서 5·10총선 때보다 더 조직적으로 민중과 정부를 이간시키고 있는지 정부도 스스로 비판

하고 반성해야 한다. 또한 정부 혼자서 움직일 것이 아니라 국가적 민족적 견지에서 민족진영의 대동단결이 필요하며, 국회 역시 파당을 짓지 말아야 한다. 이항발 의원은 또한 이 험악한 사태 속에서 이범석 국무총리가 국방장관까지 겸임하면서 "일신양역－身兩役" 곧 한 몸으로 두 가지 역할을 하는 것은 불가하다면서 새 국방장관을 뽑아 국군을 신속히 재편성하도록 해야 한다고 주장했다.1-91, 2~3쪽

이 날 회의에서 가장 주목할 만한 발언을 한 사람은 지청천 의원이었다. 그는 이즈음에는 무임소 국무위원 자리에서 물러나 있는 상태였다. 그의 긴 발언 중 중요한 부분을 요약하면 다음과 같다.1-91, 9~12쪽 지금 남한은 일부 지역이 아니라 전체가 위험 상태에 빠져 있다. 조만간 남북의 충돌이 필연적으로 일어날 것 같아 삼천만의 큰 근심이 되고 있다. 이것을 어떻게 해결하느냐가 문제이다. 이 지역 저 지역에서 일어나는 문제를 경찰이나 국방군이 진압해 보았자 소용이 없다. 향후에 닥칠 큰 위험을 미연에 방지하는 방법은 거국일치의 단결밖에 없다. 38선 이북에 있는 병력이 얼마나 되는지는 여러분이 잘 알 것이다. 만주에서 활동하던 조선인 공산군이 23만 내지 25만이며, 그들은 공산주의 사상으로 무장한 젊은 청년들이고 러시아의 우수한 무기를 가지고 있다. 만주에 중국 공산당 팔로군이 100만 있다. 시베리아에 세계 최강의 수백만 육군이 있다. 이 엄청난 붉은 군사력이 남한을 노리고 있다. 이에 대해 여간 큰 무장력이 아니고는 당해낼 수가 없다. 공산주의라는 사상을 극복해야 총이나 칼로 막아낼 수 없다는 것은 지난 군정 3년 동안 증명되었다. 중심 역량과 중심 사상이 서지 않으면 현재의 혼란스러운 사상계를 정리할 수 없다. 당파로 망한 조선 역사가 다시 재연될 조짐이다. 남한에서 민족진영이 여러 갈래로 나눠져 있는 것은 여러분이 잘 알 것이다. 민족 공동의 이 위기를

넘기 위해서는 전 민족의 공동 단결과 공동 정책과 공동 사상체계를 세워야 한다. 당파를 없애고 전 민족이 대동단결할 수 있는 큰 정당을 세워야 한다. 애국 진영의 영도자, 국회, 정부가 함께 모여 해결하는 것도 방법이겠지만, 각각은 각각의 체계가 있는 것이니까 정부, 국회, 민간이 독립성을 가지되 동일한 목표 아래 행동해야 할 것이다.

한두 가지 의견을 더 말하겠다. 우선, 이번 5·10 선거를 통해 새 정부가 건립되었는데, 간난아이가 바로 커서 어른 노릇하기는 어렵지만, 정부가 백성에게서 인심을 얻지 못하면 정부 노릇할 재간이 없다. 지금 인민의 동향을 관찰해 보면 이 정부 가지고는 살 수 없다는 절망감이 나오고 있다. 반란의 부분적인 원인도 정부에 대한 믿음이 없는 데서 나오는 것이다. 지금 정부는 세상 사람들이 우러러보는 '인망내각人望內閣'이 아니다. 정부가 생긴 지 몇 달이 지났지만 지금 내각에는 더 이상 바랄 게 없다는 것이다. 정부가 인민의 신망을 얻게 하는 방법 중 하나는 정부와 국회의 대립을 중지하는 것이다. 대동청년단 계열 국회의원이 32명 있지만, 본인은 당파 노릇을 한 적이 없다. 무슨 구락부 무슨 구락부 이것이 말이 되는가? 200명의 의원들이 한 덩어리가 되어 안정세력을 만들어도 될동말동한데 이렇게 분열해서야 되겠는가? 정부가 국회를 신뢰하지 않고 국회가 정부를 신뢰하지 않는다면, 국회의 위신이 서지 않는다면 무엇으로 인심을 수습하겠는가? 국회 전체가 한 당을 이루자. 국회는 철부지를 가르치듯 정부를 잘 교도해야 한다. 아이를 키울 때는 아이에게 책임을 묻지 않는 법이다. 국회가 정부에게 그만한 아량을 보여야 한다.

그리고 군대 문제가 심각하다. 그동안 당국에서 공산주의 세력을 탄압하면 그들이 피신한 곳이 국방군이었다. 이번 반란에는 원인遠因과 근인近因이 있는데, 원인은 진작부터 만들어져 있었다. 이전의 국방부 책임자들이 무엇을 했는지 모르겠다. 하지 중장만 탓할 수 없는데, 지금 책임자는 하지 중장의 책임이라고만 한다. 이게 무슨 국군인가? 공산군을 양성하는 국방군이 세상 어디에 있는가? 국가를 보위할 곳에서 공산군을 양성하는 이런 모순이 어디에 있는가? 이 정부가 국방을 이양 받은 첫날부터 했어야 할 일이 이 모순을 제거하는 것이었는데, 왜 오늘에까지 이르렀는지 알 수가 없다. 그리고 오동기, 최능진, 서세충이 반란을 모의한 것을 알았으면 그때 여수 14연대를 해산했어야 했다. 그렇게 했다면 오늘의 일이 없었을 것이다. 그런데 오동기를 체포한 날이 언제인가? 또 제주도 공산군을 치러 가는데 여수의 군대를 보내는 어리석은 짓이 어디 있는가? 공산군을 치러 가는데 공산군 부대를 보내는 것은 공산군 토벌대가 아니라 공산군 응원대이다. 이 때문에 1,000명의 경관이 죽고 한민당, 족청, 대동청년단이 모두 학살을 당했다. 이에 대해 현 정부는 반드시 책임을 져야 한다. 그런데도 정부는 하지 중장에게 책임을 지우고 자신들은 책임을 지지 않는다. 국방군의 전면적 정리 개편이 조속한 시일 내에 이루어져야 한다.

지청천 의원은 이외에도 애국지사의 적절한 등용을 주장하고, 민심 수습을 위해 양곡매입법의 폐지, 반민법의 철회, 소장파의 외군 철퇴론의 부당함에 대해 이야기했다. 국방부를 공격할 때까지는 의원들로부터 대단한 호응이 있었다. 하지만 국회의 최근 활동을 문제 삼을 때는 의석으로부터 부정적인 반응이 나왔다. 이러한 긍정적 부정적 반응과 무관하게 그의 발언은 문제의 핵심을 에두르지 않고 직설적인 언어로 바로 건드렸기 때문에, 적어도 의원들이 상황의 심각함에 위축되지 않고 자유롭게 발언할 수 있도록 하는 효과는 발휘한 것 같다. 여러 의원들이 나와 지청천 의원이 건드린 문제들, 특히 국방경비대의 문제에 대해 의견을 내놓았다.

지청천 의원의 발언이 끝나고 김장열 의원이 20명으로 구성된 수습대책위원회를 조직하자는 동의를 냈다. 서용길 의원은 내일 대통령과 전 국무위원을 출석시켜 대책을 강구하자는 개의를 내었지만, 어느 것도 가결되지 못했다. 하지만 10월 30일 제92차 본회의에서 진헌식 의원이 다시 법제사법위 2인, 외무국방위 4인, 내무치안위 2인, 재정경제위 3인, 산업노농위 3인, 문교후생위 2인, 교통체신위 2인, 징계자격위 2인, 총 20인으로 구성된 시국대책위원회를 구성할 것을 동의했고, 이 동의안은 재석 125, 가 83, 부 3으로 가결되었다. 동의와 가결이 아주 신속하고 부드럽게 이루어진 것을 보면 사전 조정이 있었던 것 같다. 그리고 잠간 동안 휴회를 하고 상임위 별로 대책위원을 선정한 후 본회의에서 최종 확정했다.

그 후 11월 5일 제96차 본회의에서 대책위원회는 시국수습 대책을 크게 여덟 가지로 정리해 발표했는데, 여기에서는 내각 총사퇴와 관련되어 있는 여덟 번째 대책만 보기로 한다. "정부는 금반 사건의 책임을 지고 거국적 강력 내각을 조직하여 민심을 일신케 할 것"이라는 내용이었다. 이 대책들에 대한 논의가 시작되었을 때, 중요한 사안이므로 정부 당국자도 불러서 함께 논의하자는 동의가 나왔다. 이 동의는 미결되었지만, 결국 관계 장관은 물론 대통령까지 부르자는 동의가 새로 나와 재석 136, 가 72, 부 43으로 가결되었다. 이에 따라 국회에서는 부의장과 의원 몇 명을 대통령과 국무위원들에게 보내 교섭을 했고, 그 결과 오늘 당장은 어렵고 다음날 오전 10시에 대통령과 전 국무위원이 출석하는 것으로 했다.

이승만과 조헌영의 공방

이튿날 11월 6일 제97차 본회의에 나온 이승만 대통령은 도각론의 헌법적 부당함과 상황적 부당함에 대해 길게 말했다.1-97, 5~7쪽 도각이란 정부를 뒤집는다는 것이다. 그러나 우리 헌법상 도각은 불가능하다. 내각제 국가에서는 정부가 세워진 후에도 몇 번 변경하는 경우가 있다. 하지만 대통령제에서는 그것이 불가능하다. "우리 정부는 4년 동안 그냥 있을 것입니다. 좋아도 있을 것이오, 싫어도 있을 것입니다."1-97, 5쪽 지금 이북은 소련이 붙잡고 있고, 이남은 미국이 우리에게 정권을 거의 다 내놓은 상태이다. 소련은 이북을 공산화했고 이남까지 공산화하는 것이 목표이다. 미국은 이남에 민주주의를 세우고 지난 3년 동안 소련과 합작하려다 실패한 후 우리에게 정권을 양도하고 이제 철수하려고 한다. 우리 입장에서 무엇을 취할 것인가? 이북 사람들과 협의해 공산화를 해서 이북의 한 부분이 되는 것인가, 아니면 미국이 군까지 걷어서 나가게 된 이때에 우리가 정부를 완전히 수립하고 합심 협력해서 민심을 수습하고 국방군을 조직해서 나라를 세우는 것인가? 지금 소련이 이북에서 25만 내지 30만 명의 군사를 양성해 전쟁을 준비해 놓고 기다리면서 이남에 난리를 일으키고 있다. 요즘 와서 이런 일이 자꾸 생기는 것은 유엔에 조선 문제가 상정되어 있기 때문이다. 소련은 자기들이 이북에서 세운 정부가 조선 전체를 대표하니 이를 인정하라 하고 있고, 미국은 유엔 시찰 하에서 인구 대다수에 의해 세워진 정부가 남북을 대표한 전국 정부이니 이를 인정하라 하고 있다. 미국은 우리 정부가 다 합작하고 통합해서 세계로부터 동정과 우호를 얻기를 바랄 것이고, 소련은 이 정부가 모두 파괴되고 난리가 나기를 좋아할 것이다. 이런 때에 반란이 일어난 것을 정부가 책임을 져라

하고 정부는 국회가 책임을 져라 하는 것은 안 될 일이고, 이런 말이 밖에 나가서는 안 된다. 정부와 국회가 서로 존경하자. 내각을 다시 조직한다는 것은 있을 수 없다. 하지만 여러분이 돌아앉아서 내각을 이렇게 해보자, 국무총리를 누가 하고 내무장관을 누가 하면 좋겠다는 것을 의논해서 사적으로 의견을 주는 모양으로 하면 내가 고려할 수 있다. 우리가 분열되어 있다는 얘기가 밖으로 나가서는 안 된다. 유엔에 우리 문제가 상정되어 있는 상황에서 조선 사람들이 정권을 맡아서 스스로 국권을 세울 능력이 없다는 소리를 듣지 않도록 하는 것이 제일 중요하다.

이승만 대통령의 발언이 끝나고 제8안건을 먼저 토의하자는 의견이 나와서 조헌영 의원이 발언에 나섰다.[1-97, 9~13쪽] 그는 자신도 도각론이 정부와 국회를 이간질하려는 모략이라고 생각한다면서 말문을 열었다. 제8안은 정부에 대한 건의안이지 정부 불신임안이나 탄핵안이 아니다. 이 반란사건을 처리하는 데 두 가지 견해가 있다. 정부가 책임을 져야 한다는 견해와 정부는 책임이 없다고 하는 견해다. 또 제8안건에는 거국적 강력 내각을 조직하라는 말이 있는데, 무엇이 강력이고 무엇이 거국이냐에 대해서도 견해가 다르다. 대책위원회는 정부에 책임이 있고 지금 정부는 비非거국 약체라는 견해에 서 있다. 정부 수립 초부터 이 정부가 약체라는 말이 있었다. 이에 대해 정부에 들어가지 못한 사람들이 정부를 중상해서 하는 말이라는 주장이 있었다. 무엇이 약체이고 무엇이 강력인가? 훌륭한 정치인과 훌륭하지 않은 정치인을 어떻게 아는가? 나는 현 정부의 국무위원들이 훌륭하고 신뢰할 만한 인물들이라고 믿고 있다. 정부가 약체라는 말을 들었을 때, 내가 말하기를 거물들이 모이더라도 각자 자기 누더기를 장만하려 하면 오히려 약체가 된다고 한 적이 있다. 대통령 명령 하에 준비가 되어 있는 내각이라야 강력한 정부가 될 수 있는 것이다.

그런데 지금 어쨌든 국민들은 현 정부가 약체라고 하며, 이 결의안도 이런 여론을 반영한 것이다. 왜 이런 말이 나왔는가? 사람의 값은 어떻게 정해지는가? 개인의 가치는 노동하는 사람 중에도 9점짜리가 있는 반면, 현 장관들 중에도 개인의 가치는 6, 7점짜리밖에 안 되는 사람도 있다. 그런데 사람의 값은 대중의 지지에 따라 값이 달라진다. 6점짜리에 공을 세 개 붙이면 6,000이 되지만, 9점짜리에 공을 하나도 안 붙이면 그냥 9가 된다. "정부가 약체냐 강력이냐 하는 것은 국민이 지지하느냐 안 하느냐 하는 데서 판정이 된다고 하는 것을 우리가 생각하지 않을 수가 없습니다. 내가 보는 바에는 정부에 있는 여러분 말이 가장 훌륭한 분이요 가장 강력하다는 것을 알 수 있습니다. 그러나 지금 있는 대중이 그들을 알지 못한다고 하는 것이 중대한 원인입니다."[1-97, 10쪽] 훗날 국무위원들이 세계에 으뜸갈 정치가가 될지는 모르지만, 현재로서는 국민들이 알지 못하는 사람이 많고, 그것이 약체 정부라는 여론이 생긴 한 가지 원인이다. 다른 원인은 국민의 대표기관인 국회에 그 지반과 배경을 주지 않는 정부가 들어섰다는 것이다. 국회가 정부를 후원해 오고 있고 훌륭한 정부라는 것을 민중에게 백방으로 이해시키려 노력했지만, 정부가 국회를 신뢰하지 않으니 민중이 국회의 말을 듣지 않는다. 이 결의안은 정부와 국회가 이제는 혼연일치가 되어야 되겠다고 생각해서 나온 것이다.

정부의 책임 문제와 관련해 정부가 무슨 책임이 있느냐는 말이 있다. 과거 군정 3년 동안 국방군을 조직할 때 그냥 걸어 들어온 사람, 지나가는 사람을 붙들어다 조직했는데, 그 속에는 10·1 대구사건 등을 계기로 공산당이 도피할 장소를 찾아 들어온 사람들이 있었다. 그래서 국방군이 공산군을 만들어 놓았는데 새 정부에 무슨 책임이 있느냐는 것이다. 이 말은 확실히 일리가 있다. 첫술에 배부르지 않는 것은 잘 알고 있다. 그러나 이 반란사건을 계기로 냉정히 생각해 봐야 한다. 공산주의자의 선동과 모략이 없었다면 이 사건이 일어나지 않았으리라는 것은 부인할 수 없는 사실이다. 하지만 폭발물에다가 불은 댄 것은 공산주의자지만 애초에 폭발이 가능하게 한 요소는 무엇인가? 공산당이 불을 대폭발을 시키는 데 중요한 원인이 된 것은 민중의 불만과 불평이다. 주전자를 꼭 막아놓고 불을 때면 터지는 것이 사실이지만 구멍을 내서 김을 빼면 터지지 않는다. 이번 반란에서 군이 반란을 일으켰지만 민중이 더 앞서서 군을 선동하고 군과 연락을 했다는 것도 사실이라면 정부의 시책에 중대한 실책이 있었다는 것을 말해주는 것이다.

몇 가지 실례를 들겠다. 이 정부가 설 자리는 어디인가? 이 정부는 민족의식이 강하고 민족적 양심이 있고 민족에 충성을 다하는 애국적 민족진영에 토대를 두어야 한다. 또한 과거에 공산진영을 따라다니던 좌익도, 그리고 왜놈이나 미군을 따라다니며 못된 일을 한 사람도 다 포섭하고 금도와 아량을 보이는 정책을 해야 튼튼한 기초 위에 설 수가 있다. 하지만 정부는 국민 포섭에 실패했다. 예를 들어 지난 9월 23일 반공대회는 겉으로는 공산주의를 반대하는 간판을 걸었지만 반민족처단법을 때려 부수고자 했다. 또한 과거에 좌익을 따라다닌 사람들 전부가 공산주의자가 아니라는 것을 분명히 인식해야 한다. 정부를 반대하고 폭동에 참가한다고 해서 모두 공산주의로 규정하는 것은 큰 실책이고 대단히 편협한 일이다. 민족적 양심이 있고 왜놈을 미워하던 사람들, 과거에 좌익을 따라다니던 사람들을 다 배격하고 정부가 설 자리가 어디 있는가? 극소수의 탐관오리에 정부의 지반을 세우고 그 외의 민중은 다 몹쓸 놈으로 만든다면 정부가 민중의 지지를 받지 못하는 것은 당연하다.

조헌영 의원은 그 외에도 두 가지 사례를 들면서 이러한 실책들로 인해 정부가 민심을 잃고 약체 정부가 되었다고 주장했다. 이에 대해 이승만 대통령은 조헌영 의원의 발언이 대단히 적절하고 간곡한 말이라 생각한다면서도 생각이 조금 다른 점이 있다며, 특히 친일파 문제에 대해 조금 길게 이야기했다. 요지는 정부는 친일파를 보호할 일이 없다, 친일파는 일단 두었다가 정권 이양이 완전히 이루어진 후에, 법적 근거 위에서 하자는 것이었다. 해방이 되고 친일파 청산을 가장 많이 이야기하는 사람들이 공산당이다. 자신도 처단해야 할 사람은 처단하자는 입장이지만, 지금은 때가 아니다. 공산당들이 지금 국방군 같은 곳에 들어가서 살인을 하고 있는데, 민족의 생명이 없어지는 이때에 경찰 중에서 악질분자, 반역분자라고 마구 잡아 내치면 당신들의 생명은 어떻게 되며, 당신들의 어린 자녀들과 부모의 생명은 어떻게 되겠는가.[1-97, 14쪽]

정부를 사흘에 한 번씩 고칠 수는 없다

이승만 대통령은 이 발언 후 국회를 떠났고 국무위원들도 모두 퇴장했다. 행정부와의 공동 토의를 기대했던 의원들은 모두 분노를 표하며, 독선적인 정부를 성토했다. 예컨대 김명동 의원은 대통령이 헌법을 몰라서 반민법이건 무엇이건 어떤 법을 만들어도 소용이 없다며 제헌회의를 끝내고 내일이라도 임시회의를 소집해서 헌법부터 고쳐야겠다고 했다.[1-97, 18쪽] 하지만 국회는 일단 시국대책 결의안을 완성하는 것밖에 어쩔 도리가 없었다. 그리하여 11월 8일 제98차 본회의에서는 가장 많이 토의된 여덟 번째 대책, 즉 거국적 강력내각의 조직에 관한 대책부터 표결에 붙여 재석 145, 가 89, 부 24로 가결시켰고, 다른 대책들도 호구 조사에 관한 대책을 제외하고는 이 날 혹은 다른 날에 모두 통과시켰다.

국회가 당초의 계획대로 시국대책 결의안을 작성하고 제8항을 포함시키자 이승만 대통령은 11월 8일 공산분자의 반란은 정부가 책임질 수 없다며 국회의 내각 개조 요구는 유감이라는 내용의 담화를 발표했다. 국회에 나와 발언한 내용을 조금 더 체계적으로 정리한 것이었는데, 마무리 부분이 재미있다. "정부를 사흘에 한 번씩 고쳐서 모든 정객들이 다 한두 번씩 정권을 잡았으면 좋을 것 같으나, 우리 삼천만이 그것을 원하는 것이 아니요, 어떤 정부든지 우리가 만든 것은 흔들리지 않고 끝까지 서서 태산반석泰山盤石 위에서 모든 나라의 추앙받는 정부가 되기를 주장하나니 국회 내의 애국 의원들은 이것을 생각해서 우리가 간신히 찾아온 국권을 파괴하지 말고 더욱 공고히 만들기에 노력하기를 바란다."『동아일보』, 1948.11.9

11월 10일에는 저녁 7시 30분에 중앙방송국 라디오를 통해 국회의 정부 강화 방안이 부당하다고 호소했다. "소위 우익진영이라는 단체에서는 종종 남북통일이라는 미명 하에서 소련의 계획을 절대 지지하며 총선거도 반대하고 민국정부도 인증하지 아니하여 유엔에 글을 보내서 소련계획을 공개적으로 지지하고 있다 합니다. 동시에 우리 국회에서는 정부와 대립해서 백방으로 방해하는 운동을 하다가 얼마 전에는 양국 주둔군 철퇴를 주장하여 공개적으로 의안을 제출하여 소련의 주장을 응원하여 남한에서 미군 철퇴를 원한다는 감상을 표시하고 미군이 걷어가기를 독촉하나니 (…중략…) 이 뜻대로 진행되어서 미군이 다 철퇴하고 이북 공산군이 남한으로 내려온다면 국회의원들이 민족의 생명과 치안을 보호할 방책은 무엇인가, 민족의 생명은 어찌되었든지 공산군이 내려오기만 원하는 것인가."『동아일보』, 1948.11.12 "국회에서 정한 헌법에 입법부가 정부를 개조할 권리도 없고 정부를 개조할 이유도 없는 터이니 입법부가 먼저 헌법을 위반하고 앉아서 행정부를 시비한다는 것은 누가 듣든지 웃을 말이요, 또는 정부를 타도하려는 공산분자들의 반란죄를 정부에 씌운다면 이것이 정부를 돕는 것인가, 공산분자를 돕는 것인가를 생각해 볼 일입니다. 우리 정부를 밖에서 공산당이 치고 안에서 국회가 쳐서 내외상응으로 민족 생명과 국가 운영만 위태케 한다면 이 국회가 민의를 따르는 국회며 나라를 보호하는 국회라고 말할 수 있을까 의문입니다. 정부가 무력하다 정부에서 하는 일이 없다 하는 등의 구실로 (…중략…) 인심을 선동하여 놓았지마는 설령 자기들의 계획대로 된다면 결과가 어떻게 될 것을 생각해 볼 것입니다. 두세 정당이 서로 자리다툼을 하느라고 나오는 결과로 내각 구성을 못할 것이요, 설령 성립이 된다 해도 서로 지위를 다투느라고 조삼모사의 난국을 수습하기가 심히 어려울 것입니다. 이런 장난을 하지 못해서 악감과 원혐怨嫌을 품고 별별 운동으로 도각 정부를 발기한 국회의원들은 한 번 각성해서 다시 생각해 볼 필요가 있을 것입니다.ᵂ『동아일보』, 1948.11.13

마지막으로, 1948년 11월 13일 중앙청 제1회의실에서 내외기자단과 회견하는 자리에서 이승만 대통령은 다시 한번 강경한 발언을 쏟아냈다. 국회의 결의가 정말 몇몇 의원의 선동에 넘어간 것이라고 보느냐는 기자의 질문에 "정부에 무슨 위헌된 비정秕政이 있을 때 국회에서 호헌적 입장에서 이를 비판하고 규탄할 수는 있다. 그러나 내가 보기엔 공산분자의 소행이 언제나 외부의 모략에 의하여 선동되는 것과 같이 국회의원들 중에도 몇몇 사람은 외부의 선동에 따라 행동하는 것 같다. 그리하여 국회의원의 3분의 2 이상의 사람을 자기 진영에 넣기 위하여 갖은 애를 쓰고 있는 듯 싶다"고 답했다. 또한 도각과 정부 강화를 혼동하고 있지 않느냐는 질문에는 "나도 그것을 모르는 바는 아니지만 내가 개조 운운하면서 정부 강화를 운위하는 사람들의 진의를 살펴보건대 부분적 개조를 의도

함이 아니라 전체적 개조, 즉 도각을 꾀하는 까닭에 이를 용허할 수 없는 바이다"라고 답했다. 그리고 국회에서 내각 개조를 주장하는 헌법개조론이 대두되고 있다 하는데 이에 대해 어떤 정치적 해결책이 있느냐는 질문에 대해서는 "국회와 내각 간에 서로 알력이 있다고 하는 것은 불행한 일이나 지금 내각 개조라는 이런 안건으로 문제를 삼을 때가 아니고 이런 것을 한 번 시작하면 연속하여 개조를 주장해서 안정될 때가 없을 것"이라고 답했다. 『경향신문』, 1948.11.13

11월 13일 제103차 본회의에서는 신익희 의장이 전날 오전 11시 20분에 시국대책위원장 지청천 의원, 곽상훈 의원, 조중현 의원과 함께 대통령을 만났다면서 내용을 보고했다. 국회에서 작성한 시국 수습책은 다 전달했고, 특히 이번 반란사건에 대해 정부가 책임을 지고 거족적 강력 내각을 구성해 달라고 했다. 국회의 전체 의사가 내각을 도괴시키려는 것이 아니다. 정부를 더 강화하자는 것이 본의임을 알아주기 바란다. 대통령이 담화문이나 라디오에서 국회에 대해 말씀하신 것 중에 잘못된 점이 있다. 이것은 유감이다. 이에 대해 대통령의 답변은 심심한 고려를 하겠다는 것이었다. 내각을 개조하는 시기도 고려하고 개조의 내용도 고려하겠다. 국회에 대한 자신의 발언과 관련해서는 조금이라도 그런 현상이 있지 않은가 해서 말한 것이고 앞으로는 조심하겠다는 대답이었다. 1-103, 2쪽

실제로 이승만 대통령은 유엔에서 대한민국이 국제 승인을 얻은 뒤 내각을 개편하겠다고 공식적으로 선언했다. 또한 11월 17일에는 다시 라디오 방송을 통해 국회와 화해했다며 이렇게 말했다. "국회 몇몇 대표자와 국무원 간에 화의로 면회를 열고 의사를 교환하는 자리에 그분들이 나의 설명한 말에 대하여 섭섭히 생각하는 이유가 몇 가지라 하는데, 첫째는 도각이라 한 것은 자기들이 주장한 바가 아니요, 둘째는 국회의원 전

체가 다 좌익처럼 말하였다는 것이요, 셋째는 우익진영이 모두 정부를 반대하는 것 같이 되었으니 사실과 어긋나는 고로 억울히 여긴다는 것입니다. 내가 말로나 글로 누구에게든지 불공평한 일은 없도록 평생 주의하여 온 터인데, 더욱이 이때 민국 건설의 큰 책임을 함께 담당하고 노력하는 우리 국회의원들에게 억울한 말을 해서 그 분들의 명예나 위신에 손실이 있게 하였으면, 나의 실수를 자백하고 공개로 사과하기를 주저 않을 터입니다."『동아일보』, 1948.11.19 하지만 이렇게 말한 후 국회에 대한 자신의 발언은 정당한 것이었다는 논리를 펴서 이것이 진정한 사과라고는 할 수 없었다. 서로의 체면을 구기지 않기 위한 사과 아닌 사과였던 셈이다.

만신창이의 나라

노각 혹은 정부 강화를 둘러싼 대통령과의 갈등이 막바지에 이르는 무렵부터, 국회는 여순사건에 대한 입법적 대응으로서 국군조직법과 국가보안법을 신속하게 처리하기 시작했다. 국군조직법은 11월 10일 제100차 본회의에서 제1독회를 시작해 11월 15일 제104차 본회의에서 제2독회를 마치고 11월 18일 제107차 본회의에서 최종적인 마무리를 했다. 국가보안법은 11월 9일 제99차 본회의에서 제1독회를 시작해서 11월 20일 제109차 본회의에서 모든 절차를 마쳤다. 소장파 의원들이 11월 16일 제105차 본회의에서 현재 토의 중인 국가보안법안을 폐기하자는 동의안을 제출했지만, 이 동의안은 치열한 논쟁 끝에 재석 122, 가 37, 부 69로 부결되었다. 국가보안법은 6개 조항으로 이루어진 간단한 법안이었다. 권력에 의한 자의적 악용과 인권 침해의 소지가 컸지만, 다수의 의원들은 상황의 엄중함을 더 중시했다. 여순사건의 여진이 계속되는 가운데서도 대구, 김천, 오대산지구에서 군인들의 무장 반란이 일어나고 있었다.

"대한민국 정부는 껍질"이라는 이항발 의원의 말은 나라의 상태에 대한 정확한 진단이었다. 아니 오히려 저평가라 해야 할지도 모르겠다. 대한민국 정부가 껍질이었던 것이 아니라 대한민국 국가가 껍질에 가까웠기 때문이다. 대한민국 정부가 수립되어 미군정으로 권력을 이양받았지만, 미군정기에 초래된 상당한 수준의 아나키, 아노미, 카오스도 물려받았다. 가장 큰 문제는 좌익파괴세력의 무장 준동으로 치안이 전국에 걸쳐 확보되지 않은 것이었다. 막스 베버는 근대국가의 첫 번째 특징으로 폭력수단의 독점을 꼽는다. 근대국가는 폭력수단을 서서히 독점해 나가면서 '내적 평정'을 이룩한다. 해방 이후 남한은 내적 평정이 전혀 이루어지지 않은 상태였다.

문제의 중심에는 치안의 최종적 반석이어야 할 국방경비대에 좌익세력이 광범위하게 침투해 있는 현실이 있었다. 이에 대해서는 미군의 책임도 있었다. 미군은 국방경비대원을 모집할 때 전력을 전혀 따지지 않고 미군정과 앞으로 수립될 정부에 대한 충성 서약 의식만 거치면 충성스러운 군인으로 간주했다고 한다. 기독교 문화에서 '맹세'가 서구인들에게 갖는 것과 동일한 내면적 구속력을 가질 것이라고 생각한 것은 참으로 안이하고 순진한 발상이었다. 여러 국회의원들이 지적했듯이 이런 느슨한 모집과정을 통해 남한 내의 좌익세력과 북한의 간첩들이 다수 국방경비대로 스며들었다. 그리하여 대한민국 정부 수립 후 "한국인 지도자들은 국방경비대 미군 장교들에게 경비대 내에 공산 트로이목마가 존재한다고 경고했지만 이 경고는 무시되었다. 최근 5·10 선거 이후 한국인 지도자들은 국방경비대에서 비상사태가 일어나는 것을 막기 위해 국방경비대의 모든 탄약통을 회수할 것을 제안했지만, 이 경고는 무시되었다. 미국이 모집한 국방경비대원 중 다수는 38선 이북에서 새로 내려온 자칭 피난민이었으며, 이들은 적절한 조사 없이 받아들여졌다".[4]

경제 상황은 새삼 말할 필요도 없을 것이다. 1949년 1월 27일 자로 무초 대사가 미 국무부에 보내는 상황보고에 따르면, 대한민국의 경제는 암울했다. 농민들이 소비재와 비료를 약속대로 받지 못하면서 정부에 대한 신뢰가 무너지고 있었다. 산발적인 게릴라의 습격과 공산주의 폭동은 농민들을 끊임없이 불안정과 공포 상태에 묶어둠으로써 여전히 농업지대의 상당한 부분에 영향을 미치고 있었다. 경제적으로 장기 전망은 변함없이 어두웠다. 남한은 막대한 비용을 치루더라도 혼자서는 생존 가능한 경제가 되기 어렵다. 상황을 더욱 악화시키는 것은 정부와 정치권이었다. 무초는 행정부가 전반적으로 형편없다고 관찰했다. 국가적 차원의 행정도 무능하지만, 지방과 하부 차원은 더욱 열악하다. 이러한 무능한 행정은 정부와 국민의 관계를 악화시키고 있었으며, 특히 산업, 통신, 수송, 공익사업에서 만연해 있었다. 체계적인 공무원 제도의 부재와 불충분한 임금으로 공무원들은 불안정한 생활을 하고 있었고 근무를 할 때 부패를 일삼는 경향이 있었다. 무초는 반민특위의 영향도 지적하면서, 반민특위의 맹렬한 친일 청산 작업이 정부조직과 사회조직 전반에 걸쳐 상당한 알력, 비통함, 앙심을 야기하고 있다고 관찰했다. 보복적으로 이용된다면 이 청산 캠페인은 보안군을 심각하게 약화시킬 수도 있다고 했다. 내각 내에서는 관할권과 관련해 장관들 사이에 경쟁관계가 존재하고 책임 소재가 없어졌다. 무초는 내각을 강화하기 위해서 농림장관과 상공장관의

---

4   The Special Representative in Korea (Muccio) to the Secretary of State." Seoul, October 28, 1948. http://db.history.go.kr/id/frus_004_0010_2000 (2020.10.18).

교체가 필요하다는 전반적인 인식이 있다고 보고했다. 실제로 이 시기에 조봉암 농림장관은 여러 가지 비위 혐의로 감찰위원회의 조사를 받고 있었고, 임영신 상공장관도 얼마 후 부패혐의로 수사를 받게 된다. 무초는 국회와 정당의 움직임에 대해서도 보고했다. 국회는 최근의 관계 개선에도 불구하고 행정부와 싸움을 계속할 것으로 보이며, 정당들은 통합 시도를 하지만 아무런 진전도 이루지 못하는 가운데 권력과 각료 직위를 향한 경쟁을 계속하고 있다는 것이었다.[5]

여순사건은 정부뿐만 아니라 국가 자체가 약체라는 것을 적나라하게 보여주었다. 이 시기에 나온 이승만 대통령의 발언을 보면 그 자신도 여순사건에 아주 놀랐던 것 같다. 우리 후손들의 입장에서 놀라운 점은 정부 수립 이래, 아니 해방 이래 최대의 위기가 찾아왔는데도 정치권이 고강도 정쟁에 휩싸인다는 사실이다. 전쟁 중에는 장수를 바꾸지 않는다는 병법은 당시에는 존재하지 않았는지 국회는 사태가 일어나자마자 이범석과 윤치영 같은 관련 부처 장관의 교체를 넘어 내각 총사퇴를 요구했다. 이승만은 이 반란사건을 마치 정부가 일으킨 것처럼 취급하는 국회에 아주 화가 났는지 모든 수단을 동원해 국회를 공격했다. 윤치영은 국회에서 특유의 거칠고 대결적인 태도로 정부와 국회의 갈등을 격화시켰다.

---

5   "The Special Representative in Korea (Muccio) to the Secretary of State", Seoul, January 27, 1949-2 p. m. http://db.history.go.kr/id/frus_005_0010_0080 (2020.10.18).

트리플에이 내각?

이승만 정부의 초대 내각은 정말 약체였을까? 국가 자체가 약체였기 때문에 내각이 약체인 것은 불가피하지 않았을까 싶다. 더욱이 이승만은 조각 과정에서 최대 정파인 한민당을 배제했고, 임명된 인사들도 다양한 정치세력의 수장급에 미치지는 못했다. 그렇다면 한민당을 기반으로 하는 내각을 구성하거나, 조헌영 등의 주장대로 각 정파의 수장급들로 내각을 구성했으면 강력 내각이 되었을까? 이승만은 우선 한민당 기반 내각에 대해서는 강력 내각이 되지 못했을 것이라고 생각했다. 로버트 올리버에게 보낸 1948년 9월 10일 자 편지에서 그는 조각에 대한 언론의 공격을 개탄하면서 "귀하에게 내가 말할 수 있는 것은 각료직에 대한 한민당의 추천에 내가 굴복하였더라면 사태는 더 악화되었을 것이라는 점이오. 그때에는 지방의 국민들이 나를 반대하고 나섰을 터이니 말이오"라고 했다. 그러면서 서울의 정치인들이 자신을 반대하고 있다며, "나는 항상 외로운 싸움을 해나왔고, 나는 이것을 계속하지 않으면 안 되오"라며 유력 정당들과의 싸움을 피하지 않겠다고 다짐했다.[6]

각 정파의 수장급들로 이루어지는 내각은 어땠을까? 조헌영 자신도 이런 내각이라고 무조건 잘 될 수는 없을 것이라고 했다. 사실 대통령제 국가에서 그런 내각이 어디 있겠으며, 그런 내각이라고 잘 될 리가 없다. 내각이 라이벌 관계에 있는 다양한 파벌들의 연합으로 이루어진다면, 어떤 중요한 결정도 이루어질 수 없고 정치적 교착이 일상화될 것이다. 특히 독립운동 시절 정파들 간의 파벌투쟁은 자타가 공인하던 바였고, 현대 국

---

6   강준만, 앞의 책, 152쪽에서 재인용.

가를 세우고 현대적 행정부를 구성해야 할 시점에도 파벌투쟁의 그림자는 강하게 드리워져 있었다. 초대 내각이 예컨대 김구, 김성수, 조소앙, 신익희, 김준연, 조병옥, 지청천, 김약수, 조봉암 등등으로 이루어졌다고 생각해 보라. 국무회의에서는 매일 싸움이 벌어졌을 것이고 해방 후의 경험으로 볼 때 암살과 같은 극단적 폭력사태의 가능성도 배제할 수 없었을 것이다.

조각 과정에서 이승만에게 조언한 윤치영은 약체 내각이라는 주장이 정략 차원에서 아주 과장된 것이라고 보았다. 이범석, 김도연, 이인, 장택상은 인격, 학식, 덕망, 나라와 민족을 위한 공적이라는 면에서 나무랄 데 없는 인사들이었다. 전진한은 오랫동안 음지에서 노동운동을 실천한 인물로 호쾌한 인품의 소유자였다. 조봉암 역시 인품이나 역량과 재질이 뛰어났고 일제에 대한 투쟁 경력도 손색이 없었다. 안호상은 독일 예나 대학 출신의 철학자이자 일제에 항거한 '불령선인'으로 건국 초기에 교육의 기초를 다지는 중책을 맡기에 합당한 인물이었다. 다른 모든 장관들도 모두 뛰어난 인물로서, "초대 내각은 그야말로 각계각파의 인물을 망라한 거국내각이었다"는 것이다.[7]

윤치영의 평가에 따르면 메이저리그는 아니라도 트리플에이는 되는 것 같았던 초대 내각은 하지만 출범한 지 얼마 되지 않아 문제를 드러내기 시작했다. 대한민국 정부에 최초의 시련을 안긴 것은 1948년 9월 14일 경부선 내판역에서 일어난 대형 열차 사고였다. 이 날 오후 7시 30분경 기관차 고장으로 정차해 수리 중이던 부산발 서울행 조선해방자호제2열차의 후부를 목포발 서울행 서부해방자호제32열차가 추돌해 후부 객차 2량

---

7   윤치영, 앞의 책, 213~4쪽.

이 파손되었다. 하필이면 미군이 이 열차로 이동 중이어서 미군의 사망자가 25명, 부상자가 78명이었고, 한국인은 1명이 사망하고 22명이 부상을 입었다. 대참사였다. 이로 인해 민희식 교통장관이 사임을 해야 했고, 10월 4일 허정이 제2대 교통장관으로 임명되었다.

내판역 사고가 일어난 지 약 일주일 후인 9월 22일에는 장택상 외무장관이 갑자기 국무회의에 사표를 제출했다. 이유가 뚜렷하지 않았다. 원래 수석 장관인 내무장관이 유력했던 터에 외무장관으로 임명된 데 대한 불만 때문이었을까? 조각 당시에도 장택상이 외무장관에 임명되고 윤치영이 내무장관에 임명되자 윤치영의 농간이라는 설이 있었다. 윤치영 자신은 장택상과의 불화설을 모함이라고 주장하고 있지만,[8] 이 불화설은 계속 유포되었다. 아무튼 장택상의 사표 제출에 대해 대통령과 국무총리는 유엔총회가 열리고 있는 지금 시점에 외무장관이 사표를 제출하면 내각을 와해의 위기에 빠뜨리고 유엔의 한국문제 토의에 악영향을 미친다고 설득해 사표를 철회시켰다.『동아일보』, 1948.9.26 이 일이 일어난 뒤 9월 27일에는 지청천 무임소 장관이 임명된 지 두 달도 안 돼 자리에서 물러났다. 당초 입각 교섭이 왔을 때부터 뜻이 없었지만 행정권 이양과 같은 중대사를 고려해 대국적 견지에서 수용했던 것인데, 행정권 이양도 거의 완료되었으므로 국무위원으로 있을 이유가 없다는 설명이었다.『동아일보』, 1948.9.28 독립운동 때의 지위로 보나 연령으로 보나 이범석을 능가하는 인물이었기 때문에, 국무총리 혹은 최소한 국방장관이면 몰라도 무임소 장관이라는 자리는 그의 명성과 지위에 합당하지 않다고 생각했을지도 모른다.

여순사건에 따른 국회의 책임 추궁도 버텼던 이승만 대통령이었지만,

---

8   위의 책, 212쪽.

12월 중순 상당한 규모의 개각을 단행하지 않을 수 없는 사건이 일어났다. 7선 의원으로 1950년, 60년대의 유명한 정치인이었던 유진산은 이 당시 이승만 대통령의 신임을 받고 있던 우익 청년운동가였다. 그런데 어떤 비위 혐의로 피소되어 종로서가 그를 체포하려고 하고 있었고, 결국 12월 20일에 전진한 사회장관 집에까지 진입해 그곳에 피신해 있던 유진산을 잡아가는 일이 일어났다. 전날에는 경찰이 대통령 관저 앞에서 기다리다가 대통령을 만나고 나오는 유진산을 체포하려는 시도가 있었다. 심지어 이승만 대통령이 윤치영 내무장관에게 직접 전화를 걸어 유진산을 체포하지 말라고 지시했는데도 이런 일이 일어났던 것이다. 이 때문에 전진한 사회장관이 사의를 표명했고, 12월 22일 제2회 국회 제2차 본회의에서 이 일이 안건에 올랐다. 전진한 장관의 울분에 찬 경과 설명, 윤치영 장관의 해명, 의원들의 거센 성토가 있었고, 이석주 의원이 윤치영 내무장관에 대한 불신임 동의를 했다. 이 동의안은 재석 131, 가 72, 부 6으로 통과되었다.[9]

이 불신임안은 아무런 법적 효력이 없었지만, 정치권에 큰 파문을 불러 일으켰다. 결국 이승만 대통령은 12월 24일 새 내무장관에 신성모를, 새 사회장관에 이윤영을 임명했다. 장택상은 주영 대사, 윤치영은 주필리핀 대사로 임명되었지만, 두 사람 다 이를 거절했다. 새 외무장관으로는 1949년 1월 31일 자로 임병직이 임명되었다. 이승만 대통령은 개각 성명을 통해 자신의 개각이 국회의 불신임 결의에 따른 것이 아님을 분명히

---

9 회고록에서 윤치영은 어떤 청탁 문제로 자기에게 앙심을 품은 '모 의원'이 사퇴권고안 상정을 제의했다고 말하고 있는데, 이것으로 보아 '모 의원'은 이석주 의원인 것 같다. 위의 책, 228~229쪽. 이석주는 1970년대 김영삼과 함께 신민당의 주요 지도자로 활동했던 이철승의 큰아버지이다.

하며, 국회의 결의는 헌법이 정한 삼권분립 위반이라고 주장했다. 이 개각 성명에는 '약체 정부' 주장과 관련해 흥미로운 얘기를 담고 있어 그 부분을 직접 인용한다.『동아일보』, 1948.12.25

민국 정부가 수립된 이후로 다소간 비평도 있었고 불평도 있었으나 우리가 기대도 하였던 바요 또 그 불평의 이유도 있을 줄로 알았으나 정부를 이와 같이 수립한 목적은 정부를 한 번 세운 후에는 요동이나 천동遷動이 없이 굳게 서 있는 것을 표준한 것이니, 의도가 같지 않는 유력한 인도자들이 모여서 표면으로는 강경한 정부 같으나 의도가 서로 맞지 않아서 칠전팔락七轉八落하게 된다면 도로 허약한 정부가 되므로 민국 초보에는 표면이 약하고 내심으로 굳어서 정계의 풍파에 파동을 받지 않는 공고한 조직을 만들려고 한 것이다. 과연 이 정부가 군건히 서서 어려운 위기를 거의 다 넘기고, 지금은 확고불발한 지위에 이르렀으니 이것은 우리의 애국 민중이 모든 정객들과 불평분자들의 선동에 빠지지 않고 여일히 보호하여 온 결과인 줄 믿는다.

내각 구성과 관련한 한민당 등의 주장에 대한 정면 부정이자, 라이벌들의 내각이야말로 약체 정부라는 것이다. 초대 내각이 확고한 지위에 이르렀다는 이승만의 당당한 주장에도 불구하고, 초대 내각은 이후에도 조봉암 농림장관의 독직과 임영신 상공장관의 부패로 계속 문제를 일으켰다. 이런 상황에서도 이승만이 계속해서 특정 정당에 기대지 않고 정파를 초월하는 자리에서 나라를 이끌려고 하자 국회와의 갈등은 계속 깊어졌다. 국회 과반수를 차지하는 여당이 있으면 좋겠지만, 그는 거국정치의 약속 때문에 여당을 만드는 일에 직접 나설 수 없었다. 1948년 11월에 윤치영과 신익희의 주도로 대한국민당이 창당되기는 했지만 세력이 크지 않았다. 심지어 신익희는 1949년 2월 김성수와 손을 잡고 민주국민당을 만들게 된다. 이승만은 이런저런 이유로 1951년 12월 자유당이 창당될 때까지 국회 내에 안정적 기반을 가질 수 없었고, 국회와 정부 사이에 다툴 일이 있을 때마다 자신이 직접 국회와 맞서는 상황을 연출했다. 갈등이 불필요하게 증폭될 수밖에 없었다. 이승만이 행정에서 만기친람이었는지는 모르겠지만 정치에서는 분명히 만기친람이었다. 만쟁친전萬爭親戰이라 해야 할지 국회와의 모든 중요한 싸움을 자신이 직접 했다.

제13장

반민족행위특별조사위원회의 구성

　반민법은 9월 7일 제60차 본회의에서 통과된 후 9월 22일 시행에 들어갔다. 이로부터 일주일 후 9월 29일 제77차 본회의에서 김인식 의원 외 19명이 "반민족행위처벌법 제9조에 의하여 특별조사위원회를 구성할 것"이라는 긴급동의안을 제출했다. 특조위를 구성하는 방법으로는 세 가지가 제안되었다. 첫 번째는 특정 지역의 반민족행위자는 그 지역의 의원이 더 잘 알 것이니 지역별로 한 도에 한 명씩 '호선해서' 본회의의 승인을 받자는 안이었다(김웅진과 노일환의 동의안). 두 번째는 특조위 위원은 일정한 자격을 갖추어야 하는데 지역별로 하면 기준을 충족시키지 못할 수도 있으니 자격심사위원회에서 배수 공천해 본회의에서 무기명투표로 뽑자는 안이었다(정광호와 박종남의 개의안). 세 번째는 의장과 부의장이 전형위원 5인을 선정하고 그 전형위원의 배수를 공천한 후 본회의에서 최종 승인하되 선정된 위원은 사양하지 않는 조건을 붙이자는 것이었다(조헌영의 재개의안). 첫 표결에서는 세 가지 안 모두 미결되었다. 그리하여 재표결에 들어갔고 결국 동의안이 재석 154, 가 81, 부 71로 가결되었다. 이렇게 해서 반민특위의 구성이 국회의 일정에 올랐다.

국회법을 이긴 소장파의 억지

10월 1일 제79차 본회의에서는 회의 시작 때의 보고 시간에 특조위원으로 호선된 의원들에 대한 보고가 있었다. 경북 김상덕, 전북 오기열, 강원 이종순, 제주 오용국, 충남 김명동, 전남 김준연이 뽑혔고, 경기, 경남, 충북, 서울의 특조위원은 아직 결정되지 않았다는 보고였다. 그러자 황해도 출신인 오택관 의원이 등단해 황해도 출신의 국회의원이 4명인데다 '행정법'에는 황해도가 하나의 도로 포함되어 있으니 황해도 대표 특조위원을 허용해 달라는 것이었다.

실제로 당시 토의되고 있던 「지방행정에 관한 임시조처법」 제5조에는 지방에 서울시, 경기도, 충청북도, 충청남도, 전라북도, 전라남도, 제주도, 경상북도, 경상남도, 황해도, 평안남도, 평안북도, 강원도, 함경남도, 함경북도를 둔다고 되어 있다. 하지만 이 법은 아직 통과되지 않은 상태였을 뿐만 아니라 제77차 본회의에서 김웅진 의원이 '도'라고 했을 때에는 기존 법률에 따른 '도'를 의미했다. "우선 헌법 101조에 해당하는 그 악질적 반민족행위 한 사람은 38 이남에 광범하게 널려 있습니다. (…중략…) 광범하게 각 도 각 군에 있는 까닭에 한 도에 하나씩 그 도에서 호선을 해서 열 분을 뽑기로 동의합니다. 그 이유는 어떤 한 곳에는 몇 사람이나 있고, 저 제주도 같은 곳을 모르는 사람은 거기 일을 들어내지도 못할 바입니다."[1-77, 19쪽] 따라서 '지역별'이라는 것은 행정상의 지역, 즉 서울, 경기, 강원, 충남, 충북, 전남, 전북, 경남, 경북, 제주의 10개 지역을 뜻했다. 황해도는 경기도에 포함되어 있었고, 그래서 5·10총선에서도 황해도는 경기도의 지역구로 취급되었다. 더욱이 "지방행정 임시조처법"에는 황해도뿐만 아니라 다른 북한지역도 포함되어 있기 때문에 상징적 의미를 가지는 것으로 보는 것이 타당할 것이다. 물론 제주도 출신 의원이 한 명밖에 되지 않는데도 거기에는 특조위원을 배정하고 네 명의 출신 의원이 있는 황해도에는 한 명도 배정하지 않는 것은 형평에 어긋난다고 볼 수 있지만, 법은 법인 것이다.

하지만 김웅진 의원이 등단해 제77차 본회의에서 자신이 한 말을 스스로 뒤집고 오택관 의원을 지원사격하면서 큰 소동을 일으키게 된다. "제주도는 옛날부터 우리 도道가 아니고 '섬 도 자' 제주도濟州島이지 '길 도 자'가 아닙니다. 군정에 어떤 의도로써 그렇게 하였는지 모르지만 조그만 섬이올시다. 해서 우리 500년 동안에 제주도를 한 도로 한 적이 없어요. 그래서 제주도는 전라남도에 붙은 것을 예상하고서 황해도가 엄연히 황해도로서 되었던 것처럼 생각하고서 나는 각 도별로 하자는 것을 말한 것이올시다."[1-79, 2쪽] 그의 이전 발언과 비교해 보면 이것은 명백한 거짓말인 것을 알 수 있다. 이에 많은 의원들이 발언권을 신청했으나 사회를 맡은 김동원 부의장은 특조위원들이 모두 결정되면 이야기하자며 예정된 안건으로 되돌아갔다.

회의가 이 문제로 다시 돌아왔을 때, 배중혁 의원은 보고 시간에는 제주도에서 1인이 뽑혔다고 했는데 동의자인 김웅진 의원은 제주도가 아니라 황해도를 넣자는 것이었다고 했다면서, 의원이 1명밖에 나오지 않은 제주도 대신 4명이 나온 황해도를 도로 인정할 것을 동의했다. 이에 오택관 의원이 찬성하고 나섰다. 그러자 제주도의 유일한 의원으로 특조위원에 뽑힌 오용국 의원이 등단해 아무개 의원이 대단히 특조위원을 하고 싶은가 보다면서, 행정구역은 이미 정해져 있기에 이제 와서 황해도를 넣자는 것은 말이 안 된다, 자신이 특조위원을 꼭 원하는 것은 아니지만 황해도는 다른 방법으로 조사하면 되지 않겠느냐고 했다. 정광호 의원 역시 김웅진 의원의 이전 발언을 상기시키며, 필요에 따라 국회에서 마음대로 황해도를 도로 승격시키고 제주도를 다른 도에 부속시키는 것은 언어도단이라고 했다.[1-79, 16쪽] 따라서 배중혁 의원의 동의는 애초에 성립할 수 없다는 것이었다. 조한백 의원도 회의록을 조사한 결과 김웅진 의원이 동의할 때, 제주도 예를 들며 제주도를 강조한 말이 역력히 나타나 있다며, 한 번 결정한 것을 다시 논의할 수 없으니 다시 의논하려면 번안동의를 해야 한다고 주장했다. 번안동의의 경우 최초 발의자의 2/3 이상의 찬성으로 성립하고 출석의원 2/3 이상의 찬성이 있어야 통과될 수 있다.

이에 배중혁 의원이 등단해 자신의 긴급동의안은 이미 10청까지 있었고 의장이 성립한다고 선포했으므로 조한백 의원의 말이 부당하다며 통상적인 방법으로 표결 처리되어야 한다고 주장했다. 신성균 의원은 새로운 논리를 들고 나와 배중혁 의원을 지지했다. 제주도가 한 도라는 것은 이의가 없지만, 원래 각 도에서 한 사람씩 호선해서 특조위원을 뽑기로 했었는데 호선이라는 것은 원래 여러 사람 중 한 사람을 뽑는 것을 의미하는 것으로 혼자서 할 수 없는 것이니, 제주도에서는 애초에 특조위원이 나올 수 없다는 것이었다. 이어서 발언한 정해준 의원의 표현에 따르면 오용국 의원밖에 없는 제주도에서 호선한다는 것은 "그 문자의 범위에 저촉이 되는 것"이었다.[1-79, 17쪽] 장병만 의원은 제주도를 도라고 하는 것도, 혼자 호선을 하지 못한다는 것도 타당성이 있다며 제주도와 황해도를 합해서 호선하자고 제안했다. 그러나 이원홍 의원은 법을 만드는 국회가 법을 어겨서는 안 된다며, 김웅진 의원의 동의가 황해도와 제주도에 대해 이야기했는지 안 했는지 구애될 필요가 없고 현행법상 제주도가 한 도로 구성되어 있으니 이를 따라야 한다, 그리고 이승만 박사가 동대문구에서 무투표 당선이 되었듯이 호선이라 해도 한 사람밖에 없는 경우 자동으로 그 사람이 특조위원이 되는 것이라고 했다.

　엄청난 설전이 오가자 김동원 부의장은 내일 특조위원이 모두 뽑힌 후에 다시 토의할 것을 주문했지만, 김준연 의원이 나서 의장이 무사주의에 빠져 이 문제를 어물쩍 넘기려는 것을 받아들일 수 없다며, 제주도가 한 도로 되어 있다는 것, 이원홍 의원의 말처럼 호선이 무투표 당선을 배제하지 않는다는 것을 재차 강조하며 이 문제를 지연하지 말 것을 요구했다. 그러자 서용길 의원이 나와 다시 새로운 논리를 동원해 배중혁 의원을 지원했다. "이 법[반민법]이 [1945년] 8월 15일 이전으로 소급해서 그대로 처리하는 법이라고 하면 행정구역도 마찬가지로 소급해서 그때에 행정구역으로 한다는 것"이 이론상 옳다는 것이었다.[1-79, 18쪽] 그러면서 배중혁 의원에게 황해도와 제주도를 하나의 지역으로 보고 호선하도록 하자고 요청했고, 배중혁 의원이 그 요청을 접수한다고 했다.[1-79, 18쪽] 조헌영 의원은 의원수가 많은 도에서도 한 명 뽑고 적은 도에서도 한 명 뽑는 지역별 선정의 불비례성 문제를 헌법기초위원 선정 때부터 여러 번 지적해 왔다며, 행정구역이니 해방 전이니 호선이니 다투지 말고 번안동의해서 2/3로 통과시키면 될 것 아니냐고 했다. 결국 경북 영일[갑] 박순석 의원이 내일 10인의 위원이 다 보고될 때까지 이 문제를 보류할 것을 동의했고 표결에 들어갔다. 그러나 재석 130, 가 45, 부 32로 미결되어 계속 토론할 수밖에 없었고 다시 조금 더 토의가 진행되다가 오후 3시 10분에 휴회에 들어갔다. 아마 휴회 중에 의견 조율이 있었는지 3시 40분에 재개된 회의에서 김동원 부의장이 보류를 선언했다.

　하지만 이 문제는 대통령과 각부 장관의 시정 방침 연설로 인해 다음 날 논의되지 못하고 10월 11일 제85차 본회의에 와서야 다시 논의되었다. 먼저 도별 특조위원으로 서울 김상돈, 경기 조중현, 충북 송필만, 충남 김명동, 전북 오기열, 전남 김준연, 경북 김상덕, 경남 김재학, 강원 이종순, 제주 오용국이 뽑혔다고 보고되었다. 사회를 맡은 김약수 부의장이 기록원에게 이 문제가 어디까지 와 있는지 물었고, 기록원은 특조위원 10인 중 제주도와 황해도를 합쳐서 호선하자는 배중혁 의원의 동의가 있었는데 현재 보류되어 있다고 했다. 이를 기점으로 다시 격론이 일어났다. 먼저 김웅진 의원이 나와 자신이 처음에 동의안을 낼 때 황해도를 의미한 것이 확실하다며, 배중혁 의원이 동의한다면 제주도와 황해도를 합쳐서 선출하자는 번안동의를 하겠다고 했다.[1-85, 2쪽]

이에 서우석 의원이 김약수 부의장에게 이것이 번안동의가 확실한지를 확인했다. 이에 대해 김약수 부의장은 현재 김웅진 의원의 번안동의(제주도와 황해도를 합침)와 배중혁 의원의 보류동의(제주도를 황해도로 대체)가 나와 있는데 먼저 번안동의부터 취급하고 보류동의로 갈 것이라고 했다. 그러자 서우석 의원은 보류동의는 김웅진 의원의 최초의 동의(제주도를 행정구역으로 하는 도별 선정)에 저촉되기 때문에 애초에 성립할 수 없는 것이라고 했다. 번안동의도 성립할 수 없는데, 왜냐하면 무엇보다 이미 특조위원들이 호선되어 본회의의 승인을 기다리고 있으니 이미 최초의 동의가 실행되고 나서는 번안동의가 불가능하다는 것이었다.[1-85, 5쪽] 그럼에도 불구하고 김약수 부의장은 국회가 말의 뜻을 너무 따지는 "언의언원言義言源의 토의"로 타락하면 안 된다며 그냥 번안동의를 성립시킬지 말지를 출석의원의 2/3로 결정하자는 어처구니없는 결정을 했다.[1-85, 6쪽] 그 결과 재석 104, 가 52, 부 35로 찬성이 2/3선을 넘지 못해 번안동의는 성립하지 못했다. 표결 후 조헌영 의원은 김약수 부의장에게 번안동의에 대해 최초의 발의자들이 누구인지, 그중 2/3가 찬성했는지를 확인하는 절차를 거치지 않았다며, 처음부터 잘못된 의사 진행이었다고 지적했다.

김약수 부의장은 어차피 통과되지 않았다며 다음부터는 제대로 진행될 것이라 하면서, 배중혁 의원에게 무슨 의견이 있느냐고 물었다. 우리는 위에서 배중혁 의원이 제79차 본회의에서 제주도와 황해도를 합치는 것으로 하자는 서용길 의원의 요청을 접수한 것을 보았다. 따라서 배중혁 의원의 보류동의는 서우석 의원의 말대로 애초에 성립할 수 없는 것이었고, 또한 토의가 진행되는 과정에서 김웅진 의원의 번안동의를 이미 접수한 상황이어서, 표결을 통해 번안동의가 성립되지 않은 순간 이 사안은 모두 끝난 것이었다. 그런데 배중혁 의원은 자신이 김웅진 의원의 번안동의를 받지 않았다고 우기며 표결 처리를 주장했다. 보류동의는 2/3가 아니라 과반수로 통과된다. 소장파 의원들의 지원사격이 따랐다. 김웅진 의원은 제주도는 도별로 하자고 할 때의 그 도道가 아니다, 제주도의 예를 든 것은 제주도에서 생긴 일을 서울에서 어떻게 알겠는가해서이다, 그렇다고 제주도에서 생긴 일을 전라도에서 모른다는 얘기는 아니다는 등의 궤변을 늘어놓았다.[1-85, 8쪽] 김옥주 의원은 김약수 부의장의 의사 진행과 관련한 조헌영의 비판에 대해 진행이 적법했다면서 이렇게 말했다. "그 번안동의를 제일 먼저 동의한 찬성자인 10인 이상이 무언 가운데에 승인하였습니다. 하나도 반대가 없습니다. 그렇다면 3분의 2 이상의 그 동의를 얻었습니다. 그러면 그 동의를 받아서 의회에다가 부칠 수 있는 것입니다."[1-85, 8쪽] 반대가 없었으니 말없이 승인된 것이라는 말이었다.

이에 김약수 부의장이 배중혁 의원의 보류동의를 표결에 붙이겠다고 했고, 조국현 의원과 이석주 의원이 이를 강하게 비판했다. 특히 이석주 의원은 이미 번안동의가 성립되지 않는다는 표결 결과가 있었는데, 배중혁 의원에게 의견을 묻고 다시 갑론을박해서 표결 결과를 뒤집는 것은 너무 지나치다면서 이렇게 말했다. "모든 일을 진행할 때에는 양심적으로 해야 할 것입니다. 만일 이것이 잘못되었다고 하면 근본으로 번안해 가지고서 다시 재선한다고 하는 것은 모르겠습니다마는 어떤 의원이 자기 당파라든지 혹은 내 개인의 성격에 맞지 않는 사람이라고 해서 억지로 의회를 진행한다고 할 것 같으면 앞으로 큰 혼란이 올 것입니다."1-85, 10쪽 그럼에도 불구하고 김약수 부의장은 표결을 강행했고, 제주도와 황해도를 합쳐서 1명을 뽑자는 배중혁 의원의 동의는 재석 121, 가 69, 부 26으로 가결되었다. 이 표결로 인해 제주도와 황해도를 합쳐 새로 특조위원을 뽑게되었는데, 제주도 출신 오용국 의원이 탈락하고 대신 황해도 연백(선거구는 경기 연백 갑) 김경배 의원이 선정되었다.

김약수의 계산된 우둔함

이 동의안은 국회법적으로 도저히 성립할 수 없는 것이었다. 일부 소장파 의원들이 거짓말과 억지 논리로 집요하게 자신들의 목적을 밀어붙였고 김약수는 자의적 권한 행사를 통해 이를 후원했다. 이 사안은 소장파가 본회의에서 아주 조직적으로 움직여 자신들의 목적을 관철하려 한 최초의 사안이라 할 수 있다. 이 일이 있고 이틀 후에 소장파 의원들이 곧 논의할 "외군 철퇴 요청에 관한 긴급동의안"을 제출한다. 특조위원을 교체하기 위한 작업은 일종의 발맞추기, 예행연습이었던 셈이다. 그런데 더 놀라운 것은 소장파 의원들의 숫자보다 훨씬 많은 표가 배중혁의 동의안에 찬성했다는 것이다. 아마 법률이 뭐라고 하든 의원이 한 명밖에 없었던 제주도에 특조위원이 배정되는 것이 사리에 맞지 않다고 느꼈던 것 같다. 혹은 이 역시 한민당에 대한 견제의 표현이었을지도 모른다.

어쨌든 이런 엉터리 결정에 따라 도별로 호선된 특조위원들에 대한 최종 승인 절차가 이루어졌다. 노일환 의원이 무기명 투표로 지역 대표 위원들에 대해 승인할 것을 동의해, 재석 101, 가 80, 부 3으로 가결되었다. 이에 따라 무기명 투표를 위한 준비에 들어간 사이, 김약수 부의장이 난데없이 무기명 투표에 대한 의견이 있느냐고 물어 국회를 다시 혼돈의 도가니로 몰아넣었다. 곽상훈 의원이 나와 이 사안이 중대하고 오늘 뽑힌 사람들이 적격자인지 당장 알 수도 없으니 사흘간 생각하는 시간을 갖고 투표를 하자고 했다.[1-85, 13쪽] 이에 서우석 의원이 기왕 신중하게 할 것 같으면 자격심사위원회에 돌려서 하자고 제안하지만 재청, 3청이 나오지 않았다. 그 사이에 김옥주 의원이 나와 노일환 의원의 동의가 이미 가결되었는데 무기명 투표로 할 거냐 아니냐만 결정하면 된다고 했다. 그러자 서우석 의원이 노일환 의원의 동의가 투표를 지금 할지 언제 할지는 포함하고 있지 않다고 억지를 부렸다. 서용길 의원이 서우석 의원의 개의에 불만을 표하며 빨리 투표할 것을 의장에게 요구했지만, 어쩐 일인지 김약수 부의장은 이야기를 더 듣자며 무시했다.

약간의 토의가 더 있은 후 결국 표결이 이루어졌다. 서우석 의원의 개의("특별조사위원에 선정된 10인은 자격심사위원회에 회부하여 의장과 부의장 참석 하에 심사보고케 한 후에 무기명투표로 행할 것")는 재석 122, 가 12, 부 43으로 미결되었고, 곽상훈 의원의 동의("특별조사위원 승인은 3일 후에 무기명투표로 서 개별적으로 행할 것")는 재석 122, 가 7, 부 64로 부결되었다. 노일환 의원의 원동의("특별조사위원 승인은 개별적으로 무기명투표로 행할 것")는 이미 가결되어 있었다. 이에 서우석 의원이 미결된 자신의 개의를 다시 물어달라고 하자, 김약수 부의장은 개의가 미결되면 동의를 묻는 것이고 노일환 의원의 동의는 이미 가결된 상태라고 대꾸하다가 미결을 다시 물었다. 재석

112, 가 48, 부 55로 다시 미결이었다. 다음으로 노일환 의원의 동의에 투표를 언제 한다는 내용이 없어 '즉각'을 넣어 다시 표결한 결과 재석 122, 가 80, 부 8로 가결되었다.

코미디도 이런 코미디가 없었다. 이 모든 소동에 대한 책임은 김약수 홀로 져야 한다. 김약수 부의장은 평소 사회를 볼 때 신익희 의장이나 김동원 부의장보다 의원들의 토의에 직접 개입하는 경우가 더 많고 의사 진행도 썩 원활하지 않을 때가 많았다. 그래서 언뜻 보면 이러한 혼란을 초래한 것은 평소와 같은 그의 단순 실수로 여겨진다. 하지만 한 번 결정이 내려진 사항을 재의에 붙이는 것은 너무나 명백한 국회법 위반이어서 바보가 아닌 다음에야 할 수가 없는 일이다. 단순 실수가 아닌 것이다. 배중혁의 보류동의 건은 소장파의 리더였던 김약수가 분명한 의도를 가지고 억지로 밀어붙인 것이다. 그렇다면 노일환의 동의가 이미 가결되었는데도 곽상훈과 서우석의 제안을 허용한 이유는 무엇일까? 아마도 배중혁의 보류동의 때 자신이 노골적으로 드러낸 편파성을 상쇄하기 위한 것이 아니었을까 싶다. 먼저는 소장파를 밀어주었으니 이번에는 상대편을 밀어 국회 부의장으로서 최소한의 공평무사함을 보이고자 했다는 것이다.

김약수 부의장의 계산된 ― 정말 계산된 것이라면 ― 우둔함을 뒤로하고 국회는 마침내 지역별로 호선된 특조위원들에 대한 승인 표결에 들어갔다. 그런데 거의 모두 승인되었지만, 충북 송필만 의원이 부결되고 경남 김재학 의원도 두 번의 표결에서 모두 미결이 되었다. 이렇게 해서 충북과 경남의 경우 특조위원을 다음날 다시 호선하게 되었다. 다음날로 넘어가기 전에 반민법에 소극적 입장을 보이고 소장파와 종종 대립했던 전남 김준연 의원에 대해서는 가 77, 부 41, 기권 4의 표결 결과와 나와 승인된 특조위원 중 찬표가 가장 적고 부표가 가장 많았다는 것을 지적

해야겠다.

10월 12일 제86차 본회의가 시작되고 여느 때처럼 첫 번째 순서로 전날의 회의록이 낭독된 후 신익희 의장이 틀린 데가 없느냐고 물었다. 이에 조헌영 의원이 말하기를, 김웅진 의원의 동의와 배중혁 의원의 긴급동의가 내용이 동일한데 하나는 부결되고 다른 하나는 가결되었다고 되어 있어서 "그런 의사록이 있을 수가" 없으니 고치자고 했다. 신익희 의장은 의원들이 다 짐작할 것이고 "회의록 이것은 그때에 있는 사실대로의, 된 대로의 기록하는 것이 원칙"이라며 그냥 두자고 대답했다.1-86, 1~2쪽 이 짧은 문답은 전날 일어난 일의 부당함을 70년 시간의 안개를 뚫고 우리에게 또렷하게 보여준다.

그 후 다시 특조위원 건이 토의되었다. 새로운 의원을 호선하기 위해 10분의 휴회를 거쳤다. 하지만 10분 후에 재개된 회의에서 경남에서만 호선이 이루어졌고, 충북은 여전히 논의 중이었다. 그래서 일단 경남의 새 특조위원 후보 김효석 의원에 대한 표결이 이루어져 압도적으로 가결되었다. 그 사이에 충북 특조위원도 결정이 되었는데, 놀랍게도 충북 의원들은 전날 부결된 송필만 의원을 다시 내놓았다. 국회를 무시하는 행위라며 반발이 일어난 것은 당연했다. 김옥주 의원은 국회법 제61조의 일사부재의 원칙을 들며, 충북 특조위원은 포기하는 것으로 간주하고 본회의에서 무기명 투표를 해서 뽑자고 했다. 김약수 부의장은 그러면 지역별 원칙이 무너지는데 이에 대해 발언할 것을 유도했다. 김옥주 의원을 지지하는 발언이 나왔지만, 경남 마산 권태욱 의원이 김옥주 의원과 김약수 부의장의 아픈 곳을 찔렀다. 이미 어제 일사부재의 원칙이 깨졌으니 송필만 의원의 경력과 이력을 듣고 다시 표결하면 어떻겠느냐는 것이었다.

이에 조헌영 의원이 등단해, 송필만 의원이 반민법에 규정된 특조위원으로서의 자격을 다 갖춘 분인데 반대가 나오는 것을 보고 많이 놀랐다고 했다. 그 이유를 알아보니, 반민법 기초위원회에서 반민법을 만들 때 관대하게 해야 된다고 열렬히 주장한 적이 있어서 이것이 표결에 영향을 미쳤다는 것이었다. 반민법을 준엄하게 실시해야 한다는 것은 민의이지만, 관대하게 실시하자는 것도 일부의 민의인 것이 사실이며, 따라서 송필만 의원이 자격이 미비했다면 모를까 관대한 처벌을 주장했다고 부결시키는 것은 민주주의 원칙에 어긋난다고 했다.[1-86, 5~6쪽] 실제로 송필만 의원은 1890년 충북 진천 출생으로 독립운동을 했던 경력이 있었다.

서우석 의원이 송필만 의원을 다시 내는 것이 규정에 어긋나지 않는다며 조헌영 의원을 지원하고 나섰지만, 통할 리가 만무했다. 결국 송필만 의원을 기각하고 새로운 후보를 내라는 동의가 재석 135, 가 76, 부 26로 가결되었다. 이렇게 해서 충북 영동 박우경 의원이 선정되었고, 무난히 가결되어 마지막 특조위원이 확정되었다.

이어서 김인식 의원이 "반민족행위처벌법 제19조, 20조에 의하여 특별재판관과 특별검찰관을 선거할 것"을 동의했고, 인선 방법으로는 "자격심사위원회와 특별조사위원회의 연석 하에 3일 내에 위원 배수를 전형 보고하고 본회의에서 무기명투표로 선정할 것"을 제안했다.[1-86, 9쪽] 서용길 의원은 국회법이 새로 공포된 후 징계자격심사위원회가 아직 구성이 되지 않은 상태라며 김인식 의원에게 '자격심사위원회'를 삭제할 것을 요청했다. 결국 이 수정된 동의안이 재석 121, 가 81, 부 9로 가결되었다.

반민특위 조직법

하지만 10월 15일부터 국회가 휴회에 들어가고 여순사건이 일어나면서 반민특위의 조직 구성과 활동은 한참 뒤로 미루어졌다. 반민특위의 구성이 재개된 것은 11월 23일 제111차 본회의에 가서였다. 이 날 법사위원장 백관수 의원이 김상덕 의원 외 9인이 제출한 「반민족행위특별조사기관조직법안」에 대한 심의 결과를 보고하고 법사위의 대안을 제출했다. 또한 김상덕 의원 외 9인이 제출한 반민법 일부 개정안에 대한 심의 결과를 보고하며, 동일 회기 중에 아직 실시도 되지 않은 법안에 대해 개정안을 본회에 상정하는 것은 적절치 않다는 의견을 냈다.[1-111, 3쪽] 다음날 제112차 본회의에서는 반민법 일부 개정안을 본회의에 상정하는 것이 문제가 없다고 결정되었고, 반민족행위 특별조사기관 조직법안 제1독회가 진행되었다. 11월 25일 제113차 본회에서는 이 법안의 제2독회와 반민족행위 특별재판부 부속기관 조직법안 제1, 2독회가 진행되어 반민특위의 설치를 위한 모든 조직적 준비가 끝났다.

김상덕 특조위원장 외 9인이 제출한 「반민족행위 특별조사기관 조직법안」 원안은 상당히 큰 조직을 구상하고 있었다. 총 14개 조로 이루어진 이 원안은 중앙사무국에 총무부, 제1조사부정치 방면, 제2조사부산업경제 방면, 제3조사부일반사회 방면를 두고, 각 도의 조사부에 총무과, 제1조사과, 제2조사과, 제3조사과를 두는 것으로 했다.

법안에 명시된 인원은 우선 중앙사무국의 경우 국장 1인, 차장 1인, 총무부는 부장 1인, 사무관 15인 이내, 각 조사부는 부장 1인, 조사관 7인 이내, 정보관 10인 이내로 해서, 중앙사무국이 총 62인이다. 각 도 조사부의 경우 부장 1인, 총무과 과장 1인, 각 조사과는 과장 1인을 포함해 조사관, 사무관, 정보관을 합쳐 20인 이내로 해서, 10개 도를 다 합치면 620명에 이른다. 따라서 중앙과 지방을 합쳐 682명인데, 여기에 특조위원 10인을 합치면 총 692인이 된다. 하지만 이 숫자는 문서, 인사, 경리, 기타 서무를 담당할 하급 직원은 아직 포함하지 않은 숫자이다. 또한 반민법 제12조에는 특조위가 군부郡府에도 조사 지부를 설치할 수 있도록 되어 있어서, 전국의 군과 부에 지부를 설치하고 각각 3인의 직원만 둔다 해도 반민특위는 직원 숫자가 천 명이 넘는 방대한 조직이 될 수 있었다.

그리고 조사부와 조사과의 9급 이상의 직원은 사법경찰관의 직무를 행할 권한이 있고, 9급 미만의 직원은 사법경찰리의 직무를 행할 권한이 있도록 했다. 또한 특조위 중앙사무국 국장은 정부의 처장과, 중앙사무국 차장은 정부 각 처의 차장과, 중앙사무국 각 부장은 정부 각 처의 국장과 각각 동일한 대우와 보수를 받도록 했다. 나아가 각 도 조사부 책임자는 도지사와 동일한 대우와 보수를 받으며, 각 도 조사부 각 과장은 정부 3급 관리와 동일한 대우와 보수를 받도록 했다.

"조직법안" 원안을 심사하고 수정안대안을 제출한 백관수 법사위원장은 조직이 너무 방대하고 직원들의 대우 수준이 너무 높아서 예산이 많이 들 것으로 판단하고, 최대한 간소한 조직이 되도록 대안을 만들었다고 했다. 반민특위는 중앙에 중앙사무국을 두고 도 조사부에 사무분국을 두며, 중앙사무국에 국장 1인, 조사관과 서기 각 15인 이내를 두고 각 도 사무분국에 조사관과 서기 각 3인 이내를 둘 수 있도록 했다. 사법경찰관의 사무를 행할 권한은 조사관에 국한시켰고, 각 도 조사부 책임자, 중앙사무국장, 조사관, 서기는 각기 도지사, 처장, 국장, 주사와 동일한 대우와 보수를 받도록 했다.

신익희 의장은 통상 법안을 개정할 때는 제2독회로 바로 들어갔음을 의원들에게 상기시키면서, 그렇다면 특조위의 원안을 표준으로 삼을 것인지 법사위의 대안을 표준으로 삼을 것인지를 결정해 달라고 했다. 특조위원인 김상덕 의원과 김명동 의원의 원안 지지 발언에도 불구하고 의원들의 대체적인 의견은 원안이 너무 방대하다는 것이었다. 그리하여 법사위의 대안을 중심으로 토의하되 제2독회로 바로 넘기자는 동의가 재석 123, 가 68, 부 43으로 가결되었다. 이튿날 제113차 본회의에서 제2독회가 진행되었다.

제1조가 가장 중요한 조항이었다. 법사위 대안의 제1조는 "반민족행위특별조사위원회의 사무를 보조하기 위하여 중앙에 중앙사무국을 두고 도 조사부에 사무국을 둘 수 있다. 중앙사무국에 국장 1인, 조사관과 서기 각 15인 내를 두고 각 도 사무분국에 조사관과 서기 각 3인 이내를 둘 수 있다"였다. 이에 대한 김명동 의원 외 9인의 수정안은 "중앙사무국에 국장 1인, 차장 1인, 조사관 20인, 서기관 30인 이내, 그리고 각 도 지부에 조사관과 서기관 합하여 20인 이내"였다.

두 안을 놓고 찬반 토론이 벌어졌다. 노일환, 김옥주, 정준 등 소장파 의원들이 나서 철저하고 상세하고 정확한 조사를 위해서는 많은 인원이 필요하다면서 김명동 의원의 수정안을 찬성했다. 반면 조한백 의원은 몇 가지 이유로 반민특위가 가능한 한 정예소수의 기구가 되어야 한다고 주장했다. 첫째, 어느 지방을 막론하고 반민족행위를 한 사람들은 이미 상당히 드러나 있는 상태여서 많은 조사관이 필요하지 않다. 둘째, 큰 기구는 새 국가의 재정에 큰 부담이 된다. 셋째, 투서함을 이용한다든지 하면 조사의 부담을 줄일 수 있다. 넷째, 반민특위가 방대한 기구가 되면 일반 민중도 자신이 걸리지 않을까 불안하게 된다. 다섯째, 반민특위의 간부진은 훌륭한 인사들이 채우겠지만, 말단 자리에는 나쁜 자들이 들어와 직권을

이용해 인민을 착취하거나 매수를 당할 수도 있다.[1-113, 2쪽]

표결이 이루어져 김명동 의원의 수정안은 재석 121, 가 47, 부 34로 미결되었고, 원안은 재석 121, 가 63, 부 39로 가결되었다. 이런 결과가 나오자 장내에 소란이 일어났다. 김명동 의원은 수정안 제안자인 자신에게 발언할 기회를 주지 않았고 원안 찬성표가 63표가 되지 않는다고 항의하면서 재표결을 요구했다. 김동원 부의장이 다른 의원들이 충분히 토론했다며, 제2조로 넘어가려 하자, 의석에서 여러 사람이 한 번 더 물으라는 요구를 했다. 그렇게 해서 원안을 다시 물었지만, 재석 121, 가 63, 부 42로 역시 가결이었다. 가장 중요한 제1조가 법사위의 원안으로 확정되자, 더 투표할 것도 없었다. 제2조("중앙사무국장은 조사관으로서 보하고 특별조사위원회 위원장의 지휘감독을 받아 국무局務를 장리한다. 중앙사무국의 조사관은 국장의 지휘를 받고 사무분국의 조사관은 도 조사부 책임자의 지휘를 받아 조사사무를 장리한다")에 대해서도 수정안이 있었는데, 제안인 김명동 의원은 김동원 부의장이 발언권을 줘도 "그대로 두십시오"라며 발언하지 않았다. 아무튼 표결이 이루어져 수정안이 재석 123, 가 11, 부 20으로 미결되고, 원안이 재석 123, 가 65, 부 3으로 가결되었다. 가부의 표수를 보면 특조위원들과 소장파 의원들이 제1조의 결과에 크게 실망한 것을 알 수 있다. 나머지 제3조에서 제7조까지는 표결 없이 그냥 통과되었다.

원안은 7조로 끝나지만, 8조를 신설하는 수정안이 두 개 나왔다. 하나는 김명동 의원의 수정안으로 "대한민국 중앙정부 및 지방청 직원에 대한 여비 숙박 특근 등에 관한 보상 근무 휴가 등에 관한 제 규정은 본 법 소정 각 기관이 직원에 차此를 준용한다"는 것이었다. 김명동 의원은 자신의 제1조 수정안이 폐기된 후 완전히 삐친 상태가 되어, 중요한 게 인정되지 않는데 이런 조항 넣어봐야 뭐하느냐며 수정안을 철회한다고 했다. 하지만 이 수정안을 함께 발의한 의원들이 철회에 동의하지 않아, 철회 자체에 대한 표결부터 먼저 진행되었다. 1차 투표에 이어 2차 투표에서도 미결되어 철회안 자체가 폐기되는 바람에 이 수정안에 대한 표결이 이루어졌지만, 이 역시 두 번 미결되어 자동 폐기되었다.

다른 수정안은 조국현 의원의 수정안이었다. "각 조사부는 해該 사무의 공정타당을 기期키 위하여 하시何時든지 국회의원의 청구에 문서를 정시星示한다. 국회는 조사위원회의 처리가 반민족행위처벌법에 위반이 있다고 인정할 시는 불신임을 가결하고 즉시 재선再選한다"는 것이었다. 이는 특조위원에 대한 견제 조항으로, 조국현 의원은 이러한 조항이 없으면 "천상천하 유아독존의 특수한 단체"가 탄생할 수 있고 특조위원이 "폭군"이 될 수도 있다고 했다.[1-114, 8쪽] 서우석 의원은 이 조항은 반민법에 들어가야 할 내용이라고 했지만, 그냥 표결되어 재석 123, 가 67, 부 11로 가결되었다. 가결이 된 후 백관수 법사위원장이 나와, 이 수정안이 가결되기는 했지만 보조기관의 조직법에 특조위원을 제약하는 조항은 법 체제상 넣을 수 없다고 했다.[1-113, 9쪽] 이 문제는 일단 그냥 넘어갔지만, 결국 반민법을 일부 개정할 때 다시 논의된다.

「반민족행위 특별조사기관 조직법안」이 통과된 후 즉시 「반민족행위 특별재판부 부속기관 조직법」에 대한 제1, 2독회가 진행되었다. 이 법안은 5개 조로 이루어진 간단한 법안으로, 중요 내용은 특별재판부와 특별검찰부 아래 각각 특별서기국을 두며, 특별재판부 서기국은 16명 이내의 서기관을, 특별검찰부 서기국은 9명 이내의 서기관을 둔다는 것이었다. 왜 16명과 9명이냐는 질의에 대해 김상돈 특조위 부위원장은 특별재판부 판사가 16명, 특별검찰부 검사가 9명이라서 그렇게 했다고 대답했다.[1-113, 11~2쪽] 이 법안은 아무 이의 없이 아주 빨리 통과되었다.

이제 반민법 일부 개정안에 대한 논의로 넘어간다. 김상덕 특조위원장은 세 가지를 개정할 것을 요청했다. 첫째, 반민법 제15조에 "특별조사위원은 조사상 필요에 의하여 사법경찰관리를 지휘명령할 수 있다"는 조항을 추가하자는 것이었다. 이 조항은 특조위원들에게 사법경찰관에 대한 지휘명령권을 명시함으로써 그들의 권한을 대폭 강화하려는 것으로 볼 수 있다. 둘째, 제26조에 "단 특별검찰관의 결정이 부적당하다고 인정될 때에는 특별조사위원회는 특별검찰관 전원의 합의에 의한 재고려를 요구할 수 있다"는 단서 조항을 추가하자는 것이었다. 이는 특조위가 조사 결과를 넘겼는데도 검사가 기소하지 않을 경우를 대비하려는 조항이었다. 셋째, 제26조에 있는 "특별검찰관은 검찰상 필요에 의하여 특별조사위원 또는 사법경찰관을 지휘명령할 수 있다"는 조항을 "특별검찰관은 검찰상 필요에 의하여 특별조사위원에게 재조사를 위촉하거나 사법경찰관을 지휘명령할 수 있다"는 것으로 개정하자는 것이었다. 이는 특조위원이 특별검찰관보다 지위가 더 높은데도 불구하고 기존의 문구가 특별검찰관에게 특조위원에 대한 지휘명령권을 주고 있어서였다. 특조위가 요구한 이 세 가지 수정에 더해, 조국현 의원이 나와 위에서 언급했던 특조위에 대한 견제 조항을 반민법으로 옮길 것을 동의했다.

반민법 일부 개정안에 대한 토의는 이튿날 제114차 본회의에서 이루어졌다. 일부 조항의 개정이었기 때문에 많은 토의가 이루어진 것은 아니지만, 조헌영 의원의 토의는 기록해둘 만하다. 그는 사법경찰관리에 대한 지휘명령의 한계가 어디까지인지, 특조위의 임무와 특별경찰의 임무가 어떻게 다른지를 물었다. 만약 정확한 한계가 정해지지 않을 경우 "잘못하면 치안국장이 20명이 나올 (…중략…) 염려가" 있고, 또 한 관구의 상관이 다른 관구에 가서 명령할 수 없는 법인데 특조위원들이 아무 지방에나 가서 경찰을 지휘명령한다면 큰 혼란과 마찰이 일어날 수 있다는 것이었다.[1-114, 5쪽] 이에 대해 김상덕 위원장과 김상돈 부위원장이 차례로 나와 대답했다. 두 사람 모두 경찰 내에도 청산 대상이 많고 반발을 예상할 수 있기 때문에 특조위원들이 이 정도의 권한은 가져야 한다는 것을 강조했다. 또한 김상돈 부위원장은 특조위원들이 무차별적으로 지휘명령권을 가지는 것이 아니라 "조사상 필요"할 때만 지휘명령권을 가지는 것이라고 했다.[1-114, 5쪽] 조헌영 의원은 한계를 분명히 해야 한다면서, "특별조사위원이 조사상 필요에 의해서 배치된 또는 파송된 경찰관리를 지휘명령한다"로 고치는 것이 좋겠다고 주장했지만, 이것을 정식 수정안으로 내지는 않았다. 그리하여 원안에 대한 표결만 이루어졌고, 재석 116, 가 71, 부 2로 가결되었다. 나머지 개정안도 약간의 토의를 거친 후 결국은 다 원안대로 통과되었다.

특별재판관, 특별검찰관, 도 조사위원 책임자의 선출

11월 30일 제117차 본회의에서는 마침내 특별재판관과 특별검찰관에 대한 선임이 이루어졌다. 특별재판관의 숫자는 국회의원 중 5인, 법조계에서 6인, 일반 사회에서 5인, 총 16인으로 구성하도록 반민법에 규정되어 있었다. 특별검찰관의 숫자는 반민법에 9인으로 구성할 것만 규정되어 있지, 그 중 국회의원의 숫자는 몇 명이어야 하는지 규정되어 있지 않아 특조위가 5인으로 할 것을 결정했다. 특별재판관 5인과 특별검찰관 5인을 선정하는 방법은 특조위가 배수 공천을 한 후 각각 의원들의 표를 많이 받은 순서대로 5인을 뽑는 것이었다.

총 134인의 의원들이 투표를 했고 특별재판관 후보들의 득표수는 득표 순서대로 다음과 같았다. 서순영 91표, 오택관 71표, 최국현 70표, 김장열 70표, 홍순옥 68표, 서우석 66표, 신방현 65표, 조헌영 59표, 홍범희 59표, 조종승 44표. 한민당 중진이자 평소 회의에서 발언을 많이 한 서우석 의원과 조헌영 의원이 5위 안에 들지 않은 것이 이채롭다. 한민당에 대한 의원들의 견제 심리가 다시 한번 확인되는 것 같다. 한독당 출신 오택관 의원을 제외하면 특별재판관으로 선임된 사람들은 모두 무소속이었다.

특별검찰관 후보들의 득표수는 다음과 같았다. 노일환 88표, 곽상훈 79표, 김웅진 75표, 서용길 68표, 서성달 67표, 이정래 61표, 연병호 60표, 김병회 56표, 황호현 55표, 김인식 54표. 평소 이승만 대통령 앞에서도 위축되지 않고 진보적인 목소리를 내던 노일환 의원이 높은 득표를 한 것, 후에 국회프락치사건에 연루될 의원들_{노일환, 서용길}이 특별검찰관에 두 명 선임된 것, 반민법 제정과 반민특위 구성 과정에서 상당한 역할을 하는 김인식 의원이 최저 득표를 한 것이 눈에 띈다. 독촉 출신인 서성달을 제외하고 특별검찰관도 모두 무소속이었다.

12월 4일 제121차 본회의에서는 특별재판부장과 특별검찰관장에 대한 선거가 있었다. 특별재판부장으로는 당시 대법원장이던 김병로와 법조인 출신이자 저명한 독립운동가 함태영이 추천되었는데, 123인의 의원들이 투표해 김병로가 85표, 함태영이 38표를 얻어 김병로가 특별재판부장이 되었다. 특별검찰관장으로는 헌법기초위원회 전문위원을 했었고 당시 검찰총장이었던 권승렬과 전전 검찰총장이자 변호사로 활동하고 있던 이종성이 추천되었는데, 권승렬이 99표, 이종성이 23표, 기권 1표가 나와 권승렬이 특별검찰관장이 되었다.

12월 7일 제123차 본회의에서는 나머지 특별재판관과 특별검찰관에 대한 선거가 있었다. 법조계 특별재판관으로는 노진설[121표], 김용무[97표], 김찬영[95표], 이종면[81표], 최영환[67표]으로 결정되었고, 일반 사회 특별재판관으로는 신현기[96표], 이춘호[96표], 김호정[77표], 정홍거[74표], 고평[72표]. 정진용과 득표수가 같았지만 연장자 순으로 결정으로 결정되었다. 그리고 부장 재판관 3인과 검찰관 차장 1인에 대한 선거도 이루어졌는데, 부장 재판관은 국회의원, 법조계, 일반 사회에서 다득표자 1인 씩 뽑기로 해 국회의원 측에서는 서순영, 법조계 측에서는 노진설, 일반 사회 측에서는 신현기로 결정되었다. 그리고 검찰관 차장은 최다 득표자인 노일환으로 결정되었다.

그리하여 국회의원 중에서는 특조위원, 특별재판관, 특별검찰관이 모두 결정되었다. 그들의 나이, 소속, 최종 학력을 열거하면 다음과 같다.

특별조사위원

서울 : 김상돈. 1901. 무소속. 메이지학원 신학부

경기 : 조중현. 1895. 무소속. 보성전문

충북 : 박우경. 1894. 무소속. 상주농잠학교

충남 : 김명동. 1902. 무소속. 한문 교육

전북 : 오기열. 1889. 무소속. 한문 교육

전남 : 김준연. 1895. 한민당. 동경제국대학, 베를린대학법학 석사,
　　　런던대학경제학 석사

경북 : 김상덕. 1891. 민족통일본부. 와세다대학교

경남 : 김효석. 1894. 독촉. 메이지 학교

강원 : 이종순. 1891. 독촉. 한문 교육

황해/제주 : 김경배. 1894. 무소속. 도쿄 구마자와駒澤 대학교

특별재판관

서순영. 1900. 무소속. 니혼대학 전문부

오택관. 1888. 한독당. 평양신학교

최국현. 1899. 무소속. 와세다대학

김장열. 1897. 무소속. 니혼대학 전문부

홍순옥. 1895. 무소속. 한문 수학

특별검찰관

노일환. 1914. 무소속. 보성전문

곽상훈. 1896. 무소속. 세이소쿠영어학교

김웅진. 1906. 무소속. 수원농림학교

서용길. 1912. 무소속. 연희전문

서성달. 1892. 독촉. 니혼대학

　12월 22일 열린 제2회 국회 제2차 본회의에서는 특조위 도 조사부 책임자에 대한 승인의 건이 다루어졌다. 의사록에 나와 있는 명단은 아래와 같다.[2-2, 1쪽]

　경기 : 이기용. 64세. 남주대학 본과 졸. 대한주미공사관 서기

　충남 : 윤세중. 55세. 왜적 고관 또는 반역도배 암살단 사건으로 서대문형무
　　　　소에 입옥

　충북 : 이세영. 56세. 3·1 독립운동자

　경북 : 조준영. 43세. 3·1 독립운동자

　경남 : 강홍열. 54세. 3·1 대한농민총연맹 합천군 위원장

전북 : 배순식. 60세. 신한정의사 전북 총무

전남 : 최종섭. 65세. 해방 전 광주청년회장 대한독촉 전남지부장

강원 : 임우영. 45세. 대한만촉국민회 춘천부 춘성군 총무부장

황해/제주 : 송창섭. 57세. 3·1독립운동자

김상덕 위원장은 반민법에서 정한 특조위원의 자격("독립운동의 경력이 있거나 절개를 견수하고 애국의 성심이 있는자"와 "애국의 열성이 있고 학식, 덕망이 있는 자")을 준용해 도 조사위원을 인선했다면서 개별 인준보다 일괄 인준을 요청했다. 하지만 다수의 의원들이 이의를 제기했다. 우선 최운교 의원은 조준영의 43세 연령을 거론하며 13세에 3·1운동을 한 것이라고 지적했다. 이에 김상덕 위원장이 실제 나이는 46세로 인쇄가 잘못되었다고 대답했지만, 13세나 16세나 무슨 차이가 있느냐는 다른 의원들의 핀잔을 들어야 했다. 어떤 의원들은 추천된 후보 중 3·1독립운동자가 대표 경력으로 서술된 사람이 많은데, 그 당시 3·1운동에 참여하지 않는 사람이 어디 있느냐고 했다. 결국 이원홍 의원은 특조위가 도 조사위원의 인선 권리를 가지기는 했지만 각 도의 국회의원들에게서 전혀 의견을 구하지 않은 것은 문제라며, 각 도의 의원이 모여서 조사위원회에 적당한 사람을 추천한 다음 조사위원회가 명단을 다시 국회에 내놓기로 하자고 제안했다.[2-2, 6쪽] 이에 대해 김상덕 위원장은 "조사책임자는 조사위원회에서 선거하여 국회의 승인을 받아야 한다"는 반민법의 조항을 들어 이원홍 의원의 제안은 특조위에 대한 간섭이라고 반발했다. 그리하여 다시 특조위의 인선에 반대하는 측과 찬성하는 측 사이에서 논란이 일어났지만, 인선문제가 나올 때마다 늘 까다로웠던 국회는 이번에도 특조위의 '일방적' 인선에 반대를 했다. 논란 끝에 이원홍 의원의 동의가 재석 153, 가 78,

부 14로 가결되었다.

그런데 이 날 본회의를 마친 후 국회는 약 20일간 휴회에 들어갔고, 이 문제는 1949년 1월 12일에 열린 제2회 국회 제4차 본회의에 가서야 다시 논의되었다. 하지만 특조위는 명단을 다시 내놓으라는 국회의 결정에도 불구하고 원래의 명단을 그대로 제출하면서 이것을 특조위의 고집으로 생각하지 말고 "재고려의 심정과 형태"를 취한 것으로 생각해 달라고 했다.[2-4, 10쪽] 다시 논란이 일어난 것은 물론이다. 많은 논란 끝에 그냥 차례차례 개별적으로 표결에 붙이기로 했고, 9명 중 3명이 부결되었다. 지난 본회의 때 논란의 중심에 있었던 경북 후보 조준영, 전북 후보 배순식, 강원 후보 임우영이 그들이었다.

도 조사부 책임자 임명이 최종적으로 완료된 것은 이로부터 한 달이 지난 2월 12일 제2회 제29차 본회의에서였다. 이 날은 사임 등의 이유로 인해 특조위원 1인, 특별재판관 2인, 특별검찰관 1인에 대한 재선거도 있었다. 경남 특조위원이었던 김효석 의원이 외무차관으로 임명되면서 국회의원 자격을 상실했고, 그를 대신해 경남 김해를 조규갑 의원이 재석 133, 가 124, 부 0으로 선출되었다. 그리고 특별재판관으로는 신태익과 김병우가, 특별검찰관으로는 신현상이 새로 선출되었다. 이어서 네 명의 도 조사부 책임자 후보에 대한 인준 투표가 이루어졌다. 한 달 전에 인준을 받지 못한 후보는 세 명이었는데 한 명이 추가된 것은 충북 책임자 이세영이 사퇴했기 때문이다. 이렇게 해서 충북 경혜춘[67세], 전북 손주탁[43세], 경북 정운일[65세], 강원 김우종[45세]에 대한 인준 투표가 열렸다. 경북 정운일에 대해서는 건강문제를 비롯해 상당한 논란이 일어났지만, 결국 네 사람 다 가결되었다.

반민특위의 구성이 완성되어 가던 1948년 12월 초순 나라의 최대 관심은 유엔의 대한민국 승인 문제였다. 장택상 외무장관은 12월 6일 제122차 본회의에 출석해 장면 유엔총회 대한민국 정사正使의 전언이라며 유엔 정치위원회가 한국 문제를 12월 6일 상정하기로 결정했다고 보고했다.1·122, 4쪽 그는 12월 9일 제125차 본회의에 다시 출석해 비공식 보고이지만 12월 7일 부로 "한국의 독립 문제"에 관한 195호 결의안 중 대한민국 정부가 한국의 유일한 합법 정부라는 내용을 담고 있는 제2항이 통과되었다고 보고해 국회의원 전체의 기립박수를 받았다.1·125, 1~2쪽

제3차 유엔총회는 1948년 12월 12일 한국의 독립 문제에 관한 결의안 제195호를 찬성 48, 반대 6, 기권 1로 통과시켜 대한민국 정부를 정식으로 승인했다. 대한민국 정부가 국제사회의 승인을 받아야 할 도덕적 역사적 정치적 당위성을 절절한 언어로 호소한 장면의 연설은 후손들이 애써 읽어볼 만한 명문이다. 마지막 부분을 직접 인용한다.『동아일보』, 1948.12.23

그러나 이 대한민국 정부는 1947년 11월 14일에 발표된 유엔총회의 신임으로 실시한 [선거의] 직접적인 결과로 생긴 것이며, 북한에 있어서의 여하한 정권 주장도 이는 유엔을 무시하는 행동이다. 소련 정부가 유엔위원단의 사업을

보이코트한 이상, 또 그들 자신이 지정한 통치기관이 유엔대표가 접근할 수 없는 북한에서 수립된 이상, 1947년 11월 14일 부의 한국에 관한 결의 제2에서 고려된 바와 같은 정부인 대한민국 정부를 총회가 승인하지 않는다면 죄인에게는 보수를 주고 죄 없는 사람에게 죄를 주는 것일 것이다. 이는 유엔의 위임한 임무를 무시함에 대하여 보수를 주는 것일 것이다. 이는 총회의 지지를 받는 최선의 방법은 총회를 무시하는 것이라는 것을 알려주는 것이다. 공산주의 정권이 평양에 수립되었다는 이유로써 대한민국 정부를 승인하지 않는다면 이 반항적인 정권이 총회의 지지를 받는다는 것을 총회가 인정하는 것이 될 것이다.

우리들은 총회의 위임과 유엔위원단의 지시에 응하여 왔으며, 우리들의 독립과 주권을 확립 유지하고 있으며, 우리는 현재 우리의 헌법, 우리의 민국, 우리의 국회, 그리고 우리의 정부를 가지고 있는 것이다. 우리들은 절대로 이들을 포기할 수 없으며, 우리는 선거 이전에 또한 선거로써 생긴 여러 가지를 무시하고 돌아갈 수는 없는 것이며, 우리는 한국 인민들을 기만할 수는 없는 것이다. 나는 이에 자유롭고 또한 자유를 사랑하는 세계의 각국 대표가 양심으로써는 도저히 우리들의 주장을 거절할 수는 없을 것을 확신함으로써 결론을 지으려고 하는 바이다. 어떠한 악행에도 무지한 우리들이 여러분들에게 부탁할 것은 별로 없는 것이다. 다만 우리들은 우리들의 정부가 1947년 11월 14일의 유엔총회의 한국에 관한 결의에 의해서 수립된 정부라는 것을 승인하기를 요망하며, 유엔 회원국으로서 인정하기를 건의하는 바이다.

그러나 완전한 통일독립국가의 길은 멀고도 먼 길이었다. 한 고비를 넘으면 늘 새로운 고비가 기다리고 있었다. 어쩌면 한 고비가 다음 고비를 낳는 것 같았다. 결의안 195호의 가장 중요한 내용은 세 가지로 요약할 수 있다. 첫째, 대한민국 정부는 한국 내의 유일한 합법 정부이다. 둘째, 점령군은 실행 가능한 대로 조속히 철수한다. 셋째, 유엔한국위원단은 향후 1년 간 점령군의 철수를 감시하고 남북통일을 촉진하며 인민의 자유 의지에 기초한 대표정부를 더욱 발전시킨다. 이 결의는 대한민국 정부에 국제법적 기반을 주었지만, 주한 미군이라는 당시 대한민국의 가장 중요한 물적 기반을 상실하는 예정된 단초가 되었고 대한민국의 장래를 좌우하는 중대한 정치투쟁의 새로운 도화선이 되었다.

한국 내의 유일한 합법 정부

첫 번째 사항은 중대한 해석상의 문제를 안고 있었지만, 그 당시에는 지금만큼 정치적으로 민감한 문제가 아니었다. 그렇다고 중요한 문제로 인식되지 않은 것은 아니어서, 이승만 정부는 이 해석 문제를 정면으로 다루고 의미를 분명히 해두고자 했다. 대한민국을 승인하는 제195호 제2항은 이렇다. "임시위원단의 감시와 협의가 가능하였으며 또 한국 국민의 대다수가 거주하고 있는 한국의 지역에 대해 실효적 지배권과 관할권을 가진 합법정부가 수립되었다는 것과, 동 정부는 한국의 동 지역의 유권자의 자유의사의 정당한 표현이자 임시위원단에 의해 감시된 선거에 기초를 두었다는 것과, 또한 동 정부가 한국 내의 유일한 그러한 정부라는 것을 선언한다." "한국 내의 유일한 정부"라고 하지 않고 "한국 내의 유일한 그러한 정부the only such Government"라 표현한 것이 큰 해석상의 문제를 야기했다. 진보진영의 일부 학자들이 이 구절을 남한만의 유일한 합법 정부라고 해석하기 전까지는 대개 이 구절은 한반도의 유일한 합법 정부를 뜻하는 것으로 해석되었다. 이러한 정통적 해석은 이승만 정부가 확립한 것이었다.

1949년 1월 말부터 유엔한국위원단[이하 "유엔한위"] 대표들이 들어와 활동을 시작하게 되었을 때, 이승만 정부는 유엔한위에 보내는 서한에서 이 정통적 해석을 주장했다. "결의문 중에 제일 먼저 주목할 것은 대한민국 정부가 합법적 정부이며 인민의 자유의사의 표현인 선거에 의하여 수립된 정부이며 한국의 유일한 여차如此한 정부이라는 제2항입니다. 그러면 이러한 정부에 영토는 어떠한가 하는 질문에 대하여 이 조항을 정밀히 읽어보면 임시위원단이 선거를 시찰하고 협의할 수 있는 지역을 가리켜 한국의 부분 'That Part of Korea'이라고 이를 지적하였습니다. 다시 말하면 현재 대한민국 정부가 유효한 통치권과 관할권을 행사하고 있는 지역은 이 대한민국정부 영토의 한 부분입니다만 전문前文에 인용한 수식은 그 부분에 수립된 정부만이 전 한국의 유일한 합법적 정부라는 것을 지적하기 위한 정부의 수식구입니다. 결국 이 대한민국 정부의 영토는 합법적 정부라고 인정된 이 정부의 헌법 제4조에 의하여 '대한민국의 영토는 한반도와 그 부속 도서로 한다'는 구절대로, 한국 국토 전체를 지적한다는 것이 이 정부를 승인하는 필연적 귀결일 것입니다."※『서울신문』, 1949.2.9

요컨대, 이승만 정부의 해석은, 대한민국 정부가 남한 지역만의 선거 결과에 기초해 수립되었고 남한 지역에 대해서만 실효적 지배권과 관할권을 가지고 있지만, 한반도와 그 부속 도서를 영토로 하는 한반도의 유일한 합법적 정부이며, 다만 북한 지역에 대해서는 아직 실효적 지배권과 관할권을 행사하고 있지 못하다는 것이 되겠다. 이러한 해석에 따라 이승만 정부는 유엔의 대한민국 승인 이후 남북통일이 다시 정치권의 중요한 이슈가 되었을 때, 한반도의 유일한 합법 정부인 대한민국 정부가 중심이 되는 통일이 되어야 한다는 입장을 분명히 했다. 예컨대 남한과 북한에서 각각 다시 자유 의지에 기초한 선거로 대표자를 뽑아 새로운 국회, 새로운 정부를 구성하는 것이 아니라, 북한에서 선출된 대표자들이 이미 성립되어 있는 대한민국 국회로 들어와야 한다는 것이었다. 이러한 정통적 해석을 수립함으로써 이승만 정부는 이제 김구와 김규식 등의 남북협상파의 주장이 더 이상 설 자리가 없음을 분명히 했다.

하지만 유엔한위의 인사들도 대한민국 정부의 정통 해석과 맞지 않는 발언을 하는 일이 있었다. 1949년 2월 27일경 『동아일보』를 비롯한 여러 신문에 유엔한위의 아르센 샤바스Arsene Shahbaz 정보관이 기자단과 회견한 내용이 실렸는데, 2월 28일 제2회 국회 제42차 본회의에서 윤치영 의원이 이를 문제 삼았다.[2-42, 4~5쪽] 사정은 다음과 같았다. 유엔한위 제2분과위원회가 지금 어떤 일을 하고 있느냐고 기자가 묻자, 샤바스는 한국 시민 개인과의 접촉을 준비하고 있다고 했다. 이에 제2분과위원회의 임무가 대표정부의 발전을 연구하는 것이라고 해놓고 정부 이외의 개인과 접촉하는 것은 부당하지 않느냐고 묻자, 샤바스는 각계 인사의 의견을 청취하려는 이유는 대표정부의 발전을 도모하기 위해서라는 취지로 대답했다. 다시 대표정부가 무엇이냐고 기자가 묻자, 그것은 1947년 11월 14일 제2차 유엔총회 결의에 의해 수립된 정부를 지칭하는 것으로, 그것이 꼭 이승만 박사 영도 하의 대한민국 정부만을 가리키는 것도 아니고 김일성 정부만을 가리키는 것도 아니며, 자유의사로 표시된 전 한국 인민의 의사에 입각한 통일정부를 뜻한다고 했다. 이에 윤치영 의원은 이 발언이 대한민국에 중앙 정부가 수립되지 않았다는 뜻을 담고 있다고 했다. 또한 대한민국의 정부를 "이승만 박사의 정부"로 표현한 것은 크게 잘못되었고, 유엔은 김일성 정부를 승인하지 않았음을 지적했다. 그는 만약 이와 같은 발언을 외교장관이 했다면 소환감이라며, 이 문제와 관련해 임병직 외무장관을 출석시켜 설명을 들어야 한다고 했다.

윤치영은 내무장관 시절 거칠고 대결적인 모습을 자주 보였지만, 와세다대학과 프린스턴대학을 다니며 국제법과 외교학을 전공해 외교문제에 아주 정통했다. 회의록에서도 그런 모습이 자주 드러나는데, 여기에서도 그의 예리하고 전문적인 식견이 잘 나타난다. 아무튼 1949년 3월 2일 제2회 국회 제43차 본회의에 임병직 외무장관이 출석해 자신이 알아본 바를 말했다. 샤바스 본인은 펄펄뛰면서 그런 말을 한 적이 전혀 없다며, 외국 기자들에게도 그런 말을 한 적이 없고 어쩌면 한국 기자들이 자기 말을 오해했을지도 모른다는 것이었다. 그러면서 임병직 외무장관은 샤바스가 보내온 영문 편지를 그대로 낭독하고 다시 번역을 해주었다. 하지만 회의록에 적혀 있는 발언은 거의 횡설수설에 가까워서 정확히 무슨 말인지 알 수가 없다. 아무튼 대표정부란 특정한 정부를 가리키는 것이 아니라 법률적인 의미인데, 유엔 결의문에는 이미 대한민국 정부가 법률적으로 선거되었다, 선거는 민의를 대표한 선거로 인정되었다는 것이 샤바스의 발언이라는 것이다.[2-43, 1~2쪽] 이에 대해 윤치영 의원은 샤바스가 신문에 보도된 말을 전적으로 부인하고 있고 유엔한위가 유엔의 12월 12일의 결의에 따라 일을 해나가겠다고 약속하고 있어 더 이상 문제를 삼지 않겠다고 하면서도 외교관이 우리의 주권을 훼손하면 좌시해서 안 된다는 취지의 말을 덧붙였다.[2-43, 2~3쪽]

신문에 보도된 샤바스의 발언이 자신의 본심을 말한 것인지 아니면 정말 우리 기자들의 오해에서 비롯된 것인지는 알 수 없다. 하지만 쉽게 기자들의 오해라고만 치부할 수 없는 상당한 이유가 있다. 유엔한위는 7월 8일 제39차 전체회의를 열고 통일에 관한 세 가지 결의를 공보 제30호로 발표했는데, 첫 번째 결의가 "한국의 통일을 위한 계획과 가능성을 고려하기 위하여 남북의 대표자 사이에 여하한 토의가 있다면 그것을 본 위원단으로서는 협조할 의사와 준비가 있다는 것을 알릴 것"이었다.『조선일보』, 1949.7.12 샤바스의 '오해된' 발언만큼 나아간 것은 아니었지만, 대한민국 정부를 한반도의 유일한 합법 정부로 인정하지 않는 결의로 해석되기에 충분했다. 이 때문에 7월 12일 제4회 국회 제8차 본회의에서 유엔한위의 진의를 알아보자는 동의안이 통과되었고, 이튿날 제9차 본회의에서 외무국방위원들이 방문 결과를 보고했다. 최윤동 의원의 보고에 따르면 유엔한위는 이 결의가 누구의 편을 드는 것이 아니고 다만 한국인들의 독자적인 통일 노력을 지원하겠다는 중립적 진술이라는 것이었다.4-8, 6쪽

요컨대 유엔한위를 구성하는 국가들 모두가 대한민국 정부의 입장을 전적으로 지지한 것은 아니었다. 사실 시리아, 인도, 중국, 오스트레일리아, 캐나다, 프랑스, 엘살바도르, 필리핀, 우크라이나볼참로 이루어져 있었던 과거 유엔임시한국위원단의 대표들 중 캐나다, 오스트레일리아, 시리아 대표들은 남북협상노선에 동정적인 입장을 취한 적이 있었다. 심지어 시리아 대표는 5·10총선 직후 선거의 공정성을 의심하는 발언을 해서 우리 측의 항의를 받고 취소를 하는 일까지 있었다. 유엔한위도 같은 나라들로 이루어져 있었기 때문에 유엔이 대한민국을 승인했다 해도 자동적으로 과거의 입장을 바꿀 것이라고 기대할 수는 없었다.

1949년 2월 12일 유엔한위 환영국민대회에서 이승만 대통령이 유엔한위의 임무를 아주 분명한 언어로 규정한 것은 아마도 그 내부에 존재할지도 모르는 순진한 태도를 경계하려는 뜻이었을 것이다.『연합신문』, 1949.2.15 "불행히 지금 온 세계가 공산주의와 민주주의 두 사상이 충돌되는 냉정전쟁에 휩쓸리고 있으니 이 큰 투쟁에는 나라마다 개인마다 두 가지

중에 한 가지만을 택하여야 할 것이요, 중간 길은 없어야 될 것입니다. 공산주의를 접수하는 것은 노예의 속박을 밟는 것이니 나라나 개인이 다 그 자유와 개성을 잃어버리는 것입니다. 그러므로 우리는 자유와 독립을 대표한 민주주의를 붙잡고 기왕부터 투쟁하여 나왔던 것입니다. 이것이 즉 유엔한국대표단의 입장입니다. 동일한 입장에서 우리 한인들은 우리 직분을 다하여 협동할 것이오니 여러분이 전력을 다하여서 우리와 협동할 줄 압니다."

소장파의 제2차 외군 철퇴 캠페인

유엔의 대한민국 승인은 대한민국에 확고한 국제법적 기반을 주었지만, 동시에 신생국의 가장 중요한 물적 기반의 상실을 앞당기는 출발점이 되었다. 1948년 12월 결의안은 1947년 11월의 결의안에 이어 다시 점령군인 미소 양군의 조속한 철수를 권고하고 있어 주한미군의 철수는 피할 수 없는 현실이 되었던 것이다. 소련은 1948년 12월 25일에 북한에서 철수를 완료했다고 선언함으로써 미국에 압박을 가했다. 1947년 결의안이 소련에 의해 거부되면서 잠시 유예되었던 양군 철수 문제가 1948년 결의안으로 인해 다시 현안이 되었다. 유엔의 새로운 결의는 또한 남북통일의 촉진에 관한 내용도 담고 있어 남북통일을 정치적 현안으로 만들었다. 이에 따라 5·10총선에 참여하지 않았던 김구 등의 장외 세력이 적극적으로 정치에 참여할 수 있는 기회를 주었다. 유엔의 결의안은 남북통일에 대한 기대감을 그 어느 때보다 높였지만, 그만큼 이를 둘러싼 정치세력들 간의 대립과 갈등도 깊어지게 했다.

유엔의 대한민국 승인 직후 이에 관한 이승만, 김구, 김규식의 초성은 이미 대립을 예감하게 하는 것이었다. 먼저 이승만 대통령은 승인에 관한 보도를 접하고 라디오 방송을 통해, 이제 남북통일의 노선은 전과 달리 이북 인사들과 협의하는 과정을 거치는 그런 것이 아니라 북한의 대표를 뽑아서 대한민국 국회에 보내는 방식이 될 것이므로 이전과 같이 혼잡하고 문란한 폐단이 없어져야 한다고 했다. 또한 지난 3년간 중간노선이나 남북합작노선으로 남북통일과 국권 회복을 도모하던 정당, 단체, 개인은 이제 이러한 노선을 폐지하고 새로운 민주정부를 지지하고 전 민족의 사상과 행동을 통일시켜 나가야 할 것이라고 주장했다.『동아일보』, 1948.12.14

같은 날 민족자주연맹을 이끄는 김규식은 "유엔에서 한국을 승인하게 된 것은 다행이다. 그러나 명실상부한 독립을 얻지 못한 것은 유감이다. 앞으로 남북통일을 추진하는 데 있어서 동족상잔하는 일이 없기를 바라며 국제 제약과 외군을 조속 철퇴시킴으로써 자주적 통일을 기도하는 것이 최대 요청되는 바이다"라고 언급했다.『동아일보』, 1948.12.14 한독당의 김구 역시 12월 16일의 성명서에서 비슷한 주장을 펼쳤다. "절대적 다수 국가의 찬성으로써 한국을 승인하였다는 것은 영원히 기억할 만한 역사적 사실이다. (…중략…) 그리고 남북이 통일된 완전 자주독립국가가 되었더라면 하는 생각을 할 때에 더운 감상이 심각하다. 새로 유엔한위가 1년간 주재할 예정으로 머지않아 내한한다 하는 그 호의를 감사한다. (…중략…) 하나님은 제가 스스로 도울 줄 아는 사람을 도운다고 하였으니 우리는 남만 믿고 있을 것이 아니라 (…중략…) 자주독립을 완성할 만한 중대한 과업이 있다는 것을 더욱 절실히 반성하여야 한다. 나는 변함없이 외군의 조속한 철퇴를 주장하며 동족끼리 투쟁 없는 조국이 계속되도록 노력하겠다."『동아일보』, 1948.12.17

김구의 성명에 대한 대답인지 이승만은 12월 17일 내외기자단과의 회견에서 남북통일에 대한 질문에 대해 "딴 소리와 딴 길로만 나가지 아니하면 남북통일은 머지않아 실현될 것"이라고 답했다.『동아일보』, 1948.12.18 중대한 정치적 사건이 발생할 때마다 언론은 세 지도자의 협력을 거론했지만, 그들의 입장은 5·10선거 전과 변함이 없었다. 이승만은 합작의 전제조건으로 새 정부의 인정과 남북합작노선의 폐기를 내걸었고, 김구와 김규식은 이 전제조건을 수용할 수 없었다.

화해될 수 없는 대립의 예감 속에서도 유엔한위의 출범은 대한민국의 정계에 새로운 활력을 일으켰다. 민족진영을 다시 통일시키려는 움직임이 일어났고, 국회 내의 일부 세력도 이승만, 김구, 김규식 3영수의 합작운동을 전개하기 시작했다. 김성수, 신익희, 조소앙, 지청천, 안재홍 5인의 합작운동도 싹을 보이고 있었다.『서울신문』, 1949.1.1 김구의 한독당도 1949년 1월 16일에 제5차 중앙집행위원회를 열어 유엔한위와 관련된 선언문을 채택하고 "당은 앞으로 확고부동한 완전 자주통일 독립의 노선을 실천함으로써 조국에 대한 일체 분열주의를 배제하고 화평통일의 조국건설을 위하여 남북 동포와 더불어 공동 분투할 것이다"라고 천명했다.『독립신문』, 1949.1.19

이런 가운데 유엔한위 인사들은 1949년 1월 30일에 제1진이 한국에 도착한 데 이어, 2월 5일까지는 7개국 대표와 사무국 인사들이 거의 모두 도착했고, 2월 12일에는 석조전에서 김구, 김성수, 조소앙 등이 초청된 가운데 최초의 공개전체회의까지 열렸다. 유엔한위의 활동이 정치에 새로운 기운을 불어넣는 분위기 속에서 소장파가 다시 움직이기 시작했다. 1948년 10월에 이어 다시 외군 철퇴 캠페인을 시작한 것이다.

1949년 1월 15일 제2회 국회 제5차 본회의에서 이문원 의원이 등단해 유엔한위에 메시지를 보내자는 긴급동의안을 제출했다. 10청까지 나와 긴급동의안이 성립되었고 그는 발언할 기회를 얻었다. 그가 작성한 메시지 초안은 이러했다. "우리는 국제정의의 사도로서 내한하는 유엔 신한국위원단을 충심으로 환영하는 바이다. 빛나는 국제적 승인을 받은 한국의 남북통일을 유엔결의에 의한 평화적 양군 철퇴로써 최단기간 내에 실현하도록 귀 위원단의 적극적인 협력을 바라마지 않는다."2-5, 4쪽 그는 계속해서 내용에 대해 설명을 하겠다며 말을 이어나갔지만, 장광설로 변해가자 의석에서 "간단히 하시오" 등의 야유가 나왔고 결국 김동원 부의장이 발언을 막았다. 하지만 메시지를 보내자는 제안 자체는 재석 138, 가 97, 부 3으로 가결되었고, 메시지의 내용에 관해서는 신익희 의장에게 맡기기로 했다.

최종적으로 마련된 초안은 이문원 의원의 초안보다 훨씬 길었고, 소장파의 의도와는 조금 달랐다. 양군 철퇴의 감시와 남북통일이라는 유엔한위의 2대 사명의 완수를 기원하면서도 두 가지 전제조건을 내걸었던 것이다. "첫째로 미소 양군의 철퇴에 대하여는 본 국회는 이미 그 결의로써 의사를 표명한 바 있거니와 한국의 방비태세를 강화할 것은 한국의 건전한 독립을 위하여 가장 긴급한 선결문제이므로 귀 위원단은 양군의 철퇴를 감시하는 동시에 한국의 국방태세의 정비 강화에 대하여 한국 정부에 십분의 협조와 원조를 요청하는 바이며, 둘째로 남북통일의 달성에 있어서는 모든 국제적 부조不調를 극복함으로써 38선의 장벽을 철폐하고 5·10선거와 동일한 방법으로 북한에도 민주주의적 총선거를 실시하여 그들의 정당한 대표로 하여금 우리 국회의 의석을 채움으로써 통일의 과업이 완성될 것으로 믿는 바이올시다."2-16, 2쪽 첫 번째 조건은 아무 전제조건 없이 미소 양군이 그냥 철수할 경우 일어날 사태를 우려한 것이다. 두 번째 조건은 대한민국이 유엔에 의해 한반도 내의 유일한 합법정부로 승인되었으므로 북한 지역도 5·10 총선과 동일한 민주적 선거를 통해 대한민국 정부에 참여해야 한다는 것이다.

소장파는 1949년 2월 7일 제2회 국회 제24회 본회의에 「남북화평통일에 관한 결의안」을 발의해 다시 외군 철퇴 운동을 개시했다. 그 내용은 다음과 같다. "우리는 조국의 위기를 극복하기 위하여 유엔 신한국위원단의 입국을 계기로 전 국민의 의사를 대표해서 다음과 같은 결의를 한다. 1. 민족적 애국진영을 총 단결하여 민족역량을 집결하도록 노력할 것. 1. 남북화평통일을 실현하기 위하여 유엔 결의에 의한 한국 내 주둔 외군의 즉시 철퇴를 실천하도록 유엔 신한국위원단에 요청할 것."[2-24, 8쪽] 표결 결과부터 미리 말하면 이 결의안은 재석 159, 가 37, 부 95로 부결되었다. 원래 발의자가 71인이었는데, 토의 후에 오직 37인만이 찬성표를 던진 것이다.

이 날 회의에는 신익희 의장의 조율로 이승만 대통령도 참석해 토의와 표결 전에 길게 발언했다.[2-24, 3~7쪽] 누가 무슨 의도로 외군 철퇴를 주장하는지 모르겠다. 외군이 하루빨리 철퇴해야 한다는 것은 삼척동자도 다 아는 일이다. 그런데 세계 공론도 한반도를 주목하고 있는데, 이것을 주장하는 의미가 무엇인가? 내가 몇 군데서 의도했다고 들었다. 잘 판단해 보라. 굳이 철퇴하라는 결의를 하려면 한 구절을 첨부하라. 유엔이 이북에 직접 올라가서 소련군이 다 철퇴했는지 아닌지를 알아봐달라는 것을 첨부하라. 그렇지 않고 여러분이 내놓은 결의안대로 하면 이것은 파괴운동에 지나지 않는다.

지금 세계인들이 알고 싶어 하는 것은, 소련 사람들이 조선에서 철퇴했다고 선전하는데 그들이 진정 나갔는지 아닌지 하는 것이다. 이런 상황에서 국회가 외군 철퇴를 주장한다면, 이미 비공식적으로는 거의 다 나가고 얼마 남아 있지 않은 미군을 마저 나가라고 하는 것이다. 곧 한국인들이 미국인을 배척하고 미국인을 원치 않는다는 메시지가 된다. 미국인들의 태도는 어떠냐 하면 한국인들이 자신들을 원치 않는다 하면 구태여 남과 싸우려 하지 않고 내일이라도 다 나간다는 것이다. 국회에도 공산당이 내려 와서 대한민국을 차지해야겠다, 미국인이 나가야겠다, 민주진영이 다 파괴되어야겠다고 생각하는 사람들이 있을지도 모르겠다. 외국인들은 한국과 한국 국회가 소련을 환영하고 미국과 민주진영을 내보내려 한다고 해석할 것이다. 국회가 정말 이렇게 한다면 정부는 국회와 같은 길로 갈 수 없는 것이다.

그리고 지금 조금 남아 있는 군사사절단 등을 내보낸다면 어떤 결과가 일어날지는 생각해봐야 한다. 미군이 조금이라도 남아 있으면 소련군이 내려올 수 없을 것이다. 소련이 완전히 철군하고 이것을 확인하기 전까지는 미군이 이름만이라도 남아 있어야 소련이 함부로 여기로 들어올 수 없다. 그렇다고 미군 몇 명이 나간다고 우리가 무슨 공포심을 가진다는 것이 아니다. 우리는 싸움을 해서 전멸을 당할지언정 가만히 앉아서 남이 우리를 속박하도록 할 수는 없다. 하지만 지금 미국인들은 한반도에서 전쟁이 나서 세계대전으로 번지는 일이 없도록 애쓰고 있는데, 이는 우리 역시 애쓰는 것이다. 세계대전이 나면 우리나라가 가장 피해를 많이 입을 것이기 때문이다. 그래서 우리가 미국인들과 협의하고 유엔대표단과 협의를 해서 평화적으로 문제를 해결하려는 것이다.

이 모든 것이 다 안 된다면 우리가 마지막으로 해야 할 일은 우리가 북한에 들어가는 것이다. 이것은 우리 집안의 일이다. 지금까지 미국인들이 들어와서 우리 정부를 세워줄 동안에는 그들의 요구를 거절하지 못하는 일이 많았지만, 지금은 우리가 독립을 해서 당당한 자유권을 가진 상태이다. 미국이라도 간섭할 권리가 없고 간섭한다고 해도 허용하지 않을 것이다. 하지만 지금은 세계의 동정을 얻으며 순리를 따라서 해야 할 때이고, 이를 위해 유엔과 협의해서 평화적으로 38선을 철폐하고 남북통일을 이루어야 할 때이다.

나라가 망하든지 말든지, 민주주의가 서든지 공산당이 서든지 외군 철퇴 결의안을 내서 문제를 일으켜 보려거든 얼마든지 해보라. 그대로는 안 될 것이다. 여기서 통과가 된다 해도 그렇게 안 되는 것이 있다. 앞을 내다보고 세계의 대세가 어떻게 되는가를 보면서 의논을 하라. 어느 나라든지 외교문제에 관해서는 국회가 정부에 맡기고 많이 간섭하지 않으려 한다. 관계할 때라도 공개적으로 할 수 없고 정중히 한다. 만약 정부가 할 일을 하지 않아서 외교에 문제가 생긴다든지 하면 비공개회의로 밖에 있는 사람들이 모르게 협의해야 한다. 늘 이 점을 유념해 달라. 국제적 영향을 미칠 만한 일은 되도록 말이 밖으로 나가지 않게 해 달라. 지금 밖에 있는 사람들이 국회의원을 선동해서 이 결의안을 통과시킨 후 무슨 자리를 얻어볼까 한다는 말을 들었다. 그들의 선동에 휘둘리지 말기를 바란다.

이승만 대통령이 발언을 끝낸 후 국회를 나갔고, 국회는 노일환 의원의 반대에도 불구하고 비공개회의로 전환했다. 소장파는 김병회, 노일환, 서용길 의원이 결의안 찬성 발언에 나섰다. 김병회 의원은 먼저 대통령이 외부의 사주가 있는 것처럼 얘기한 것은 듣기가 대단히 거북하다고 했다. 그의 핵심 주장은 "우리가 주권국가임을 국제적으로 승낙한 이상 우리 강토에 외군이 주둔해야 한다는 합법성과 이론적 타당성은 아무런 데서도 발견할 수가 없으며 전쟁과 침략에 의하지 않고 자주독립국가에 외군이 주둔한다는 것은 양¥의 동서와 시ᄈ의 고금을 막론하고 일찍이 듣지도 못하고 보지도 못한 사실"이라는 것이었다. 그는 "장면 정사가 파리의 유엔총회에서 양군 철퇴를 열렬히 주장했다는 역사적 사실을 망각해서는 안 될 것"이라며, 결의안의 타당성을 뒷받침했다. 또한 "철퇴에 관련해서 항상 우리가 우려하는 것은 소위 북한의 인민군의 남정南征이 있어서 혼란이 있지 않을까 하는 점인데 이것은 과히 염려할 필요가 없다" 왜냐하면 1947년 11월 14일부 유엔총회 결의에 따라 "우리 국군에 포함되지 않은 인민군과 보안대는 유엔 신한국위원단의 감시 하에서 당연히 해체되어야 할 것이며 유엔 신한국위원단에서 대비책을 강구할 책임이 있는 것"이기 때문이다.2-24, 8~10쪽

노일환 의원은 우리의 정치적 해방을 완성하기 위해서는 평화통일과 외군 철퇴를 이루어야 한다고 주장했다. 외군 철퇴와 관련해 일각에서는 현실을 무시해서는 안 된다고 하지만, 외군이 철퇴해야 우리 조국이 번영을 누리고 통일을 할 수 있다는 것은 우리의 과거 역사와 제2차 세계대전 이후 약소국가의 수난을 봐서도 넉넉히 알 수 있다. 그는 신라가 당나라를 끌어들여 삼국통일을 이룬 것, 동학란을 외군의 힘으로 진압한 것, 네덜란드가 점령한 인도네시아와 프랑스가 점령한 베트남이 독립을 위협받고 있는 것, 외력에 의존해 정치를 하는 장개석 정권이 전승국이자 5대 강국이면서도 민중의 지지를 못 받는 것 등을 예로 들며, "이것도 자주성을 몰각하고 외력에 의존한 결과"로 본다고 했다. 따라서 "이 외군의 철퇴로만이 우리의 남북통일이 평화적으로 될 수 있는 것"이다. 이 통일은 "민주주의적인 통일"이어야 한다. 북조선이 남조선을 정벌하거나 남조선이 북조선을 정벌하는 무력에 의한 통일은 현실에서 불가능하다.2-24, 11~2쪽

서용길 의원은 외군 철퇴에 대한 두 가지 반론에 대답했다. 첫째, 외군의 즉시 철퇴 주장이 미군의 즉시 철퇴를 의미하는가? 유엔한위가 북한에 들어가서 소련군의 철퇴를 확인하기 전에 무모하게 미군의 철퇴를 주

장하는 것은 아니다. 또한 현재 중공군 세력이 황하와 양자강을 지나 주강까지 이르렀다. 그런데 한반도는 돌출기지이고, "돌출기지는 전략상 무용지지無用之地인지라 미국의 방공 제일선은 우리 한반도가 아니라 일본 본도"가 될 것이다. 따라서 미국은 우리가 있어라 해서 있고 나가라 해서 나갈 나라도 아니지만 자신의 이해 때문에라도 군대를 철퇴시키리라는 것이었다. 이 주장은 물론 정확한 진단이었다. 둘째, 양군이 다 철퇴하면 북한 인민군이 남한을 침입할 것인가? 한마디로 확언하거니와 "이는 대한민국의 국방군을 무시한 태도이요 한민족은 평화를 사랑하는 민족이라는 것을 망각한 태도"이다. 불이 화약고에 가까워질수록 더 위험해지듯이, 상반된 이데올로기를 가진 미소 양군이 서로 접근할수록 좋지 못한 일이 있기 쉽다. 그래서 "우리 민족[이] 외군 철퇴를 부르짖는 것이며, "남북화평통일은 우리 민족의 지상명령"이다.2-24, 14~5쪽

이승만과 소장파의 현실 인식 사이에는 이렇듯 큰 간극이 있었다. 이승만은 소련이 유엔의 결의를 결코 이행하지 않을 것이라 생각했고, 대한민국이 군사력을 비약적으로 강화시키든 미군을 주둔시키든 전쟁 억지력을 강화하지 않는 한 전쟁은 임박한 현실이라고 보았다. 반면 소장파는 김병회와 서용길의 발언에서 보듯이 유엔의 결의가 즉시 실현될 수 있을 것이며 전쟁은 일어나지 않을 것이라는 착각 혹은 소망적 사고에 빠져 있었다. 그 이후의 역사 전개를 다 알고 있는 우리는 소장파의 안이하고 순진한 인식을 지적하지 않을 수 없다. 향후의 역사를 모르는 당시의 사람들도 다수는 소장파의 순진함을 비판했다.

유엔한위에 보내는 진언서

하지만 소장파 의원들은 결의안이 압도적으로 부결된 뒤에도 외군 철퇴 운동을 계속하면서, 국회의원들을 최대한 규합해 유엔한위에 평화통일과 외군 철퇴를 호소하는 메시지를 직접 전달하고자 했다. 결국 3월 19일 오전 11시 정각에 김약수가 노일환, 이문원, 김병회, 박윤원, 강욱중, 황윤호와 함께 석조전에 있는 유엔한위 사무실을 방문해 사무국장 베르트하이머에게 국회의원 62명의 연명으로 된 메시지를 전달했다. 메시지에는 다음과 같은 내용이 포함되어 있었다.『서울신문』, 1949.3.20

여러분들의 사업은 한국 내의 외군을 철퇴시키고 이를 감시함으로써 우리 조국의 화평통일을 달성시키고 나아가 우리나라의 민주 발전을 원조하는 중대한 임무를 가진 것이다. 이상과 같은 중대한 사명을 여러분들이 성공적으로 완수하려면 무엇보다도 우리 민족의 자주적인 의사를 존중하여야 한다. 이는 우리나라에 대한 일체의 외력外力과 그 제약을 배제하여야 하는 것을 의미하는 것이며 이 또한 유엔헌장에도 일치되는 것이다. 한국의 강토가 양단되고 민족이 분열된 것도 미·소 양군의 남북 장기 분점에서 재래齎來된 것이며 이에 수반하여 층생돌출層生突出하는 모든 사단은 우리 자신이 저지른 바가 아니요, 민족의 자주가 외력에 박탈당하였기 때문이다. 우리 한민족은 반만년 역사를 가진 문화민족으로서 평화를 사랑하고 전쟁을 원치 않으므로 우리는 외력이 만들어 놓은 이 사태를 수습함에 있어서 북벌이나 남벌을 원치 않는 바이며 그리스의 재판再版이 되지 않기를 경계하면서 자율적인 평화통일을 염원하는 바이다. 이는 절실한 우리 민족의 총체적 의사이니 우리는 대한민국 국민으로서 우리 민족의 요구를 달성시키도록 적극 노력하여 주기를 요망하는 바이다.

이승만 대통령은 주한미군의 조속한 철수를 막기 위해, 혹은 철수를 하더라도 군사동맹의 체결이나 충분한 군비 증강을 통해 대한민국의 안보를 확보하기 위해 모든 노력을 다했지만, 미국 정부의 전략적 결정을 되돌릴 수는 없었다. 결국 미국은 500여 명의 군사고문단만 남기고 6월 말까지 완전히 철수하기로 결정했다. 그런데 김약수를 비롯해 강욱중, 김병회, 박윤원, 노일환, 김옥주 등은 1949년 6월 18일 유엔한위를 방문해 군사고문단의 잔류에 대해서도 반대하는 진언서를 전달했다. 이 진언서는 62명의 의원들의 서명을 받은 것이었다. 신문에 보도된 진언서의 내용 중 일부는 이러했다.『조선일보』, 1949.6.18 "그러나 한국의 자유 독립을 위하여 미군은 한국 내에서 철퇴를 단행하게 되어 철병 감시의 중대한 사명을 완수하기 위하여 활발한 활동을 전개하고 있는 데 대하여 심심한 사의를 올리는 바이며, 우리 한국 내에서 미소 양군이 철퇴하는 마당에 있어서 이남·이북을 막론하고 군사고문단 또는 사절단 등의 설치로 희랍의 재판이 되지 않기를 경계하면서 한국의 자주국방 강화를 위하여 이를 반대하는 바이니 국제적 도의와 위신을 존중하여 한국 내의 미소 양군이 무조건 완전 철퇴하도록 하는 귀 위원단의 사명을 완수하기를 바라는 바입니다."

그런데 1949년 6월 21일 자『동아일보』에 따르면 6월 20일 제3회 임시국회 폐회식 석상에서 김약수 부의장은 세간에서 우려하고 있는 62명 의원의 군사고문단 설치 반대 요청이 사실은 62명의 공동 행동이 아니라 자신을 비롯한 여섯 의원들의 단독 행동이라고 밝혀 의원들을 경악하게 했다. 이에 대해 이성득, 홍성하 의원이 분격해서 "대한민국 국회 부의장의 체면으로 이런 중대한 국제적인 문제를 개인 행동으로 취하여 놓고 이에 대한 아무런 취소 성명도 없다가 이제 와서 62의원이란 것은 6의원의 오보라고 변명하는 것은 부의장의 체면과 위신문제며 국회의원을 어린 아해들과 같이 취급하는 비열한 행동"이라고 신랄하게 규탄했다. 이 내용은 폐회식 회의록에는 나오지 않지만, 진언서가 국회 안에서나 국회 밖에서나 크게 문제가 되었음을 알 수 있다. 김약수 부의장은 아마 진언서가 큰 물의를 일으키자 함께 서명한 다른 의원들을 보호하기 위해 폐회식에서 그런 발언을 한 것으로 보인다. 같은 날짜 기사에 따르면 조국현 의원과 이진수 의원이 서명을 부인한 바 있어서 62명의 서명은 '모략'인 것 같다고 쓰고 있지만, 아마 전례를 볼 때 상당수가 실제로 서명했을 것이다.

소장파의 이런 움직임에 맞서 민주국민당과 일민구락부를 중심으로 한 142명의 의원들은 6월 20일 「군원 요청 성명서」를 발표하고, 신익희 의장을 비롯한 대표자 몇몇이 이 성명서를 6월 20일 유엔한위와 무초 대사에게 전달했다. 내용은 이러했다. "우리 대한민국 국회의원 유지 일동은 대한민국의 방비태세가 아직 정비되지 못한 실정에 비추어 대한민국의 육성과 방위에 책임을 가진 우방 미국의 군사적 원조가 절대 필요함을 인정하고 군사고문단의 설치를 환영하는 바이다."『동아일보』, 1949.6.21

유엔한위의 북한 접근이 계속 거부당하고 소련의 철군이 확인될 수 없는 상황에서, 그리고 북한군과 달리 한국군이 군비가 제대로 되어 있지 않은 상황에서 소장파는 과연 무슨 생각으로 이런 외군 철퇴 캠페인을 계속 벌였을까? 어리석다는 말로는 결코 그 행동을 다 설명할 수 없다. 그러므로『동아일보』가 5·10총선 1주년을 맞아 연재한 「의정단상의 일년 회고」시리즈에서 김준연이 소장파가 남로당의 선전 방침을 그대로 따르고 있다고 맹공한 것도 무리가 아니었다. 이 글에서 그는 우선 김구, 김규식의 5·10총선 거부와 김일성과의 남북협상 시도를 비판한 후, 국회 안의 소장파도 똑같이 외군 철퇴 결의안을 내고 유엔한위에 동일한 내용의 진언서를 전달하는 등 대한민국의 육성을 방해하고 있다고 했다. 소장파는 언론에 보도된 남로당의 선전 방침을 추종하는 자들이라 보지 않을 수 없다. 이 선전 방침은 5개항으로 되어 있다. "1. 평화적-자유적 남북통일을 주장하며 미군철퇴와 유엔위원단 구축을 강조할 것. 2. 당^{民族共和黨}의 강령정책에 의한 인공^{人共} 개혁을 급속 실시토록 주장할 것. 3. 반민 처단을 적극 지지 격려할 것. 4. 정부의 부패성을 폭로하되, 특히 국군, 경찰의 야만적 폭압에 의한 암흑정치성과 법이 없는 허울만의 법치적 정부라는 것과 제^諸 인공 개혁의 지연으로 당연히 결론되는 정부의 반동성을 구체적으로 폭로 선전할 것. 5. 당 지시에 의한 선전요강을 철저히 실시하며 광범한 일반대중에게 남로당 정책의 정당성을 철저히 인식시켜서 인공개혁에 총궐기토록 선전할 것." 김준연은 결론적으로 소장파가 이를 충실히 실행하고 있는 것을 볼 때 대한민국의 전도에 대해 전율을 금할 수 없다며 국회 안에서부터 애국세력이 총결집해 이들을 경계하자고 역설했다.『동아일보』, 1949.5.9

김준연의 말대로 소장파는 1949년에 들어서며 외군 철퇴 캠페인 외에 원내 입법 활동에서는 대표적으로 읍면 단위까지의 단체장 직선제를 내용으로 하는 지방자치법 제정을 추진하고 원외에서는 반민특위를 통해 친일파의 체포와 처벌을 보다 광범위하고 강하게 밀어붙였다. 특히 반민특위의 활동은 경찰을 비롯한 공직사회는 물론 일반 사회에도 상당한 충격파를 던져 이승만 대통령이 이에 적극적으로 대응하기 시작했다.

제15장

농지개혁법
신생 대한민국의 참호

소장파 의원들이 1948년 12월 21일에 시작해 1949년 4월 30일에 끝난 제2회 국회에서 가장 주력한 입법 활동은 개혁적인 지방자치법과 농지개혁법을 만드는 것이었다. 두 법안 모두 그 자체로 중요하고 국회에서의 논의 과정도 아주 흥미롭지만, 북한의 무상몰수 무상분배 토지개혁의 신화가 우리 지성계에 남긴 영향이 크기 때문에 여기에서는 농지개혁법만을 다루기로 한다. 농지개혁법은 3월 10일 제50차 본회의에서 제1독회가 열려 4월 27일 제86차 본회의에서 통과되기까지 다섯 차례의 제1독회와 열 차례의 제2독회를 거쳤다. 이승만 대통령은 농지개혁법에 대해 사실상 거부권을 행사했지만, 이는 법안에 대한 원칙적 거부가 아니라 법안에 존재하는 약간의 문제를 제거해 달라는 요구였다. 그 역시 국회의원에 당선된 직후 언론과의 인터뷰에서 국군의 조직과 함께 농지개혁을 가장 시급한 과제로 꼽은 적이 있었다. 좌파에 속했던 조봉암을 초대 농림부 장관으로 임명한 것도 농지개혁을 적극적으로 추진하기 위한 것이었다고 한다. 북한에서 1946년에 무상몰수 무상분배 토지개혁이 이루어져 남한의 농민들도 토지개혁을 강하게 원하고 있었기 때문에 대지주들이 많았던 한민당조차 토지개혁에 쉽게 반대할 수 없는 분위기였다. 농지개혁법에 관한 한 이승만 대통령과 소장파 사이에 입장차가 크지 않았다.

소장파의 무리한 농지개혁법 상정 시도

농지개혁법은 3월 10일에 제1독회가 시작되었지만, 이미 지방자치법 제1독회가 한창 진행되고 있던 2월 14일 제30차 본회의에서 친소장파 정준 의원과 소장파 이문원 의원이 농지개혁법의 상정을 요구한 적이 있었다.[1] 먼저 정준 의원이 등단해 작년 12월 12일에 이훈구 의원이 농지개혁법안을 제출해 산업위원회로 회부되었는데 석 달이 지나도록 상정이 지연되고 있다며 서상일 위원장을 탓했다.[2-30, 2쪽] 서상일 위원장의 등단에 앞서, 산업위원회 농림분과위원회의 간사 김웅진 의원이 나와 법안 검토 과정에서 어려운 문제가 많아 갑론을박이 있었다며 곧 본회의로 넘어갈 것으로 안다고 했다.[2-30, 2~3쪽] 이어 서상일 위원장이 나와, 법안이 최근 산업위원회 전체회의에 부의되기는 했는데 지금 가장 시급한 예산안 심의 때문에 농지개혁법 심의가 지연되고 있다며 예산안 심의가 끝나면 곧 본회의에 상정할 수 있을 것이라고 했다.[2-30, 3쪽]

그런데 사회를 보던 김약수 부의장이 돌연 화제를 예산안으로 돌려, 최대 7일간의 심의를 규정한 국회법에 따라 예산안 심의는 13일까지 끝나야 하는데 아직 어떤 상임위도 예산안 심사 보고를 올리지 않았다며 어떻게 된 영문인지를 물었다.[2-30, 3~4쪽] 이로 인해 농지개혁법 상정 논의가 갑자기 예산안 심의 논의로 바뀌었다. 그러다 소장파의 핵심 이문원 의원이 불씨를 다시 살리기 위해 등단했다. 현재 농지개혁의 시기가 확정되지 않아 땅값의 급상승, 토지 매매 과열, 소작인에 대한 지주의 토지 강매 등

---

1   제2회 폐회식 회의록에는 의원들의 소속 정파가 기록되어 있다. 아예 소속이 파악되어 있지 않은 의원도 12명이 되고 파악된 소속도 100퍼센트 확실하지는 않다고 되어 있지만, 이하의 의원들의 소속 정파는 다른 특별한 고려사항이 없는 한 이 회의록에 따른다.

다양한 부작용이 일어나고 있다며, 농지개혁법안을 빨리 상정해 농민들에게 농지개혁의 확실한 신호를 줘야 한다는 것이었다.[2-30, 5~6쪽] 이 이야기를 다 듣고 김약수 부의장은 그냥 알았다며 일정대로 국가공무원법 제1독회를 열겠다고 했다.

김웅진도 소장파에 버금가는 친소장파 의원이었고 김약수 부의장도 소장파의 지도자였음에도 농지개혁법 논의가 제대로 진행되지 않은 것을 보면 이 날은 친소장파 정준의 단독 행동이었고 이문원 의원은 우연히 지원 사격을 했던 것 같다. 소장파의 다른 누구도 정준과 이문원을 돕지 않았다. 하지만 다음날은 달랐다. 2월 15일 제31차 본회의가 열리자마자 이문원 의원이 가장 먼저 발언권을 얻어, 어제의 발언 후 여러 의원과 개인적으로 절충한 결과 토지개혁법안을 시급히 상정해야 한다는 데 의견을 모았다며 2월 20일까지 토지개혁법안을 상정할 것을 동의했다.[2-31, 2쪽] 김웅진 의원이 재청을 했고 역시 소장파인 이구수 의원이 3청을 해 동의안이 성립했다. 사회를 보던 김동원 부의장이 별도의 토의 없이 가부를 표결하자고 했을 때, 민국당 이정래 의원이 등단해 토지개혁법에 반대하는 사람은 없지만 현재 법적 시한이 있는 예산안이 가장 시급하고 지방자치법은 제2독회로 넘어갔으며 공무원법이 상정되어 있으니 토지개혁법은 그 후에 처리하자고 했다.[2-31, 3쪽] 이에 김웅진 의원이 등단해, 헌법을 실천하는 것이 혼란을 막는 길이라며 제18조에 노동자에게 이익을 균점시킨다고 했고 제86조에 농토는 농민한테 나눠준다고 되어 있으니 농지개혁은 다른 문제에 우선해서 시행해야 한다는 다소 억지스러운 논지를 펼쳤다.[2-31, 3쪽] 그러자 역시 산업위원회 위원인 이석주 의원이 등단해, 토지개혁법안이 산업위원회에 온 게 두 달 전인데 김웅진 의원이 두 달 동안 가지고 있다가 불과 일주일 전에 산업위원회 전체회의로 넘어왔다,

겨우 하루 심의하다가 예산안 때문에 미루게 되었다. 다른 일이 없다면 3월 20일 이내에 다 하겠다. 정준 의원의 어제 발언이 신문에 대서특필 되었던데 혹 선거구에다 토지개혁 문제를 혼자 다 걱정하는 것처럼 선전하기 위해서인가, 이문원, 정준, 김웅진 의원은 신문에 대서특필 되려고 이러는 것인가 하고 맹공을 퍼부었다.[2-31, 3쪽]

국회의 아수라장화가 예상되는 순간 소장파 박기운 의원이 등단해 이를 지연시켰다. 헌법 제18조를 제정했을 당시 북한 김일성이 어떤 연회석에서 술을 마시고 있다가 이 소식을 듣고 한탄한 사실이 있었다. 북한만 토지개혁을 할 줄 알았더니 이제 제18조로 인해 남한에도 토지개혁이 단행되게 생겼다. 남한의 농민을 대한민국에 다 빼앗기고 우리의 적화운동이 수포로 돌아갔다고 한탄했다는 것이었다. 그러므로 남북통일을 위해 농민이 갈망하고 있는 토지개혁을 즉시 실시하자고 주장하면서 이문원 의원의 동의안에 대한 표결을 요구했다.[2-31, 3~4쪽] 이렇게 해서 김동원 부의장이 가부를 물었고 표결 결과가 미결로 나와 관례에 따라 다시 한번 가부를 더 물으려고 했을 때, 정준 의원이 등단해 국회를 결국 난장판으로 만들고 말았다. 회기가 40여 일밖에 남지 않았는데 이 문제를 의사일정에 올려놓으면 어떻게든 회기 안에 이 문제를 낙착 지을 수 있다. 내가 국회의 공기를 짐작하고 있으니 농지개혁법안을 지연시키려는 음모가 있다는 것을 알고 있다. 지주들이 이 문제를 반대하려고 모든 수작을 다 하고 있다는 것이었다.[2-31, 4쪽]

이에 서상일 산업위원장이 나와, 산업위원회의 누구도 토지개혁을 지연시키려는 사람이 없다. 정준 의원은 실언을 취소해야 한다. 김웅진 의원은 10여 명으로 구성된 농림분과에서 두 달이 걸린 문제를 어떻게 40명이 모이는 전체회의에서 3, 4일 만에 끝날 수 있을 것이라고 이야기할 수 있는가, 산업위원회가 심사할 필요 없이 본회의에서 직접 하겠다고 하면 모르겠지만 그렇지 않다면 우리가 성심성의를 다하고 있으니 이해해 달라고 했다.[2-31, 4~5쪽] 서상일 의원에 대한 반박은 소장파 최태규 의원이 맡았다. 정준 의원의 발언을 취소하라는 것은 실례이다, 그의 발언은 3천만 민중의 기대를 반영한 것이다, 농지개혁법안의 지연은 김웅진 의원이 아니라 서상일 위원장이 책임을 져야 한다며 답변을 요구했다.[2-31, 5쪽] 최태규 의원의 억지에 서상일 위원장은 자신의 발언이 김웅진 의원을 공격한 것이 아니다, 분과위에서도 오래 걸린 문제를 어떻게 전체회의에서 금방 끝낼 수 있겠느냐고 지적했을 뿐이라고 했다.[2-31, 5쪽] 마지막으로 김웅진 의원이 나와, 이석주 의원과 서상일 위원장을 공격한 후, 농림분과에서 두 달 동안 신중하게 토의했으니 산업위원회 전체회의에서 더 이상 시간을 끌 필요가 어디 있겠느냐고 했다.[2-31, 5~6쪽] 김동원 부의장이 의원 개인의 이름까지 거명하며 공격하는 것은 대단히 유감이라며 아까 미결된 이문원 의원의 동의안 — 2월 20일까지 토지개혁법안 상정 — 을 다시 물었다. 그 와중에도 발언권을 신청하는 사람들이 많았지만 표결은 그대로 진행되었고, 재석 137, 가 50, 부 40으로 다시 미결되었다. 이로써 소장파의 농지개혁법을 때 이르게 일단 상정시켜 놓고자 했던 무리한 시도는 무산되었고, 그들은 3월 9일 제49차 본회의에서 지방자치법이 통과된 다음날인 3월 10일까지 기다려야 했다.

부富의 사회주의를 이루자

3월 10일 제50차 본회의에서 마침내 서상일 산업위원장이 나와 농지개혁법안을 낭독하고 법안의 취지와 주요 조항, 그리고 심의 경과 등에 대해 이야기했다. 반민법안이 합법적인 정치적 혁명운동이라면 농지개혁법은 합법적인 경제적 혁명운동이다. 제1차 세계대전 이래 소련의 관할 하에 있는 동구 국가들에서 산업의 국유화와 농지개혁이 이루어졌고, 그들은 사회주의 국가체제를 이루었다. 우리나라 헌법은 정치적으로는 민주주의 민족국가를 건설하려는 정신이고, 경제적으로는 민족 사회주의 국가를 건설하려는 이념이다. 우리는 일제가 남긴 적산기업체를 모두 국유화했고 이제 농지개혁법을 만들려고 한다. 하지만 내가 여러분에게 두 가지 새로운 인식을 요청한다. 첫째, 우리는 계급적 무산자가 아니라 민족적 무산자이다. 둘째, 우리는 그냥 사회주의를 이상으로 삼거나 그냥 만민균등을 지향하는 것이 아니라 부의 사회주의와 부의 만민균등을 지향한다. 따라서 자본주의를 어느 정도 고도로 앙양하고 국민의 창의와 자유와 평등을 보장하도록 하고 있다. 농지개혁을 계기로 우리의 민족자본을 동원해서 우리나라 방방곡곡에서 3천만 전부가 기업을 가지도록 함으로써 부의 만민균등의 유토피아를 이루도록 하자.2-50, 10쪽 서상일 위원장이 혼란스러운 용어 사용을 통해 주장하고 싶었던 것은 사회주의 국가들 방식의 급진적 토지개혁이 아니라 국민 모두에게 이익이 되고 말하자면 시장경제 원리에 부합하는 토지개혁을 하자는 것이었다. 계급적 무산자와 민족적 무산자의 구분이 흥미로운데, 이는 남한 내부에서는 유산자와 무산자로 나누어져 있다 해도 남한 국민 모두가 결국은 대부분 무산자라는 의미이다. 일부 대지주를 제외하고는 지주, 자작농, 소장농이 모두 하나라는 의미일 것이다.

서상일 위원장은 첫머리에 이러한 웅변을 토한 다음 법안 심의의 경과로 넘어갔다. 지난해 12월 13일에 이훈구 의원의 안이 산업위원회에 나왔고, 이외에도 농림부의 안, 대한독립촉성노동총연맹의 안, 그리고 개인의 안 등이 있었다. 이 안들을 검토하면서 산업위원회 농림분과의 독자적인 안을 만드는 게 좋겠다고 합의가 되었고, 그 결과 1월 26일 산업위원회 전체회의에 부의되었다. 하지만 예산안 심의 때문에 1주일을 허비하다 심의를 속개한 결과 2월 28일에 심의가 완료되었다. 한편 농림분과의 안을 원안으로 삼아 검토를 하기 시작했을 때, 국무회의에서 농림부안이 '일축'된 후 만들어진 기획처안이 넘어왔다. 하지만 이미 농림분과의 안을 원안으로 삼고 제1독회를 하고 있어서 정부안은 참고안으로 삼았다.2-50, 10~11쪽 조봉암 농림장관의 지휘 아래 작성된 농림부안은 1948년 11월 22일에 공개되었다. 조봉암 장관의 진보적 입장을 반영해 지주에 대한 보상 수준과 농민의 상환 부담이 낮고 분배 대상 농지의 규모도 2정보 이상으로 한, 당시에 나온 모든 농지개혁안 중 가장 급진적인 안이었다. 이 안은 1949년 1월 24일 기획처와 법제처에 송부되었지만 서상일 위원장의 표현대로 국무회의에서 일축된 후, 농림부안을 완화시킨 기획처안이 2월 4일 정부안으로 확정되었던 것이다.

농지개혁법에서 가장 관심이 높았던 것은 농지를 내놓은 지주에 대한 보상 수준과 농지를 분배받은 농민의 상환 부담이었다. 어떤 안들에서는 정부의 추가적 재정 부담이 없도록 양자를 같게 했지만, 다르게 한 안들도 있었다. 농림부안은 보상 수준을 평년작 주산물 생산량의 15할, 상환 부담을 12할로 했고, 기획처안은 각각 20할, 20할로 했다. 하지만 산업위원회가 상정한 안은 각각 30할, 30할로 지주의 이해를 가장 많이 반영한

안이었다. 특히 소장파의 입장에서는 산업위원회의 안이 대지주가 많은 한민당 세력의 이해를 대변한 안이라고 비판할 만했다. 서상일 위원장도 한민당의 후신 민국당원이었다.

서상일 위원장은 30할로 한 이유로 우선 현재의 소작료가 3할 3푼, 즉 33%이니 30할은 이를 표시한 것이라 했다. 또한 과도정부 시절에 적산 농지를 분배할 때 20할로 해서 15년 상환하도록 했는데, 이것은 다른 여러 가지 중요한 시가에 비해 너무 낮은 가격이어서 북조선과 같이 재산을 몰수한다면 몰라도 지주도 국민인 이상 그들을 억울하게 할 필요는 없을 것이라고 주장했다. 조사에 따르면 50정보 소유 지주가 약 500명, 100정보 소유 지주가 약 80명, 150정보 소유 지주가 약 60명, 200정보 이상 소유 지주가 약 40명밖에 안 되는데, 보상 수준을 너무 낮추면 다수의 자작 농가가 피해를 입으리라는 것이었다.[2-50, 11~12쪽]

서상일 위원장의 발언이 끝나고 몇몇 의원들이 질의에 나섰지만, 대한노농당 조국현 의원이 산업위원회안의 30할 10년 상환이란 현재의 소작료 33.3%에도 미치지 못한다며 10년 후의 무상몰수가 아니냐며 비판한 것 말고는 이 날 회의에서 더 이상 흥미 있는 발언은 없었다.[2-50, 14쪽] 농지개혁법 토의는 하루를 건너뛰어 3월 12일 제52차 본회의에서 재개되었다. 소장파의 대활약이 예상되는 가운데 먼저 서용길 의원이 산업위원회안에 맹공을 퍼부었다. 자신을 비롯해 30여 명이 정부안을 상정시키라는 문서를 제출했는데 완전히 묵살되었다며, 산업위원회의 안은 20할을 규정한 정부안보다 민의와 훨씬 멀다, 농민을 위한 것이 아니라 일부 대지주를 옹호하는 법안이라고 주장했다. 국무회의를 통과한 안을 이렇게 묵살하기 시작한다면 국무회의를 얼른 해체해야 할 것이라는 말도 덧붙였다.[2-32, 4~5쪽] 서상일 위원장은 산업위원회안과 정부안은 큰 차이가 없다, 실은 산업위원회안이 아주 진보적이고 잘 된 안이다, 20할이니 30할은 여러분이 토론을 해서 결정할 문제이다, 정부안이 보고된 지 1주일을 지나지 않았는데 정부안을 상정하라는 요구는 국회법 위반이라고 대답했다.[2-32, 5~6쪽] 민국당 조헌영 의원도 정부안이라고 해서 반드시 본회의에 상정해야 한다는 법은 없다, 산업위원회에서 가장 적당하다고 한 안을 본회의에 상정하는 것이다, 언제는 정부에 무조건 반대만 하더니 지금은 국무회의에서 통과되었으니 여기서 하자는 것이냐, 문선왕[공자] 끼고 송사하는 격이라고 일침을 가했다.[2-52, 6~7쪽]

서용길 의원의 완패였다. 이어서 많은 질의응답과 토론이 이루어졌는데, 이하에서는 보상 수준 및 상환 부담과 더불어 토지 소유 상한에 초점을 맞춰 의원들의 발언을 소개하고자 한다. 무소속 강선명 의원은 농지개혁법의 여러 가지 조항에 대해 질문을 했는데, 30할 10년 상환 문제도 포함되어 있었다. 토지개혁은 토지 불하 혹은 토지 매도 법령이 아니라 봉건적 폐단과 착취를 청산하고 균등사회를 이루려는 혁명적 조치이다. 그렇다면 농민의 부담을 크게 덜어줘야 하는데, 10년 동안 매년 3할을 상환하도록 할 경우 여기에 각종 지세, 수세, 공과금, 기부금 등을 더하면 연 5할 내지 6할의 부담이 된다. 그렇다면 가족의 생존이 대단히 긴급해지는데 농민들이 과연 10년 후에 토지를 소유하게 되기를 원하겠는가? 더욱이 재해가 반드시 발생할 것인데 연부금을 내지 못하면 토지 반환 소송을 낸다는 조항이 있으니 농민들이 위험 사상에 물들지 않을까 걱정된다는 것이었다.[2-52, 8~10쪽] 서상일 위원장은 연부금 체납에 관한 대책은 법안에 포함되어 있고, 이 법안은 소작료 3할 3푼을 10년 내면 자기 땅을 갖게 되는 것과 마찬가지라고 했다. 5할 내지 6할의 부담과 관련해서는 자신이 조사한 바에 따르면 각종 세금, 공과금, 기부금을 합치면 3할이 되며, 이러한 부담은 "빈貧에서 부富로 가는 과정"에서, 바꾸어 말해 지주가되는 과정에서 불가피한 것이라 했다.2-52, 10~11쪽

소장파 김병회 의원 역시 30할의 과중한 부담이 농지개혁의 기본 취지를 훼손한다는 주장과 함께 3정보의 농지 소유 상한 문제를 꺼냈다. 3정보 이상의 농지 소유자가 극히 적은 숫자이고 대개 2정보 미만을 경작하고 있는 상황에서 3정보를 취하면 농지를 분배받을 농민이 많이 줄어든다는 것이었다. 그러면서 3정보로 할 경우 정부의 매수 대상이 될면적이 얼마인지, 토지 분배를 받을 수 있는 농가는 얼마나 되는지를 물었다. 아울러 본법 실시에 필요한 규정을 별도로 대통령령으로 정한다는 취지의 제26조에 이 대통령령은 국회의 인준을 얻어야 한다는 단서조항이 있는데, 이는 농지개혁을 하기 위한 규정이 아니라 농지개혁 실시를 동결하기 위한 규정으로 본다고 했다.2-52, 12~13쪽 단순한 정치 공세가 아니라면 한민당 세력에 대한 소장파의 불신이 아주 깊은 것을 알 수있다. 이에 대해 서상일 위원장은 우선 1945년 기준으로 농경지 면적은220만 정보이고 농가호수는 약 200만 호로, 1가구당 1정보밖에 돌아가지 않는 것이니, 사실 3정보 규정은 무리가 없지 않다고 했다. 하지만 산업위원회안, 정부안, 개인의 안이 대개 3정보를 취하고 있으니 자기가 생각하건대 아이들을 학교에 보낼 학비라도 마련하려면 1정보로는 도저히 불가능하고 3정보는 되어야 되지 않느냐고 해서 나온 것이라고 답했다. 매년 3할의 상환금과 각종 조세 및 공과금에 대해서는 다시 한번 그게 그리 많은 금액이 아니라며 지주로서의 의무가 아니냐고 했다. 대통령령에 대한 국회의 승인과 관련해서는 국회의 권리를 내세운 것인데 여러분이 정부에 절대 신뢰를 보내어 이 조문을 막는다면 자기로서는 만강의 찬성을 표한다고 했다.2-52, 13쪽

3월 14일 제53차 본회의에서도 제1독회가 계속되었다. 사회를 맡은 김동원 부의장이 질의 신청자가 29명인데 아직 12명밖에 하지 않았고 대체토론은 37명이나 신청했다며 간단한 질의를 부탁했다. 이 날의 가장 흥미로운 질의와 응답은 소장파 윤재근 의원과 서상일 위원장 사이에서 이루어졌다. 윤재근 의원의 발언 요지는 다른 소장파 의원들의 발언과 다를 바 없었으나 훨씬 구체적이면서 자극적이었다. 제1조부터 26조까지 읽어보니 농지개혁법이 아니라 지주의 토지처분법이라는 제목이 타당하다. 지주의 편의를 도모하는 내용을 법문화했다. 토지 대가 산출표를 보니 양곡매입법을 제정할 때처럼 벼 1가마니에 1,200원으로 계산했는데 이것이 타당하다고 하는 사람은 하나도 없을 것이다. 벼 생산비는 특수한 지역에서는 4,000원까지 나오고 평균해서 1,882원이다. 이렇게 현실과 맞지 않는 토지 가격을 산출한 것은 지주를 위한 것이다. 특히 30할은 지금 시가의 배 이상이다. 또한 지주에 대한 보상으로 지주가 희망하면 새로운 기업을 우선권으로 주겠다고 한다. 공산주의자들이 무상몰수 무상분배를 주장하는 이 마당에 지주만을 생각하는 토지 분배를 구상하다니 과연 농민으로 하여금 대한민국을 좋아할 수 있게 하겠는가 하고 목소리를 높였다.[2-53, 8-9쪽]

이에 대해 서상일 위원장은 윤재근 의원의 논리라면 무상몰수 무상분배 방법밖에 없다, 백보를 양보해서 북한에서 실시된 농지개혁이 과연 농민을 위한 좋은 개혁이었는가, 우리가 들은 바로는 좋은 개혁이 못 된다는 것을 잘 알고 있지 않느냐고 했다. 조국현 의원이 며칠 전에 말했지만, 이 법안은 극단적으로 말해 지주가 소작인에게서 10년 동안 매년 3할 3푼을 받고 난 후 무상몰수 당하는 것과 같다. 공산주의도 좋지만 우리는 계급적 공산주의자가 아니라 민족적 무산자이다. 지금 통계를 보면 계급적 무산자는 ××퍼센트[2]밖에 안 되지만 민족적 무산자는 99퍼센트이다. 공산주의라도 거지의 공산주의, 거지의 사회주의, 거지의 만인평등주의를 바라는 것이 아니고 부호의 공산주의, 부호의 사회주의, 부호의 만인평등주의를 원한다. 지주가 잘못을 했다면 반민법처럼 집어넣겠지만 북한 모양으로 무상몰수로 뺏는 것이 목적이 아니라면 무상몰수 한다고 우리 국민 모두가 다 잘 살 수는 없다. 1,200원과 관련해서는 제2독회 때 얼마든지 토의할 수 있는 문제라고 했다.[2-53, 9~10쪽]

경기 개성 이성득 의원의 여러 가지 질의 중 하나도 기록해둘 만하다. 우선 3~5인 가족이 제대로 생활하려면 적어도 2정보는 되어야 하는데 200만 호에 200만 정보밖에 없으니 필연적으로 분배를 받지 못하는 사람도 있는데 이에 대한 대책을 물었다. 그런 다음 남북통일이 된 다음에도 농지개혁을 해야 할 것인데 농가 1호 당 토지가 얼마나 돌아가나, 북한은 인희지광人稀地廣, 곧 사람은 드물고 땅은 넓고 남한은 지협인다地狹人多, 곧 땅은 좁고 사람은 많은데 재분배를 한다면 우려할 점은 없는가, 지주가 남한에 있으면서 땅은 북한에 있는 경우 혹은 지주가 북한에 있으면서 땅은 남한에 있는 경우는 어떻게 하는가 등등을 물었다.[2-53, 10~11쪽] 이에 서상일 위원장은 남한이 약 220만 정보, 북한도 약 220만 정보를 합치면 440만 정보인데, 균등하게 분배할 경우 남한은 1정보 남짓이고 북한은 2정보 남짓이라고 했고, 남북통일 후의 토지개혁은 남한의 토지개혁 방식에 따라 다시 개혁되리라 믿는다고 했다.[2-53, 11쪽]

---

2   회의록에는 '100퍼센트'라고 되어 있지만 이럴 경우 앞뒤로 말이 되지 않는다. 서상일의 실언이거나 속기사의 잘못이거나 오타이다.

농지개혁법이 아니라 지주의 토지처분법

3월 16일 제55차 본회의에서는 정준 의원이 이미 많은 질의가 있었으니 법안의 조속한 통과를 위해 대체토론에 들어가자고 동의해 가결되었다. 대체토론은 이 날과 3월 18일 제57차 본회의에서 이루어졌다. 대체토론에 나선 의원들은 미발언 원고를 등재한 2명을 제외하고 모두 27명이었다. 이 중 소장파 또는 친소장파 의원들은 동성회 회원 12명에 이성학과 김웅진을 더해 모두 14명이었다. 이성학은 청구회 회원이지만 외군철퇴 결의안에 찬성한 37명 중 하나였고, 김웅진은 이정회 회원이지만 반민법 제정 때부터 적극적으로 소장파와 함께 했다. 이정회와 청구회 의원을 합하면 9명이었고(이성학과 김웅진 포함), 민국당 의원은 3명밖에 되지 않았다. 민국당 의원들과 소수의 다른 의원들을 제외하고, 다른 모든 의원들은 대개 30할 10년 상환이나 3정보 한도나 다른 문제점들을 거론하며 농지개혁법이 아니라 지주의 토지처분법이라는 윤재근 의원의 판결을 반복하거나 변주했다. 상당한 사전 토론이 있었던 것이다. 이하에서는 이 글의 맥락에서 가장 흥미로운 발언들만을 소개하기로 한다.

가장 먼저 대체토론에 나선 김병회 의원은 역시 30할 10년 상환과 3정보 한도를 표적으로 삼았다. 특히 3정보 한도와 관련해 서상일 위원장의 교육 이야기를 이렇게 비판했다. 경지 면적과 농가 호수를 비교하면 1가구 1정보 꼴인데 3정보를 한도로 삼으면 두 가구는 농지를 가질 수 없을 것이다. 3정보 정도의 농지를 갖지 않으면 자녀 교육이 곤란하다는 말은 얼핏 맞는 말이다. 하지만 교육에 대해서도 모든 인민이 동일한 권리를 가져야 하고 절대 균등을 원칙으로 삼아야 한다. 3정보를 가진 사람은 교육을 받고 농지 없는 농민은 교육을 받지 말아야 한다는 것인가.[2-55, 5-6쪽] 이게 틀린 말은 아니지만 그의 말대로 하면 교육을 받을 수 있는 농가가 하나도 없고 모두 빈곤 속의 평등 속에 빠지는 게 문제이다. 서상일 위원장의 어법을 빌리면 부의 사회주의가 아니라 빈곤의 사회주의가 된다. 결국은 공업이 전혀 발전되지 않아 농촌에 과잉인구가 존재하는 것이 이 딜레마의 본질이다.

종종 소장파의 주장에 찬동하곤 했던 대한노농당 이진수 의원이 이 문제를 꺼냈다. 김병회 의원의 말은 기본 생활을 확보할 수 없는 토지개혁을 하자는 것이고, 그것은 농노를 만들어내는 것이다. 북한은 농토가 농민보다 많은데도 전제정치 밑에서 농노를 만들어내는 토지개혁을 했고 그래서 북한 농민들이 원수로 여긴다. 현재 남한에서 도시에 집중된 실업자가 200만이라 하며, 토지개혁을 하면 농촌에서 다시 120만이나 130만의 실업자가 나올 것이다. 산업 발달이 안 돼 새로운 실업자를 수용할 수 없으니 국가의 지대한 문제이다. 하지만 토지개혁으로 기본 생활을 확보해주지 않으면 토지개혁을 해보았자 1년 이내에 농민들이 다시 농토를 국가에 반환할 것이다. 그러므로 원안을 찬성할 수밖에 없다.2-55, 6~7쪽

소장파 황두연 의원은 산업위원회에 속해 있어 원안에 대한 반대 토론을 하면 관례를 어기는 것이었지만, 그래도 의석으로부터의 항의를 무릅쓰고 반대 토론에 나섰다. 그의 핵심 논지는 지주에 대한 보상은 30할로 하되 상환은 12.5할로 해서 매년 2.5할 5년 상환으로 가자는 것이었다. 보상과 상환의 차액은 귀속재산을 팔아 생기는 자금으로 메우자는 제안이었다.2-55, 7~8쪽 귀속재산을 통한 보충은 현실적으로 쉽지 않은 것이었지만 황두연 의원의 제안은 결국 제2독회 때 통과되어 최초의 농지개혁법에서 법문화된다.

이정회 최헌길 의원은 원안에 일부 찬성 일부 반대하는 가운데 북한의

토지개혁에 대해 언급하고 있어 흥미롭다. 상환 기간을 10년으로 하면 농민들이 자기 땅이 된다고 믿지 않는다면서 15할 5년 상환으로 해서 매년 3할을 내는 것으로 하자고 했다. 이는 북한의 토지개혁 현실을 고려해서이다. 지금 북한에서 35할을 하고 있는데 여기에다 세금을 더하면 1년에 5할 혹은 6할이 되기 때문에 농민들이 농토를 다 내버리고 남한으로 온다. 그러므로 남한에서 매년 3할을 하고 여기에 1, 2할의 세금을 붙이면 북한처럼 되니 상환기간 동안에는 추가적인 세금을 붙이지 않기로 해야 하겠다. 3정보 한도는 잘된 것이다. 한 걸음 더 나아가 5정보를 한도로 삼아서 농민의 수를 지금의 인구 80%에서 50%로 줄이는 것이 좋겠는데, 이를 위해 지금은 3정보 가량은 경작하도록 해야 한다.2-55, 13~15쪽

제57차 본회의에서의 농지개혁법 대체토론은 소장파 노일환 의원의 발언으로 시작되었다. 그는 일본이 1946년에 6할 24년 상환으로, 중국이 1945년에 10할 10년 내지 20년 상환으로, 미국이 1777년에 거의 무상으로, 프랑스가 1789년에 20할 12년 상환으로 토지개혁을 행한 예를 들며 산업위원회안은 가장 낙오되고 퇴보한 보수적 입법이라고 했다. 또한 제10조에 지주가 경제발전에 도움이 되는 사업에 참여하려는 경우 정부가 알선한다는 조항이 특권계급에게 모든 경제적 이권을 장악하도록 하는 것이라고 주장했고, 제6조 5항에서 "공인하는 학교, 종교단체 및 후생기관 등의 소유로서 자경 이내의 농지"는 농지개혁법의 매수 대상이 아니라는 조항 역시 회사들로 하여금 후생기관을 만들어 농지개혁을 회피할 수 있도록 하는 것이라고 주장했다. 이러한 조항들은 반드시 삭제되어야 한다는 것이었다.2-57, 6쪽

민국당 조한백 의원은 노일환 의원과 전혀 다른 사유의 세계 속에 있었다. 그는 토지개혁의 두 가지 방향을 제시하며 발언을 시작했다. 첫째,

일반 민중의 생활을 안정시키고 만민균등 사회를 실현하는 토지개혁이어야 한다. 둘째, 자본주의적 개혁, 곧 개인 경제의 향상과 국가 경제의 발전을 가져오는 토지개혁이어야 한다. 하지만 어려운 점이 많다. 농민이 인구의 약 8할을 차지하는데 토지는 적다. 더욱이 옛말에 국초國初와 국말國末은 가장 곤란한 때라 했는데 지금은 국초이다. 국초에는 인민이 많은 부담을 해야 나라를 건전하게 건설할 수 있는데, 지금 우리 농민이 바라는 것은 토지를 분배받아 생활이 바로 안정되는 것이다. 토지개혁 후에 생활이 바로 안정되리라고 생각하고 있으니 농민들에게 실망을 주지 않을까 걱정된다. 따라서 사려 없고 무모한 토지개혁은 민중의 원성을 살 것이며 공산주의자들의 선전에 기회를 줄 것이다. 모든 농민을 부농화하고 소작인의 부담을 경감하는 방법을 생각해내야 한다. 한편으로는 공업과 기업을 발달시켜 농민들이 그 방면으로 진출하게 함으로써 농민의 수를 줄여야 한다. 다른 한편으로 정부가 보유하고 있는 적산농지와 귀속재산을 활용해 농민의 부담을 줄여야 한다. 적산기업들에 대해서는 농지개혁 방식을 이중으로 해서 기업이 계속 유지될 수 있게 해야 한다. 지금은 농민들이 최대 3정보를 갖도록 했지만 생활이 안정된 후에는 10정보도 소유할 수 있도록 해야 한다. 우리나라가 현재는 농업국이지만 앞으로는 더 적은 수의 농민이 더 많은 농지를 갖도록 하고 다른 농민들은 공업 방면으로 진출하게 해 전 국민이 부를 소유하는 공업국이자 농업국이 되어야 한다.2-57, 6~8쪽

3정보 한도와 관련해서는 소장파 의원 중에서도 찬성하는 사람들이 있었다. 김웅진 의원은 1정보로 농민을 세농화하면 안 된다면서, 자녀가 3명인 5인 가족을 기준으로 하면 교육비와 다른 모든 비용을 고려할 때 3정보는 농사를 지어야 국민다운 생활을 할 수가 있다고 했다. 1정보를

한도로 잡아서 8할의 농민이 영구히 농민이 되어 영구히 소농 생산을 한다면 우리나라는 영구히 일등국이 되지 못할 것이다. 장래 많은 농민들이 공업이나 어업으로 진출하리라는 것을 전제하면 3정보가 가장 이상적이다. 북한의 경우 논에 대해서는 2할7푼, 밭에 대해서는 2할3푼의 지세를 받는데, 기타 수리조합비나 중학교세 등등을 다 합치면 5할 내지 6할이 된다. 우리가 농민들에게 북한보다 더 많은 부담을 지워서는 안 된다. 이런 점을 고려해 원안을 조금 수정해야 할 것이다.2-57, 8-9쪽 김광준 의원 역시 3정보 초안에 대해 '만강의 경의'를 표했다. 국민경제의 토대는 중산계급이다. 3정보 미만이면 농촌 출신은 중등학교 이상을 갈 수가 없고, 결국 모리배 자제만이 대학을 갈 수 있을 것이다. 지금 국방군을 확충해야 하는데 세계사를 보면 농촌 출신이 국군의 간성이 되고 국방을 좌우하는 것이니 3정보가 이에 합당하다는 것이었다.2-57, 11-12쪽

대체토론에서 가장 많이 언급된 주제는 역시 30할 문제였다. 발언에 나선 의원들 대부분은 30할이 농민에게 과중한 부담을 주니 낮추어야 한다고 주장했다. 이와 관련해서는 농림장관으로 농림부안 작성을 지휘했고 지금은 장관 자리를 물러난 조봉암 의원의 발언이 가장 인용할 만하다. 지금 소작인들은 15할 내지 20할이 된다고 해도 그냥 소작인으로 남아 있겠다고 할 것이다. 일본에서도 소작인이 분배를 거부한 일이 있다. 지주가 되는 것보다 현재의 3·7제지주 3, 소작인 7가 훨씬 유리하기 때문이다. 15할 이상으로 하면 농지개혁이 절대 실행되지 않을 것이다.2-57, 15쪽 농림부 안이 보상을 15할, 상환을 12할로 한 것은 조봉암 전 장관의 이런 생각 때문이었을 것이다.

이외에도 많은 의원들이 등단해 흥미롭거나 흥미롭지 않은 발언을 많이 했지만, 이 모든 것을 여기에 다 인용할 수는 없다. 이제 축조심의를

하는 제2독회로 넘어간다. 중간에 예산과 다른 긴급한 문제를 다루어야 했기 때문에 농지개혁법 제2독회는 4월 1일 제69차 본회의에 가서야 시작되었다.

소장파의 승리

농지개혁법 제2독회 축조심의는 모두 10차례 진행되었다. 아래에서는 의원들이 가장 중요하다고 생각한 쟁점, 곧 농지 소유 상한, 지주에 대한 보상액, 그리고 농민의 상환액에 대해서만 다루기로 한다. 원안의 3정보 소유 상한에 대한 축조심의는 4월 19일 제79차 본회의에서 이루어졌다. 2정보로 하자는 수정안이 3개나 나왔다. 다수의 의원들이 등단해 찬반토론을 벌였다. 대체토론 때 상당한 논의가 있었기 때문에 여기에서는 몇 가지 새로운 주장만 소개하기로 한다.

소장파 강욱중 의원은 3정보는 머슴 없이 영농할 수 없다며 토지개혁이 머슴제도를 전제로 해서는 안 된다고 했다.[2-79, 13쪽] 질의응답과 대체토론 때 자주 등단한 소장파 김병회 의원도 다시 나와 구체적인 수치를 들며 2정보를 주장했다. 귀속농지 26만 9천 정보에 매수농지 50만 정보를 합치면 분배할 농지가 76만 9천 정보이다. 한편 토지가 전혀 없는 농가가 92만 1천 호, 농지가 적은 농가가 52만 7천 호, 그리고 고용인 즉 머슴이 4만 1천 호 등 토지를 분배받아야 할 농가가 모두 153만 5천 호이다. 그러면 농가 1호 당 평균 5단보[0.5정보=1,500평]밖에 안 돌아간다. 이런 상황에서 3정보를 취하게 되면 농지개혁이 허무해지고 만다. 3정보 이상을 경작하는 사람에게만 교육을 받을 기회를 주고 나머지는 문맹으로 두는 것은 용인할 수 없다.2-79, 13~14쪽 이들 외에도 다수의 의원들이 나와 발언을 했지만 이미 인용되었던 것과 크게 다를 것이 없거나 그리 알맹이가 없는 당위론적 주장들이었다.

이러한 2정보론에 대해 민국당 조헌영 의원의 반론이 예리하다. 3정보 한도라는 것은 모든 농가에 3정보를 준다는 것이 아니라 최고 3정보라는 것이다. 우리 헌법에 국민의 기본생활을 보장한다는 것이 있다. 평균적으로 나누어 준답시고 반 마지기나 한 마지기를 주면 기본생활이 보장되지 않는다. 어떤 농가는 식구가 30명이나 되는 집도 있고 이런 농가는 3정보로도 안 된다. 이런 여러 가지를 고려해 3정보는 되어야 기본생활이 가능하다는 것이다. 농민들에게 살 수 있을 만큼 토지를 나누어주고 과잉인구는 산업부문으로 전환시키는 것이 옳지 토지가 이것밖에 안 되니까 이것만 가져라 하는 것은 잘못된 것이다.2-79, 15쪽 같은 당의 최봉식 의원은 몇 걸음이나 더 나아갔다. 이 법으로는 농민은 모두 빈궁하고 무식한 자가 될 것이고 도시에는 부유하고 유식한 특권계급이 넘쳐날 것이다. 앞으로 농촌 대 도시 사이에 대투쟁이 일어날 것이다. 국민경제의 균형을 세우려면 부자가 빈자 되고 유식이 무식 되는 소극적 정책을 피하고 빈자가 부자 되고 무식이 유식 되는 적극적 정책을 펼쳐야 한다. 해가 아홉이고 득은 하나뿐인 '구해일득九害一得'의 이 조문을 폐기하고 10정보를 한도로 해서 농민의 향상심을 조장해야 한다.2-79, 16~17쪽

이 조항에 대한 표결은 그 중요성을 감안해 통상적인 방식이 아니라 의원들로 하여금 직접 2정보나 3정보를 써넣어서 표결하기로 했다. 그 결과 재석 146인 중 2정보 찬성표가 48표, 3정보 찬성표가 97표였다. 이 문제에 관한 한, 단상을 지배한 것은 소장파나 친소장파였지만 단하를 지배한 것은 민국당이었던 것 같다. 2정보론은 많은 의원들을 설득하지 못했다.

토지 소유 한도보다 더 중요한 것이 보상액과 상환액이었다. 우선 보상액에 대한 축조심의가 4월 25일 제84차 본회의에서 이루어졌다. 산업위원회 안에서는 상환액을 보상액과 같은 액수로 한다고 되어 있기 때문에 보상액을 정하면 상환액도 자동으로 정해진다. 하지만 두 액수가 반드시 같을 필요는 없고, 실제로 최종 통과될 법안도 농림부안(보상액 15할, 상환액 12할)처럼 다르게 갔다. 제7조 1항은 "각 읍면별로 각지목별 표준 중급 농지를 선정하여 차[이것]의 평년작 주산물 생산량의 30할을 당해 토지 대임차 가격과 대비하여 당해 읍면의 공통 배율을 정하고 차에 의하여 동 지구 내 각 지번별의 보상액을 정한다"고 되어 있다. 이 조항에 대해 수정안이 많이 나왔는데, 우선 '할'과 관련해서도 10할, 12할, 12.5할, 15할, 20할 등의 수정안이 제시되었고 '평년작 주산물 생산량'에 대해서도 "단기 4279년[1946년]부터 단기 4281년[1948년]까지의 3년간 평균 주생산물 생산량" 등등의 수정안이 제시되었다. 전혀 다른 발상법에 근거한 이훈구 의원의 수정안도 있었다.

문제는 결정하는 방법인데, 통상적인 방법이라면 이 경우 아마도 원안의 30할과 가장 많은 차이가 나는 10할부터 물어서 상향하는 방법이었을 것이다. 하지만 소장파 김광준 의원이 등단해 소유 농지의 한도와 보상 문제는 토지개혁법의 골자라고 생각하지만, 이 문제는 대체토론 때 많은 논의가 있었으니 더 이상의 토론은 생략하자, 그리고 수정안이 일곱 가지가 되니 투표를 해서 가장 많은 득표를 한 두 안을 놓고 다시 결선투표를 하자는 동의를 냈다.[2-84, 11쪽] 얼핏 간단하고 타당해 보이는 이 제안은 하지만 많은 논란을 초래했다. 예컨대 민국당 서우석 의원은 여섯 가지 할이 숫자만 다른 것이 아니라 어떤 것은 특정한 3년 동안의 평균 생산고를 기준으로 하고 있고, 어떤 것은 평년작의 주산물을 기준으로 하고 있기 때문에 먼저 이 기준을 정해야 한다고 했다.[2-84, 11쪽] 청구회 이재형 의원은 김광준 의원의 제안이 민중의 의사와 가장 거리가 먼 30할로 최종 낙찰될 우려가 다분히 있다고 했다. 만약 투표 결과 30할과 12할[3]이 최다 득표를 할 경우 20할과 15할에 동의한 사람들은 12할보다는 차라리 30할이 더 낫다고 결정할 우려가 있다는 것이었다.[2-84, 12~13쪽] 아주 타당한 지적이었다.

그리하여 결정 방식을 놓고 김광준 의원의 동의 외에 가장 낮은 할에서 순차적으로 표결하자는 개의가 제출되어 압도적으로 통과되었다. 하지만 표결 방법을 놓고 기립으로 할 것인지 무기명 투표로 할 것인지가 또 논란이 되었다. 중요한 표결 때마다 나오는 논란이었고, 소장파는 대개의 경우 의원의 소신을 분명히 드러내는 기립을 선호하는 경향이 있었다. 이정회의 박순석 의원이 기립 동의를 냈고, 소장파 박윤원 의원과 김병회 의원이 강력한 지지 발언을 했다. 반면 민국당 조영규 의원은 중요한 투표 때는 대개 무기명 투표로 해왔다며 그래야 양심이 정확히 반영된다고 주장했다. 민국당 서우석 의원은 수정안이 많아 모두 미결이 될 가능성이 높은데, 기립으로 하면 10할 주장하던 사람이 15할이나 20할에 찬성하기 어려울 것이라며 미결 사태를 막기 위해서라도 무기명 투표를 하자고 했다.[2-84, 15~16쪽] 무기명 투표가 재석 151, 가 59, 부 61로 미결이었고, 기립이 재석 151, 가 76, 부 14로 가결되었다. 그리고 원안에서는 30할 10년 균분이었는데, 15할로 최종 결정되면서 5년 균분으로 변경되어야 했고, 이 수정안도 재석 102, 가 80, 부 0으로 통과되었다.[2-85, 20쪽]

소장파의 승리이자 민국당의 패배였다고 해야 할 것이다. 얼핏 보면 다

---

3   회의록에는 '20할'로 되어 있지만 오타가 분명하다.

소 놀라운 결과이지만, 의원들의 다수는 30할이 현실에 비추어 너무 높고 지주의 이익을 많이 반영하는 것이라고 보았던 것 같다. 따라서 농민들의 관심이 집중되어 있는 상황에서 30할을 저지하려면 기립의 방법을 통해 의원들의 선택을 낮은 할 쪽으로 강제해야 한다는 공감대가 있었을 것이다. 이러한 암묵적 공감대는 실제로 할의 결정에 반영되었다. 10할부터 물었는데 재석 152, 가 45, 부 11로 미결이었다. 12할도 재석 152, 가 48, 부 3으로 미결, 12.5할도 재석 152, 가 47, 부 3으로 미결이었다. 결국 15할이 재석 152, 가 80, 부 3으로 가결되었다. 박수가 터져 나왔다. 아마 10할, 12할, 12.5할에 대한 45표 정도의 찬성표는 거의 모두 소장파에게서 나왔을 것이다. 적지 않은 의원들이 이것은 너무 낮은 보상액^{상환액}이라고 느꼈던 것 같고, 이런 점에서 제헌국회는 이번에도 양 극단을 피해 갔다고 하겠다.

농지개혁법에는 농지 소유 상한, 보상액과 상환액 외에도 쟁점이 아주 많았다. 그러다 보니 거의 모든 조항에 대해 수정안이 나와 진행이 아주 느렸다. 결국 오래 전부터 농지개혁법의 조속한 통과를 주장해 오던 정준 의원이 등단해 이번 회기가 2, 3일밖에 남지 않았다며 회기 내 통과를 위해 찬반토론 없이 즉시 표결로 신속하게 제2독회를 진행시키자고 제안을 해 압도적으로 가결되었다.[2-85, 13쪽] 그리하여 보상액과 더불어 가장 중요한 쟁점인 상환액도 아무 토론 없이 즉시 투표에 들어갔다. "상환액은 제7조에 의한 보상액과 동액으로 한다"는 원안에 대해 4개의 수정안이 나왔는데, "보상액은 당해 농지의 주생산물 생산량의 2할 5푼을 5년간 납입케 한다"는 수정안이 재석 112, 가 58, 부 2로 통과되었다. 이것은 12.5할 5년 균분에 해당하는 것이었다. 지주에 대한 보상액은 15할 5년 균분으로 결정되었기 때문에 보상액과 상환액 사이에 2.5할의 차이가 생기게 되었다. 이것은 재정 여력이 없는 정부로서는 받아들일 수 없는 것이었다. 개혁적인 농지개혁법이 제정되었지만 제정되는 순간부터 개정의 불씨를 남겼다.

정부의 거부권 행사

결국 정부는 재정 부족으로 인해 이 2.5할의 차이를 수용할 수 없다며 5월 16일에 법안을 국회의장에게 환부했다. 5월 2일 제2회 국회 폐회식에 이승만 대통령이 참석해 "공산분자가 전국을 파괴하려고 할 때에 제일 많은 민중의 힘을 얻어가지고"[2-폐회식, 21쪽], 농지개혁법을 통과시킨 데 대해 의원들의 노고를 치하한 적이 있었기 때문에 이러한 거부권 행사는 예상치 못한 것이었다. 정부가 비슷한 시기에 지방자치법에 대해서도 거부권을 행사했기 때문에 의원들이 아주 화가 난 것은 당연했다. 정부는 5월 23일 제3회 국회 제1차 본회의에 농지개혁법 '소멸 통고'를 보냈고, 이 통고는 6월 6일 제13차 본회의, 6월 14일 제16차 본회의, 6월 15일 제17차 본회의에서 다루어졌다. 국회에 출석한 이종현 농림장관은 정부가 법안 자체를 거부하려는 것이 아니라, 재정 문제 때문에 2.5할의 차이를 수용할 수 없으니 농지개혁을 실무적으로 준비하고 있는 기간에 이 문제만 살짝 해결해달라는 것이라 했다.[3-13, 9~10쪽]

하지만 살짝 해결할 수 없었다. 왜냐하면 정부의 '소멸 통고'가 헌법과 국회법의 관련 조항에 대한 해석 문제로 확대되었기 때문이다. 정부 통고문의 취지는, 농지개혁법을 국회에 환부하고자 했지만 국회가 폐회 중이어서 환부를 할 수 없었고 따라서 이 법안은 자연히 소멸된 것으로 간주할 수밖에 없다는 것이었다. 법률적으로는 관련 조항들의 불완전함 혹은 결함으로 인한 것이었지만, 이를 이유로 통상적인 거부권 행사의 경우처럼 '환부' 혹은 '재의' 요청이라 하지 않고 '소멸 통고'라 한 것은 그 표면적 타당성에도 불구하고 상당히 약은 행동이라 할 수 있었다. 정부가 거부권 행사를 너무 많이 한다는 비난을 피하기 위한 고육지책이었다고 할 것이다. 물론 정부의 입장에서는 '환부'를 하려고 했지만 할 수 없었으므로 엄밀히 말해 '소멸 통고'가 더 맞을 것이다.

많은 의원들이 분노했다. 예컨대 민국당 김봉조 의원은 정부의 말대로라면 국회는 법안을 통과시킨 후 폐회도 못하고 정부가 최종 결정을 내릴 때까지 보름 동안 앉아 기다려야 하느냐고 했다. 아울러 대통령도 국회소집권이 있는데 왜 소멸 통고를 하기 전에 국회를 열려고 하지 않았느냐고 비판했다.[3-16, 12쪽] 반면 조헌영 의원은 김봉조 의원의 말대로라면 국회가 다수의 법안을 통과시키고 폐회할 경우 대통령은 헌법에 보장된 거부권을 제대로 행사될 수 없게 된다고 했다. 또한 대통령이 국회를 소집해도 회기가 바뀌기 때문에 동일한 법안을 두 회기에 걸쳐 심의하는 셈이 되어 일사부재의 금지를 규정한 국회법을 어기게 된다며 현행법상 소멸 통고는 불가피하다고 했다.[3-16, 13~14쪽] 역시 조헌영 의원은 당리당략보다 원칙적 사고에 충실한 사람이었다.

그리하여 법률적 해석과 대책을 놓고 엄청난 논란이 벌어졌다. 결국 "정부에서 소멸 통고한 농지개혁법안을 산업위원회에 회부하고 신중히 심사한 후 본회의에 상정할 것"이라는 동의와 "농지개혁법에 대한 정부 소멸 통고는 위법적 조치이므로 농지개혁법안은 헌법 40조 제4항에 의하야 법률로서 확정된 것을 결의하고 정부에 환송還送할 것"이라는 개의가 제출되었고, 개의가 재석 153, 가 97, 부 19로 가결되었다. 이렇게 해서 최초의 농지개혁법이 완성되었지만, 12.5할은 결국 1950년 3월 10일 부로 15할로 개정된다. 또한 정부의 '소멸 통고'에서 드러났던 법률적 미비함은 제4회 국회에서 원내교섭단체제도가 도입되면서 국회법이 개정될 때 보완되었다. 1949년 7월 9일 제4회 국회 제6차 본회의에서 국회법 제61조 제2항으로 "국회 폐회 중 헌법 제40조에 의하여 국회로 환부된 법률안은 그 법률안을 의결한 의원의 임기 중에 한하여 차기 국회에 계속된다"는 조항을 넣기로 결정했다.

북한의 무상몰수 무상분배 토지개혁의 실상

1946년에 이루어진 북한의 무상몰수 무상분배 토지개혁은 남한 사회에 정치적으로 큰 충격을 주었다. 농민의 다수가 소작인인 상황에서 농민의 정치적 기대감을 급속도로 상승시킨 것은 당연했으며, 이런 사회적 분위기로 말미암아 향후 남한에 어떤 정부가 들어서든 농지개혁은 국정 제1순위였고 지주들이 많았던 한민당도 이를 거스를 수는 없었다. 나아가 우리의 지성계도 거기에 큰 영향을 받아, 오랫동안 북한 정권이 이승만 정부보다 더 정당성이 있는 것처럼 여겼고 지금도 그렇게 생각하는 사람들이 많다.

하지만 북한의 토지개혁은 중농과 지주들을 몰락시켜 남한으로의 대규모 엑소더스를 초래한 것은 차치하고라도 실상은 대한민국의 농지개혁보다 열등한 것이었다. 1946년 3월 5일의 「북조선토지개혁령」은 제5조에서 몰수한 토지를 "농민에게 무상으로 영원한 소유로 양여"한다고 했지만, 제10조에서는 "농민에게 분여된 토지는 매매치 못하며 소작 주지 못하며 저당하지 못함"이라고 했다. 매매권도 저당권도 없으면 "영원한 소유"권이 아니다. 북한 농민이 받은 것은 소유권이 아니라 경작권에 불과했다. 게다가 세금도 가볍지 않았다. 북한 정권은 1946년 6월 27일 "북조선현물세령" 제1조에서 각종 곡물의 25%를 농업현물세로 납부해야 한다고 규정했다. 이것은 사실 토지에 대한 세금이 아니라 경작권에 대한 소작료로 보아야 하며, 따라서 북한의 토지개혁은 '국가지주제' 혹은 '국가소작제'의 창출이었다.[4]

그런데 위에서 몇몇 제헌 의원들이 이야기하고 있듯이, 북한 농민은 이 농업현물세 이외에도 각종 명목으로 더 많은 세금을 내야 했고 모두 합쳐 최소 50% 이상을 납부했던 것으로 보인다. 미군정은 1946년 9월 25일부터 11월 30일까지 북한 지역을 살펴보고 온 사람의 증언을 토대로 「북한의 상황에 관한 비밀 보고A Confidential Report on the Conditions in Nothern Korea」를 작성했는데, 25% 규정에도 불구하고 일부 지역에서는 70~80%를 내고 있으며 평균적으로는 50%이상이라고 하고 있다. 그런데 50% 이상을 내고도 북한 농민들은 경작권만 유지할 뿐 소유권을 가질 수 없었다. 북한 토지개혁의 이러한 실상은 한국전쟁 중에 행해진 미국 경제협조처의 조사에 의해서도 확인되었다. 1951년 3월 10일 경제협조처 한국 국장 존슨Edgar Johnson 박사는 조사 결과를 발표하면서, 북한 농민들은 자신들이 지주의 소작인에서 국가의 소작인으로 바뀌었을 뿐이며, 국가의 소작제도가 옛 소작제도보다 더 나쁘다고 말했다고 했다.『동아일보』, 1951.3.11 그나마 북한에서는 1954년부터 집단화가 시작되어 농민들은 조금이라도 자기 땅이라고 느낄 수 있는 땅은 하나도 없게 되었다. 반면 남한 농민들은 추

---

4   김성호, 농지개혁연구.『국사관논총』제25집, 국사편찬위원회, 1991.9.30.
     http://db.history.go.kr/id/kn_025_0060_0020_0030. (2021.10.9)

가 부담에 관한 서상일 의원의 추산이 맞는다면 농지개혁 후 5년간 매년 생산량의 약 60%(3할의 상환액 + 3할의 추가 부담)를 지불한 후 분배받은 농지에 대해 영구적 소유권을 가질 수 있었다.

북한의 토지개혁 후 농민들이 실제로 처했던 상황은 해방 직후 남한에서 미군정이 수립된 이래 남한 소작인들이 처했던 상황보다 더 나아 보이지 않는다. 미군정은 1945년 9월 소작인이 가혹한 소작료를 지불하고 있고 이로 인해 반노예화되어 있음을 이유로 조선에 국가비상사태를 선포하고 10월 5일 미군정법령 제9호 「최고 소작료 결정의 건」을 발표해, 최고소작료가 수확량의 1/3을 초과하지 못하도록 했다. 위에서 서상일 위원장이 33.3%의 소작료를 언급하고 있는 것을 보았고, 조봉암 의원이 거론했던 '3·7제' 역시 이를 가리키는 말이었다. 그런데 한 연구에 따르면 해방 이후 지주세력이 약화되고 소작인들의 발언권이 강화되면서 실제 소작료는 이보다 훨씬 낮은 곳도 많았을 것으로 생각된다.[5] 예컨대 전남 화순 동복 오씨가의 경우 1949년 소작료가 18.9%에 불과했다. 조봉암 의원이 상환액을 너무 높게 잡으면 소작인들이 농지개혁을 받아들이지 않을 것이라고 주장한 것도 이러한 현장 사정 때문이었을 것이다.

이승만 정부 시기의 농지개혁에 대한 학자들의 평가는 엇갈린다. 하지만 법안의 내용을 보면 수많은 신화 속에 가려져 있던 북한의 토지개혁보다 훨씬 더 농민을 위한 것이었음은 분명하다. 이승만 정부의 농지개혁을 둘러싼 또 하나의 신화는 농지개혁법이 최종적으로 1950년 3월 10일에야 시행에 들어갔기 때문에 농지의 실제 분배는 한국전쟁 전에 이루어질 수 없었다는 것이다. 하지만 정부는 1949년 6월 21일에 농지개혁법이 통과

---

5   정청세, 「해방 후 농지 개혁의 사회적 조건과 형성 과정 — 제도적 행위자로서 국가, 지주, 농민」, 연세대 석사논문, 2003.

되자 곧 '농촌실태조사'에 들어갔고, 1950년 3월 10일까지는 매수 농지의 지번, 지목, 지적, 등급, 임대 가격, 주재배물, 지주, 경작자 등을 기재한 '농가별 분배 농지 일람표'를 작성하는 등 농지의 실제 분배에 필요한 모든 준비를 끝냈다. 그리고 농지개혁법 최종안이 시행에 들어가자 즉시 실제 분배가 진행되었고, 그 결과 1950년 3월에서 5월 사이에 적어도 분배 대상 농지의 약 70~80%가 농민들에게 실제로 분배되었다.[6]

대한민국 농지개혁의 한 가지 중요한 한계라면 농지개혁을 통해 실제로 분배된 농지가 당시 언론에 보도된 농촌실태조사의 수치에 따르면 60만 1,097정보로 총 경지면적 207만 574정보의 29%에 불과했다는 것이다.[7] 이에 비해 1945년 말의 시점에서는 소작면적이 144만 7,000여 정보로 총 경지면적 222만 5,000여 정보의 65% 정도였다. 그 이후 미군정 하에서 그리고 대한민국 정부가 수립된 이후 소작농의 자작농화가 빠르게 진행되었다. 지주들의 횡포에 따른 강매도 있었다.『자유신문』, 1949.11.18, 12.22, 12.24 물론 자유로운 매매를 통한 자작농화가 반드시 나쁜 것은 아니었다. 강매의 경우를 제외하면 자유 매매를 통한 농지가격은 분배농지 상환가격과 비슷하거나 그보다 낮았다. 결과적으로 자작지 면적은 1945년 35%에서 농지개혁이 끝난 1951년 92%로 증가해[8] 대한민국의 농촌은 자작농의 사회가 되었으며, 이는 북한의 국가소작제와 극명하게 대비된다. 그리고 농지개혁의 혜택을 입은 농가호수가 전체 농가 약 240만 호의 2/3에 해당하는 150만여 호에 이르렀다는 점도 농지개혁의 의의를

6   김일영, 「농지개혁을 둘러싼 신화의 해체」, 박지향·김철·김일영·이영훈 편, 『해방 전후사의 재인식』 2, 책세상, 2006, 318~325쪽.

7   훗날의 연구를 통해 밝혀진 보다 더 정확한 수치에 대해서는 장시원, 「농지개혁-지주제 해체와 자장농체제의 성립」, 위의 책, 352~353쪽을 참조.

8   위의 글, 352쪽.

더하는 것이다.『동아일보』, 1950.4.7 농촌실태조사에 따르면 농가 1호당 평균 가족수가 5.46인이었으며, 따라서 약 820만 명이 농지개혁을 통해 최소한의 삶의 터전을 가지게 되었다. 이는 한국전쟁이라는 초유의 국가 위기 속에서 다수의 농민들로 하여금 자기 땅을 지키고 우리 땅을 지키려는 의지를 갖게 해주었다. 농지개혁을 통해 분배 받은 땅은 대한민국을 지키는 참호가 되었던 셈이다.

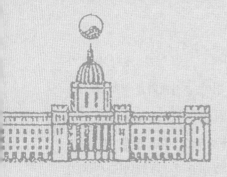

제16장

이승만과
반민특위의 갈등

반민특위는 위헌인가 제4부인가

반민특위는 1949년 1월 5일 오전 11시에 중앙청 제1회의실에서 중앙사무국의 조사관과 서기 취임식을 개최하면서 본격적으로 업무를 시작했다.[1] 반민특위는 1월 8일 화신상사 사장 박흥식을 체포했다. 박흥식은 대표적인 친일 기업인으로, 특히 1944년에 전투기를 생산하는 조선비행기공업주식회사를 설립하는 등 군수산업 분야에서 적극적인 친일 활동을 했다. 그를 필두로 1월과 2월에 전국적 지명도를 가진 친일파들이 다수 체포되었다. 1월 13일 3·1운동의 주역이었다가 매일신보사 사장이 된 최린, 1월 25일 대표적인 친일 경찰이자 고문으로 악명이 높았던 노덕술, 2월 7일 조선의 대표적인 문인들이었던 최남선과 이광수 등이 중요한 예이다. 이렇게 반민특위가 활동을 강화해 나가자, 이승만 대통령은 성명과 기자회견 등을 통해 여러 차례에 걸쳐 자신의 입장을 밝히고 반민특위에 삼권분립의 원칙을 지키면서 활동할 것을 요구했다.

---

1   이하의 서술은 부분 부분 손세일, 「反民族行爲者 처벌 방법 논쟁」, 『월간조선』(2013. 4)을 참고했다. http://monthly.chosun.com/client/news/viw.asp?nNewsNumb=201304100057. (2021. 11. 3)

이승만 대통령은 이미 1월 8일 중앙방송국 라디오 방송을 통해 반민특위가 활동을 시작한 이후 최초의 입장을 밝혔고 1월 10일에는 이것을 담화로 발표했다.『조선일보』, 1949.1.11

우리가 우리의 힘으로 싸워서 조선을 회복하였다면 이완용 송병준 등의 반역 원괴들을 다 처벌하고 공분을 씻어 민심을 안돈케 하였을 것인데 그렇지 못한 관계로 또 국제정세로 인하여 지금까지 연타延拖하여 왔으나, 국권을 찾고 건국하는 오늘에 있어서는 공분도 다소 풀리고 형편도 많이 달라졌고 또 부일협력자의 검거 심사는 심상한 법안이 아닌 만큼 그 죄를 범하게 된 근본적 배경과 역사적 사실을 냉철하게 참고하지 않고는 공정히 처리하기 어려움이 오늘 우리의 실상이다. 지금 국회에서 이를 해결하기로 진행 중이니 그 제정된 조리와 선임된 법관으로 이 중대한 문제가 영구히 그릇됨이 없이 해결되어야 할 것이다. 원래 죄범을 처벌하는 법률의 대지가 오직 그 죄를 징계함으로써 다시는 그러한 범법자가 없게 하고 순량한 국민을 보호함에 있으니 반민법의 정신이 반드시 이를 주장으로 삼아야 할 것이요 또 이 법률을 진행하는 모든 법관들도 이를 주장 삼아 일체의 편협을 초월하고 명확한 사실과 증거를 거울 삼아 그 경중과 실정에 따라 오직 법에 의거하여서만 처단할 것이니 조금이라도 소홀히 생각하여서는 안 될 것이다.

이에 대하여 한 가지 중대히 생각할 것은 오늘 우리가 건국 초창기에 앉아서 앞으로 건설할 사업에 더욱 노력해야 할 것이요 지난 일에 구애되어 앞일에 장애되느니보다 과거의 결절缺節을 청쇄함으로써 국민의 정신을 쇄신하고 국가의 기강을 밝히기에 표준을 두어야 할 것이니 입법부에서는 사법부에서 왕사往事에 대한 범죄자의 수효를 극히 감축하기에 힘쓸 것이요 또 증거가 불분명한 경우에는 관대한 편이 가혹한 형벌보다 동족을 애호하는 도리가 될 것이다. 하물며 사십년 동안이라는 세월이 길었고 이제 반민법의 진행은 다소 시기가 늦은 감도 없지 않아 공분이 완화된 점도 있으니 지나간 원혐怨嫌으로 동족간에 참혹한 보조를 취하는 것으로 또 세인 이목에 보이기를 원치 않는 바이다.

더욱 군정 3년 동안 우리의 정국이 심히 위험할 때 우리가 누차 성명한 것은 누구나 왕사를 물론하고 국가의 공효를 세운 자는 장공속죄將功贖罪할 수 있다는 것이었고 거기에 따라 안위를 얻고 건국에 많은 공효를 세운 사람들이 있으니 이를 또한 생각하지 않을 수 없는 바이다. 우리가 가장 유감으로 여기는 바는 5조약 7조약에 서명하고 나라를 팔아먹은 자들은 하나도 처벌하지 못하고 다 세상을 떠나서 징벌을 피하게 된 것이니 이러한 매국노들은 다 빠지고 나머지 죄범들만 처벌하게 되어 이것이 또한 우리의 통분한 설분雪憤이 못되는 바이다. 이러한 여러 가지 실정과 의도 아래서 법이 정당히 운영되어야 할 것이며, 그 처단 방식에 있어서는 이미 입법부에서 법률로 정해놓은 것이다. 사법부에 넘겨서 법에 따라 재판 범절을 행하되 대통령의 재가를 얻어 진행할 것이니 여기에 삼권분립이 조금도 혼란되지 말고 각각 직책대로 행하여 이 긴중한 문제가 원만히 해결되도록 관민일체 노력하여야 할 것이다.

가능한 한 관용의 정신 아래 삼권분립의 원칙을 지키고 법률을 준수하며 대통령의 재가를 받아서 진행하라는 것이었다. 한편 반민특위는 1월 14일 자로 이승만 대통령과 신익희 국회의장에게 정부와 국회에 반민법 제5조에 해당하는 자가 있으면 1월 31일 내로 법에 정한 바에 의하여 처리해주기 바란다는 공문을 보냈다. 반민법 제5조는 "일본치하에 고등관 3등급 이상, 훈勳 5등 이상을 받은 관공리 또는 헌병, 헌병보, 고등경찰직에 있던 자는 본법의 공소시효 경과 전에는 공무원에 임명될 수 없다. 단 기술관은 제외한다"는 것이었다. 마침 1월 14일 아침에 열린 국내외 기자단과의 회견에서 이승만 대통령은 반민특위의 요청에 대한 견해를 밝혀 달라는 질문에 "반민법은 제정되었을 뿐 아직 동법 해당자에 대한 조사 판결이 없으므로 이런 판결이 있기 전에 공직 추방이란 곤란한 문제이다. 일반은 입법부와 사법부 그리고 행정부의 하는 일을 혼동해서는 아니 될 것"이라고 대답했다.『동아일보』, 1949.1.15 이 대답의 앞부분은 엄밀히 말해 대통령의 착각이다. 반민법 제5조는 일단 법문 상으로만 보면 해당자에 대한 조사 판결과 무관하다. 이 조항에 해당하는 사람은 공무원에 신규 임용될 수 없고, 이미 공무원인 사람들은 자동으로 즉시 면직되어야 할 것이다.

하지만 이것은 국회의원에게도 해당하는 것인가? 국회의원은 공무원이기는 하지만 선출된 사람이다. 일반 공무원과는 지위가 다르다. 이 문제는 국회에서 잠시 문제가 되었다. 1월 22일 제2회 국회 제11차 본회의에서 김상덕 위원장이 보낸 위의 공문이 논의되었을 때 신익희 의장이 이 문제를 징계자격위원회로 하여금 처리하도록 하자, 서우석 의원은 징계자격위원회가 어떤 조사 결과를 낸다고 해도 국회의원은 신분 보장이 되어 있고 "국회의원이라는 공직은 채용하거나 내쫓거나 하는 것은 하지 못하는 것"이라고 했다. 따라서 이 문제는 특조위가 조사할 사항이지 국회에 맡길 일이 아니라고 주장했다. 이에 대해 신익희 의장은 반민법은 의원이건 공무원이건 법률에 해당하는 사람은 제재를 받아야 한다고 하면서도, "우리의 형편이 (⋯중략⋯) 일반사람과 좀 다르니까 특별조사위원회에서 (⋯중략⋯) 법률에 작정된 바에 의지해 가지고 조사를 완료한 다음에 (⋯중략⋯) 판결이 되는 것이올시다"2-11, 2쪽라고 덧붙였다. 바꾸어 말해, 국회의원이 반민법 제5조에 해당할 경우 자동으로 면직되는 것인지 아니면 조사 후 별도의 판결이 있은 후에야 면직되는 것인지 분명하지 않다. "공무원에 임명될 수 없다"는 말도 다툼의 여지가 있다. 국회의원은

'선출'되는 것이지 누군가에 의해 '임명'되는 것이 아니며, 설령 형식적으로 '임명'의 절차가 있다 해도 그것은 그야말로 형식적인 절차일 뿐이다. 그러므로 서우석 의원의 주장도 전혀 근거가 없다고는 할 수 없다.

이승만 대통령이 지속적으로 제기한 삼권분립의 문제 역시 갈등의 주요한 씨앗이 되었다. 김상돈 부위원장은 1월 20일 언론과의 인터뷰에서 반민특위가 삼권 기관과 어떤 관계에 있느냐는 질문에 대해 반민특위는 사실상 제4의 독립 기관이라고 답했다. "이것이 중요한 근본문제인데, 사실상은 삼권기관에 나란히 해서 사권기관으로 존재할 성질이지만 그러려면 삼권분립제도로 된 현행 민국 헌법을 고쳐야 할 난제도 생기고 해서 앞서 본회 수뇌부에서 토의한 결과 형식상으로는 국회 즉 입법부에 소속키로 하고 실천 운행은 삼권과 뚜렷이 독립해서 행하기로 되어 있다. 따라서 사실상은 사권분립 중 한 독립된 국가기관의 성격을 가진 특별한 기관이다." 또한 대통령과는 어떤 관계냐는 질문에 대해서는 "'대통령'은 다만 본 기관의 좋은 협력자일 따름이요 간섭이나 지휘권은 없다"고 답했다.『조선일보』, 1949.1.21 김상돈 부위원장은 같은 날 열린 제2회 제9차 본회의에서도 이승만 대통령의 반민법 제5조 관련 발언과 관련해, 반민법은 국회의장이건 대통령이건 대법원장이건 어떤 기구로부터도 제압을 받지 않는다, 따라서 어떤 기관의 대표자가 어떻게 담화를 발표했다 해도 그것은 담화에 그치는 것이지 반민법을 제압하지는 못한다고 했다.2-9, 15~6쪽

이처럼 이승만 대통령과 반민특위 사이에는 삼권분립과 관련해 화해되기 힘든 견해의 차이가 존재하고 있었다. 사실 반민특위의 헌법적 지위자체가 모호했다. 반민특위는 자체의 특별재판부와 특별검찰부를 두고 있기 때문에 삼권분립 원칙에서 벗어나 있는 특별 기관인 것은 틀림없지만, 가장 강력한 권한을 가진 특조위원들이 모두 국회의원들로 구성되었

고 또 기관 자체를 입법부에 귀속시키고 있었기 때문에 완전한 제4의 권력이라 볼 수도 없었다. 만약 제4의 권력이라면 국회의원들이 특조위원, 특별재판관, 특별검사가 되지 않아야 할 것이다. 이런 헌법적 모호성 속에서 이승만은 반민특위의 권한과 활동반경을 최대한 좁히려고 했고, 반민특위는 최대한 넓히려고 했다.

깊어지는 갈등

대통령과 반민특위의 갈등은 마침내 1월 25일 노덕술의 체포를 계기로 극에 이르렀다. 이승만 대통령은 1월 27일 특조위원들을 불러 반민특위의 활동과 관련한 이야기를 나누면서 노덕술의 석방을 요구했다. 노덕술과 관련해 그들 사이에 오간 이야기는 이로부터 20일이 지난 2월 17일 제2회 제33차 본회의에 가서야 김상돈 부위원장의 국회 발언으로 알려지게 되었다. 자세한 이야기는 이렇다. 노덕술 석방 요구에 대해 특조위원들이 안된다고 하자, 대통령은 이 사람은 기술자이고 경험이 많은 사람이다, 이 사람을 제거하면 이 신생국가의 치안을 유지할 도리가 없으니 내놓아야 한다고 했다. 이에 특조위원 중 한 명이 "기술 경험이 있다면 왜정 시절에 우리 동포를 말살시키게 하려던 기술 경험은 있을지언정" 신생국가의 민주주의 건설에 이바지할 기술 경험을 인정할 도리가 없으니 대통령께서 말씀을 거두라고 간곡히 말했다. 그래도 대통령이 끝내 필요하다고 하자, 특조위원들은 대통령의 체면을 봐서 그렇다면 노덕술을 당분간 "지하실에 숨겨 두고서" 징역 대신 기술을 바치게 해서 형은 형대로 받고 국가 일은 국가 일대로 하게 하면 어떻겠느냐, 그런 사람을 수도경찰청 책임자로 둘 수는 없다는 취지의 이야기를 했다. 그래도 대통령이 계속 우기자, 혈기 방장한 김명동 의원이 참다못해 그렇다면 대통령 명의로 국회에 명령을 하든지 청원을 하라, 국회에서 허락하면 내놓겠다고 했다. 이에 대통령이 "그러면 당신네대로 하시오, 나는 나대로 하겠다"고 화를 냈다는 것이다.[2-33, 7~8쪽]

이승만 대통령은 1월 28일 제14회 국무회의에서 "노덕술 피검에 관하여는 그가 치안 기술자임에 비추어 정부가 보증하여서라도 보석하도록 함이 요청되나, 유죄 시 처벌당함은 무방하다"고 말했다.[2] 그리고 2월 2일에 담화를 발표해, 1월 27일에 특조위원들과 반민법에 관한 토의를 할 때 말했던 것이라며 자신의 입장을 밝혔다. 첫째는 "조사위원들이 (…중략…) 입법 행정 사법부의 일을 다 혼동하여 행하고 있다면 이것은 삼권 분립을 주장하여 된 헌법과 위반되는 것이니, 가령 국회에서 특별법안을 만들고 또 그 법안에 대통령이 서명하였다 할지라도 이것은 헌법과 위반되므로 성립되지 못하는 것이다". 따라서 반민특위는 조사만 하고 검속과 재판은 행정부와 사법부에 맡기고 반민법안을 조속한 시일 내에 완료하도록 해야 할 것이다. 둘째, "며칠 만에 한두 명씩 잡아넣어서 [1년이나] 2년을 끌고 나간다면 이것은 치안에 크게 관계되는 문제이므로 (…중략…) 비밀리에 조사하고 일시에 진행되도록" 해야 할 것이다. 셋째, "지금 반란분자와 파괴분자가 처처에서 살인 방화하여 인명이 위태하며 지하공작이 긴밀한 이때에 경관의 기술과 성력이 아니면 사태가 어려울 것인데, 기왕에 죄가 있는 자라도 아직 보류하고 목하의 위기를 정돈시켜 인명을 구제하며 질서를 유지하는 것이 지혜로운 정책이 아닐까" 한다.

---

2 국가기록원 소장 국무회의록, 1949년 제14회(1949.1.28), 75쪽. 국무회의록 자료는 웹사이트 "https://theme.archives.go.kr/next/cabinet/keywordSearchResultDescription.do" 에서 얻을 수 있다.

"따라서 기왕에 반공투쟁이 격렬할 때에 경찰기술자들이 직책을 다하여 치안에 공효가 많을 때에는 장공속죄로 한다는 성명이 여러 번 있었으므로, 정부의 위신상으로 보나 인심수습책으로 보나 조사위원들은 이에 대하여 신중히 조처하기를 권고하는 바이다."『조선일보』, 1949.2.3

이에 대해 김상돈 부위원장이 2월 3일 담화를 발표해 조목조목 비판했다. 첫째, 반민법은 국회가 헌법 제101조에 의거해 만든 특별법이므로 삼권분립 위반이 아니다. 둘째, "대통령은 신속과 비밀을 주장하였으나 비밀주의는 절대 찬성할 수 없는 바이다. 왜냐하면 우리 자손에게 민족정기라는 산 교훈을 가르쳐주기 위하여는 체포로부터 판결에 이르기까지 공개할 필요를 절실히 느끼는 바"이기 때문이다. 신속히 진행하자는 것에 대해서는 전적으로 공감한다. 하지만 일이 느리게 진행되는 것에 대해서는, 예산을 제대로 지원해주지 않고 반민특위 청사를 제대로 마련해주지 않고 차량도 제대로 제공해주지 않은 정부부터 반성해야 할 것이다.[3] 셋째, 대통령이 치안 문제, 정부 위신 문제, 인심 수습 문제 등을 거론했지만, "주야로 애국에 불타는 정신으로 심혈을 바치는 대한민국 국군이나 경찰관" 중에 악질 반민자를 처단한다고 해서 추호라도 동요될 이가 없을 것이며, 악질 반민자를 철저히 처단하는 것이 도리어 정부의 신망을 두텁게 하고 인심 수습에도 도움이 될 것이다.『조선일보』, 1949.2.4

자신의 요구에도 불구하고 반민특위의 활동이 완화될 기미가 보이지 않자 이승만 대통령은 더욱 강경한 조치를 구상하기 시작했다. 2월 9일 제17

---

[3] 1949년 1월 22일 제2회 제11차 본회의에서 김상돈 부위원장이 예산, 청사, 차량과 관련해 세 차례의 공문을 보내고 이승만 대통령에게도 직접 말한 적이 있지만 제대로 협조가 되고 있지 않다며 불만을 토로했다. 특히 이범석 총리의 배려로 반민특위에 배정된 사무실에 대해 임영신 상공부 장관이 상공부 소유임을 주장하며 내놓지 않고, 심지어 국무총리가 직접 전화를 해서 반민특위에 내주라 해도 계속 버틴 일이 있었다(2-11, 4~5쪽).

회 국무회의에서는 "반민특위의 구금, 구타 등 검찰, 사법, 행정을 자행함은 치안과 민심 상 중대 영향이 있으므로 악화할 경우에는 대권大權을 발동할 작정이다. 따라서 이 법 개정법안을 조속히 국회에 제출하여 주기 바란다" 고 지시했다.[4] 또 2월 11일 제18회 국무회의록에는 다음과 같은 기록이 나온다. "반민특위의 무분별한 난동은 치안과 민심에 중대한 영향을 주는 터이므로 헌법 범위 내에서 단호한 대책을 강구하신다는 유시에 대하여, 법무부 장관은 노덕술을 반민특위 조사관 2명이 반민특위 사무실 내 금고에 이틀 동안 감금하였다는 보고가 있었고, 대통령 각하는 이 불법 조사관 2명 및 그 지휘자를 체포하여 의법 처리하며 계속 감시하라 지령하시다."[5]

이승만 대통령은 2월 15일 다시 한번 담화를 발표해 특경대의 폐지와 반민법의 개정을 요구했다. 세부 내용을 보면 반민특위의 행동이 삼권분립에 어긋난다는 것, 범법자를 비밀리에 조사하고 결과를 사법부에 넘겨서 신속히 처리할 것, 특조위원 2, 3인이 경찰을 데리고 다니며 사람을 자의적으로 잡아다가 난타 고문하고 있다는 것, 반민법이 국회에서 제정하고 대통령이 서명한 것이라 해도 전국 치안에 중대한 영향을 준다면 임시로 중지시킬 수 있다는 것, 법무부와 법제처에 지시해서 반민법 개정안을 국회에 제출하게 하도록 하겠다는 것을 담고 있었다.[6] 정부는 2월 16일 대통령의 뜻을 담은 반민법 개정안을 국회에 제출했다. 대통령은 또한 공보처장으로 하여금 2월 17일 제2회 제33차 본회의에 이 담화 원고를 제출하게 해 자신의 뜻을 국회의원들에게 직접 알리도록 했다. 이에 따라 본회의

---

4   국무회의록, 1949년 제17회(1949. 2. 9), 108쪽.
5   국무회의록, 1949년 제18회(1949. 2. 11), 112쪽.
6   『대통령이승만박사담화집』, https://www.pa.go.kr/research/contents/speech/index.jsp. (2021. 1. 23)

는 의사국 직원이 이 원고를 낭독하는 것으로 시작되었다. 낭독이 끝난 후 여러 의원들이 이러저러한 의견을 냈지만, 결국 논의의 초점은 조사위원의 고문 난타가 사실이냐는 특별검찰관 곽상훈 의원의 질문으로 옮겨졌다. 이에 대해 김상덕 위원장은 1월 27일 대통령과의 만남에서 오갔던 대화 내용을 다소 추상적인 언어로 소개한 후, 체포는 특조위원의 전원 합의 후에 이루어지는 것이므로 2, 3인이 함부로 체포하고 있다는 대통령의 비판은 잘못되었다는 점, 특경대는 현재 이름만 존재할 뿐 아직 조직되지 않아 책임 실체가 없다는 점, 고문에 대해서는 특조위원들이 조사관들에게 항상 주의를 시킨다는 점을 지적하며 고문 난타는 없다고 대답했다.[2-33, 6~7쪽]

아무튼 김상덕 위원장의 발언이 있은 후 최운교 의원이 대통령과 언제 만났느냐고 물었을 때 김상덕 위원장이 정확한 날짜가 기억나지 않는다고 하자, 김상돈 부위원장이 발언에 나섰다. 김상돈 부위원장[1901년생]은 나이가 많은 김상덕 위원장[1891년생] 대신 사실상 반민특위를 주도하고 있었다. 그는 담화에 담긴 대통령의 여러 가지 주장이 법을 모르는 탓이라며, 그래서 자신이 대통령의 측근에게 이르기를, 대통령이 나이가 여든에 가까우니 '변별성'이 떨어질 것이므로 되도록 담화를 하지 못하게 하라, 기어이 하겠다면 당신들을 불러서 조리 있게 담화를 하도록 하라고 했다는 것이다. 그렇지 않고 대통령이 하고 싶은 말을 여과 없이 다 쏟아버리니 본인의 위신도 말이 아니고 국가에 미치는 영향도 크다는 것이었다.[2-33, 8쪽]

그런데 김상덕 위원장이 반민특위의 구타와 고문에 대해 정면으로 부정한 데 반해, 김상돈 부위원장은 강우규 선생[7]을 체포 문초한 김태석[8]을

---

7   1855 4월 20일~1920년 11월 29일. 일제강점기의 한의사이자 독립운동가. 1919년 조선총독부 총독으로 부임한 사이토 마코토(斎藤実)를 폭살시키려 했지만, 폭탄이 다른 곳에 떨어져 거사에 실패했다. 현장에서 몸을 피한 후 숨어 다니다가 총독부 고등계 형

잡아서 문초를 할 때의 일화를 들려주며 구타와 고문을 조금 시인하는 듯한 발언을 했다. 조사관이 김태석에게 강우규 선생의 영이 오셔서 너를 지켜보고 계신 듯이 대답하라고 했더니, 김태석이 대답하기를 강우규 선생의 영이 있다면 무고한 사람을 친일파로 취급한다고 무한의 동정을 표할지언정 자신은 하등의 관계가 없다고 했다는 것이다. 김상돈 부위원장은 친일 반역자가 이런 수작을 부렸다면 국법이 아무리 고문을 금한다 해도 "한 번…… 때리고 싶은 것이 솔직한 고백"이라고 말했다. 그는 계속해서, 수십 년 고등계 형사를 지내며 수백 수천의 고문치사, 살인, 박해를 한 잔인무도한 자들에게 약간의 물을 먹였다고 무엇이 그리 위법이고 무엇이 그리 대통령이 복통할 노릇인가, 삼천만이 쾌재를 부르게 하는 대통령이 될지언정 소수의 반역자들이 고문당한다고 애통해 하는 대통령이 될 수는 없다고 했다.[2-33, 10-11쪽]

토론이 거듭될수록 의원들의 발언은 더욱 직설적이고 신랄해졌다. 김상돈 부위원장은 이승만 대통령에 대해 "왜정 시대의 천황 이상의 독재"[2-33, 9쪽]라 했고, 김광준 의원 역시 법치국가의 원칙을 배반하는 독재라 했다.[2-33, 13쪽] 장홍염 의원은 대통령에게 동서고금의 독재자의 말로를 상기하라며, 중국의 걸주, 항우, 진시황, 나폴레옹, 무솔리니, 히틀러, 도조 히데키東條英機를 예로 들었다.[2-33, 15쪽] 결국 정준, 박윤원, 서용길 의원이 조금씩 다른 내용의 동의안을 내었고 이를 절충한 후 "반민족행위처벌법 실시에 관한 대통령 담화는 부당하므로 이것을 취소할 것을 요청함"이라는 최종 동의

사 김태석(金泰錫)에게 붙잡혀 1920년 9월 17일에 수감되었다. 이후 총독부 고등법원에서 재판을 받고 1920년 11월 29일에 서대문감옥에서 교수형을 당했다. 서울역 광장에 선생의 동상이 서 있다.

8   회의록에는 '김대서'라 되어 있지만, 김태석이 맞는 것 같다.

안이 성립되었다. 원래는 대통령의 담화가 국법에 위반이라는 서용길 의원의 의견이 반영될 예정이었지만, 신익희 의장이 그렇게 되면 단순한 담화 취소 이상의 행위, 곧 탄핵을 해야 하니 타당하지 않다고 해서 빠졌다. 아무튼 이 동의안은 재석 119, 가 60, 부 11로 간신히 통과되었다.

김상돈 부위원장은 자신의 긴 발언을 "이 국가 존망지추에 있어서 (…중략…) 흥망을 겨루는 태세를 분명히 취해야 될 것을 선언하고 말씀을 드리는 것이올시다"라는 결론으로 마무리했는데[2-33, 11쪽], 이런 결사적인 태도는 이승만 대통령도 마찬가지였다. 그는 2월 18일 기자단 정례회견에서 기자들의 여러 가지 질문에 날선 대답을 했다. 우선, 반민법에 반대하려면 애초에 서명 공포하기 전에 재심을 요청하지 왜 지금에 와서 개정하려 하느냐는 질문에, 반민법이 잘못되었다기보다 특조위원 몇 사람이 이 법을 빙자해 권한에 넘치는 일을 행하고 전국 치안에 많은 위험성을 주게 되어 그들에게 조심할 것을 요청했으나 조심하지 않으므로 이를 교정해서 민심을 안돈시키기 위해서라고 답했다. 또한 국회가 대통령 담화를 취소할 것을 요구한다는 질문에 대해서는 "왜 취소를 해! 한참 애써 보라구 그래. 또 담화가 나올 터이니. 대통령이 친일파를 옹호한다 하지만 그건 말도 안 되는 것으로 다만 그들이 민심을 선동할 의도인 것이다. 그것은 공산당이 하는 방법이다. 사실을 가지고 논하라"고 화를 내었다. 그리고 친일파라는 것은 일종의 사대주의이고 이 사대주의자들을 치안에 관계있다 하여 정부에서 등용한다면 앞으로 새로운 친일파, 즉 친소친미 사대주의자가 나타나서 뿌리를 내린다면 대통령은 이들을 숙청할 복안이 있느냐는 질문에 대해서는, 친일파를 묵인하자는 것이 아니라 하나씩 둘씩 잡아넣어 공연히 민심을 어지럽히지 말고 조사를 소동 없이 철저히 해서 한꺼번에 사법부에 넘기라는 것이라고 답했다.『조선일보』, 1949.2.19

이승만 대통령의 계속된 경고에도 불구하고 정부가 2월 16일 자로 국회에 제출한 반민법 개정안은 부결될 가능성이 높았다. 2월 21일에 열린 국무회의에서 이범석 총리가 국회가 반민법 개정안을 "일거에 부결할 공기"임을 보고했고,[9] 대통령은 다시 강경한 어조의 긴 담화를 발표했다. 이전의 내용과 큰 차이는 없고, 다만 대통령이 친일분자를 보호하려 한다는 몇몇 특조위원들을 반박하며, 특조위원들이 현재 치안을 전담하고 있는 경찰을 체포해 고문 취조하는 바람에 경찰을 크게 동요시켜 나라를 위험에 빠뜨리고 있다고 공격했다. "미군 철퇴 문제를 제출한 것은 과연 치안을 보장해서 민심을 정돈하려는 것인가, 미군을 배척하고 공산군을 청해 오려는 주의인가" 하고 보다 직설적인 표현도 썼다. 또한 대통령이 담화를 너무 많이 발표한다는 비평에 대해, 담화를 발표하지 않으면 민중들이 이런 사실을 알 수 없게 되고 위기만 깊어져서 부득이 발표한다며, 공론이 정당하게 서고 국사가 올바로 된다면 "대통령으로서는 마음도 평안하고, 입도 좀 쉴 수 있을 것"이라고 했다.[10]

반민법 정부 개정안의 부결

하지만 이승만 대통령의 강경한 담화도 국회의 공기를 바꿀 수는 없었다. 정부의 반민법 개정안은 2월 22일 제2회 제37차 본회의에서 정식으로 다루어졌다. 차윤홍 국회 의사국장은 정부 개정안이 제출되었다는 사

---

9   국무회의록, 1949년 제21회(1949. 2. 21), 131쪽.
10   『대통령이승만박사담화집』. https://www.pa.go.kr/research/contents/speech/index.jsp.
     (2020. 12. 26)

실을 보고하고 통상적인 절차에 따라 이를 법사위에 회부하겠다고 했다. 하지만 박윤원, 서용길, 김옥주, 이문원, 최태규, 김병회, 노일환 의원 등 소장파의 핵심들과 여타 의원들이 앞 다투어 등단해 본회의에서 즉시 처리할 것을 주장했다. 법사위에 회부해 정부 개정안을 심사하게 되면 심사하는 기간만큼 반민특위의 활동에 제약이 된다는 것이었다. 의원들 사이에 논란이 벌어지다가 결국 "정부로부터 제출된 반민족행위처벌법 중 개정법률안은 당해 분과위원회의 심사를 생략하고 즉석에서 곧 심의할 것"이라는 동의안과 "정부로부터 제출된 반민족행위처벌법 중 개정법률안을 법제사법위원회에 회부하되 내來 2월 28일까지 심의 보고할 것"이라는 개의안이 성립했다. 두 차례에 걸친 표결 결과 동의안이 재석 136, 가 71, 부 29의 근소한 차이로 가결되어 소장파가 승리했다.2-37, 9~10쪽

이렇게 해서 반민법 개정법률안 제1독회가 시작되었다. 개정안의 중요 내용을 보면, 우선 제5조를 수정하고 있다. 제5조("일본 치하에 고등관 3등급 이상, 훈 5등 이상을 받은 관공리 또는 헌병, 헌병보, 고등경찰의 직에 있던 자는 본법의 공소시효 경과 전에는 공무원에 임명될 수 없다. 단, 기술관은 제외한다")에서 "고등경찰의 직에 있던 자"를 "고등경찰의 직에 있던 자로서 악질적인 반민족행위를 한 자"로 수정하자는 것이다. 이 문제는 반민법 제정과정에서도 많이 논란이 된 것으로, 정부는 이 수정안을 통해 당시 제5조로 인해 크게 동요하고 있던 공직사회, 특히 경찰을 안정시키고자 했다. 이 수정안이라면 일제강점기에 고위 공직자를 지냈더라도 악질적인 반민족행위를 했다는 증거가 없는 한 숙정 대상에서 빠질 수 있기 때문이다.

둘째, 제9조도 크게 수정되었다. 개정안은 제9조의 1항("반민족행위를 예비조사하기 위하여 특별조사위원회를 설치한다")을 "대검찰청에 특별조사위원회를 설치한다"로 수정하고 있다. 이는 삼권분립의 원칙에 따라 집행기관인

특조위를 입법부에서 떼어내 행정부 산하에 두기 위한 조항이다. 개정안은 또한 제9조 3항에 특조위원을 국회의원 중에서 선출하도록 되어 있는 것을 "국회가 선거 추천한 20명 중에서 대통령이 임명"하는 것으로 수정하고 있다. 특조위가 대검찰청 산하가 되면 당연히 대통령이 최종 임명권을 가져야 한다는 것이다. 또한 특조위의 사무를 분담하기 위해 서울시와 각 도에 조사부를, 군부에 조사지부를 둘 수 있도록 한 제12조는 삭제하는 것으로 했다. 마지막으로, 제21조에서 국회가 특별재판관과 특별검찰관을 선출하도록 한 것을 국회 추천 후 대통령이 임명하는 것으로 수정했다. 기타 여러 조항도 수정되었지만, 이상의 중요한 수정에 따른 미세 조정이었다.

이튿날인 2월 23일 제2회 제38차 본회의에서는 제1독회가 재개되었지만, 국무총리를 비롯한 각료들이 국회에 출석해 개정안 논의에 참가하려 했다가 급한 사정으로 출석이 불가능하게 되었으니 법안 처리를 이틀간 연기해 달라고 요청해, 다시 격론이 벌어졌다(회의 중간에 이범석 총리가 출석했다). 역시 소장파의 핵심들이 일제히 발언에 나서 이승만 대통령이 담화를 여러 번 발표해서 개정안의 내용을 잘 알기 때문에 정부의 설명은 필요 없다며 개정안의 각하를 강하게 주장했다. 정부의 설명을 듣기 위해 독회를 연기하자는 주장도 만만치 않았는데, 이 주장을 위해 신익희 의장까지 의원 자격으로 발언에 나섰다.[2-38, 6-7쪽] 이렇게 논쟁을 하는 사이에 폐회시간이 다가왔다. 김상돈 의원이 이 문제를 매듭짓기 위해 시간을 연장하자는 동의를 냈으나, 1차 표결에서는 재석 160, 가 71, 부 49로, 2차 표결에서는 재석 160, 가 76, 부 53으로 미결되어 회의는 그대로 끝났다.[2-38, 15쪽] 재석의원 수가 근래 보기 드물게 160명에 다다른 것이 이 사안의 심각성을 말해준다.

2월 24일 제2회 제39차 본회의에는 이범석 총리가 신익희 의장에게 내무장관, 법무장관과 함께 출석해 반민법 개정안과 관련해 발언하겠다고 정식으로 통고했다. 이범석 총리는 특유의 뛰어난 언변으로 연설을 했다. 그의 주장은 결국은 "지금은 때가 아니다"는 흔한 정세론이지만, 그의 언어는 힘이 있었다. 그 요지는 이렇다. 국회 회의장의 공기를 보고 형언할 수 없는 충격을 느꼈다. 의원 여러분의 분노는 5,000년 민족 역사 수행의 폭발이며 민족정기를 앙양하려는 여러분의 40년 동안 응축된 분노의 총 폭발이다. 하지만 저는 행정의 중요한 책임을 진 사람으로서 주객관의 모든 정세를 살피지 않을 수 없다. 대한민국의 독립과 주권은 주관적으로 혁명적 조치를 취한다고 해서 찾을 수 있는 것이 아니라 객관적 정세를 잘 고려해야 한다. 불행히도 지금 공산도배들이 아시아대륙에 만연하고 우리나라에서도 준동하고 있다. 보이지 않게 은밀하게 도처에서 요원의 불길처럼 세력이 퍼지고 있다. 그들의 지하공작은 거의 완성단계에 있고, 의원 여러분의 자리는 하루아침에 타격을 받을 것이다. 반민족행위자 처벌 문제는 신생 국가인 대한민국의 선결 문제로 입법화되었지만, 현실적 고통과 고충을 고려해 정부의 개정안을 수용해 달라. 일에는 완급이 있고 범위가 있다.[2-39, 6~7쪽]

이범석 총리의 웅변에도 불구하고 국회의 지배적인 분위기는 여전히 개정안을 "일거에 부결할 공기"였다. 소장파는 사전에 정부 개정안 처리 전략을 잘 준비했던 것으로 보인다. 이범석 총리의 발언이 끝난 후 박윤원 의원이 등단해 제5조의 문제를 비롯해 개정안의 문제를 길게 조목조목 지적했고[2-39, 7~10쪽], 강욱중 의원이 나와 이범석 총리가 지적한 정세문제, 치안문제는 도리어 반민법을 철저히 시행해 민중의 지지를 얻어냄으로써 해결할 수 있다는 취지의 발언을 했다.[2-39, 10~11쪽] 그리고서는 서용길 의원이 나와 바로 제1독회를 끝내자는 동의안을 내었고, 이 동의안은 재석 150, 가 98, 부 4로 압도적으로 가결되었다. 이어서 김약수 부의장이 이 법안을 제2독회로 넘길 것인지 아닌지를 바로 물었고, 재석 157, 가 59, 부 80으로 부결되었다. 이로써 반민법 정부 개정안은 자동 폐기되었다. 소장파의 속전속결 전략이 큰 승리를 거두었다.

이튿날 2월 25일 이승만 대통령은 내외 기자단과의 회견에서 반민법 정부 수정안의 폐기에 대해 어떤 대책을 세우고 있느냐는 질문에 반민법의 운영은 국회에서 결정된 대로 진행될 것이라고 답했다.『동아일보』, 1949.2.26 치안 확보를 위한 긴급 대책이 필요한 것 같다는 질문도 나왔는데, 같은 날짜의 『조선일보』는 "여태껏 보기 드문 심각한 표정과 어조로 여태껏 보기 힘든 의미심장한 말"을 했다고 전하고 있다.『조선일보』, 1949.2.26 같은 기자 회견을 다루고 있는데도 기사화된 것에는 상당한 차이가 있다. 아무튼 『조선일보』에 나오는 이승만 대통령의 답변은 다음과 같다.

공산당은 유행병 모양 번지고 있는 만큼 많은 군사와 병력만으로는 당해낼 수가 없다. 더욱 민주진영에서는 순리順理 하려 하기 때문에 곤란한 경우가 많다. 이 점 나는 '대통령' 자리에 있는 것을 고통으로 안다. 대통령으로서도 할 일도 많이 있지만 나로서는 밖에 나아가(지방도 포함) 공산도배와 싸워야만 하겠다고 생각한다. 그러나 이런 위기에 일은 정부나 대통령만의 힘으로 되는 것이 아닌 만큼 청년단체니 일반이 좀 더 적극적으로 부지깽이라도 들고 나서 싸워주기를 바란다. 그리고 전쟁이 생기기 전에는 경찰이 일을 해야 하고 전쟁 때에는 군사가 나오는 것인데 지금 형편으로는 이들의 활동이 마음대로 할 수 없는 점도 있으니 결국 공산진영에 몰리면 각자가 어떻게 될 것인가를 가만히 생각하여 나서주기 바란다. 신문도 정당단체도 청년단체도 부녀자는 어떻게 될 줄 아는가? 나는 '책코'의 외상 '마사릭'이 급기야는 자살하지 않을 수 없었다는 점에 대하여 큰 관심을 가지고 있다. 설사 중국이 일본이 다 공산화된다

하더라도 우리는 끝까지 공산당과 싸워야 할 것이다. 기왕에는 각 청년단체에 돈을 주어 활동을 하게 한 일도 있지만 지금 대통령으로 앉아서는 그럴 수도 없으니 각자는 다만 자기들의 일로 알고 단결하여 싸워야 할 것이다.

'책코의 외상 마사릭'은 체코의 얀 마사리크Jan Masaryk. 1886~1948를 가리키는 데 1948년 3월 10일에 일어난 그의 죽음은 아직도 수수께끼로 남아 있다. 당시는 공식적으로 자살로 발표되었지만 소련 첩보원에 의해 살해되었을 가능성이 높다고 한다. 그는 체코의 국부이자 초대 대통령인 토마스 마사리크Tomá Masaryk. 1850~1937의 아들로, 사망 2주 전 무혈 쿠데타로 성립한 공산당 정권에 몸담고 있었지만, 공산당원이 아니었고 체코에 대한 소련의 간섭을 방지하는 데 열심이었다고 한다. 아마 이승만 대통령은 공산진영과 맞싸우지 않으면 죽음을 당할 수밖에 없다는 점을 강조하고 싶었던 것 같다. 이는 물론 특조위원들과 소장파에게 분명한 메시지를 주었을 것이다.

반민법 정부 개정안이 폐기된 이후 담화를 매개로 한 대통령과 반민특위의 갈등은 표면에서 사라졌다. 이승만 대통령은 담화를 통한 윽박지르기로는 무소속과 소장파가 분위기를 주도하고 있는 국회를 제어할 수 없다는 것을 깨달은 것으로 보인다. 그리하여 2월 25일에 열린 제22회 국무회의에서 이범석 총리가 긴급한 대책 수립이 필요하다고 보고했을 때, 대통령은 "부득이 보류하고 국회가 자동적으로 제안케 하기에 노력하라"고 지시했다.[11] 3월 4일 제24회 국무회의에서도 유화적인 발언을 이어갔다. "반민법 개정안의 실패의 원인은 우리의 진의를 국회가 오해한 데 연유한다. 전일 의원들을 만나 나는 특조, 특검, 특재의 세 기관을 다 인정하

---

11   국무회의록, 1949년 제22회(1949. 2. 25), 136쪽.

되 죄의 해당자를 일률적으로 비밀리에 조사하여 일회에 처단하고 여[나머지는 자유롭게 하고 2년간이나 인민을 불안에 싸이게 하고 치안을 혼란케 하는 것을 방지하고자 제창하여 이해 있게 하였다."[12] 반민특위가 삼권분립의 원칙을 위반하고 있다는 주장은 이제 접는 대신, 비밀 신속 수사는 계속 요구했다는 것이다.

하지만 반민특위는 비밀 신속 수사를 할 의사가 없었다. 이즈음의 신문을 보면 매일 경향 각지에서 친일파들의 체포 소식이 나오고 있으며, 숙정 작업이 정관계와 재계를 넘어 교육계에까지 미치고 있다. 1949년 3월 9일 자 『동아일보』는 1월 8일 박흥식의 체포 이래 반민특위의 두 달간의 성과를 보도하고 있는데, 체포가 54건, 그중 검찰로의 송치가 26건, 공판 대기가 8건, 불기소 석방 1건, 불구속 취조 2건, 보석 취조 4건(이광수도 병보석으로 석방) 등이었다. 반민특위는 정부와 국회에 대해 반민법 제5조의 적용도 계속 압박하고 있었다. 대정부 압박을 위해 공무원을 직접 체포하는 일도 있었는데, 3월 3일 상공부 광무국장 김용근의 체포가 좋은 예이다. 그는 일제강점기 때 평안북도 노무과장으로 있으면서 많은 청년들을 징용시키는 데 적극적으로 노력한 혐의를 받았다.『조선일보』, 1949.3.5 다만 반민법 제5조의 적용을 받은 것이 아니라 제4조 9항("관공리되었던 자로서 그 직위를 악용하여 민족에게 해를 가한 악질적 죄적이 현저한 자")의 적용을 받았지만, 반민법이 공직사회에 큰 동요를 일으켰으리라는 것은 쉽게 짐작할 수 있다. 3월 18일 제32회 국무회의에서는 내무차관이 참석해 "반민법 실시에 따르는 치안 동요에 관한 건"을 보고했다. "최근 국회는 정부에 대하여 반민법 제5조 해당자 등 숙청을 절박히 요구하는 일방, 지방에서 일선 경

---

12   국무회의록, 1949년 제24회(1949.3.4), 169쪽.

관을 체포 중이므로 치안에 영향이 지대하니 정부로서의 확고한 대책과 방침을 지지^{遲遲}하지 말고 급속히 결정 지시하여 주기 바란다는 요지의 요망이 유^有하다"는 것이었다.[13]

김상돈 부위원장 스캔들

1월 14일 반민특위로부터 반민법 제5조 해당자에 관한 공문을 받은 이래 이 문제를 뭉개고 있던 국회도 계속 이를 회피할 수는 없었다. 3월 10일 제2회 제50차 본회의에서 박순석 의원은 국회 안에 반민법 해당자가 있다는 여론이 비등해 자격심사위원회에서 이를 조사해 2월 28일까지 본회의에 보고하도록 결정했었는데 10여 일이 지난 오늘까지 아무 보고가 없다면서 빨리 보고해 달라고 요구했다.^{2-50, 1~2쪽} 이튿날 3월 11일 제2회 제51차 본회의에서는 김재학 의원이 다시 한번 같은 요구를 했다. 이에 자격심사위원인 경북 군위 박준 의원이 위원장 대신 나와 답변을 했는데, 한마디로 폭탄 발언이었다. 분과위원 대부분이 지난 1개월 반 조사를 한 결과, 제5조 해당자는 없지만 제4조 9항과 10항에 해당하는 사람이 적발되었고, 그 의원은 반민법 운영의 최고 간부라는 것이었다. 그는 바로 반민특위의 메인 스피커 김상돈 부위원장이었다. 하지만 박준 의원의 폭로에 대해 정준, 노일환 등의 소장파 의원들이 나서 자격심사위원회에서 합의되지도 않은 의견을 무책임하게 발표하는 것은 인신공격이라는 취지의 발언을 했다.^{2-51, 2~4쪽} 하지만 이 날짜 『동아일보』는 이미 김상

---

13 국무회의록, 1949년 제32회(1949.3.18), 205쪽.

돈 부위원장의 친일 혐의에 대한 기사를 신고 있었다. 아무튼 일이 이렇게 커지자 국회 안의 반민법 제5조 해당자에 대해 그냥 넘어갈 수는 없게 되었다. 그리하여 3월 17일 제2회 제56차 본회의에서 신익희 의장은 반민특위의 공문은 제5조 해당자에 관한 것이었고 제5조 해당자는 국회 안에 없다는 답장을 보냈다고 대답했다.²⁻⁵⁶, ⁶ᵖ

하지만 이는 김상돈 부위원장이 제4조 9항과 10항 해당자인가에 대한 답변은 되지 못했다. 그가 반민법에 저촉되는지 아닌지는 반민특위의 진로에 큰 영향을 미칠 수밖에 없었다. 당장 정부를 일방적으로 몰아붙이기가 힘들어졌다. 신익희 의장의 공식 발표 전에 제5조 관련 보고를 요구하던 박순석 의원이 이 딜레마를 잘 표현하고 있다. "우리 국회의원 가운데에 제5조에 해당한 자가 없다는 말씀을 들었습니다마는 이제 제4조에 해당한 사람이 있다는 것을 공공연하게 말씀을 들었습니다. 그렇게 세상에도 알려지고 우리 국회에도 그러한 공기가 있는 것을 알아맞히지 못하고 어찌 정부에만 요구할 수가 있겠습니까. 내 집안일을 먼저 닦아놓고 다른 곳에 있으면 숙청을 하든지 청결을 하든지 하여야 할 것입니다. 내 집은 텁텁하고 강아지 똥 누듯이 그대로 내버려 두고 남의 일을 말하니 이러한 모순성이 어데 있습니까?"²⁻⁵⁶, ⁵ᵖ

박준 의원은 3월 19일 제2회 제58차 본회의에서 김상돈 부위원장 문제를 긴급동의안으로 제출하고 방청객을 퇴장시킨 비밀회의에서 자신이 조사한 바를 상세히 밝혔다.²⁻⁵⁸, ⁴⁻⁶ᵖ 그에 따르면 김상돈은 1943년에서 1945년까지 서울 서교동, 합정동, 망원동의 총대總代로 있으면서, 학병추진위원회 부총장, 국민총력연맹 정이사장, 소채조합 이사장 등의 직책을 갖고 징병, 징용, 공출에 적극적인 역할을 했다. 박준 의원이 2월 13일부터 2월 22일까지 세 동네 38명의 주민에게서 들은 이야기에 의하면, 90

세대 중 보국단의 징병과 징용에 걸리지 않은 사람이 없었고, 이는 총대가 악질적이었기 때문에 가능했다. 김상돈은 또한 소채조합의 이사장으로서 조합원을 모아 놓고 "우리가 대동아를 건설하는 데 있어서 가장 격렬한 시기에 무엇으로든지 황국에 지성을 다해야 되겠는데 우리 동내에서는 아무것도 할 수가 없으니 우리 소채라도 받쳐서 여러분 성의로 영미英米를 격멸하고 대동아전쟁을 완수케 하자"고 했다.2-58, 5쪽 이런 전력으로 인해 김상돈 부위원장은 반민법 제4조 10항과 11항에 저촉된다는 것이 박준 의원의 주장이었다. 그는 또한 김상돈 부위원장이 지프차를 운전하고 다니다가 여덟 살 아이를 치어죽인 적도 있었다고 폭로했다.

나중에 언론에 보도된 바에 따르면 김상돈 부위원장은 2월 27일 오전 11시 경 서교동 자택에서 가족 2명과 호위 경관 안현모, 유순재를 태우고 시 공관 구경을 가던 도중 아현동 고개에서 정한진이라는 8세 아이를 치어 그 자리에서 절명케 했다. 그는 두 호위 경관에게 이 문제를 비밀리에 처리할 것을 명령했고, 이들은 마포구청으로 가서 부재무관 오봉갑에게 아이가 전날 병사한 것으로 허위 신고하고 화장 인허를 받아 아이를 화장 후 매장했다. 서울지검의 취조로 이러한 범죄가 드러나면서 4월 14일 김상돈은 과실치사죄로, 안현모와 유순재는 허위 유인有印공문서 작성 교사 및 동 행사와 변사자 밀장죄密葬罪로, 오봉갑은 허위 유인공문서 작성죄로 기소되었다.『동아일보』, 『경향신문』, 1949.4.14

박준 의원은 발언 끝에 김상돈 부위원장을 직에서 파면할 것을 동의했는데, 그의 긴급동의안은 21명의 연명으로 제출되어 있던 것이어서 이미 정식 동의안으로 성립되어 있었다. 그의 발언으로 큰 논란이 일어난 것은 당연했다. 하지만 김상돈 부위원장의 친일 경력에 대해서는 그 자리에서 확증할 길이 없었고, 정준 의원 같은 사람은 오히려 그의 애국 행적을 이야기하기도 했다.2-58, 10~11쪽 그리고 교통사고와 그것을 덮기 위한 불법행위도 그 시점에서는 공식적으로 증명되지 않은 상태였다. 따라서 박준 의원의 주장은 파면 동의안의 충분한 이유가 될 수 없었다. 또한 여러 의원들이 지적했듯이, 박준 의원이 자격심사위원이라 해도 위원회에서 합의되지 않은 의견을 긴급동의안으로 내놓는 것에 대해서도 절차적으로 문제를 삼을 수 있었다. 절차에 어긋나면서까지 굳이 본회의에서 다루려고 한 데는 저의가 있으리라는 것이었다. 예컨대 조헌영 의원은 국회와 반민특위의 자가숙청 주장은 양 극단에서 나온다면서 다음과 같이 말했다. "하나는 무엇이냐 하면 참말 깨끗한 사람이 그 더러운 사람을 시켜서 이러한 신성한 사업을 할 수가 없으니까 깨끗해야 된다는 논이 있고 또한 또 한 방면에서는 이 반민법을 없애려고 하다하다 못하니까 이들 깨끗지 못한 놈이 일을 하느냐고 해서 이 특위에서 건드리지 못하게 하는 양 극단론이 있다는 것을 알아야 됩니다."2-58, 14쪽

김상돈 부위원장 처리 문제는 파면 처분을 포함해 세 가지 제안이 나왔지만 표결 결과 어떤 결론에도 이르지 못했다. 하지만 이 김상돈 스캔들 때문이었는지는 몰라도 반민법 제5조 문제와 관련한 갈등은 합의점을 찾기 시작했다. 3월 31일 제38회 국무회의에서는 김효석 내무장관이 "정부와 특위와의 합동좌담회에서 상호 협조할 것을 언약하고, 특히 국무총리가 정부 직원에 관한 특위 조사를 통고하여 주면 정부가 처리할 것이니 특위는 직접 행동을 삼갈 것과 국회와 특위 측의 자가숙청을 촉구한바 특위도 정부 측의 강경한 태도를 인식한 듯하다"고 보고했고, 이승만 대통령은 내무장관이 책임을 지고 일을 처리하라고 지시했다.14 또한 4월 8일 제39

---

14 국무회의록, 1949년 제38회(1949.3.31), 248~9쪽.

회 국무회의에서는 이범석 총리가 반민특위 간부와의 회담 결과와 관련해 "전번 국무위원과 반민특위 조사, 검찰, 재판 각부 간부 사이에 열린 연석 회의에서 1. 정부 군경은 직접 착수치 않을 것, 2. 정부 공무원은 자가숙청 케 하고 특위 측 조사자는 명단을 정부에 이교移交하여 처리케 할 것, 3. 국 회 측도 자가숙청할 것을 의결하였고, 특히 금일 김상덕 위원장과 회담하 여 차 취지를 상호 담화 발표하기로 확약하였음"을 보고했다. 이 날 김효석 내무장관은 기자단과의 회견에서 장관이 반민특위에 무슨 편지를 보냈다 는데 내용은 무엇인가라는 질문에 "현하 국내정세로 보아 공무원에 대한 특위의 직접 행동을 될 수 있는 대로 피하고 정부와 상호 협조하여 자기 정 리를 하게 해 달라고 협조를 구한 것"이라고 답했다.『조선일보』, 1949.4.8

4월 14일 김상돈 부위원장의 과실치사 및 기소 사실이 언론에 보도된 후, 이승만 대통령은 4월 15일 이에 관한 기자단의 질문을 받고 답변서를 발표했다. 정부의 제일 중요한 책임이 생명과 재산을 보호하는 것이라며, 경찰과 검찰에 김상돈 부위원장의 혐의에 대해 정당한 조치를 하지 않고 있어서 그대로 계속 덮어두면 책임을 물을 것이라 경고했다는 것이다. 아 울러 특조위원들이 일반인을 고용해 특경대를 만들어 사람을 잡아들인 다든지 국회의원 경호원이 술을 마시고 대로에서 총을 난사해 행인 2명 을 즉사시키고 1명에게 중상을 입힌 일을 거론하기도 했다. 또한 반민특 위가 저명한 감리교 목사 양주삼을 반민족 혐의로 수감하는 바람에 미 국 감리교 측이 격분해 국제문제를 삼기에 이르렀다며 지각없는 사람들 이 내외의 대세를 모르고 문제를 일으키고 있다고 비난했다. 앞으로 특조 위원들은 조사만 할 뿐 행정부와 사법부의 일에 관여하지 말고 특경대는 해산되어야 할 것이라고 주장했다.[15]

김상돈 스캔들은 반민특위의 활동에 암운을 드리웠다. 반민특위는 대통령의 지속적인 압력 아래 해체의 길을 걷지만, 4월부터는 특위, 특검, 특재 내부의 이견이 터져 나오며 반민특위 활동 전체를 약화시키기 시작했다.

---

15 『대통령이승만박사담화집』, https://www.pa.go.kr/research/contents/speech/index.jsp.
   (2021.1.2)

박흥식의 석방과 반민특위 활동의 쇠퇴

1949년 4월 19일 특별재판부가 박흥식의 병보석을 허락하고 이튿날 그가 석방되면서 반민특위는 다시 한번 중대한 전기를 맞았다. 특별검찰부는 노일환 의원의 주도로 보석 허가의 부당성을 지적하는 담화를 발표한 데 이어, 21일에는 국회의장에게 특별재판부의 박흥식 보석 결정으로 검찰 직무를 감당하기 곤란하다며 사직원을 제출했다.『동아일보』, 1949.4.22 하지만 이에 대해 특재부장을 겸하고 있던 김병로 대법원장은 "어떠한 피고인이든 그 보석을 논의할 때에는 검찰관의 의견을 묻는 것이 형사소송법에 규정된 바이다. 그러나 검찰관이 이에 동의하고 안 함에 관계없이 재판소로서는 보석을 결정함에 하등 구속을 받지 않는 것이다. 검찰관들의 총퇴진 운운의 사실은 이해키 곤란한 바요 사법사상 유례가 없는 일이다. 검찰관으로서 그러한 행동을 한다는 것은 만만 유감스러운 일이다"라고 논평했다. 특검과 특재 사이에 중대한 이견이 발생한 것이다. 특검과 특재의 이견은 "반민족행위 특별검찰관 사직원 제출의 건"을 다룬 4월 23일 제2회 제83차 본회의에서도 표출되었다.

권승렬 특검부장도 등단해 사직원 제출의 경위와 취지를 설명했지만,

그는 정치인이 아니었고 대립각이 뚜렷한 발언도 하지 않았다. 특검의 메인 스피커는 역시 노일환 의원이었다. 그는 20일에 박홍식을 담당한 자신에게 특재 측에서 박홍식 보석에 관한 의견을 물어왔는데, 그때는 이미 특재가 보석을 결정한 뒤였고, 자신은 아무튼 보석에 반대한다는 의견을 냈다고 말했다. 그리고 특재의 보석 결정은 의무과 백두현의 진단서에 따른 것이었는데 특검으로서는 진단서의 객관성을 인정할 수 없다, 따라서 서울대학 제1부속병원의 이돈희 박사를 모시고 와서 박홍식을 면밀하게 진단하게 했고, 그 진단 결과는 박홍식이 호소하는 정신적 신체적 질병은 악성이라 할 수 없고 감금생활을 계속해도 생명에는 지장이 없다는 것이었다며 진단서까지 낭독했다. 그럼에도 현재의 특검이 힘이 없어 박홍식의 보석을 막지 못했으니 좀 더 강한 특검을 구성해서 재판부의 독단성과 탈선적 행동을 막을 수 있는 반민 기구를 만들어달라는 것이었다.2·83, 3~7쪽

이에 대해 김병로 특재부장은 반민법에 특별한 규정이 없는 한 재판 절차는 일반 형사소송법을 따라야 한다, 자신이 아무리 재판부장이라도 법관의 독립성을 해칠 수 없다, 법관의 결정은 법관의 직권으로서 검사도 재판부장도 대법원장도 관여할 수 없다, 병이 있건 없건 형사소송법상 원칙은 불구속이며 병이 있어야 보석하는 것으로 아는 것은 형사소송법의 의의를 잘못 이해하고 있는 것이다, 병보석의 허락이 판결에 영향을 미치는 것은 아니다, 재판관의 결정이 잘못되었다고 생각해서 재판권을 공격하는 것은 절대 수긍할 수 없다는 취지의 발언을 했다.2·83, 11~3쪽 특별재판관인 오택관 의원 역시 보석 결정이 법관들의 합의 하에 아주 신중하게 이루어졌다고 주장했다.2·83, 13~4쪽 앞에서 보았듯이 오택관 의원은 한독당 출신으로 특조위원을 선임하는 과정에서 제주도와 황해도를 합치자고

했을 때 소장파와 행동을 같이했던 사람이며, 특별재판관으로 임명될 때도 소장파의 도움을 받은 것으로 보인다. 그런데 이 문제에 관해서는 소장파의 반대편에서 특재를 옹호하고 있는 것이다.

소장파 김옥주 의원은 반민법은 반민족 도배들을 처벌하기 위한 특별법인데 왜 일반 형사소송법을 따라야 하느냐고 하면서 반민족 도배의 병보석을 허락한 특재를 신임할 수 없다며 맹렬히 공격했다.2·83, 15~6쪽 의원 자격으로 발언한 소장파의 지도자 김약수 부의장 역시, 반민법을 운영하는 데 있어 민족의 정신을 살리고자 하는 여론이 있음에도 불구하고 특재가 냉정하게 바둑을 두듯이 법률적으로 아무 결함이 없다고 말하는 것은 대단히 혼란스러운 처사라 생각한다면서 사법부를 비판했다.2·83, 22~3쪽 김병로 대법원장은 김옥주 의원에 대한 답변에서 그의 주장은 반민법을 개정해야 가능하다고 말했다. 아울러 그의 명예를 위해 현재의 반민법이 그의 주장을 뒷받침할 수 있는지에 대해서는 구구하게 해석하지 않겠다며, 국회가 재판관들에게 사퇴할 것을 요구하면 언제든지 사퇴할 수 있다고 의연하게 대답했다.2·83, 16~7쪽

이들 외에도 많은 의원들이 토론에 나섰고, 결국 특재는 박흥식 보석을 재검토하고 특검 전원의 사직원은 수리하지 말자는 동의가 성립되어 가결되었다. 이 사건을 계기로 특조위원, 특재, 특검 사이에 중대한 알력이 있었고, 심지어는 특조위원들 내부와 특검 내부에도 이견이 상당하다는 것이 드러났다. 4월 26일에는 김병로 대법원장의 출석 아래 삼부 전체회의가 열려 박흥식 보석 문제 등을 놓고 4시간이나 토론이 이어졌다. 대법원장은 이 회의에서도 "국회에서 보석문제를 가지고 논의하는 것은 자유이나 재판부 결의에 간섭함은 부당하다. 보석은 재판장의 권한에 있는 것이다. 그리고 재판부로서는 앞으로의 보석에 대해서는 신중을 기할 예정

이다."라고 했다.『조선일보』, 1949.4.28 특조위, 특검, 특재 사이의 균열이 완전히 봉합되지는 않은 것이다. 이런 상황에서 김상돈 부위원장 문제는 반민특위의 도덕적 평판에 큰 흠집을 남긴 것으로 보인다.

반민특위의 활동에 대한 부정적인 여론도 상당히 강했다. 이는 특검의 전원 사직을 다룬 제83차 본회의에서 특별검사 곽상훈 의원이 행한 발언에 잘 나타나고 있다. 그는 직무 수행을 위해 지방 출장을 많이 가서 들은 이야기라며 반민특위에 대한 당시의 두 가지 여론을 소개했다. 하나는 반민법의 적용 기한을 2년에서 1년으로 단축하라는 여론이었다. 과거 40년 간 노예생활을 할 때 일제 치하라는 환경 때문에 본의 아니게 반민행위를 하지 않은 사람이 별로 없다, 그래서 언제 반민법에 걸릴까 공포심을 가지고 있을 뿐만 아니라 모함도 많이 일어나서 피해가 많으니 기간을 단축해서 일반 국민에게 안도감을 줘달라는 것이었다. 다른 하나는 반민특위 안에 자격이 없는 사람이 많으니 반민특위를 정화해 달라는 여론이었다.2-83, 3쪽

박흥식이 석방되던 무렵부터 반민특위의 활동이 점차 위축되기 시작했던 것으로 보인다. 이틀 전인 4월 18일에는 이승만 대통령이 미군 철수가 곧 있을 것이라는 특별성명을 발표해 갑자기 이 문제가 국민의 최대 관심사로 떠오르게 되었다. 마침 국회도 5월 2일부터 제2회 국회가 폐회하고 5월 23일 제3회가 국회가 개회될 때까지 잠시 휴식기를 가지면서, 반민특위 발發 폭풍은 더욱 잠잠해진 것 같았다. 친일파 체포는 계속 이루어졌지만, 체포 건수도 줄어들고 체포되는 사람들도 이전보다 지명도가 훨씬 덜 했다.

이 무렵의 신문기사도 이런 분위기를 보여주는 것 같다. 5월 15일 자『조선일보』는 특별재판관 김장열 의원의 14일 발언을 전하고 있다. 원래

반민 재판은 엄정한 조사 아래 단시일에 친일파를 심판할 예정이었지만 요즈음 와서 지지부진한 느낌을 면치 못하고 있다. 반민 재판이 정치적 압력이나 피고의 경제력에 영향을 받으면 안 되니 앞으로는 거물급을 중심으로 재판을 더 빨리 진행하겠다는 취지였다. 김상덕 위원장은 5월 16일 기자단과의 회견에서 반민특위의 전체 사업이 지지부진하다는 지적에 대해 "발족 당시에는 일반이 다 아는 거물급을 체포하였으므로 활기를 띄었으나 요새는 일반이 잘 모르는 악질자를 체포하므로 지지하여 보일 뿐이다"라고 답했다. 한편 조사관이 보석된 피고의 집에서 조서를 작성한다는 말이 있다는 지적에 대해 "지금 비로소 듣는 말이다. 혹시 그런 사실이 있다면 엄중 처단하겠다"고 대답해 반민특위 활동에 상당한 문제가 있음을 짐작케 한다.『조선일보』, 1949.5.17 본회의에서 자주 강경 발언을 하던 특별검찰 김웅진 의원의 5월 17일 발언도 분위기의 변화를 느끼게 한다. 악질적인 부류를 가능하면 올해 8월 15일 전에 단죄하고, 당연범의 경우 도피할 우려가 없으면 불구속 조사해 일제히 처리하는 것이 민심 동요를 방지하는 방책이 되지 않겠느냐는 것이었다.『동아일보』, 1949.5.19

소장파 의원들의 체포

하지만 5월 하순으로 가면서 정가에는 다시 태풍이 몰아치기 시작했다. 그것도 특급 태풍이었다. 5월 20일 자 신문들에는 5월 18일에 서너 명의 국회의원들이 국가보안법 혐의로 체포되었다는 기사가 실렸다. 신문들마다 보도 내용이 조금씩 차이가 났지만, 소장파 이문원, 최태규, 이구수, 황윤호 의원에 대한 구속영장이 발부되어 황윤호 의원을 제외한 3

명이 체포되었다는 내용이었다. 황윤호 의원은 20일에 고향을 떠났기 때문에 체포를 면했던 것으로 보인다. 이 사건이 바로 '국회프락치사건'의 서막인데, 이 당시만 해도 아직은 어떤 단발성 사건에 불과했다. 국회가 휴회 중이었기 때문에 이들은 국회의 동의 없이 체포되었고, 따라서 5월 23일에 제3회 국회 제1차 본회의가 열렸을 때 이들에 대한 석방 요구가 있으리라는 것은 불문가지였다.

제1차 본회의에는 이미 김용현 의원 외 49명의 동의로 석방 긴급동의안이 제출되어 있었고, 노일환, 김옥주, 김병회, 서용길, 박윤원 의원과 같은 소장파의 핵심들이 등단해 석방을 요구했다. 이들은 구속된 의원들의 유무죄를 따지기에 앞서 국회의원의 신분 보장에 관한 헌법 제49조의 정신에 따라 그들이 석방되어야 한다고 주장했다. 그들의 유무죄를 따지게 되면 긴급동의안의 통과가 어려울 것으로 보고 우회 전략을 택한 것이었다. 반면 곽상훈 의원은 신문에 보도된 것이 사실이라면 일반 국민 앞에서 '할복'해야 할 중대한 문제사라며 먼저 검찰총장으로부터 진상을 듣자는 동의를 제출했다.[3-1, 12쪽] 소장파 의원들은 이 긴급동의안이 구속된 의원들의 유무죄와 무관하다는 것, 긴급동의안이 제출되어 있는데 다시 동의를 낼 수 없다는 것을 주장하며 곽상훈 의원의 동의를 보류하자는 동의를 제출했다. 하지만 이 보류 동의는 두 번의 표결 끝에 미결이 되었고, 곽상훈 의원의 동의는 재석 167, 가 86, 부 43로 가결되었다.

그리하여 권승렬 검찰총장이 국회에 출석해 경과를 설명했다. 3월 중순에 좌익계열에서 국가에 대한 공작이 있는 것을 감지해 계속 감시를 했다. 그 이래 좌익계열의 사람이 국회의원과 내왕하고 뭔가 모의하는 것을 포착했다. 5월 17일에 국회의원 네 사람이 어떤 장소에서 만났고 어떤 일이 있었다는 자세한 보고가 올라왔다. 신중을 기하다 5월 18일에 구속영장을 신청해 재판부의 승인이 나왔다. 국회의원 네 사람의 주요 혐의는 남로당의 7원칙을 남한에서 실현하는 것을 협의한 것이다. 현재 우리가 포착한 것은 광산에 비유하면 노두露頭밖에 되지 않고, 이 광맥이 얼마나 길고 그 폭이 얼마나 넓은지는 이 노두를 따라 더 들어가 봐야 알 수 있다. 이 사건은 물적 증거가 희박하고 '인적 증거'에 의존해야 되기 때문에 구속이 불가피했다는 요지였다.[3-1, 16~18쪽] 남로당의 7원칙이 무엇이냐는 질문에 대해 권승렬 검찰총장은 (1) 외군의 완전 철퇴 (2) 남북의 정치범 석방 (3) 남북 정당 사회단체 대표로 남북정치회의 구성 (4) 남북정치회의는 일반 평등 직접 비밀의 4대 원칙에 입각한 선거 규칙을 작성하고 최고 입법기관 구성 (5) 최고 입법기관은 헌법을 제정하고 정부를 구성 (6) 반민족행위 처단 (7) 조국 방위군 재편성이라고 답했다.[3-1, 19~20쪽] 이 7원칙은 물론 지난 1년간 진행되어 온 대한민국 건국과정을 부정하는 것이자 김구·김규식의 노선과 크게 다르지 않았다. 이 7원칙에 대해 협의했다는 것만으로 범죄가 성립하느냐는 질문도 나왔다. 이에 대해 권승렬 검찰총장은 재판부가 영장을 승인했으니 범죄가 성립한다고 판단한 것이 아니냐는 소극적인 대답을 했다. 의원들과 검찰총장의 질의응답이 계속되는 사이에 산회 시간이 다가왔고, 소장파들은 석방 동의안 처리를 위해 시간 연장 동의안을 냈지만 부결되었다.

이튿날 제2차 본회의에서는 일부 신문에서 체포된 것으로 보도되었던 황윤호 의원이 출석해 신상 발언을 했고, 그 후 석방 동의안과 관련해 토의가 이루어졌다. 찬반양론이 격하게 진행되었는데, 5월 9일에 『동아일보』에 소장파를 비난하는 글을 낸 김준연 의원의 발언도 험악한 분위기를 만드는 데 기여했다. 대한민국을 파괴하는 음모에 연루된 혐의로 구속된 사람들을 석방하자고 하는 것도 대한민국 국회, 대한민국 정부, 대한

민국 자체를 부정하는 행동이라는 것이었다.[3-1, 11~12쪽] 이로 인해 엄청난 소란이 일어났고, 김준연 의원은 즉시 대한민국 부정 운운하는 부분은 취소한다고 했다. 그래도 5분간의 휴회가 필요했다. 회의가 재개되었을 때 김준연 의원이 발언을 취소한다고 다시 말했지만, 소장파 강욱중 의원이 5월 9일의 『동아일보』 기사까지 거론하며 발언 취소에 그쳐서는 안 된다며 강경하게 말했다.[3-1, 12쪽] 하지만 아무 반향을 일으키지 못하고 토론 종결 동의가 가결되어 표결에 들어가게 되었다. 하지만 다시 표결 방식을 놓고 논란이 일어났다. 소장파를 비롯해 석방파 의원들은 정파와 친소관계 등의 영향을 차단하도록 기립 표결을 요구했고, 다른 의원들은 똑같은 이유로 무기명투표를 요구했다. 기립에 대한 표결 결과는 재석 175, 가 74, 부 64로 미결이었다. 무기명투표에 대한 표결 결과는 재석 175, 가 104, 부 42였다. 이렇게 해서 석방 동의안에 대해 회의장 양쪽 문을 다 폐쇄하고 표결에 들어갔다. 재석 184, 가 88, 부 95, 기권 1로, 석방 동의안은 부결되었다. 이 표결 결과는 소장파 및 친소장파 의원들 외에도 국회의원의 체포에 항의하는 의원들의 숫자가 상당수 있었음을 말해주는 동시에, 과반수의 의원들은 국가보안법을 위반한 의원들을 용인할 수 없다는 인식을 가지고 있었음을 보여준다.

반민특위를 주도하고 있었던 것은 소장파였기 때문에, 세 의원에 대한 체포 사건은 반민특위의 활동에 큰 영향을 줄 수밖에 없었다. 무엇보다 반민특위가 결정타를 맞을 수 있는 계기가 만들어졌고, 파국은 열흘 쯤 후에 일어났다. 그러나 먼저 5월 26일 제3회 국회 제4차 본회의에서 특별재판관이던 홍순옥, 김장열 의원이 사직원을 제출했다. 이유가 분명하지 않았다. 홍순옥 의원은 "기분에 맞지 않는 점이 있다"고 했고[3-4, 2쪽], 반민법 제정과 반민특위 구성 과정에서 적극적인 역할을 했던 김장열 의원조차 자신은 정치인이지 법관이 아니라는 구차한 이유를 댔다.3-4, 2~3쪽 이에 대해 정준 의원은 두 재판관의 난데없는 사직원 제출이 박흥식의 보석 때문이 아니냐고 물었다.3-4, 3쪽 소장과 박찬현 의원은 민족정기를 살리기 위한 이 사업을 앞에 두고 애매한 이유로 사표를 내는 것은 말이 안 된다며 이들을 아예 파면해야 한다고 목소리를 높였다.3-4, 3쪽 하지만 특별재판관이던 최국현 의원은 자신도 여러 번 그만두려 한 적이 있어 이들의 결정에 동정이 간다며, 당시 반민특위가 겪고 있는 고충 한 가지를 토로했다. 한마디로, 지금 붙잡혀 오는 사람들은 힘없는 사람들만 붙잡혀 온다는 것이었다. 어떤 단체에 있는 사람들, 특히 경찰과 군에 있는 사람들은 한 명도 잡혀 오지 않는다. 더욱 문제인 점은 지방에서 붙잡혀 온 반민족행위자 우두머리라는 사람들 중에는 아무 죄가 없는 사람들도 있었다. 이런 얘기를 하면서 최국현 의원 자신도 파면이나 사직을 시켜줬으면 좋겠다고 했다.3-4, 4~5쪽 이런 얘기들이 오간 후 정준 의원이 사직원을 받지 말자는 동의안을 냈지만, 두 차례의 표결이 모두 미결이 되어, 이들의 사직원은 그냥 수리되었다.

유성갑 의원 폭행 사건

1949년 5월 31일 제3회 제8차 본회의에서는 내무부의 기부금 징수 문제가 주요 의제였는데, 강욱중 의원이 장경근 내무차관을 상대로 질의를 하던 중 갑자기 의제에서 벗어난 일에 대해 질문했다. 현재 낙원동 일대 여관에서 반장이 사람들을 동원하려고 약 3천 명에게서 도장을 받고 있다, 이문원, 최태규, 이구수 의원의 석방에 동의한 88명의 의원들을 성토하는 민중대회를 열기 위한 것이라는데 이 사실을 내무부는 알고 있느냐는 것이었다.[3-8, 16쪽] 실제로 이날 오후 2시 경에 파고다 공원에서는 군중대회가 열렸다. 그런데 유성갑, 김옥주, 김웅진, 노일환 의원이 이 대회를 보러 갔다가, 유성갑 의원이 군중들에게 폭행을 당하는 일이 일어났다. 국회는 다시 거대한 소용돌이에 휩싸였다.

6월 1일 제9차 본회의에서 행한 장경근 내무차관의 보고에 따르면 사건의 전말은 이러했다.[3-9, 16~7쪽] 어제 오후 2시 40분경 탑동공원에서 국민계몽구락부 간부들이 자연스럽게 모여 있는 군중 약 200명에게 계몽 연설을 하고 있었다. 손빈이라는 사람이 나와, 88명의 의원들이 이문원 등세 의원의 석방을 요청했는데 이들의 석방에 찬성한 88명도 같은 좌익부류이니 이들을 숙청해야 한다고 했다. 다음 김일포라는 사람이 나와, 의원들이 이문원 등에 대한 위로금으로 25만 원의 거금을 갹출하면서도 육군 10용사[1]에 대해서는 어떤 위문 방법도 강구하지 않아서 유감이라고 했다. 이제 군중들이 격분하는 상황에서 허일일이라는 사람이 석방운동 반대 연판장을 작성하자고 했다. 이때 유성갑 의원이 팔각정 연단에 뛰어올라 이들의 주장을 반박하는 질문을 하고 연판장 작성에 반대하면서 88명의 국회의원이 적색분자라는 증거를 제시하라고 강경하게 요구했다. 그러자 주최 측과 설전이 벌어졌고, 그 외중에 그들이 유성갑 의원에게

---

1 1949년 5월 4일 개성 송악산에서 북한 육군의 토치카를 자폭 공격한 열 명의 용사를 가리킨다. 이 무렵 개성은 38선 이남이었고 송악산은 38선 이북이어서 북한군이 개성을 훤히 내려다볼 수 있었다. 이 때문에 송악산을 둘러싸고 남북한 무력 충돌이 잦았고, 송악산을 직접 장악할 수는 없었던 우리 군은 송악산으로 올라가는 길목마다 진지를 구축했다. 1949년 5월 3일 북한군이 이 진지들을 기습 함락시켰고, 이에 우리 육군이 즉시 반격했으나 북한군이 설치한 토치카 때문에 진지들을 탈환할 수 없었다. 이런 상황에서 열 명의 용사들이 급조한 폭탄을 들고 진격했는데, 사실상 자폭을 결심한 공격이었다. 하지만 이에 대해서는 논란이 있다.

신분을 밝히라고 요구했고 이에 대한청년단원[2]이라 답하자 그들이 재차 신분증 제시를 요구했다. 유성갑 의원이 이에 응하지 않고 연설을 방해할 기색이 보이자, 군중 한 명이 유성갑 의원을 향해 그놈은 빨갱이다 소리쳤고, 다른 사람들도 저런 놈은 없애라, 내려가라 고함을 질렀다. 이에 유성갑 의원이 위협을 느껴 권총을 소지하고 있던 김옥주 의원에게 총을 쏘라고 했고 그가 총을 빼 들자 군중들이 멈칫했다. 이때 성명 미상의 50대 걸인이 나는 혼자 몸이니 언제 죽어도 좋다, 죽을 바에는 공산주의자를 죽이고 죽겠다고 소리치며 달려들었다. 그러자 군중들이 합세해 유성갑, 김옥주 의원을 지팡이, 신발, 기타 물건으로 폭행했고, 이런 소동이 벌어지던 중 순찰 중이던 종로경찰서 사찰계원이 이를 제지하고 군중을 해산시켰다는 것이다.

장경근 내무차관이 이처럼 유성갑 의원이 폭력사태에 더 책임이 있는 것처럼 보고를 하자, 몇몇 소장파 의원들은 허위 보고라며 질타했다. 유성갑 의원은 아래에 있다가 팔각정으로 뛰어오른 게 아니라 처음부터 그 자리에 있었고 말도 평소처럼 점잖게 했다는 것 등등이었다. 결국 정준 의원이 "이 사건은 내무치안위원회에 넘겨서 이 사실을 조사한 다음에 국회에 보고하도록 할 것"이라는 동의안을 내어 압도적으로 가결되었다. 유성갑 의원은 병원을 찾은 기자들에게 집회 참가자들이 실직자들 같은 인상을 받았고, 그런 사람들을 모아 놓고 공산 분자들과 똑같은 역선전으로 토지개혁 등의 지연 책임이 88명에게 있다고 책동하는 것은 언어도단이라고 했다. 또한 조금이라도 바른 말을 하면 빨갱이로 모는 습관은 하루속히 근절되어야 한다며, "다만 나 일개인의 희생[으로] 6월 2일의 민중 폭동이 방

---

2   원문에는 '대한정년단원(大韓靜年團員)'이라 되어 있지만 '대한청년단'이 맞아 보인다.

지되었다면 다행으로 생각한다"고 했다.『조선일보』, 1949.6.2 그의 말대로 6월 2일에 민중 폭동은 일어나지 않았다. 다만 탑골공원에서 민중대회가 열린 후 500명의 군중이 국회로 행진해 가다가 세종로 경찰전문학교 앞에서 경찰에 제지당하고 해산되는 일은 그의 희생으로 막지 못했다.『조선일보』, 1949.6.3

유성갑 의원 폭행 사건이 국회의원들의 공분을 일으켰을 것은 두말할 것도 없다. 6월 2일 제3회 제10차 본회의의 주요 안건은 전북도지사가 경찰 후원비 등등의 명목으로 도민들에게서 기부금을 불법적으로 징수한 사건에 관한 것이었다. 발언에 나선 노일환 의원은 비단 이 문제만이 아니라 국회의원 3명의 체포, 탑동공원 사태 등을 고려할 때 전북도지사의 파면을 넘어 내각 총사퇴가 필요하다고 역설하면서 내각 인책 총사퇴 동의안을 냈다. 내무장관만의 사퇴를 요구하는 개의안도 있었지만, 노일환 의원의 동의는 재석 144, 가 82, 부 61, 기권 1로 가결되었다.3-10, 20쪽 노일환 의원은 1949년 3월 31일 제2회 제68차 본회의에서도 정부가 예산을 무계획적으로 낭비했다는 이유로 내각 인책 사퇴를 동의한 적이 있었다. 이는 소장파의 원내 전략에 따른 것이었는데, 워낙 이유가 박약했기 때문에 압도적으로 부결되었었다.2-68, 29쪽 하지만 이번에는 상당히 많은 찬성표를 받으며 통과되었고, 이는 그만큼 국회의원들이 최근의 사태에 큰 분노를 느끼고 있음을 뜻했다.

6월 3일 제3회 제11차 본회의에서는 가장 먼저 특별재판관에 대한 보궐선거가 있었다. 정준, 박윤원, 김수선, 조옥현 의원이 후보로 추천되었고, 표결 결과 똑같이 58표씩을 얻은 정준, 조옥현 의원이 선출되었다. 그후 김상돈 부위원장이 긴급 보고를 했다. 전날 국회를 향해 행진하던 그 부류 같은데 약 6, 7백 명이 집결해서 정오 무렵에 반민특위를 습격했다는 것이었다.3-11, 18~9쪽 6월 4일 자『조선일보』기사에 따르면 6월 3일 12

시 30분에 남대문로에 있는 반민특위 정문 앞에 수백 명의 군중이 운집해 "반민특위는 즉시 해산하라"는 구호를 외치며 육박해 왔다. 긴장한 반민특위는 즉시 해산에 나서 공포탄까지 발사하며 12시 50분 무렵에 겨우 군중을 해산시켰고, 주모자로 추측되는 박보익, 김주현, 김영동 등을 체포했다. 박보익의 진술에 따르면 이 시위를 주도한 사람은 국민계몽회장 김정한이었다. 반민특위는 6월 4일 회장 김정한, 동원부장 김정배, 정보부장 조용철을 체포했고, 아울러 이들을 배후에서 방조했다는 혐의로 서울시경 사찰과장 최운하와 종로서 사찰주임 조응선을 체포했다.

김태선 서울시경국장은 6월 6일 출입기자단과의 정례회견 석상에서 이에 대해 이렇게 항의했다. "반민특위의 김명동 씨는 자기 일개인의 판단으로써 우리 서울시 경찰국 최 사찰과장을 구금하였다. 이것은 국회의원 검거에 대한 보복적 불법감금이라 볼 수밖에 없다. 그 이유는 현직에 있는 경찰관을 구금할 때에는 사전에 소속 장관에게 승인을 받아야 하며 또한 반민특위위원회에서 검거 사전에 결의가 없으면 절대로 구금을 못하는 법이다. 그럼에도 불구하고 시경찰국 최 과장을 증인으로 출두하라는 안내장을 보내고 위원회의 결의도 없이 구금한 것은 김명동 씨의 개인적 행동으로 볼 수밖에 없다. 즉 이 배후관계도 모모한 인사들이 사주하였다 하는데 그것도 조사 규명하지 않으면 안 될 것이다."『조선일보』, 1949.6.7

최운하와 조응선의 체포로 인해 6월 5일 서울시경 사찰과원과 관할 경찰서 사찰계원들이 회의를 개최하고 440명이 사표를 제출하는 집단행동에 들어갔다. 또한 서울시경 관하 각 과장, 서장, 특경대장, 경찰학교장들은 6월 6일 대통령에게 반민특위 간부 쇄신, 반민특경대 해산, 금후 경찰관에 대한 신분 보장을 요구하고, 이상의 요구가 향후 48시간 내에 관철되지 않을 경우 총 퇴진을 단행할 것이라는 결의문을 냈다.『조선일보』, 1949.6.8

특경대 해체와 내각 총사퇴 결의

6월 6일 오전 9시 경 중부서장 윤기병이 이끄는 무장 경찰들이 반민특위 본부로 출동해 특경대원을 무장해제하고, 이들과 함께 반민특위 직원들까지 닥치는 대로 연행해 갔다. 검찰총장 권승렬 특검부장조차 신분을 밝혔음에도 20세 정도의 젊은 경찰관에게 거친 취급과 함께 권총을 압수당했고, 신분이 확인된 후에야 사과와 함께 권총을 돌려받을 수 있었다. 검찰총장조차 이런 일을 당했으니 거기에서 무슨 일이 일어났을지는 짐작하고도 남는다. 사무실 집기를 부수고 전화선을 차단하고 수사 관련 문서를 함부로 가져가고 관용차까지 '환수'해 갔다. 끌려간 사람들은 심하게 구타를 당하고 고문도 받았다.

이것이 반민특위 특경대 해체 사건이다. 그런데 특경대 해체가 이승만 대통령의 직접 지시로 이루어진 것 같지는 않다. 이 작전을 진두지휘한 김태선 시경국장이 1974년 12월 4일과 5일 자 『중앙일보』에서 이렇게 회고하고 있기 때문이다. 장경근 내무차관 등과 함께 서울대 부속병원에 입원해 있던 김효석 내무장관을 찾아가 반민특위 습격에 대해 상의하다 일이 잘 풀리지 않았다. 그래서 결국 자신이 직접 습격을 지시했고, 다음 날 자정이 가까워지면서 각 경찰서에서 올라온 수사 결과를 들고 경무대를 찾았다는 것이다. 그런데 김태선은 반민특위 습격이 6월 5일 일요일에 이루어졌다고 말하고 있어 기억이 정확하지는 않다. 아무튼 이 사건이 이승만 대통령에게 사후 보고되었다는 것만큼은 분명하다. 이 날 오후에 국회에 출석한 장경근 내무차관도 의원들의 질의를 받고 이것이 대통령 지시가 아니라 내무부의 책임 아래 이루어졌다고 대답했다.3-13, 29쪽 하지만 오전 본회의의 결의에 따라 대통령을 면회하러 갔던 5인 중 한 사람인 나용균 내무치안위원장은 오후 보고에서, 대통령에게 국무회의에서 결정된 게 아니냐고 물었더니 대통령이 비서를 바라보면서 "국무회의는 아니지?"라고 물었고 비서가 "국무회의는 아니에요"라고 했다는 것이다.[3-13,20쪽] 나용균 내무치안위원장은 이것을 대통령의 직접 지시로 해석했지만, 김태선의 회고나 장경근의 국회 답변을 보면, 이승만 대통령이 사전 보고를 받지 않았고 작전 승인을 한 적도 없지만 자신의 직접 지시에 의한 것이었다고 하는 게 정치적으로 올바르다고 생각했던 것 같다.

실제로 이승만 대통령은 이 날 신익희 의장에게 특경대 해산을 지시한 이유를 밝히는 성명을 보냈고, 그 내용은 6월 11일에야 일반에 공개되었다. 이 성명에서 대통령은 자신이 이전부터 특조위에 신속하고 비공개적인 수사와 행정부를 통한 일괄 처리를 요청해 왔다는 사실을 다시 한번 언급한 뒤 이렇게 말했다.[『동아일보』, 1949.6.12]

특별조사위원에서는 이것을 다 듣지 않고 여전히 특경대를 설치하여 특별조사위원 몇 사람이 거느리고 다니며 몇 명씩을 잡아가두고 긴 시일에 걸쳐 심문하는 반면에, 소위 유죄하다는 사람들은 아무 일 없이 지내게 되며 일변으로는 위협하며 뇌물을 받는다는 등 불미한 풍설이 유행되기에 이르니, 이는 반민법 본의에 배치될 뿐 아니라 민심에 소요됨이 크므로, 이 이상 더 방임할 수 없어 부득이 특경대를 해산시킨 바이니 의장 각하 및 제씨는 이 점을 심심히 양찰하여 이 문제를 하루바삐 해결하는 것이 치안에 큰 손해를 면할 양책일 것입니다. 경찰이 특경대 해산령을 집행할 시에 혹 불법이나 과오를 범한 자가 있으면, 이는 정부에서 엄밀히 조사하여 일일이 의법 징벌할 것이니 당국 관리들은 각별히 주의하여 상사詳査 보고할 것입니다.

국회의원들은 특경대 강제 해산 소식을 당일 제3회 제13차 본회의 중에 정준 의원의 발언을 통해 들었다. 분노와 충격이 회의장을 덮쳤다. 강욱중 의원은 대한민국 법치국가가 위기에 처했다며, 내일 대통령을 국회에 불러서 해결책을 강구하자는 동의안을 냈다.[3·13, 18쪽] 한민당 중진으로 보통 소장파 의원들과 정반대 편에 서 있던 이정래 의원조차 큰 충격을 받았다. 그는 하늘을 보고 크게 곡하는 것向天大哭이 옳지 않을지 기가 막힌다며, 오후 2시에 회의를 속개해서 대통령 이하 국무총리와 각부 장관을 모두 불러 나라를 어떻게 운영할지 논의해보자는 수정안을 냈고, 강욱중 의원이 이를 받아들였다.[3·13, 19쪽] 이 동의안은 재석 145, 가 110, 부 0으로 압도적으로 가결되었다. 이 교섭을 위해 의장, 두 명의 부의장, 나용균 내무치안위원장, 지청천 외무국방위원장이 대통령을 방문했다. 그들은 특경대 해산이 대통령의 지시로 이루어졌음을 확인했고 왜 절차를 밟아서 합의 하에 평화적으로 하지 않았느냐고 항의했다. 그리고 국회에 출석해서 함께 대책을 논의할 것을 요청했지만, 대통령은 몸이 아프다는 이유로 그 요청에 응하지 않았다.[3·13, 20쪽]

이에 따라 의원들은 장경근 내무차관을 상대로 정부 성토와 질의에 나섰다. 장경근 내무차관은 특경대가 아무런 법적 근거 없이 반민특위에 의해 임의로 채용된 단체임에도 불구하고 경찰관리의 임무를 불법 행사해 왔다, 그동안 정부는 여러 차례 그 불법성을 지적하고 해산을 종용해 왔다, 그럼에도 불구하고 특경대는 해산하지 않은 채 경찰권 행사 의도를 강화해 왔기 때문에 오늘 아침 부득이 해체에 나섰다고 했다.[3·13, 22쪽] 이에 대해 김상덕 위원장은 지난해 10월 14일 반민특위의 부서가 정해지면서 당시 윤치영 내무장관과 반민특위의 업무 수행을 위해 20명의 특경대를 두기로 절충한 바가 있다고 주장했다. 특조위원이던 김효석 의원이 내무장관이 된 뒤에는 국무총리, 내무장관, 참모총장, 그리고 자신이 다시 논의하기를 대통령이 특경대를 해산하라 하므로 특경대라는 명칭은 쓰지 않고 보통 경찰로 개편하는 과정에 있었으며, 내무차관이 이러한 사정을 모르고 무도한 조치를 취했다고 비판했다.[3-13, 23쪽] 이에 내무차관은 자신도 이 이야기를 들었지만, 경찰관리의 신분은 협약으로 성립되는 것이 아니라 대통령이나 장관의 발령이 있어야 한다, 그리고 그들을 모두 경찰관리로 임명하겠다는 정부의 확약은 없었으니 이는 그동안 정부가 계속 특경대 해산을 요구한 데서도 알 수 있다며 고집스럽게 특경대 해산을 정당화했다.[3-13, 25쪽]

장경근 내무차관의 거듭되는 강경 발언에 대부분의 국회의원들은 더욱 격분했고 정부에 강력한 책임을 묻는 동의, 개의, 재개의를 제출했다. 동의는 특경대의 원상회복과 책임자의 처벌을 주문했고, 개의는 정부가 반민특위 습격에 책임을 지지 않을 경우 국회의원의 총 퇴진을 주문했다. 재개의가 가장 강한 제안을 담고 있었는데, "1. 6월 2일 제10차 회의에서 결의한 국무총리 이하 전 각료의 총 퇴진을 조속히 실행할 것", "2. 반민특위에 대한 경찰의 행동은 불법이므로 전부 원상회복을 하게 하고 사건 책임자를 즉시 처벌할 것", "1, 2항을 실행할 때까지는 정부 제출 법안과 예산안의 심의를 거부할 것"이었다.[3-13, 49쪽][3] 재개의에 대한 표결이 가장 먼저 이루어져, 재석 153, 가 89, 부에 59, 기권 3, 무효 2로 비교적 큰 차이로 가결되었다.

---

3   이 재개의는 경기 시흥 이재형 의원(무소속)이 제출한 것이었다. 그는 1914년생이지만 소장파에 속하지는 않았다. 조헌영 의원과 유사하게, 발언할 때면 이승만과 소장파 사이에서 '자유주의적' 입장을 내보였다. 그는 박정희 정부 시절에는 한동안 야당 정치인으로 활동하다가 1980년 신군부가 권력을 잡은 이래 민정당에 참여해 당대표가 되었고, 1985~88년에는 제12대 국회의장직을 맡았다.

이렇게 해서 대통령과 국회 사이에 다시 교착이 일어났다. 이것은 막후교섭을 통해 적절한 타협책을 찾거나 한쪽이 다른 한쪽을 무력화해야 해소될 수 있다. 그런데 공교롭게도 6월 2일 제10차 본회의 때 내각총사퇴 결의가 통과된 이래 일이 희한한 방향으로 흘러가고 있었다. 내각총사퇴 문제는 6월 3일 국무회의에 상정되었다. 정부는 분명한 입장을 정하지 못했지만, 이승만 대통령이 인사와 관련한 국회의 결의에 대해서는 헌법 위반이라는 입장을 늘 가지고 있었기 때문에 아무 영향을 미치지 못할 것으로 예상되었다. 하지만 대통령은 이전부터 장관의 일부 교체를 생각하고 있던 터여서, 각종 부패 의혹을 받고 있던 임영신 상공장관이 6월 3일 결국 사의를 표명하면서 장관 교체가 급속히 진행될 것으로 보도되었다.『동아일보』, 1949.6.5 그리고 6월 6일 특경대 해체가 있던 날, 임영신 상공장관과 이인 법무장관의 사퇴를 계기로, 이 대통령은 상공장관에 윤보선, 법무장관에 권승렬, 법제처장에 유진오 후임으로 신태익을 임명했다. 또한 검찰청장에 권승렬 후임으로 김익진, 서울시장에 윤보선 후임으로 이기붕을 임명했다.『동아일보』, 1949.6.7 그리고 이미 6월 4일에는 새로 만들어진 초대 보건부 장관으로 구영숙을 임명하고, 공보처장에 김동성 후임으로 이철원을 임명한 상태였다(6월 14일에는 체신장관에 윤석구 후임으로 장기영을 임명했다). 이승만 대통령은 이미 개각을 생각하고 있었는데, 공교롭게도 유성갑 의원 폭행 사건 및 특경대 해체 사건으로 인한 국회의 결의와 맞물리게 되었던 것이다.

하지만 이승만 대통령의 이러한 중폭 인사 조치는 현안 사건들과 별개로 이루어져서인지 국회의 강경한 마음을 전혀 녹이지 못했다. 6월 7일 제14차 본회의는 전날 국회가 정부 제출 법안과 예산안의 심의를 거부하기로 했기 때문에 나흘간의 휴회를 결정했다. 나아가 휴회에 관한 토의 전에 민국당 서상일 의원이 정부를 바로잡는 방법의 하나로 개헌을 제의해 국회 내 여러 정파들로부터 호응을 얻었다.³⁻¹⁴, ³⁻⁷쪽 1949년 6월 10일자 『조선일보』에 따르면, 6월 8일 오전에 국회의장과 2명의 국회부의장이 대통령을 방문했고, 오후에는 정부 측과 국회 측의 비공식 연석회의가 열렸다. 이 비공식 회의는 구영숙 보건장관 집에서 저녁 7시에서 10시 반까지 열렸고, 정부 측에서는 이범석 총리, 김도연 재무장관, 허정 교통장관, 이윤영 사회장관, 전규홍 총무처장, 이철원 공보처장, 구영숙 보건장관이, 국회 측에서는 신익희 의장, 김동원 부의장, 김약수 부의장, 서상일, 서용길, 권태희, 이정래 의원 등이 참여했다. 6월 9일에는 오전 11시 반부터 의장실에서 의장, 2명의 부의장, 그리고 국회 내 각 정파의 교섭위원들이 모여 의견 교환을 했고, 거의 모든 정파들이 개헌을 주장했다.

이후에도 정부와 국회 사이에, 국회 내 정파들 사이에, 그리고 각 정파 내에서 막후교섭이 이루어지고 수습 방안이 논의되었다. 국회 측에서는 내각총사퇴는 아니라 해도 최소한 국무총리, 내무장관, 국방장관의 퇴진은 있어야 하며, 정파에 따라 온도의 차이는 있었지만 내각제 개헌도 이루어져야 한다고 주장했다. 하지만 이승만 대통령은 6월 10일 내외 출입 기자단에게 국회의 내각총사퇴 결의는 권고일 뿐 실행하라는 것이 아니라고 했고, 국회 측의 개헌 요구에 대해서도 국민의 주장은 정부의 공고성을 강화하라는 것인데 개헌을 하자는 것은 정부를 약화시키는 것이라며 국회 측의 요구를 거부했다.『조선일보』, 1949.6.11 대통령이 이러한 강경한 입장을 표명하자, 국회 측은 각 정파의 대표자 연석회의를 열고 정부와의 절충을 포기하고 내각제 개헌만이 현재의 사태를 수습하는 근본적 방안이라는 데 합의했다.『조선일보』, 1949.6.13

6월 13일 제15차 본회의에서의 대통령 연설은 지난 며칠간 이루어진 이러한 장외 정치를 배경으로 이루어졌다. 특경대 해체는 이미 부차적인 문제가 되었고, 내각 총사퇴와 개헌이 주된 관심사가 되었다. 대통령의 설득 논리는 익숙한 것이었다. 행정부와 입법부는 대내적으로는 삼권분립에 따라 '일의 자리'가 다를 뿐 대외적으로는 국권 수립이라는 동일한 목적으로 가지고 있으므로 협력해야 한다는 것이었다. 이는 헌법의 조속한 통과를 요구할 때도, 반민특위의 신속하고 비공개적인 수사를 요구할 때도 구사했던 논리였다. 다만 국권 수립이 전자의 경우에는 대한민국 정부의 수립으로 정의되었고 후자의 경우에는 유엔의 대한민국 정부 인정으로 정의되었다면, 이번에는 대한민국의 공고화로 정의된 것이 차이였다. "우리가 정권을 수립했다는 것이 남의 나라의 승인이나 또는 기구를 세워서 만들어내 가지고 나가는 것만으로는 정부 수립이라고 인정하기 어렵습니다. 그러므로 해서 (…중략…) 국권을 아무쪼록 공고히 세워서 국내에서 무슨 파동이 있거나 세계 대세에 무슨 풍파가 있거나를 막론하고 흔들리지 않고 튼튼히 서 있으며 확호確乎 부동한 자리를 갖는 것을 우리의 국회이거나 행정부거나 모든 민족이 유일한 목적으로 삼게 될 줄로 압니다."3-15, 6쪽

물론 이승만 대통령이 국권 수립의 최종 날짜를 계속 연기하는 데는 충분한 이유가 있었다. 여순사건은 계속되는 4·3사건과 더불어 신생 대한민국이 대내적으로 얼마나 취약한지를 명약관화하게 보여주었다. 또한 여순사건이 어느 정도 진정된 이후 미군 철수가 다시 재개되었고, 인접한 중국의 제2차 국공내전도 1949년에 들어 공산당의 승리가 눈앞에 다가온 상태였다. 미소 냉전도 소련의 베를린 봉쇄 사태를 둘러싸고 더욱 격화되면서 신문에서는 이따금 제3차 세계대전의 발발 가능성을 보도하고 있었다. 대통령은 미군 철수를 막기 위해, 그리고 미군 철수를 막을 수

없음이 분명해졌을 때 한미군사동맹을 체결하거나 충분한 군사지원을 얻기 위해 모든 노력을 기울이고 있었다.

이 날의 연설 중에는 다음과 같은 부분이 있다. "그런 만치 국회와 정부 측의 행정부 측에서 서로 합류해 가지고 시시비비를 막론하고…… 시시비비라는 것은 우리 안에서 하는 일이 비교적 사소한 일뿐입니다. 내가 옳든지 당신이 옳든지 내가 그르든지 당신이 그르든지 그것은 우리 사적 사람들이 하는 이야기에 지나지 않습니다."3-15, 8쪽 지금 국회가 행정부와 시시비비를 다투고 있는 일은 현재 대한민국이 부닥치고 있는 현실에 비해 아주 사소한 일이라는 뜻이다. 대통령은 또한 다음과 같은 말도 한다. "언제든지 무슨 문제가 되거든 정부 측의 행정부 측에서 입법부와 대립이 되어 가지고 세력을 다투거나 무슨 의사를 고집해 가지고 해 가는 그런 생각이 조금도 없는 것을 국회의원 여러분들이 양해해 주시기 바라는 것입니다."3-15, 8쪽 자신은 입법부와 다툴 생각이 전혀 없고 입법부에 대해 우위를 가지고자 하는 생각도 전혀 없다는 것이다. 자신이 국회에 바라는 것은 민주주의와 공산주의가 정면으로 싸우는 이 절체절명의 시기에 대한민국을 공고한 반석에 올려놓기 위해 함께 협력하자는 것뿐이다. '정부 측의 행정부'라는 것도 아주 재미있는 표현이다. 국회도 정부라는 뜻일 것이다.

개헌 문제에 관해서는 기자들에게 밝혔던 입장을 반복했다. 지금 각 정파들이 내각제 개헌을 주장하고 있는데, 애초에 헌법 제정 과정에서 대통령제를 채택해 국회가 정부 불신임안을 제출하지 못하도록 하지 않았는가. 지금 국회가 불신임안을 내서 정부를 개조해야 나라의 일이 잘 되겠다는 생각은 불가하다. 이것이 내 생각이고 여러분은 여러분의 의견을 가지고 있겠지만, 전 민족이 국권을 공고화하자고 하는 이때 조변석개하는 폐단은 없어져야 하겠다. 내 말을 믿지 않겠다면 실험을 해보라. 결과가 뜻한 대로 나오지 않을 것이다.3-15, 9쪽 대통령은 긴 연설을 마친 후, 신열이 있고 아프다는 이유로 곧장 국회를 떠났다.

그 후 김상덕 위원장, 노일환 의원, 김상돈 부위원장이 나와 특경대 해산 때 끌려간 구금자 숫자와 구타에 따른 부상자 상황, 그리고 특경대 해산의 불법성에 대해 이야기를 했지만, 이 날 국회는 어떤 의미 있는 결정도 내리지 못했다. 이미 국회는 이전 본회의에서의 결의에 따라 정부가 적절한 해법을 내놓지 않는 한 정부가 제출한 법률안과 예산안을 심의하지 않기로 했기 때문이다. 6월 14일 제16차 본회의에서는 정준 의원이 6월 4일 최운하와 조응선의 체포 이후 경찰이 대통령을 상대로 집단행동을 한 것에 대해 국회 내 7개 정파에서 각각 한 명의 조사위원을 선출해 조사를 하게 하자는 동의안을 냈다. 이 동의안을 처리하기 위해서는 먼저 의사일정 변경 동의안부터 처리해야 했는데, 두 번의 표결로도 미결이 되어 조사 동의안은 아예 상정되지도 못했다.3-16, 5~6쪽 제3회 국회는 6월 18일 제20차 본회의를 마지막으로 폐회하기로 되어 있었다. 소장파는 김수선 의원 외 55인의 동의로 회기 연기에 관한 긴급동의안을 냈다. 특경대 해산과 관련한 6월 6일 제13차 본회의의 결의와 관련해 아무것도 해결된 것이 없이 정부와 국회의 갈등이 고조되어 있는 상황에서 국회가 휴회할 수 없다는 것이었다. 많은 토의가 이루어진 끝에 회기를 7월 31일까지 40일간 연장하자는 김수선 의원의 원동의 외에, 6월 말일까지만 연장하자는 개의가 제출되었다. 하지만 어느 것도 통과하지 못했다.

국회프락치사건, 제1기 반민특위의 붕괴, 대파국

이 날이 소장파가 국회를 주도하는 마지막 날이 되었다. 제1회와 제2회 국회 폐막식에 참석해 치사를 했던 이승만 대통령은 6월 20일 월요일 제3회 국회 폐막식 때는 오지 않았고, 신익희 의장도 긴급한 용무로 참석하지 못한 채 김동원 부의장이 폐회사를 대독했다. 이튿날부터 국회프락치사건으로 국회의원들이 속속 체포되기 시작했다. 6월 21일 노일환, 김옥주, 강욱중, 박윤원, 황윤호, 김병회 의원이 구속되었고, 6월 25일에는 김약수 부의장이 구속되었다. 그리고 7월 2일에서 7월 30일까지 계속된 제4회 국회가 끝난 뒤에는 8월 10일과 16일에 서용길, 신성균, 배중혁 의원이 구속되었다(차경모, 김봉두 의원도 구속되었지만 나중에 석방). 제4회 국회 제1차 본회의에서 이루어진 채병덕 총참모장의 수사 보고에 따르면 국회프락치사건의 주범은 노일환과 이문원으로, 이들은 1948년 12월 이래 남로당의 간부 이삼혁과 하사복^{이삼혁과 하사복은 동일인}과 각각 접촉하기 시작해 1949년 2월에 남로당에 가입했음을 자백했고, 다른 의원들을 자신의 세포 아래 두고 있었다.[4-1, 10~14쪽]

6월의 마지막 열흘은 대한민국 현대사의 향방에 중대한 영향을 미친 사건이 많이 일어난 시간이었다. 6월 21일 국회프락치사건의 발발에 이어 6월 26일에는 김구가 암살되었고 6월 29일에는 미군의 마지막 부대가 인천항을 떠나며 미군 철수가 완료되었다. 국회프락치사건은 국회의원들에게 큰 충격을 주었고, 김구의 암살과 미군 철수의 완료 역시 신생 대한민국에 엄청난 위기의식을 불러일으켰다. 반민특위의 운명은 뚜렷해졌다. 더 이상의 의미 있는 활동은 어려워졌고 정리 수순에 들어갈 수밖에 없었다. 이것이 1949년 7월 1일부터 7월 30일까지 개최된 제4회 국회의 첫 열흘에 일어난 일이었다.

1949년 7월 1일 제4회 국회 개회식에 참석한 이승만 대통령은 특조위에 반민법 위반자를 조사해서 명부를 만들어 행정부에 넘기면 행정부는 그대로 위반자를 체포하고 특검과 특재로 넘겨 법대로 처리하도록 하겠다고 했다. 반대로 특조위가 지금까지와 같이 한다면 조사위원을 따로 두어서라도 행정부가 독자적으로 반민법을 집행하겠다고 했다.4-개회식, 4쪽

7월 2일 제4회 제1차 본회의에서부터 7월 12일 제8차 본회의까지 반민법과 반민특위의 문제는 거의 매회 의제에 올랐다. 물론 국회가 대통령의 요구를 그대로 따르지는 않았지만, 사실상 그의 바람대로 흘러갔다. 우선 반민법 개정안은 7월 2일 제1차 본회의와 7월 6일 제3차 본회의 두 번의 회의로 개정안이 통과되었다. 원래 2년이었던 공소 시효를 단축해서 사회의 분위기를 안정시키자는 것으로, 1949년 12월 말까지로 하자는 동의안과 8월 말까지로 하자는 곽상훈 의원의 개의안이 제출되었다. 그는 반민법을 처음 만들 때의 의도는 가장 악질자를 처벌하는 것이었는데, 지금 지방에서 잡혀오는 사람들을 보면 '송사리'까지 잡고 있어 많은 혼란이 일어나고 있다고 주장했다.4-3, 18~19쪽 새로 특별재판관으로 선임된 정준 의원은 개정안이 제2독회로 넘어가는 것을 저지함으로써 법안의 개정을 막으려 했지만, 그의 제안에 적극적으로 찬성한 사람은 재석 128명 중 8명밖에 되지 않았다.4-3, 14쪽 제2독회로 넘기자는 동의가 쉽게 가결되었고, 곽상훈 의원의 개의도 압도적으로 가결되었다. 이는 반민특위가 활동할 수 있는 기간이 두 달도 남지 않았음을 뜻했다.

반민특위가 남은 두 달이라도 그 소명을 충실히 하려면 특조위원들과 특별검사들이 여전히 의기 충만해야 하지만, 특조위원들도 거의 모두 사직서를 제출했고, 국회의원 특별검사들 중 노일환, 서용길, 김웅진 의원

도 사직서를 제출했다. 특별재판관 신태익, 서순영, 조옥현도 사표를 제출했다. 이들의 사퇴에 대한 처리는 7월 7일 제4차 본회의에서 이루어졌다. 특조위원 전원의 사표에 대한 표결에 들어가기 전에 김상덕 위원장과 김상돈 부위원장이 왜 총 사퇴를 결정하게 되었는지 발언했다. 김상덕 위원장은 우선 지난 여섯 달 동안 반민특위를 둘러싸고 벌어졌던 모든 일을 생각해보면 특조위원들이 총 사직 외에 다른 길은 없었으리라는 것을 짐작할 수 있을 것이라 했다. 이는 물론 특경대 해산을 비롯한 이승만 정부의 다양한 억압을 가리키는 것이다. 그는 또한 반민법의 개정으로 특조위원들이 활동할 수 있는 기한이 한 달 남짓밖에 없어 자기들로서는 기한 내에 소기의 목적을 이룰 능력이 없으니 능력 있는 사람들로 바꾸어야 하지 않겠느냐고 했다.[4-4, 6~8쪽] 김상돈 부위원장은 훨씬 더 노골적인 언어로 반민법 개정에 대해 항의하며, 국회가 오늘 자신들의 사퇴를 받아들이지 않아도 자신들은 사퇴할 것이라 했다. 원래 24개월 동안에 할 일을 이제 일곱 달 반에 하라고 하니 우리는 자신이 없어 "슬며시 보따리 싸고 물러가는 것"이 당연하다며 "백 번 천 번 목을 매서 끌어도" 더 이상 할 수가 없다고 했다.[4-4, 9쪽] 이에 일부 의원들은 특조위원을 새로 뽑는다 해도 업무를 제대로 파악할 시간도 없으니 기존 위원들의 유임을 주장했지만, 결국 재석 124, 가 66, 부 20으로 총 사퇴가 가결되었다.

다음으로 노일환, 서용길, 김웅진 특별검사의 사퇴가 논의되었다. 김웅진 의원은 반민법 제정과정 때부터 하루도 쉬지 않고 일하다 보니 신경쇠약에 걸렸다는 것을 이유로 내세웠다.[4-4, 10쪽] 서용길 의원은 자신이 원래 독실한 기독교인으로서 원수도 사랑해야 하는 입장이라 동족을 처벌하는 검찰관 직을 맡을 수 없었는데도 의원들과 3천만 민족의 명령에 복종해 지금까지 해왔지만 이제는 신앙의 도리 상 더 이상 할 수 없다고 했다.[4-4, 10~11쪽] 평소 소장파의 한 명으로 자주 등단해 당당하게 논변을 펼치던 때와는 전혀 다른 태도였다. 아마도 정국이 급속도로 얼어붙으며 노일환 등 소장파 핵심들이 연이어 체포된 것에 큰 위협을 느꼈던 것이 아닌가 싶다. 이들의 사표는 재석 124, 가 85, 부 5로 가결되었다. 하지만 특별재판관 서순영 의원과 조옥현 의원의 사표는 현재 재판받을 사람들이 많이 남아 있다는 이유로 아예 각하되었고, 신태익 재판관의 사표는 그가 신임 법제처장으로 임명되었기 때문에 그냥 가결되었다.

사퇴 건이 처리된 뒤에 새로운 특조위원의 선출 절차에 들어갔다. 20분의 휴회 후에 도별로 새로운 위원들이 추천되었다. 서울 이인, 충남 유진홍, 충북 송필만, 경남 조규갑, 경북 김상덕, 전남 조국현, 전북 진직현, 경기 조중현, 강원도 이종순, 황해·제주 김경배 등이었다. 이 가운데 조규갑, 김상덕, 조국현, 이종순, 김경배 의원은 재임이었다. 김상덕 의원은 즉시 등단해 자신은 경북 의원들의 회의에서도 자신의 재임을 승인하지 않았다며 절대 하지 않겠다고 했지만[4-4, 12쪽], 의원들은 결정에 따르라고 했다. 7월 4일 제2차 본회의에서 김약수 부의장 대신 새로 부의장에 선출된 윤치영은 의원들의 동의에 따라 김상덕 의원을 포함한 10명의 위원 명단에 대한 일괄 승인을 표결에 부쳤고, 이 명단은 재석 142, 가 96, 부 3으로 가결되었다. 결원된 특별재판관과 특별검사관에 대한 선임은 7월 8일 제5차 본회의에서 이루어졌다. 특별재판관으로 윤원상, 특별검찰관으로 김익진 검찰총장, 조병한 의원[이정회], 정광호 의원[민국당], 홍익표 의원[무소속]이 뽑혔다.

특조위원의 선출과 관련된 이야기는 아직 끝나지 않았다. 7월 11일 제7차 본회의에서는 재임된 조규갑 의원과 새로 선출된 이인 의원이 사직서를 냈다. 조규갑 의원은 건강을 이유로 사직하고자 했고, 법전편찬위원회 부위원장이었던 이인 의원은 식민지 시대의 형법과 민법을 대체하는 법전 편찬 업무를 9월에 마쳐야 해서 반민특위에 투여할 시간이 없다는 것이었다.[4-7, 2~3쪽] 김상덕 의원 역시 다시 한번 등단해 자신도 사직을 하겠다며 사직을 승인해주지 않으면 의원직까지 던지겠다고 했다.[4-7, 3쪽] 7월 12일 제8차 본회의에서는 조국현 의원도 사직서를 냈다. 이들의 사직서에 대한 처리는 적지 않은 우여곡절을 거쳤는데, 결국 김상덕 의원의 사직서를 제외하고는 모두 반려되었다. 김상덕 의원을 대신해 경북의 특별조사위원으로 추천된 사람은 조헌영 의원이었고, 그의 선임은 제10차 본회의에서 만장일치로 가결되었다.[4-10, 18쪽] 이인이 반민특위 위원장 자리에 올랐고, 공소시효가 만료되는 8월 31일까지 반민특위 활동의 종막을 이끌었다. 제2기 반민특위는 거의 마지막 순간까지도 반민 혐의자를 계속 체포해 나갔지만, 이인 위원장의 마지막 역할은 아이러니하게도 반민특위를 사실상 해체하는 것이었다. 반민특위 활동의 종결과 반민특위의 최종 해체에 대해서는 뒤에서 다시 이야기하기로 한다.

제18장

미군 철수와
이승만의 벼랑끝 외교

1949년 6월은 어떤 비애감 없이 돌이켜볼 수 없는 달인 것 같다. 운명적이고 치명적인 달이었다. 김구와 소장파가 대변하는 노선은 당시의 상황에서 너무나 비현실적이고 순진한 것이었다. 엄중한 상황에서는 순진한 것은 위험한 것이 된다. 미군의 철수는 그들의 주장과 무관하게 진행된 것이었지만, 아무튼 그들의 외군 철수 주장이 궁극적으로 무엇을 의미할지는 1년 뒤의 한국전쟁으로 역사가 보여주었다. 미군 철수가 공식화되기 시작했을 때부터 이미 신생 대한민국에는 깊은 우려와 긴장감이 돌기 시작했다. 심층의 지각운동이 지진이나 화산으로 표현되듯이 이러한 깊은 우려와 긴장감은 어떤 식으로든 표출될 수밖에 없었다. 다분히 결과론적이지만 반민특위의 해산과 김구의 암살은 미군 철수 등으로 인해 대한민국 정치의 심층에 축적된 압력이 분출되는 한 방식이었을지도 모른다.

한국은 전략상 무용지지無用之地

미국 정부는 이미 1947년 4월경부터 미 군부의 희망에 따라 주한미군의 조기 철수 방향으로 움직이고 있었다. 제2차 세계대전 후 미국의 대외

지원 정책과 관련해 국무·육군·해군조정위원회State-War-Navy Coordinating Committee가 1947년 5월 12일 작성한 비망록에 따르면, 미국의 한국 지원 순위는 16개국 중 13위에 불과했다.[1] 이 비망록은 대상 국가들에 대해 '긴급한 필요성'과 '미국의 국가안보에 대한 중요성'의 두 가지 기준에 따라 순서를 매겼다. 앞의 기준으로 한국은 16개국 중 4위였다(그리스, 이탈리아, 이란, 한국, 프랑스, 오스트리아, 중국, 터키, 영국, 벨기에/룩셈부르크, 네덜란드, 필리핀, 포르투갈, 라틴 아메리카, 캐나다 순). 하지만 뒤의 기준으로는 16개국 중 15위에 불과했다(영국, 프랑스, 독일, 벨기에, 네덜란드, 오스트리아, 이탈리아, 캐나다, 터키, 그리스, 라틴 아메리카, 스페인, 일본, 중국, 한국, 필리핀 순). 이 둘을 종합한 순위는 한국이 16개국 중 13위였다(영국, 프랑스, 독일, 이탈리아, 그리스, 터키, 오스트리아, 일본, 벨기에, 네덜란드, 라틴 아메리카, 스페인, 한국, 중국, 필리핀, 캐나다 순). 소장파의 일원이었던 서용길의 말대로 한국은 미국에게 "전략상 무용지지無用之地"였던 셈이다.

한국의 전략적 지위에 대한 이러한 평가가 곧바로 주한미군 철수의 공식화로 이어진 것은 아니었다. 군부는 군사적 고려를 우선하는 곳이고 국무부는 정치적 고려를 우선하는 곳이다. 따라서 주한미군 철수를 둘러싸고 미 군부와 미 국무부가 의견이 달라서, 미 군부는 가능한 한 빠른 철수를 주장했고 미 국무부는 상황의 전개에 따라 철수를 늦추고자 하는 경우가 많았다. 하지만 철수는 기정사실이었고 시기만이 문제였다. 주한미군 철수의 최종 결정에서 가장 중요한 두 문서는 1948년 4월 2일 자의 "NSC 8Note by the Executive Secretary of the National Security Council to President Truman"과 1949년 3월 22일 자의 "NSC 8/2The Position of the United States with Respect to

---

1   "Memorandum by the Joint Chiefs of Staff to the State-War-Navy Coordinating Committee", 1947.5.12. https://history.state.gov/historicaldocuments/frus1947v01/d386. (2021.6.27)

Korea"였다. NSC 8/2는 주한 미국 대사 무초의 요청에 따라 NSC 8를 재평가한 문서였다.

두 문서 모두 남북한에서의 상황 전개를 평가하고 병력을 비교하면서 미국 정부가 취해야 할 방향을 권고하고 있다. 우선 NSC 8을 보면, 남한의 병력은 약 2만 명의 미군과 약 5만 7천 명의 한국 보안병력이 있고, 이 보안병력은 다시 3천 명의 해안경비대, 약 3만 명의 경찰, 그리고 미국이 훈련·무장시킨 약 2만 4천 명^{5만 명 규모로 확대 중}의 국방경비대로 구성되어 있다. 북한의 병력은 약 4만 5천 명의 소련군과 소련이 훈련·무장시킨 12만 5천 명의 인민군이 있다.

NSC 8은 이러한 상황 평가에 기초해 미국이 취할 수 있는 세 가지 주요한 길을 제시했다. 첫째는 남한에 수립된 정부를 포기하는 것이었다. 하지만 이는 미국의 위신을 고려할 때 용인할 수 없는 것이었다. 이것은 한국에 관한 미국의 모든 국제적 약속을 위반하는 것이자, 유엔을 미군의 한국 철수를 위한 편리한 도구로 이용했음을 의미할 것이었다. 둘째는 악영향을 최소화하는 가운데 한국에 대한 미국의 인적 재정적 투입을 철회하는 수단으로서, 남한에 수립된 정부를 지탱할 수 있는 조건을 실행 가능한 한도 내에서 확립하는 것이었다. 이를 위해서는 주한미군이 철수하기 전에 북한군이나 기타 군대의 공공연한 침략 행위를 제외한 그 어떤 행위에 대해서도 남한의 안전을 보호할 수 있는 국군을 훈련·무장시켜야 했다. 셋째는 외부의 침략이나 내부의 반란에 맞서 필요하다면 무력으로 남한의 정치적 독립과 영토적 보전을 보장하는 것이었다. 이는 대규모 전쟁에 말려들 위험을 감수하고서라도 남한에 대해 미국이 계속해서 직접적인 정치적 경제적 군사적 책임을 지는 것을 의미했다. 결론은 당연히 두 번째 길이었으며, 이러한 결정에 따라 미국은 1948년 12월 31일까지 미군의 철수를 위한 조건을 창출하기 위해 모든 노력을 다 기울이기로 했다.

NSC 8/2는 NSC 8 등을 통해 확정된 철수 계획에 따라 주한미군의 감축이 1948년 9월 15일부터 시작되었다고 서술하고 있다. 하지만 1948년 12월 31일까지의 철군 완료 계획은 세 가지 사정 때문에 수정되어야 했다. 우선 유엔총회가 12월 12일까지 한국문제에 대한 검토를 완료하지 않았다는 사정이 있었다. 이보다 더 중요한 것은 무초 특사가 철군 완료를 수개월 동안 연기해줄 것을 건의한 사정이었다. 이는 "현존하는 조건 하에서 군대만이 (…중략…) 한국의 내외 안전의 최소한을 보장한다"는 그의 믿음에 기초한 것이었다. 무초의 건의와 더불어 남한 정부도 미군이 앞으로 "상당 기간" 더 주둔해줄 것을 공식적으로 요청했다. 무초의 건의와 한국 정부의 요청은 여순사건 등에 따른 것이었다. 이에 따라 미국은 최종 철군과 관련한 명확한 결론이 내려질 때까지 약 7천 5백 명의 육군 병력을 한국에 잔류시키고 있다는 것이었다. NSC 8/2는 12월 12일의 유엔의 대한민국 정부 승인 결의안 등을 포함해 그 이후의 상황 전개를 묘사하는 가운데, NSC 8의 결론과 동일한 방침을 취하면서, 군사고문단을 제외한 최종적인 철군 완료 시점을 1949년 6월 30일로 잡았다.

NSC 8/2가 추정한 남북한 무력 비교를 보면 다음과 같다. 대한민국 보안군의 총 병력은 약 11만 4천 명으로, 육군 6만 5천 명¹ 경비대, 경찰 4만 5천 명, 해안경비대 4천 명으로 구성되어 있다. 육군은 미국 보병 군수품으로 5만 명 수준이 완전무장 되어 있다. 경찰과 해안경비대원의 약 반수는 미국계 무기 혹은 다양한 유형의 카빈총으로 무장하고 있으며, 여타는 동일 유형의 일본 무기를 보유하고 있다. 또한 이들 부대들은 제한된 수량의 미제 일제 기관총을 보유하고 있다. 해안경비대는 해양으로부터의 침투를 방지하거나 보안군을 소요 지역으로 이동시키는 데 필요한 순찰함이나 기타 선박 등이 결여되어 있다. 한국 정부는 공군 창설을 열망하고 있지만, 이에 대한 미국의 지원은 정찰기형 항공기 12대로 제한되었을 뿐이다. 보안군의 효율적 유지는 현재는 물론 예측 가능한 미래에도 미국의 군사, 경제, 기술 지원에 전적으로 의존해 있다.

북한의 경우 소련군이 철군한 것은 확실시되었다. 하지만 소련은 소련계 한인들이 일부 장교로 복무하고 있는 잘 훈련된 인민군을 남겨놓았고, 북한 주재 소련 대사관에 배속된 적군 요원들이 자문역을 하고 있다. 북한 육군과 경비대의 병력은 7만 5천에서 9만 5천으로 추산된다. 이 병력의 핵심인 인민군에 대한 가장 최근[1949.2.3]의 추정치는 56,040명이다. 특별국경경비대, 경찰, 철도경비대, 여타 보안군은 최소한 약 3만 명으로 평가된다. 나아가 만주에서 중국공산군에 복무하거나 훈련 중인 여타 한국인 부대가 현재 북한의 통합군 및 보안군과 같은 병력이거나 능가한다는 보고가 있다. 인민군은 기본적으로 소련제 무기와 장비로 무장했으며, 보병 박격포와 자동무기에 강조를 두고 있다는 보고이다. 소수의 전투기 및 정찰기들이 1948년 초 소련군으로부터 북한군에 이관되었다고 한다.

NSC 8/2는 주한미군의 철수 후 북한의 직접적인 군사 침략이나 배후 조정에 의한 폭동을 통해 대한민국을 전복시키려는 시도가 있을 수 있다고 보았다. 하지만 이러한 위험은 미군이 계속 주둔한다 해도 예측 가능한 장래에 늘 상존해 있다. 미국 국방기구의 견해에 따르면 철군을 잠정적으로 연기한다 해도 이러한 위험이 줄어들지 않는다. 철군의 연기는 오히려 주요한 전쟁이 발발할 경우 잔류한 주한미군이 붕괴하거나 한국을 포기해야 함으로써 미국의 위신에 심각한 손상을 가할 위험을 영구화시킬 수 있다는 것이었다. 극동군 사령관은 한국 보안군의 설립이 실질적으로 완료되었고, 이 부대의 훈련 상태와 전투 준비 태세는 미 점령군의 완전 철수를 정당화시킬 정도의 수준에 도달해 있다고 보고했다.

미군 철수의 공식화

NSC 8/2에 따른 미국의 최종 철군 계획은 1949년 2월 9일 워싱턴으로 가서 3월 29일 서울로 돌아온 무초를 통해 이승만에게 전달되었다. 이 기간에 상부와 철군 문제 등을 협의한 무초는 서울로 돌아오자마자 경무대를 예방하고 주한미군 철수가 빠른 시일 내에 이루어질 것이라 말했다. 하지만 철수 완료일에 대해서는 아무 말도 하지 않았다. 그는 4월 11일에 다시 경무대를 방문해 NSC 8/2에 대해 얘기해 주었지만, 이번에도 철수 완료일을 비롯한 몇몇 핵심적 세부사항은 알려주지 않았다. 하지만 이승만 대통령은 미국 언론의 보도를 통해 7월 1일경 미군 철수가 완료될 것이라는 소식을 알고 있었다.

이승만 대통령은 미군의 철수가 불가피하다고는 생각했지만 여순사건 등을 경유하며 조기 철수를 막기 위해 1949년 1월 말 맥아더 사령부에 변영태 특사를 파견하는 등 많은 노력을 기울였다. 하지만 그의 외교적 혜안과 선제적 기동으로도 미 국무부와 육군이 하는 일을 막을 수는 없었다. 그는 무초와의 협의를 통해 미군의 조기 철수에 대한 근본적 대책을 확보하려는 가운데, 4월 18일 오전 11시에 중앙청 제1회의실에서 국내외 기자단과 특별회견을 열고 미군 철퇴에 관한 특별성명을 발표했다.『동아일보』, 1949.4.19

대한민국의 유엔 가입 신청에 대하여 소련이 거부권 행사로써 방해한 것은 소련이 법적으로 성립되고 국제적으로 승인된 한국정부에 대하여 계속적으로 적의를 표시한 것이다. 본 정부는 유엔에서 48개국 대 6개국으로 가결되어 전적으로 지지를 받은 정부이다. 동시에 대한민국 정부는 유엔과 합중국의 협의로 1947년 11월과 1948년 12월 유엔총회에서 통과된 결의안에 대한 모든 책임을 일일이 진행하여 온 것이다.

이 결의안에 포함된 중에는 한국 국방군을 조직케 하는 조항이 있는바, 우리 국군 조직이 날로 진취되어 가므로 외국이 침략하는 경우가 있기 전에는 우리가 안전을 보장하리만큼 한 지위에 도달케 된 것이다. 그러므로 지금 대한민국과 합중국 정부대표자들이 수개월 이내로 어느 날짜를 정하여 미군이 한국에서 철퇴할 것을 토의하는 중에 있다. 유엔한국위원단에게 이 토의 진행을 알게 하였으며, 유엔한국위원단의 고문과 협조가 이 진행에 많은 도움이 될 것을 각오하는 바이다.

그러나 이 토의가 미국이 한국에 대한 책임이나 관계를 조금이라도 감소시키는 의도는 아니며, 도리어 민국의 안전과 행복을 위하여 경제, 군사, 기술 기타 모든 원조를 다시금 강화하는 것이요, 따라서 미군사사절단은 여전히 계속하여 우리 국방군을 발전시키고 확장하기에 모든 장교를 빌려줄 것이다. 이 토의는 유엔총회의 결의문 조항에 충분히 순응해서 진행되는 것이다.

이 특별성명에서 이승만 대통령은 미군 철수 문제가 유엔총회의 결의에 따라 한미 간의 쌍방 협의에 기초해 질서정연하게 다루어지고 있는 것처럼, 국군이 강화되어가고 있어서 외국의 전면적 침략 사태를 제외하면 국가 안보에 큰 문제가 없는 것처럼 이야기하고 있다. 그러면서도 대한민국에 대한 미국의 책임은 조금도 감소되지 않으며, 미군의 최종 철수는 대한민국에 대한 충분한 경제적 군사적 원조 후에 이루어져야 한다는 것을 애써 강조하고 있다. 이 시점에서 그는 미군의 최종적이고 공식적인 철수 완료 시점에 대해 알고 있지 못했으며, 미 육군성이 NSC 8/2에 명시된 6월 30일을 실제의 철수 완료일로 확정한 것도 4월 29일이었다. 아무튼 무초 대사의 철군 통보는 이승만 대통령에게 예정된 청천벽력이라고나 해야 할 것이었지만, 애써 냉정함을 유지하고 있는 것이다.

이 특별성명에 대한 정계의 반응은 김구/김규식 세력과 소장파를 제외하고는 원칙적 수용과 의아함과 우려가 다양한 비율로 뒤섞인 것이었다. 예컨대 신익희 의장은 이승만 대통령의 평소 입장과 똑같은 논평을 내놓았다. "독립국가에서 외군이 철퇴한다는 것은 원칙론에 있어서 개인의 주장이나 단체의 주장이 아니라 우리 삼천만이 다 같이 주장하는 바일 뿐아니라 전 세계의 공론일 것이다. 그러나 문제의 요점은 대한민국의 국방력이 정비되고 자위의 힘이 미군 철퇴에 반하여 실현되어야 할 것이다. (…중략…) 국토 통일 문제는 우리 대한민국이 국제 공인 하에 수립되어 있느니만큼 민주주의 원칙에 의거하여 북한에도 총선거를 실시함으로써 백 명의 대표를 대한민국 국회에 출석케 하여야 할 것이다. 이것이 화평통일의 유일한 방법이요 불이의 원칙이다."[『동아일보』, 1949.4.20]

반면 김구는 자신의 평소 주장에 충실한 입장을 내놓았다. "외군의 철퇴는 삼천만 동포가 다 같이 갈망하고 주장했던 것이다. 미국의 이와 같은 현명한 정책은 한인의 자주성을 존중하는 것이니 모든 한인에게 좋은 인상을 줄 것이다. 이때에 정의는 반드시 성공되고야 만다는 것을 거듭 강조하는 바이다. 외군의 철퇴로 말미암아 남북화평통일은 일보 전진하게 될 것이니 한인 자신의 책무는 더한층 무거워진 것이다. 이때에 삼천만 동포는 모든 선견과 고집을 버리고 정치적 통일을 완수함으로써 세계에 향하여 전 민족적 정치역량을 시현할 수 있을 것이며 또 이러한 세계사적 통일 과업을 완수함에 있어서 미소 양국의 협조와 함께 UN의 협조가 요청되는 바이다."『조선일보』, 1949.4.19 소장파의 핵심 강욱중은 여기서 한 걸음 더 나아갔다. "이 쾌보를 듣고 기뻐하지 않는 사람은 한 사람도 없을 것이다. 우리가 부르짖는 남북통일은 38선의 국제성 해제에 있고 이 국제성 해결은 외군 철퇴에 있는 것은 상식이다. 단 철퇴 시일을 수개월 내라 하였으나 정부는 일시라도 속히 일체 외군을 철퇴시키는 동시에 편견과 오해를 버리고 민족의 대동단결이라는 신조로 통일에 대해 전진하여야 할 것이다. 통일의 구체적 방안은 발표를 보류한다."『동아일보』, 1949.4.20 다수가 전쟁이 다가오고 있다고 느낄 때 그들은 평화통일이 가까워졌다고 기뻐했다.

이승만의 벼랑끝 외교

이승만 대통령은 미군의 조기 철수가 돌이킬 수 없음을 깨닫고, 미국 정부에 대해 철군의 근본적 대안을 요구하면서 자신이 가할 수 있는 최대한의 압박을 가하기 시작했다. 그는 특별성명을 발표하기 전부터 무초 대사를 통해 미국 정부에 구체적인 요구를 제기하기 시작했다. 4월 14일 무초에게 보낸 서신에서 그는 우선 특별성명에서의 당당한 모습과는 달리 미군 철수 소식이 상당한 우려를 낳고 있다며 당혹감과 놀라움을 표현한 후, 서신의 마지막 부분에서 구체적인 요구를 제시했다.[2]

---

2   "Draft Letter From the President of the Republic of Korea (Rhee) to the Special Representative in Korea (Muccio)", Seoul, April 14, 1949. http://db.history.go.kr/id/frus_005_0010_0320. (2020.10.9)

상황이 이러하므로, 미국 정부가 1882년의 한미조약의 친선 조항에 포함되어 있는 서약을 공개적으로 재확인하는 것이 시의적절하다고 생각됩니다. 이러한 이해가 충분히 공표될 때, 미국 국민은 미국이 한국에 아주 헌신하고 있기에 약탈적 혹은 침략적 국가가 한국을 부당하게 다룰 때면 언제나 한국을 돕고 있다는 것을 알게 될 것이며, 또한 이것이 한국의 안보뿐만 아니라 미국의 안보를 위한 것임을 알게 될 것입니다. 이러한 선언은 대서양조약에서 증명되었듯이 미국의 집단안보정책과도 완전히 부합하는 것입니다. 이러한 이해가 널리 공포되었을 때가 병력 철수를 준비할 적기일 것입니다. 내가 말한 것과 같은 사전 작업이 없는 미군 철수는 한국에서, 미국에서, 그리고 다른 나라들에서도 심각한 오해를 낳을 것이며, 따라서 재앙적인 결과를 야기할 수도 있다는 것을 대사도 동의할 것이라 생각합니다. 무기와 기타 군장비의 충분한 공급, 그리고 1882년 조약의 친선 조항에 포함된 서약에 대한 미국의 재확인은 추가적인 병력 지원을 불필요하게 만들 것이라고 나는 확신합니다.

1882년 체결된 「조미수호통상조약」의 제1조("미국 대통령과 조선 왕, 각각의 정부의 시민과 백성 사이에는 영구적인 평화와 우정이 있다. 만일 다른 강대국이 부당하게 또는 압제적으로 어느 한쪽 정부를 취급하면 다른 쪽은 그 사실을 통고받고 우의적인 거중조정을 하여서 우정의 감정을 표현하는 선의의 업무를 수행한다")를 지키라는 요구는 이승만이 독립운동 시절 내내 미국에 요구하던 것이었다. 그는 예컨대 1905년의 을사보호조약을 가능하게 했던 카츠라-태프트 밀약을 조미수호조약의 위반이라고 생각하고 있었다. 이 편지에는 또한 북대서양방위조약이 언급되어 있어, 그가 태평양지역에서 집단안보체제의 구축을 생각하고 있었음을 알 수 있다. 그는 무초 대사나 조병옥 특사를 통해 이와 같은 요구들을 공식적 비공식적으로 했지만, 미국 정부는 그 어떤 것에도 충분한 답변을 내놓지 않았다. 그러자 이승만은 5월 7일에 다시 공보처를 통해 다음과 같은 성명서를 발표했다.『동아일보』, 1949.5.8

우리들은 남한이 미국 자체의 방위의 제1선에 해당한다고 생각하는지 아니하는지를 알고자 하는 바이다. 남한에 대하여 공격이 있으면 이것이 미국 국가 자신에 대한 공격과 동일하다고 미국은 판단하는가? 또 외부세력에 의한 공격이 있을 시에는 대한민국은 미국의 군사적 원조에 전적으로 의뢰할 수 있을 것인지? 이 문제는 현재 잔류하고 있는 미군대가 한국에 주둔하느냐 안 하느냐의 단순한 문제보다 월등히 중요한 것이다. 대한민국은 우리 자신이 조성하지 않은 공산계열의 위협에 대항하여 우리들의 생명을 위하여 투쟁하고 있는 것이다. 일본이 항복할 당시 한국에는 공산주의자는 하나도 없었다. 그러나 이 위협은 미소협정에 의하여 한국 중부를 분할한 데서 야기된 것이며 미국은 공산당을 타협적 기지基地 위에서 대하고자 노력했기 때문에 남한에서 공산당들은 크게 힘을 얻고 강력해진 것이다. 침략자와 타협한다는 것은 이에 대항할 기회도 없이 우리들이 할 수도 없고 하지도 않을 최후의 항복을 의미하는 것이다. 우리들은 북한 공산당이나 그들의 외국 군주에게 도전하려는 것은 아니며 평화적 수단으로 남북을 통일하고자 하는 노력을 계속할 것이다. 그리고 우리들은 국민의 생명과 재산을 보호하는 데 책임을 져야 할 것이다. 공산당들이 38선을 끊임없이 침범하고 우리들을 파괴하는 이때에 우리들은 가만히 앉아 반항도 하지 않고 우리를 해하려는 것을 허락할 수는 없는 것이다. 우리들은 그들이 남한을 침범하므로 말미암아 그들에게 다대한 손실을 주도록 하여야 할 것이며 이 목적을 위하여는 자위에 필요한 적당한 무기를 충분히 공급받아야 할 것이다.

이 성명서에서 이승만 대통령은 미군이 철수하느냐 하지 않느냐보다 1948년 8월 15일 대한민국 정부 수립일에 맥아더가 이승만에게 말했던 것처럼 대한민국을 캘리포니아처럼 생각할 것이냐 아니냐를 묻고 있다. 아울러 남한이 공산주의의 위협 아래 처하게 된 것은 미국이 소련과 더불어 한반도를 분단시키고 남한에서 공산주의에 대해 타협적 입장을 취했기 때문이라고 비판하며, 책임을 질 것을 요구하고 있다. 이승만 대통령은 김동성 공보처장으로 하여금 성명서에 대한 부연 설명을 통해 훨씬 더 노골적인 언어로 미국을 비난하게 했다. 우리나라를 반쪽으로 분열시키고 공산주의를 들여와 질서를 문란하게 해놓고는 지금 철수하는 것이 과연 떳떳한 것이냐며 공산주의의 위협으로부터 우리를 보호하기 위해 무엇을 할 것인가를 물었던 것이다.『동아일보』, 1949.5.8 이승만은 5월 17일에 위의 성명에 대한 미국 신문기사의 내용이 자신의 의도와 약간 다르다며, 다시 한번 긴 성명을 발표했다.『동아일보』, 1949.5.18

나는 공산주의 협박이 화부[워싱턴]와 막부[모스크바]에서 동일하게 만들어지고 있다고는 말하지 않았을 뿐만 아니라 도리어 과거에 내가 누차 말한 바를 석명하려고 하였던 것이다. 즉 남한을 미국이, 북한을 소련이 점령하여 한국을 분할한 것은 한국이 알지도 못하게 양국 간에서 행하여진 것이요 이 분할의 책임을 양국은 부인할 수 없을 것이라고 확신하는 바이며, 자연 미국은 이 문제 해결을 위하여 우리들을 계속 원조할 것으로 기대하는 바이다. (…중략…) 우리는 (…중략…) 국내 질서에 관계되는 한 미국 군대가 오늘 곧 철퇴할지라도 안전할 것이나 강력한 외세의 공격을 받게 될 때에는 우리들의 우방국가로부터 도의적 원조 이상의 것을 필요로 한다는 것을 다시 한번 되풀이하는 바이다. (…중략…) 공산주의의 침략적 세력에 의하여 한국과 더불어 전 아세아에 대한 중압적 위협의 해결책으로서 내가 옹호하는 것은 다음 3항 중의 1항을 채택하는 것이다.

1. 대서양조약과 같은 동류의 태평양조약의 설치
2. 한국과 미국 간에 한한 또는 기타 국가도 포함한 어떠한 침략국에 대한 상호방위에 관한 협정
3. 공산주의 침략에 관한 트루만 대통령의 정책에 의거하여 재통일된 민주 독립 한국을 방위한다는 서약을 미국이 공개하여 선언할 것

미국 군대에게 우리들의 전투를 위하여 전쟁을 해달라고 요구하는 것이 아니라는 것을 명확히 하고자 하는 바이다. (…중략…) 한국은 우리를 파괴코자 하거나 또 그것을 기도하는 어떠한 국가든지 이에 감연히 싸우고자 하는 것이며 어떠한 일이 일어날지라도 외국의 원조를 받거나 안 받거나 우리들의 전력을 다하여 최후의 힘을 다할 때까지 우리 자신을 방어하기 위하여 싸울 것이다. 우리들이 자유민주적 한국으로 평화적 독립된 존재를 유지하기 위한 투쟁을 계속하는 한 과거 제1, 2차 대전 중에 모든 연합국에 대하여 미국이 자유로이 모든 것을 부여한 도의적 물질적 원조와 같은 동일한 원조를 받도록 확약되어야만 할 것이다. 우리들 자신을 위하여 싸울 때에도 우리는 모든 민주국가를 위하여 싸울 것이라고 믿는 바인데, 공산주의자들이 모든 민주정부 파괴와 모든 자유국민 정복을 위하여 성군작당成群作黨하여 들어옴에도 불구하고 어찌하여 민주국가들은 상호방위를 위하여 협력하려고 하지 않는지 그 이유를 이해키 곤란한 바이다.

이 성명에서 이승만은 자신의 요구를 가장 뚜렷하게 제시하고 있다. 이

성명에는 또 다른 중대한 표현이 있는데, 5월 7일의 성명에서 "미소협정에 의하여 한국 중부를 분할"이라는 표현이 이 성명에서는 "남한을 미국이, 북한을 소련이 점령하여 한국을 분할한 것은 한국이 알지도 못하게 양국 간에서 행하여진 것이요"라는 표현으로 바뀌었다. 한국이 알지 못하게 미소 양국이 행한 비밀협정은 바로 얄타회담에서의 미소 비밀협정을 가리킨다. 1945년 2월 4일부터 2월 11일까지 열린 루스벨트, 처칠, 스탈린의 얄타회담은 공식적으로는 한반도와 관련해 어떤 협약도 없었다. 하지만 이승만은 러시아 공산당 출신의 한 인사로부터 얄타회담에서 루스벨트와 스탈린 사이에 소련의 대일 참전을 대가로 한반도의 분할 점령이 비밀리에 협약되었다는 정보를 입수했다. 이 때문에 이승만은 1945년 5월 14일에 오언 브루스터^{Owen Brewster}, 월터 조지^{Walter George} 상원의원과 클레어 호프만^{Clare Hoffman} 하원의원에게 이 정보를 알려주면서 트루먼 대통령도 이 비밀협정에 대한 보고를 받았을 것이며, 이 분단 계획을 저지해야 한다고 주장했다. 그러나 이들로부터 아무런 응답도 받지 못하자 이승만은 샌프란시스코에서 열리고 있던 유엔 창립총회를 계기로 기자회견을 통해 이 사실을 폭로해 전 세계 언론의 관심을 끌었다. 하지만 미국 국무부는 이를 부인했고, 처칠은 한반도에 관한 비밀협약은 없었으며 다만 많은 문제들이 논의되었고 그 중에는 대체적인 양해가 이루어진 것도 있다고 대답했다.[3] 이승만은 얄타 밀약을 1905년의 가쓰라–태프트 밀약에 비유했다. 1949년에 임박한 미군 철수를 바라보는 이승만의 인식은 1905년과 1945년에 이어 미국이 다시 대한민국을 배신하려 하고 있다는 것이었다.

---

3 올리버, 앞의 책, 217~219쪽.

이승만 대통령이 미국을 공공연히 비판하기 시작했다는 것은 그 특유의 벼랑끝 외교를 시작했다는 것이다. 미국 정부가 철수 방침이 확고하고 대한민국의 안보를 보장하기에 충분한 대책도 내놓지 않으려 하자 미국 정부를 정면으로 공격함으로써 마치 과거의 독립운동 시절처럼 세계를 상대로 여론전을 펼치기 시작한 것이다. 그러나 미국 정부는 위의 세 가지 요구 중 어느 것도 들어주지 않았고 군사적 경제적 원조만 약속했다. 무초 대사는 언론과의 문답에서 "내가 아는 한에 있어서 미국은 토머스 제퍼슨 대통령 시대 이래 어느 일 국가와도 상호방위동맹을 체결한 일이 없었다"고 말했다.『동아일보』, 1949.5.9 또한 애치슨Dean Acheson 미 국무장관은 이승만이 제안하는 태평양동맹에 참가하지 않을 것이며, 동맹은 아시아 국가의 내부 분쟁이 해결된 후에나 생각해볼 문제라고 말했다.『동아일보』, 1949.5.19 물론 미국 국무부는 얄타 밀약에 대해서도 다시 한번 공식적으로 부인하며, 38선 문제는 전쟁 중 군사적 편의에서 비롯된 것일 뿐이라고 했다.『동아일보』, 1949.6.26 미국은 심지어 군함, 전차, 대포, 비행기 등의 중무기를 지원하는 것조차 거부했으니, 이는 대한민국 국군을 중무장시킬 경우 북침을 초래해 대규모 국제전쟁으로 비화하는 것을 예방하기 위해서였다.

이승만의 비장한 결의

이승만 대통령이 4월 18일 미군 철수에 관한 특별성명을 발표한 이래 이 문제는 한동안 거의 매일 가장 중요한 기사로 다루어졌다. 대통령의 여러 가지 요구, 이에 대한 무초 대사와 미국 정부의 논평이 지면을 장식했다. 전쟁의 가능성에 대한 무초 대사나 신성모 국방장관의 언급도 보도 되었다. 물론 그들의 공식 언급은 전쟁의 가능성이 높지 않다거나 국군이 방어능력을 갖추고 있다는 것이었다. 하지만 과연 신문 독자들이 이런 표준적 대답을 얼마나 믿었을지는 알 수 없다. 특히 5월 초에는 대한민국의 심각한 안보 상황을 다시 한번 극명하게 보여주는 사건들이 일어났다. 앞 장에서 언급했듯이, 5월 3일 아침 북한 인민군 2천여 명이 38선 이남 300미터 지점에 있는 송악산 292고지를 점령하고 개성시가를 향해 여러 차례에 걸쳐 불법사격을 감행해 와서 이틀간에 걸쳐 상당히 큰 규모의 전투가 전개되었다. 한편 5월 4일과 5일에는 친구 사이이던 육군 제8연대 제1대대장 표무원 소령과 제8연대 제2대대장 강태무 소령이 각각 자기 대대원들을 이끌고 북한에 투항하는 사건이 일어났다. 이 과정에서 저항이 일어나 표무원은 약 220명의 대원을, 강태무는 약 150명의 대원을 북한으로 데리고 가는 데 성공했다.

이 무렵 이승만 대통령이 어떤 심정이었는지는 5월 2일 제2회 국회 폐회식과 5월 21일 제3회 국회 개회식에서 행한 연설에서 조금 짐작할 수 있다. 두 연설 모두 민주주의냐 공산주의냐 두 가지 길 이외에 없다는 평소의 주장을 거듭하고 있지만, 비장감이 훨씬 더하다.

이 세계는 공산당하고 민주주의 이 두 가지가 같이 기쁘게 평화롭게 살 수 없는 것입니다. 여러 가지 생각을 하시면 이다음 내가 죽은 뒤라도 여러분들 아실 것입니다. 미국의 우리 친우 되는 사람들도 내 말을 곧이 안 듣는 분이 있습니다. 언제든지 둘 중의 하나가 이기고 하나가 져야만 세계가 평화하고 살수가 있습니다. (…중략…) 그러므로 조만간에 둘이 일승일패를 결정할 것인데 우리로서는 세계가 다 공산당이 될지라도 우리는 끝까지 싸와서 민주진영의 복리 자유를 누리게 해야 합니다. (…중략…) 이렇게 나가는 데에 성공될 줄 믿고 우리가 한 길로 (…중략…) 나가는 중에서 얼마 만에 남북통일을 해 가지고 세상에 자랑할 만한 나라를 만들어 놓으실 것을 여러분들에 부탁하며 나 이 사람도 그것을 위해서 끝까지 힘쓸 결심입니다.2-폐회식, 22~23쪽

　우리의 행하는 길은 편안한 길이 아닙니다. 또 우리가 원하는 것도 평탄한 길이 아닙니다. 태산 같이 험하고 어려운 길을 취해서 앞에 놓인 모든 장애와 험난을 이기고 나가야 될 것입니다. 이것을 우리 민족이 다 알고 마음과 힘으로 준비하고 나아가는 중입니다. 우리가 싸우는 싸움은 남의 힘을 의지하거나 도움을 바라고 순리로 이길 것을 뜻하지 않는 것입니다. 우리 민족이 이 성질과 이 기상이 없다면 우리로는 한 걸음이라도 더 나아갈 담기가 없을 것입니다. 우리 민족이 이만큼 결심한 준비가 상당하므로 따라서 천의 인심이 우리의 응원이 될 것입니다. 세계가 두 종류의 사상으로, 공산주의와 민주주의의 두 진영이 대립하여 피생아사의 형세로 투쟁하고 있는 중입니다. (…중략…) 우리가 민주주의를 유지할 수 있으면 우리가 자유로 살 수 있고 우리 자손까지도 자유로 잘살 수 있을 것이지만 공산주의에 정복을 당한다면 우리는 적어도 몇십 년 동안은 이러한 희망조차 다 없어질 것입니다. 그러므로 온 세계가 다 적색화 할지라도 우리로는 꿋꿋이 싸워서 죽어도 자유민으로 죽고, 살아도 자유민으로 살겠다는 결심뿐인 것을 세계에 한번 표명해야 우리가 죽어도 산 백성일 것이요, 살아도 영광스러운 생명이 될 것입니다. (…중략…) 이번 개성 송악산전투에 우리 군대가 산을 타서 싸워 올라가다가 앞에 공산군이 토치카가 길을 막아서 (…중략…) 열 사람이 나서서 폭탄을 안고 들어가다가 한 사람은 적군의 탄환에 이마를 맞아 쓰러지고 아홉 사람은 그냥 달려들어 토치카를 다 폭발시키고 자기 몸은 쇄골분신해서 적군을 격퇴시킨 것입니다. (…중략…) 우

리 모든 산 사람들은 그 뒤를 이어서 우리의 몸과 목숨으로 총과 탄환을 만들어 우리나라와 우리 민족의 권리와 영예를 보전하며 발전시키기로 목적을 삼아야 될 것입니다.3-개회식, 3~4쪽

미국 정부는 강력한 외침을 막을 수 있는 충분한 군사적 억지력을 제공하는 대신 대규모 경제 원조를 제공했다. 트루먼 대통령은 6월 7일 미 의회에 대한민국에 대한 계속적인 경제 원조를 위해 1억5천만 달러의 예산을 요구하는 교서를 전달했다. 현재 실시되고 있는 소규모 원조가 6월 30일로 기한이 끝나기 때문에 조속한 처리가 필요하다고 덧붙였다. 1억 5천만 달러당시 환율로 600억는 대한민국 정부의 최초 예산6개월 306억 원의 두 배 규모였다.

트루먼 대통령의 교서는 이승만 대통령의 성명서에 대한 직접적 대응이 포함되어 있다. "현재 38도선에 의하여 한국이 분할된 것은 결코 미국이 의도한바 아니며 38 경계선의 유일한 목적은 미소 양군이 38선 각 남북에 있어 일본군의 항복을 수락하기 위한 것이며 일본군의 완전 항복 직후 미국은 한국 통일을 복구하기 위하여 소련과 직접 교섭을 하였다. 그러나 약 2년에 걸친 이와 같은 미국의 노력은 소련의 비협조적인 태도로 말미암아 실패에 돌아갔고 이를 이 이상 지연시킴은 한국 인민의 이해에 장해가 될 것으로 보았으므로 미국은 이미 문제를 유엔총회에 상정하였다." 이어서 그는 지금 한반도가 남한의 민주주의와 북한의 공산주의가 대결하는 실험대가 되고 있다며 이 부흥안을 통해 대한민국이 자급자족 국가로 발전하는 것은 아시아 인민에게 심대한 영향을 미칠 것이라고 했다. "대한민국이 그와 같이 발전함으로써 남부 아시아 및 동남아시아 그리고 태평양제도의 인민들로 하여금 그들이 제패하려 하는 공산주의

선전을 배격하고 이에 대항하도록 고무할 것이다. 또한 이와 더불어 대한 민국이 공산주의에 대항하여 민주주의를 강경히 옹호함에 성공함을 실증하면 이는 곧 공산군이 석권하고 있는 북부 아시아 인민들에게도 공산주의에 저항하는 신호가 될 것이다."『동아일보』, 1949.6.9

애치슨 미 국무장관 역시 6월 23일 하원 외교위원회에서 한국원조법안을 6월 30일까지 조속히 처리해줄 것을 요청했다. 그 역시 트루먼 대통령과 비슷한 취지의 말을 덧붙였다. "유엔총회에서 한국에서의 유일한 합법 정부로 승인된 대한민국 정부는 공산주의의 압제에 쓰러진 주위의 수억 극동 민족에 대한 희망의 상징이며 제안된 원조 없이는 남한의 인민과 정부는 자유와 독립을 유지하는 데 있어 거의 극복 불능한 과업을 가지게 될 것"이라는 것이었다.『동아일보』, 1949.6.25 마침내 6월 30일에 미 하원 외교위원회는 대한민국 정부가 공산주의와의 어떠한 협력도 하지 않아야 한다는 조건을 부가하면서 1억 5천만 달러의 한국원조법안을 가결했다.『동아일보』, 1949.7.2

이 원조 법안이 가결되기 하루 전 6월 29일에 미국은 마침내 500명의 군사고문단만 남기고 완전히 철수했다. 유엔한위는 공보 제28호를 통해 6월 29일 이른 아침에 주한 미 점령군의 철퇴 계획에 의한 최후 승선이 제3분과위원단의 입회 아래 인천항에서 행해졌었다고 발표했다.『동아일보』, 1949.7.2 이후의 역사가 증명하듯이, 주한 미군의 철수는 1년 후 한국전쟁이 발발하는 가장 중대한 원인의 하나가 되었다. 미국의 철수 결정은 중대한 전략적 실수였다. 당시 7,000명 규모의 미군이 그대로 머물러 있었다면, 1년 후 미군이 다시 한반도로 와서 36,940명의 전사자, 92,134명의 부상자, 3,737명의 실종자를 내는 일은 없었을 것이다. 그보다 훨씬 더 많은 한국인의 뭇 생명이 스러지는 일도 없었을 것이다.

상황의 정치인 이승만

5·10총선이 끝나고 국회가 열리고 대통령이 뽑히고 대한민국 정부가 세워졌을 때 나라의 앞길에는 장밋빛 미래는 아니라도 서광이 비치는 것 같았다. 하지만 1년의 시간은 신생 대한민국이 여전히 단순한 원초적 생존의 도상에 있음을 보여주었다. 대한민국이 발전은 고사하고 생존에라도 성공하려면 최소한 세 가지가 필요했다. 하나는 유엔에 의한 국제적 승인을 받는 것이었다. 또 하나는 치안 혹은 내적 평정을 이루는 것이었다. 마지막 하나는 외부의 침략을 막을 수 있는 충분한 전쟁 억지력을 확보하는 것이었다. 신생 대한민국은 이 중 유엔의 승인을 얻는 데만 성공했다. 하지만 1949년 4월 소련이 대한민국의 유엔 가입에 대해 거부권을 행사함으로써 국제적 승인조차 반쪽짜리가 되었다. 더욱이 유엔의 대한민국 승인은 곧바로 주한미군의 철수를 가속화시키는 계기가 되어 치안과 전쟁 억지력의 확보에도 영향을 주었다. 여순사건은 대한민국 정부가 여전히 '껍질'에 불과하다는 것을 증명한 대표적인 사건이었고, 일상화된 남로당의 파괴 활동은 나라 내부의 평화를 유린했다. 숙군을 다 이루지도 못하고 현대화된 전력을 갖추지도 못한 국군은 모든 면에서 북한 인민군에 상대가 되지 않았다. 대한민국을 심각한 외침으로부터 보호할 수 있는 유일한 전쟁 억지력은 미국의 존재밖에 없었다. 미군이 남한에 물리적으로 존재하든 남한이 침략 받으면 미국이 바로 참전한다는 약속이 존재하든 미국이 존재해야 했고, 이승만이 요구한 것이 바로 이것이었다. 아기가 태어나 1년 만에 어른이 될 수 없듯이 대한민국은 원초적 생존을 확보하는 데 더 많은 시간이 필요했다.

생존에 필요한 전제조건을 제대로 갖추지 못한 상황에서 소장파와 김구가 추구했던 정치적 의제들은 신생 대한민국이 도저히 감당할 수 없거나 대한민국의 생존을 도리어 위협하는 것이었다. 소장파가 1949년에 국회에서 가장 핵심적으로 추구했던 과제들의 하나가 외국군^{사실상 미군}의 철수였다. 소장파와 김구의 양군 철퇴 노선이 얼마나 순진하고 위험한 것이었는지는 이미 역사가 증명했다. 이러한 평가는 향후의 역사 전개를 알고 있는 후대의 입장에서 내리는 손쉬운 평가가 아니다. 많은 동시대인들이 이 점을 지적했다. 예컨대 1949년 5월 30일 자 『동아일보』 사설에서 김삼규는 세 차례에 걸친 소장파의 외군 철퇴 캠페인을 다루며, "대한민국이 엄연한 금일 누가 우리의 자주성을 부인할 것인가. 그러나 우리의 자주성 밑에서 공동방위가 가능함에도 불구하고 군이 자주적으로만 방위하려는 것은 대한민국을 고립상태에 빠뜨리자는 자주요 대한민국이 위험상태에 빠져도 좋다는 자주밖에 되지 않지 않는가. 도대체 그들이 주장한 자주성이란 누구를 위한 자주성인가?"라고 통렬하게 비판하고 있다. 이어서 이렇게 덧붙인다.

도대체 제군은 무엇 때문에 외군^{미군}의 철퇴를 주장하는가? 민족적 자주성? 언제 미군이 우리의 자주성을 방해한 일이 있는가? 그들은 막대한 비용을 써 가면서 한국의 치안을 담당하였고 유엔 결의에 의하여 대한민국의 주권 확립을 원조는 했을지언정 그리고 제군을 국회의원이 될 수 있게 하였을지언정 우리의 주권 행사를 방해하거나 침해하였다는 말을 듣지 못하였노라. 소장파 제군은 미군이 우리의 자주권을 침범했다는 어떠한 물적 근거를 가지고 있는가? 도대체 제군은 제군의 자주성을 제군의 자주성을 가지고 그것을 주장하는지를 묻고자 하노라. 대한민국의 국회의원인 제군의 의사를 존중하여 이제 미군은 철퇴하려고 하고 있다. 그렇게 된다면 대한민국은 고립상태에 빠지고 중대한 침공이 있을 때에 이를 방지할 길이 없다. 그것을 주장한 제군에게는 국정의 중대 책무를 담당한 제군에게는 반드시 훌륭한 비책이 있으리라! 그것을 듣고자 함은 비단 나만의 희망은 아닐 것이다.

소장파의 주력은 이름대로 30대의 청년 의원들이었다. 당시의 30대와 지금의 30대는 천양지차가 나겠지만, 그들이 소장파라 불린 것은 어쨌든 상대적으로 젊었기 때문이었다. 청년들은 이상과 꿈을 좇는 법이다. 그러면 그들의 외군 철퇴 운동을 조금은 이해할 수 있겠다. 물론 그들 중 일부는 분명히 남로당과 북한 정권의 지령을 받고 활동했기 때문에 그 순수성을 다 인정해줄 수는 없다. 또한 그들이 평소 국회의 연단을 활용해 자주 얼마나 집요하게 의사진행을 지연시키고 얼마나 터무니없이 정부를 공격하는지를 보면 그들의 순수성에 대한 인정은 더욱 줄어든다. 하지만 그래도 나름의 순수성을 인정해주기로 하면 그들의 입장을 어떻게든 이해할 수는 있겠지만, 김구의 경우는 참으로 이해하기 힘들다.

김구가 북한의 남침 가능성을 인정하고 있었음을 보여주는 자료들이 있다. 한때는 미군의 주둔이 필요하다는 입장을 가진 적도 있었다. 그런데 왜 그는 이 결정적인 시점에서 미군 철수를 주장했을까? 암살 전 약 2년의 기간에 김구가 보여준 정치적 무능력은 일부 진보 학자들에게조차 수수께끼 같은 일이다. 그래서 최장집은 "정의적情意的 민족주의 이념을 바탕에 깔고 전투적 애국주의를 체득한 김구는 미국이든 소련이든 민족국가 통일에 장애가 되는 외세의 논리를 배격하고자 했다"며, "급변하는 사태의 복합적 국면을 이해하고 이에 대응하는 데 김구만큼 더디고 효과적이지 못한 지도자는 많지 않다"는 냉혹한 평가를 내렸다.[4] 김구가 추구

---

4   강준만, 앞의 책, 125쪽에서 재인용.

한 것이 상황과 무관하게 외세를 일체 배제하는 민족주의적 이상이었다면, 정치란 정치인 개인의 이상과 꿈을 추구하는 것이 아니라는 말을 하고 싶다. 정치는 뭇 사람의 삶을 좌우하기 때문에, 정치인은 개인의 꿈이 아니라 뭇 사람의 꿈을 꾸어야 한다. 현재의 상황에서 실현 불가능한 꿈은 정치인의 정치적 꿈이 되어서도 안 된다. 그 꿈이 그래도 고귀한 것이라면 그를 위한 현실적 조건을 충족시키는 것이 먼저이다.

이승만은 무엇보다 상황의 정치인이었다. 상황은 과거의 인간 행동의 기반 위에서 현재의 인간 행동이 빚어내는 산물이며, 미래의 다양한 가능성을 가리키는 많은 기미들을 보여준다. 이 기미들을 잘 포착하고 그것들이 가리키는 방향을 잘 파악하는 것이 예지력 혹은 선견지명이다. 이승만은 기미들에 예민하게 반응하고 기미들이 가리키는 방향을 잘 읽었다. 그는 미국 정부가 일본의 야심을 저평가하던 1941년에 이미 『일본내막기 Japan Inside Out』를 통해 일본이 태평양전쟁을 일으킬 것이라고 예측한 적이 있었다. 또한 소련과 관련해서도 미국 정부에게 어떤 타협책도 결코 성공하지 못할 것이라고 지속적으로 경고했다. 멈춰 있는 시계가 늦게 가는 시계보다 하루에 두 번은 더 정확한 것처럼, 어쩌면 그의 일관된 반일주의와 반공주의가 이러한 선견지명을 우연히 가능하게 했는지도 모른다. 하지만 이승만의 전기를 쓴 로버트 올리버는 이러한 농담에 동의하지 않는다. 그의 짐작에 따르면 이승만의 통찰력은 어려서부터 익힌 동양 고전과 유학 시절 깊이 연구한 미국과 유럽의 역사와 철학을 성공적으로 접목시키면서 형성된 것이다.[5]

이승만은 이러한 폭넓은 지식과 천부적 재능으로 상황에서 미래의 기

---

5   올리버, 앞의 책, 11쪽.

미들을 포착해냈다. 미래가 읽힌다면 전략도 분명해지고 그 전략에 절대적 확신을 갖게 된다. 그것이 이승만으로 하여금 미국 정부, 특히 국무부와 그리고 미군정과 끊임없이 싸우게 만들고 그들로부터 미움을 받고 심지어 제거 시도를 당하면서까지 자신의 입장을 굽히지 않게 했을 것이다. 그는 신생 대한민국의 생존이라는 지상과제를 달성하고자 노력했으며, 이 과제는 당분간 미국의 국력을 빌리는 수밖에 없다고 생각했다. 그는 분명히 친미 정치인이었지만 미국 정부를 항상 믿었던 것은 아니다. 친미 정치인으로서 그가 믿은 것은 미국 정부가 아니라 미국 국가였고, 토크빌처럼 미국 민주주의가 가진 힘이었다. 따라서 그는 때때로 미국 정부와 대결하는 것을 꺼리지 않았고 상황이 여의치 않으면 벼랑끝 외교, 광인 전략을 펼쳤다. 1949년 상반기에 그는 미국을 상대로 다시 이러한 예외적 외교를 펼쳤지만 독립운동 시절과 마찬가지로 목적을 이루지는 못했다.

제19장

반민특위의 해체

반민특위의 종막

제2기 반민특위는 활동 시한이 45일 정도밖에 남지 않았지만, 거물급의 처벌에 치중한다는 원칙 아래 마지막 순간까지 나름대로 최선을 다했던 것 같다. 소재 불명 등으로 아직 체포되지 않은 반민 피의자들에게 계속 자수를 권유했고, 8월 19일에는 구체적인 명단을 발표하며 24일까지 출두하지 않으면 공소기일이 지나도 체포할 것이라고 경고했다. 중요 당연범에 대해서도 명단을 발표하며 자진 출두를 요구했다.『동아일보』, 1949.8.20 거물급 처벌 원칙은 특재의 판결에서도 확인되었다. 대표적인 예가 기업인 김연수에 대한 무죄 판결이었다.

김연수는 인촌 김성수의 동생으로 일제 강점기에 경성방직을 운영하고 삼양사를 세운 대표적 기업인 중 하나였다. 하지만 경기도 관선 도의원 임명, 중추원 칙임 참의 임명, 메이지대학에서의 청년 학도 출정 권유 연설 등등 여러 가지 친일 혐의로 반민특위에 체포되었는데, 1949년 8월 6일 서순영 특별재판관으로부터 무죄를 선고받았다. 8월 8일 자『동아일보』는 이 판결이 반민 재판에서 신기축을 이루었다면서 판결 이유 전문을 실었다. 오늘의 독자들에게 너무 어려운 한자 부분은 조금 쉽게 풀어서, 법리적으로 핵심적인 부분을 인용하기로 한다. 괄호를 친 것이 원문을 윤문한 부분이다.

[이제] 광복의 날을 맞이하여 민족 심판의 대상을 논위하게 될 때 우리는 모름지기 엄숙한 자기반성과 냉철한 사적 고찰에 입각하여 민족 전체를 죄인시하는 회의懷疑를 피하고 오직 세인이 [모두 죽여야 한다고 하는] 자만을 뽑아서, 바꾸어 말하면 적극적으로 민족의식을 떠나서 적의 세력을 필요 이상으로 이용하여 동족을 박해하였거나 자신의 영예를 위하여 직권을 남용하고 동족을 희생케 하였거나 민족적 비극이 [눈앞에] 있는 무자비한 정책임을 [앎에도] 불구하고 일부러 적의 환심을 위하여 자진 아부한 자 등을 징치하여서 민족 대의의 상존한 바를 선명코자 함이 본법 제정의 목적인 동시에 헌법 101조의 입언 중 소위 악질이라는 취지도 또한 이와 [마찬가지라고] 해석치 아니할 수 없으며 따라서 반민족행위가 [위에서 말한 바와 같이] 원래가 법률 이전의 관념이지만 이것을 법률적 수단에 의하여 처리코자 하는 이상 모든 것을 법률적으로 이해하는 외에 다른 요구가 있을 수 없으므로 본법의 각 죄를 논단함에 있어서도 형사 책임의 일반 이론에 쫓을 뿐이요 [막연히 문구에만 얽매여] 그 해석을 자의로 함과 [같은 것]은 도저히 인정될 수 없는 일이다.

앞에서 보았듯이, 반민법에서는 당연범의 경우 악질적 친일 행위를 한 것과 무관하게 특정한 직위에 있었다는 이유만으로 처벌 대상이 된다. 하지만 서순영 특별재판관은 이 판결문에서 당연범의 경우에도 악질적 친일 행위가 있어야 하고 그것도 요즘 식으로 말하면 합리적 의심을 배제할 만한 구체적 증거가 있어야만 처벌이 가능하다는 원칙을 역설하고 있다. 이러한 원칙에 따라 그는 김연수에 대한 공소 사실 각각에 대해 증거가 없거나 부족하다고 보았고 오히려 그의 선행을 적시하기도 하면서 무죄를 선고했던 것이다.

8월 말에 이르러 반민특위는 그동안의 활동을 정리하는 몇 가지 중요한 발표를 했다. 우선, 8월 26일 국회 내의 반민 해당자에 대한 조사 결과를 발표했다. 5명의 반민 혐의자를 조사했는데, 국회 내에는 반민 해당자가 없다는 결론이었다.『동아일보』, 1949.8.27 조사가 이루어진 5명의 의원들은 충남 서산갑 이종린 의원1883년. 무소속, 충남 연기 진헌식 의원1902. 무소속, 경북 상주 한암회 의원1900년. 독촉, 전남 나주갑 이항발 의원1891년. 무소속, 그리고 전북 전주 신성균 의원1905. 무소속이었다. 신문에 발표된 조사 결과를 보면, 이들은 친일 활동을 하기는 했지만 큰 해를 끼치지 않았고 이들의 친일 경력을 잘 아는 고향에서 입후보해서 민중의 용서와 지지를 받았다는 식이었다. 예컨대 훗날 민족문제연구소의 친일인명사전에 오르게 될 이종린 의원에 대해서는 "전쟁 중 강연과 문필 등으로 일정日政에 협력한 사실이 있으나 그 동기와 의도가 전시 중 급박한 정세에 처해서 독립운동의 역사가 깊은 천도교를 살리기 위해서 자기의 절조를 희생한 것이요, 끝끝내 공직을 피하고 빈한한 생활을 계속하였으며 해방 후 지금까지 깊이 참회 근신하는 생활을 하고 선거 시에는 스스로 그 과오를 고백하여 이미 민중의 용서를 받았다"고 했다. 또한 국회프락치사건으로 구속되는 신성균 의원에 대해서는 "전남 곡성군 곡성면장 재임 중 왜정의 전쟁 수행에 협력하고 민중의 원망 받은 점도 없지 않으나 이것이 그 당시 면장이면 거의 다 범한 행동이고 그 다소의 과오는 이미 해방 후에 해[당] 지방 민중의 책責을 받은 것으로 족하니 다시 법의 처단을 받을 정도의 민족적 악질 행위는 없다고 인정된다"고 했다.

이튿날 8월 27일에는 지금까지의 성과를 발표했다.『동아일보』, 1949.8.28 반민 해당자 총 조사건수는 544건[남 539, 여 5], 검찰부 기소건수는 189건, 재판부 판결건수는 37건으로, 판결 중 체형이 11건, 공민권 정지가 18건, 무죄가 6건, 형의 면제가 2건이었다. 구속영장 발부수는 407건으로 체포건수가 304건, 미체포건수가 103건인데, 그 중 당연범수는 137명으로 중추원 참의가 93명, 습작자가 28명, 지사가 16명이었다. 체형을 받은 11건의 내역을 보면, 1년 징역에 집행유예로 출감한 자 4건, 2년 징역에 집행유예로 출감한 자 1건, 1년 징역 3건, 2년 6개월 징역 1건, 무기징역 1건, 사형 1건이었다. 공민권 정지 18건의 내역을 보면 3년간 정지 8건, 4년간 정지 1건, 5년간 정지 4건, 7년간 정지 2건, 10년간 정지 3건이었다.

하지만 마지막 순간에 추문도 일어났다. 심계원이 7월에 반민특위의 회계를 조사한 결과 김상덕 위원장을 비롯해 김상돈 부위원장과 김명동 의원 등이 재무관을 시켜 국고금 494만 5,377원 34전을 부정소비하고 또 20여 만 원을 시정상인들에게 불법 부정 대부한 사실이 드러났다. 또한 보관한다는 명목으로 반민피의자 노덕술, 하판락 등의 소지금을 빼앗아 여러 차례에 걸쳐 총액 88만여 원을 부정 소비하기도 했다. 이에 따라 심계원은 이 사건에 관계된 서류와 장부를 압수하고 이 사건의 진상을 감찰위원회와 관계 당국에 전달했다는 것이었다.『서울신문』, 1949.8.29 하지만 이인 위원장은 8월 29일 석명서를 발표해 이 문제는 이미 국무총리, 국회의장, 기획처장과 협의해 원만한 해결을 지은 문제로 지금 와서 업무 횡령이니 독직이니 하는 것은 사유에 틀릴 뿐만 아니라 당사자들에게 미안한 일이라고 했다.『동아일보』, 1949.8.30 「특위 전前 간부 사건, 정치적으로 타협?」이라는 『동아일보』의 기사 제목이 암시하듯 어떤 정치적 타협이 있었던 것 같다.

마지막까지 이런 드라마를 만든 후 반민특위는 마침내 1949년 8월 31

일부로 활동을 종료했다. 이에 따라 이인 특조위원장과 신익희 국회의장이 성명을 발표했는데, 신익희 국회의장의 것이 전문을 인용할 만하다.『동아일보』, 1949.9.1

　　반민법을 제정한 것은 혼탁한 민족정기를 바로잡기 위한 것인데 이에 있어 중요한 점은 우리가 일본제국주의 억압 아래서 우리 자신의 힘으로 이를 분쇄하였다면 반민 처리 문제는 아무 복잡 없이 실시되었을 것이나 그렇지 못하고 연합국의 힘으로 이를 분쇄하고 독립이 된 오늘에 있어 반민자를 처리하는 것은 용이한 일이 아니다. 과거 일제하에 있어서의 고통은 민족의 수난기로 전체적인 혼탁한 대기 속에서 살아온 만큼 치밀 철저하게 이를 처리한다면 국내에서 생활한 자는 누구나 다 걸릴 것이다. 그러므로 나는 언제나 섬궐거괴殲厥渠魁라고 협종망치脅從罔治하라, 즉 그 괴수만을 잡고 위협에 복종한 자는 처리치 말라는 원칙을 주장하여 반민특위가 조직될 때에 수차 이를 지시하였던 것이다. 그러나 착수 이래 이 원칙대로 되지 않아 세간에 물의를 자아내었고 민심을 교란하게까지 되었으므로 국회에서는 다시 이 법을 개정하여 시일을 단축하는 동시에 급속 처리할 것을 규정한 것이다. 이번 새로 임명된 이인 위원장을 비롯한 특위 간부들은 이런 원칙을 지지하여 짧은 그동안이나마 많은 노력을 하여 소기 이상의 업적을 남기고 오늘로서 공소시간을 끝막았는데 비록 진선진미의 완전한 결과라고는 할 수 없으나 유시유종의 결과를 얻은 것은 다행이다. 이로 언제나 불의는 정의 앞에 심판을 받게 된다는 진리가 확증되었으며 우리는 과거의 악몽에서 깨어 현실에 살 것을 국민 전체는 깨닫고 자유와 독립을 위하며 힘쓸 것을 바라는 바이다.

　　'섬궐거괴'라는 말은 이인 위원장의 성명에서도 똑같이 사용하고 있어서 흥미롭다. 아무튼 반민법과 반민특위의 활동에 대한 신익희의 최종 평가는 "비록 진선진미의 완전한 결과라고는 할 수 없으나 유시유종의 결과를 얻은 것은 다행이다"가 압축하고 있다. 하지만 또 적지 않은 의원들은 비록 유시유종의 결과라고는 할 수 있으나 "진선진미의 완전한 결과"를 얻지 못한 데 많은 유감이 있었다. 이러한 유감은 제5회 국회 제4차 본회의에서 반민특위를 법률적으로 폐지하려 했을 때 표출되었다.

막대한 금전을 써가면서 기관을 존속시킬 필요가 없다

9월이 되자 특조위원들은 더 이상 반민족행위자의 색출과 검거라는 본연의 업무를 할 수 없었다. 하지만 이미 검거된 반민족행위자에 대한 기소와 재판은 계속되어야 했기 때문에 특검과 특재는 계속 남아 있었다. 그런데 특검과 특재가 남아 있는 한 특조위원들도 남아 있어야 했다. 특검과 특재에 결원이 생길 때 충원 업무를 특조위원들이 관장하도록 되어 있었기 때문이다. 본연의 업무는 할 수 없는데 부수적 업무를 위해 계속 특조위원으로 있는 것은 참 구차한 일이라고 느낄 수 있었다. 1949년 9월 22일 제5회 국회 제4차 본회의에서 조헌영 의원이 이인 의원 외 48인의 「반민족행위특별조사기관조직법 및 반민족행위특별재판부 부속기관 조직법 폐지안」을 본회의에서 바로 처리하자며 긴급동의를 냈을 때 이런 구차함을 표현했다. 그는 특조위원들을 이 구차한 처지에서 구하기 위해 특검과 특재를 없애고 그 업무를 대검찰청과 대법원에 넘기도록 결정해 달라고 했다.[5-4, 11쪽] 공교롭게도 이 날은 반민법이 공포된 지 만 1주년이 되는 날이었다.

폐지안의 대표발의자인 이인 의원이 등단해 폐지안을 설명했다. 그는 이 무렵에는 위원장 자리에서 스스로 물러난 상태였다. 그는 우선 반민특위의 업적부터 이야기했는데, 8월 27일에 발표한 수치보다 훨씬 더 늘어난 수치였다. 1월 15일부터 8월 31일까지 취급한 건수가 총 682건, 그 중 검찰에 넘긴 것이 약 570건이었고, 이 570건 중에서 기소한 것이 280건, 불기소한 것이 약 290건이었다. 그리고 반민 거두는 대부분 판결을 받았다고 했다. 몇몇 저명한 반민 거두에 대한 처벌 내용을 소개했는데, 그 중에 일반에 황국신민서사를 만든 것으로 알려진 김태우 경남도지사[1]가 무죄가 되었다는 것과 '문필로써 삼천만에게 해독을 많이 끼쳤다는 지적을 받는' 최남선이 불기소되었다는 것도 있다. 한편 최남선, 최린, 박흥식 등 5, 6인의 반민 거두에 대한 처벌이 남아 있고, 그 외에 중추원 참의나 고등계 형사 같은 당연범들은 간단히 병행심리로 처리할 수 있다고 했다. 따라서 이 문제를 오래 끌면서 1년에 2억 원에 가까운 국비를 허비할 필요가 없다. 그리고 국제정세와 38선 문제도 고려해야 한다. 또한 반민특위에 국회의원이 10명, 그 외에 특별검사, 특별재판관이 약 10명 있는데 재판관 빼놓고는 당장 할 일이 없다. 그래서 반민특위 조직은 폐지하고 반민법도 그에 맞추어 수정하자는 것이었다. 반민법의 수정 내용은 반민특위 조직과 사무와 관련된 제9조부터 제27조까지 삭제하고 새로운 제9조로 "본법에 의한 재판은 단심제로 대법원에서 행한다. 범죄수사 및 소송 절차와 형의 집행은 일반 형사소송법에 의한다. 수사 및 기소는 대검찰청 검찰관이 행하고 본 개정법률 시행 당시에 수사 중 또는 심리 중의 사건

---

1   일제강점기에 김태우 경남도지사라는 사람은 없었다. 대신 '김대우'가 1943년 8월 18일에서 1945년 6월 16일까지 전북도지사를, 1945년 6월 16일에서 1945년 8월 15일까지 경북도지사를 했다. 이인의 착각이거나 속기사의 잘못인 것 같다.

도 대검찰청 또는 대법원에 계속繫屬한다"를 넣자는 것이었다.5-4, 11~12쪽

이에 대해 다수의 의원들이 찬반토론에 나섰다. 대한노농당 허영호 의원은 이 폐지안의 근본정신에 찬성해 조직을 없애는 것에는 동의하지만 법률만은 그대로 두자고 했다. 반민법은 민족정기를 살리기 위해 특별법으로 제정한 것이다. 그러므로 우리가 독립한 후에 이 법에 의해 반민자를 처치했다는 것을 영원히 기념하고 우리 만대의 자손들에게 경계警戒를 주기 위해 이 법의 1자 1구라도 그대로 존속시키자. 이런 의미에서 조사기관이나 특검이나 특재의 사무는 이전시키더라도 반민법과 부수기관 조직법을 폐지하는 것은 반대한다는 것이었다.5-4, 14쪽

특별재판관이었던 대한노농당 오택관 의원도 당연히 폐지안을 강력히 반대했다. 한 번 법을 제정한 후에는 그 법이 유종의 미를 거두도록 하는 것이 당연한데, 법을 만든 지 1년 만에 폐지한다면 아침에 법을 내고 저녁에 법을 고치는 격이니 대한민국의 법이 위신이 추락하고 존엄성이 없어진다. 또한 이인 의원이 반민특위는 일을 잘했는데 특검과 특재가 잘못했다는 이유로 법을 폐지하는 것처럼 말해서 재판부에 있었던 사람으로서 대단히 귀에 거슬린다. 폐지해서 국가 민족의 복리가 된다면 폐지할 것이요 존속시켜 복리가 된다면 존속시킬 것이지만 함부로 고치고 듣기 거슬리게 고치면 안 된다는 것이었다.5-4, 14~15쪽

오택관 의원의 발언이 끝난 후 일민구락부 곽상훈 의원이 발언에 나섰다. 그는 위에서 보았듯이 특별검사이면서도 여러 차례 반민특위의 문제점을 지적한 적이 있었다. 지금 법을 폐지한다고 했는데 사실 법을 폐지하는 것이 아니다. 집행기관을 이관시키는 것일 뿐이다. 그렇다고 해서 민족정기를 달성하지 못할 이유는 하나도 없다. 또 이야기하고 싶은 것은 우리가 국민 앞에 더 이상 죄지을 수 없다는 것이다. 우리가 반민법을 만

들 때 민족 전체가 손가락질 하는 가장 악질적인 자만 처벌하고 세세한 것은 논하지 말자고 했다. 이런 중점주의가 반민법의 근본정신이다. 그런데 많은 모순이 생겼고 인민의 여론도 중점주의에 실패했다는 것이다. 나는 지방에 가서 최악질을 조사할 때 이들에 대해서는 무죄나 불기소는 절대 없다는 입장이었다. 이렇게 말한 후 곽상훈 의원은 이광수가 어떻게 불기소로 끝나게 되었는지를 자세히 설명하면서 큰 울분을 표했다. 조선의 대표적인 문필가인 사람이 변절해서 일반 민중이나 무지한 청년들에게 황민화를 선전하면 그 영향이 얼마나 큰가? 한 명의 형사가 독립운동 기관을 박해하는 것은 전혀 이에 비할 바가 못 된다. 그런데 이광수 기소 문제는 검찰관장을 비롯해 9명의 검찰관들이 협의하고 투표한 결과 5 대 4로 불기소 결정이 났다가, 다시 8월 31일 오후 4시에 7명의 검찰관이 재의 후 기소 결정을 내렸지만 일이 제대로 처리되지 않았다. 그래서 검찰관들이 책임을 지고 사표를 내었다는 것이다.[5-4, 15~16쪽]

민국당 조헌영 특조위원은 폐지의 이유로 두 가지를 들었다. 하나는 현실적인 이유였다. 공소시효가 끝났기 때문에 부속기관은 없애지 않을 수 없다는 것이었다. 지방 사무실에는 이미 9월 15일 부로 없앨 것을 통지했다. 폐쇄 결정을 다시 물릴 수는 없다. 전국에 지부를 두고 많은 경비를 쓰면서 직원들이 일 없이 앉아만 있으니 없애지 않을 도리가 없다. 이를 없애려면 조직법을 없애야 한다. 두 번째 이유는 정치적인 이유라 해야 할 것이다. 반민특위를 만든 것은 민족정기를 살리고 반민자를 처단하기 위한 것이다. 그런데 지금 신문지상을 보면 알 수 있듯이 법을 엄격하게 적용하다 보니 풀려나는 사람이 많다. 이대로 가다가는 과오와 폐단이 말할 수 없는 지경에 이르고 국회가 반민자를 옹호하는 기관이 된다. 부속기관을 그대로 두면 국회가 책임을 져야 하고 의심을 많이 살 수밖에 없다. 특조위원들은 내일부터라도 나올 준비가 되어 있으니까 국회가 빨리 결정해서 특조위원들이 빨리 물러가게 해달라.⁵⁻⁴, 16~17쪽

민국당 조영규 의원은 반민법이 용두사미가 되고 말았다고 했다. 이상과 현실의 거리는 먼 법이지만, 반민법의 결과를 보면 거리가 멀어도 너무 먼 것을 부인할 수 없다. 세상의 여론도 그렇다. 우리가 이 특별법을 만들어 과연 특별한 일을 했는지 부끄러움을 느끼지 않을 수 없다. 특히 곽상훈 의원의 말을 들을 때 얼굴이 붉어졌다. 나는 이런 문제가 언젠가는 국회에서 이야기될 것이라 생각했다. 지금 국회가 잔무를 대법원에 넘긴다고 하지만, 세상은 국회가 일을 어물어물 말아먹거나 책임을 전가한다고 생각할 것이다. 유종의 미를 거두기 위해 반민의 대표자인 박춘금 한 사람만큼은 우리가 반드시 처단했어야 했는데 이 자를 그대로 둔다는 것은 너무나 무책임하고 민족에 명목이 안 선다. 따라서 일을 조금 더 하다가 적당한 시기에 잔무를 이양해야지 지금 이양해서는 안 된다.⁵⁻⁴, 17~18쪽 박춘금은 대표적인 친일파의 한 사람으로, 반민특위가 체포령을 내리자 일본으로 도망갔다. 이에 1949년 7월에 반민특위가 그를 '반민족행위 1급 피의자'로 지목해 맥아더 사령부에 송환을 요청했지만 뜻을 이루지 못했다.

반민특위를 해체하는 자리에서 그동안 반민특위에 부정적인 혹은 소극적인 태도를 보여 왔던 민국당 의원들이 의외로 많이 반대토론을 하자, 최근 특별재판관으로 뽑혀 있던 친소장파 정준 의원은 어처구니없는 일이라고 느꼈던 것 같다.⁵⁻⁴, 18~19쪽 우리 국회가 민족정기를 살리는 이 사업에서 소기의 목적을 달성하지 못하고 오히려 민중에게 조소를 받을 형편이다. 모든 일은 한 번 시작하면 결과가 좋든 나쁘든 시작한 사람들이 끝을 맺는 게 정당한데, 오늘 법을 개정해서 대법관들에게 이 임무를 떠넘기는 것이 떳떳한 일인가. 지금 반민특위에 관여하고 있는 사람들이 세상

으로부터 얼마나 오해와 악평을 받고 있는지 잘 알 것이다. 그런데 오늘날까지 아무 욕을 먹고 있지 않던 대법관들에게 이 사무를 넘겨 친일파라는 욕을 먹게 하려는 본의가 어디 있는가? 젊은 이 사람도 중간에 특별재판관 자리에 들어가서 나오고 싶은 생각이 있었지만 욕을 먹고 중상을 받는 이 형편에 나까지 자리를 떠나면 어쩌나 싶어 오늘에까지 이르렀다. 이인 특위위원장의 본의를 알 수가 없다. 특위에는 특검과 특재도 있는데 어째서 3부가 연락해서 이야기라도 있었어야지 특검, 특재와 한 마디도 없이 개정안을 내서 반민 처단의 유종의 미를 못 거두게 했는가? 이 개정안을 폐기하고 일을 계속 진행해서 빨리 결말을 짓는 편이 국회의 체면으로 보나 반민특위의 체면으로 보나 법의 권위로 보나 모든 점에서 좋을 것이다. 정준 의원의 마지막 말은 특히 몇몇 민국당 의원들의 폐부를 찔렀을 것이다. "또 한 가지 제가 무척 기대하게 생각하는 것은 우리 국회에서 반민자를 처단하지 말자고 주장을 하신 분들이 지금에 와서는 어째 그렇게 유종의 미를 거두지 못하고 흐지부지하느냐 하는 이런 말씀을 하시는 것을 들을 때 한편 대단히 기뻐요. 그만큼 민족정기를 살리고 싶은 열정을 갖게 된 것을 생각할 때 우리 조국의 사상이 이처럼 호전되어 간다는 것을 생각할 때 심히 기쁜 것이올시다."5-4, 19쪽

하지만 정준 의원의 웅변은 민국당 이원홍 의원의 토론 종결 동의이라는 반향을 얻었을 뿐이다. 이인 의원의 폐지안은 투표 결과 재석 122, 가 68, 부 8로 통과되었다. 이로써 반민특위는 해체되었다. 반민법 자체도 1951년 2월에 폐지되어 역사 속으로 들어갔지만, 결코 역사 속으로 사라지지는 않았다. 오늘날에도 이 문제는 심심치 않게 나라의 정치적 지각을 가르며 폭발적으로 분출하곤 한다.

반민법, 정치와 법률 사이의 딜레마

제헌국회에서 가장 많이 의제로 다루어졌던 것이 반민법 및 반민특위와 관련된 문제였다. 나라를 새로 세우는 데 가장 긴급한 법은 넓은 의미의 국가 기구를 만드는 데 필요한 정부조직법, 지방행정법 혹은 지방자치법, 법원조직법, 검찰청법, 국가공무원법 같은 법률들, 국방에 필요한 국군조직법과 병역법 같은 법률들, 그리고 국가 재정을 확보하는 데 필요한 소득세법, 영업세법, 법인세법 같은 각종 조세 관련 법률들이었다. 조세 관련 법률들은 일제 강점기와 미군정기의 옛 법으로 가름할 수 있었지만 이미 바뀌어버린 현실과 너무 맞지 않았다. 대한민국 정부 출범 후 각 부처가 이러한 필수 법률들의 정부안을 만들어 속속 국회에 보냈다. 하지만 국회는 정부조직법을 제외하고 이 모든 필수 법률보다 반민법을 앞세웠다. 반민법은 앞에서 말한 대로 대한민국 법률 제3호였다. 건국의 기능적 측면만을 보면 반민법이 다른 법에 우선해 제정되고 1949년 상반기에 한국 사회의 상당한 에너지가 반민특위 활동에 투여된 것은 큰 문제가 있는 것이었다. 하지만 건국이란 국가 기본 기능을 다 갖추는 것으로 끝나지 않는다. 국민의 정신적 공통분모를 제공하는 정기 같은 것도 필수적이다. 특히 오랜 식민치하에서 해방된 후에도 미군정의 통치와 남북 분단을 겪은 국민들에게는 더더욱 그런 것이 필요했을 것이다. 반민법 제정의 목적도 그런 것이었다.

하지만 법 절차에 따라 과거를 청산하는 일은 언제나 몹시 어려운 일이다. 과거 청산은 기본적으로 정치 행위이지만 법률로써 하는 정치 행위이다. 그러나 정치와 법률은 작동하는 원리가 다르다. 정치는 절충을, 법률은 엄밀을 요구한다. 어떤 과거를 어떻게 청산해야 과거를 청산하는 것인가? 더 구체적으로 말해 누가 일제의 지배를 야기하고 일제의 지배에 기여했는가? 이 질문은 아주 분명한 것 같지만, '야기'와 '기여'를 정확히 정의하지 않는 한, 이에 대한 대답은 결코 쉽지 않다. 소장파 의원들, 그리고 반민특위를 주도했던 김상돈 같은 의원들은 이 단어들의 의미를 가능한 한 확장하고자 했다. '반민족행위'의 범위를 넓히고자 했다. 이러한 입장을 편의상 최대주의라 부르자.

친일파의 최대주의적 청산은 규범적으로 논쟁의 여지가 많고 현실적으로 대단히 어려운 과제였다. 위에서 반민법의 쟁점을 다룰 때 보았듯이, 반민족행위를 정의하는 것 자체가 어렵고 이는 정치적 합의에 좌우될 수밖에 없었다. 만 35년 동안 지속된 일제강점기에서 어디까지가 반민족행위인가? 반민족행위의 정의에 따라 조선인 거의 모두가 친일파일 수 있었고 극소수만이 친일파일 수도 있었다. 당시 제헌의원들 중에서도 일본의 대학교육을 받은 사람이 90명 이상이었고, 반민법의 제정과 반민특위의 구성에 적극적으로 앞장선 의원들 중에서도 다수가 일본의 대학을 나왔다. 소장파 핵심들 중에서도 와세다대학 법학부를 나온 김옥주처럼 일본 유수의 대학을 나온 사람들이 있었다. 이들은 친일파인가 아닌가? 동성회 회원이었던 김광준은 1915년생으로 도쿄 주오대학 전문부 법학과를 졸업하고 조선변호사시험, 총독부 시행 보통문관시험, 일본 고등문관시험 사법과와 행정과에 합격한 수재였고 그 후 고급 관료의 길을 걷다가 해방을 맞았다. 그는 일제 치하에서 고급 관료가 되는 것은 반민족행위이므로 애초에 이 길을 가지 말아야 했을까?

반민법에서는 반민족행위의 정의 문제를 일단 당연범과 선택범의 구분을 통해 해결하고자 했다. 하지만 당연범의 범위를 정하기도 어려웠고, 당연범과 선택범의 경계선을 분명하게 긋는 것도 어려웠다. 이를 둘러싸고 제헌의원들은 엄청난 논란을 벌였다. 당연범의 경우는 그래도 선택범보다는 난점을 덜 일으킨다. 일단 범위만 확정되면 법 적용은 자동적으로 따라오기 때문이다. 반면 선택범의 경우 반민족행위를 다시 정확히 실정법적으로 정의해야 되기 때문에 선택범의 경우와는 다른 별도의 법적 난점을 초래한다. 특위, 특재, 특검 각각의 내부에서도 그리고 특위, 특재, 특검 사이에서도 반민족행위를 실정법적으로 어떻게 처리할 것인지에 대한 생각이 달랐다. 반민특위 체포 1호였던 박흥식의 병보석을 둘러싸고 벌어진 특검과 특재 사이의 갈등, 소장파 의원들과 김병로 대법원장 사이의 국회 설전은 반민족행위자 처벌에 대한 이러한 시각 차이를 드러낸 대표적인 사건이라 할 것이다.

또한 친일파 청산이 정치적 행위이면서도 실제적인 집행은 실정법적으로 이루어져야 한다는 사실은 특조위, 특검, 특재가 가능한 한 전문적인 법률 훈련을 받은 사람들로 구성되어야 했다는 것을 뜻한다. 하지만 반민법에서 규정한 자격 요건은 법률 훈련 여부를 전혀 고려하지 않았고, 실제로 특조위, 특재, 특검의 구성원들 다수는 법조인 출신이 아니었다. 이광수의 불기소에 대한 곽상훈 의원의 묘사를 보면, 처음에 9인의 검찰관 회의에서 일부 검찰관의 증거 부족 염려로 불기소 결정이 난 것을 자신이 민중 앞에서 이런 오점을 남길 수 없다며 검찰관장의 만류에도 불구하고 7인의 검찰관을 설득해서 재의에 붙였다는 대목이 나온다.[5-4, 16쪽] 어떤 면에서 이 장면도 정치와 법률의 충돌을 표현한 것이자 정치적 고려가 법률적 고려를 누른 것으로 볼 수 있을 것이다. 이런 점도 반민특위를 통한 친일파 청산을 어렵게 만든 큰 딜레마의 하나였다.

이러한 법률적 문제 외에도 반민특위에 있었던 일부 인사들은 권한 남용에서 자유롭지 않았고, 특히 지방에서는 권한 남용은 물론 무고와 같은 부작용이 심했다. 김상돈 반민특위 부위원장의 교통사고 은폐 시도 사건 같은 것을 보면 특조위원들의 위세가 대단했고, 그 위세를 악용한 예도 적지 않았으리라 짐작할 수 있다. 그가 김상덕 위원장 대신 전면에 나서, 이승만 대통령과의 언론전을 통해 반민특위를 행정부, 입법부, 사법부에 이어 제4부로까지 격상시키려 한 데는 그의 개인적 야심도 많이 작용했을 것이다. 김명동 의원은 면전에서 이승만 대통령에게 대들 만큼 혈기방장한 사람이었지만, 적법한 과정을 거치지 않고 경찰 간부를 체포하는 바람에 경찰의 특경대 습격에 빌미를 주었다.

이런 문제들 대부분은 반민법 제정 당시부터 의원들 사이에서 많이 논의되었던 것이다. 따라서 국회의 전반적인 합의는 가장 중대한 반민족행위자들을 가능한 한 빠른 시간 내에 처벌하자는 것이었다. 하지만 반민특위를 주도한 사람들은 당초의 전반적인 합의보다 더 과격한 방향으로 나갔다. 반민법 제정 과정에서 보여준 신익희 국회의장의 입장은 상황과 윤리를 적절한 비율로 잘 조합한 것이었다고 생각된다. 만약 그가 반민특위를 이끌 수 있었다면 의원들의 전반적인 합의를 따르면서 민중의 원망을 일정 정도 해소할 수 있는 수준의 친일파 청산을 할 수 있었을지도 모른다. 신익희의 관점에서 보면 노덕술의 처벌조차 반대하고 특경대를 그렇게 폭력적으로 해산한 이승만의 처사는 분명히 잘못된 것이었다. 적어도 반민특위의 운명이 이런 식으로 종결될 수는 없었다. 이인의 반민특위 부속기구 폐지안이 상정되었을 때 민국당 의원을 비롯한 다수의 의원들이 이렇게 유종의 미를 거두지 못한 채 반민특위가 해체될 수는 없다고 주장했다. 1915년생으로 평소의 발언으로 보아 아주 올곧은 사람이었을 것 같은 정준 의원은 민국당 의원들의 이런 모습에 조소를 보냈지만, 반민특위가 정당한 피날레를 갖지 못했다는 것이 다수 의원들의 생각이었던 것 같다. 유감스러운 종결이었다.

물론 이승만 대통령은 생각이 달랐다. 그가 보기에 반민특위는 법률적으로나 상황적으로나 처음부터 잘못된 것이었다. 하지만 법률로 통과된 이상 반민특위의 활동이 신생 국가에 대한 충격을 최소화하면서 진행되기를 원했다. 쉴 새 없는 담화문 발표를 통해 반민특위의 활동을 누그러뜨리고자 했다. 따라서 반민특위가 도를 넘는다고 생각하는 순간 단호하게 해체에 나섰다. 모든 정황으로 보아 경찰의 특경대 습격이 그의 지시로 이루어진 것은 아니었지만, 그는 경찰의 조치를 물리지 않았고 오히려 자신의 책임으로 만들었다. 민주주의냐 공산주의냐의 이분법적 긴박감을 가지고 국정을 운영하던 이승만은 신익희 류의 온건 중도 입장을 수용할 수 없었다.

특경대 해체와 국회프락치사건은 별개의 사건

민족주의 학자들은 반민법과 반민특위의 좌절을 한국현대사에서 가장 중대한 사건의 하나로 보고, 이승만 체제가 1949년 5월과 6월에 어떤 거대하고 치밀한 계획 아래 반민특위를 해체한 것처럼 주장해 왔다. 국회프락치사건도 반민특위 해체를 위해 조작된 것이라는 게 그들의 주장이며, 김구 암살도 이러한 그랜드 디자인의 연장선상에서 파악된다. 하지만 이러한 그랜드 디자인을 증명할 수 있는 견고한 증거는 없다.

우선 국회프락치사건은 조작된 것이 아니다. 이 사건은 오늘의 기준으로 보면 분명히 과장된 측면이 있지만, 적어도 이문원과 노일환의 남로당 연루 혐의는 의심의 여지가 거의 없다. 형사소송법에서 규정하듯이 합리적 의심이 없는 정도의 증명에 이른다. 제헌국회시기에 미국 대사관에서 근무하면서 국회프락치사건 공판과정을 꼼꼼히 관찰·기록했고 이승만 정부에 아주 비판적이었던 그레고리 핸더슨Gregory Henderson의 결론도 그러했다. 그리고 국회프락치사건에 대한 수사는 반민특위의 활동 때문에 시작된 것이 아니라 소장파의 외군 철퇴 결의안 때문에 시작되었다. 또한 국회프락치사건으로 구속된 의원들과 반민특위를 이끌었던 사람들 가운데 중첩되는 사람은 노일환과 서용길밖에 없다. 김상덕 위원장 대신 반민특위를 사실상 주도했던 김상돈 부위원장은 반민특위 해체 후에 아무 탈 없이 민국당 소속 평의원으로 복귀했다. 특경대 해체와 국회프락치사건은 우연히 비슷한 시기에 일어났을 뿐이다.

마지막으로, 우리는 특경대 해체가 우발적으로 일어난 사건임을 보았다. 이 사건이 정권 차원의 치밀한 거대 계획 아래 진행된 것이었다면 특경대 해체가 대통령이나 최소한 국무총리의 직접적이고 명시적인 지시 아래 이루어졌을 것이다. 하지만 위에서 보았듯이 이승만 대통령은 사전 보고를 받지 못한 것이 분명하다. 김태선 시경국장이 상부의 지시 없이 독자적으로 이런 큰일을 벌일 수 있었던 것은 대통령이 평소에 반민특위와 특경대를 비판하는 담화를 계속 발표해 왔기 때문에 큰 문제가 없으리라고 믿었기 때문이었을 것이다. 또한 정권 차원의 계획이 있었다면 특경대 습격은 훨씬 더 정교하고 조용한 방식으로 집행되었을 것이다. 최소한 200명의 국회의원들이 거의 모두 들고 일어날 만큼 그렇게 과격하고 폭력적으로 하지는 않았을 것이다. 1949년 5월에 들어서면서 미군 철수가 공식적으로 발표되고 38선 부근에서 남북한의 대규모 교전이 일어나 위기의식이 고조되는 가운데, 반민특위의 활동도 이미 점차 약화되고 있었다. 정부와 특조위원들은 긴밀한 대화를 통해 향후의 방향에 관한 일정한 합의도 이루었다. 이승만 대통령이 애써 벌집을 쑤셔놓을 이유가 없었다. 특경대 습격은 우연한 요인들이 합쳐지며 일어난 우연한 사건이었다. 물론 이러한 우연한 요인들이 합쳐져 특경대 습격이라는 또 다른 우연을 낳도록 한 어떤 구조적 압력 같은 것이 존재했다고 말할 수는 있을 것이다.

독재와 무정부 사이의 좁은 길

이승만은 국제정치와 외교 분야에서 놀라운 예지를 발휘했지만, 국내 정치는 자신의 말대로 사소한 문제여서 신경을 덜 써서 그랬는지 아니면 변수가 너무 많아서였는지 그의 예측 범위 안에서 흘러가지 않았다. 소장파는 틈만 나면 신생국이 감당할 수 없는 의제를 추진했고, 한민당^{민국당}을 비롯한 주류는 권력의 분점을 요구했다. 소장파와 주류가 아주 드문 경우 의견의 일치를 보기도 했는데 이승만 정부가 중대한 실정을 저지르는 것 같으면 똑같이 내각총사퇴와 개헌을 요구하는 것이었다. 소장파는 4, 50명 정도의 국회 내 소수파였는데 1949년 상반기의 국회를 휘두르다시피 했다. 어떻게 그럴 수 있었을까? 이유는 많을 것이다. 그들은 대단히 조직적으로 움직였다. 그들은 규범적으로 옳거나 설득력 있는 주장을 하는 경우도 많았다. 노일환이나 김옥주 같은 사람들은 대단히 명석하고 언변이 뛰어났다. 이문원은 동료 의원들의 웬만한 비판과 야유에는 끄떡도 하지 않을 만큼 맷집이 셌다. 그들은 특정 의제를 집요하게 물고 늘어졌다. 아직 원내교섭단체 제도가 없어서 의원 개인들의 의견이 여과 없이 의제에 오를 수 있는 것도 그들의 단상 장악에 도움이 되었다. 하지만 또 한 가지는 소장파와 주류가 드물기는 하지만 이승만 대통령에 맞서 권력의 분배와 관련해 의견의 일치를 보기도 했기 때문이었을 것이다.

이러한 상황은 대한민국 국가 수립기의 정치에 상당한 긴장과 파열을 초래했다. 신생 대한민국이 한계상황을 돌파하려면 이상적으로는 거국일치의 정치가 필요했다. 이를 위해서는 다양한 정치적 행위자들이 현재의 상황에 대한 평가를 공유하고 미래 발전의 길에 대해서도 대체적인 합의를 이루어야 한다. 하지만 거국일치의 정치가 성취되는 일은 거의 없다. 그렇다면 한계상황을 잘 돌파하기 위해서는 최소한 현재와 미래에 대해 대체적 합의를 이룬 다수가 형성되어 소수의 반대를 효과적 효율적으로 극복할 수 있어야 할 것이다. 한편 정치와 행정은 권력의 배분 및 행사를 요체로 한다. 한계상황의 이상적 돌파는 권력의 효과적 효율적 행사와 권력의 적절한 배분을 필요로 한다. 권력이 적절히 행사되지 않으면 국가가 움직이지 않고 권력이 적절히 배분되지 않으면 합의가 형성되지 않는다. 권력이 하나의 중심만 가지면독재 단기적으로는 효과성과 효율성을 다 낼 수도 있지만 장기적으로는 그렇게 되지 않는다. 반면 권력이 중심이 없이 지나치게 분산되면무정부 효과를 낼 수 없고 효율도 없을 것이다. 제대로 움직이는 현대의 민주 국가들에서는 대개 권력의 행사와 권력의 배분이 잘 제도화 관례화되어 있어 정치와 행정이 독재와 무정부의 위험을 피해갈 수 있다.

하지만 신생 대한민국은 이제 제도와 관례를 만들어 가는 단계에 있었다. 헌법에 권력의 행사 및 배분과 관련된 규칙들이 규정되어 있지만, 그것은 아직까지 조문으로만 존재할 뿐 그 조문이 현실에서 어떤 모습을 띨 것인지는 정치 행위자들이 이제부터 결정해 나가야 했다. 이것은 모든 신생국이 맞닥뜨리는 고유의 딜레마일 것이다. 우리의 경우에는 대통령제와 내각책임제 요소가 결합되면서 권력 행사와 권력 배분의 변증법이 한층 더 복잡한 양상을 띠었다. 신생 대한민국의 주류를 이룬 이승만과 한민당(민국당)은 현재와 미래에 대해서는 대체적 합의를 이루고 있었지만, 권력의 행사와 배분을 놓고 때로 심각한 갈등을 일으켰다. 이로 인해 5·10 체제를 완전히 인정하지 않은 소장파 중심의 반대파를 합법적 의회적 수단으로 제압하는 데 자주 실패했다. 한계상황의 정치에서 권력의 배분 및 행사와 관련해 이승만(그리고 주류 일반)이 보다 나은 해법에 도달할 수 있는 여지는 많았다고 생각된다. 하지만 그렇게 되지 않았다. 이로 인해 제헌국회 첫 1년의 정치는 독재와 무정부 사이에 난 민주적 발전의 좁은 길을 정확히 찾지 못하고 자주 엄청난 긴장과 파열 속에서 진행되었다.

1946년 10월 27일에서 1958년 10월 4일까지의 프랑스 제4공화국 12년 동안 내각책임제 행정부가 21번 바뀌었다. 대통령제에 내각책임제를 가미했던 우리 헌법을 근거로 제헌의원들은 이따금 내각총사퇴 결의안을 내었고 더 나아가서는 개헌론까지 꺼냈다. 어떻게 이렇게 엄중한 상황에서 그렇게 쉽게 헌정의 중대한 전환을 주장할 수 있었는지 신기하기만 하다. 권력의 길은 눈앞에 보이고 미래의 길은 눈앞에 보이지 않는다. 그래서 도래하지 않은 위기의 가능성은 언제나 과소평가된다. 정치인들은 아무리 내각을 바꾸고 헌법을 바꿔도 정치판 자체는 유지될 것이라는 위험한 낙관론을 늘 가지고 있는 것 같다. 혹은 내가 중심에 있지 않은 정치판은 아무 의미가 없다는 치명적 실존주의에 항상 빠져 있는 것 같다. 그래서 1949년 6월의 대파국을 겪은 후에도 제헌국회의원들은 여전히 나라의 제도적 주춧돌을 놓느라 바쁜 가운데서도 권력 추구를 게을리 하지 않았다.

제20장

계엄법 없이
계엄령이 발포되었다?

1949년 6월에 경찰의 반민특위 습격, 국회프락치사건의 발생, 김구의 암살, 주한미군의 철수라는 중대한 사건들을 겪은 국회는 그 충격을 다스릴 틈도 없이 7월 2일부터 제4회 국회를 시작했다. 7월 30일까지 계속된 제4회는 제3회가 남긴 여러 가지 난맥상을 정리하는 것과 함께 시작되었다. 예컨대 7월 4일 제2차 본회의에서는 국회프락치사건으로 구속된 김약수 부의장을 대체할 새 국회부의장의 선거가 진행되었다. 3차에 걸친 투표 끝에 일민구락부 윤치영 의원이 민국당 지청천 의원을 91표 대 72표로 물리치고 당선되었다. 교섭단체제도가 도입된 것도 제4회 국회에서 일어난 중요한 변화였다. 교섭단체를 두는 목적은 기본적으로 의정의 효율성을 높이고 나아가 원내에 진출한 정당의 국민 대표성을 높이는 것이다. 이진수 의원의 경묘한 표현대로 지난 1년간 의원 200명이 일인일당一人一黨의 발언을 하는 바람에 혼란이 심했다.[4-5, 9쪽] 교섭단체제도의 도입은 이미 1948년 9월 10일 제1회 국회 제62차 본회의 이래 몇 차례의 회의에서 한민당의 주도로 시도된 적이 있었지만, 당시에는 비주류 의원들의 반발이 강했다. 하지만 소장파가 주도한 중구난방을 지난 1년간 겪은 국회는 1949년 9월 11일 제63차 본회의에서 이 제도를 쉽게 통과시켰다.

6월의 대파국을 뒤로하고 국회는 다시 입법이라는 본연의 임무를 계속해 나가야 했다. 대한민국은 아직도 사실상 법률적 자연상태에 있었다. 제4회와 제5회 국회는 다수의 법률을 아주 신속하게 처리해 이러한 입법적 혼란을 줄여나가고자 했다. 이때 처리된 많은 법률 중에서 계엄법은 신생 대한민국이 어떤 곤경에 처해 있었는지를 잘 보여준다는 점에서 특별한 주목을 받을 만하다.

1948년 10월 계엄령의 법률적 근거

제헌헌법 제100조는 "현행법령은 이 헌법에 저촉되지 아니하는 한 효력을 가진다"고 규정함으로써 신생 대한민국의 법률적 자연상태를 예방하고 있다. 1948년 8월 15일 시점에서 대한민국에서 제정된 법은 헌법 이외에 임시국회법밖에 없었다. 그 이외의 모든 법률은 미군정시기에 쓰이던 것이었고, 미군정시기의 법률은 또한 대부분 일제 강점기에 만들어진 것이거나 일본 본토에서 사용되던 것이었다. 또한 대한제국 시기에 만들어진 법률도 있었다. 이처럼 신생 대한민국의 현행 법령이란 아주 다양한 요소들의 독특하고 기이한 조합이었다. 민주공화국의 법률이 대한제국의 법률, 제국주의 일본의 법률, 식민지 법률, 미군정 법률의 조합으로 이루어져 있었던 것이다. 제헌국회는 가능한 한 빨리 대한민국이라는 새로운 국가의 법률체계를 세우기 위해 현행 법률체계에 내재되어 있는 이질적 요소들을 제거하고 시대에 뒤떨어진 법률을 새로운 법률로 대체하는 과제를 가지고 있었다.

하지만 지금까지 보았듯이 제헌국회 첫 해는 여순사건과 같은 큰 역사적 사건이나 반민특위의 활동을 둘러싼 정치인들 간의 갈등 등으로 인해 신속하고 효율적인 입법이 제대로 수행되지 않았다. 따라서 신생 대한민국의 국가 생활은 여전히 현행 법률, 즉 구법에 의해 규정되고 있었다. 이것은 일반 형법, 민법, 가족법의 경우는 큰 문제가 없었다. 하지만 정치를 규율하는 법률들, 정치적 성격의 법률들은 법 적용의 정당성에 있어 상당히 문제가 될 수 있다. 계엄법은 대표적인 경우의 하나였다.

해방 직후부터 시작된 예외적 상황은 1948년 8월 15일 대한민국 정부가 수립된 뒤에도 계속되었다. 그것을 가장 극적으로 보여준 것이 정부 수립 불과 두 달 후에 일어난 여순사건이었다. 결과적으로 보면 이 사건은 정부의 수립으로 예외상황이 완화되기는커녕 더 심화될 것임을 예고한 사건이었다. 남한 전역에서 남로당의 파괴활동이 계속되었고, 38선에서는 끊임없이 교전이 일어났으며, 이 와중에 주한미군이 철수해 결정적인 힘의 공백이 일어났다. 근대국가는 전쟁, 반란, 천재지변 등으로 인해 예외상황이 발생할 때 통상 계엄으로 대표되는 국가긴급권을 발동해 대응한다. 근대국가는 대부분 헌법 등을 통해 국가긴급권을 인정하고 있다. 우리나라의 제헌헌법도 제64조("대통령은 법률의 정하는 바에 의하여 계엄을 선포한다")에서 대통령에게 계엄을 선포할 권한을 부여하고 있다. 우리나라의 계엄법은 1949년 10월 27일 제5회 국회 제25차 본회의에서 통과되었다. 공식 제정일과 시행일은 1949년 11월 24일이었다. 즉 이승만 대통령에게 부여된 계엄선포권은 이 날부터 행사될 수 있었다.

하지만 실제로 신생 대한민국에서 처음으로 계엄이 공식 선포된 것은 여순사건 발발 약 일주일 후인 1948년 10월 25일이었다. 이 날 이승만 대통령은 「계엄 선포에 관한 건」이라는 제목의 대통령령 제13호를 통해 계엄을 선포했다. "여수군 및 순천군에서 발생한 군민 일부의 반란을 진정하기 위하여 동 지구를 합위지경으로 정하고 본령 공포일로부터 계엄을 시행할 것을 선포한다." 1948년 11월 17일에는 대통령령 제31호(「제주도 지구 계엄 선포에 관한 건」)를 통해 제주도에 대해서도 계엄을 선포했다. 계엄법이 국회를 통과한 것이 1949년 10월 말이었는데, 도대체 이 계엄령들은 어떤 법률적 근거를 가지고 선포된 것이었는가? 놀랍게도 이 계엄 선포의 법률적 근거는 궁극적으로 1882년 8월 5일에 나온 일본 태정관太政官 포고 제36호 "계엄령"으로 돌아간다.[1]

이 사실은 대한민국의 출범 초기의 혼돈이 너무나 중층적이었음을 보여준다. 예외상황에 대비하는 제도와 법률 자체도 예외상황에 처해 있었고 지금으로서는 상상하기 힘든 혼돈을 드러내었다. 여순사건이라는 대한민국 최초의 큰 시련 앞에서 장관들과 의원들은 오래 전 일본 제국 초기에 만들어진 법률에 근거해 계엄령을 내려야 한다는 사실에 몹시 당황했고 난처해했던 것 같다. 1949년의 계엄법은 이 혼돈과 당혹감, 법률적 진공을 제거하는 법률이었다. 계엄법의 본질은 비상상황을 맞아 군에 독재적 권한을 주고 시민적 기본권의 상당 부분을 제약하는 것이다. 하지만 1949년 10월에 통과된 계엄법은 원안보다 훨씬 더 민주적인 법이었다.

---

1   그런데 1948년 11월 17일부터는 이 날짜로 제정·시행된 「지방행정에관한임시조처법」에 근거해 계엄령에 준하는 조치를 취할 수 있었을지도 모른다. 제11조에서 "시장 또는 도지사는 비상긴급사태에 제하여 안녕질서를 보전하기 위하여 병력을 요할 때에는 그 지구군대사령관에게 출병을 요구할 수 있다"고 규정하고 있기 때문이다. 물론 그 이상의 세부 규정이 없기 때문에 이 조항을 근거로 삼았다 해도 상당한 법률적 문제를 초래했을 것이다. 한편 이 법의 부칙 제19조에는 "본법의 유효기간은 본법 시행일부터 6개월 이내로 한다"고 되어 있지만, 이 법을 대체할 지방자치법은 정부와 국회의 의견 차이로 인해 그 시점까지 제정되지 못하고 1949년 7월 4일에야 제정되어 8월 15일부터 시행에 들어갔다. 몇 개월의 법률 공백 상태가 일어난 것이다. 또한 지방행정임시조처법의 제17조는 선거를 통해 읍장과 면장을 선출하도록 규정하고 있었으나, 호남, 경북, 강원 지역을 위시한 남한의 혼란상황으로 인해 이 선거는 결국 치러지지 못했다는 점도 지적해야 하겠다. 이 역시 법이 다스리지 못한, 법의 제어 범위 밖에서 일어난 예외상황이었다.

우리 학계의 일각에서는 이 계엄법이 일본의 1882년 "계엄령"을 모방하고 있다며, 이승만 정부의 근원적 독재성을 강조하려고 한다. 이러한 발상 뒤에 숨어 있는 것은, 이승만 대통령 때 만들어진 모든 법률은 이승만 대통령이 만들었다고 생각하는 어리석음이다. 이승만 대통령 때 만들어진 모든 법률은 국회에서 만들어진 것이며, 그 법률들에는 정부의 생각은 물론 국회의원들의 생각도 담겨 있다. 국회에 상정된 법안 초안은 일본 계엄법 외에도 다양한 자료에 기초해 만들어진 것이었고, 최종안은 초안과 상당히 달랐다. 계엄법 제정에 관한 이야기는 여순사건 때부터 다시 시작되어야 한다.

계엄령에 관한 국회 논의

헌법을 만들어 정부를 수립하고 반민법을 통과시킨 후 휴식에 들어갔던 국회는 여순사건의 발발로 인해 예정보다 일찍 1948년 10월 27일에 재개되었다. 제89차 본회의였다. 이 날 내무부가 작성한 「반란사건 상황보고」를 신성균 의원이 읽은 후 황희찬 내무차관이 보충발언을 했다. 국회 본회의에서 계엄 선포에 관한 언급이 처음으로 나온 것이 이 보충발언에서였다. 그는 발언 시작 부분에서 이렇게 말했다. "이 사태가 발발한 후 20일 오전 6시 20분경 저에게 보고가 들어왔습니다. 그 즉석으로 국방부에 연락하는 동시에 각 관구에 명령을 내려서 비상계엄을 시작하라는 그러한 명령을 각 관구에 전달했습니다. 전달하는 동시에 본부에 총사령부를 설치하고 여기에 대한 대책을 강구한 결과 본부에서 500명을 응원대로 파견하게 됐습니다."1-89, 11쪽 황희찬 차관의 말이 사실이라면 사건 발발 직후부터 여수·순천 일대에 계엄령을 내렸다는 것인데, 다만 그가 사용하는 '비상계엄'이라는 용어는 당시로서는 공식적인 법률 용어가 아니었기 때문에 각 관구의 사령관이 '비상계엄'을 시작했다 해도 이것이 공식적으로 법률적 효력을 가진 것이었는지는 알 수 없다.

이 날 계엄령의 법적 근거와 관련된 발언을 한 사람은 조헌영 의원이 유일했다. 오늘 급히 국회가 소집된 것은 이 반란에 대해 국가가 비상권을 발동해서 계엄령을 내렸다든지 하면 헌법에 따라 국회가 비상조치명령을 승인해야 하기 때문이 아닌가 생각했는데, 이에 대해 아무 말이 없어 대단히 불만이라는 것이었다.[1-89, 16쪽] 조헌영 의원은 10월 30일 제92차 본회의에서 다시 이 문제를 꺼냈다. 계엄령이 발포되었으면 국회의 승인이 있어야 한다. 헌법 제57조에는 계엄령이라고 명시되어 있지 않지만 대통령령으로 임시비상조치를 내리면 국회의 승인을 얻어야 한다고 되어 있다. 제72조에도 계엄령은 국무회의에서 결의하고 국회의 동의를 얻어야 한다는 조문이 있다. 계엄령은 제57조가 허용하는 명령 중 가장 강력한 명령이라고 할 수 있다. 그렇다면 국회의 승인을 받아야 한다.[1-92, 8쪽]

하지만 조헌영 의원의 주장은 두 가지 잘못이 있다. 우선 제72조에는 국무회의의 결의를 거쳐야 할 사항만을 열거하고 있지 국회의 동의를 얻어야 한다는 말은 없다. 두 번째 잘못은 제57조의 긴급명령이 계엄령을 포함하는 것으로 보는 것이다. 그렇다면 대통령에게 계엄 선포의 권리를 부여하는 제64조는 필요가 없을 것이다. 제57조는 "내우, 외환, 천재, 지변 또는 중대한 재정, 경제상의 위기에 제하여 공공의 안녕질서를 유지하기 위하여 긴급한 조치를 할 필요가 있는 때에는 대통령은 국회의 집회를 기다릴 여유가 없는 경우에 한하여 법률의 효력을 가진 명령을 발하거나 또는 재정상 필요한 처분을 할 수 있다. 전항의 명령 또는 처분은 지체 없이 국회에 보고하여 승인을 얻어야 한다. 만일 국회의 승인을 얻지 못한 때에는 그때부터 효력을 상실하며 대통령은 지체 없이 차를 공포하여야 한다"고 되어 있다. 제57조는 계엄령을 포함할 수 없는 것으로 봐야 한다. 유성갑 의원이 이 점을 지적했다. 조헌영 의원은 긴급명령과 계엄령을 혼동하고 있다는 것이었다. 계엄령도 법률이니까 국회의 승인을 받아야 하는 것일지도 모르지만, 그것이 꼭 그래야 한다는 법은 없다. 그러면서 이번 계엄령은 "일본 시대에 쓰던 법률을 그대로 답습했다는 말"을 들었다고 덧붙였다.[1-92, 9~10쪽]

계엄령의 법적 근거 문제는 11월 2일 제94차 본회의에서 조금 더 자세히 논의되었다. 최국현 의원이 법무장관에게 계엄령이 헌법 몇 조에 의해 선포되었는지를 물으면서, "만약 57조인가 67조 거기에 의지했다고 하면 그것은 일본 천황이 하는 그러한 계엄령밖에 안 됩니다"라고 말했다. 여기서 '67조'란 '64조'를 의미할 것이다. 그의 주장이 정확히 무엇인지 분명하지 않지만, 아마도 계엄을 선포하고도 국회의 승인 절차를 밟지 않은 정부의 조치가 일본 천황이 하던 조치와 무엇이 다르냐는 뜻일 것이다. 최국현 의원은 또한 국방장관에 대해서는 계엄지역에서 군이 행한 행위는 어떤 법률적 근거를 가지고 있느냐는 취지의 질문을 했다. 군이 국회의원을 포함해 민간인을 체포 구타 고문하고 심지어 재판까지 한 것은 법률적으로 어떻게 정당화할 수 있겠느냐는 비판이었다.[1-94, 10쪽]

이에 대해 이인 법무장관은 이렇게 대답했다. "이번 여수와 순천 지구에 대해서 계엄령을 선포한 것은 (…중략…) 대통령이 하는 것이 아니고 헌법 52조에 의한 것도 아닙니다. 이것은 계엄법에 의해서 계엄령은 합위지대合圍地帶와 입지지대立地地帶로 되어 가지고 있습니다. 합위지대는 일반 행정기구가 아니라 국부적으로 합의적으로 반란 상태를 수습하기 위해서 현지 군사령관이 계엄령을 발동하는 것입니다. 그런 까닭에 (…중략…) 행정령 (…중략…) 이라든지 그 외에 사법권이라든지 이러한 것은 정지되지 않고 있습니다."[1·94, 10쪽] 여기에는 오기가 두 군데 있는데, '52조'는 '54조'여야 하고, '입지지대立地地帶'는 '임전지대臨戰地帶'여야 한다. 사실 '합위지대'와 '임전지대'도 정확한 법률 용어가 아니지만 이에 대해서는 잠시 후 이야기하기로 한다. 이 인용문에서 이인 법무장관이 말하려는 것은 이번 계엄령은 이승만 대통령이 헌법에 따라 선포한 것이 아니라 현행 계엄법에 따라 현지 군사령관이 내린 합위지대 계엄령으로, 행정권이나 사법권은 정지되고 있지 않다는 것이었다. 여기에서 이인 장관이 '계엄법'이라 부르고 있는 것이 사실은 태정관 포고 제36호 "계엄령"인데, 행정권과 사법권의 정지와 관련된 그의 언급은 몰라서 그랬는지 아니면 알고서도 그랬는지 잘못된 말이었다. 하지만 일단은 이 날 계엄령의 법률적 근거와 관련된 김병회 의원의 주장과 그에 대한 이인 장관의 답변을 마저 보기로 하자.

김병회 의원의 주장은 아주 논리 정연했고, 이승만 정부가 헌법의 한계 내에서 취할 수 있었던 한 가지 대안을 제시하는 것이었다. 우리는 아직 계엄법이 없다. 일본이 시행하던 법률이 대한민국 하에서 어느 정도 효력을 가지고 있는지는 모르겠지만, 일제시대의 법률을 보더라도 명치연도明治年度에 계엄에 관한 특별법이 있을 뿐이다. 그리고 헌법 제64조는 "대통령은 법률의 정하는 바에 의하여 계엄을 선포한다"고 규정하고 있는데, 우리가 아직까지 계엄법을 만들지 못했기 때문에 계엄령을 선포하는 것은 헌법을 위반하는 것이다. 그런데 이번과 같은 대규모 반란을 그냥 방임할 수도 없는 것이니, 헌법에 이를 합법적으로 방지할 규정이 있다. 제57조가 그것이다. 그렇다면 정부가 휴회 중인 국회를 열어 사후에라도 승인을 얻어야 할 것인데, 아직까지 계엄에 대한 보고도 없고 승인을 요청한 일도 없다. 법무장관은 현지 군인이 합위지대 내에서 임시조치를 한 것이라고 하지만, 아무튼 그 계엄은 어디에서 비롯하는 것인가. 우리 헌법으로는 계엄 선포가 불가능한데, 만약 이것이 헌법 제57조에 의한 것이라면 국회의 승인을 받아야 한다.[1-94, 18~19쪽]

하지만 이인 법무장관은 앞에서 인용한 것과 동일한 답변을 내놓았다. "이번 순천 여수 지역에 선포된 계엄령은 헌법 57조에 의지한 비상조치가 아니올시다. 현지 군사령관이, 이 점 대단히 미안한 말씀입니다마는, 여하튼 우리나라에는 계엄법이라는 것이 아직 제정되지 않았습니다. 일간에 제정될는지 모르겠읍니다마는 그런 까닭에 급한 조치로 현지에 동란이 났다든지 안녕질서를 유지 못하고 경찰의 힘이라든지 민간의 힘을 가지고 도저히 방지 못할 사태가 일어났다든지 이런 급박한 때에 현지 군사령관이 하는 것입니다. 이번에 조치는 다만 동란에 한한 것이고 일반 행정권을 정지시킨다든지 (…중략…) 행정권을 (…중략…) 군사령관이 자기 손에 (…중략…) 귀속시키는 것이 아니고 일반 사법권을 자기 손에 귀속시키는 것이 아닙니다. 다만 동란을 방지하는 응급조치의 수단에 불과하는 것입니다."[1-94, 19쪽]

여수와 순천 지역에 대한 계엄 선포의 법률적 근거를 놓고 국회에서 벌어진 토의는 이것이 전부이다. 황두연 의원에 대한 군의 구금과 폭행이 더 중대한 문제였고, 이 법률적 문제는 사태 수습과 이를 둘러싼 내각 총사퇴 문제로 인해 더 이상 토의되지 않았다. 하지만 이 문제는 예외상황에서 탄생한 대한민국이 다시 예외사태를 맞아 어떤 제도적 법률적 예외상황에 빠졌는지를 극명하게 보여주는 사례이다. 여순사건 때 내려진 이 계엄령의 법률적 정당성 문제는 오랜 세월 묻혀 있다가 1990년대 말에 수면 위로 떠올라 대법원까지 갔고, 지금도 학계에서 연구 주제가 되고 있다.

프랑스 국가긴급권에서의 '포위상태'

1948년 10월 25일의 대통령령제13호과 이인 법무장관의 국회 발언을 보면 이 계엄령의 법률적 근거는 궁극적으로 일본 제국의 1882년 "계엄령"으로 돌아간다. 대통령령 제13호의 내용을 보면 '합위지경合圍地境'이라는 말이 나오는데 이것이 바로 1882년 "계엄령"에서 쓰이는 표현이다. 이 "계엄령"에서는 계엄을 '임전지경臨戰地境'과 '합위지경'의 두 가지로 나누고 있다. '임전지경'이란 문자 그대로는 '전쟁상태'인데 현재 전투가 일어나고 있는 상태가 아니라 전쟁을 앞두고 있는 상태를 뜻한다. '합위지경'이란 문자 그대로는 '포위상태'이며, 적의 포위나 공격을 받고 있는 상태를 뜻한다. 따라서 임전지경보다 합위지경이 더 긴급한 상태이다. 또한 임전지경의 계엄에서는 행정사무와 사법사무 중 군사와 관련된 사건에 한해서만 군사령관이 관장하는 반면, 합위지경의 계엄에서는 모든 행정사무와 사법사무를 군사령관이 관장하는 데 더해 군사와 관련된 민사사건과 각종 형사사건이 단심 군법회의로 넘어간다.[2]

한편 일본 제국의 1882년 계엄령은 프랑스대혁명 이래 발전된 프랑스의 국가긴급권에 바탕을 두고 있다. 이 발전에서 가장 중요한 전환점이 된 법령이 "전장과 군주둔지의 보존과 분류, 요새의 치안, 기타 관련 사항에 관한 1791년 7월 10일 법률"이다. 이 법령은 순전히 군사적인 관점에서 전장과 군주둔지를 전쟁상태'état de guerre. the state of war와 포위상태'état de siège : the state of siege로 나누었다. 또한 전쟁상태에 있는 지역들에서는 민간관리가 질서와 치안의 책임을 그대로 유지하되 군사령관의 조치에 협

---

2   『일본대백과전서(日本大百科全書)』의 "계엄" 해설. https://kotobank.jp/word/戒厳-42313. (2021.11.13)

력하도록 규정하는 한편, 포위상태에 있는 지역들에서는 헌법이 정한 민간관리들의 모든 권한이 군사령관에게로 넘어가도록 규정해 놓았다.[3] 이 분류를 일본의 1882년 계엄령이 정확히 따르고 있음을 알 수 있다. '전쟁상태'가 '임전지경'으로 바뀌어 있을 뿐이다. 이는 프랑스어의 '전쟁상태'를 그대로 옮길 경우 '포위상태'보다 더 긴급하게 느껴져 의미의 전도가 일어나리라 판단했기 때문이었을 것이다.

프랑스의 국가긴급권의 발전은 이 '포위상태' 개념에서 출발했다. 이 개념은 처음에는 순전히 군사적인 개념이었지만, 곧 1797년 8월 27일의 법률에서 정치적 의미로 확대되어 외적과의 전쟁은 물론 내란과 관련해서도 긴급사태를 선포할 수 있게 되었다.[4] 군사적 포위상태가 정치적 포위상태로 발전하는 것이다. 정치적 포위상태 개념은 1849년 8월 9일의 법률에서 확고하게 자리 잡았다. 프랑스는 19세기 내내 혁명과 왕정복고, 내란과 쿠데타를 반복하면서 계엄령이 자주 선포되었고, 특히 나폴레옹 3세가 대표적인 경우이지만 정치적 포위상태에 기초한 국가긴급권의 남용과 악용을 여러 차례 겪었다. 이에 따라 포위상태 개념이 헌법에 녹아드는 가운데서도 국가긴급권의 발동과 관련해 시민의 기본권을 보호하려는 경향도 계속 강화되었다. 일본이 계엄법을 만들기 위해 프랑스의 관련 법률을 참조할 때에는 이미 정치적 포위상태 개념에 기초한 거의 무제한적인 국가긴급권을 제어하고 시민의 기본권을 확보하려는 노력이 법률적으로 반영되어 있는 상황이었다.

하지만 메이지 일본은 프랑스의 1791년 7월 10일 법률의 기본 얼개를

---

3 https://fr.wikipedia.org/wiki/État_de_siège_(France). (2021.11.13)
4 프랑스의 '포위상태' 개념의 발전에 대해서는 이장희, 「프랑스의 국가긴급권에 대한 소고」, 『청주법학』 제33권 제1호(2011.5)를 참조.

따왔을 뿐, 그 이후의 프랑스 국가긴급권의 진화를 반영할 수 없었다. 일본에서 헌법은 1889년에 제정되고 제국의회는 1890년에 출범하기 때문이다. 즉 1882년 시점에서는 기본권을 가진 시민이 존재하지 않았고 국가긴급권을 제어할 의회가 없었다. 이후 메이지 헌법대일본제국헌법 제14조가 "천황은 계엄을 선고하고, 계엄의 요건과 효력은 법률로 정한다"고 규정함으로써 계엄이 헌법에 포함되었고, 이 조항에 따라 1882년 계엄령이 계엄의 요건과 효력을 정하는 법률이 되었다. 하지만 일본 제국 하에서는 헌법의 제정과 의회의 출범 후에도 프랑스의 1791년에서 더 나아가려는 노력이 일어나지 않았다. 이 계엄령은 일제가 패망한 후 1947년에 폐지되었다.

합헌인가 위헌인가?

그런데 이 무슨 역사의 장난인지, 메이지 일본의 1882년 계엄령은 일단 실정법적으로만 보면 여전히 신생 대한민국에 살아 있었다고 할 수 있다. 우선, 1945년 11월 2일 미군정장관 아놀드A. V. Arnold의 명의로 기존 법률의 존속에 관한 「법령 제21호」를 발했다. 모든 법률, 또한 조선 구舊 정부가 발포하고 법률적 효력을 가진 규칙, 명령, 고시, 기타 문서로서 1945년 8월 9일 실행 중인 것은 그 사이에 이미 폐지된 것을 제외하고 조선군 정부의 특수명령으로 폐지할 때까지 전全 효력으로 이를 존속시킨다는 것이 핵심 내용이었다. 제헌헌법 제100조 역시 "현행법령은 이 헌법에 저촉되지 아니하는 한 효력을 가진다"고 규정하고 있다. 뿐만 아니라 1948년 9월 18일 국회에서 비준된 "대한민국 정부와 미국 정부 간의 재정 및 재산에 관한 최초 협정" 제11조에서도 "대한민국 정부는 대한민국 정부가 폐지 우는[또는] 개정할 시까지 재조선 미군정청 또는 남조선 과도정부의 일체의 현행 법률 법령 급[및] 규칙을 전적으로 계속 실시할 것을 협약함"이라고 규정해 현행 법률의 존속을 다시 한번 확인했다.

현행 법률의 존속은 어떤 격변기라도 공동체의 존속과 삶의 지속을 위해 불가피한 것이다. 역사의 큰 단절이 일어나는 혁명적 전환기에도 절도, 살인, 사기, 이혼 등등의 일반적 민·형사사건은 일어나기 때문이다. 신생 대한민국 국회가 여순사건이 일어났을 때까지 새로 제정한 법률은 서너 개밖에 없었다. 새 국가공동체가 생활해 나가는 데 필요한 다른 모든 법률은 구 법률이었다. 따라서 이승만 정부 역시 일제강점기와 미군정기를 거쳐 온 옛 법률들에 의지해 국정을 운영할 수밖에 없었다. 이런 의미에서 1882년 계엄령 역시 현행 법률의 하나였다고 할 수 있다. 그런데 대부분의 법률들은 그 적용의 정당성 문제가 제기되지 않지만, 을사보호조약체제 아래에서 제정된 1907년 광무신문지법이나 1882년 계엄령처럼 국가의 억압기구와 관련된 법률들의 경우 그 적용은 국회의원들의 반발을 부를 수밖에 없었다. 계엄법은 문제가 더욱 복잡했다.

1882년 계엄령은 정작 일본 본토에서는 1947년에 폐지되었다. 더욱이 대한민국 헌법은 제57조에서 긴급명령권을, 제64조에서 계엄선포권을 대통령에게 부여하고 있다. 이런 상황에서 왜 굳이 패망한 제국주의 일본의 법률에 의지해야 한다는 말인가? 우선, 1882년 계엄령이 일본에서 폐지되었다 해도, 그것은 우선 미군정 법령 제21호에 의해 미군정 법제도의 일부가 되었고, 대한민국 정부가 출범한 이후에는 헌법 100조와 한미 행정권 이양 때 맺은 최초의 협정안 제11조에 의해 대한민국 법제도의 일부가 되었다. 하지만 여전히 문제는 남아 있다. 헌법 제100조는 현행법이 헌법에 저촉되지 않는 한에서만 효력을 가진다고 했기 때문에, 1882년 계엄령이 헌법에 저촉되는지의 여부를 따져볼 필요도 있는 것이다. 이 질문에 대해서도 긍정적 대답도 가능하고 부정적 대답도 가능해 보인다. 위에서 언급한 이 계엄령의 핵심 내용은 헌법 제64조에 그리 저촉되지 않는 것 같다. 반면 이 계엄령에는 세부적으로는 현지 군사령관이 계엄을 선포한 후 태정관에 상신해야 하는 경우를 규정하고 있기 때문에 아예 우리의 헌법에서 규정하고 있는 대한민국 제도와 맞지 않다. 2000년 7월 20일 제주지법 민사합의부는 이승만 대통령의 양자인 이인수가 「4·3 계엄령은 불법」이라고 보도한 『제민일보』를 상대로 청구한 민사소송 최종 판결에서 "계엄이 법령에 근거 없이 선포된 위법한 것이라고 볼 여지가 있다"면서도 "계엄선포 자체가 아무런 법적 근거 없이 이뤄진 불법적인 조치라고 단정하기 어렵다"는 유보적 판결을 내렸다.『제민일보』, 1920.12.22 재판부로서도 1948년의 계엄령과 관련한 법률적 예외상태 혹은 진공상태에 대해 명쾌한 결론을 내리기 어려웠던 것이다.

그렇다면 조헌영 의원이나 김병회 의원이 주장했듯이 이승만 대통령은 제57조의 긴급명령권을 이용해야 했나? 우선 제57조가 조헌영 의원의 주장처럼 계엄선포권을 포함할 수 없다는 것은 분명하다. 국회에 출석한 최용덕 국방차관도 1949년 10월 27일 제5회 국회 제25차 본회의에서 이 점을 분명히 했다. 제57조는 행정 부문에서 긴급조치를 해야 할 때 필요한 조항인 반면, 제64조의 계엄령은 대통령의 통수권을 집행하는 차원이라는 것이었다.5-25, 4~5쪽 그렇다면 제57조에서 규정하고 있는 긴급명령을 통해 여순사건과 같은 군사 반란에 대응하는 것은 사실상 불가능하다고 할 수 있다. 제57조에 따라 이승만 정부가 최대한 할 수 있었던 것은 경찰력의 동원 정도였을 것이기 때문이다. 그리하여 여수와 순천의 군사 반란을 효과적으로 진압하기 위해 이승만 정부에게 남은 유일한 법률적 선택지는 헌법 제64조와 메이지 일본의 1882년 계엄령에 근거해 계엄을 선포하는 것이었다. 예외적 상황에서의 예외적 대응이었던 것이다. 당시에는 보다 심층적인 차원에서의 정당성 문제는 세밀하게 따질 수 없었다. 그러나 이인 법무장관은 이것이 문제적일 수 있다고 느꼈던 것 같다. 우물쭈물하는 그의 어색한 국회 답변에서 미루어 짐작할 수 있다.

보다 민주적인 계엄법

따라서 대한민국 정부 수립 이후의 긴박한 상황을 고려할 때 계엄법은 법률적으로는 가장 시급히 제정되어야 할 법률의 하나였을 것이다. 하지만 계엄법이 지청천 의원 외 14인의 발의로 국회에 처음으로 제출된 것이 1949년 6월 22일이었고, 이 원안이 법사위의 심의를 거친 후 법사위 대안으로 본회의에 상정된 것이 제5회 국회 제19차 본회의가 열린 10월 12일이었다. 여순사건이 발발한 지 거의 1년이 지난 시점이었다. 하지만 늦더라도 아예 않는 것보다는 낫다. 백관수 법사위원장의 경과보고에 따르면5-19, 5~6쪽, 지청천 의원의 원안이 법사위에 회부된 후, 법사위는 원안을 심의하면서 국방부와 법제처의 의견을 듣고 이를 종합해 법사위 대안을 만들었다. 백관수 위원장은 원안이 일본의 1882년 계엄령을 그대로 모방한 것이었다고 명시적으로 언급하고 있는데, 법사위 대안을 따로 만든 이유는 이 원안이 당시의 우리나라 현실과 맞지 않아서였다. 그는 원안과 대안의 주요한 차이로 네 가지를 들었다. 법사위 대안은 첫째, 계엄을 경비계엄과 비상계엄으로 나누고 있다. 둘째, 헌법에서 계엄 선고는 대통령의 고유 권한으로 되어 있지만, 국회도 민의를 대표하는 기관인 만큼 비상계엄을 포고하려면 국회에 통고해야 한다는 조문을 넣었다. 셋째, 대통령이 계엄을 선포할 여유가 없을 때는 해당 지방의 군사 책임자가 임시로 계엄을 선포할 수 있지만, 지체 없이 국방장관을 통해 대통령의 추인을 받아야 한다는 조항을 넣었다. 넷째, 비상계엄 지역 내에서 계엄 사령관은 작전상 부득이한 경우에는 국민의 재산을 파괴 또는 소훼燒燬할 수가 있으나 그 손해는 보상해야 한다는 조항을 넣었다. 일본의 1882년 계엄령과 비교하면, 국회가 아주 조금이나마 대통령의 계엄권을 제어하고 있고 정부가 일선 군사령관의 계엄 선포를 제어하도록 하고 있는 것이 특징이다. 결국 계엄 선포에 있어 국민에 대한 책임성을 강화하는 것이라 할 수 있다.

계엄법을 조금이나마 민주적인 방향으로 만들려는 국회의 노력은 원안 대신 법사위 대안을 본회의에 상정하는 것으로부터 시작되었다. 아래에서는 제2독회에서 수정안이 나온 조항을 중심으로 계엄법에 대한 국회의 토의를 보기로 한다. 계엄 선포의 절차와 계엄의 분류를 규정한 조항들은 아무 수정 없이 통과되었다. 경비계엄은 제3조에서 "전시, 사변 또는 이에 준하는 비상사태로 인하여 질서가 교란된 지역에 선포한다"고 되어 있고, 비상계엄은 제4조에서 "전쟁 또는 전쟁에 준할 사변에 있어서 적의 포위공격으로 인하여 사회질서가 극도로 교란된 지역에 선포한다"고 되어 있다.

처음으로 수정안이 나온 조항은 제5조 "대통령이 비상계엄을 선포 또는 추인하였을 때에는 지체 없이 국회에 통고하여야 한다. 전항의 경우에 있어서 국회가 폐회중일 때에는 대통령은 지체 없이 국회의 집회를 요구하여야 한다"였다. 첫 번째 정광호 의원의 수정안은 제5조를 전문 삭제한다는 것이었고, 두 번째 김장렬 의원의 수정안은 대통령이 비상계엄을 선포 또는 추인하였을 때에는 국회의 승인을 얻어야 한다는 것이었다. 정광호 의원의 주장은, 계엄령은 군의 최고 통수권자의 특별 명령이기 때문에 헌법에 규정되어 있는 것이며 따라서 다른 국가 기관이 간섭을 할 수 없다는 것이었다. 그 때문에 헌법에서 조약 체결과 같은 대통령의 다른 권한에 대해서는 대통령의 권한을 제한하는 조항도 일일이 병기하고 있지만, 제64조에서는 계엄의 권한을 제한하는 조항이 없다.5·23. 18~19쪽

이에 대해 김장렬 의원은 제64조에서 "법률의 정하는 바에 의하여" 부분을 강조하면서, 이에 따라 얼마든지 국회의 승인을 규정할 수 있다는 입장이었다. 패전 전 일본 헌법 제14조에서 천황이 계엄을 선포한다고 했을 때는 계엄에 대한 천황의 전담권이 인정되고 있다고 할 수는 있지만, 그것은 일본이 군주정이고 군국주의여서 그랬다. 하지만 민주국가인 대한민국에서도 패전 전의 일본과 똑같이 한다면 군국주의의 재판이다. 그런데 위에서 보았듯이 일본 헌법 제14조도 "계엄의 요건과 효력은 법률로 정한다"를 병기하고 있기 때문에 김장렬 의원의 주장은 잘못된 것이다. 하지만 그의 주장의 취지는 충분히 이해할 수 있다. 그는 또한 제57조와 계엄령은 관련되어 있다고 해석될 수 있다며, 계엄의 공포를 국회에 통고하는 것만으로는 부족하고 제57조처럼 국회의 승인을 얻어야 한다고 했다.5·24, 3~5쪽

수정안 제안자들의 설명이 끝나고 다른 의원들이 찬반토론에 나섰지만 특별히 언급할 만한 주장은 없다. 표결 결과, 정광호 의원의 국회 통고 삭제 수정안은 압도적으로 부결되었고, 김장렬 의원의 국회 승인 수정안은 미결되었으며, 원안이 재석 118, 가 85, 부 4로 가결되었다.

다음으로 수정안이 나온 조항은 제14조로, "비상계엄지역 내에서는 계

엄사령관은 징발법의 정하는 바에 의하여 징용, 징발할 수 있으며 필요에 의하여서는 군수에 공할 물품의 조사, 등록과 반출금지를 할 수 있다. 작전상 부득이한 경우에는 국민의 재산을 파괴 또는 소훼할 수 있다. 전항의 경우에 생한 손해에 대하여는 비상계엄의 해제 후에 이를 보상하여야 한다"고 되어 있다. 이에 대한 나용균 의원의 수정안은 제14조 제3항 중 "비상계엄의 해제 후에"를 삭제하자는 것이었다. 나용균 의원 대신 김문평 의원이 등단해 수정안의 취지를 설명했다. 계엄지대에서 국민의 재산이 파괴되거나 손상되면, 예컨대 소개령이 내려 집에서 쫓겨나면 당장 갈 곳도 없는데 계엄이 해제된 후에나 보상이 된다면 어떻게 되겠느냐는 것이었다. 따라서 보상이 가능한 한 빨리 이루어져야 한다.5·24, 9쪽 백관수 위원장의 반대에도 불구하고 토론에 나선 다른 모든 의원들도 수정안에 찬성토론을 했다. 표결 결과도 이런 분위기를 반영했다. 재석 114, 가 66, 부 4로 압도적으로 가결되었다.

그 다음, 박찬현 의원 외 11인이 "계엄 공포 중 국회의원은 현행범을 제외한 외에는 체포 또는 구금되지 않는다"는 규정을 제17조로 신설하자는 수정안을 제출했다. 계엄령이 내리면 헌법이 정한 인민의 자유권이 극도로 제한되고 단심제 군법회의로 인해 인민의 권리가 위협을 받으며 군인의 횡포가 많이 우려된다. 인민을 위해 항상 분투해야 하는 국회의원이라면 계엄 상황에서 특별한 보호를 받아야 한다. 극단적으로는 정부가 계엄을 통해 국회를 합법적으로 숙청하려 할 수도 있다. 계엄령 하에서는 민심이 극도로 혼란해지면서 중상모략이 심해질 수 있고 국회의원도 여기에서 자유롭지 않다. 특히 인민의 권리를 옹호하기 때문에 오해를 받을 염려가 더 크다. 국회가 소집되어 있는 상태에서는 계엄령이 내려도 국회의원의 신분이 보장되지만, 국회가 개회되기 전이나 폐회된 후라면 별도

의 보호가 필요하다.[5-24, 14쪽]

박순석 의원은 박찬현 의원이 황두연 의원에 대한 군의 폭행사건 등으로 인해 생각이 거기까지 미쳤을 것이라며 일리가 있다고 했다. 하지만 법 앞에서 만민은 평등하기 때문에, 회기 중이라면 모를까 계엄령 아래 평민이 체포될 때는 국회의원이라고 체포당하지 않을 수가 없다. 만일 계엄령 하에서 어떤 사건 배후에 국회의원이 있지만 현행범이 아니라고 할 때 이 사람을 체포하지 못한다면 어떻게 되겠는가.[5-24, 14~15쪽] 조헌영 의원도 표현만 다를 뿐 똑같은 주장을 했다. 국회 개회 중에는 중대한 국사를 의논하기 위해 신분보장이 되지만, 회기가 끝나면 일반 인민과 평등한 입장에서 법의 처단을 받아야 한다. 헌법 제8조에 특수계급을 만들지 못한다고 되어 있으니, 박찬현 의원의 수정안은 헌법정신과 부합하지 않는다.[5-24, 15~16쪽]

하지만 토론에 나선 유성갑 의원은 황두연 의원이 회기 중에도 군인들에게서 심한 폭행을 당한 예를 들며 박찬현 의원의 수정안이 국회의원의 특권을 주장하는 것이 아니라 했고[5-24, 16쪽], 장홍염 의원은 계엄법을 악용한 야당 탄압의 가능성을 들면서 수정안이 반드시 필요하다고 했다.[5-24, 16~17쪽] 황두연 의원 사건, 국회프락치사건으로 인한 의원들의 무더기 구속, 경찰의 특경대 습격과 같은 사건들이 의원들의 의식에 많은 영향을 끼쳤을 것이다. 표결 결과도 이를 반영해, 수정안은 재석 130, 가 78, 부 20으로 압도적으로 가결되었다.

이어서 제18조 "전 2조에 의하여 군법회의에서 재판을 받은 자는 상소를 행할 수 없다"는 조항에 대해서도 김장렬 의원의 수정안이 나왔다. "전 2조에 의하여 군법회의에서 재판을 받은 자가 불복이 있는 때에는 재심을 요구할 수 있다"는 조항이었다. 김장렬 의원의 취지 설명은 아주 간단했다.

평시에도 피고인들이 억울하다고 생각할 경우 상소권을 인정하는데, 비상시기에 시간은 급박하게 흘러가고 상황은 혼란스러워서 정당한 판결에서 벗어나는 일이 많이 일어날 것이라고 생각되니 재심 권한을 인정하자는 것이었다.5·24, 17쪽 최용덕 국방차관5·24, 18쪽과 조영규 의원5·24, 19쪽이 군법회의는 원래 단심이고 재심을 허용하는 예는 전 세계에 없다고 했지만, 대다수 의원들은 역시 여순사건이나 다른 사건들을 통해 드러난 군의 과잉·불법행위를 떠올렸는지 재석 130, 가 82, 부 4로 압도적으로 수정안에 찬성했다. 당시에는 군사법원이 대개 단심제였기 때문에 계엄법이 재심을 허용한 것은 대단히 이례적이라 해야 할 것이다.

제19조 "비상계엄지역에 있어서 군법회의에서 언도한 사형판결의 확인에 대하여 대통령은 필요하다고 인정할 때에는 대통령령에 정하는 바에 의하여 계엄사령관에게 위촉할 수 있다"에 대해서도 김장렬 의원이 전문을 삭제하자는 수정안을 냈다. 사람을 살리고 죽이는 것은 중대한 문제이기 때문에 사형 판결을 계엄사령관에게 맡기지 말자는 것이었다.5·24, 19쪽 폐회 시간이 얼마 남지 않아 토의 없이 즉시 표결에 들어간 결과 수정안도 미결로 나오고 원안도 미결로 나왔다. 그래서 원안 제19조는 자동 폐기되었다.

맨 마지막으로 수정안이 나온 조항은 제21조 "국회가 비상계엄의 해제를 요구할 때에는 대통령은 이를 해제하여야 한다"는 조항이었다. 이에 대해 박해정 의원 외 21인이 '비상'이라는 두 글자를 빼자는 수정안을 냈다. 비상계엄은 물론 경비계엄에 대해서도 국회가 해제를 요구할 수 있어야 한다는 것이었다. 사실 원안이 왜 비상계엄만을 대상으로 삼고 있는지 의아스러운데, 아무튼 박해정 의원의 주장은 이러했다. 경비계엄과 비상계엄으로 구분해 놓았는데, 양자의 경계가 조문상으로는 확실하지만, 실제에서는 그 효력을 구분하기가 대단히 곤란하다. 경비계엄에서는 군사에 관한 행정사무와 사법사무를 계엄사령관이 관장하도록 되어 있어, 일체의 행정사무와 사법사무를 계엄사령관이 관장하는 비상계엄과 분명히 다르지만, 군사를 넓게 해석하려 한다면 어디까지라도 넓게 할 수 있다. 그렇다면 비상계엄에 대해서만 국회가 해제를 요구할 수 있게 한다면, 경비계엄 때는 사실상 비상계엄과 다를 바가 없는데도 국회의원들은 아무권한을 못 가지게 된다.[5-25, 3쪽]

이에 대해 김동원 부의장의 권유로 최용덕 국방차관이 반론을 펴게 되었는데, 논지 전개가 왔다 갔다 해서 정확한 요지가 무엇인지 파악하기가 쉽지 않다. 최대한 이해되는 대로 말하면 다음과 같다. 헌법 제64조에서 법률로 정하는 것은 계엄의 종류, 계엄의 요구, 계엄의 효력 같은 것이지, 국회의 승인과 관련되어 있지 않다. 계엄 선포는 대통령의 헌법적 권한으로 국회의 승인을 요구하는 것은 대통령의 권한을 제약하는 것으로 위헌이다. 따라서 법사위에서 심의할 때 국회의 승인을 필요로 하지 않는다는데 의견의 일치를 보았다. 국회가 계엄 선포를 승인할 권한이 없다면 해제할 권한도 없는 것이 맞지만, 군부의 양보로 국회 통고 의무와 비상계엄의 해제 요구권을 부여했다. 따라서 경비계엄에 대해서도 해제 요구권을 확보하려는 것은 부당하다. 또한 계엄의 해제 요구와 관련해서도 공공안녕질서의 회복이라는 계엄 선포의 목적을 달성해 객관적 요건이 구비되어야 해제 요구를 할 수 있는 것이지, 입법기관이 자꾸 제약을 가하게 되면 군의 목적을 달성하기 힘들다. 그러니 비상계엄에 대해서만은 국회에 해제 요구권을 부여했으니, 경비계엄에 대해서까지 요구하지는 말아달라. 법사위에서 여러 날을 토의하고 각국의 예를 참고해서 이 원안이나온 것이니 이 점을 이해해주기 바란다.[5-25, 2~3쪽]

하지만 장병만 의원과 조헌영 의원은 두 가지 계엄 중 어느 하나에 대해서만 국회에 해제 요구권을 부여하려 한다면 경비계엄에 대해서만 부여하는 것이 맞는다고 주장했다. 장병만 의원은 비상계엄의 경우 대체로 적국과의 전쟁 같은 것이 일어났을 때 내리는 것이므로, 이 경우에는 군사적 기밀의 문제도 있고 해서 오히려 국회는 계엄을 해제할 상황이 되는지 판단하기 더 어렵다고 했다. 반면 경비계엄의 경우 실제 상황에 대해 국회의원이나 해당 지역 주민이나 해당 지역 군대가 잘 알 수 있다. 그래서 국방부와 법제처가 경비계엄과 비상계엄이라는 말을 뒤바꿔 쓴 게 아닌가 싶다. 오히려 비상계엄은 국회의 해제 요구권이 없어도 되지만, 경비계엄에 대해서는 국회가 해제시킬 수 있어야 한다.[5-25, 5쪽] 조헌영 의원도 같은 취지의 말을 했다. 이 조항은 전부 삭제하면 몰라도 둔다고 하면 비상계엄 대신 경비계엄을 넣는 것이 옳다. 비상계엄은 전쟁상태나 준전쟁 상태이므로 국회가 계엄을 하라 말라 말할 필요도 없다. 반면 경비계엄은 사태가 조금 가벼운 것이므로 계엄을 해야 할 때도 있고 하지 않아도 괜찮을 때도 있을 것이다. 이럴 때야말로 국회의 결의가 필요할 것이다. 비상계엄에 대해 국회의 해제 요구권을 인정한다면 군이 구분하지 말고 경비계엄에 대해서도 인정하는 것이 좋겠다.[5-25, 5~6쪽] 그리하여 박해정 의원의 수정안도 재석 119, 가 72, 부 7로 압도적으로 가결되었다. 이 수정안이 마지막 수정안이었고, 남은 두 조를 수정 없이 통과시킨 후 제2독회가 끝났다. 제3독회도 생략했고 법사위에 자구수정만을 맡기기로 했다.

이상에서 보았듯이 계엄법 원안은 국회 심의 과정을 통해 훨씬 더 민주적인 법안으로 변모했다. 원래 계엄법은 예외상황을 맞아 통상 행정부 수반에게 독재적 권한을 부여하고 시민의 기본권을 심각하게 제약하는 법으로, 민주적이라는 형용사와는 어울리지 않고 민주적 계엄법이라는 말 자체가 형용모순으로 들린다. 하지만 계엄법의 바로 그 본질 때문에 계엄법은 한 나라의 민주주의 수준을 보여주는 바로미터라고도 할 수 있겠다. 일찍부터 포위상태 개념에 기초해 국가긴급권 이론의 발전을 이끌었던 프랑스도 점진적으로 국가긴급권에 민주적 요소를 더해갔다. 물론 그것은 정치적 격변과 헌정 중단으로 얼룩진 19세기 프랑스 역사의 현실을 역설적인 방식으로 반영하는 것일지도 모른다. 신생 대한민국의 경우도 어떤 의미에서 그랬다. 남로당의 파괴활동이 일상화되어 있는 상황에서 이승만 정부는 강력한 대응을 할 수밖에 없었고, 이 과정에서 자주 공권력은 폭력적으로 행사되고 시민적 자유권은 침해되었다. 어떤 정부가 들어섰어도 이러지 않기는 쉽지 않았을 것이다. 국회의원들은 지난 1년 사이에 이런 일을 충분히 겪었고, 자신의 경험을 계엄법에 반영시켰다. 그 결과 당시로서는 이례적일만큼 민주적인 계엄법이 제정되었다. 이때 법안에 들어간 민주적 요소들은 거의 대부분 세월의 무게를 이기고 오늘날의 계엄법에도 그대로 남아 있다. 미래를 선취했던 것이다. 물론 한국 현대사의 현실은 그리 아름답기만 하지는 않았다.

헌법 제정이 낳은 제도적 진공 메우기

신생 국가에서 헌법의 제정은 제도 수립의 제일보이다. 그런데 옛 제도가 존재하는 상황에서 새 제도가 출발하는 것이기 때문에 헌법 제정 전후 사이에 단절이 클수록 제도적 모순과 법률적 혼돈의 가능성이 커진다. 대한민국의 경우가 그러했고 여순사건 때 발포된 계엄령은 대표적인 경우였다. 또 다른 중요한 예는 앞에서 잠시 언급했던 광무신문지법이다.

이 법은 을사보호조약 아래 있던 1907년 이완용 내각에 의해 제정되었고 일제강점기 때 민족 언론 탄압의 법률적 도구가 되었다. 또한 미군정기를 거쳐 대한민국이 출범한 후에도 이 법은 언론과 관련된 유일한 실정법이었고, 이승만 정부는 남로당의 입장을 선전하는 것들을 포함해 우후죽순처럼 솟아나는 수백 개의 언론기관을 제어하는 데 이 법을 근거로 삼았다. 국회에서도 종종 문제가 되었는데, 가장 대표적인 경우가 1948년 11월 29일 제1회 국회 제116차 본회의와 1949년 6월 4일 제3회 국회 제12차 본회의였다.

제1회 국회 때는 반민법 제정과 관련해 일부 언론이 국회에 대해 망민법網民法, 백성을 다 잡아들이는 법을 만든다며 비난하는 일이 일어나면서 김동성 공보처장이 국회로 불려나왔고, 이 자리에서 광무신문지법에 대한 질의 응답이 이루어졌다. 이 법이 일제에 의해 악용되었고 그 조문에 황제라는 말이 나오는데도 지금 사용하는 것이 옳으냐는 의원들의 비판에 대해 이렇게 답했다. "그러면 무슨 일이든지 법에 의하여 실행하는데 이 국회에서 새로 제정한 법률 이외에는 모두가 이전 왜정 때 쓰던 법률을 그냥 계속하는 것이 지금 정부 행정이 아닙니까? 그러면 하필 신문지 법률만 이전 왜정 때 쓰던 것을 쓰지 않을 수 없을 것입니다. 아직까지 신문지법을 내놓지 않았기 때문에 부득이 광무 11년 것을 부득이 이용했던 것입니다."1-116, 3~4쪽

그리고 제3회 국회 제12차 본회의 때는 김형원 공보차장이 나와 당시의 언론 탄압에 대한 의원들의 질의에 답했다. 답변에서 그는 광무신문지법을 거론하는 대신 현재 우리나라에 아직 신문지법이 없어 국무회의의 결의에 따라 내무, 국방, 법무, 공보 네 부처의 책임 아래 논의한 결과 7개 항목에 따라 언론을 단속하기로 하고 이 지침을 각 언론기관에 통고했다

고 했다. 7개 항목이란 대한민국의 국시 국책에 위반되는 기사, 대한민국 정부를 모해하는 기사, 공산당의 이북 괴뢰정권을 인정 내지 옹호하는 기사, 허위의 사실을 날조 선동하는 기사, 우방과의 국교를 저해하고 국위를 손상하는 기사, 자극적인 논조나 보도로써 민심을 격앙 소란케 하는 외에 민심에 악영향을 끼치는 기사, 국가의 기밀을 누설하는 기사 등이었다.[3-12, 7~8쪽] 하지만 김형원 공보차장의 답변은 광무신문지법을 언론 단속의 법적 근거로 삼는 것이 난처한 데서 나온 답변이라 해야 하겠다. 아무튼 이 7개 기준은 상당히 자의적이어서 언론의 자유를 침해하는 요소가 현저했고, 따라서 많은 의원들이 언론 탄압이라며 정부를 공격했다. 하지만 남로당이 만든 언론기관이 다수 존재하던 당시의 상황에서 언론에 대한 강력한 통제는 불가피하다고 생각하는 의원들도 많았다.

일본 메이지 시대의 1882년 계엄령과 광무신문지법이 신생 대한민국에서 효력을 가진 실정법으로 기능했다는 것은 아주 놀라운 일이고 줄잡아도 몹시 당황스러운 일이다. 1882년 계엄령은 특히 그렇다. 모든 것이 예외적이었다. 예외가 도처에 존재했다. 법과 제도에 사각지대와 진공지대가 많았다. 새로운 제도 수립의 제일보인 헌법은 장래의 제도적 설계를 제시하는 것이어서 역설적이게도 일시적으로 사각과 진공을 더 확대하는 역할을 했다. 하지만 이는 새 제도의 수립을 위해 불가피한 과정이었고, 사각과 진공을 메워가는 것도 건국이라는 대역사의 일부였다.

제5회 국회는 이전 국회와 달리 대통령의 집회 요구에 의해 열린 국회였다. 정부 입장에서 반드시 처리해야 할 법률이 많았기 때문이다. "제5회 국회 임시회에 보내는 대통령교서"에서 이승만 대통령이 가장 먼저 언급한 것이 「귀속재산처리법」이었다. 사실 정부는 이미 1949년 2월 9일 국무회의에서 귀속재산처리법안을 논의하고 2월 18일에 정부안을 국회에 제출한 적이 있었다. 하지만 국회에서 법안 처리가 지연되자 정부는 1949년 6월 1일부터 대통령령으로 귀속재산의 불하를 시작하려고 했다. 이에 국회는 1949년 5월 24일 제3회 국회 제2차 본회의에서 귀속재산처리법을 제정·시행하기 전까지는 귀속재산을 불하하지 못한다는 내용의 「귀속재산임시조치법안」을 상정 통과시켜 정부의 계획을 막았다. 이승만 대통령은 이 임시조치법에 대해 거부권을 행사했지만, 국회는 다시 6월 15일 제17차 본회의에서 재석 144, 가 132, 부 10으로 2/3 이상의 찬성을 통해 원안을 정부로 되돌려 보냈다. 민국당 서상일 의원은 정부의 원안에 모순이 너무 많아 국회 차원의 '혁명적인' 안을 만들고 있다며, 빠르면 이번 회기나 늦어도 다음 회기에 본회의에 상정할 것이라고 했다.[3-2, 18~19쪽]

하지만 귀속재산법안은 제3회 국회에도, 제4회 국회에도 상정되지 못했다. 그 사이에 국회프락치사건, 반민특위 특경대 해체 사건, 김구 암살,

미군 철수 등 엄청난 일이 많았다. 하지만 법안의 내용과 관련해 정부와 국회 사이에, 그리고 관할 상임위였던 재경위와 산업위 사이에 이견이 커서, 주요 이해당사자들 모두가 동의할 수 있는 초안의 마련이 쉽지 않았던 탓도 있었다. 이렇게 해서 이 법안은 계속 지연되다가 9월 중순에 시작된 제5회 국회에 와서야 처리되게 되었고, 그마저 재경위와 산업위의 의견 차이가 쉽게 해소되지 않으면서 11월 4일 제32차 본회의에 와서야 겨우 상정되었다.

제5회 국회는 43개의 안건을 심의 통과시켜 양적으로도 가장 생산적이었을 뿐만 아니라 법인세법을 비롯한 각종 조세 관련 법률, 귀속재산처리법, 교육법, 검찰청법 등등 여러 가지 중요한 법안도 처리해 "획기적인 업적을 거둔" 국회였다는 평가를 받았다.「동아일보」, 1949.12.4 그중에서도 국회의원들이 가장 애를 많이 쓴 법안은 귀속재산법과 교육법이었다. 두 법안은 1960년대부터 본격적으로 시작되는 기적의 경제성장에 직접적인 토대가 되었다는 점에서 큰 역사적 의미가 있다. 이승만 정부는 교육법에 근거해 1950년대에 당시의 경제 규모에 비해 엄청난 교육투자를 했고, 이를 통해 배출된 초중등교육을 받은 양질의 산업 인력이 1960년대 이래 경제 기적의 토대가 되었다. 한편 일제로부터 압수한 귀속재산은 서상일 산업위원장의 보고에 따르면 약 80,000개의 주택, 약 13,000개의 점포, 약 8,500개의 소기업 및 기타 건물, 약 2,500개의 대소 기업체, 기타 광산권, 주식, 지분 등을 모두 합쳐 국가 재산의 80% 이상을 차지하고 있었다.5-32, 22쪽 따라서 이 막대한 재산의 대부분을 민간에 넘기는 것은 경제 발전에 큰 영향을 미칠 수밖에 없었다.

역사적 의의로만 보면 두 법안을 모두 다루어야 하겠지만, 여기서는 귀속재산법에 대해서만 보기로 한다. 교육법 처리 과정에서 학제를 둘러싸고 격론이 벌어졌지만, 이것이 어떤 이념적 정파적 대결 양상을 띠지는 않았다. 반면 귀속재산법은 국부의 80% 이상을 다루는 법률이어서 다양한 행위자들 사이에 다양한 이해관계가 걸려 있었고, 어떤 원칙에 따라 어떻게 처리하느냐에 따라 경제시스템의 모습이 달라질 것이기 때문에 필연적으로 이념적 정파적 대결을 야기할 수밖에 없었다.

국회의 제어를 강조한 국회 초안

국회 재경위와 산업위는 6장 39조로 이루어져 있었던 정부안을 가다듬고 고쳐서 6장 55조로 이루어진 수정안을 본회의에 내놓았다. 국회의원들의 토의를 살펴보기 전에, 우선 불하의 종류, 불하를 받을 사람의 우선순위, 불하의 조건, 관재기관의 설치 등 핵심적인 내용을 간단히 소개하기로 한다.

귀속재산의 불하는 제8조에서 네 종류로 나누었다. 첫째, 기업체 불하는 귀속재산 중 일본기관, 그 국민 또는 단체가 영리를 목적으로 하는 사업에 사용하던 부동산, 동산, 기타의 여러 권리 등 일체의 재산을 본래의 종합적 단일체 그대로 평가해 불하하는 것이다. 단, 기업체로서 존속할 가치가 없을 때 또는 기업체 운영에 지장을 주지 않을 때는 그 재산을 분할하여 불하할 수 있도록 했다.제1호 둘째, 부동산 불하는 귀속재산 중 제1호에서 규정하는 기업체에 속하지 않는 주택, 점포, 대지 등 부동산을 불하하는 것이다.제2호 셋째, 동산 불하는 귀속재산 중 제1호의 규정에 속하지 않는 동산을 불하하는 것이다.제3호 넷째, 주식 또는 지분 불하는 귀속된 주식 또는 지분을 불하하는 것이다.제4호

불하는 대한민국 국민이나 법인이라면 금치산자 등등 일부 부적격자를 제외하고는 누구나 받을 수 있었지만 우선순위가 있었다. 제15조에서 귀속재산은 합법적이며 사상이 온건하고 운영능력이 있는 선량한 연고자와 농지개혁법에 의하여 농지를 매수당한 자에게 우선권을 주었고, 특히 주택의 경우에는 국가에 공에 있는 무주택자와 그 유가족, 그리고 귀속주택 이외의 주택을 구하기 어려운 자에게 우선권을 주었다. 농지를 매수당한 지주에게 우선권을 주는 것은 농지개혁법의 제10조를 따른 것이며, 이승만 대통령도 제5회 국회 개회식 때 이를 강조한 적이 있었다. 누구에게 불하의 우선권을 주느냐는 가장 중요한 문제였기 때문에 입법과정에서도 이에 대한 토의가 가장 치열했다.

귀속재산의 불하 가격은 불하계약 당시의 시가를 기준으로 했다.^{제18조} 귀속재산의 불하 대금은 일시금 납부를 원칙으로 하되 동산 불하 이외의 재산 불하의 경우에는 최고 15년의 기한으로 분할해 대금을 납부할 수 있었다.^{제19조} 불하 대금을 분납할 경우 그 첫 번째 분납금은 불하 대금의 10분의 1 이상으로 했고, 불하 대금 납부 기간 중 일반 물가의 변동이 현저할 경우 그때 이후의 납부금액은 법률로 변경할 수 있도록 했다. 또한 농지개혁법에 의한 농지증권으로 귀속재산의 불하 대금을 지불할 수 있게 해, 농지를 매수당한 지주가 더 용이하게 불하에 참여할 수 있도록 했다.

귀속재산의 불하를 관장하기 위해 관재기관을 두었다. 우선 귀속재산의 불하와 관련된 사무를 관장하기 위해 관재청을 두었는데, 행정부, 입법부, 사법부의 어디에도 속하지 않는 기관으로 구상되었다. 또한 관재위원회^{중앙과 적당한 지방}를 국무총리 직속 하에 두어, 귀속재산의 공정하고 적절한 처리를 위해 관재청의 제반 결정에 대해 동의권을 행사할 수 있도록 했다. 마지막으로 귀속재산 처리에 불만이 있을 경우 그 소청을 심의하기 위해 귀속재산소청심의회를 두었는데, 이 역시 삼부 중 어디에도 속하지 않았다. 중앙관재위원회는 국회의원 6인을 포함해 정부 부처, 산업계, 금융계, 학계, 법조계 인사 18인으로 구성되었다. 귀속재산소청심의회도 국회의원 2인을 포함해 정부, 학계, 법조계, 산업계, 금융계 인사 9인으로 구성되었다.

당초의 정부안에서는 관재청이 국무총리 직속으로 되어 있었고, 그 안에 귀속재산에 관한 기본정책을 조사 심의하기 위해 귀속재산관리위원회를, 귀속재산의 임대차 및 처분에 관한 소원을 심의 결정하기 위해 귀속재산소원심의회를 두는 것으로 했다. 이 기관들의 직제에 관한 사항은 대통령령으로 정했다. 국회 초안은 당초 관재청 내부의 조사·심의기관이던 귀속재산관리위원회를 관재청에 대한 동의권을 가진 관재위원회로 강화한 것이었다. 국무총리 직속으로 해놓기는 했지만, 국회의원들이 직접 참여하고 또한 정부를 제외한 다른 분야의 인사들을 국회가 선임할 수 있게 함으로써 국회가 관재위원회를 강력하게 제어할 수 있도록 했다. 관재위원회는 동의권을 가지고 있으므로 결국 관재청까지 제어할 수 있도록 되어 있었다. 정부안은 행정부가 귀속재산 처리의 전 과정을 담당하도록 했고, 국회 초안은 국회의 제어를 강조했다.

사회주의적 수정안의 통과

귀속재산법에 대한 제1독회 대체토론은 11월 7일 제34차 본회의와 11월 8일 제35차 본회의에서 이루어졌다. 대체토론을 위해 단상에 오른 의원들은 거의 모두 원안에 대해 아주 비판적이었다. 비판의 주요한 초점은 두 가지였다. 우선, 불하의 우선순위와 불하의 조건을 볼 때 원안이 노동자를 비롯한 민중을 배제하고 자본가와 지주에게 특혜를 준다는 것이었다. 다수의 의원이 이런 방향의 비판을 했는데, 전진한 의원의 말을 인용할 만하다. 귀속재산을 어떻게 처리하는가는 앞으로 대한민국이 자본주의 국가로 나아갈 것인가, 사회주의 국가로 나아갈 것인가, 혹은 계급 대립이 없고 모든 민중이 협동해서 나아가는, 우리 헌법정신에 충실한 국가로 나아갈 것인가를 규정한다. 그런데 이 원안은 "완전히 새로운 자본주의 계급, 새로운 특수계급을 만들어서 민족 내에 큰 계급적 대립을 양성할 뿐만 아니라 전 근로층으로 하여금 이 대한민국에 대한 관심과 애착심을 완전히 말살"시키는 안이라는 것이었다.5-35, 13쪽

두 번째 초점은 관재기관이었다. 국회 초안에서 관재청이 삼부의 어디에도 속하지 않은 것, 그리고 중앙관재위원회와 귀속재산소청심의회에 국회의원이 참가할 뿐만 아니라 정부를 제외한 다른 분야의 위원들도 국회가 결정하도록 되어 있는 것에 대해 무소속 박해정 의원, 노농당 유성갑 의원, 일민구락부 신광균 의원, 신정회 김수선 의원 등은 반민특위의 잘못된 전철을 밟는 것이라며 강력히 이의를 제기했다. 특히 유성갑 의원은 국회의원이 직접 반민특위에 가지 않아도 넉넉히 일을 할 수 있었는데 특조위원을 겸임함으로써 특위와 특재에 대한 불만불평을 국회로 가지고 들어오는 바람에 얼마나 큰 혼란을 겪었느냐며 국회가 중앙관재위원회에 들어가는 것은 월권이라고 했다.5-35, 12쪽

신정회 이재형 의원은 전혀 다른 관점에서 관재기관을 비판했다. 관재기관을 두는 것이 종래 볼 수 없는 독특한 창의이자 국민의 열의에 보답하려는 기맥이 넘쳐흐르는 발상이라 칭찬하면서도, 이 기관으로는 부패문제를 해결할 수 없다는 것이었다. 미군정 하에서 진행된 귀속재산 불

하 과정에서 이미 광범위하고 심각한 협잡과 부패가 발생했었다. 관재기관이 제어하려는 관리의 부패란 사실 관리들만의 부패가 아니라 대한민국 사회 일반의 전반적인 부패상을 반영한다. 부패가 이처럼 사회의 전반적인 조류라면 귀속재산법만으로 부패를 제거할 도리가 없고 전면적이고 종합적인 처치가 있어야 한다. 관재위원회를 만든다고 하지만 관재위원회가 부패하지 않을 것이라는 보장은 어디 있는가? 관재위원회의 부패를 방어하기 위해 또 다른 기구를 만들어야 하지 않는가? 이미 행정부에는 부패를 다루는 감찰위원회, 심계원, 경찰 등이 존재하는데 삼권분립에도 어긋나 보이는 중앙관재위원회를 굳이 만들 필요가 없다.5-35, 8쪽

축조심의를 하는 제2독회에서도 이 두 가지와 관련된 조항들에 대해 수정안이 많이 나왔다. 제2독회는 11월 14일 제40차 본회의에서부터 시작되었다. 신익희 의장은 대통령이 며칠 전 자신에게 보내온 사한私翰의 내용을 알려주며, 반민특위처럼 관재기관의 소속이 분명치 않은 것에 대해 우려하고 신속한 처리를 부탁했다고 했다.5-40, 1~2쪽 이처럼 대통령이 기회 있을 때마다 깊은 관심을 표명한 데다 쟁점이 많은 법안이어서 국회 초안의 축조심의는 결코 쉽지 않았다. 처음부터 많은 수정안이 나왔다. 더욱이 수정안이 폐기되면 보통은 원안이 통과되는 것이었지만, 이 법안의 경우 수정안도 원안도 통과되지 못하는 이변이 자주 연출되었다. 귀속재산의 대부분은 민간에 불하되어야 하는 것이었지만 사회주의적 조류가 강했던 당시의 시대 상황에서 의원들이 확실한 태도를 정하지 못한 사안들이 많았던 것이다. 이런 경우들을 자세히 살펴보면 당시의 이념적 조류와 제헌국회의원들의 의식 세계에 대해 보다 풍부한 정보를 얻을 수 있지만, 그러려면 지면이 많이 필요하고 번잡함과 지루함을 피할 길이 없다. 따라서 아래에서는 위의 두 가지 초점과 관련된 가장 중요한 수정

안만을 다루기로 한다.

(1) 천만 원 상한선. 최초의 가장 중요한 수정안은 신정회 이재학 의원 외 10인의 제안으로 매각[1]의 네 종류를 규정한 제8조 다음에 새로운 제9조를 넣는 것이었다. "귀속재산의 매각은 수매각자[매각 받은 자] 1인에 대하여 본법 시행 당시의 시가에 의한 가격 1,000만 원을 한도로 한다. 단 주택 및 대지의 가격은 전기前記 금액에 합산하지 아니한다. 수인이 공동하여 귀속재산을 매각 받을 때 또는 귀속재산의 수매각자가 법인인 경우에는 1인이 소유할 수 있는 주식 또는 지분도 전 항에 준한다. 대지의 매각은 수매각자 1인에 대하여 200평 이하로 한다. 단 개인 거주용 주택 이외의 건물을 건축할 때에는 예외로 한다"는 내용이었다. 쉽게 말해, 시가 10억의 기업체라면, 혹은 2만 평의 대지라면, 최소 100명이 돈을 합쳐야 매각을 받을 수 있다는 내용이었다. 당연히 논란이 일어났다.

이 수정안의 대표 발의자인 이재학 의원은 귀속재산의 매각이 천만 원 이하의 기업체가 중심이 되겠지만 그보다 더 큰 기업은 몇 사람이 공동으로 가지거나 주식회사를 조직해 가지라는 뜻이라고 했다. 이는 자본의 집중을 막고 대자본가뿐만 아니라 중산계급도 기업의 운영에 참가할 수 있도록 하기 위해서이다. 귀속재산의 처리도 농지개혁법의 정신과 같아야 하니, 농지개혁법의 정신은 경자유전이다. 또한 농지개혁은 지주에게 많은 희생을 시켰으니 희생당한 중소지주도 가능한 한 많이 참여할 수 있게 한다는 것이었다.[5-41, 10~11쪽]

무소속 김광준 의원이 이 수정안의 문제점을 지적하기는 어려운 일이 아니었다. 그는 이 수정안의 단서조항이 귀속기업체의 건물에는 적용되

---

1   민국당 이원홍 의원이 '불하'라는 말은 우리말에도 한문에도 없는 왜놈들의 말이라 하여(5-40, 21쪽), '매각'이라는 말로 대체되었다.

지 않는다며, 그렇다면 2천만 원이나 3천만 원짜리 귀속기업체 건물의 경우 그 건물을 2, 3인이 쪼개서 사야 한다는 결론이 나온다고 했다. 중산 계급을 옹호하자는 정신은 찬성하지만, 소유의 한도를 천만 원으로 한정 하면 조선의 산업은 절대로 부흥할 수 없다. 공동경영을 한다면 의사의 불통일을 초래해 산업이 똑바른 궤도에 오를 수 없다. 이는 소의 뿔을 고 치려다 소를 죽이는 격이라고 했다.5·41, 11~12쪽

이재형 의원은 귀속재산의 처리가 사회정의의 실현과 균형 있는 국민 경제의 발전을 규정한 헌법 제48조에 따라 이루어져야 할 것이라고 했 다. 농지개혁법에서도 3정보를 소유 상한으로 한 것처럼 귀속재산 처리 에서도 다수의 국민이 참여하도록 해 부의 균형을 이루어야 한다. 김광준 의원은 다수가 기업에 참여하면 기업 운영에 지장을 초래한다고 하지만, 지금 대부분의 기업들은 주식회사의 형태를 취하고 있다며 김 의원이 기 업 운영의 실태를 모른다고 비판했다.5·41, 12~13쪽

이에 대해 민국당 김준연 의원은 주식회사를 경영할 때도 한 사람이 그 주식의 과반수를 가지고 경영하지 않으면 경영이 대단히 곤란하다고 반박했다. 천만 원이 아주 큰 돈 같지만 해방 전의 화폐가치로는 만 원도 안 되는 돈인데, 천만 원을 상한선으로 하면 경영이 대단히 어렵다. 농지 개혁에서는 3정보로 한계를 정해도 농업 생산에 지장이 없지만, 비행기 나 배를 만드는 대기업은 몇십 억, 몇백 억이 되는데 천만 원으로 한계를 정하면 산업이 저해된다는 것이었다.5·41, 13쪽

호남의 대지주 집안 출신이지만 진보적 견해를 가지고 있었던 민국당 장홍염 의원은 자본 독점 시대는 지났다며 모든 것을 상호부조의 원칙 하에서 해야 한다고 주장했다. 공산주의 독재를 싫어한다면 자본 독재도 싫어해야 한다. 사업을 혼자서 운영한다면 그 사람의 이익은 날지 몰라도

국민 전체와 국가의 이익은 날 수 없다. 민족 전체가 균등하게 행복을 누려야 한다. 이를 위해 상한선을 차라리 5백만 원으로 하고 싶지만, 기왕에 천만 원으로 안이 나와 있으니까 이를 지지하겠다는 것이었다.[5-41, 13~14쪽]

제2독회에서 산업위원장 대리의 역할을 맡은 민국당 조헌영 의원은 이재학 의원의 수정안에 대해 그 정신은 동의한다면서 초안을 마련할 때 소수가 귀속재산을 독점하지 않도록 많이 연구했다고 했다. 그래서 제10조에서 어떤 사람이 매각을 받으면 그 가족의 일원은 다른 매각을 받지 못하도록 했고, 제13조에서 그 가족의 일원이 동족회사를 만들어서 다른 매각을 받는 일도 못하도록 했다. 하지만 장사를 여럿이 어울려 하면 싸움이 나서 장사가 잘 안 되고, 이미 하나로 되어 있는 물건을 여럿이 갈라서 맡으면 곤란하니까, 천만 원 상한선은 곤란하다. 구태여 상한선을 정한다 해도 천만 원은 너무 적다는 것이었다.[5-41, 15~16쪽]

이 이외에도 여러 의원들이 발언에 나섰지만 언급할 만한 가치가 없다. 상당한 토론이 진행된 끝에 김동원 부의장이 이 수정안을 표결에 붙였고, 이 수정안은 재석 112, 가 59, 부 4로 가결되었다. 이러한 표결 결과는 대단히 놀랍다. 시가가 높은 기업체는 매각 자체가 쉽지 않고, 매각이 된다 해도 김광준, 김준연, 조헌영 의원의 지적처럼 운영이 쉽지 않았을 것이다. 그럼에도 불구하고 반대표는 4표에 불과했고 다수의 의원들은 기권했다. 그만큼 균등과 균점의 요구가 경제적 합리성을 압도하는 분위기였다.

(2) 종업원조합. 또 다른 중요한 수정안은 제15조에 대한 것이었다. 제15조는 "귀속재산은 합법적이며 사상이 온건하고 운영 능력이 있는 선량한 연고자 및 농지개혁법에 의하여 농지를 매수당한 자와 주택에 있어서는 특히 국가에 유공한 무주택자, 그 유가족 및 귀속 주택 이외의 주택을 구득求得하기 곤란한 자에게 우선적으로 매각한다"는 것이었다. 이에 대

해 많은 수정안이 나왔는데, 그중 가장 중요한 것이 전진한 의원과 장홍 염 의원의 수정안이었다. 전진한 의원의 수정안은 "선량한 연고자" 다음 에 "종업원 대표자"를 넣자는 것이었고, 장홍염 의원의 수정안은 "선량한 연고자" 다음에 "종업원조합"을 넣자는 것이었다(장홍염 의원의 수정안은 주 택 매각에서 노동자와 소시민도 순서에 넣자는 내용도 포함하고 있다). 노동자에게 도 우선권을 주자는 점에서 기본 정신은 동일했다. 나아가 전진한 의원은 수정안이 너무 많으면 표가 분산이 될 수 있으므로 장홍염 의원의 안으 로 통일하겠다고 했다.5-42, 6쪽

이 수정안을 주장하는 장홍염 의원과 전진한 의원의 논지는 위의 천만 원 상한을 주장할 때와 다르지 않았다. 장홍염 의원은 우리나라 헌법에서 경제는 완전한 자본주의 체제를 지향하는 것이 아니라 균등한 사회를 지 향하므로 이를 위해 노동자를 대우해야 한다는 것이었고, 그것이 공산주 의에 대한 방파제를 세우는 것이었다.5-42, 5쪽 전진한 의원은 호소력을 더 하기 위해 이승만 대통령의 일민주의를 언급했다. 대한민국을 새로 튼튼 하게 하는 데 새로운 국민이 필요하고 전 국민이 힘을 합치고 마음을 합 쳐야 하니 노동자 단체도 기업의 운영에 참여시키자는 것이었다.5-42, 6~7쪽

일민구락부 곽상훈 의원은 제15조 원안이 노동자나 종업원을 배제하 는 것이 아니라 선량하고 운영 능력만 있으면 누구나 자격이 되도록 해 놓았다고 했다. 귀속재산 처리 문제가 세상에 나오자 지금 인구의 8할을 차지하는 노동자와 농민들이 자기들도 한몫 보게 해달라는 요청이 방방 곡곡에서 일어나고 있다. 민주주의 국가에서 이러한 민중의 의사를 듣지 않을 수는 없다. 노동자에게 권한을 주면 자기들 이익만 주장하고 일일이 간섭을 해서 기업 운영에 지장을 준다고 주장하는 사람들이 있지만, 이는 그들을 무시하는 발언이다. 노자 협조가 없으면 우리나라는 재건될 수 없

다. 그들을 참가시키면 자본의 독점적 경영체보다 일이 이상적으로 될 것이다. 다만 종업원 대표라고 뚜렷이 넣기보다 해당 사업체에 종사한 연고자로 두리뭉실하게 해놓는 게 좋겠다.[5-42, 8~9쪽] 수정안을 찬성하는 듯 하면서도 수정안의 핵심 취지를 뭉개는 주장이었다.

조헌영 산업위원장 대리는 의원들의 다양한 발언에 대응하면서 전진한 의원의 수정안과 장홍염 의원의 수정안에 대해서도 논평을 했다. 두 수정안이 합쳐졌지만, 종업원 '조합'에 매각하는 것은 사실상 곤란하다고 생각되기 때문에 법문 상으로는 전진한 의원의 수정안이 더 낫다고 생각한다. 다만 종업원 대표라고 하면 좋을 것 같지만 노동자에게는 좋지 않은 폐단이 생길 수 있다. 소위 노동귀족이라고 해서 노동조합을 팔아먹는 사람들이 있기 때문에 노동자 대표가 노동자의 이익을 옹호한다는 보장이 없다. 그래서 군이 노동자 대표자라 특정할 필요가 없고 종업원이라 하면 충분하다. 그런데 법안에 들어 있는 '연고자'라는 말은 종업원도 포함하고 있다.[5-42, 11~12쪽] 결론적으로는 곽상훈 의원의 주장과 유사했다.

신정회 강선명 의원은 북한의 노동독재에 반대하고 노동만이 가치를 창조할 수 있다는 마르크시즘도 믿지 않지만, 노자 협조와 노동자의 기업 참여를 통해 노동자에게 희망을 주어야 한다고 했다. 대영제국 사회주의의 발단은 19세기의 이익 배당 제도에 있으니, 프로피트 쉐어링 제도를 통해 노자가 협조했고 노동자는 능률을 올려 생산량을 늘렸다. 영국의 이 이익 균점제도는 전 세계에 퍼졌고 우리 헌법도 이러한 세계 조류에 부응해 이 제도를 채택했다. 이것을 무시하고 종업원의 기업 참여를 일체 봉쇄한다면 노동자의 능률도 저하되고 노자 협조는 안 될 것이다. 요즘 이익 균점을 이야기하면 사상을 의심하는 경향이 있지만, 그것은 고루한 생각이다. 노동자와 농민 없이 우리나라의 완전한 육성은 있을 수 없다.[5-42, 12~13쪽]

이정래 의원은 천만 원 상한을 규정한 제9조를 상기시키며 반대 토론을 시작했다. 자기가 생각하기에 정부가 십중팔구 거부권을 행사할 것이기 때문에 이 법을 되도록 빨리 통과시켜 양단간에 결말을 빨리 봐야 한다는 것이었다. 장홍염, 전진한 의원의 수정안과 관련해 그는 기업체를 노자 협조의 원칙 아래에서 운영해야 한다는 것은 헌법에 이익 균점을 규정한 상황에서 누구도 부인할 수 없다고 했다. 하지만 기업에 주인이 열 명이면 제대로 운영이 될 수가 없다. 이익 균점을 이야기하기 전에 먼저 지금 이 나라에 이익을 낼 수 있는 공장이 있는가를 생각해야 한다. 이익 균점은커녕 일자리가 없어 노동자들이 방황하고 있는 현실이다. 노동자가 노력勞力을 가지고 있어도 노동력을 팔 수 없는 이러한 현실에서 종업원 대표를 운운한다고 해서 기업이 제대로 운영되고 귀속재산이 처리가 될 것인가를 생각해야 한다.5-42, 13~14쪽 "노력勞力을 가지고 있어도 노동력을 팔 수 없다"는 말에서 이정래 의원이 마르크스의 『자본론』에 꽤 익숙한 사람이었음을 짐작할 수 있다.

찬반 토론이 조금 더 진행된 후에 윤치영 부의장이 여러 가지 수정안들을 표결에 붙였다. 모든 수정안들이 미결되는 가운데 축조심의 과정에서 상당한 지지를 받은 장홍염, 전진한 의원의 수정안도 재석 126, 가 60, 부 1로 아슬아슬하게 미결되었다. 그런데 원안도 미결이 되는 바람에 찬반 토론이 재개되었다.[2] 다시 10명의 의원이 등단해 찬반 토론을 펼쳤지만, 민국당의 재경위 소속 조한백, 이정래, 오용국 의원을 제외하고는 모두 수정안에 찬성했다. 이정래 의원은 이익을 내는 산업기구가 없는데 어떻게 이익 균점을 하는가, 수정안은 공중누각이고 탁상공론일 뿐이라는

---

2   회의록에는 재석 126, 가 66, 부 3으로 되어 있다(5-42, 18쪽). 하지만 윤치영 부의장이 미결이라 선언한 것을 보면 '가 66'이 오타인 것이 분명하다.

주장을 되풀이한 후, 이익을 보장해 주어야 한다면 결국 국가가 나서 기업의 손해를 보전해 주어야 하는데 이것이 가능하냐고도 했다.[5-42, 21쪽] 하지만 민국당의 산업위 소속 이석주 의원조차 수정안에 찬성할 정도여서 이정래 의원의 웅변은 도로에 그치고 말았다. 결국 장홍염, 전진한 의원의 수정안이 '소시민'이라는 문구만 뺀 채 재석 116, 가 75, 부 1로 가결되었다. 그리고 이 수정안에는 "공인된 교화, 후생, 기타 공익에 관한 사단 또는 재단으로서 영리를 목적하지 아니하는 법인이 필요로 하는 귀속재산에 대하여도 우선적으로 매각할 수 있다"는 규정이 제2항으로 신설 삽입되어 표결에 붙여진 결과, 재석 116, 가 90, 부 0으로 가결되었다.

(3) 관재기관. 다음으로 중대한 수정이 이루어진 것은 관재위원회에 관한 조항들이었다. 관재기관은 순서상으로는 제5장이지만 앞 장의 조항들에 영향을 미치기 때문에 먼저 논의하게 되었다. 관재위원회를 다루는 원안 제38조는 "귀속재산의 공정 적절한 처리에 동의하기 위하여 중앙에 중앙관재위원회를, 적당한 시와 도에 각기 지방관재위원회를 둔다"는 것이었다. 이에 대해 세 가지 큰 수정안이 나왔다. 먼저 유성갑 의원 외 12인의 수정안으로 "귀속재산에 처리에 관한 중요정책에 자문기관으로 국무총리 직속 하에 관재위원회를 둔다"는 내용이었다. 다음으로 신광균 의원 외 11인의 수정안은 "국무총리 직속하에 귀속재산에 관한 중요사항을 조사·심의하기 위하여 귀속재산관리위원회를 둔다"는 것과 "귀속재산관리위원회의 조직 및 직제, 기타 필요한 사항은 대통령령으로 정한다"는 것이었다. 마지막으로 이재형 의원 외 11인의 수정안은 제38조 "국무총리 직속 하에 귀속재산관리위원회와 귀속재산소원심의회를 둔다. 귀속재산관리위원회는 귀속재산에 관한 중요사항을 조사·심의하여 국무원의 자문에 응한다. 귀속재산소원심의회는 귀속재산의 매각, 임대차 및 관

리에 관한 소원을 심의한다", 그리고 제39조 "전 조의 규정한 각 기관의 직제에 관한 사항은 대통령령으로 정한다"는 것이었다. 수정안들은 중앙 관재위원회의 지위를 동의기관에서 자문기관 혹은 조사·심의기관으로 낮추는 내용으로 이는 정부 원안과 가까웠다.

유성갑 의원을 대신해 등단한 강선명 의원은 초안의 관재위원회는 의결기관으로서 이는 입법부가 행정부를 감시 간섭하는 것밖에 안 된다며 긴 말이 필요 없다고 했다.5-43, 6쪽 신광균 의원은 관재위원회가 관재청의 있을 수 있는 부정과 부패를 막기 위한 기관으로, 이는 관재청의 기구를 구성하는 자연인을 믿지 못하는 까닭이다. 그렇다면 관재위원회를 구성하는 자연인은 반드시 공정하고 신성한가 생각해 보면 그들도 똑같은 인간이다. 그렇다면 왜 쓸데없이 또 하나의 동의기관을 두어야 하는가. 관재위원회가 동의권을 가지게 되면 관재청 사람들과 심한 알력이 일어날 수도 있고, 또 동의권을 행사할 건수가 아주 많을 것인데 귀속재산을 어느 세월에 다 처리할 것인가. 결론적으로 관재위원회를 아주 없앨 수는 없고, 중요 사안이나 중요 정책에 대한 심의기관이나 자문기관으로 두자는 것이었다.5-43, 6-7쪽 이재형 의원은 자신의 수정안과 신광균 의원의 수정안이 내용적으로 동일하다며 자신의 안을 폐기하겠다고 했다. 그러면서 관의 부패는 대한민국 사회의 일반적인 부패의 단적인 표현으로, 이는 근본적인 시책을 강구함으로써만 뿌리 뽑을 수 있지 관재위원회로 할 수 없는 일이라고 했다.5-43, 7-8쪽

김수선 의원 역시 비슷한 주장이었다. 관재청 위에 동의권을 가진 관재위원회를 만드는 것은 정부에 대한 불신임이며 옥상옥이다. 해방 후 귀속재산 기업체에 대한 관리가 엉망이 되고 많은 혼란이 일어난 중요한 이유 중 하나는 그 사무계통이 일원화되지 않아서였다. 간섭하는 사람이 여

러 수십 명이라 장부 하나 조사하는 데도 수십 군데를 돌아다니며 술 받아 먹이느라 기업체를 다 팔아먹어야 했다. 이제 관재위원회를 만들면 똑같은 일이 일어날 것이다. 이제 사무계통을 단일화해서 한 기관에 맡기고 양심적으로 일을 하라고 해보자.5-43, 11~12쪽

이러한 비판에 대해 조헌영 산업위원장 대리가 등단해 관재위원회를 두어야 할 여러 가지 이유를 제시했다. 첫째, 귀속재산 가운데 국영이나 공영으로 해야 할 것들은 명령으로 정할 것이 아니라 법률로 정해야 하는데 이는 우리 국회가 해야 할 일이니, 이것이 관재위원회를 두어야 할 중요한 이유이다. 둘째, 과거에 부패가 많았고 이는 관재위원회를 만들어도 그럴 수 있으니 만들 필요가 없다는 것은 무책임한 주장이다. 셋째, 현재의 귀속재산 관리인들이 관재위원회가 생기면 자신들의 자리를 잃을까 걱정이 되어서 관재위원회를 자문기관으로 만들어 달라는 청원을 많이 하는 것으로 듣고 있는데, 관재위원회가 그들의 자리를 보장해야 할 것이다. 관재청에만 맡긴다면 오히려 옛날처럼 장관의 특명 같은 것이 많아서 자리가 보장되지 않을 것이다. 넷째, 귀속재산을 공정하게 처리하고 부패를 바로잡는 것이 국민의 요망이니 동의권을 가진 관재위원회가 이런 일을 할 수 있다. 자문기관으로 하라고 하지만 그럴 바에야 괜히 시간과 재정만 허비할 것이니 차라리 관재청만 두도록 하고, 귀속재산의 처리는 모두 대통령령으로 하면 될 것이다. 그러므로 국가의 중요한 정책은 전적으로 명령에 맡길 수 없다는 정신을 살린다면 관재위원회는 그대로 두어야 한다.5-43, 8~9쪽

조헌영 의원은 국회 초안이 부정부패를 막기 위해 정부안에서 3개 조로 이루어져 있던 관재기관의 장을 12개 조로 늘리며 애를 썼음에도, 의원들이 별로 설득력이 없는 이유를 내세우며 반대하자 상당히 화가 난 것 같았다. 하지만 소용이 없었다. 위의 세 수정안은 신광균 의원의 수정안으

로 합동이 되어 표결에 붙여져 재석 118, 가 64, 부 24로 가결되었다. 이 수정안의 통과로 12개 조에 이르던 관재기관의 장이 3개 조로 좁아들었다. 관재청을 다루는 제37조는 11월 22일 제47차 본회의에서 원안대로 통과되었고, 신광균 의원의 수정안은 약간의 문구 조정을 다시 거쳤다.

관재위원회를 둘러싼 논의는 이상의 간략한 소개가 시사하는 것보다 훨씬 더 격렬하고 신랄한 것이었다. 조헌영 의원은 국회 초안의 핵심이라 할 수 있는 관재위원회가 단순한 자문기관으로 전락하자 더 이상의 법안 심의는 무의미하고 나머지 모든 사항은 대통령령으로 하면 된다며 의사 진행도 다른 사람이 맡아서 하라고 했다.5·43, 14쪽 서상일 산업위원장은 아예 귀속재산의 매각, 임대차, 관리 등 일체 처리 방법은 대통령령으로 정한다는 한 조문을 넣고 토론을 종결하자는 동의안을 내었다.5·43, 16~17쪽 순식간에 20청까지 나와 동의안이 성립되었다. 이렇게 해서 다시 파란이 일어나 여러 정파들 사이에 독설과 인신공격이 오갔다.

관재위원회 문제는 처음부터 논란이 많은 사안이었다. 재경위 소속 이성득 의원의 제44차 본회의 발언에 따르면, 원래 산업위는 동의기관을 주장했고, 재경위는 자문기관을 주장했다. 하지만 양 위원회 연석회의에서 산업위의 입장이 과반수로 채택되었다. 표결하기 전에는 두 가지 안을 다 본회의에 내놓자는 이야기도 있었다.5·44, 7~8쪽 관재위원회의 성격을 둘러싸고 민국당 내에서도 이견이 있었던 것이다. 그래서 어떤 연구자들은 민국당의 산업위 소속 위원들을 친지주적 분파로 보고, 재경위 소속 위원들을 친자본가적 분파로 보고 이 문제를 논의하기도 한다.3

하지만 이러한 계급적 분석이 어디까지 타당한지는 의문이다. 예컨대

---

3   김일영, 「농지개혁을 둘러싼 신화의 해체」, 312~313쪽.

민국당 이정래 의원은 재경위 소속이었지만, 조헌영 의원과 함께 타 정파와의 논쟁의 제1선에 섰다. 또한 제44차 본회의가 열리자마자 신정회 이재학 의원과 조헌영 의원이 설전을 벌이는 장면이 나오는데, 이때 조헌영 의원이 발언한 내용을 보면 산업위 안이 1949년 봄에 제출한 이재학 의원의 귀속재산조사법을 일부 반영하고자 한 것을 알 수 있다. 귀속재산조사법은 미군정 때 이루어진 귀속재산 처리를 다시 조사해서 비리와 부패를 적발하려는 급진적인 법안이었다. 조헌영 의원은 원래의 산업위 안에는 부정과 불법을 저지른 자는 귀속재산 불하에 참여하지 못하도록 하는 조항이 있었는데, 재경위와의 연석회의에서 그렇게 하려면 10만여 건을 조사해야 하기 때문에 현실적으로 불가능하다 하여 빠졌다고 했다.[5-44, 3~4쪽] 산업위 안이 지주의 입장을 기계적으로 반영한 것이라는 주장은 성립할 수 없다. 요컨대 관재위원회와 관련된 논란은 계급적 분석이 암시하는 것보다 훨씬 더 복잡하게 이루어졌다.

아무튼 산업위가 동의권을 가진 관재위원회를 만들고자 한 것은 적어도 그 기본 정신은 옳다고 여겨진다. 건국 초기에 국부의 80퍼센트를 처리하는데 행정부의 업무를 통제하는 별도의 기구를 두자는 것은 충분히 생각할 수 있는 발상이다. 특히 상대적으로 진보적인 신정회의 젊은 의원들이라면 행정부를 실질적으로 견제하는 관재위원회를 주장하는 것이 더 타당해 보인다. 하지만 실제로는 정부의 입장에 동조했다. 민국당에 대한 반감이 정부에 대한 반감보다 더 컸던 탓일 것이다.

(4) 종업원조합에 3할 출자 권리 부여. 마지막으로 다룰 중요한 수정안은 장홍염 의원이 제안한 신설안으로, 귀속기업체의 매각에 있어 수매각자가 종업원조합이 아닐 때에는 종업원조합에 해당 기업체 전 자금의 3할을 출자할 권리를 가진다는 내용이었다. 전진한 의원도 비슷한 내용의 신

설안을 제안했지만, 앞에서와 마찬가지로 표결을 앞두고 자신의 안을 장홍염 의원의 안과 합쳤다. 양 의원이 등단해 내세운 이 신설안의 취지는 종업원조합 매각 우선권에 관한 수정안과 마찬가지로 노자 협조였다. 종업원조합이 매각을 받지 못한 기업체라도 30퍼센트의 주식을 종업원조합에 부여함으로써 종업원이 산업 건설에 매진할 수 있도록 하자는 것이었다. 전진한 의원의 안에는 종업원조합이 30퍼센트의 주식을 보유하는 데 필요한 자금을 국가가 지원한다는 내용까지 있었다.

일민구락부 황호현 의원은 제2차 세계대전 전에는 자본 아래 노동자가 노예 노릇을 하는 자본주의 전성시대 혹은 황금시대였지만, 이제 자본가가 이자와 이윤을 노동자와 나누고 사회와 나누는 시대가 되었다. 이 시대는 특권계급만이 아니라 온 천하 사람들이 다 같이 살자는 시대이다. 이 조문이 통과하면 자본가의 투자 의욕과 기업가의 기업 능력을 저하시켜 산업 발달에 큰 지장을 일으킬 것이라 근심하는 사람도 있다. 그러나 그 반대로 노자 협조가 잘 되어 산업이 부흥할 것이라 생각한다.[5-46, 16~17쪽] 하지만 일민구락부 박순석 의원은 몇 가지 우려를 표했다. 1억 원짜리 기업체가 있다고 하자. 그러면 종업원조합에 3할을 줄 경우 예컨대 7명이 나머지 7천만 원을 부담하게 될 것이다. 만약 7명이 의사가 합쳐지지 않게 된다면 종업원조합의 권한에 눌려 기업체가 7천만 원을 낸 7명의 의사에 따라 운영되지 않고 조합의 의사에 따라 운영될 것이다. 그렇게 해서 운영이 잘 될지 의문이며, 이런 기업체를 운영하려고 할 사람이 누구일지 우려된다.[5-46, 17쪽]

일민구락부 곽상훈 의원은 노자 협조를 위해 장홍염 의원과 전진한 의원의 수정안은 통과가 되어야 하겠지만, "권리를 가진다"는 식의 문구는 조금 고쳐야 한다고 주장했다. 그렇지 않아도 자본가들이 노무자들에 대해 겁을 내고 있는데 권리를 가진다고 하면 다툼이 더 일어나리라는 것이었다. 따라서 할 수가 있다는 식의 표현이 더 나을 것이라고 했다.[5-46, 17~18쪽] 영등포구의 민국당 윤재욱 의원은 수정안의 근본정신에는 찬성한다고 하면서도 이 수정안을 사실상 비판하는 두 가지 질문을 했다. 첫 번째 질문은, 천만 원을 상한선으로 정해 놓았는데 다시 종업원조합에 3할의 주식을 주게 된다면 천만 원을 가진 투자가가 그냥 새로 기업을 만들지 왜 이런 구속을 받아가며 귀속재산을 불하받으려고 하겠느냐는 것이었다. 두 번째 질문은, 수정안이 통과되면 종업원조합이 수매각자와 공동책임을 갖게 되는데, 이익 균점에 대해서는 많이 이야기하지만 기업체가 운영에 문제가 있어 임금을 지불하지 못하게 되면 이 임금문제도 공동책임을 지느냐는 것이었다.[5-46, 18~19쪽]

박순석, 윤재욱 의원의 비판적 질문은 상당히 날카로웠지만 회의장의 사회주의적 분위기는 이미 결정되어 있었다. 이 수정안은 재석 111, 가 72, 부 1의 압도적 표차로 가결되었다. 회의를 진행하던 조헌영 의원은 더 이상 기류를 되돌리려는 노력을 전혀 하지 않았고, 민국당 중진들도 침묵했다. 이렇게 해서 대규모 귀속 기업체의 불하를 현실적으로 아주 어렵게 만들고 기업의 소유권과 운영권을 둘러싸고 많은 분쟁을 야기할 수 있는 법안이 완성되었다.

거부권 행사

이승만 대통령은 이 법안에 대해 거부권을 행사했고, 신익희 의장에게 12월 2일 자로 「귀속재산처리법에 대한 환부에 관한 건」을 공함으로 보내왔다. 제5회 국회의 마지막 날인 12월 3일 제57차 본회의에서 이 재의안이 다루어졌다. 대통령이 보낸 공함의 핵심적인 내용을 조금 풀어서 말하면 다음과 같다.

첫째, 매 1인에 1천만 원 이상은 매각을 받지 못한다는 조건에 있어 국회의 의도는 한두 사람이 경제 실력을 장악하도록 하는 것보다 여러 사람에게 분할하는 것이 도움이 되리라는 공적 정신에 비롯된 것이라 생각한다. 그러나 사무적으로 말하면 이렇게 해서는 일이 될 수가 없으니 더 설명할 필요가 없을 것이다. 둘째, 종업원조합이라는 단체를 만들어 기업체 자금 총액의 3할까지 권리로 제공한다는 조건도 본의로는 자본과 노동이 합작해서 협조하자는 것이니 매우 좋은 뜻이지만, 종업원조합과 기업을 구별해서 만드는 것이 도리어 없는 문제를 만들어 알력을 조장할 염려가 있으니, 차라리 법문에 명시하지 말고 누구든지 종업원이면 자력資力이 있는 한 기회를 주는 것이 좋을 것이다. 이 또한 긴 설명이 필요 없을 것이다. 셋째, 문교, 교화, 후생, 기타 영리를 목적하지 않는 단체에 대해서는 귀속재산을 특별 감액 또는 무상으로 준다는 조건도 국회의 본의는 좋지만 실제 운영에서는 그 뜻과 어긋나는 일이 많을 것이다. 애초에 법률을 만들 때는 동일한 대우를 받도록 하는 것이 정당하며 후일에 이러한 단체에 대해서는 국가가 별도의 방법으로 고려할 수 있을 것이다.[5-57, 3쪽]

신익희 의장은 국회의원 전원의 2/3이상 출석이라는 재의안 표결 요건이 갖추어지자 바로 국회에서 통과한 원안에 대한 찬성 여부를 물었다. 재석 135, 가 20, 부 49로 부결되었다. 이렇게 해서 귀속재산법을 어떻게 할 것인지를 둘러싸고 다시 격론이 벌어졌다. 급진적 법안을 만드는 데 핵심적인 역할을 했던 장홍염 의원이 정부의 거부권 행사를 격렬히 비판하며 최종 통과안의 정당성을 다시 호소했지만 아무 소용이 없었다. 지난 열흘 사이에 각 정당 내부에서, 그리고 정부와 정당 사이에서 많은 의견 조정이 있었던 것이 틀림없었다. 결국 "각 독회를 생략하고 정부에서 이의를 한 각 조항의 이유를 기초로 하여 각 조항을 수정하고, 그 외의 각 조항은 거번의 국회 본회의를 통과한 대로 즉결 가결케 하고 수정조항의 문구 작성은 법제사법위원장에게 일임할 것"이라는 동의안이 제출되었고, 이 동의안은 재석 122, 가 79, 부 3으로 가결되었다.[5-57, 44쪽]

이렇게 해서 최종적으로 만들어진 귀속재산처리법은 정부가 1949년 2월 18일에 국회에 보냈던 정부안과 비슷한 모습이 되었다. 처음 국회에서 통과된 법안은 위에서 보았던 것처럼 사회주의적 요소를 많이 가지고 있었다. 이 법안대로 귀속기업체가 처리되고 이상적으로 운영되었다면 다양한 모습의 소유권과 운영권을 가진 중소기업들의 경제가 되었을 것이다. 하지만 현실적으로는 얼마 가지 않아 귀속기업체 대부분이 파산을 면하기 힘들었을 것이다.

이승만의 경제발전론

귀속재산법의 제정과 꼭 관련된 것은 아니었지만 이 시기에 이승만 대통령은 자신의 시장경제관과 경제발전론을 여러 차례 드러내었다. 귀속재산법을 처리하는 과정에서 드러난 국회 내부의 일부 사회주의적 사조와는 너무나 극명한 대비를 이루기 때문에 언급할 만한 가치가 있다. 우선 그는 1949년 9월 12일 제5회 국회 개회식에서 읽은 교서를 조금 수정 보충해 1949년 9월 18일 자로 "귀속재산을 급속 처리할 수 있게 하라"는

제목의 담화를 발표했는데, 여기에는 다음과 같은 내용이 있다.[4]

　　어느 나라에서든지 정부에서 주장하는 공업이 민간에서 경영하는 것만치 발전되지 못하는 법이요, 더욱 우리나라에서는 지나간 몇 해 동안 협잡挾雜과 모리謀利로 부패가 막심한 처지에 있어서 정부당국들이 개인이나 혹은 단체에게 공장을 위탁해서 물자를 생산케 하고 보니 그 중에서 자연 폐단도 여러 가지요, 사실 있는 말 없는 말을 둘러싸고 시비도 여러 가지였으니, 이런 중에서 물산이 충분히 될 리도 없고, 또 되는 물건이 민중에게 정당히 퍼지기도 어려울 것이므로 필수품 생산에 지장과 핑계가 많이 되었으나 실상은 자기의 소유가 아닌 관계로 민간 기업가들이 각각 자기의 돈을 공장에 넣어 이익을 도모하기 위하여 생산을 부지런히 하고 더욱 개량하려는 욕망이 적은 까닭이었다.

이 시기에 국회 토론에서 드러난 지배적인 경향은 국·공유의 강조, 그리고 이익의 균점과 같은 사회주의적 경향이었다. 또한 폐쇄적인 민족자립경제론 같은 경향도 소장파 의원들에게서 전형적으로 나타났다. 하지만 1949년 여름에서 1950년 초까지 이승만 대통령은 이러한 조류와 상반되는 경제론을 자주 개진했다. 물론 적지 않은 국회의원들도 이승만 대통령과 비슷한 생각을 하고 있었겠지만, 당시의 국회 분위기 때문이었는지 그만큼 뚜렷하게 견해를 드러내는 경우는 드물었다. 대통령은 1949년 8월 18일 자로「쇄국주의를 배제함」이라는 담화문을 발표했고, 8월 27일에는「상업 능력 발휘하자」는 제목의 대통령 특별 교시를 내보냈다. 그리고 이 특별 교시의 일부를 수정해 9월 7일에는「상권 확장에 능력 발휘를

4　『대통령이승만박사담화집』. https://www.pa.go.kr/research/contents/speech/index.jsp.
　　(2021.12.30)

요망」이라는 제목의 담화문을, 12월 10일에는 「대소 자본을 규합하여 국가경제를 확장하라」라는 제목의 담화문을 발표했다. 또한 1950년 2월 15일에는 "외자 도입의 문을 열자"를, 2월 17일에는 "외국 자본을 환영하자"를 발표했다. 이러한 글들을 보면 이승만 대통령이 다수 국회의원들의 경제관과 얼마나 다른 견해를 가지고 있었는지를 잘 보여준다. 대표적으로 "상업 능력 발휘하자"는 특별 교시를 들여다보기로 하자. 이 교시는 『동아일보』와 『조선일보』 등의 신문에 1949년 8월 28일과 8월 29일에 나뉘어 실렸다. 그 주요 부분을 현대어법으로 조금 고쳐 소개하기로 한다.

"현대에 있어 남의 나라와 싸워서 국가의 세력을 확장하려는 뜻은 상권을 넓혀서 자기가 가진 물자를 다량으로 팔아 이익을 취하려는 데 있다. 우리나라 사람들도 상업에 밝아서 남과 경쟁할 만큼 되어야 비로소 국권이 확장될 것이다. 독립 없는 나라는 상권을 보호할 수 없으므로 민중이 아무리 상업에 밝다 해도 어찌할 수가 없다. 하지만 오늘 우리는 독립을 회복했으니 상권을 보호할 수도 있고 또 하루 바삐 상권을 확장하려는 것이 정부의 정책이므로 우리나라 상업가들도 능히 상리商利를 도모할 만한 식견도 갖추고 능력도 발휘해야 할 것이다.

대한민국 정부가 수립된 후 스캡SCAP : 연합군최고사령부과 무역관계를 맺고 대사와 영사를 두게 되었으니 일본과의 상업의 길은 열어놓았다 할 수 있으며, 또 미국에도 대사 이외에 우선 몇몇 중요한 곳에 영사를 두고 미국 정부와도 통상조약을 준비하고 있는 중이니 미국과의 상업의 길도 속히 열리게 될 것이다. 상업 대가들이 가장 주의할 바는 여러 상업가들이 재정을 합해서 큰 세력을 이루어 대외 경제가들과 경쟁할 만큼 만들어 놓아야 비로소 국제적인 대大상업가의 자격을 갖출 수 있을 것이요 또한 공동의 상업적 이익을 취할 수 있을 것이다. 그런데 이를 행하지 못하고 각각 자기의 적은 자본으로 남의 큰 이익을 도모하려 하면 이는 국제적 이익은 막론하고 국내에서도 많은 세력을 얻지 못하게 될 것이므로 결국에는 제 나라 상업가들과 경쟁하느라고 쇠진하는 반면에 재정을 가진 타국 사람들이 큰 경제력을 잡게 되고 말 것이다. 그러므로 모든 경제가와 상업가들이 이를 극히 주의해서 개인 경제보다 국가 경제에 더욱 치중해야 할 것이다.

또 한 가지는 타국과 경쟁하려면 우선 우리가 물건을 만들 때 어느 나라에 무엇이 소용되며 어떻게 만들어야 잘 팔릴 것을 연구하고 조사해서 정당하게 진실하게 만들어야 될 것이요, 또 통상의 길을 찾아서 그 물건이 요청될 때에 신속하게 제공해야 될 것이니, 특히 물건의 품질을 성의 있게 향상시키기고 성실하게 포장해서 표면에 수량과 품종을 표시할 때에는 사실대로 기록하여 나중에 열고 보더라도 조금도 틀림없게 할 것이다. 이렇게 해야 상업상 신용이 생겨서 상권을 잡게 될 것이다. 만약 이것을 못한다면 우리가 세계 상업가들과 경쟁하는 마당에 참여할 수 없이 낙오되고 말 것이다.

일본은 패전 후 미국 총사령관의 명령으로 모든 공영사를 철폐하였으나, 지금 상업을 발전시킨다는 방침을 세우고 이전에 공영사 등 외교관 경험이 있는 자들을 모아 상업경제대표자로 다시 교육시키고 향후 4, 5개월 이내로 각국 상업계에 파견하여 상업의 길을 열려고 하고 있다. 이 사람들을 다 내세워서 상업의 길을 열어놓는다면 일본인들이 미국에 대한 상권을 또 다시 독점하기에 이를 것이요 그렇게 된 뒤에는 우리가 경쟁하기 더욱 어려울 것이다. 그러므로 하루 바삐 우리 경제가들이 눈을 열고 국제 대세를 살펴서 속히 상권의 길을 열어 만시지탄이 없게 해야 할 것이다.

이번에 우리 상업친선사절단이 미국에 가서 모든 상업과 경제계의 대환영을 받고 상업상 길을 많이 열어놓았다. 상업경쟁은 전쟁에 쓰는 계획과 같아서 기회를 잃지 말아야 할 것이요 남보다 먼저 착수하고 기술이 우수해야 할 것이니 우리가 이를 다 행할 수 있고 또 기회가 있으므로 경제가 제위는 이 방면으로 많이 합동해서 큰 국제적 기관을 만들도록 도모하고 끊임없이 노력해야 할 것이다."

요컨대 기업의 규모를 키우고 서로 협력해서 국제 무역을 통해 경제발전을 이루자는 것이다. 이러한 구상은 나중에 박정희의 집권 이래 1960년대 중반부터 수출주도성장전략을 취하면서 실현되었다. 일본이 국제무역에 나설 준비를 하고 있으니 머지않아 미국에 대한 상권을 다시 독점하게 될 것이며, 그런 후에는 우리가 경쟁하기 어려울 것이라는 예측은 얼마 후 현실이 되었다. 이승만 대통령이 세계의 흐름에 얼마나 탁견을 가지고 있었는지 잘 드러난다. 하지만 그의 경제발전론은 1950년대의 대내외 여건에서 실현되기 힘들었다. 한국전쟁은 나라를 잿더미로 만들었다. 또한 미국은 원조를 하면서 우리 정부에 경제 안정화와 소비재 산업의 발전에 치중하도록 요구했고 사실상 수입대체산업화전략을 강제했다. 1950년대 후반부터 일어나기 시작하는 세계 교역 증대의 큰 물결을 탈 수 없었다.

하지만 귀속 기업체의 매각은 향후 이승만의 경제발전론이 실현되는 기반을 만들었다. 귀속 기업체의 매각은 한국전쟁 중에는 경남북 지방의 중소 규모 기업체를 중심으로 이루어지다가 종전 후에 본격적으로 시작되었다. 정부는 1953년부터 연간 10만 건 이상의 귀속재산 처분 목표를 세우고 행정력을 총동원하게 된다. 귀속재산 매각과 관련한 사회주의적 요소도 법률적으로 약화되었다. 귀속재산법은 제헌헌법의 경제 조항에 따라 국가적으로 중요한 귀속 사업체를 국·공유하도록 규정했지만, 시행령을 통해 국·공유를 어렵게 했다. 나아가 제헌헌법의 경제 조항에 있던 국유 혹은 국·공영에 관한 규정도 1954년에 개정된 헌법에서는 모두 사라져 귀속사업체의 시장경제 지향적 처리를 더욱 용이하게 했다.

이렇게 해서 귀속사업체의 매각은 속도를 더하게 되었다. 그 매각 실적을 보면 정부 수립 10주년이 되는 1958년까지 5월까지 총 2,029건이 처분되는데, 이는 미군정으로부터 인수받은 2,203건의 92.1%에 이르는 수치였다.[5] 귀속재산의 매각이 자유당 정치권력과 결탁된 채 이루어지면서 많은 부정부패가 있었던 것은 잘 알려진 사실이다. 또한 국회 의정단상에서 쏟아졌던 균점의 목소리도 매각 과정에서 전혀 흔적을 남기지 못했다. 그래서 귀속재산 불하에 대한 학계의 평가는 과거에는 부정적 평가가 대부분이었다. 하지만 최근에는 긍정적 평가도 나오고 있다. 예컨대 이대근은 "불하 조치를 통한 경영 주체의 조속한 확립은 휴전 후 막대한 규모의 미국 원조 도입과 결부되어 1950년대 민간베이스에서의 급속한 자본축적에 크게 이바지했다"고 평가하고 있다.[6] 한국경제는 일단 균점할 것 자체를 많이 만드는 방향으로 나아갔다.

5   이대근, 『현대한국경제론 ─ 고도성장의 동력을 찾아서』, 한울, 2008, 307~308쪽.
6   위의 책, 326쪽.

제22장

개헌을 둘러싼 이승만과
신익희의 운명적 대결

제헌국회의 마지막 회의인 제6회 국회는 제5회 국회 종료 후 18일이
지난 1949년 12월 21일에 개회했다. 제6회 국회의 최대 의제는 민국당
이 주도한 내각책임제 개헌이었다. 내각책임제 개헌은 한민당/민국당이
이승만 대통령으로부터 권력 분점을 거부당한 바로 그 순간부터 내내 당
의 으뜸 과제였다고 할 수 있다. 1949년 6월 초 반민특위 특경대 습격 사
태 때 민국당 서상일 의원이 개헌론을 제기했다가 유야무야된 적이 있었
지만, 1950년 1월에 들어 민국당은 다시 한번 개헌론을 제기할 수 있는
호기를 맞았다. 좋은 구실을 찾았다고 해야 할지도 모르겠다. 두 가지 호
기 혹은 구실이 있었다.

첫 번째는 물가, 특히 쌀값의 폭등이었다. 물가 상승은 제2차 세계대전
의 종전 이래 전시경제하에서 초래된 통화팽창으로 인해 대한민국을 포
함해 거의 모든 국가가 겪는 일반적인 문제였다. 더욱이 이승만 정부가
통제경제정책에서 자유경제정책으로 전환하고 특히 치안을 비롯한 다
양한 예산 수요로 인해 적자재정정책을 사용하면서 1949년 하반기 이래
물가는 고삐가 풀린 듯이 상승하고 있었다. 쌀값 폭등은 이러한 기본 요
인 외에 쌀 운송의 차질, 악질 상인들의 매점매석 등등 여러 가지 우발적
요인들이 겹치면서 일어났다. 이승만 정부는 처음에는 물가문제에 대해

심각하게 생각하지 않았다. 반면 미국은 이를 신생국의 사활이 걸린 문제로 보았다. 무초 대사는 1949년 11월 14일 주한경제협조처장 아더 번스Arthur Bunce가 한국 정부 관계자들에게 정부의 지속적인 적자재정을 가장 큰 인플레이션 요인으로 간주하고 있다는 것, 그리고 이로 인해 한국 경제 회복 프로그램이 위험에 처해 있다는 것을 분명하게 강조했다고 애치슨 국무장관에게 보고한 적이 있었다.[1] 이 보고에 대해 애치슨은 1949년 12월 30일 자로 한국 정부의 무책임한 재정 정책이 지속된다면 한국 정부의 궁극적인 붕괴까지 초래할 수 있다는 것, 따라서 한국 정부가 복구 계획의 성공에 기술적으로 필요한 조건을 창출하지 못하는 한 한국에 대한 원조 계획 전체가 실현 가능성 측면에서 재검토되어야 할 것이라는 강력한 경고 메시지를 한국 정부에 전할 것을 지시했다.[2] 미국의 우려가 아니더라도 쌀값 폭등은 극심한 민심 악화를 초래하고 있었기에, 민국당에게는 개헌론의 좋은 구실이 되었다. 그리하여 민국당 장홍염 의원은 1월 16일 제6차 본회의에서 문제의 근원은 책임의 소재를 규명할 수도 없고 책임의 소재를 규명해도 책임을 지지 않는 이 정부 자체에 있으며, 내각책임제 헌법으로 고치지 않고서는 백 번 이야기해도 소용이 없다고 주장했다.6-6, 12-13쪽

두 번째는 국정감사 결과였다. 국회는 1949년 12월 2일 제5회 국회 제56차 본회의에서 "국정감사에 관한 계획안"을 통과시켜 대한민국 최초의 국정감사를 실시하기로 한 바 있었다. 감사계획서에서는 치안과 산업

---

1   "The Ambassador in Korea (Muccio) to the Secretary of State", FRUS 1949, *The Far East and Australia*, Volume VII, Part 2.
     http://db.history.go.kr/id/frus_005r_0010_1060. (2021.10.20)

2   "The Secretary of State to the Embassy in Korea", Washington, December 30, 1949.
     http://db.history.go.kr/id/frus_005_0010_1180. (2021.10.20)

진흥의 두 방면을 감사한다고 했지만 사안의 성격상 국정의 광범위한 분야에 걸쳐 감사가 이루어질 수밖에 없었고, 실제로도 60명의 국회의원들로 여덟 개의 국정감사반을 편성해 12월 7일부터 각 지방에 파견했다. 이렇게 해서 시작된 국정감사는 1950년 1월 중순부터 차례차례 결과를 내기 시작했고, 우여곡절을 거쳐 2월 28일 제41차 본회의에서 이승만 대통령과 이시영 부통령, 그리고 국무위원들이 참석한 가운데 그 결과 보고가 이루어졌다. 이 국정감사를 통해 정부의 수많은 무능과 부정과 부패에 대한 폭로가 이루어졌다. 물론 폭로된 사례들은 대부분 정부 실패의 실례라기보다는 불가능한 상황의 산물이라고 보아야 할 것이다. 실정失政이 실정實情의 불가피한 일부였다. 하지만 태평성대라도 말세로 만드는 것이 정치이다. 이러한 국정감사의 결과도 내각책임제 개헌론의 봉화를 다시 올리는 좋은 불씨였다.

국정감사의 결과는 개헌 시도의 성패와 무관하게 결국 내각 교체의 결과를 가져왔다는 점을 지적하고 넘어가야겠다. 국회는 3월 7일 이승만 대통령에게 "국정감사의 결과 행정부에 많은 실정이 있음을 단정하였으므로 대통령의 정치적 도의심에 맡기어 선처를 요망할 것"이라는 건의를 보냈다.[6-46, 1쪽] 언뜻 국회의원 60명이 동원된 것 치고는 조금 싱거운 결과처럼 보였다. 태산명동서일필이 아닌가? 하지만 대통령의 정치적 도의심에 맡긴다는 말이 무섭고 무거운 말이었다. 이승만 대통령은 이 건의에 대해 3월 9일 담화를 발표해, "국회에서 국정감사문제를 대통령에게 위임해서 도의적으로 처리하게 된 것은 이런 중대한 문제를 순조로 해결하려는 의도를 표시한 것이므로 내가 이 책임을 맡아서 국회 몇몇 위원들과 협의하여 조처하기로 힘쓸 터이나, 미 국회에서 한국원조안이 제출되어 방금 토의 중에 있으며 며칠 안에 이 안건이 결정될 것이니 그때를 기다려서 토의하는 것이 가할 것이다"라고 했다.『동아일보』 1950.3.10 그리고 이범석 국무총리는 3월 말에 사임 의사를 밝혔고, 4월 초에 공식적으로 사임했다.

국회의원 임기 연장—개헌론의 또 다른 동력

그런데 개헌 문제를 늘 잠재적 현안으로 만들고 있었던 것은 민국당의 권력욕만이 아니었다. 제헌의원의 임기 연장 문제도 개헌론이 자꾸 되살 아나는 이유가 되었다. 1949년 6월 초 민국당 서상일 의원의 개헌론이 물밑으로 내려간 이래, 개헌이 다시 공론화되기 시작한 것은 9월 중순 경이었다. 9월 17일 자 『동아일보』는 어떤 단체가 주동이 되어 정부로 하여금 국회의원 임기연장안을 국회에 제출하도록 운동하고 있다는 소문이 있다고 보도했다. 실제로 9월 20일 국무총리 주재로 열린 국무회의에서는 임기연장안을 의결했다. 하지만 1950년 3월 2일 제6회 국회 본회의에 출석한 이철원 공보처장의 발언에 의하면 이 안이 국무회의에서 의결되기는 했지만, 이승만 대통령은 이 문제는 정부가 관여할 필요가 없고 국회에 맡겨둘 것을 지시하며 재가를 하지 않았다.6-42, 23쪽

그러나 이 시점부터 임기연장안과 이를 위한 개헌론이 심심치 않게 언론에 보도되기 시작했다. 예컨대 9월 24일 자 『서울신문』은 임기연장 문제에 대한 각 정파의 견해를 보도하며, 신익희, 지청천, 윤치영, 김영동, 이재형 의원의 의견을 실었다. 신익희와 지청천은 절대 불가를 표명했고, 나머지 의원들은 원칙적으로 반대하면서도 약간의 유보적 표현을 곁들였다. 이승만 대통령은 9월 29일 기자들과의 회견에서 국회에서 의원 임

기 연장에 따른 개헌안이 통과되면 협력하겠다고 했다.『동아일보』, 1949.9.30 이에 대해 신익희 의장은 다시 한번 임기 연장 반대 의사를 분명히 밝혔다. 그가 든 여러 가지 이유 중에는 정부에 대한 경고를 담은 이유도 있었다. 즉, 임기연장설은 치안 혼란을 이유로 내세우고 있으나 오히려 선거를 실시하지 않아서 민심이 이반하고 국가의 기초가 불안해지는 예가 많다는 것을 알아야 하며, 또한 반 년 후의 치안을 지금부터 수습할 자신이 없는 듯한 언행을 하는 것은 불가하다는 것이었다. 그는 또한 세계 우방과 유엔이 대한민국의 동향을 주시하고 있으니 임기 연장은 비민주적인 것으로 해석될 우려가 높다는 점도 덧붙였다.『서울신문』, 1949.10.7

그 후 임기 연장을 위한 개헌 운동은 수면 아래로 가라앉았다가 제5회 국회가 종료되어 가던 11월 10일을 안팎으로 다시 집중적으로 신문에 보도되었다. 11월 9일 자『서울신문』에 따르면, 의원의 임기를 2년 연장하려는 개헌 공작이 일민구락부의 주동으로 극비리에 다시 진행되고 있는바, 일민구락부 김 모 의원과 민국당 서 모 의원이 선두에 서서 각파의 찬성 서명을 받은 결과 민국당 40명, 일민 30명, 대한노농 5명, 기타 수십 명 등 약 100여 명이 서명했다는 소문이 돌고 있다는 것이었다. 11월 11일 자『동아일보』는 임기 연장 문제를 다시 제기한 국회의원은 일민구락부의 김철수 의원이라고 구체적으로 거명하면서, 그가 모 변호사와 협의한 후 자기와 의사가 맞는 몇몇 의원들과 상의한 후 추진운동을 개시했다고 전하고 있다. 그 이유로는 현재 지방 치안상태가 극히 불안해 내년 5월까지 치안이 안정될 가망이 없을 뿐만 아니라, 기왕에 관련 법안이 통과된 지방선거도 언제 실시될지 모르는 상황에서 국회의원의 선거는 도저히 불가능하리라는 것이었다. 국회 내 최대 세력인 민국당도 임기 연장과 관련해 함상훈을 중심으로 하는 반대파와 김준연, 서우석 의원을 중심으로 하는 찬성파로 의견이 갈라져 있다는 보도도 나왔다.『서울신문』, 1949.11.11 이런 상황을 정리한 사람은 다시 신익희 의장이었다. 그는 각파 대표와 요담을 나누며, 임기 연장 문제는 헌법으로 규정되어 있어 재론할 여지가 없는 것이지만 만약 내년 총선일에 임박해 천재지변 또는 기타 부득이한 사태가 야기된다면 부득이 선거를 연기하지 않을 수 없을 것이다. 그러나 이 문제는 이런 사태가 일어났을 때 제기해도 늦지 않을 것이라 했다.『동아일보』, 1949.11.12

임기연장안은 국민들에게는 전혀 명분이 없는 것이었지만, 의원들에게는 거부하기 힘든 유혹이어서 수면 아래에서 계속 추진되었다. 각 정파들이 이를 최종적으로 포기한 것은 1950년 1월 17일에 열린 각파합동회의에서 임기 연장을 제안하지 않기로 합의했을 때였다. 그동안 일민구락부 김철수, 이항발 의원이 주도해 무려 120여 의원들의 서명을 받아놓았다고 하니 임기 연장이 얼마나 의원들에게 솔깃한 것인지 알 수 있다.『동아일보』, 1950.1.18 비록 최종적으로는 결실을 맺지 못했지만 이 임기연장안은 의원들 사이에서 개헌을 계속 현안 문제로 남아 있게 한 효과를 낸 것 같다. 그리고 결실이 전혀 없었다고 할 수도 없었다. 왜냐하면 1950년 1월 26일 민국당의 주도로 내각책임제 개헌안이 발의되었을 때, 천재지변이나 불가항력의 사태가 일어날 경우 선거를 연기할 수 있다는 조항이 부칙에 들어갔기 때문이다. 그리하여 임기 연장 문제는 내각책임제 개헌을 관철시키려는 측에게도 저지하려는 측에게도 또 다른 고려사항이 되었다.

이제 개헌안의 경과에 대해 이야기할 준비가 되었지만, 그 전에 개헌 찬성파와 개헌 반대파가 누구였는지 잠시 살펴볼 필요가 있다. 1949년 10월 말부터 일민구락부의 윤치영, 박준 의원은 대통령을 뒷받침하기 위해 민국당을 제외한 일민, 신정, 노농, 무소속 4파를 연합하는 정계 개편을 추진했다. 이 과정에서 두 의원은 일민구락부로부터 제명되었지만, 제 6회 국회가 막 시작된 12월 22일에 상당수의 의원을 규합해 대한국민당으로 통합 발족시키는 데 성공했다. 이 날의 발표로는 일민 29인, 신정회 23인 전원, 노농 18인, 무소속 9인을 모두 합해 총 79인이나 되는, 72명의 민국당보다 당세가 더 큰 정당이었다.『동아일보』, 1950.12.24 하지만 노농당 18인은 이튿날 국민당에 입당한 사실이 없다는 성명을 발표해 통합과정이 진통을 겪고 있음을 시사했다. 그럼에도 국민당은 계속 당세 확장에 노력해 1월 말에 이르러 원내 제1당의 지위를 얻게 된다. 국민당은 윤치영, 이인, 조봉암, 임영신 같은 장관 출신 거물은 물론 과거 소장파 혹은 친소장파로 활동한 사람들까지 망라하고 있었다. 이념적으로는 이질적이지만 민국당 반대라는 가느다란 실로 묶여 있는 정파였던 셈이다. 개헌을 둘러싼 쟁투 가운데 일부 의원들은 개헌 찬성파로 돌아서기도 하지만, 이들이 개헌 반대파의 중핵을 이루었다. 그리고 일민구락부 잔류파 중 일부도 개헌에 반대하고 있었다. 개헌 찬성파는 민국당 의원 대부분과 여타 군소 정파에 속한 의원들로 이루어져 있었다.

한 가지 이색적인 사건은 민국당의 저명인사이던 조헌영 의원이 1950년 1월 9일 탈당한 것이었다. 그는 "의회정치는 정당에 의하여 운영되는 것이 원칙이나, 지금 우리 국회 내의 정당의 동태를 보면 이념과 정책의 차이보다도 이해와 감정의 대립으로 파당이 생겨서 이합離合이 무상無常하고 반목과 시의猜疑를 일삼으며 중상모함에까지 이르는 일이 없지 않으니, 이 현상이 정당운동을 계속함으로써 더욱 격화는 될지언정 완화·시정될 가망이 없는 것은 사실이 증명하는 바"라며 현재의 파당정치를 비판하고 "당인 생활을 그만두고 단순한 일개의 국회의원이 되기로 하였다"는 놀라운 내용의 성명을 발표했다.『서울신문』, 1950.1.10 노선으로서의 무소속 의원이 탄생한 순간이었다고 할 것이다.

개헌안의 제출

내각책임제 개헌을 위한 본격적인 움직임은 1950년 1월 18일에 시작되었다. 최근의 국정감사 결과 민폐가 막심해 신생 국가를 발전시키려면 헌법을 내각책임제로 개정하는 수밖에 없다는 결론 아래 국민당을 제외한 각 정파의 대표들이 이 날 1시에 첫 공식회담을 열었다. 민국당 나용균, 일민 조병한, 무소속 박해정, 노농당 김장열, 신정회 김수선 의원이 각 파를 대표해 나와 내각책임제 개헌에 관한 각 정파 내부의 분위기를 타진했다. 일민구락부 내 임기 연장 추진파를 제외하고는 대체로 모두 개헌에 찬성하는 분위기였다.『동아일보』, 1950.1.20 1월 21일 자『국도신문』은 개헌에 관한 기사에서 무소속 이강우 의원이 주동이 되어 개헌안을 마련해 나가고 있고 다른 정파의 개헌안도 제출될 것이라는 소식을 전하는 한편, 민국당 내에서도 1월 19일에 국회의원 40명을 포함한 간부들이 연석회의를 열고 개헌안을 상정해 완전 합의를 보았다고 보도하고 있다. 개헌안의 골자는 대통령책임제를 내각책임제로 개정한다, 대통령은 정부의 수뇌로 있고 행정적인 책임은 국무총리가 담당한다, 내각의 수반은 원내의 다수당에서 선출하고 조각도 다수당이 한다, 국회는 정부에 대하여 불신임안을 제출할 수 있고 대통령은 국회해산권을 보유한다는 것이었다.『국도신문』, 1950.1.21 1월 21일에는 다시 각파 대표 11인이 모여 개헌 원칙에 완전한 의견 일치를 이루었고, 무소속 이강우 의원의 개헌안, 민국당의 개헌안, 신정회의 개헌안을 중심으로 협의를 진행하면서, 금주 내로 이들을 종합 절충해 단일안을 작성하기로 했다. 또한 개헌을 위해서는 재석 2/3 이상의 찬성을 얻어야 하므로 찬성표를 많이 얻을 수 있는 방법으로 현재 구속되어 있는 김약수 의원 등 10여 의원을 제명해 재적의원수를 줄이는 방안도 고려했다. 그리고 천재지변으로 인해 국회의원 선거를 연기할 경우 이강우 의원의 안은 6개월 이내로 연장하자는 것이고 민국당 의정회는 1년 이내로 연장하자고 했다.『동아일보』, 1950.1.24

　이러한 절충과정을 거쳐 1월 26일 민국당 서상일 의원 외 78인의 발의로 내각책임제 개헌안이 국회에 제출되었고, 신익희 국회의장은 27일 이에 관한 정식 서한을 대통령에게 전달하며 이의 공고를 요청했다. 또한 28일에는 제출 이유서를 첨부해 개정안을 행정부에 통고했다. 개헌안의 핵심은 세 가지였다. 첫째, "종래의 대통령 중심제를 책임내각제로 하자는 것", 둘째, "종래 위헌 여부의 의문의 여지가 있던 특별법원에 대하여 명확한 헌법적 근거를 주자는 것", 셋째, "천재지변, 기타 불가항력의 사태가 발생할 때에는 선거를 연기할 수 있는 권한을 행정부에 부여하자는 것"이 그것이었다.『조선일보』, 1950.1.29

　이유서는 현행 헌법을 1년 반가량 운영해본 결과 대통령제로는 대한민국의 민주적 발전을 기대할 수 없음이 명백해졌다면서 내각책임제 개헌의 이유로 일곱 가지를 꼽았다. 첫째, 원래 대통령제를 채택한 근거는 내각책임제보다 정부의 안정에 유리하다는 것이었는데, 정부 수립 후 벌써 10여 명의 장관이 경질되는 등 정정 불안이 아주 심했다. 둘째, 내각책임제를 택하면 정당인의 정권욕으로 인해 내각이 항상 흔들린다고 하지만 이는 잘못된 주장이다. 이번 개헌안은 국회에만 정부 불신임 결의권을 주는 것이 아니라 정부에게도 국회 해산권을 주자는 것이다. 따라서 국회의 정부 불신임 결의가 부당하다고 생각된다면 정부가 국회를 해산하고 총선을 실시해 주권자인 국민에게 최종적 판단을 구할 수 있다. 따라서 국회는 국민의 절대적 지지를 확신하지 않는 한 쉽게 정부 불신임 결의를 하지 못할 것이다. 셋째, 민주정치는 책임정치여야 하지만, 현 제도 하에서는 아무도 책임을 지는 사람이 없다. 혹자는 대통령, 국무위원, 기타 고급공무원에 대한 탄핵권이 있지 않느냐고 하지만, 탄핵권은 헌법이나 법률에 위배되는 행위가 있을 경우에만 발동하는 것이다. 정치란 법률에 위반되지 않는 것을 이상으로 삼는 것이 아니라, 적극적으로 국리민복을 조장하기 위해 운용되어야 한다. 하지만 현행 제도에서는 정부의 중대한 실정에 대해 책임을 물을 길이 전혀 없다. 넷째, 책임정치의 원리를 확립하지 않으면 정부의 실정이 있는 경우에도 이를 시정할 길이 없으므로, 정부와 국회 간의 알력을 초래하고 국정을 마비시키며, 심하면 쿠데타 같은 불상사를 초래하기도 한다. 이는 대통령제를 시행하는 중남미 제국에서 흔히 보는 예이다. 다섯째, 원래 대통령제는 국회와 대통령을 대립시키는 제도로서, 이를 위해서는 국회의원은 물론 대통령도 국민으로부터 직접 선출되어야 한다. 미국의 제도가 그렇다. 따라서 우리 헌법이 대통령을 국회에서 선거하게 하면서 동시에 대통령제를 채택한 것은 처음부터 모순이었던 것이며, 이번 개정안은 이 모순을 제거하고자 하는 것이다. 여섯째, 정부가 국민에게 책임을 지고 실정이 있을 때는 깨끗이 물러나도록 하면서도, 국가의 안정을 도모하는 길은 대통령으로 하여금 실제 정치의 위에 서서 국가의 원수로서 국정 운영의 기본 노선만을 지휘하게 하는 데 있다. 대통령이 정부를 직접 운영하게 되면 정부가 실정할 경우 그 책임은 대통령에게까지 미칠 것이다. 그렇게 되면 정말 국가의 기초가 위태로울 것이다.『조선일보』, 1950.1.29

이승만과 신익희의 성명전

개헌안이 국회에 제출된 날부터, 2월 7일 이승만 대통령이 개헌안을 공고하고 한 달간의 공고기간을 거친 후, 3월 9일 개헌안이 본회의에 상정되기까지 개헌 찬성파와 개헌 반대파 사이에 치열한 장내·장외 투쟁이 전개되었다. 이승만 대통령과 일부 정부 각료, 그리고 국민당의 윤치영 의원이 개헌 반대 캠페인의 선봉에 섰고, 개헌 찬성 캠페인은 민국당 중진들과 민국당을 대변한 『동아일보』가 이끌었다. 특히 『동아일보』는 유진오 같은 헌법학자들의 칼럼과 사설을 통해 내각책임제 개헌에 대한 체계적인 옹호론을 펼쳤다. 그래도 메인 스피커는 각각 이승만 대통령과 신익희 의장이었다. 이승만 대통령이야 중대 사안이 있을 때마다 성명이나 기자회견을 통해 자신의 생각을 가감 없이 드러내는 사람이었다. 개헌과 관련해서도 기회가 있을 때마다 강력한 반대 의견을 발표했다. 신익희는 국회의장이 된 이래 시간이 가면 갈수록 이승만 대통령과 정치적 거리가 조금씩 멀어져 왔지만, 나라의 앞길과 관련된 기본 노선은 늘 함께 했다. 국회의장으로서 늘 정치적 중립을 지키려 노력했다. 하지만 이번만큼은 국회의장이기에 앞서 민국당 중진으로서 적극적으로 개헌 캠페인에 나섰다.

우선 이승만 대통령은 개헌안에 관한 정식 서한이 자신에게 전달된 1월 27일에 성명을 발표해, 자신은 대통령 취임식 때 호헌을 선언한 바 있고, 헌법을 조변석개하면 정부도 조변석개할 우려가 있으므로 개헌은 오히려 인민의 자유를 막는 것이라고 주장했다. 아울러 일부 정객들이 자기 생각만을 하고 개헌을 한다면 자신은 "대통령을 내놓고서라도 반대"할 것이며, "일국민의 입장에서 호헌운동을 할 방침"이라고 선언했다.[3] 처음부터 아주 강력한 메시지였다. 1948년 6월 헌법을 기초할 때 내각책임제로 가려 하자 그렇다면 자신은 정부 수립에 참여하지 않고 국민운동이나 하겠다고 했던 일을 연상시켰다.

신익희 의장은 1월 28일 의장실에서 기자들과 회견하는 자리에서 내각책임제 개헌에 찬성하는 성명을 발표했다. 찬성 이유는 개헌안 제출 이유서에서 나온 것이 대부분이었지만, 거기에서 거론되지 않은 주목할 만한 것도 있었다. 대표적으로 "민주정치는 전 국민이 책임을 지는 정치다. 그러므로 국민의 대표인 국회를 중심으로 책임정치가 되어야 한다. 그러나 이것은 일부에서 생각하는 것과 같이 정당내각만을 의미함은 아니다. 현재 우리 정견에 있어서는 거국일치의 내각이든지, 각 정당의 연합내각이든지, 국회에서 최선으로 생각하는 내각이 성립되어야 할 것이다"는 구절이 있다. 이는 민국당이 개헌을 시도하는 이유가 민국당 일당독재를 위한 것이라는 비판에 대응하기 위한 것이라고 하겠다. 또한 "더욱 현재 제도로써 정권을 잡은 당국자가 이 안을 반대하는 것은 공평을 결한 자기의 지위를 굳게 하려는 오해를 사기 쉬울 것이다"는 구절도 의미심장하다. 현재의 이승만 대통령 권력 체제가 공평성을 결여하고 있을 뿐만 아니라 이 체제가 개헌 없이는 권력 교체를 허용하지 않는다는 뜻으로 해석될 수도 있는 것이다. 아무튼 그는 "우리는 조국 위난한 이때에 국회를 중심으로 해 책임내각제의 민주정치안으로 민심을 수습하고 밖으로 국제 우방의 협조를 확보하여 위기를 타개할 수 있는 유일의 방안이라는 간절한 감정에서 나온 것"이라며 개헌을 호소했다.『서울신문』, 1950.1.29 그는 또한 2월 5일 상공회의소에서 장시간에 걸쳐 내각책임제 개헌의 당위성

---

3   『대통령이승만박사담화집』, http://pa.go.kr/research/contents/speech/index.jsp. (2022.2.9)

을 주장했다. 이 강연은 『동아일보』에 2월 12일부터 2월 15일까지 연재 되었다. 이번 개헌안의 세 가지 중점을 소개한 후, 대통령제는 미국 같은 나라에서나 가능하지 대한민국에 부적합하다는 것, 내각책임제가 되면 프랑스처럼 정변이 자주 일어나리라는 것은 기우에 불과하다는 것, 개헌 은 거국일치내각을 목표로 하는 것일 뿐 일당독재를 추구한다는 비판은 모략이라는 것을 역설했다.

이승만 대통령은 2월 7일의 개헌안 공고를 계기로 2월 15일에 다시 독 립과 건국에 관한 개인적 소회를 포함하는 긴 담화를 발표했다. 개헌안의 주요 내용을 소개하는 부분을 제외하고 앞부분과 마지막 부분만을 인용 하기로 한다.[4]

이 안건을 공고하는 동시에 본 대통령은 헌법 보장을 선서한 책임이 중대할 뿐 아니라 민주국의 토대가 공고히 잡혀서 우리와 우리 뒤에 오는 모든 후생까 지라도 다 국가의 독립과 국민의 자유권을 영구히 누리게 되기를 목적하고 이 전에도 목숨을 내놓고 싸워온 것이오. 아 이 앞으로도 목숨을 내놓고 싸울 형 편임으로 오직 국권을 공고히 하자는 주의로 이 개헌 안건에 대해서 나의 주장 이 어쩌하다는 것을 설명치 않을 수 없어 이에 몇 가지 중요한 것만 뽑아 국회 의원 제씨諸氏와 일반 국민이 이를 다 알게 되기를 바라는 바이다.

내가 이 안건에 대해서 이의를 붙이고자 하는 이유는 나 한 사람이 대통령 의 권리를 가지고 그 권위를 장구히 누리자는 생각에서 나온 것이 아니요, 오 직 이상에 말한 바 민주정부의 토대를 군게 세워서 자유 복리를 영구히 누리자 는 일편단심뿐이니 나로는 앞으로 남은 임기 2년 반 동안에 목숨이 살아서 직

<hr>

4   『週報』45. http://pa.go.kr/research/contents/speech/index.jsp. (2022.2.9)

책을 마치게 된다면 그 후에는 이 자리를 물러가서 평민 자격으로 자유권을 누리자는 것이 나의 결심이다. 만일 공산분자나 또 어떤 분자를 막론하고 국권을 방해하고 독립을 전도轉倒하려는 행동으로 반란을 일으키거나 국외에서 침략군이 몰려들지라도 일국의 대통령이나 일개의 시민으로나 조금도 다름없이 끝까지 싸워 이 국토 내에서 목숨을 마치려는 것뿐이매 개헌 문제에 대해서 사사私事 생각이나 욕심이 조금도 없음을 누구나 다 믿어 주기를 바라는 바이다. (…중략…)

당초 헌법을 제정할 때에 총리 내각제로 하자는 의도가 있었으나 필경 그 관계되는 바를 철저히 양해한 뒤에 이를 다 포기하고 헌법 제정 위원들이 대통령 내각제로 만들고 국회에서 통과한 것인데 지금 와서 이것을 개정해서 총리제로 만들자는 것은 헌법의 중대한 종지宗旨를 번복시키는 것이므로 나로는 헌법 보장을 선서한 책임상 이를 묵인할 수 없음이 또한 사실이다. (…중략…)

내가 한 마디 첨부하고자 하는 것은 우리 전 민족의 유일한 목적은 정부의 토대를 공고히 만들어 국내 파란이나 국제 변동에 흔들리지 말고 국권을 굳게 지켜 나가기를 목적으로 알 터이니 이 개헌안이 이 목적에 도움이 될 것인가 방해가 될 것인가 하는 것만을 비교해 보면 잘 판단될 줄로 믿는 바이다. 지금 우리가 앉은 이 시기가 평시平時와 달라서 국내 국외의 원수가 백방으로 틈을 엿보고 있는 때이니만치 이것도 또한 일반 동포로서 고려할 조건이 아니 될 수 없을 것이다.

신익희 의장 역시 2월 17일에 기자단과 회견하는 자리에서 독립과 건국에 관한 개인적 소회를 포함하는 아주 비장한 담화를 다시 발표했다. 마치 이승만 대통령과 개인적 대화를 나누는 듯하다.『동아일보』, 1950.2.18

개헌안에 대하여 세간에는 여러 가지로 구구한 관측이 많이 있고 나 자신을 싸고도는 억측과 풍설도 또한 없지 않은 모양이다. 나는 이때에 나의 솔직한 심경을 가진 대로 피력해서 동지들과 및 일반국민 앞에 담백하게 개진하려 하는 바이다.

첫째 개헌을 찬성하는 나의 어리석은 소견은 어느 정당에 대한 편파심이나 정권욕 같은 불순한 동기에서 나오는 것이 아니요 우리 국가와 민족의 백년대계를 위하여 또는 현하의 시국을 광구匡救하기 위하여 보다 더 완전한 민주주의정치를 실현하자는 적성赤誠에서 나온 것은 물론이려니와 또한 50년 동안 한결같이 조국 광복에 몸을 바쳐 국민의 신망을 일신에 집중하고 있는 나라의 지보至寶이고 국부인 이 대통령을 위하여 사소한 정치적 시비의 책임으로 그의 신망이 조금이라도 훼손됨이 있을까 두려워하는 지정至情에서 찬성하는 바이다.

둘째, 이 안에 대한 찬성을 위요하고[둘러싸고] 세간에서는 여러 가지 억측이 있고 그 억측에서 파생된 모략도 있으니 예를 들면 내가 국무총리가 되려 하느니 민주국민당에서 국무총리를 차지하려 느니 하는 말이 있다. 그러나 내가 여기서 명백히 말할 것은 내 자신이 국무총리가 되려는 생각은 전연 없고 민주국민당으로서도 국무총리를 낼 생각이 없는 것이다. 이런 말을 개헌안과 관련시킴은 전연 부당한 것이요 무근한 유언이 아니면 모략적 요언일 것이다.

셋째, 나 자신이 사적 개인으로서는 개헌안에 찬성하는 바이나 공적으로 국회의장의 처지로서는 찬부 이론에 대하여 절대 공평히 처리할 것은 물론이며 자유로운 국민의 의견을 참작하여 국회에서 공정하게 토의 결정하도록 노력할 것이다. 이것은 나의 공인으로서의 태도를 명백히 하는 바이다.

넷째, 세간에서는 혹 나 개인에 대하여 정치적 현실문제로서 공명에 허덕이는 사람같이 보고 심지어 차기에 대통령이 되리라는 항간에 유언까지 있는 것을 듣는다. 그러나 나는 이승만 박사께서 전 국민의 신임을 받아 차기에도 대통령에 재선되기를 충심으로 기원하는 바이요 만일 법률이 허락한다면 그 분이 백세 향수하여 재세 중에 종신대통령이 되어 이 다난한 민국의 기초를 공고히 하여주기를 바란다. 그러므로 나는 대통령이 되고 싶은 생각도 없고 국무총리가 되고 싶지 않다.

반생을 국외에 유랑(?)하며 생환고국을 기약치 못하던 나로서는 일개의 독립국민이란 데에 만족한다. 무능한 나로서는 2년간 국회의장으로 있는 동안이나마 국민의 기대에 부응치 못한 것을 스스로 자인하고 이 점을 자참自懺 심사深謝 하여마지 않는다. 차기 총선거에 당선 여부는 전연 그때 보아야 할 것이다. 또 다시 당선된다면 한 사람의 의원으로 국사에 진력할 것이고 낙선된다면 한 사람의 국민으로서 여생의 시간을 조국 부흥에 바치려 한다. 내 심경은 명경지수에 담담한 것이니 보국유일保國有日이면 내일이 방장方長이다.

무엇이 일편단심의 두 애국자를 결별시켰을까. 아무튼 개헌안이 발의되고 공고되는 약 40일의 기간 동안 국회에서는 여느 때처럼 각종 법안의 심의 처리에 여념이 없는 가운데서도 개헌 대회전을 앞두고 이따금 정파들 사이에서 힘겨루기가 진행되었다. 그 중 가장 중요한 것은 이철원 공보처장이 2월 28일에 개헌 반대 성명을 발표해 국회 출석을 요구받고 개헌파 의원들과 설전을 벌인 일이었다.

이철원 공보처장의 개헌 반대 성명

공보처장의 성명 발표는 2월 24일에 열린 국무회의의 결의에서 비롯된 것으로 보인다. 이 날 국무회의에서는 대통령이 개헌안을 반대한 이상

전 각료는 물론 전 공무원도 대통령의 의사를 받들어야 한다는 결의가 이루어졌다.『동아일보』, 1950.3.3 정부가 어떤 입장을 밝힌다면 그것은 공보처장의 몫이었다. 이 성명은 개헌파에 대한 당시의 공격 논리를 거의 다 담고 있어 전문을 인용할 만하다.『동아일보』, 1950.2.28 무슨 글자인지 알 수 없는 부분은 추측해서 써넣은 다음 물음표를 달았고, 요즘 쓰지 않는 한자 표현을 고친 곳도 두어 군데 있다.

세계는 바야흐로 민주진영 대 공산진영의 격렬한 투쟁을 하는 중에 있으며 우리 한국은 동아대륙의 유일한 민주정체(?)로서 한국의 정치적 안정과 불안정은 곧 극동의 평화와 나아가서 세계의 평화에 지대한 영향을 가져올 것이다. 대한민국은 건국 후 근근 28개월에 불과하나 우리 이 대통령의 현명하신 지도 하에 우리는 정치의 안정과 경제의 부흥을 지향하여 일로매진하는 중이다. 전후의 제반 정세가 급속한 안정을 아직 보지 못한 것은 세계문제와 남북 분열에 기인된 것이며 이러한 상태는 한국에만 국한된 것이 아니라 전 세계가 다 그런 현상에 있는 것이다.

세계 대세의 통찰이 깊으시며 선견의 명이 출중하신 이 대통령 각하로서는 한미군사원호조약을 통하여 또 ECA 원조협정에 의하여 우방 미국과 우의를 증진하고 금차 도일에 제^際하여 맥아더 장군 및 그의 참모들과 및 일본 정부 요인들을 접견하시고 시국의 타개책을 천명하여 모든 것이 한국에 유리하도록 처결이 되었으며 내외국인을 물론하고 이 박사의 업적과 그 지도가 위대한 것을 인정하는 것이다. 그런데 이번 국회의원 중 일부분의 인사가 국가의 안정성을 무시하고 조변석개의 정부를 수립하여 일당 전제를 꾀하는 것은 유감이 아니라 할 수 없다.

그뿐이랴. 그 배후에는 개헌으로 임기를 연장하려는 것이다. 금차의 제헌의회가 국민에게 준 공약을 무시하고 임기를 이 이상 더 연장하려고 애를 쓰는 것은 실로 언어도단이라 아니할 수 없다. 이번 국회가 헌법을 제정하고 정부를 수립하였으면 당연히 용퇴하고 좌석을 신진 인사에게 주어야 할 것이다. 다만 수개월의 임기를 연장하기 위하여 자기네가 제정한 헌법을 2년도 채 되지 못하여 개정한다는 것은 국민이 용서치 아니할 것이다.

그뿐 아니라 한국의 유일한 지도자이신 대통령 각하를 일개 무능력한 존재로 만들고 자기네가 선정한 국무총리로 하여금 전권專權을 행사케 한다는 것은 시국을 무시하고 정권의 야욕을 달성하려는 것으로밖에 볼 수 없는 것이다. 이 시기에 이 난국을 돌파할 인물이 현 대통령이신 이 박사 이외에 누가 있는가?

대다수의 국민은 벌써 개헌의 부당성을 지적하고 현 시기에 있어 개헌을 위험시하는 것만은 사실이다. 그러면 국회의원 제공諸公은 민의를 무시하고 수개월의 임기를 연장하기 위하여 불안정한 정체를 만들어 국가민족을 위험한 현상으로 끌어넣으려고 할 것인가?

만약 굳이 개헌을 주장하여 불란서 모양으로 매주 정변에 골치를 앓게 한다 하면 실지회복은 언제 하며 민생문제는 언제 해결하며 산업 진흥은 어느 때에 하며 외교 공작은 어떻게 할 것인가. 정권 쟁탈과 인사 변동에 의하여 아무것도 할 시간이 없을 것이다. 평화시대에도 개헌은 경솔히 할 수 없거든 황차 이 비상시국에 처하여 이러한 개헌은 절대 불가한 것이다. 국회 제공은 개인의 감정과 개인의 영달보다 세계정세를 먼저 간파하고 국가를 먼저 위하고 민족을 먼저 위해야 할 것이다.

전후의 제반 정세가 안정되지 않은 상태는 한국에만 국한된 것이 아니라 세계적인 현상이라는 주장은 국정감사를 통해 정부의 실정이 많이 드러나고 민국당을 비롯한 개헌파가 이를 내각책임제 개헌의 유력한 근거로 삼는 것에 대한 반론이었다. 이철원 공보처장은 또한 개헌의 진짜 저의를 임기 연장으로 규정함으로써 개헌론의 도덕적 정당성에 결정적 타격을 가하려 했다. 이것은 신익희를 비롯한 상당수 개헌 추진론자들의 진의를 폄훼하는 것이었지만, 적지 않은 의원들에게는 임기 연장이 큰 유혹이었으리라는 것은 부인할 수 없다. 제헌국회의원이 임기가 끝나기도 전에 다시 헌법을 고치려는 것은 국민과의 약속을 저버리는 것이라는 주장도 개헌론의 원천적 정당성에 대한 효과적 공격이었다. 공보처장의 성명은 또한 내각책임제 개헌이 이승만 대통령을 허수아비로 만들고 민국당이 일당독재를 하려는 것이며, 결국은 프랑스처럼 정변의 빈번한 발생을 초래할 것이라고 주장하고 있다. 이 성명은 당시 개헌 반대파가 사용한 핵심 공격 논리를 모두 담고 있었다.

3월 2일 제42차 본회의에서 무소속 곽상훈 의원은 이 성명의 주요 내용을 소개하고 개헌 찬성자를 역적으로 몰고 있다면서 공보처장이 어떤 의도로 이런 성명을 발표했는지 국회에 출석해 해명할 것을 동의했다.6-42, 1~2쪽 이에 대해 국민당 박준 의원은 개헌안 공고 기간에 국민 누구나 자신의 의사를 자유롭게 발표할 수 있다면서, 국회의장도 개헌 찬성 담화를 몇 번이나 발표했는데 국회의장을 불러내서 해명을 듣자는 동의는 왜 하지 않느냐고 반박했다.6-42, 2~3쪽 박준 의원의 발언 중간에 의석으로부터 "내려와라"는 고함이 나왔고 이에 대해 박준 의원은 "가만히 들어"라고 대꾸해, 얼마후 개헌안이 본회의에 상정되면 분위기가 상당히 험악해질 것임을 예고했다. 약간의 설전 후 곽상훈 의원의 동의안이 표결에 붙여졌고, 재석 126, 가80, 부6으로 가결되었다. 이것은 개헌 찬성 세력이 현재 80명 언저리일 것임을 의미하는 것이었다.

국회에 출석한 이철원 공보처장은 성명에서 주장한 것을 되짚으며 부연

설명했는데, 몇 가지 주목할 만한 말이 있었다. 우선, 개헌이 되면 대통령은 뒷방으로 물러앉아 국무회의에서 통과한 것을 그대로 인정하는 허수아비 신세가 되는데, 자기가 아는 이승만 대통령은 절대 그런 상황을 받아들이지 않으리라고 했다. 개헌이 되는 경우 하야에서 일개 야인으로 투쟁하겠다는 대통령의 말은 허언이 아니라는 것이었다. 또한 개헌이 되면 국회의 해산과 내각의 교체가 자주 일어날 것이며, 개헌파들은 연립내각을 생각할지 모르지만 연립내각은 안 된다고 했다. 연립내각이 만들어지면 특정 당파의 장관이 잘못을 저지를 경우 다른 당파가 그 장관을 내쫓으려 할 것이고 내각에 들어가지 못한 사람들은 늘 불평을 하며 내각을 전복하려 할 것이다. 그러다 일당의 전제專制로 귀결되기도 할 것이며 그러면 다시 다른 당파들에서 자꾸 공작을 펼쳐서 결국 안정성이 없는 국가가 되고 말 것이다. 또 한 가지 주목할 만한 말은 국가에 안정성이 없으면 미국으로부터의 ECA 원조도 없고 군사원조도 없으리라는 말이었다.6-42, 17~19쪽

개헌파 의원들의 항의와 야유 속에서 이어진 그의 발언이 끝난 후 가장 먼저 민국당 정해준 의원이 개헌을 하면 ECA 원조물자가 오지 않을 것이라는 중대한 발언을 했는데 무엇을 근거로 그런 주장을 하느냐고 물었다. 미국의 원조는 소련 블록에 맞서 싸우는 민주 블록의 국가들에 대해 이루어지는 것이며 따라서 우리나라가 민주진영 속에 확고히 자리 잡으면 미국에서 원조물자가 올 것이라고 자기는 믿는다는 것이었다.6-42, 19~20쪽 당시 미국의 원조는 나라에 사활적 중요성을 가지고 있었기 때문에, 이철원 공보처장의 발언은 정말 중대한 발언이었다. 사회를 보던 김동원 부의장도 이를 중대 발언으로 규정하고 최대한 빨리 공보처장의 대답을 들을 수 있도록 회의를 진행했다.

답변에 나선 공보처장은 미국은 안정성 있는 정부를 가진 나라에게만

원조를 주는 것을 철칙으로 삼고 있다고 했다. 장개석 정권처럼 공중에 떠돌아다니고 경제 안정이 되지 않은 나라는 원조를 주지 않는다. 이미 통과된 대한 원조액 6천만 달러도 현재 보류하고 관망상태에 있는 것으로 알고 있다. 자신이 수집한 정보에 따르면 한국 ECA는 몰라도 워싱턴 ECA에서는 개헌에 절대 반대를 하고 있다는 것이었다.[6-42, 23쪽] 하지만 회의록을 보면 이 발언 직후 공보처장과 국무총리가 귓속말을 나누는 장면이 나오고 있고, 그 직후 공보처장이 ECA와 관련된 발언은 의원들이나 방청석에 있는 기자들도 밖으로 내보내지 말도록 요청하고 있다.

공보처장의 ECA 원조 관련 발언은 상당한 풍파를 낳았다. 주한 경제협조처장 번스 박사는 이튿날 국무총리에게 항의 서한을 보냈고, 국회의장에게도 이 서한의 사본을 보냈다. 내용은 이러한 것이었다. 공보처장이 3월 2일 국회에서 헌법 개정이 되면 미국의 ECA 경제원조가 단절될 것이라고 진술했다고 들었다. 그의 말은 전혀 근거가 없다. 원조를 한국의 정치운동을 지지하기 위해 사용하는 것은 명백히 ECA 정책에 배치된다. 이는 미국 경제협조처장 폴 호프만Paul Hoffman 씨도 누누이 설명한 바이다. 미국은 세계 어느 나라에 대해서나 그 나라 국민이 그 나라의 정치형태, 정치기구, 정치조직을 자유롭게 결정할 권리가 있다는 것을 확고히 지지한다. 공보처장에게 주의를 환기시키고 국회의 오해를 시정하는 조치를 즉각 취해주기를 요구한다.『조선일보』, 1950.3.5

이렇게 문제가 커지자 이철원 공보처장은 3월 7일 다시 담화를 발표해 자신의 국회 발언에 대해 해명했다. 몇몇 인사들이 자신의 국회 답변을 오해했다. 자신은 ECA의 행정이나 정책에 대해 말할 의사가 전혀 없었고, 다만 그 당시 장면 주미 대사에게서 온 서신을 염두에 두고 말했을 뿐이다. 장면 대사는 미국인들이 개헌안에 대해 다대한 관심을 가지고 있다고 했다. 헌법이 만들어진 지 불과 1년 반 만에 개헌이 추진되고 있는데, 개헌을 하면 정부의 형태가 변경되고 따라서 미국인들이 한국에 대해 불행하고 부정확한 견해를 갖게 되리라는 것이 장면 대사의 우려요 또한 자신의 우려이다. 개헌으로 인해 한국이 불안정해지고 정부가 약체화되면 미국이 이런 정부에 대해 원조를 주는 것은 쓸데없는 낭비라고 결론 짓지 않을까 말했을 뿐이다.『서울신문』, 1950.3.8 공보처장의 원조 관련 발언을 자세히 살펴보면 적어도 처음에는 이런 의도로 말한 것을 알 수 있지만, 6천만 달러가 보류되었다는 말을 추가함으로써 미국 정부가 원조를 개헌과 연동시키고 있다고 생각하기에 충분하게 했다.

대통령의 계속되는 강경 발언

개헌안의 공고기간이 거의 끝나가던 3월 3일 이승만 대통령은 다시 한번 개헌안과 관련해 중대한 담화를 발표했다. 먼저 "어떤 국회에서든지 그 국회에서 제정한 법률을 그 국회가 개선되기 전에 자기들끼리 고친다는 것은 그 국회 자체의 위신으로 보든지, 또 헌법의 중요성으로 보든지 행치 못할 줄로 일반이 인정하고 있는 바인데", 이렇게 개헌을 하면 "이 뒤에 오는 국회에서 언제든지 임의로 번복할 수 있을 것이요, 또 그렇게 할 수 있다면 이는 민국 자체의 근본을 요동시키는 것"이라고 했다. 다음으로, "민간을 위협으로 행하려는 것은 민주정체의 정당한 길이 아니요, 오직 민간에서 자유로 공론을 일으켜 민의가 어떠하다는 것을 표시함에 있으니" 국회의원들이 민중의 정당한 의사를 대표하는 것이 자의적으로 행해질 수 없다고 했다. 만약 개헌안이 불행히 통과된다고 해도 이것은 민국의 중대한 문제인 만큼 다시 국민 전체의 공론에 붙여서 공정하게 결정할 수 있는 것이다. 이 문제가 각자의 양심과 공심에 따라 전 민족의 투표로 공정하게 결정될 때에는 누구나 여기에 복종하는 것이니 이것이 정당한 방식이다. 국회의원들은 "이러한 정당한 방식이 앞에 있으므로 부질없이 인심을 선동하거나 위협하는 등 번론煩論이나 행동을 절대로 피하여야 할 것이다." 마지막으로, 헌법의 어떤 조항도 개정하지 못한다는 것은 아니며, 다만 헌법기초자들이 세운 중대한 기본 강령만은 요동시켜서는 안 된다고 했다. 만약 요동시키려는 자가 있다면 "전국이 다 일어나서 이를 방지할 직책과 권한이 있음을 깨닫고, 국민 된 의무를 행하여야 일후부터는 사사관계私事關係나 당파주의로 개헌하자는 문제가 다시는 일어나지 못할 것이니 일반 애국동포들은 이에 대한 철저한 양해가 있기를 바라는 바이다."[5]

이것은 개헌안이 국회에서 통과되어도 그대로 따르지 않을 것이며 다시 한번 개헌안을 국민투표에 붙이겠다는 위협이었다. 이는 명백히 법치에 어긋나는 발언이자 민의와 국회의 의사를 대립시키는 반의회주의적 발언이다. 제헌국회를 구성하고 있는 다양한 정파를 현대적 정당으로 인정하지 않고 전근대적 파벌로 보는 이승만의 관점과 닿아 있는 발언이기도 하다. 이러한 강경한 발언의 이면에는 이즈음 국회에서 진행되고 있던 국정감사 결과의 공개에 대한 불만이 있었던 것 같다. 국회는 2월 28일 제41차 본회의에서부터 3월 4일 제44차 본회의까지 국정감사 결과를 발표한 뒤 국무위원들을 국회에 출석시키고 대대적인 성토를 벌였다. 위의 담화에서 "인심을 선동하거나 위협"이라는 표현은 여기에서 나왔을 것이다.

---

5   『대통령이승만박사담화집』. http://pa.go.kr/research/contents/speech/index.jsp. (2022.2.9)

위의 담화에서 우리가 또 하나 알 수 있는 것은 이승만 대통령이 개헌안이 실제로 통과될 수도 있다고 생각했다는 것이다. 사실 개헌안 공고 기간 동안 신문들은 개헌안의 통과 가능성을 놓고 다양한 추측을 내놓고 있었다. 각 정파들은 개헌에 대한 찬부를 놓고 진통을 겪고 있었고, 민국당을 제외하고는 정파의 이합집산이 계속되었다. 2월 10일 자 『동아일보』는 국회가 4파로 분립되었다며, 민국 69인, 국민 53인, 일민 40인, 무소속 36인으로 헤아렸다. 이 숫자는 2월 26일 자 『경향신문』에 따르면 민국 69인, 국민 66인, 일민 35인, 무소속 27인으로 바뀌어 있었다. 정파의 세력 분포가 매일 바뀌고 있는 것 같았다. 각 정파 내부도 하나의 입장으로 통일되지 못해 개헌의 가능성은 그야말로 오리무중이었다. 국민당과 일민구락부는 개헌 반대로 입장을 정리했다지만, 대통령으로서는 그들을 100퍼센트 믿을 수 없었을 것이다. 왜냐하면 국민당과 일민 의원들이 자주 자신을 찾아와 개각을 단행해 개헌파의 기선을 제압하라고 진언하면서도 자당 의원들을 각료로 등용해 달라는 부대조건을 달았기 때문이었다.『한성일보』, 1950.2.25 조건을 다는 사람들을 완전히 믿을 수는 없는 법이다. 한편 개헌의 선봉장인 민국당도 의견이 완전히 일치된 것은 아니었다. 민국당의 중진인 김준연, 홍성하, 정도영 의원이 2월 23일 이승만 대통령을 찾아와 장시간 요담하는 가운데 자신들은 개인적으로 개헌 반대라면서 당의 개헌 찬성 결의에도 불구하고 약 20명 정도가 개헌에 반대하고 있음을 전했다는 이야기도 나왔다.『한성일보』, 1950.2.25 이렇게 각 정파의 내부가 시끄러우니 대통령의 입장에서는 개헌 가능성에 대해 정말 감을 잡기 어려웠을 것이다. 따라서 이승만 대통령으로서는 반의회주의라는 비난을 들을지언정 가장 강경한 반대 입장을 표명하는 것이 개헌 저지를 위한 최선의 전략이었다.

제23장

국회 최초의 난투극과
개헌안의 부결

　개헌안은 최소 30일의 공고 기한이 끝난 직후인 3월 9일 제48차 본회의에 상정되었다. 하지만 개정안을 상정한 당사자는 서상일 의원이 아니라 개헌 반대파인 국민당 이재형 의원 외 21인이었고, 그것도 긴급동의의 형식을 빌렸다. 기습작전이었다. 이렇게 빨리 상정될 것을 예상하지 못했다며 대표발의자 서상일 의원은 개정안 유인물도 배부하지 못하고 설명서를 그냥 낭독했다. 신익희 의장의 인도에 따라 개헌의 취지와 주요 내용을 설명하고, 시기상조론이나 정변 빈발론 등 지금까지 제기된 여러 가지 비판에 대한 반론을 펼쳤다.6-48, 4~6쪽

　그 후 주로 민국당 의원들로 이루어진 개헌파와 주로 국민당 의원들로 이루어진 호헌파 의원들이 서상일 의원을 상대로 질의응답에 나섰다. 이 과정에서 민국당 홍성하 의원 같은 이는 개정안에 왜 대통령 직선제와 양원제는 포함시키지 않았느냐며 자신이 애초에 공동발의자에 이름을 올리지 않은 이유도 개정안의 이러한 부실 때문이었다는 취지의 말을 해,6-48, 14~15쪽 개헌론이 민국당 내에서조차 만장일치가 아님을 드러내었다. 하지만 대부분의 다른 민국당 의원들은 서두르는 호헌파 의원들에 맞서 중대한 개헌 논의를 급하게 진행해서는 안 된다며 지연작전을 펼쳤다.

　왜 호헌파가 서두르는지는 민국당 이석주 의원의 발언에서 알 수 있었

다. 개헌에 반대하는 의원들이 어제 저녁에 모처에서 모여 오늘 긴급동의로 개정안을 상정하고 전략을 논의했다는 정보를 자신이 들었다는 것이었다. 그리고 현재 감옥에 들어가 있는 사람이 13명이고 오늘 결석한 사람이 10여 명이라며, 개헌안이 통과하려면 재석의원 198인의 2/3 이상이 되어야 하므로 이렇게 일을 전격적으로 하는 것이 반대파에 유리할 것이라 했다.[6-48, 21쪽] 과연 국민당 황호현 의원은 오전 일정의 마감이 가까워오자 오후에도 회의를 열고 대체토론으로 넘어가자는 동의를 냈다. 하지만 이 동의는 1차 표결에서 재석 174, 가 83, 부 36, 2차 표결에서 재석 174, 가 86, 부 43으로 근소한 차이로 미결되었고, 토론은 다음 날로 넘어가게 되었다. 그러나 이러한 표결 결과는 개헌안의 운명을 이미 예정한 것이나 다름없었다. 개헌을 위해서는 최소 132표가 필요했지만, 100표도 넘지 못할 것이 처음부터 분명했다.

이튿날 3월 10일 제49차 본회의는 오후까지 계속되었고, 한두 시간의 질의응답에 이어 대체토론에 들어갔다. 토의가 계속될수록 발언이 거칠어지고 의석에서 조롱과 야유, 심지어 욕설까지 튀어나왔다. 예컨대 국민당 유홍렬 의원은 개헌안을 미소 양군 철퇴안에, 개헌파를 소장파에 비유하며 공산당 프락치라 했다.[6-49, 4쪽] 그러자 의석에서 "이놈, 공산당이 뭐야? 이놈, 천하에 죽일 놈 같으니"라는 고함소리가 나왔다.[6-49, 5쪽] 이것은 아주 많은 예의 하나에 불과했다. 분위기가 점점 험악해지고 긴장이 고조되었다. 결국 다음날 제50차 본회의 마지막에 가서 폭력사태가 일어나게 되는데, 그 전말을 보기 전에 대체토론에서 주목할 만한 논변을 펼친 조봉암 의원과 김수선 의원의 발언을 인용해 보기로 하자.

조봉암과 김수선의 뛰어난 논변

개헌 반대론자 조봉암 의원은 개헌안을 발의한 의원들이 모두 똑같은 생각으로 도장을 찍은 것은 아니었다며, 이를 염두에 두면서 개헌안의 몇 가지 부당성을 지적하겠다고 했다.[6-49, 6-13쪽] 첫째, 이 개헌안에는 근본적인 부당성이 있다. 이 국회는 제헌국회이다. 서상일 의원은 어제 미국이나 프랑스 같은 선진 국가에서도 헌법을 20번, 30번 고쳤다고 했지만, 제헌의회에서 헌법을 그렇게 고쳤다는 말은 들어본 적이 없다. 국회가 인민의 의사를 대표하니 그 자격에 따라 개헌도 할 수 있다고 하지만 이는 우리 자신을 부인하는 것이다. 지난해에도 우리가 인민의 의사를 대표해 가장 좋은 헌법을 만들었다고 했으니, 이제 와서 개헌을 하려면 인민에게 다시 묻고 인민이 헌법을 고쳐야 되겠다고 하면 국회의원을 새로 뽑아서 개헌하는 것이 맞다. 또한 외국에게도 우리가 좋은 헌법을 만들었다고 자랑을 했었는데 지금 와서 똑같은 사람들이 헌법이 나쁘다고 말하는 것은 외국인에게 체면이 없는 짓이고 약속을 위반하는 것이다. 헌법을 영구히 고칠 수 없다는 것이 아니다. 개헌을 하자면 인민에게 다시 물어야 하고 새로 선거를 해야 한다는 것이다.

둘째, 이 개헌안에는 도의적 부당성이 있다. 이 헌법이 처음 기초될 때 내각책임제가 채택되었는데 하룻밤 사이에 이를 뒤집어 대통령책임제가 되었다. 여기에는 상당한 이유가 있었을 것이다. 우리나라의 현실에서 내각책임제로 하면 여러 가지 곤란한 일이 있을 것이고, 이승만 박사가 경력으로든지 능력이나 정력으로든지 국가 원수가 될 뿐만 아니라 행정 수반이 되어도 좋으리라고 생각했다. 바꾸어 말해 어떤 법률로 일을 처리해 나가는 것이 아니라, 인격적 중심을 구해서, 즉 위대한 인격자를 중심으로 나라를 운영해 나가는 것이 좋겠다고 생각했기 때문에 하룻밤 사이에 바뀌었을 것이다. 그런데 지금 1년 반쯤 지나고 나서 그 대통령을 무시하는 것이 보통이 아니다. 개헌안의 골자를 보면 대통령은 뒷방에 앉아서 구경이나 할 뿐이다. 그 분에게 모든 것을 맡겨서 하자더니 지금에 와서는 아무 소용이 없는 노인으로 만드는 것은 도의상 용서할 수 없다.

셋째, 이 개헌안에는 정치적 불순성이 있다. 임기를 연장하자고 한다. 이것은 윤리적으로는 몰염치한 것이고 법률적으로는 배신이고 월권이다. 개헌안이 정말 현재의 난국을 해결하기 위한 것이었다면 임기 연장을 개헌안에 포함시켜서는 안 되었다. 그리고 개헌안의 중심인 서상일 의원이나 그 외 몇 분은 대통령에 대한 열성적 지지자였다. 그런 사람들이 이제 와서 대통령을 전혀 신용할 수 없으니 대통령을 가만 앉혀 놓고 우리 마음에 맞는 총리를 내자는 것은 정권욕이라고밖에 말할 수 없다. 그러니 1당이 독재를 하기 위해서라는 말도 나오는 것이다.

조봉암 의원은 개헌안의 세 가지 큰 부당함을 주장한 다음 다른 여러 가지 반대 이유도 들었다. 내가 개헌안을 찬성하는 몇몇 동지와 이야기를 하며 1당이 전제專制하는 것은 좋지 않다고 했더니 그들이 1인이 독재하는 것은 좋으냐고 반문했다. 1인이 독재를 할 수 있느냐 없느냐 하는 것은 그 한 사람의 문제가 아니라 우리 자신의 문제이다. 대통령이 잘못하는 것은 우리가 비판을 할 수 있고 나아가 탄핵을 할 수도 있다. 여러 가지 기회가 있다. 따라서 1인의 독재가 1당의 독재보다 더 무섭다는 주장은 잘못된 것이다.

개헌을 하고 나면 무슨 일이 일어날 것인지도 생각해야 한다. 개헌이 되고 총리가 선출되면 사색당파가 싸움을 하고 프랑스처럼 조석으로 정변이 일어날 것이라고 말들을 많이 하고, 서상일 의원은 이에 대해 그렇게 될 리 만무하다고 하는데, 나는 서상일 의원과 의견이 같다. 사색당파는 없어지고 1당 독재가 성립할 것이다. 총리가 되려는 사람은 자신을 미는 세력에 붙어야 할 것이고, 그렇게 해서 총리와 국회의 유력세력이 의사가 맞으면 불신임은 결코 일어나지 않을 것이다. 국회 전체가 주류세력에 끌려가는 것은 당연한 일이다. 우리가 지난 2년 동안 경험해 보았지만, 권력과 돈 여러 가지를 고려할 때 세력을 잡은 쪽으로 모든 이가 몰리게 된다.

현재 우리나라에서는 대통령이나 장관보다 면장, 도지사, 주재소 순사들이 대통령 노릇을 하고 있다. 이런 작은 부문에서 권력을 가진 자들이 국민을 얼마나 억압하고 착취하고 못살게 굴고 있는지를 여러분도 알 것이다. 이것은 미군정에 와서 왜정 때보다 더 심해졌다. 이런 세력이 악질 친일세력과 붙어서 음으로 큰 세력이 등장하고 있다. 이 세력은 대통령이 장관을 바꾼다고 바뀌지 않는다. 바꾸면 오히려 악화만 된다. 이런 부패세력이 총리를 내서 정권을 쥐면 대통령이 이것을 제어하지 못하고 세력이 백배 커지게 되어 백성은 살 수가 없을 것이고 나라는 흥할 도리가 없을 것이다. 내각책임제 개헌은 권력을 이 부패세력 아래로 집중시키게 될 것이니 개헌이 되면 백성들이 우리에게 돌을 던지고 천지신명도 우리에게 죄를 줄 것이다. 우리가 공산당을 제일 무서워하고 미워하지만, 공산당이 선전을 해서 공산당을 만들어내는 것이 무서운 것이 아니고 이 부패세력이 대량으로 공산당을 만들어내는 것이 무섭다는 것을 나는 지적하고 싶다.

이것은 사회주의자 출신다운 아주 흥미로운 주장으로 지방토호세력과 중앙정치세력의 유착 같은 것을 가리키고 있지만, 조봉암 의원이 여기서 한민당 혹은 민국당 세력을 이 광범위한 부패세력 안에 포함시키고 있는

지는 분명치 않다. 하지만 개헌파 의원들 중 상당수가 이러한 주장에 대해 아주 불편했으리라는 것은 충분히 짐작할 수 있다. 이승만 대통령의 일방적 국정 운영에 반기를 가장 높이 들어도 시원찮을 사람이 지금은 국민당에 입당해 개헌파를 강경하게 몰아붙이고 있으니 기가 막혔을 것이다.

반면 김수선 의원은 정파들의 합종연횡 중에 국민당에 입당했다가 개헌안에 찬성하며 탈당해 무소속이 되었다. 그는 발언 초입에 국민당이 개헌 반대 결의를 했기 때문에 자신의 본의를 위해 그리고 당의 명예를 위해 어제 탈당을 했다고 밝히고 긴 주장을 펼쳐나가기 시작했다.6·49, 24~34쪽 그의 발언은 회의록 상으로 10페이지가 넘는데, 아마 제헌국회에서 가장 긴 발언이었을 것 같다. 그는 정파적 관점에서 벗어나 오늘날 가장 번영하는 나라인 미국을 모범으로 삼아서 개헌 문제를 깊이 검토해 보았다고 했다.

개헌 문제가 왜 대두되었는지에 대해 네 가지 원인을 생각해 보았다. 첫째, 나도 우리 헌법이 처음 논의될 때 대통령중심제에 찬성한 사람이지만 1년 반을 경과하면서 몇 가지 잘못된 점이 나타났다. 대한민국 대통령의 직위는 우리의 정신적 존앙을 집결시키고 거기에 권력까지 집결시켜 탄생했다. 이로 인해 대통령제가 군주제에 가깝게 되어 300년 전 프랑스 루이 14세의 "짐은 국가"가 재현되는 것 같았다. 둘째, 국정 운영 방식이 독재에 가까운 형태로 나타나고 있다. 현재의 정치는 중국의 정치인들이 장개석 정권에 대해 수유정치手諭政治라고 한 것과 비슷하다. 이것은 손가락으로 가리키는 정치를 뜻하니, 저 적산공장을 아무개에게 줘라, 저 놈을 가두어라 하는 식으로 정치를 하는 것을 말한다. 이러한 폐단이 있을 때 종합적인 국책을 세우는 것은 불가능하다. 셋째, 대통령중심제 하에서는 우리 민족을 진실로 구할 수 있는 실력 있는 인물이 대통령 산하에 들어올 수 없었다. 지난 1년 반의 경험으로 볼 때 대통령이 한 폭의 구름 속에 둘러싸여 선택안의 빈곤을 절절히 느끼고 있다. 지금 대통령을 둘러싸고 있는 인물들은 실력 있는 인물이 아니라 3척병에 걸린 사람들이다. 못나고도 잘난 척하고 모르면서도 아는 척하고 없으면서도 있는 척하는 사람들뿐인데, 대통령이 주위에서 아무리 선택하려고 애써도 제대로 선택할 수가 없다. 그러므로 파당을 초월해 전체를 포용할 아량 없이 편파적이고 기계적인 정치를 하고, 대통령에게 가서는 좋은 보고를 하면서 백성을 기만하는 요지경 정치가 벌어지고 있다. 군주주의 시대에는 성군과 현신이 있어야 백성이 평화롭게 살았다고 했는데, 현재의 대통령중심제에서는 성군도 현신도 없다. 넷째, 민주주의를 해나가는 데 있어서는 무엇보다 정당을 길러야 하고 정당이란 정책을 만들고 지지함으로써 발전하는 것이지만 대통령중심제에서는 참다운 정당이 절대로 발전할 수 없다. 대통령에게 아부하는 세력이 집권하게 되기 때문이다. 이상의 네 가지 점에서 볼 때 결국은 대통령중심제라는 제도 자체에 대해 검토를 해봐야 한다. 일부 사람만 바꾼다고 해결될 문제가 아니다.

김수선 의원이 거론한 문제가 대통령중심제에 고유하고 내각책임제에는 존재하지 않는 것은 아니고 또 어떤 비판은 지나치다. 하지만 타당한 비판도 있고 무엇보다 문제에 접근하는 방식이 다른 의원들보다 훨씬 체계적이고 우월하다. 그는 이제 미국의 대통령제는 왜 이런 문제를 드러내지 않고 오늘과 같은 번영을 이루게 했는지를 살펴보면서 우리나라의 현실과 세 가지 다른 점을 열거했다.

첫째, 미국의 대통령은 우리나라 대통령처럼 존앙의 대상이 아니라 정당의 대표이다. 미국 대통령은 우리처럼 인격적 존앙의 대상 혹은 신앙에 가까운 존경의 대상이 아니라 행정권의 수반으로 당선된 사람이다. 둘째, 미국 대통령은 당의 뜻과 정책에 따라 국정을 수행하지 한 사람의 독재적 견해로 수행하지 않는다. 셋째, 중앙정부의 정책은 다시 여론에 의해 지도된다. 왜 이렇게 되는가? 미국 시민의 생명과 재산을 보장하는 것은 중앙정부가 조금이고 주 정부가 대부분이다. 따라서 시민들이 중앙정부에 대해 거리낌 없이 말할 수 있게 되어 여론이 일어나고 이를 통해 중앙정부를 지도하게 되는 것이다. 우리의 경우 생명과 재산의 보호는 중앙정부에 직접적으로 의지하고 있고 중앙정부로부터 직접 위협을 받을 수 있다. 따라서 여론이 일어날 수 없고 일어나더라도 관제여론뿐이다.

이렇게 미국의 다른 점을 이야기한 후 김수선 의원은 개헌 반대론자들이 주장하는 다양한 비판에 대해 응답하고 있는데 되치기가 뛰어나다. 우선, 개헌을 하면 정국이 불안해지고 특히 국가 수립 초기에 국권이 흔들릴 수 있다는 비판에 대해서는 이렇게 대응한다. 정국의 안정은 국민이 정부를 신뢰하는 데서 온다. 한 정권이 10년, 20년 가는 것이 정국의 안정인가? 개헌을 하면 정변이 자주 일어난다고 하지만, 정변과 국운의 관계를 역사적 과학적으로 살펴보면 정변이 너무 없는 나라는 망한다. 독일의 나치, 이탈리아의 무솔리니, 소련의 스탈린 정권은 표면적으로 안정된 것 같지만 결국에는 망했고 또 망하는 날이 반드시 온다. 지금 세계를 지도하고 있고 민주주의가 잘 되고 있는 미국, 영국, 스페인, 터키 같은 나라를 보면 대개 2년이나 4년마다 정상적으로 정변이 오고 있다.

다음으로, 개헌을 할 경우 어떻게 하면 여러 소수당으로 분열되지 않고 국회 내의 세력을 가진 국무총리를 얻을 수 있겠는가 하는 질문에 대해 대답한다. 이는 이승만 대통령이 정부를 구성할 때 이윤영을 국무총리로 임명했다가 실패한 일을 염두에 둔 것으로 보인다. 내각책임제가 되면 이

문제는 더욱 부각될 것이다. 그는 국회가 국무총리를 선출하는 것이 가장 합당하다고 주장했다. 이것은 너무나 당연한 말처럼 보이지만, 조헌영 의원의 주장에 대한 응답이었던 것으로 보인다. 조헌영 의원은 2월 11일 제28차 본회의 벽두에 갑자기 등단해 개헌 문제를 논의하면서, 국회가 국무총리를 선출할 수도 있고, 대통령이 국무총리를 임명하면 국회가 승인할 수도 있고, 대통령이 그냥 국무총리를 임명하는 내각책임제도 가능하다고 한 적이 있었다.^{6-28, 3쪽} 김수선 의원은 국회에서 국무총리를 선출하는 제도를 택할 경우, 정당이 정권을 얻으려면 국무총리를 자기 당에서 내어야 하니 여러 개의 소수당으로 분열되기보다는 양당제가 정착되리라는 것이었다.

개헌이 되면 책임정치가 될 것이라는 점에 대해서도 부연했다. 대통령중심제에서는 대통령에게 잘 보여야 내각이 오래 가지만, 내각책임제에서는 정책을 백성의 마음에 맞도록 해야 내각이 오래 간다. 따라서 내각책임제가 되면 국회의원들이 경무대를 들락날락하면서 나를 선임해 주시오 하며 다닐 필요가 없다. 정권의 수명은 오직 국민에게 선정을 하는 데 달려 있을 뿐이다. 그리하여 군주에게 아부하고 서로 모략중상을 일삼았던 이조 500년의 폐습이 일소될 것이다. 이로써 국회의 권위가 서고 국회의 권위가 섬으로써 민권이 보장될 것이다. 그러면 지금처럼 상공부는 상공부대로, 내무부는 내무부대로 따로 놀지 않고 통일적인 국책이 이루어질 것이다.

다음으로 그는 개헌과 정당의 문제에 대해 언급하고 있다. 정당과 파당의 차이가 어디에 있는가? 정당은 주권자인 국민 앞에 정책을 내걸고 집권을 하면 그 정책을 추진하고 국민의 심판을 받고 신임을 받는 것이 정당이고, 파당은 국민이 죽거나 말거나 자신의 이익을 추구하는 것이 파당이다. 그런데 대통령제하에서는 어느 정당이 아무리 좋은 정책을 내걸어 다수당이 되어도 대통령이 그 정당을 신뢰하지 않는 한 정권을 줄 수 없으니까 부득이 파당을 꾸며 대통령에게 잘 보이기 위한 노력을 할 수밖에 없다. 따라서 상대방 정당을 중상하고 모략하며 아부하게 된다. 정당에 속한 국회의원들도 다수당에 들어가 있어 보았자 별 소용이 없으니까 대통령에게 잘 보이려고 하고, 그럴 자격이 없다 싶으면 소꼬리가 되기보다 닭대가리가 더 좋을 것 같아서 10인이나 20인의 소수 파당이 속출하게 된다. 그러다 우연히 대통령의 눈에 띄면 장관 자리 하나 얻어 걸리지 않을까 한다. 그 결과 정책을 중심으로 한 정당과 정당의 경쟁이 일어나는 것이 아니라 파당적 중상모략 속에서 '관당官黨'이 출현한다. 지난 1년 반 여러 정당이 있었지만 모두 관당이 되고자 노력했다. 결국 대통령중심제에서는 정당들이 서로 중상모략 하지만, 내각책임제에서는 국민 앞에서 정책 대결을 펼치므로 반대당을 보호할 아량을 가질 수 있게 된다. 그리하여 진정 정당다운 정당이 생기게 될 것이다.

개헌안의 내각책임제 내용과 관련된 김수선 의원의 마지막 반박은 시기상조론에 대한 것이었다. 시기상조론은 두 가지를 의미할 수 있었다. 우선, 제헌의회는 개헌할 자격이 없다는 주장이 있다. 이에 대해 그는 자신이 애초에 대통령중심제에 찬성했던 이유는 아무 경험이 없어서였고 지금은 오히려 만시지탄을 느끼고 있다고 했다. 개헌할 자격이 없다고 하지만 제헌하고 바로 나갔으면 개헌할 기회도 없었을 것이다. 다른 나라 제헌의회에서 개헌을 하지 못한 이유는 제헌만 하고 나갔으니까 개헌할 기회가 없었던 것이다. 하지만 우리는 2년간 입법을 수행하는 국회였고, 1년을 넘어 활동을 하다 잘못된 것을 발견했으니 우리의 잘못을 우리가 고쳐놓고 나가는 것이 당연한 것이다. 그것을 다음에 오는 사람에게 고치라 하는 것은 무책임한 일이다. 다음으로, 남북통일 뒤에 개헌을 하자는 주장도 있다. 이에 대해 그는 남북통일은 먼저 민심을 수습하는 데서 오는 것이고, 민심을 수습하려면 먼저 혁신정치를 해야 하며 따라서 내각책임제 개헌을 해야 한다고 했다. 정당의 발전이 있고 남북통일이 되는 것인데 대통령중심제에서는 정당 발전이 불가능하다.

김수선 의원은 임기 연장에 대해서도 남다른 주장을 펼쳐나갔고, 연설의 마지막에 가서는 신익희 의장이 성명에서 말했던 것처럼 내각책임제를 하면 이승만 대통령이 좋은 면만 보이게 되니까 신성함과 존귀함이 더 높아지고 국민에게 더 큰 정신적 인격적 집결점이 될 것이라 했다. 행정의 실권은 내각에 있으므로 대통령의 권력은 감소될 것이다. 하지만 우리는 헐벗고 굶주리는 동포들을 쳐다보아야 한다. 브루투스는 로마 시민들에게 시저를 살림으로써 노예가 될 것을 희망하는가 아니면 시저를 죽임으로써 자유를 찾을 것이냐고 말했다. 브루투스는 나는 시저를 사랑한다, 하지만 로마 시민의 자유를 더 사랑한다고 외쳤다. 나는 대통령을 가장 존경한다. 하지만 이 민족과 이 국가를 위해, 우리 자신과 우리 자손의 영원한 행복과 자유를 더 염원하기에 이 개헌안을 낸다.

김수선 의원의 주장에는 경청할 만한 점이 있다. 최소한 한 시간은 걸렸을 긴 연설에도 불구하고 회의록에는 의원들이 '그만 해라'는 투의 야유를 전혀 보내지 않은 것으로 되어 있다. 그만큼 설득력이 있었던 것 같다. 논리가 어색하고 박약한 부분도 있지만, 당시 이승만 대통령의 정치가 드러내고 있었던 문제점, 그리고 반대로 이승만의 정치가 겪어야 했던 고충을 잘 드러내고 있다. 이승만의 정치가 독재적이라는 비판자들의 말도, 비판자들이 파당에 불과하다는 이승만의 말도 절반은 틀렸고 절반은 맞는 것 같다.

조봉암 의원과 김수선 의원의 발언은 대체토론에서 가장 뛰어난 주장이었다고 생각된다. 물론 다른 의원들의 발언에도 주목할 만한 점이 많았지만, 두 사람의 말은 깊이와 설득력에서 압권이었다. 아주 긴 연설이었는데도 별로 지루하지 않은 것 같았다. 뛰어난 연설은 길어도 길지 않다. 대체토론에 이어진 실제 의사진행은 이보다 무한히 더 거칠었다.

동물국회의 탄생

3월 11일 제50차 본회의 오전 회의가 한 시간 정도 진행되었을 때 일민구락부 이주형 의원이 등단해, 현재 회기가 1주일밖에 남지 않았는데 개헌안 외에도 예산안 등등 처리해야 할 일이 많다며, 대체토론을 신청한 40여 명의 발언을 더 들을 시간이 없으니 교섭단체 대표들이 모여 발언자수를 성한 후 제1독회를 끝내자는 동의를 냈다.[6-50, 4쪽] 이에 대해 국민당 유성갑 의원은 지금까지 대체토론에 나선 사람이 모두 10명이라며, 충분한 토론이 이루어졌으니 바로 제1독회를 종결하고 제2독회를 시작하자는 개의를 냈다.[6-50, 4~5쪽] 이에 대해 개의가 국회법 위반이라는 이의 제기가 나오면서 이 동의와 개의를 둘러싸고 아주 복잡하고 치열한 논쟁이 일어났지만, 결국 동의가 재석 172, 가 124, 부 1로 압도적으로 가결되었다.

이에 따라 국민당의 이재형, 민국당의 서상일, 일민구락부의 박순석이 협상을 했는데, 결과는 결렬이었다. 세 대표가 국민당, 민국당, 일민구락부의 발언 비율을 3 : 3 : 1로 하자는 데는 동의했지만, 서상일 의원이 민국당은 15명의 발언 통지를 했으니 이 기준에 따라 다른 단체의 발언자수를 정할 것을 고집했기 때문이다. 의사 진행을 천천히 해 어떻게든 불리한 형세를 역전시키려던 민국당으로서는 당연한 선택이었다. 하지만 발언자수를 이렇게 정하면 대체토론이 며칠간 계속되어야 할 것이므로 애초에 신속한 의사 진행을 요구한 이주형 의원의 동의 취지는 살 수가 없었다. 빨리 끝내려는 국민당도 이것을 받아들일 수 없었다. 무소속 의원들도 자신들의 발언권을 요구했다. 그리하여 다시 길고 시끄러운 격론이 일어났다. 격론 과정에서 윤치영 의원이 발언자수의 비율을 원의로 결정하자는 동의를 냈다.[6-50, 15쪽] 이에 대해 민국당 이원홍 의원이 무소속 의원들까지 포함해 다시 단체교섭을 해서 발언자수를 정하자는 개의를 냈다.[6-50, 19쪽] 그리고 국민당 오석주 의원은 오전에 세 대표가 협상을 했을 때 의견이 모이지 않으면 한 사람이 두 사람의 말을 따랐어야 했는데 그래도 결렬이라고 하니까 결렬이라 해두고 자신은 재개의를 하겠다며, 국민당과 일민구락부는 발언을 포기하고 민국당 의원 한 명에게 발언을 기회를 주자는 의견을 냈다.[6-50, 19쪽] 그런데 이때 신익희 의장은 오석주 의원의 재개의 발언 내용 중 앞부분만을 언급하며 교섭단체들 간의 협상은 다수결로 이루어지는 것이 아니라는 이유로 재개의를 인정하지 않았다.[6-50, 19~20쪽] 이에 국민당 이진수 의원이 의장이 법률을 독재적으로 해석한다는 분노의 발언을 했고[6-50, 20쪽], 오석주 의원도 의장이 재개의를 독재적으로 무시했다며 자기 말을 잘못 알아들은 것 같으니 재개의를 선포해 달라고 했다.[6-50, 20~21쪽] 신익희 의장이 할 수 없이 재개의를 인정했지만, 회의록을 읽어 오석주 의원의 발언을 확인해야 한다는 요구가 의석에서 나오면서 장내가 아주 시끄러워졌다.

이 장면에서 회의록에는 신익희 의장에게서 사회권을 넘겨받은 김동원 부의장이 조헌영 의원에게 발언권을 주었을 때, 큰 소동이 일어났다고 묘사되어 있다. "조헌영 의원 등단하였을 때 '재개의 성립된 것을 선포해요' 하는 이 있고, 진헌식 의원 등단하여 조헌영 의원의 발언을 제지하면서 '재개의 성립시켜요' 하고 고함을 침. 장내 소란. 이때에 김재학 의원이 연단으로 쫓아 올라가서 진헌식 의원을 잡아끌어 내리고 한동안 옥신각신하자 의석에 앉아 있던 의원들 기립 혹은 등단하여 가지고 대소동이 일어남"이라는 내용이었다.6-50, 21쪽 이에 김동원 부의장이 수위를 동원하라고 했고 장내 소란이 계속되자 폐회를 선포했다. 의장을 부르며 폐회는 안 된다는 외침도 나왔다.

1950년 3월 13일 자 『동아일보』는 이때 무슨 일이 일어났는지를 자세히 묘사하고 있다. 인쇄가 제대로 되지 않은 부분도 있고 표현이 너무 예스러운 부분도 있어 일부를 각색해서 옮기기로 한다. "조헌영 의원이 무슨 책자를 손에 들고 회색 두루마기를 휘날리며 등단하여 예의 명 판단을 내리려 할 때, 단 앞에 앉아 있던 윤치영 군이 냉큼 뛰어 단에 올라가 한 손으로 발언을 막으며 김동원 부의장에게 큰 소리로 질책하며 사회의 부당성을 말하게 되자 김 부의장 역시 의장의 사회에 이유 없이 간섭하여 의원의 발언권을 봉쇄하려 한다고 고함을 지를 때, 이런 때에 한 몫보기로 유명한 이진수 군은 옳다 됐다는 듯 이 명패를 들고 단상에 뛰어올라가 의장 앞에서 명패를 흔들며 욕설을 퍼붓다가 조 군을 끌어당기는 한편 윤 군은 조 군의 뒤를 밀어 내렸다. 조 군이 당당히 발언권을 얻었음에도 불구하고 중과부적으로 끌려 내려올 때 국민당 진헌식 군이 무엇 때문인가 또 단에 뛰어올라가고 국민당의 유성갑, 강선명 양군 역시 들먹들먹할 찰나에, 이것을 보고 참을 수 없었던지 뒤에 앉았던 민국당 김재학 군이 말도 없이 뛰어올라가 함부로 의원의 발언을 봉쇄한다고 진 군의 뒷덜미를 잡아 단 아래로 밀어 던졌다. 진 군이 불의의 습격에 밀려 내려오다가 단 밑에 거꾸러지자 김 군이 또다시 달려들려고 할 즈음 국민당 의원들이 달려들고 한편 민국당에서도 달려들어 말리는 사람, 때리는 사람, 치고받고 엎어지고 자빠지고 하는 판에 애꿎은 명패는 공중에서 왕복운동을 계속하게 되어 의사당 안에는 때 아닌 구라파대전이 전개되었다. 이진수 군은 좌충우돌로 수훈을 이루었고, 김재학, 진헌식 양군은 용호상박으로 호시탐탐하였으나 비전투원에 붙들려 꼼짝도 못하고 가슴만 헐떡거렸다. 한편 강선명 군은 약한 이상돈 군민국당과 붙었고, 국회에서 힘세기로 유명한 조한백 군은 붙기만 하면 집어치울 기세였으나 누구 하나 덤비지 않아 안타까운 모양이었다. 그런 가운데도 홍일점의 여장부 임영신 군은 그 비둔한 몸으로 남자에 못지않게 두 팔을 벌리고 싸움 말리기에 땀을 흘리며 노력하였으나 하등 효과 없이 난투는 계속될 즈음 이 사태를 본 김 부의장은 진중에서 징을 치듯이 방망이를 부러지도록 두드려 산회를 선포하였다." 그 이후 국민당 측은 퇴장하는 신익희 의장과 김동원 부의장을 가로막고 회의 속개를 요구했지만 그들이 어떻게든 빠져나가자 윤치영 부의장을 내세워 회의를 재개하려다 결국은 포기하고 말았다.

의사절차의 재개

3월 13일 제51차 본회의의 첫 번째 과제는 어제의 교착상태를 해소하는 것이었다. 이를 위해 어제 발언권을 얻었다가 국민당의 저지로 발언을 하지 못한 조헌영 의원이 다시 발언권을 주장하며 등단했다. 현재 교섭단체의 비율이 국민당 71, 민국당 69, 일민구락부 30, 무소속 28이니

2 : 2 : 1 : 1의 비율로 발언자수를 정하되 교섭단체들 간의 협의가 아니라 원의로 이를 결정하자는 대의를 냈다. 발언 신청을 한 15명이 모두 발언을 하겠다는 민국당의 주장은 과하니, 지금까지 대체토론한 의원들의 단체별 숫자국민 3, 민국 2, 일민 4, 무소속 2를 고려하는 가운데 앞으로 발언할 사람들의 숫자를 2 : 2 : 1 : 1의 비율로 적정하게 결정하자는 것이었다.6-51, 5-6쪽 조헌영 의원의 대의를 둘러싸고 이 비율이 적절하냐는 등등 다시 논쟁이 벌어졌지만, 결국 어제부터 제출된 국민당 윤치영 의원의 동의, 민국당 이원홍 의원의 개의, 국민당 오석주 의원의 재개의, 무소속 조헌영 의원의 대의를 두고 표결에 들어갔다. 국회법 절차에 따라 가장 먼저 대의를 물었고 재석 168, 가 112, 부 1로 바로 가결되었다. 이는 민국당 의원들의 일부까지 동의한 결과라고 볼 수 있지만, 조헌영 의원의 대의가 합리적이라 생각되어 동의한 것인지 아니면 각 정파가 자기에게 유리하도록 자의적으로 해석할 여지가 있어서 동의한 것인지는 분명하지 않다. 왜냐하면 조헌영 의원의 대의가 통과된 뒤 이어진 토론을 보면 각파가 동상이몽을 하고 있었음이 드러나기 때문이다. 우선 무소속 정준 의원이 나와 소속의원수의 비율 그대로 민국당 2인, 국민당 2인, 일민 1인, 무소속 1인이 발언을 한 후 대체토론을 종결할 것을 동의했다.6-51, 9쪽 이에 민국당 서우석 의원은 국회가 방금 발언자수를 원의로 결정한다는 결의했음에도 불구하고, 국회법의 규칙에 따라 교섭단체들의 협의로 발언자수를 정하자는 개의를 냈다.6-51, 9쪽 평소 조금이라도 잘못된 의사진행이 있을 때면 어김없이 등단해 이를 지적해 왔던 서우석 의원으로서는 도저히 낼 수 없는 개의였다. 마지막으로 민국당 조한백 의원은 일민구락부에서 이미 4명이 발언했으니 국회의 결의에 따르면 앞으로의 발언자수는 8 : 8 : 4 : 4로 되어야 한다는 재개의를 냈다.6-51, 10-11쪽 표결 결과, 재개의는 재석

167, 가 68, 부 80으로 미결, 개의도 재석 167, 가 69, 부 81로 미결되었고, 동의가 재석 167, 가 94, 부 27로 가결되었다. 다시 한번 개헌안의 운명을 뚜렷이 알 수 있는 결과였다. 개헌안은 재적의원의 2/3는커녕 출석의원의 과반수도 불가능한 상황이었다.

이렇게 해서 대체토론이 마침내 재개되게 되었는데, 이때 일민구락부 박순석 의원이 등단해 발언시간을 20분으로 제한할 것을 동의했다.[6-51, 13쪽] 계기가 있을 때마다 의사를 최대한 지연시키고자 해왔던 민국당 의원들이 이 '언론 봉쇄'에 대해 다시 한번 강력히 항의했다. 예컨대 『동아일보』에서 장사로 소개된 조한백 의원은 정말 장판교의 장비라도 된 것 마냥, 20분 제한 결의가 통과되면 국회가 아수라장이 될 것이고 오늘 표결을 못하게 될 것이라고 윽박질렀다.[6-51, 14쪽] 하지만 아무 소용이 없었다. 표는 무보다 강했다. 이 동의는 재석 167, 가 84, 부 13으로 간단히 통과되었다.

마침내 대체토론이 시작되었고, 민국당에서는 조한백 의원과 이정래 의원이 나섰다. 그런데 조한백의 의원의 발언은 회의록 상으로 8페이지가 넘는 긴 발언이었다. 아마 위에서 말한 김수선 의원의 발언 다음으로 가장 긴 발언이었을 것이다. 그는 국정감사에서 나온 내용을 되풀이하거나 온갖 중국 고사를 인용하며 이승만 대통령의 실정을 공격하고 개헌의 당위성을 주장했다. 20분이 넘었다는 소리가 의석에서 여러 번 나온 것은 당연했다. 하지만 그는 "여러분이 언권을 제지한다면 국회의사당은 역시 수라장이 생길 것을 생각하십시오. 나는 그대로 내려가지 않습니다. 목이 끊어져도 그대로 내려가지 않습니다"라며 발언을 이어나갔다.[6-51, 26쪽] 반면 이정래 의원은 "비교적 민주주의에 잘 복종하는 사람인 까닭에 원의에 쫓아서" 20분 언저리에서 발언을 끝냈다.[6-51, 29쪽] 조한백 의원이 장사답게 민국당의 지연전술을 충실히 이행했다면, 이정래 의원은 학식이 높아서였는지 무리를 하지 않았다.

다른 단체의 의원들도 발언을 끝냈고, 이제 제2독회로 넘어갈 차례가 되었다. 사실 개헌 반대파들은 여기서 개헌 논의를 종결시킬 수 있었다. 제2독회로 넘기지 않는다는 결의만 하면 될 일이었다. 하지만 사안의 중대성을 의식해서였는지 그러지 않았고, 이제 제2독회에 가서 개헌안의 세 가지 개정 사항을 한꺼번에 처리할지 각각 처리할지에 대한 토론이 이어졌다. 일괄 처리냐 개별 처리냐 하는 문제는 표결에 상당한 영향을 미칠 수 있었다. 국민당과 일민구락부는 내각책임제에 대해서는 대개 반대했지만, 긴급 상황에서 선거를 연기할 수 있다는 내용에 대해서는 찬성하는 사람들이 있었기 때문이다. 앞에서 보았듯이 제5회 국회 때 선거 연기를 적극적으로 추진한 의원들은 일민구락부 소속이었다. 따라서 개별처리로 할 경우 이 내용에 관한 한 개헌이 이루어지고 이 조항을 빌미로 다가오는 총선을 미룰 가능성을 전혀 배제할 수는 없었다. 그리하여 이를 둘러싸고 다시 격론이 벌어졌는데, 원칙주의자인 민국당 장홍염 의원이 내각책임제는 부결시키면서 임기 연장은 통과시키면 국민에게 무엇이라 말하겠느냐며, 물질에 현혹되고 권력에 아부하지 말고 양심적으로 행동해줄 것을 호소했다.[6-51, 37~39쪽] 하지만 물질에 현혹되고 권력에 아부하지 말라는 말은 개헌 반대파를 향한 것이었기 때문에 의석에서 "개 같은 놈"이라는 고함이 나왔다. 그러자 그는 "개 같은 놈 새끼, 무엇이 무엇이라고 누구 보고 개라고 그래! 끝나고 나와" 하며 대꾸했다.[6-51, 39쪽] 이런 소동 끝에 결국 "헌법 개정안을 일괄적으로 표결할 것"이라는 장홍염 의원의 개의가 재석 171, 가 112, 부 1로 압도적으로 통과되었다.[6-51, 43쪽]

최종 표결까지 가기가 너무 힘들다

개헌안에 대한 최종적 찬반 표결의 마지막 관문은 표결 방법이었다. 지금까지 모든 중요한 법안에 대해서는 항상 마지막에 표결 방식에 대한 논란이 일어났다. 예컨대 무기명투표를 하느냐 아니면 거수나 기립을 하느냐는 집단 압력의 문제로 인해 결과에 큰 영향을 줄 수밖에 없다. 그래서 신익희 의장이 표결 방식을 물었을 때 우선 의석에서 무기명투표 동의가 나왔고, 국민당 송진백 의원이 기립의 개의를 냈으며, 민국당 김상돈 의원은 무기명투표로 하되 특별한 장소에서 하자는 재개의를 냈다.6-51, 43~44쪽 '특별한 장소'란 회의장 앞쪽에 설치될 투표소를 의미했다. 이를 두고 표결을 하려 할 때 민국당 이원홍 의원과 박찬현 의원이 나와 기립 개의는 성립할 수 없다고 주장했다. 국민당은 개헌안이 상정되기 전부터 개헌안 부결을 위한 표결 전략을 짜고 이탈표를 막는 노력을 하고 있었기 때문에 기립 방법이 채택될 경우 국민당과 일민구락부 내부의 표 이탈을 기대하기 힘들었던 것이다. 그런데 민국당 박찬현 의원의 논리가 아주 기발했다. 그는 국회법 제53조, 특히 제2항 "의장이 필요하다고 인정할 때 또는 의원의 동의로 결의가 있을 때에는 기립 또는 거수의 방법을 쓰지 아니하고 기명 또는 무기명투표로써 표결한다"는 조항을 끄집어내었다. 결국 의장이 단독으로 표결 방법을 정할 수 있고 이때에는 기립이나 거수가 아니라 기명 또는 무기명투표로만 표결할 수 있다는 것이었다.6-51, 44쪽

국회의장으로서 중립적 의사 진행을 해야 하지만 민국당 소속으로서 개헌안의 통과에 노력해 왔던 신익희 의장으로서는 다시 한번 중립성의 외양 아래 편파적 의사진행을 할 수 있는 기회를 맞았다. 그리하여 동의, 개의, 재개의가 이미 제출되어 있는 상황에서 이 조항을 들며 의장 직권

으로 무기명투표를 할 수도 있겠다고 했다가 그러면 의원들과 다툼이 일어날 텐데 대단찮은 직권을 가지고 의원들과 다툴 생각이 없고 이에 대해서는 얘기를 그만두자고 했다.[6-51, 44~45쪽] 장내에 소란이 일어났고 이에 의장은 "여러분들이 허락하신다고 하면 인제는 의장으로서 한마디 말씀하겠는데 의장이 필요할 때에는 무기명투표로 행한다 하는 방법이 있는데 이 투표 방법을 결정하는 일은 무기명투표로 하기를 선포합니다"라고 했다. 그런 후 투표 장소를 준비하기 위해서 10분의 휴회를 선언했다.[6-51, 45쪽] 이것은 누가 봐도 신익희 의장이 동의, 개의, 재개의가 나와 있는 상황을 무시하고 국회법 53조 2항에 따라 의장 직권으로 무기명투표로 하겠다는 뜻이었다. 그러자 일민구락부 이성득 의원이 나와 규칙 위반이라고 항의했고, 국민당 이재형 의원은 의장의 설명에 대해 약간의 오해가 있는 것 같은데, 의장의 말은 동의를 택할 것인가 개의를 택할 것인가 재개의를 택할 것인가를 무기명투표로 정하자는 것이 아니냐고 물었다.[6-51, 46쪽] 그러자 신익희 의장은 다시 각성을 하고 "시방 이재형 의원의 말씀도 맞습니다"라며 물러섰다.[6-51, 46쪽] 신익희 의장이 얼굴을 구기는 순간이었지만, 중립성을 되찾는 순간이기도 했다.

그리하여 통상 중대 사안을 처리할 때 이용되는 투표소에서의 무기명투표로 재개의, 개의, 동의를 각각 물어보는 이상한 코미디가 연출되었다. 하지만 이조차 원활하게 진행되지 않았다. 일부 국민당 의원들이 아예 투표소로 가지도 않고 기권을 해버리자 민국당 의원들이 이는 비밀투표의 원칙을 어기는 것이라며 '모략'이니 '매수'니 하는 비난을 가했고 이에 양편 사이에 '죽일 놈'이니 '개 같은 놈'이라는 욕설이 오갔다. 그러나 아무튼 재개의부터 표결이 이루어졌고, 재개의가 곧바로 가결된 것이 그나마 다행이어서 의원들이 쓸데없는 발품을 덜 수 있었다. 특별한 장소에서의 무기명투표라는 재개의가 재석 178, 가 102, 부 75, 기권 1로 가결되었다. 바꾸어 말해, 특별한 장소에서의 무기명투표를 한 결과 개헌안에 대한 찬반 표결을 특별한 장소에서의 무기명투표로 하기로 결정한 것이다.

이제 마침내 개헌안에 대한 찬반 투표만 남았다. 하지만 민국당 의원들은 다시 투표소에 들어가지도 않고 기권을 하는 행동에 강력하게 이의를 제기했다. 이에 조봉암 의원 등이 반드시 투표소에 들어갔다 나와야 한다는 것이 국회법에 어디 있느냐고 항의를 했지만,6-51, 52~53쪽, 신익희 의장은 민국당 의원들의 항의를 받아들였다. 조사를 해보니 제대로 수속을 거치지 않은 의원이 13명이라며 이를 무효로 처리하고 재투표를 하겠다고 했다.6-51, 53~54쪽 윤치영 의원이 이를 받아들였고 다시 재투표에 들어가려 했지만, 투표를 끝낸 민국당 의원들 중 상당수가 이미 퇴장한 다음이었다. 가능한 한 빨리 개헌안을 부결시키고 싶었던 윤치영 의원이 그것은 어쩔 수 없는 일이라며 재투표 강행을 주장했지만, 무소속 곽상훈 의원이 개헌 문제는 신성한 것이니 깨끗한 국회의원들, 곧 차기 국회의원들이 결정하게끔 이 문제를 무기 보류할 것을 동의했다.6-51, 54쪽 하지만 신익희 의장은 이 문제를 이번에 결정지어야 한다며 남은 문제는 오늘 투표할 것이냐 내일 투표할 것이냐 밖에 없다고 했다.6-51, 54쪽 그리하여 일단 재석의원 수를 조사하니 139명이었고, 이는 개헌안 처리를 위한 재석 조건을 충족시키는 것이었지만 민국당 의원들이 절반 이상 나간 상태였고, 조봉암 의원조차 민국당을 비난하면서도 내일 결정할 것을 제안했다.6-51, 56쪽 이에 신익희 의장도 민국당의 처사를 비난한 후, '국회의장도 아니다'는 비난을 받으면서 산회를 선포했다.6-51, 57쪽

3월 14일 제52차 본회의 회의록은 고작 7페이지밖에 되지 않는다. 각종 보고사항 및 이와 관련된 발언을 빼면 불과 4페이지이다. 하지만 투

표 행위밖에 남지 않았다는 사실을 감안하면 '불과 4페이지'가 아니라 '무려 4페이지'라 해야 할 것이다. 왜 무려 4페이지나 되는가 하면 다시 기표방식과 관련해 민국당 김교현 의원이 드문드문 반말까지 하며 터무니없는 주장을 했기 때문이다. 개헌에 찬성을 하려면 '부否' 자를 지우고 반대하려면 '가可' 자를 지우도록 되어 있으니 기권을 표시하려면 '가'와 '부' 모두를 지워야 한다는 것이었다.[6-52, 4~5쪽] 신익희 의장이 이 주장을 받아들이자 윤치영 의원이 무슨 근거로 그런 주장을 하고 그런 주장을 받아들이느냐며 강력히 항의했다.[6-52, 6쪽] 그러자 신익희 의장은 다시 자신은 김교현 의원의 주장을 그대로 서술한 것밖에 없다는 구차한 변명을 하고는 아무 표기가 없어도 기권이라 선언한 후 더 이상의 이의 제기를 받아들이지 않았다.[6-52, 6~7쪽] 국회의장이 된 이래 대체로 공정함과 중립성을 잘 유지해 왔던 신익희 의장에게 개헌안 처리는 수난과 당혹의 시간이었다. 이 시간을 뒤로 하고 마침내 최종 표결이 이루어졌다. 재석 179, 가 79, 부 33, 기권 66이었다. 개헌 찬성자의 숫자는 공교롭게도 개헌안 발의자의 숫자와 꼭 같았다. 기권표는 주로 국민당에서 나왔을 것이다. 국민당은 2월 말에 표결 방법으로 무기명투표가 채택될 경우 일괄 퇴장하기로 당론을 정했었는데, 개헌안 토의과정에서 압도적 우세를 확인하자 퇴장이 기권으로 바뀌었던 것 같다. 아무튼 개헌에 필요한 숫자가 133인이었으니, 이 결과는 압도적 부결이라고 할 수 있었다. 민국당의 참패이자 이승만과 국민당의 압승이었다.

이승만과 신익희의 마지막 성명전

이 마지막 표결로 개헌 국면이 완전히 종결되지는 않았다. 승자와 패자에게 마음의 정리가 필요했다. 이승만 대통령은 개헌안 부결과 관련해 담화를 발표하며, "이번 경험으로 말미암아 한층 다시 각오한 것은 국회의 일원제가 심히 위태하니 이번 국회의원 총선거를 치룬 뒤에는 먼저 상의원제도를 만들어 상하 양원을 두어 어떤 단체나 몇몇 개인들이 변동을 일으키기에 어렵게 만들[고] (…중략…) 대통령은 국민투표로" 뽑아서 애초에 헌법을 기초할 때 논의한 대로 헌법을 완성하자고 했다.『동아일보』, 1950.3.15 이에 신익희 의장도 민국당 개헌 드라이브의 주역으로서 마지막으로 한 번 더 부끄러움을 무릅쓰기로 하고, 개헌안이 부결된 다음 날 3월 15일에 다음과 같은 담화를 발표했다.『동아일보』, 1950.3.16

개헌안 경과에 있어 전 국민의 지대한 관심을 갖게 하였을 뿐만 아니라 국제적으로도 시청이 집중되었다. 중대한 안건이 일단락을 보았다는 것에 경쾌감을 느끼지 않을 수 없다. 다만 유감된 것은 이번 무기명 투표에 있어 기권자가 66표라는 것은 한심한 일이라고 아니 볼 수 없다. 세계 의정 역사에 없는 일을 우리 한국에서 기록을 내었다는 데에는 명예스러운 일인지 몰라도 일반 법률 규정에 의하면 79 대 33이라는 절대다수로써 통과된 것으로 보나, 이번 개헌안은 특별 법률 규정으로 재적 3분의 2이상을 획득하지 못하였으므로 부결된 것과 같은 효력을 낸 것이다. 민주주의라는 것은 소수가 다수에 복종하여야 된다는 것이 근본 원칙이므로 결정되기 전에는 자기의 주장을 끝까지 피력하여야지, 유혹이나 간섭에 동요되어서는 안 된다. 그러나 일단 결정된 것은 오직 그것을 실시하는 것만이 민주주의의 근본이념이다. 즉 개헌안이 통과되지 않을 바에야 현 법을 사수하여야만 된다. 그러나 이 문제가 적당한 시기에 또 나온다면 우리는 또다시 투쟁할 것이다. 한편 대통령도 이번 일은 많이 고찰할 것이며, 또 고찰하여야 할 것이다. 지금까지 개헌을 절대 반대하던 대통령이 개헌을 부결 짓고 헌법을 고쳐 대통령을 직접 선거하는 한편 상원제를 창설하여야 된다고 하는 것을 보니 우리 헌법은 어쨌든 고쳐야 될 것 같다. 이것은 비가 온 후 땅이 굳어진다는 격으로 우리 일은 앞으로 잘되어 나갈 것으로 본다. 소위 민주주의 정치라는 것은 국회인데 국회라는 것은 즉 정당정치이다. 이번 개헌안을 위요하고 앞으로의 국회 내 정당의 투쟁 책략은 적법 내에서 탈선하면 안 된다는 것을 알아야 한다.

하지만 이승만 대통령은, 조금 과장된 해석일지 모르겠지만, 패장의 넋두리에 조금의 연민도, 조금의 양보도 보이지 않았다. 그는 신익희 의장의 이 담화를 정면으로 반박하는 담화를 3월 17일에 다시 발표했다.『조선일보』, 1950.3.18

대통령 담화 발표 중에 상하 양원제를 두고 대통령을 국민투표로 선거하는 것이 헌법 개정을 찬성하는 말이라 할 수 있겠으나 이것은 개헌안과 같이 헌법의 종지를 고쳐서 대통령 책임제를 총리책임제로 개정하자는 것과는 근본정신이 다른 것이다. 본래 헌법기초위원들이 헌법을 정할 적에 대통령은 국민투표로 선정하고 국회는 양원제로 하기로 했던 것인데 그 때에 시기가 조급해서 대통령은 임시로 국회에서 선정하기로 하고 양원제로 하면 이 문제로 말미암아 정부조직이 지체될 염려가 있으므로 임시 일원제를 택한 것이니 이것은 당시 헌법 기초위원들과 국회의원 중에서도 다수가 양해한 것이다. 그러므로 내가 발론發論한 것은 실상은 헌법 개정이 아니요, 근본 의도대로 실행해 보려는 것뿐이니 이 문제를 국회에서 찬성치 않거나 국민이 찬성치 않는다면 대통령이 혼자 고집하려는 것도 아니요, 또 고집해도 소용이 없을 것이나 오직 내가 한 마디 아니할 수 없는 것은 이에 대해서 민간에 오해가 없기를 바라는 것뿐이다.

이것은 대한민국 정부 수립의 고난에 찬 길을 함께 걸었던 두 사람의 최종적인 정치적 결별의 순간이라고 할 수 있을지도 모르겠다. 하지만 그들은 3월 17일에도 만났다. 국회는 연초에 미국 하원이 한국원조안을 부결시켰을 때 이를 되돌리기 위한 국회 차원의 노력으로 신익희 의장과 이훈구, 나용균 의원을 미국에 파견하기로 했다. 하지만 얼마 후 원조안이 통과되고 개헌이 일정에 오르자 방미 계획이 연기되다가 개헌안이 부결된 후 그들이 마침내 미국 방문길에 오르게 되었다. 신익희 의장 일행은 이 방미 계획 때문에 17일에 대통령의 지시와 당부를 듣기 위해 경무대를 방문했던 것이다. 그래도 비행기 바퀴가 땅에서 떨어졌을 때 신익희 의장은 한편으로 시원하고 한편으로 쓰라렸을 것이다.

한민당/민국당은 여순사건 직후에 이어 다시 한번 개헌 시도에 실패했다. 그들은 1949년의 어떤 시점에서는 내각의 절반 가까이까지 차지하는 데 성공했지만 계속해서 더 많은 권력을 요구했고, 제헌국회의 종료를 불과 서너 달 앞둔 상태에서도 권력 추구를 멈추지 않았다. 왜 민국당은 계속 개헌을 추구했을까? 정당의 목적이 권력의 획득이라면, 민국당의 입장에서 이러한 끊임없는 내각책임제 개헌 시도는 거의 필연적이었다고 할 수 있다.

대통령제하에서 이승만이 대통령으로 있는 한 민국당은 집권의 가능성이 없었다. 김성수, 신익희, 지청천 등등 대선주자급 인물이 수두룩한

민국당으로서는 국무총리와 상당수의 장관 자리를 확보해야 성에 차는 것이었지만, 대통령이 그렇게까지 양보할 리 없었다. 대통령제 헌법이어도 내각책임제적 요소가 상당히 강했기 때문에 민국당 당수급의 인물을 국무총리로 임명하면 대통령에게 도전할 가능성이 높았다. 이승만은 장관을 비서로, 국무총리를 비서실장으로 여겼기 때문에 이런 상황을 용인할 수 없었을 것이다. 그는 이처럼 자신의 대통령 권력을 지켜야 했을 뿐만 아니라 국민들의 반민국당 정서를 잘 알고 있었기 때문에 민국당에게 권력을 너무 많이 양보할 수는 없었다. 이런 상황에서 민국당이 집권하려면 현행 헌법하에서 대통령선거에서 이승만을 이기거나 내각책임제 개헌을 통해 이승만을 뒷방으로 물러나게 하는 수밖에 없었다. 하지만 제헌국회가 종료되고 제2대 총선이 실시되어 설사 민국당이 다수당이 된다 해도 이승만 대통령을 최소한 2년 더 마주해야 하고 민국당 의원들은 최고 권력에 전혀 가까이 갈 수 없다. 임기 종료를 앞두고 개헌을 추진하는 것이 무리하다고 여겨질지 모르지만, 새로운 선거에서 민국당이 승리한다는 보장도 없다. 따라서 정부의 실정으로 여론이 안 좋고 국회의원들도 정부를 공격하고 있는 이 시점이 개헌 공작에 훨씬 더 유리하다고 여겼을 것이다.

당장 개헌 공작이 성공하지 못해도 민국당에 한 가지 위안점이 되는 것은 대통령을 국회에서 뽑는다는 것이었다. 이승만에 대한 국민들의 압도적 지지를 생각하면 대통령제 헌법하에서의 대통령 직선제는 민국당에게는 악몽이었을 것이다. 신익희가 내각책임제 개헌의 이유 중 하나로 이승만 박사를 영원히 존경받는 국부로 모시기 위한 것이라고 한 것도 이승만의 이러한 절대적 지위를 고려했기 때문이었을 것이다. 반면 이승만으로서는 자신의 집권 연장을 가장 위협하는 요인이 대통령 간선제일 수 있었으며, 실제로 그는 1952년 대통령 직선제를 채택하는 이른바 발췌개헌을 통해 집권 연장을 꾀하게 된다. 이 과정에서 이승만과 민국당은 다시 정면충돌하게 되었고 헌정 중단에 가까운 정치적 동란이 일어났다. 하지만 이 이야기는 이 책의 범위를 넘는다.

제24장

다섯 번의 변경 끝에 확정된
제2대 총선일

정부는 2월 24일 국무회의에서 제2대 총선을 5월 10일에 실시하기로 결정했다. 이철원 공보처장은 특별 발표를 통해 이러한 결정을 알리며, 현재 심의 중에 있는 선거법의 통과가 지연된다면 부득이 옛 선거법에 따라 총선을 실시할지 모른다고 덧붙였다.『동아일보』, 1950.2.26 제1대 총선이 2년 전 5월 10일에 실시되었기 때문에 정부의 이러한 결정은 너무나 당연해 보였다. 또한 대한민국의 새 선거법에 따라 이 날에 총선이 실시되려면 법안이 가능한 한 빨리 국회에서 통과가 되어야 했다. 이 당시 국회의원선거법안은 2월 18일 제34차 본회의에 상정되어 2월 21일 제36차 본회의에서 제1독회를 마친 상태였다. 따라서 공보처장의 발표는 총선 날짜를 빨리 확정하는 동시에 선거법안의 빠른 처리를 요구하는 것이었다고 할 수 있다. 하지만 이때는 개헌안을 둘러싸고 정부와 각 정파의 머리가 활발하게 돌아가고 있던 시점이어서 언론에서는 이 발표에 대해 내각책임제 개헌을 저지하기 위한 정치적 책략이 있는 것이라 했다. 예컨대 일부 국회의원들이 개헌안을 찬성하는 이유는 무엇보다 개헌안이 임기 연장을 가능하게 하기 때문이었는데, 선거일을 확정하면 이 의원들이 개헌안을 찬성할 이유가 없어진다는 것이었다. 그럴 듯한 이야기였다. 그 외에도 5월 10일을 선거일로 정하면 의원들이 바로 선거운동에 돌입해야 하기 때문에 개헌파에게서 시간적 여유를 뺏을 수 있다는 등등의, 말하기 좋아하는 사람들의 값싼 음모론도 있었다.『평화신문』, 1950.2.28

선거일 확정 문제는 이처럼 처음에는 내각책임제 개헌과 결부되었지만, 3월 14일에 개헌안이 부결된 뒤에는 다른 여러 가지 요인과 결부되었다. 원래 국회는 5월 10일에 제2대 총선을 치른다는 전제 아래 3월 20일에 폐회하고 5월 30일에 종료하기도 되어 있었다. 개헌안이 부결되었을 때 남은 기간은 엿새밖에 없었다. 하지만 선거법, 세금 관련법, 신년도 예산안 등 이번 국회 안에 반드시 처리되어야 할 의안들이 여러 가지 있었다. 특히 새 회계연도가 4월 1일부터 시작되기 때문에 예산안은 3월 안으로 통과되는 것이 정상이었고 그러지 못할 경우 임시방편으로 가예산을 승인해주어야 했다. 또한 국회의 결의로 회기가 연장된다 해도 현역 의원들이 선거운동을 해야 하기 때문에 무한정 연장될 수는 없었다. 정부가 선거일을 5월 10일로 확정한 이래 이미 선거운동을 위해 국회에 나오지 않는 의원들의 숫자가 많아지고 있었다. 따라서 이승만 대통령은 정족수가 채워지지 않아 예산안 처리가 지연되는 상황도 걱정해야 했다. 마지막으로 당시 미국은 앞에서도 보았듯이 한국의 극심한 인플레이션에 큰 우려를 표하며 이승만 정부가 인플레이션 해소에 더 적극적인 노력을 기울이기를 원했고, 그리하여 수지 균형을 맞춘 예산안의 통과를 원조액의 규모와 연동시키겠다는 경고까지 보냈다. 이런 여러 가지 요인들로 인해 대통령은 이미 확정한 5월 10일 선거일을 더 이상 지킬 수 없게 되었고, 더욱이 5월, 6월, 11월 사이에서 몇 차례나 선거일을 바꾸는 광경을 연출하게 되었다. 이 광경에는 선거일과 관련해 상이한 요구와 의견을 가지고 끊임없이 경무대를 찾아와 대통령을 괴롭힌 국회의원들의 성화도 한몫했다.

6월로 연기하다

이승만 대통령은 3월 14일 국회에 선거를 6월 말 이내로 연기하겠다는 내용의 교서를 긴급히 보냈고 또 이 교서가 반드시 낭독될 것을 요청했다. 이 날은 개헌안의 통과 여부가 결정되는 날이었는데, 이 날 교서를 보낸 이유가 있었다. 이미 개헌안에 대한 토의로 많은 시간을 보낸 상황에서, 오늘 개헌 문제가 최종 결정이 나면 의원들이 5월 10일의 선거를 준비하기 위해 뿔뿔이 흩어질 것이고, 그러면 남은 기간에 신년도 예산안 등 반드시 처리되어야 할 법안들이 제대로 처리되지 못하리라는 우려였다. 그러므로 "연기하는 것이 국회의원 제위에게도 편의할 것이요, 긴급한 안건을 통과하기에도 우려점이 없을 것"이었다.6-52, 2쪽

3월 15일 제53차 본회의에서는 김갑수 내무부차관을 국회에 불러놓고 대통령의 교서에 대한 질의응답을 했다. 무소속 곽상훈 의원은 국회의원들이 중요 법안을 처리하지 않고 달아날까봐 이미 약속한 날짜를 연기하겠다는 것은 국회의원을 무시하는 것이라 했다. 또한 6월로 연기를 하려면 먼저 이로 인해 초래될 국회의 진공상태를 막는 방법을 강구하고 연기해야 할 것이며, 굳이 연기하려면 농번기인 6월을 피해 9월이나 10월로 연기하는 것이 좋겠다고 주장했다.6-53, 2-3쪽

곽상훈 의원의 질의는 한 가지 아주 중대한 쟁점을 제기하고 있다. 선거를 6월로 연기할 경우 국회의 진공상태라는 헌법적 문제가 발생한다는 것이었다. 민국당 조영규 의원도 좀 더 날카로운 언어로 이 문제를 제기했다. 대통령이 신문지상에는 5·10선거를 단행한다고 계속 말해 왔으면서 교서를 통해 6월로 연기하겠다고 하는 것은 정부의 위신을 깎아먹는 것이다. 5월 30일까지가 임기인데 거기서 하루라도 넘어가면 국회의

진공상태가 초래되고 헌법은 이를 용인하지 않는다. 도대체 대통령은 어떤 법률적 근거에서 6월로 연기하자는 것인가. 어제 개헌안을 처리할 때 선거 연기에 관한 제104조의 부칙이 통과되었으면 모르지만, 지금은 헌법상 우리의 임기를 연장하거나 선거일을 연기할 법적 근거가 전혀 없다.6-53, 4~5쪽

국회에 출석한 김갑수 내무차관은 이런 비판에 할 말이 없었다. 그는 6월 연기안의 법적 근거는 없다며, 선거법의 정부 원안에는 국회의원 임기종료 30일 전에 총선을 하라는 규정이 있지만, 현행법에는 아무 제한이 없고 따라서 임기 종료 후 언제든지 가능한 시간 내에 시행하면 되지 않겠느냐고 답할 뿐이었다.6-53, 6~7쪽 이것은 말도 안 되는 답변이었다. 정치 공동체로서의 국가를 만드는 것이 헌법이고 헌법을 만든 것이 국회인데, 단 하루라도 국회가 없다면 국가도 없는 것이다.

내무차관을 구원한 사람은 조헌영 의원이었다. 그는 이 문제를 가지고 내무차관한테 자꾸 질문할 필요가 없다고 했다. 대통령이 개헌안을 표결하기 직전에 서한을 보낸 이유를 추측해 보면 두 가지 이유가 있지 않았을까 한다. 하나는 개헌안 중에서 선거를 연기할 수 있는 조항은 살리는 것이 어떠냐 하는 암시가 아니었을까 한다. 다른 하나는 정부가 5월에 선거를 하려고 했지만 국회에서 개헌이니 뭐니 하면서 질질 끄니까, 국회가 선거를 빨리 할 수 있도록 노력을 하든지 아니면 선거가 늦어지는 책임을 국회에서 져야 한다는 의미일 것이다. 첫 번째 문제는 개헌안이 부결되면서 이미 해결되었다. 두 번째 문제는 우리가 사정이 부득이할 때 헌법을 위반한 때가 더러 있었다. 본래 예산안은 12월 20일이면 나와야 하는데 정부가 처음 들어섰을 때는 어쩔 수 없었다 치고 이번에도 나오지 않았다. 헌법 위반이다. 하지만 부득이하게 그리 되었다. 선거법도 자꾸

지연되면 선거가 부득이 연기될 수밖에 없고 헌법을 위반할 수밖에 없다. 따라서 지금 상황에서 위헌을 하지 않는 유일한 방법은 빨리 선거법을 통과시키는 것이다.[6-53, 6~7쪽]

국회 자체가 하루라도 없어지는 것과 예산안이 법정 기일에 맞춰 국회에 제출되지 않는 것은 차원이 전혀 다른 문제이지만, 아무튼 조헌영 의원의 발언은 더 이상의 무의미한 토의를 종결시키기에 충분했다. 조한백 의원도 선거가 원래대로 5월 10일에 실시되도록, 부득이하게 늦어져도 5월 30일까지는 무조건 실시되도록 선거법을 조속히 통과시키기로 결의하고 토론을 종결하자는 동의안을 냈다.[6-63, 7쪽] 재석 123, 가 81, 부 0으로 압도적으로 가결되었고, 국회는 즉시 원래 계획대로 국회의원선거법 제2독회로 들어갔다.

다시 11월로 연기했다가 5월로 되돌아오다

하지만 이승만 대통령은 예산안을 비롯한 긴급 법안의 처리 문제가 계속 마음에 걸렸던 것 같다. 그는 결국 3월 17일 AP와의 인터뷰에서 주요 법안의 처리 문제로 인해 총선이 11월까지 연기될지도 모른다며, 이런 이유로 현재의 국회를 연장해 국회 특별회의를 소집하고 임기 연장을 위한 개헌을 토의할 것이라 했다.『조선일보』, 1950.3.19 여기에서 '국회 특별회의'라는 표현이 눈에 띄는데, 이것은 헌법적으로도 법률적으로도 전혀 근거가 없는 표현이었다. 1950년 3월 21일 자『서울신문』은 김갑수 내무차관의 언론 인터뷰를 실은 기사에서 왜 이런 표현이 나왔겠는지 짐작할 수 있게 한다. "총선거를 11월로 연기하자면 헌법을 개정하여야 할 터인데 헌법 개정은 일사부재의 원칙에 의하여 4월 30일까지 연기한 이번 정기회기에서는 할 수 없다. 따라서 개헌하려면 특별회를 소집하여야 한다. 정부 측으로는 언제 총선거를 실시하든지 만반의 준비를 하고 있으므로 5월 30일 내로 단행할 수 있다. 대통령께서 총선거를 11월로 연장할지 모른다고 AP기자에게 한 말씀은 결정적인 말씀이라고 볼 수 없다. 예산안, 중요 법안 등을 심의하여야 할 것이므로 그렇게 말씀하신 것이다. 앞으로 대통령께서 어떻게 조처할지 모르나 사무상으로는 선거인명부 작성이 다소 시일이 필요할 것이나 4월 1일부터 4월 10일 내로 언제나 완료할 수 있으므로 정부 측으로는 총선거를 정상적으로 단행할 수 있는 것이다."『서울신문』, 1950.3.21

하지만 같은 날짜의 『서울신문』은 윤길중 국회 법제조사국장의 발언도 인용하고 있는데, 김갑수 차관과 다른 견해였다. 총선은 어떤 일이 있어도 5월 30일 이전에 실시되어야 하며, 그 이외의 모든 방안은 국회의 진공상태를 초래해 위헌이다. 3월 18일에 통과된 선거법에서도 5월 30일 이전에 실시하도록 규정했으니, 정부는 이 법이 공포되면 무조건 5월 30일 이내의 어느 날짜로 선거일을 반드시 결정 공고해야 한다는 것이었다. 특별회의 같은 것은 애초에 성립할 수 없었다.

이처럼 5월을 넘기는 것은 위헌이라는 목소리가 높아지자 이승만 대통령은 다시 3월 21일 특별성명을 발표해 총선을 5월 30일 이내에 단행하겠다고 했다. "총선거 연기에 대한 일반 공론에 의하면, 금 5월 30일을 넘지 말고, 헌법상 원칙대로 진행하는 것이 옳다는 것을 민간에서 절대 주장하는 것을 볼 적에 나로는 많은 안위를 가졌으니 이는 우리 민족이 장구히 민주제도를 보전할 수 있다는 것을 믿을 수 있는 연고이다. 이와 같은 민의의 경향을 본 나로서는 대통령의 지시로 총선거를 5월 30일

이내에 실시할 것을 절대 지지하는 바이다." 그러면서 앞으로 약 9주가
남았으니 국회가 신년도 예산안을 비롯해 몇몇 법안을 잘 처리해 달라고
요청했다.『동아일보』, 1950.3.22

다시 11월로 가다

하지만 이승만 대통령은 열흘 만에 다시 입장을 바꾸고, 3월 31일 제
67차 본회의를 맞아 신익희 국회의장에게 총선을 11월로 연기하겠다는
깜짝 놀랄 만한 서한을 보내왔다. 세 가지 이유를 들었다. 첫째, 신년도 예
산안이 4월 1일부터 시작될 예정인데, 임시예산으로 한두 달의 경비만을
통과시킨다 해도 우려할 바가 있을 것이므로 국회가 폐회되기 전에 예산
안이 통과되어야 정부가 움직일 수 있다. 둘째, 수지 균형 예산안을 통과
시켜야 미국의 한국경제원조안이 제대로 통과될 수 있다. 셋째, 예산안을
비롯해 몇몇 법안을 통과시키려면 2, 3주일이 필요할 것인데, 의원들로
서는 여기에 시간을 다 쓰면 선거운동을 할 수가 없을 것이고 이로 인해
법안 처리에 필요한 국회 정족수가 보장이 되지 않을 것이다.6-67, 2쪽 나아
가 대통령은 이 날 발표한 별도의 성명에서 균형 예산안이 적기에 통과되
지 않으면 원조액이 4천만 달러 삭감된다면서 11월 연기에 따른 법적 책
임 문제는 자신이 감당하겠다는 놀라운 말까지 했다.『동아일보』, 1950.4.1

선거 일자를 여러 번 변경하는 것은 실로 원치 아니하는 바이나 작일[어제]
워싱턴에서 온 공문을 보면 우리 정부의 신년도 예산이 균형 되지 못하면 미국
의 원조가 우리나라 경제를 회복시키려는 공작에 협동이 못되는 까닭으로 신

년도에 1억만불 요청이 변해서 6천만불만 국회에 요청할 위험성이 있게 되니 (…중략…) 이 내용을 아는 우리로서는 이 안건을 하루라도 지체할 수 없으므로 무슨 경우를 당하더라도 통과시켜야 할 필요가 있는데 (…중략…) 이러한 복잡한 형편으로는 예산안을 충분히 통과시킬 시일이 없으므로 나는 다른 방책 없이 오직 선거 일자를 연기하여 국회의원들이 방심하고[안심하고] 이를 전적으로 토의 결정할 여유를 주어야 할 것이니, 금년 11월에 총선거를 진행하도록 대통령령으로 연기시키는 것이 유일한 방식임을 각오하고 모든 어려운 문제가 있다면 이는 대통령이 책임을 담임할 것이니 이것이 예산안 통과에 긴요하다는 것만을 일반 동포들이 양해해 주기를 바라는 바이다.

대통령령으로 헌법을 이겨보겠다는 이승만 대통령의 각오는 4천만 달러를 잃지 않기 위해서는 위헌이라는 악마와도 손을 잡아야 한다는 것이었을까? 이 결정은 위의 성명에 따르면 "작일 워싱턴에서 온 공문"을 보고 이루어졌다. 이 공문이란 이범석 국무총리의 서신에 대한 호프만 미국 경제협조처장의 답신을 말했다. 정부는 "미국이 한국의 현 경제사태를 과도하게 우려할까 염려"해 3월 4일 이범석 총리의 명의로 호프만에게 서한을 보냈고『동아일보』, 1950.4.11, 3월 23일 자로 발송된 호프만의 답신은 3월 30일에 이범석 총리에게 도착했다. 이 답신은 미국 경제협조처 부처장 포스터Foster가 주한 미국대사관에 보내는 전문에도 포함되어 있다. 호프만은 "당신의 서신이 제시한 대한민국의 현재 경제 상황에 대한 평가는 유효하지 않으며, 서신에 반영되어 있는 낙관주의는 정당하지 않다는 것이 나의 솔직한 의견"이라면서 마지막에 다음과 같이 경고했다. "나는 한국 정부가 인플레이션을 억제하기 위한 단도직입적이고 즉각적인 노력을 하고 있다는 확신이 들지 않는 한, 미국 하원이 승인한 6천만 달러보다 더 적은 금액을 세출위원회에 요청하는 것이 바람직하다고 생각합니다. 마찬가지로 나는 또한 경제협조처가 1951년 회계연도에 한국 원조를 위해 추진하고 있는 1억 달러 요청을 더 검토해야 하겠습니다."[1] 이 답신은 한국 정부의 즉각적 반응을 촉발하기에 충분하고도 남았다. 하지만 왜 하필 11월이어야 했을까?

이에 대한 대답은 서한의 낭독 후에 벌어진 의원들의 격론 중에 나온 정보에서 얻을 수 있다. 먼저 민국당 서우석 의원이 국무총리에게 이 서한이 국무회의에서 다루어지지 않았는지를 물었고, 선거를 11월에 하게 되면 6월부터 11월까지 국회가 없어지게 되는데 남들이 이것을 국가로 인정할 것인지, 헌법에 있는 것인지 답변을 요구했다.[6-67, 2쪽] 이범석 총리는 국무회의에서 토의한 일이 없고 대통령이 서한의 의도를 말한 적도 없다며, 아마도 대통령이 오늘 아침에 써서 보낸 것으로 생각된다고 했다. 또한 국회의 진공이나 헌법적 근거 문제에 대해서는 대통령께 물어보고 추후 답변하겠다고 했다.[6-67, 3쪽] 총리의 이러한 답변으로 보아 대통령의 11월 연기 결심은 갑자기 이루어진 것임을 알 수 있다. 그 내막은 민국당 조한백 의원과 국민당 이재형 의원 사이의 상호비방에서 짐작할 수 있다.

조한백 의원의 말은 이랬다.[6-67, 4~6쪽] 어제3월 30일 오전에 국민당 이재형, 민국당 홍성하, 국민당 황호현, 일민 김우식, 국민당 강선명 의원, 무소속 김수선 의원 등과 함께 재경위원실에서 허정 교통장관을 만났다. 허정 장

---

1   "The Deputy Administrator of the Economic Cooperation Administration (Foster) to the Embassy in Korea", Washington, March 27, 1950. http://db.history.go.kr/id/frus_006r_0010_0160. (2022.2.1)

관이 말하기를, 그저께 이재형 의원이 본회의[2]에서 의원 임기가 얼마 남지 않았고 총선도 얼마 남지 않았는데 그동안에 예산을 심의하라고 하니 할 수가 없다는 말을 해서, 자기가 대통령께 가서 국회의 분위기가 임기 연장을 하지 않고서는 도저히 예산을 통과시킬 수 없다는 분위기라고 말씀드렸고, 대통령께서는 그렇다면 국회의 각파를 모아 의견을 들어보라고 말씀하셨다는 것이었다. 그래서 나는 얼마 전에 개헌안을 부결시켰는데 다시 임기 연장을 내놓는 게 말이 되냐고 했다. 그때 이재형 의원이 나서 민국당이 먼저 개헌안에 임기 연장 조항을 넣었으면서 지금 와서는 임기 연장 절대 불가라는 이유가 무엇이냐고 했다. 나는 그것은 불가항력의 경우를 대비해서 넣은 것이지 임기 연장을 위한 것이 아니었다, 당신은 11월로 연기하기 위해 임기 연장을 위한 개헌안을 내놓을 것이냐, 거기에 나는 참여하지 못한다고 했다. 그러자 다른 의원들이 자기들끼리 경무대에 가겠다고 했다. 그렇게 해서 대통령을 찾아가서 의원들 모두가 임기 연장을 희망하는 것처럼 대통령을 속여서 이러한 11월 선거안이 나오게 된 것을 짐작할 수 있다는 것이었다. 한마디로 이재형 의원이 대통령의 11월 연기의 주범이라는 것이었다.

이재형 의원이 가만히 듣고 있을 리 없었다.[6-67, 7~10쪽] 지난번 대통령께서 AP 기자에게 선거를 11월로 연기한다고 말한 다음날 의원들이 기자들에게서 논평을 요구받았는데 의견이 갈렸다. 그런 중에 민국당 사람들

---

2   원문에는 '본회의'라 표현되어 있는데, 3월 27일 제65차 본회의 의사록에 따르면 이재형 의원이 발언을 한 적이 없다. 여기서 말하는 '본회의'는 이 날 오후에 열린 정부와 국회의 '비공개회의'인 것으로 보인다. 이승만 대통령은 국회가 정부의 1950년 예산안이 늦게 제출되었다는 등의 이유로 예산안 심사를 일시 보류하자, 3월 29일 예산안의 급속한 통과를 요청하는 특별교서를 국회에 보냈다. 이와 동시에 이범석 총리 이하 전 각료와 국회가 비공개회의를 열고 예산안에 대해 의견을 교환할 것을 요청해, 이 날 오후 비공개회의가 열렸다(6-65, 3쪽. 『동아일보』 1950. 3. 30).

과 다른 정파 사람들이 대통령께 가서 11월 선거가 지극히 현명하다고 말씀을 드렸다. 우리 국민당은 채 가지 못했다. 그런데 그 날 저녁 『동아일보』에는 민국당은 반대를 하는데 일민구락부와 국민당이 적극적으로 추진하고 있다는 기사가 났다. 도둑이 도둑이야 소리치는 것과 같았다. 진해에 갔다 오신 대통령께서 이 말을 곧이듣고 그렇다면 5월 말에 선거를 하겠다고 다시 발표를 했다.

그런 일이 있었다가, 그저께 비공개회의 때 내가 신년 예산안이 증세를 많이 포함해 민생고를 초래하므로 삭감해야 하지만 우리가 수지 균형을 맞추지 못하면 ECA 원조자금이 봉쇄되니 예산안을 삭감할 수도 없는 곤란한 처지이다, 그래서 이 예산안을 처리하는 데 많은 시간이 필요하고 선거를 연기해야 한다는 취지로 이야기를 했다. 홍성하 재경위원장도 그렇게 말했다. 그래서 그 날 오후 장관들이 대통령에게 가서 국회의 공기를 보니 예산을 통과시키려면 11월 선거를 고려하셔야겠다고 말씀을 드렸더니 대통령께서 국회의 공기가 과연 그러하냐고 했다고 한다. 그 후에 일어난 일은 조한백 의원이 조금 말했다. 그런데 조한백 의원이 11월 선거를 위한 개헌에 반대해야 한다고 했을 때, 우리 국민당 의원들은 민국당 사람들이 연극을 꾸미는 것 같아서 처음에는 경무대로 가지 않겠다고 했다. 다만 허정 교통장관이 우리에게 요청하기를, 국회에게 즉시 예산 심의를 해달라는 대통령의 말씀은 무리한 말씀이라고 말해줄 수는 있지 않겠느냐고 했다. 또한 민국당의 김준연 의원과 이정래 의원도 이미 경무대에 들어가 있으니, 지금 상황에서 예산안 심의가 어렵다고 가서 말씀을 드리라 했다. 그래서 나도 경무대에 가게 되었다.

우리가 대통령을 만났을 때 대통령께서 호프만에게서 온 서한을 보여주었다. 대통령께서 대한민국 스스로 재정 확립 방책을 세우지 않으면

ECA 원조가 1억 달러에서 4천만 달러가 삭감된다고 하셨다. 우리가 들어가기 직전에 미국 대사가 전했노라 하면서 대통령께서 4천만 달러면 우리 돈으로 1,600억인데 이 돈을 삭감당하면 나라 재정에 아주 곤란하지 않느냐며 대단히 개탄하셨다. 하지만 우리는 예산 심의에 대해 말하려고 간 것이기 때문에 이 방대한 세입추구예산안을 심의하기가 곤란하다고 했더니 대통령께서 그러면 선거를 늦게 하면 좋지 않은가 말씀해서, 정준 의원이 대통령께서 여러 번 말을 바꾸시게 되면 각하의 위신도 말이 아니고 민국의 위신도 말이 아니다 했고, 다른 모든 이들도 그리 말했다. 대통령께서 마지막에 내가 위신을 고집하지 않는다는 말씀을 듣고 우리가 나왔다. 우리가 나왔을 때 민국당 의원 5, 6명이 와 있었다. 나중에 교통장관에게 들으니 대통령께 현재의 상태로는 예산 심의가 어렵다는 말을 했다고 들었다. 이것이 지금까지 있었던 일이다. 어떤 놈들이 무슨 소리를 하고 무슨 개수작을 해도 국민당은 대통령께서 생각하시는 11월 선거를 절대 거부한다는 것을 언명한다.

이렇게 거친 말의 이전투구가 진행되자 곽상훈 의원이 개탄을 하며, 이재형, 조한백 두 의원의 이야기만 들어봐도 이 국회가 민족을 속이고 나라를 망치는 국회임을 알겠다고 했다. 하루 바삐 우리가 물러나야 되겠다. 염불에는 관심이 없고 잿밥에만 관심이 있다. 나라를 얼마나 걱정하는지 경무대의 문턱이 쇠로 만들어져도 다 닳겠다. 대통령께서 아무리 현명해도 이렇게 혼란스러운 진언에는 정신을 못 차릴 것이다. 더 이상 국회의 추태를 폭로하지 말고 대통령의 교서를 받아들일지 아니면 5월 선거를 주장하고 교서를 받아들이지 않을지를 결정하자.[6-67, 9쪽]

조헌영 의원도 비슷한 감정이었다. 이 파쟁적 대립이 우리 국회의 최후에 와서 추악상을 노골적으로 드러내고 있다. 외국의 원조를 얻는 데는 두 가지 조건이 필요하다. 하나는 헌법에 따라 예산안을 통과시켜서 지출하는 것이고, 다른 하나는 민주주의를 지키는 것이다. 독재하는 나라의 폐단은 두 가지이니 예산을 무시하고 지출하는 것과 선거를 연기하는 것이다. 예산을 통과시키지 않는 것도, 선거를 자꾸 연기하는 것도 민주주의를 지키지 않는 것이다. 호프만 씨는 경제에 많은 관심을 가지기 때문에 균형 예산을 빨리 통과시켜야 원조를 주겠다고 하지만, 정치 방면에 관심을 가진 미국 친구들은 선거를 빨리 헌법대로 해야 원조를 하겠다는 견해를 가지고 있을 것이다. 따라서 우리는 선거를 헌법대로 빨리 실시하고 예산안도 빨리 통과시켜야 한다. 국회의원들이 대통령께 가서 정파별로 이 소리를 하고 저 소리를 하니 대통령이 이인異人이 아닌 이상 도저히 헤아릴 수가 없을 것이다. 대통령에게는 예산 통과가 바쁘다. 예산 통과를 위해 11월로 연기하자는 것이지 11월로 연기하는 것이 좋아서가 아니다. 따라서 예산만 통과된다면 대통령께서 당신의 위신을 위해서라도 선거를 5월 안에 실시하도록 조치를 취할 것이다. 이에 1950년 예산안을 4월 10일 이내에 통과할 것을 전제로, 이번 달 내에, 즉 오늘 안에 1950년 가예산을 통과시키고 총선은 5월 말 이내로 시행하기를 대통령에게 요청할 것을 동의한다.6-67, 10~12쪽

하지만 이 동의안은 지지를 받지 못했다. 1차 표결도 재석 114, 가 54, 부 5로 미결, 2차 표결도 재석 114, 가 26, 부 23으로 미결이었다. 이재형 의원의 말대로 국민당이 11월 선거를 거부하는 입장이었다면 훨씬 더 많은 찬성표가 나와야 했을 것이다. 이 표결 결과는 다수의 의원들이 속으로는 선거 연기를 원하고 있었던 것으로 해석될 수 있다.

이상에서 보면 이승만 대통령이 선거를 11월로 연기한 것은 예산안 통과와 선거 연기를 놓고 대통령과 거래를 벌이려는 의원들의 시도에 굴복한 결과라고 볼 수 있다. 하지만 백전노장의 혁명가가 그렇게 호락호락

했을까? 4월 3일 자『동아일보』는 아니라고 말한다. 이 기사에 따르면 3월 31일까지 국회 분위기는 가예산을 통과시키고는 휴회에 들어가 선거운동에 힘을 기울일 뿐 4월 말까지 예산안 통과를 위해 다시 모일 기세는 극히 박약했다고 한다. 이를 간파한 대통령은 긴급조치로서 11월 연기를 발표하게 되었고, 또 연기를 하더라도 대통령령으로 하지 개헌으로 하지 않는다고 함으로써 선거 연기가 임기 연장이 아님을 분명히 했다. 이에 따라 예산안 심의에 반대하던 의원들도 입장을 바꿔 3일간 휴회 후 예산 심의에 들어간다는 안에 찬성하게 되었다는 것이다.

실제로 제68차 본회의 마지막에 가서 휴회 9일 동의안, 휴회 2주 개의안, 휴회 사흘 재개의안이 나와 표결에 들어갔다. 민국당 이상돈 의원이 재개의에 대한 찬성 토론을 위해 등단해 대통령의 성명 중 대통령령으로 선거를 11월로 연기하고 모든 어려운 문제는 자신이 책임지겠다는 부분에 의원들이 주목할 것을 요구하며, 빨리 국회를 재개해서 예산안을 통과시키고 5월 31일 내로 선거를 치를 수 있도록 하자고 했다.[6-67, 31쪽] 재개의가 재석 124, 가 86으로 압도적으로 가결되었다.

마지막으로 다시 5월로 가다

그렇다면 이승만 대통령의 11월 연기는 예산안의 조속한 통과를 위한 전략적 쇼의 성격이 상당히 있었던 셈이다. 따라서 국회가 빨리 예산안만 통과시킨다면 제2대 총선은 5월 말까지는 열릴 것이었다. 실제로 민국당의 최고위원 지청천, 김성수, 백남훈 3씨가 4월 4일 상오 경무대로 대통령을 방문하고 총선을 5월에 단행할 것을 진언했는데, 대통령은 예산안만 통과되면 5월에 총선거를 실시하겠다고 언명했다는 보도가 나왔다.「동아일보」, 1950.4.5 그렇다고 11월 연기를 신빙성 없는 카드로 만들면 예산안의 조속한 통과에 문제가 생길 수 있기 때문에, 대통령은 3월 18일 제56차 본회의에서 통과된 국회의원선거법에 대해 거부권을 행사했다. 이 선거법에는 "총선거는 국회의원의 임기만료일 전 20일 이내에 행한다. 총선거의 기일은 늦어도 40일 전에 대통령이 공고하여야 한다"는 조항이 있어 거부권을 행사하지 않으면 선거를 5월 후로 연기할 수 없었다. 국회의원선거법 재의안은 4월 3일 자로 국회에 회부되었다.

이 재의안에 대한 토의는 4월 4일 제68차 본회의에서 이루어졌다. 곽상훈 의원은 원안에 대한 2/3 이상의 동의로 즉시 정부의 재의안을 부결시키자며, 선거를 5월 후로 연기할 경우 국회가 진공상태가 되는데 국가에 변란이 생기면 어떻게 할 것이냐며 정부를 성토했다.6-68, 13~14쪽 유성갑 의원을 포함해 다른 여러 의원들도 가세했다. 이에 김갑수 내무차관은 예산안만 통과되면 5월 말에 해도 무방하다는 것이 대통령의 뜻으로 알고 있다고 대답했다. 그리고 우리 헌법에는 국회 해산이 없기 때문에 진공상태가 존재할 수 없지만, 해산권이 있는 나라에서는 40일이건 50일이건 진공상태가 언제든지 존재한다고 했다. "따라서 정부의 해석은 진공상태는 절대로 불가피한 것이며, 이것은 헌법에 위반되는 점도 없다고 하는 것을 인정하고 있습니다."6-68, 19쪽 이 직접인용문의 '정부'는 우리 정부를 뜻하는지 다른 나라의 정부를 뜻하는지 분명하지 않지만, 이승만 정부가 헌법 해석 문제가 제기될 경우 이러한 외국의 경우에 의지하려 했던 것으로 보인다. 그러나 이 날은 더 이상 토의나 표결이 이루어질 수 없었다. 재의안을 표결하려면 재적의원의 2/3가 필요한데 이 날 본회의가 정족수를 채우지 못했기 때문이다.

재의안 처리는 4월 6일 제69차 본회의로 넘어왔다. 의원들이 열띤 토의를 벌이는 와중에 조헌영 의원이 아주 의미심장한 발언을 했다. 자신이 지난번에 미국 친구들 중에는 선거를 빨리 해야 원조를 하겠다는 사람들도 있을 것이라 말했는데, 최근에 자신이 들은 확실한 정보에 따르면 정말 그런 것 같다고 했다. 호프만 씨의 서한보다 훨씬 강하게 한국의 민주주의를 문제 삼은 서한이 있다고 한다. 따라서 원조를 받으려면 우리 정부가 5월 중으로 선거를 치러야 하며, 곽상훈 의원의 동의를 절대다수로 가결시키면 정부도 달라진 정세에 맞추어 더 쉽게 5월 선거를 결정할 수 있으리라는 것이었다.6-69, 3~4쪽

김동원 부의장 역시 이 서한에 대해 이야기했다. 4월 5일에 중요한 뉴스를 듣고, 의장 대행으로서 대통령의 의견을 듣고자 방문을 했더니 대통령께서 국회에 나가 무슨 이야기를 하겠노라고 했다. 그래서 출석 방식에 대한 이야기가 오갔고, 결국 국회가 요청하는 형식을 통해 출석하는 방향으로 이야기가 되었다고 했다.6-69, 6~7쪽 의원들도 이미 이 중요한 뉴스를 듣고 있었기 때문에 대통령의 출석을 거부할 이유가 없었다. 그 후 국회의원선거법 원안에 대한 표결도 이루어졌지만, 재석 143, 가 86, 부 1로 2/3선을 넘지 못해 부결되었다.

조헌영 의원과 김동원 부의장이 말하는 중대한 서한은 애치슨 국무장관이 미국 시간으로 4월 3일에 장면 주미 대사에게 전한 비망록이었다. 이승만 대통령은 4월 4일 오전 11시에 무초 대사로부터 이 비망록을 전달받았다. 무초 대사의 국무부 보고에 따르면 대통령은 이 비망록을 큰 소리로 읽은 다음 많은 우려를 표명했다고 한다.[3] 이 비망록은 외교적 수

---

3   "The Ambassador in Korea (Muccio) to the Secretary of State", Seoul, April 4, 1950-6 p. m. http://db.history.go.kr/id/frus_006_0010_0220. (2022. 2. 25)

식이 없는 직설적인 문장으로 되어 있었다.[4] 주요 부분을 소개하면 이렇다. 대사가 한국으로 돌아가기 전에 미국 정부가 한국의 점증하는 인플레이션에 깊은 우려를 하고 있음을 표하고 싶다. 한국의 국무총리가 3월 4일 주한 경제협조처장에게 보낸 서신에 있는 견해, 즉 한국에는 심각한 인플레이션 문제가 없고 오히려 디플레이션 위험이 있다는 견해는 한국 정부가 이 문제의 심각성을 잘 이해하지 못하고 있고 심화되는 인플레이션을 제어하는 데 필요한 과감한 조치를 취할 용의가 없다는 것을 보여준다. 대사는 이와 같은 미국 정부의 견해를 한국 대통령에게 전해주기를 원한다. 한국 정부가 인플레이션에 대한 만족스럽고 효과적인 조치를 취하지 못하면 한국에서의 경제협조처 원조 프로그램을 재검토하는 것이 필요할 것이며 아마도 조정을 하는 것도 필요할 것이다. 이와 관련해 다음 며칠 내로 주한 미국 대사를 소환해 한국의 점증하는 인플레이션에서 발생하는 치명적인 문제들에 관해 상의할 것임을 알려준다. 우리 정부가 이와 동일하게 우려하는 것은 한국 대통령이 3월 31일에 국회에 보낸 교서에서 제안한, 총선을 5월에서 11월로 연기하려는 한국 정부의 의도에 대한 것이다. 한국에 대한 미국의 원조는 군사원조이건 경제원조이건 한국 민주주의 제도의 존재와 성장에 입각해 있다. 한국의 헌법과 기타의 기본법들에 따른 자유로운 보통선거는 이 민주주의 제도의 기초이다. 선거를 한국의 기본법들이 정하는 바에 따라 치르는 것은 인플레이션 힘들에 대응하기 위한 필수 조치들을 취하는 것만큼 긴급하다고 우리 정부는 여긴다.

이 비망록은 4월 9일 자 『동아일보』의 보도에 따르면 "냉담한 어조" 혹

---

4   "The Secretary of State to the Korean Ambassador (Chang)", April 3, 1950. http://db.his-tory.go.kr/id/frus_006_0010_0210. (2022. 2. 25)

은 "가혹한 어조"의 글이었고, 여기에 사용된 문구는 미국의 외교문서에서 사용된 적이 드물고 우방국에 대해서는 거의 사용된 적이 없는 것이었다. 설령 『동아일보』가 대통령이 미워 이 사실을 필요 이상으로 강조했다손 치더라도, 내용이 중대한 것은 사실이었다. 비망록은 즉각적인 효과를 냈고, 대통령은 곧바로 행동에 들어갔다. 이승만 대통령은 4월 7일 오전 10시 30분에 주례 기자회견에서 "최근의 내외정세에 비추어 선거는 5월에 단행하는 것이 좋을 것"이라고 했고『조선일보』, 1950.4.8, 11시 30분에는 제70차 본회의에 출석해 5월 선거 결정과 그 배경에 대해 설명했다. 비망록을 접한 지 며칠 만에 국회에 가서 5월 선거를 공식적으로 최종 확정한 것이다. 어떻게 보면 대통령이 비망록이 초래한 위기를 기회로 역이용해 의원들로 하여금 최대한 빨리 예산안을 통과하지 않을 수 없게끔 했다고도 할 수 있다. 이범석 총리에 대한 호프만의 서한과 이 비망록의 주요 부분을 번역해 의원들에게 미리 나누어 주도록 했기 때문이다.

이승만 대통령은 호프만의 서한과 애치슨의 비망록의 내용을 조금 언급하면서 4천만 달러를 소홀히 여길 수 없으니 균형 예산안을 조속히 통과시키고 5월 선거를 받아들일 것을 요청했다.6-70, 5~8쪽 그는 여러 가지 이야기를 덧붙이며 자신의 요청에 설득력을 더하고자 했다. 우선 미국의 정치 상황에 대해 이야기했다. 당시 미국에서는 공화당 상원의원 매카시Joseph McCarthy가 1950년 3월에 오랫동안 미국의 극동정책에 관여해 왔던 래티모어Owen Lattimore를 미국 내 혹은 미국 국무부 내 소련 간첩의 거두라고 비난해 미국 정가에 큰 파문을 일으키고 있었다. 우리나라 신문들도 AP 통신의 기사를 인용해 래티모어의 주요한 주장을 소개했다. 그는 미국이 극동에 과도하게 개입하는 것을 반대했고, 일본과 한국은 미국의 부채이며 장제스 총통을 지지하는 것은 백해무익하다고 했다.『한성일보』, 1950.4.11 이승만 대통령은 미국의 의회가 래티모어처럼 우리의 친구가 아닌 자들의 의견도 들으면서 움직이므로 우리가 그런 자들에게 조금이라도 빌미를 주면 안 된다고 했다.

대통령은 신임 국무총리의 임명에 대해서도 이야기했다. 이범석 총리는 3월 말에 국정감사의 결과에 책임을 지고 자리에서 물러나기로 했다. 대통령은 즉시 국회의 각파 대표들에게 후임을 추천해 달라는 내용의 서한을 보냈고, 이재형 의원 등이 3월 30일 경무대를 찾아갔을 때도 김성수, 조병옥, 신성모, 이윤영 4씨를 최종 후보로 내놓으며 의원들의 의견을 구했다. 그리하여 민국당의 경우는 1순위로 조병옥, 2순위로 신성모를 추천했고, 국민당은 1순위로 이범석의 유임을, 2순위로 백성욱 혹은 이윤영을 추천했으며, 일민구락부는 신성모를 추천했다는 기사가 나왔다.『조선일보』, 1950.4.4 이범석 총리는 4월 3일 공식적으로 사임했고, 대통령은 다시 이윤영 사회장관을 국무총리 후보로 임명했다. 4월 6일 제69차 본회의에서 인준 투표가 실시된 결과 이윤영 후보는 다시 한번 재석 155, 가 68, 부 84, 기권 3으로 부결되었다. 대통령은 국회의 이러한 결정에 복종한다면서, 총리 임명 문제는 며칠 유예하고 예산안을 처리해주면 바로 다시 의견 수렴 절차를 거친 후 후보를 임명하겠다고 했다.

대통령은 또한 이 예산안은 균형 예산이 되어야 하며 따라서 증세는 이재형 의원 등등의 반대에도 불구하고 불가피한 것이라고 했다. 우리가 언제까지 미국의 원조를 받을 수는 없다. 원조를 받는 중에라도 앞날을 위해 우리 스스로의 재정을 쌓아야 하며 그렇지 않으면 원조가 끊어지는 순간 큰 타격을 받을 것이다. 위신을 중시하고 교만하다고 할 만큼 자부심이 강한 영국의 의회도 자기들 뜻대로 했다가, 호프만이 가서 영국 정부가 예산을 맞추지 못해 자립할 희망을 보이지 못하면 미국이 차라리 원조를 하지 않는 것이 좋겠다고 해서, 영국 의회가 이미 통과한 법을 모두 번복해 미국의 요청을 다 통과시킨 적이 있다.

대통령의 발언이 끝난 후에는 윤치영 의원이 등단해 애치슨이 비망록에서 한국의 민주주의에 문제가 있는 것처럼 묘사한 것은 외교적 결례라는 취지의 발언을 했다. 대한민국이 수립된 이래 지금까지 대한민국 국회가 민주주의 제도를 한시라도 등한히 한 적이 없다. 우리가 선거일을 여러 번 옮기게 된 것은 5월에 선거를 하면 농번기인 데다 행정부가 선거를 준비하기에 촉박하고 국회도 예산안을 처리해야 해서 그렇게 된 것이지 헌법을 무시하거나 민주주의를 등한히 해서 그런 것이 아니었다. 윤치영 의원은 또한 개헌안 처리과정에서 번스 주한 경제협조처장이 서한을 보내 특정 정파를 편 든 일을 상기시키며 그 역시 외교적 결례라고 주장했다. 그러면서 장관들을 향해 다시는 이러한 편지가 오지 않도록 하라고 일갈했다. 또한 미국은 돈을 줄 때 주더라도 우리의 인격을 대접해야 한다며 국무장관 등에게 경고를 한다고 했다.[6-70, 8~10쪽]

이승만 대통령이 떠나기 전에 다시 한번 연단에 올랐다. 자기 역시 우리 정부나 국회가 표가 나게 비민주적인 행동을 한 적이 없다고 생각한다고 했다. 하지만 애치슨 등에 대해 불만스럽다고 이야기할 필요는 없다. 지금 그럴 때가 아니다. 남이 우리를 오해해도 지금은 슬쩍 넘겨버려야 한다. 나중에 거기에 대해 이야기할 때가 올 것이다. 애치슨이나 호프만이 호의를 가지고 우리에게 도움이 될 이야기를 한 것이지 해로운 이야기를 한 것이 아니다. 우리는 건설에 애를 쓸 뿐이다. 우리를 비평하고 악평하는 사람들에게 말로 대답하느라고 시간을 보내지 말고 우리의 일을 해 나가면 그것이 대답이 될 것이다. 이 문제로 섭섭하게 여기거나 낙망하지 말고, 이 편지를 그냥 덮어두자. 그렇지 않다고 이야기할 기회가

올 것이다. 지금은 그들의 요청에 따라 하자.6-70, 10~11쪽

이승만 대통령과 윤치영 의원의 호흡이 아주 좋다. 윤치영 의원은 국가 원수가 전면에 나서기 민망한 문제에 대해 정당한 항의를 했고, 대통령은 국가 원수답게 자잘한 싸움에는 나서지 않았다. 아무튼 이렇게 해서 국회는 만사를 제쳐놓고 즉시 예산안 심의에 들어가지 않을 수 없었고, 선거일은 최종적으로 5월 30일로 결정되었다. 그리고 신년도 예산안은 4월 22일에 통과되었다.

11월 총선은 신빙성 있는 위협

헌법기초자이자 초대 법제처장이었던 유진오는 1950년 4월 3일 자 『동아일보』에 「무국회상태 가능한가」라는 제목의 칼럼을 썼다. 11월 총선이 헌법적으로 가능한가를 다루는 글이었다. 제헌국회의원의 임기는 헌법 제102조에 의해 5월 30일로 만료됨으로 인해 11월에 총선이 열리면 6개월 동안 국회가 없는 상태가 되는데, 이것이 헌법상 가능한가? 우리나라 국가권력기관은 정부, 국회, 법원의 삼권분립으로 조직되는 것으로, 국회가 없어지는 것은 우리 헌법이 전혀 예상하지 않던 바이며, 우리 헌법으로는 생각할 수 없는 것이다. 내각책임제의 국회는 국회 해산 후 총선까지 공백 기간이 있지만, 그것은 헌법에서 미리 정해 놓았기 때문에 가능하지만, 우리 헌법에는 국회 해산 제도가 없기 때문에 무국회상태는 있을 수 없다. 혹자는 11월로 연기해도 그것은 국회를 아주 없애는 것이 아니라 일시적으로 없애는 것일 뿐이라고 말할 것이다. 그러나 국회가 6개월간 없는 것이 가능하다면 60개월간, 600개월간 없는 것도 가능하

지 않은가. 단 6일간의 무국회상태도 헌법의 위반이다. 국회의원의 임기가 끝날 때마다 선거일을 정부가 마음대로 정하고 연기하는 것은 독재정부가 총선을 영원히 연기하는 것과 다르지 않다. 선거일의 공포는 정부의 자유재량행위가 아니라 기속행위이다. 자유재량행위에 있어서도 재량의 범위를 넘으면 '권한유월'이라 해서 위법인데, 하물며 기속행위에 있어서는 말할 것도 없다. 선거 연기가 위헌이냐 아니냐를 차치하고라도 연기를 단행하면 국회의 권한이 정지되어 많은 문제가 발생한다. 대통령의 선거^{제53조}, 국무총리의 임명^{제69조}, 대법원장의 임명^{제78조}을 행할 사유가 발생해도 어쩔 수가 없다. 대통령은 조약의 비준과 선전포고도 할 수 없다.^{제42조} 국정감사도 할 수 없고 대정부 질문도 할 수 없으니 왜정이나 미군정 때처럼 정부 관리들이 마음대로 비행을 저지를 것이다. 이것은 실로 중요한 문제이니, 지금 국회가 실수도 많았고 능률도 없었고 감정이나 편견으로 국민의 지탄을 받은 일도 있었지만, 그래도 대한민국 정부가 수립된 후 모든 것이 급속도로 정비된 것은 국회가 있어 정부를 비판하고 편달했기 때문이다. 실수가 있어도 능률이 없어도 국회는 있어야 한다. 선거운동을 할 시간이 없다거나 국회 정족수를 채우기 어렵다는 것도 선거 연기의 사유가 될 수 없다. 선거 연기의 이면에는 국회의원들의 임기 연장 책동이 있지 않은가 하는 생각도 든다. 무국회상태란 있을 수 없으므로 선거가 연기되면 국회의원의 임기도 연기되지 않을 수 없기 때문이다. 그러나 이런 말도 안 되는 이유로 국회의원의 임기를 연장한다는 것은 언어도단이다. 대통령이 임기가 만료될 때 1년 더 대통령 노릇을 하겠다고 임기를 스스로 연장해 국회의 대통령 선거를 금지하는 것과 무엇이 다른가? 국민을 얕잡아보고 우롱하는 자는 총선거에서 국민들로부터 현명한 응답을 들을 것이다.

이승만 대통령은 11월 총선을 선포하면서 국회의원 임기의 연장 없이 대통령령을 통해 하겠다고 선언했다. 그 첫 번째 목적은 국회가 균형예산을 가능한 한 빨리 통과하도록 하는 것이었다. 국회의원의 임기를 연장하면 국회가 없는 상태를 막을 수 있지만, 임기 연장을 위해서는 제6회 국회에서 개헌을 하는 것이 필요했다. 그런데 민국당이 주도했다가 실패한 개헌안에는 이미 임기 연장에 관한 내용을 담고 있었기 때문에 제6회 국회에서 임기 연장 개헌을 하는 것은 일사부재의 원칙을 거스르는 것이었다. 어떻게든 묘책을 짜내어 개헌을 한다 해도 국회의원들이 균형예산을 적기에 통과시켜 주리라는 보장도 없었다. 특히 대한국민당과 일민구락부의 의원들 중에는 임기 연장을 원했던 사람들이 적지 않았던 것으로 보이며, 이재형 의원 같은 사람들은 대통령에게 공공연히 임기 연장을 요구했다. 선거일의 확정은 유진오의 주장대로 자유재량행위가 아니라 기속행위이지만, 당시에는 선거일을 기속하는 법률이 완전하지 않은 상태였다. 미군정 하에서 만들어진 현행 국회의원선거법에는 선거일에 관한 조항이 없었고, 새 국회의원선거법은 국회에서 3월 18일에 통과되었지만 정부가 거부권을 행사하려는 상황이었다.

　이런 상황에서 이승만 대통령은 균형예산의 통과라는 시급한 상황적 과제와 제2대 총선의 시행이라는 헌법적 의무를 완수하기 위해 선거일을 가지고 고도의 정치적 책략을 구사했다. '고도의'라는 형용사가 잘 어울리는지는 모르겠다. 의도가 너무나 잘 드러났기 때문이다. 아무튼 국회가 없는 상태를 대통령령으로 돌파하겠다는 것은 위헌이 분명했고, 그도 위헌임을 잘 알고 있었기 때문에 자신이 책임을 지겠다고 했을 것이다. 이것은 국회의원들에게 정확한 신호를 보내는 것이었다. 11월 선거가 전략적 쇼의 성격이 있었다 해도 그것은 게임이론의 용어로는 신빙성 있는 위협^{credible threat}이어야 했다. 신빙성 있는 위협이란 상대방이 양보를 하지 않을 경우 그 위협을 실행할 의도와 능력이 있는 상태에서 가하는 위협을 뜻한다. 따라서 위협이 신빙성이 있다고 믿을 경우 상대방은 양보를 하게 될 것이다. 11월 선거는 신빙성 있는 위협이었다고 해야 할 것이다. 이승만 대통령은 국회의원들이 균형예산을 통과시키지 않고 미국이 개입하지 않았다면 위헌을 각오하고서라도 대통령령으로 선거를 11월로 연기하려 했을 것이다. 한계상황에서는 상황에 따른 한계적 조치가 불가피하다는 것이 그의 신념이었다고 생각된다. 그래서 그의 신빙성 있는 위협은 더 큰 신빙성을 얻을 수 있었을 것이다. 하지만 적지 않은 사람들은 그의 한계적 조치가 이따금 민주주의가 최대로 허용하는 범위를 넘었다고 생각했다.

제25장

대한정치공작대 사건

제2대 총선일의 확정을 둘러싼 온갖 파란이 가라앉고 새 국회의원선거법도 정부의 거부권 행사를 거쳐 4월 10일 제72차 본회의에서 최종적으로 통과된 후, 국회는 두 가지 중요한 일을 남겨두고 있었다. 하나는 새 국무총리를 뽑는 일이었고, 다른 하나는 신년 예산안을 처리하는 일이었다. 하지만 새 국무총리는 대통령과 국회의 의견 대립 속에서 끝내 제6회 국회 기간 중에 뽑히지 못했다. 이윤영 후보 인준을 거부당한 후 이승만 대통령은 이범석 총리로 하여금 총리직을 계속 수행하도록 했으나, 국회는 법률적 근거가 없다며 이를 허용하지 않았다. 이에 대통령은 4월 21일 제82차 본회의에 예산안의 원활한 처리 등 행정상 관계로 신성모 국방장관을 '임시 서리'로 임명한다는 서한을 보냈지만, 국회는 역시 법률 위반이라며 재석 120, 가 78, 부 2의 압도적 표차로 이 서한을 대통령에게로 돌려보냈다.[6-82, 3쪽] 이 일을 제외한다면 국회는 예산안 숫자에만 골몰할 뿐 더 이상 큰 파문에 휩싸일 일이 없었다. 하지만 국회는 막을 내리기 직전에 다시 한번 큰 파란에 휩싸이게 된다. 대한정치공작대 사건이 그것이다.

사건의 개요와 국회의 반응

1950년 4월 11일 자 신문들에는 이태희 서울지검장이 전날 발표한 대한정치공작대 사건의 진상이 실렸다. 김영, 김낙영, 이무열, 박문, 정동엽, 이경우, 송주태, 동찬모 등이 주동이 되어 2월 상순경부터 사설 수사기관의 조직을 계획하고 준비 공작을 해오던 중 3월 30일 대한정치공작대를 조직했다. 전 반민특위 청사였던 중앙경찰병원에 사무소를 두고 약 100명의 대원을 모집한 후 대원들에게는 "상기자는 사전승인 없이 심문과 검거를 불허함"이라는 신분증명서를 주었다. 주요 혐의는 다음과 같다. (1) 4월 1일 충남 연기군 금남면에 대원 송주태를 급파해 대한청년단 면단위 지부 교도과장 이정현을 체포 인치했다. (2) 같은 날 오전 11시에는 무역상 안일을 시내 장충동 자택에서 체포한 후, 대원 김성광이 가지고 있던 권총 1정과 실탄 7발을 그 집 2층 복도에 세워둔 다다미 아래 감추어 둠으로써 마치 안일이 인민군 사령인 것처럼 날조했다. (3) 4월 4일 오전 3시에는 공작대 사무소에서 대원 김성광이 가지고 있던 실탄 8발, 대원 박문이 가지고 있던 권총 1정과 실탄 6발, 그리고 대장 김영이 사두었던 폭약 3병과 실탄 8발을 대원 최동석에게 주면서 "너를 체포할 터이니 네가 인민군 사령이고 그 전 사령은 안일이었다"고 허위진술을 하기로 약속한 다음, 5일 오후 공작대가 무장경관 40명과 헌병 약간 명을 동원해 최동석의 집을 포위하고 전에 약속한 대로 그를 체포했다. (4) 4월 6일 오전 3시에는 대원 김성광이 가지고 있던 99식 장총, 38식 단총, 대도刀 각 1정과 실탄 18발, 뇌관 5개를 붕대에 싸서 김영 등 3명이 경무대 뒤 북악산 큰 바위 밑에 감추어 놓고 다시 이것을 헌병을 시켜 찾아내게 한 다음 그 무기가 마치 남로당이 감추어 놓은 것처럼 가장했다. 그리고 같은 날 오후 2시경 대장 김영의 명령으로 대원 동찬모가 구속 중인 최동석에게 찾아가서 "안일이 가지고 있던 무기를 내가 북악산에 은닉한 것"이라고 진술할 것을 지시했다. 이들 공작대는 반공진영의 선봉인 오제도 검사를 비롯해 최운하 서울시경 사찰과장과 김준연 의원까지 빨갱이로 몰 만큼 허위모략을 일삼았다. 이 사건으로 4월 7일 89명이 검거되어 혐의가 가벼운 38명은 9일 석방되고 나머지 51명에 대해서는 구속영장이 발부되었다.『동아일보』,『국도신문』, 1950.4.11

4월 11일 제73차 본회의에서 민국당 김상돈 의원이 이 문제를 거론했다. 그는 우선 치솟는 쌀값에 대한 긴급질문을 위해 대통령과 12부 4처장을 모두 국회로 부를 것을 동의해 압도적 찬성을 얻은 다음, 보충 발언을 통해 국회 차원에서 5, 6명의 조사위원을 뽑아 공작대 사건을 조사해보자고 했다.6-73, 11~12쪽 국민당 이진수 의원은 이미 표결된 사안에 다른 사안을 첨부하는 것은 규칙 위반이며 더욱이 이 사건은 수사 중에 있는 사안이라며 반대했다. 하지만 그의 반대는 윤치영 부의장에게 묵살되었고, 장관들은 이튿날 출석하기로 했다.

4월 12일 제74차 본회의에서는 김동원 부의장이 대통령께서는 몸이 대단히 괴로워서 출석할 수 없고, 게다가 공작대 사건에 대해서는 아직 다방면으로 조사하는 중이어서 국회에 나와 봐야 할 이야기가 없다, 국회의원들이 참고가 될 말이 있으면 해주면 좋겠다는 말이 있었다고 했다.6-74, 10~11쪽 이에 김상돈 의원이 다시 나와 5인의 조사위원을 뽑을 것을 동의했다. 또 이진수 의원이 나와 어제와 동일한 논지를 펼치며, 이 문제를 정치적 도구로 사용하면 안 된다고 했다. 이어서 1년 전부터 일어났던 사건을 "현직에 있는 그 분백성욱한테 "책임을 전가하려고 하는 이 비겁한……"이라고 말하는 순간, 의석에서 "이 개새끼 가만히 있어"라는 고함이 나왔고, 이진수 의원은 "개새끼라고 한 놈은 어떤 놈이냐! 어떤 놈이 개새끼라고 그랬니?"라고 해 장내가 시끄러워졌다. 그리고 이 사건에 민국당의 음모가 내포되어 있는 것처럼 암시하며 수사기관에 맡겨야지 국회 조사에 맡길 수 없다고 했다.6-74, 11쪽

이렇게 처음부터 민국당과 국민당이 맞붙은 것을 보면 단순 사건이 아닌 게 분명했다. 하지만 김상돈 의원의 동의안이 느닷없었는지 재석 146, 가 34, 부 18로 미결이 되어 다시 토론에 들어갔다. 일민 이주형 의원의 발언이 미결된 동의안을 살려냈다. 그는 2, 3일 전부터 신문에 나온 발표를 보면 정부의 모모 고관이 공작대를 직접 지휘한 듯한 기사를 내고 있고, 또한 오늘 의원들의 발언을 보면 현재의 백성욱 내무장관이 만들었다거나 김효석 전 내무장관이 만들었다는 구구한 의논이 있으니 조사를 해보아야 하지 않겠냐, 조사를 두려워하는 이유가 뭐냐고 했다.6-74, 14쪽 그렇게 해서 다시 표결이 이루어졌고, 이번에는 재석 146, 가 74, 부 1로 통과했다.

이제 조사위원을 뽑는 방식으로 들어갔다. 일민 이성학 의원은 의장에게 일임하자는 안을 냈고, 국민당 박준 의원은 내무치안위원회와 법사위에 일임하자는 안을 냈다. 둘 다 미결이었다. 이번에 타이브레이커가 된 것은 곽상훈 의원의 발언이었다. 그의 발언은 아주 의미심장한 것이었다. 공작대 사건과 관련해 국회가 두 파로 갈려 있다는 것을 직감한다. 한 당에서는 이 사건을 백성욱 장관을 내쫓으려는 모략이라고 하고, 다른 한 당에서는 그런 사실이 전혀 없다고 한다. 이 중대한 시기에 이렇게 서로 음모를 하고 장난을 하면 되겠는가? 이 사건은 반드시 조사해야 한다. 내가 들은 것이 있다. 대통령께서 구중궁궐에 계시다 보니 민심을 알기가 어렵다. 간신배가 많아서 사실을 은폐하고 민의를 제대로 고하는 사람이

없다. 그래서 대통령께서 민심을 그대로 듣고 싶어서, 20명의 아주 똑똑하고 솔직한 애국청년들을 뽑아 한 달에 120만 원이라는 돈을 들여서 그들의 생활을 안정시키고 정치 문제 등등에 대한 민간의 말을 종합적으로 듣기 위해 이것을 조직했다는 말을 들었다. 이 조직 자체는 대단히 반가워할 만하다. 그런데 이것이 악용되고 인원수가 늘어나는 동시에 대통령의 기대대로 흘러가지 않고 정치적으로 불순한 일을 만들고 있다는 소문이 검찰의 귀에 들어가면서 이 사건이 마침내 드러난 것이다. 이 의혹을 명백히 풀어야 한다. 조사위원 선출 방식은 아무래도 좋다. 솔직하고 정당한 사람을 뽑아서 하루바삐 조사하자.6-74, 16~17쪽 상당히 놀라운 내용이었다. 이에 대해서는 나중에 다시 이야기하기로 한다.

이렇게 해서 재표결에 들어갔는데, 의장에게 일임하자는 동의가 각파별 선정이라는 조건과 함께 재석 146, 가 80, 부 2로 통과되었다. 조사위원으로는 국민당 박준, 민국당 김준연, 일민구락부 이성학, 무소속 곽상훈, 무소속 조헌영 의원이 선정되었다.

대한정치공작대는 순전한 사기 정보단체

조사위원들은 약 5일간 공작대 사건에 연루된 주요 당사자들을 조사했고, 4월 19일 제80차 본회의에서 조헌영 의원이 대표로 조사결과를 보고했다. 조사 대상으로는 이 사건에 관계한 5명의 검사, 군 계통으로 신태영 육군 총참모장과 헌병사령관, 내무부 계통으로 백성욱 내무장관, 김병완 치안국장, 경무과장, 경기도 사찰과장, 동대문서장, 동대문서 형사 1인, 성동서장, 성동서 사찰과장, 성동서 사찰분실 주임, 성북서장, 그리고 민간인으로 정운수가 포함되었다. 민간인으로 장석원도 조사하려고 했지만 병이 나서 조사하지 못했다. 조사위원들은 속기사로 하여금 조사 내용을 모두 기록하도록 했고 그 결과 방대한 분량의 기록이 나왔다. 이것을 다 읽으려면 적어도 12시간이 걸리고, 또 조사위원들의 견해가 모두 일치하지는 않으므로, 사건의 윤곽만을 발표하겠다. 그리고 조헌영 의원은 결론적으로 대한정치공작대의 정체를 완전한 사기 정보단체라고 규정했다. 이것은 군, 경찰, 검찰의 일치된 견해이고 당사자들도 인정했다고 했다.6-80, 7쪽

이것은 기억해 두어야 할 사항이다. 왜냐하면 학계에는 명시적 혹은 암묵적으로 이승만 대통령을 공작대의 최종 배후로 꼽는 사람들이 있기 때문이다. 아무튼 조헌영 의원의 보고는 큰 윤곽만 그리고 있기 때문에 사전적 지식이 없이는 이해하기 힘든 부분이 많다. 따라서 여기에서는 『동아일보』가 방대한 조사기록을 바탕으로 약간 극적인 요소를 섞어서 사건 전체를 재구성한 5월 1일부터 5월 8일까지의 연재기사에 의지해서 사건의 주요 부분을 소개하고자 한다.

검찰이 발표한 사건 개요에서 가장 먼저 의문이 드는 부분은 이런 사기 집단이 어떻게 출입이 제한된 전 반민특위 청사에 사무소를 두고 신분증명서를 얻었으며 심지어 경관과 군인까지 동원할 수 있었는가 하는 것이다. 공작대의 핵심은 김영, 이무열, 김낙중인데, 김낙중은 상호은행 전무 박해영이라는 사람을 통해 50만 원을 신용 대부해 자금을 대었다. 공작대장 김영 등은 지난 2년 동안 수집했다고 하는 중대한 정보를 가지고 있었다. 첫째, 군대 1,000명을 비롯해 경찰과 검찰에 상당수의 남로당 프락치가 있다. 둘째, 기관포 3문을 비롯한 다수의 무기가 동두천 방면 산중에 매장되어 있는데, 그것이 최근에 서울로 운반되고 있다. 셋째, 안

일을 총사령으로 하는 이 인민군은 경무대를 습격하고 대통령을 암살할 계획을 하고 있다. 넷째, 내각책임제 개헌을 주장한 민국당 간부를 살해한 후 정부가 시킨 것처럼 하고 정부 요인을 암살한 후 민국당이 한 것처럼 해서, 정부와 민국당 사이를 이간 대립시킬 계획을 하고 있다.

그들은 이 정보를 가지고 먼저 경무대로 직통하는 길을 찾았고 그것이 정운수였다. 정운수는 미국에서 이승만의 비서를 지낸 적이 있었고, 미군 정보기관 G2에서도 일했으며, 최근에는 주일대표부 1등서기관을 지냈다. 김영은 이무열을 시켜 정운수의 장인 변동현에게 우선 접근하도록 했다. 이무열은 본래 변동현을 알고 있었다. 이무열이 변동현에게 남로당 인민군의 음모를 이야기했고, 변동현은 이무열을 정운수가 묵고 있는 조선호텔 215실로 데리고 갔다. 이것이 3월 28일이었다. 이무열은 정운수를 만나 인조견 위에 '위국김영爲國金嶺'이라고 쓴 혈서를 보여준 후 남로당 인민군에 관한 정보를 대충 말하고 더 자세한 것은 대장인 김영이 할 것이라 했다. 그 후 즉시 김영이 정운수의 거처에 나타났다. 김영은 이 중대 정보에 대해 소상하게 말하면서, 현재는 저들이 군대, 경찰, 법조계에 있는 프락치들과 연락하며 대포를 용산에 가져와 경무대까지의 거리를 측정하고 있는 상태여서 아주 위급한 상황이라고 했다. 또한 이 쿠데타를 사전에 진압하려면 프락치가 우글대는 군대, 경찰, 검찰에 알려서는 안 되고 대통령에게 직접 연락해 특별한 대책을 강구해야 한다고 했다. 정운수는 장인이 데리고 온 사람들인 데다 그들의 애국적인 열정에 끌려 그들의 말을 어느 정도 신뢰하게 되었다. 그들은 당장 시작하자고 했지만, 정운수가 하루를 기다리자고 했다.

이튿날 3월 29일 김영과 이무열이 다시 혈서와 인민군 사령관 비밀 회의록을 가지고 약속한 시각에 정운수를 찾아왔다. 그들은 신성모 국방장관의 아들과 조카가 군대의 기밀을 인민군 총사령 안일에게 주고 있다는 새로운 정보도 가지고 왔다. 이렇게 해서 정운수는 경무대로 이승만 대통령을 찾아갔고, 대통령은 백성욱 내무장관, 신태영 육군총참모장, 김태선 서울특별시 경찰국장과 연락해서 일을 처리하라는 특명을 내렸다. 정운수가 백 장관에게 이를 알렸고, 백 장관은 김병완 치안국장 대리와 앞으로 치안국장으로 임명될 예정인 장석윤 전 사정국장을 불러서 이 정보를 규명하도록 했다. 김태선이 제외된 것은 서울시경에도 프락치가 많다는 김영과 이무열의 주장 때문이었다. 그들은 장석윤도 합석해서는 안 된다고 했다. 그리하여 3월 29일 자정을 넘긴 시각에 정운수의 조선호텔 215호실에서 김영, 이무열, 정운수, 신태영, 김병완이 마주 앉았다. 정운수는 사람들을 소개시킨 후 자리를 비켰고, 김영이 자신의 중대 정보를 진술하기 시작했다.

김영의 이야기를 다 듣고 총참모장이 군대 안에 프락치가 있다는 증거가 있는지, 쿠데타를 꾸미고 있다는 증거가 있는지 등등을 물었다. 김영은 있지만 지금은 말할 수 없다거나, 신빙성이 떨어지는 남로당 조직도를 보여주거나, 일을 시작하면 곧 알게 될 것이니 일단 믿어 달라는 등의 대답을 했다. 이렇게 실랑이를 벌일 때 치안국장 대리가 총참모장을 불러내어 저들도 책임이 있어서 그러는 것 같으니 일단 한 번 해보는 것이 어떠냐 해서 결국 김영과 이무열의 정보를 규명하기로 결정하는 한편, 총참모장은 정보국장과 최영희 헌병사령관을 불러 일을 보조하도록 했다. 그들이 방으로 다시 들어가서 일을 같이 해보자고 하자 김영과 이무열은 사무소로 사용할 건물과 지프차 두 대가 필요하다고 했고, 총참모장과 치안국장 대리가 상의 끝에 치안국이 이것을 주선하기로 하고 헤어졌다.

3월 30일 총참모장과 치안국장 대리는 각각 국방장관과 내무장관에게 경과를 보고했고, 이렇게 해서 김영은 국방부와 내무부를 배경으로 삼아 80여 명의 대원을 거느리고 활동을 시작하게 되었다. 오후에 사무소는 전 반민특위 청사로 정해졌다. 저녁에는 총참모장이 정보국장과 헌병사령관을 데리고 조선호텔 215호실로 갔고, 정운수와 치안국장 대리가 기다리고 있었다. 잠시 후 이무열도 나타났고 김영도 30분 후에 올 것이라 말한 뒤, 정보국장과 헌병사령관에게 사진을 붙인 12매의 파란 카드를 내놓으며 공작대 간부들이 휴대할 신분증명서에 도장을 찍어달라고 했다. 그들은 처음에는 정체가 분명치 않은 사람들에게 신분증명서를 내주는 것을 꺼렸지만, 결국 치안국장 대리와 헌병사령관이 사인私印, 즉 개인 도장을 찍어주었다. 12매의 신분증명서가 완성되자 이무열이 그것을 가지고 잠시 나갔다오겠다며 나갔지만 좀처럼 돌아오지 않았다. 기다리는 동안 총참모장, 정보국장, 헌병사령관은 의심이 들기 시작해, 급기야 총참모장이 정보국장과 헌병사령관에게 이무열을 쫓아가 공작대 본부를 수색하라고 명령했지만, 그들을 체포하는 것은 언제라도 가능하니 기왕 여기까지 왔으니 속는 셈 치고 좀 더 정보를 규명해 보기로 했다. 대신 그들에 대한 감시를 강화하기로 했다. 김영은 그 날 끝내 나타나지 않았고, 이무열이 약 30분 후 다시 와서 내일 만날 시각을 정하고 자정이 훨씬 지나 헤어졌다.

3월 31일 정오에 헌병사령관, 정보국장, 치안국장 대리, 정운수, 김영, 이무열이 조선호텔 215호실에 모였다. 헌병사령관은 김영과 이무열을 감시하기 위해 호텔 밖에 사복 헌병 4명을 배치하고 헌병 장교 2명과 사병 3명을 '보이'로 변장시켜 215호실 부근에 배치해 두었다. 이 날 모임에서 김영은 오늘 오후 5시에 안일을 잡으러 간다고 말한 후, 정보부에 프락치가 많으므로 정보부장은 퇴장해줄 것을 요청했다. 이에 정보국장이 격분해 싸움이 벌어졌지만, 정운수가 중재해 정보국장은 일선에서 물러나기로 하고 대신 그들에 대한 엄중한 감시를 시작했다. 안일의 체포와 관련해서는 군과 무관한 민사라는 이유로 헌병사령관이 협력을 거부했고 경찰이 맡기로 했다. 한편 경찰도 공작대에 대한 협력과 동시에 감시를 시작했다. 동대문 경찰서장이 밤 10시 반에 무장한 사복경관 10명을 215호실로 급파하라는 치안국장 대리의 특명을 받고 4월 1일 새벽 1시경에 도착했다. 치안국장 대리는 다시 동대문서장에게 반민특위 청사로 가서 그들과 협력해 모종의 중대 사건을 수사하라고 명령하는 한편, 그들의 정체가 아직 분명하지 않고 역습을 당할 수도 있으니 협력을 하되 경계도 충분히 하라고 했다.

이렇게 해서 4월 1일부터 위의 검찰 발표에서 열거된 체포가 시작되었다. 하지만 그들의 행동에는 의심스러운 점이 많았다. 수많은 남로당원들을 체포한 경험이 있는 형사들의 눈으로 볼 때 그들의 작전은 어설픈 점이 많았다. 더욱이 안일을 체포할 때는 어떤 자가 안일의 집 2층으로 올라가 권총을 숨기는 장면이 목격되기도 했다. 의심이 갈수록 커졌지만 특히 치안국장 대리가 정보를 끝까지 규명해보자는 입장이어서 그들의 작전은 계속되었다.

검찰까지 개입하게 된 것은 사설수사기관이 사람을 불법 체포 구금 고문하고 있다는 소문이 본격적으로 퍼져나가기 시작한 4월 4일이었다. 이태희 검사장이 오제도, 안문경 검사에게 반민특위 청사로 가서 진상을 조사하도록 했고, 그들은 이무열을 심문하는 한편 공작대에 잡혀와 혹독한 고문을 당한 흔적이 역력한 안일, 석주일, 이정현에게 감금된 경위를 물었다. 그리고 공작대의 관계 서류와 세 사람의 고문에 사용한 것 같은 몽둥이들을 압수하고 그 세 사람과 김영을 데리고 검찰청으로 돌아왔다. 오제도 검사는 김영의 말을 들은 끝에 공작대를 협잡꾼의 무리로, 그들의 정보와 이 정보에 의해 꾸며진 사건을 '깽판'으로 단정했다. 하지만 오후 2시 치안국장 대리가 검찰청으로 달려와 동두천으로 가서 기관포를 압수해야 하는데 검사들이 내용도 모르고 수사를 지연시키고 있으니 큰일 났다고 했다. 이에 오제도 검사는 그렇게 중대한 사건이라면 검사가 진두에 나서서 할 테니 공동수사를 하자고 제안했다. 그러자 치안국장 대리가 돌아갔다가 다시 와서, 데리고 간 사람들을 보내달라고 했고, 이에 검찰은 치안국장 대리에게 인민군 수뇌라는 사람들과 공작대 간부들을 모두 맡겨보기로 했다.

공작대 사기극의 대단원은 남로당 인민군이 경무대 뒤 북악산 큰 바위 아래 파묻어 놓았다는 무기들을 찾아내는 작전이었다. 이 작전은 4월 6일 오후 3시 치안국장 대리가 김영과 이무열 등을 앞세우고 성북서 경찰 30명을 동원하는 한편, 헌병사령관이 헌병 15명을 데리고 오고 정운수와 장석윤까지 참여한 가운데 이루어졌다. 검사들이 이 무기들을 확인한 결과, 어제 5일 온종일 비가 왔음에도 불구하고 무기들이 모두 기름이 줄줄 흐르고 칼은 흰 붕대로 정성껏 감았고 장총번호는 줄칼로 깎았는데 깎은 자리가 생생했다. 검찰은 조작이 분명하다고 보고 밤을 새워 정체 폭로에 착수했다.

폭로의 관건은 최동석이었다. 그는 자신이 인민군 부사령이라며 전임 부사령 안일을 만난 적이 있다고 했고, 북악산 큰 바위 밑 무기도 자신이 묻어 놓은 것이라 주장했었다. 검찰의 심문에도 완강히 버티던 최동석은 안일과의 대질심문 후 갑자기 심경 변화를 일으켜 자신의 일체의 진술이 공작대 대원들의 사주에 의한 것이라고 실토했다. 실토한 이유는 이랬다. 첫째, 좌익을 가장 미워하는 오제도 검사가 사표를 내게 되었다고 하니까 공작대원들이 좋아했는데, 이것은 자기들이 인민군의 음모를 쳐부순다는 말과 모순되었다. 둘째, 처음에 배후에 큰 권력기관이 있다고 했는데, 낮에는 다른 기관에서 심문할까봐 두려워서 반민특위에 가두어 두었다가 밤에만 용산경찰서로 돌려보내는 것이 필시 배후에 권력기관이 없는 것 같았고 모든 것이 협잡같이 보였다. 셋째, 공작대원들이 걸핏하면 따귀를 때리는 데다 용산서 유치장 독방에 넣어두고 잘 먹이지도 않아 화가 났다. 넷째, 검사들이 나타날 줄 몰랐는데 오제도, 선우종원 등 유명한 호랑이 검사들이 나타났다. 다섯째, 안일과 대면했을 때 그를 만났다고 말했으나 무고한 사람이 애매하게 체포되어 미라처럼 되도록 고문당한 것을 보니 죄스러웠다.

정부는 사기 정보에 왜 그렇게 정신없이 반응했을까

이상이 『동아일보』 연재기사에서 주요 부분을 뽑아서 재정리한 것이다. 일단 겉으로 보면 정치권을 맴돌던 일단의 무리들이 거짓되고 과장된 정보를 이용하여 대통령을 비롯해 내무부와 국방부를 끌고 들어간 희대의 사기극이라 할 수 있다. 하지만 국가기관들이 어떤 정보에 대해 아무 평가도 없이 그냥 끌려들어갔을 리가 없다. 더욱이 경무대 공격까지 포함하는, 일견 허황해 보이는 정보에 대해 아무 근거 없이 반응하지는 않았을 것이다. 백성욱 내무장관은 4월 20일 제81차 본회의에 출석해 발언을 하면서 이에 대한 답을 주었다. 안일이 가져온 정보가 전혀 근거가 없는 것이 아니었던 것이다. 그것은 기관포에 관한 정보였다. 백성욱 장관의 국회 발언에는 이 정보가 자세히 나오지 않기 때문에6-81, 13~16쪽, 대신 4월

25일에 언론에 발표된 그의 성명에 나오는 관련 부분을 인용하기로 한다. 『자유신문』, 1950.4.25

본래 사건의 발단은 이철희소위 대한정치공작대원라는 자가 해방 직후 일인이 사용하던 기관포를 수리 조정하여 당시 용산경찰서장이던 정운창을 통하여 서울특별시 경찰국 무기공장에 보관 중이던 바, 그중 기관포 2문을 평소부터 친분이 있는 김춘영현재 주소불명이 약 1년 전에 지출한 후 행방불명이라는 정보가 들어왔고 또 김영소위 정치공작대 대장이라는 자가 그의 소재를 수사할 터이니 자동차 등 편의를 제공할 것을 요구하여 왔으므로 수사상 필요에 의해서 그에게 약간의 편의를 제공하였으며 한편에 있어서는 경찰로 하여금 그들의 행동을 미행 조사케 하였던 것으로 과반 검찰청에서 발표할 때까지는 대한정치공작대라는 것은 그 존재조차 알지 못하였을 뿐더러 그 배후관계 운운은 더욱 알지 못했던 것이다.

이 성명 내용으로 보건대 김영이 처음 정운수에게 접근할 때 기관포의 행방에 관한 정보를 제공했을 것이며, 또 이것은 상당히 조사해볼 가치가 있는 정보라고 판단되었을 것이다. 백성욱 장관으로서는 특정 인물을 체포하는 것보다 이 위험한 기관포를 찾아내는 것이 급선무였을 것이다. 실제로 국회 발언에서도 기관포의 행방을 찾는 것을 목표로 김영의 여러 가지 요구를 다 들어주었다고 했다. 왜 김병완 치안국장이 헌병사령관이나 일선 경찰들의 의심에도 불구하고 공작대의 작전을 일단 내버려두자고 했는지 이제 그 이유를 알 수 있다. 백성욱 장관은 검찰이 안일 등을 데려갔을 때 다시 내놓으라고 요구한 것도 이 기관포를 찾기 위한 것이었고 했다. 아무튼 그는 이렇게 해서 북악산 큰 바위까지 올라가게 되었다고 했는데, 이 때 미국인도 참여했다고 했다. 미 대사관이 이 사건에 계속 깊은 관심을 보였다는 것을 알 수 있다.

이 성명에서 또 한 가지 중요한 점은 김영과 이무열 등이 처음 정부 측 인사들에게 접근할 때 대한정치공작대라는 단체의 이름으로 접근한 것이 아니라 중대 정보를 가진 개인으로서 접근했다는 것이다. 이 점은 백성욱 장관 자신도 계속 강조했고, 제81차 본회의에 출석한 김병완 치안국장 대리도 거듭 강조했던 점이다. "나중에 대한정치공작대라는 것을 검사국에서 발표하니까 저희들은 비로소 그 정보를 제공한 그 사람이 대한정치공작대에 관계가 된 것이다 이렇게 생각할 따름이었고, 처음에 우리들에게 정보를 제공한 그 사람들은 대한정치공작대의 수모首謀 수모가 아니라 개인 누구, 개인 누구 그 사람들이었습니다."6-81, 20쪽

하지만 아무리 그렇다고는 하나 사기의 스케일이 너무 컸다. 정보의 스케일이 너무 컸고, 공작대의 규모도 무려 90명에 이르렀다. 잠시 돈이나 얻고 권력을 누려 보자는 정치적 룸펜들의 일탈이라고 그냥 치부하기는 어려웠다. 배후에 이들을 조종하는 진짜 몸통이 있을 것이다. 이것은 너무나 자연스러운 짐작이었다. 4월 20일 제81차 본회의에서는 이 몸통의 문제를 둘러싸고 국민당과 민국당 사이에 설전이 벌어졌다.

배후를 둘러싼 결론 없는 공방

배후를 둘러싼 의원들의 발언을 이해하려면 4월 12일 자 신문들에 실린 관련 기사와 4월 20일 자 신문들에 실린 관련 기사를 먼저 읽어야 한다. 4월 12일 자 『경향신문』 기사와 4월 20일 자 『경향신문』 기사를 직접

인용하기로 한다. 우선 12일 자 기사의 일부를 인용한다(정확히 식별이 되지 않는 부분은 물음표로 처리하고 명백한 오타는 고쳤다). "지난 10일 검찰청에서 발표한 동 공작대 조직체? 의하면 최고 간부급은 익명으로 되어 있고 다만 P, S, K, C, WJ, SI라고만 씌어 있어 과연 영자로 적혀 있는 이 인사들이 누구인지 항간에는 억측이 구구한데 이 이면의 7명은 누구누구이며 최고책임자 P의 정체가 무엇인지 자못 주목된다." 그리고 다음과 같은 조직도가 그려져 있다. 그림에는 6명밖에 나오지 않아 "이 이면의 7명"은 오타이거나 그림의 일부가 생략된 것 같다.

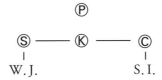

4월 20일 자 『경향신문』의 기사는 다음과 같다. "세간의 물의를 일으키고 있는 세칭 대한정치공작대사건은 18일에 이르러서는 구금되어 있는 동대 대장 김영을 비롯한 전 대원들의 문초도 끝마치어 배후에서 조종하였다는 모모 인사에게 대한 조사에 착수하였다 한다. 즉 18일 서울지방검찰청에서는 'J. W', 'K', 'C. W'의 3인을 정식 소환하였다는 바, 이 중 'K'는 모종 공무로, 'C. W'는 신병이란 이유로 출두를 거부하고 'J. W'만이 출두하여 정희택, 오제도 양 검사의 문초를 받았다 한다. 한편 동 사건은 이번 전기 3인의 심문으로 그 최후적인 결론을 짓게 될 것이라는 바, 앞으로 검찰당국의 태도 여부가 주목되고 있다. 그런데 전기 3인들은 오·정·이의 3검사의 문초를 받게 될 것이라는 데 그 담당자는 다음과 같다 한다. △C. W : 오제도 부장검사 담당 △J. W : 정희택 검사 담당 △K : 이주영 검사 담당."

4월 20일 제81차 본회의에서 공작대에 관한 토의가 시작되었을 때 가장 먼저 발언에 나선 사람은 국민당 윤치영 의원이었다. 한마디로, 전날 이루어진 조헌영 의원의 조사보고가 아무 의미가 없다는 것이었다. 검찰이 조사를 하고 있음에도 국회가 굳이 조사에 나섰다면 공작대 배후에 누가 있는지, 어떤 정치적 의도가 있는지 등을 밝혀야 하는데, 이에 대해서는 한 마디 말이 없다. 국민당이 이 사건을 공작한 것처럼 악질적 선전을 많이 한다. 만일 검찰에서 수사에 착수했다면 수사를 철저히 한 후에 진상을 밝혀야 할 것인데, 수사 도중에 발표를 해서 의아하게 생각한다. 만약 경찰의 발표, 검찰의 발표, 국회의 발표가 모호하다면 내 자신이 조사한 것을 폭로하겠다.6-81, 3~4쪽 윤치영 의원은 세간에서 국민당을 의심하고 있는 것을 경계하며 배후를 민국당으로 몰아가고자 했으며, 검찰에게도 의심의 눈초리를 보내고 있다.

윤치영 의원으로부터 뜻밖의 맹공을 받은 조헌영 의원은 조사위원들이 조사한 범위로는 배후관계를 알 수가 없었으며, 알 수가 없는 것을 말하라 하면 억측밖에 할 것이 없다고 했다. 그러면서 치안국장에게 정보가 어디서 나왔느냐고 물으니, 정보가 왔으니까 조사에 착수했다는 말 이상을 해주지 않았고, 내무장관은 이 일에 대해 묻지 말라고 했고(치안국장 대리와 내무장관이 조헌영 의원에게 감추었던 정보가 바로 위에서 말한 기관포 정보였을 것이다), 검찰은 조사 중이어서 당사자들과 직접 만나는 것을 허락하지 않았다는 것이었다. 조헌영 의원은 또한 신문에 "소위 피니 케니 씨니 따블유니 하는 것"이 나서 검찰청에 물었더니 더 이야기를 할 수 없다는 대답이 왔다고 했다.6-81, 5쪽 여기에서 조헌영 의원이 인용하고 있는 것은 4월 12일 자 기사인 것 같다.

그 다음으로 발언에 나선 국민당 박준 의원은 민국당 김준연 의원을 정조준했다.6-81, 5-7쪽 공작대의 주모자는 김영, 김낙영, 이무열인데, 검찰은 이들과의 대면을 허용하지 않았다. 검찰이 처음에는 만나게 해주겠다고 했다. 그런데 약속한 시각 한 시간 전에 이태희 검사장에게서 김준연 의원에게로 전화가 왔다. 통화가 끝나고 김준연 의원이 세 사람을 조사할 필요가 없지 않은가 하고 나에게 말했다. 나는 하루, 이틀 계속 직접 대면을 요구했지만 검찰은 끝내 거부했다. 둘째, 미 대사관도 이 사건에 큰 관심을 기울이고 용산경찰서에 가서 녹음장치를 틀고 김영과 이무열을 취조했다고 한다. 김영을 조사할 때, 김영이 김준연 씨가 우리를 도와줄 것이기 때문에 우리는 염려할 것이 없다고 했다는 것이다. 김낙영은 국회의원 중에 아는 사람이 많고 윤치영 씨도 잘 알고 있는데, 이들이 김준연 씨만 거론해서 대단히 의심이 난다. 그리고 김준연 씨는 미국인들이 와서 그들을 조사할 때도 옆방에서 조사하는 것을 듣고 갔다고 한다. 김준연 씨가 공작대 간부와 관련되어 있다는 뜻은 아니지만, 이 사건이 "정치적으로 좀 가미되지 않았나 하는 의심"을 하지 않을 수 없다.

박준 의원은 또 하나 의심스러운 점이 있다며 위의 두 가지 기사와 관련된 이야기를 했다. 지난 번 "검찰청에서 피 밑에 케 씨 암호를 달고 **따불유 티 따불유 씨**라는 이러한 암호를 달아서" 공작대를 조종한 간부라 발표했다. 그런데 어제 신문을 보면 "**따불유 씨**는 어느 검사가 맡고 케 씨는 어느 검사가 담당하고 **따불유 케**는 어느 검사가 담당했다"고 나온다. 그런데 "**따불유 씨**는 정운수를 지적해서, 어저께 정운수 씨를 물은 것 같습니다. 최후의 영도자급에 있는 **피** 담당자가 없습니다.6-81, 7쪽" 앞의 발표는 4월 12일 자 기사를 가리키고, 뒤의 발표는 4월 20일 자 기사를 가리키는 것 같다. 우선 '따불유 티'는 당시 인쇄 상태가 좋지 않은 것을 고려하면 'W J'의 오독일 가능성이 높다. 그리고 뒷부분의 혼란은 신문이 "J.W · K · C.

W"하는 식으로 인명을 열거하다 보니 헛갈려서 생긴 혼란인 것 같다. 박준 의원은 4월 12일 기사에 나오는 배후와 4월 20일 자 기사에 나오는 배후를 동일한 인물들로 생각한 것 같다. 전혀 다른 인물일 수도 있고 일부 중첩되는 인물도 있을 수 있다. 하지만 4월 20일 자의 'K'는 김병완 치안국장 대리를 가리키는 것이 분명하다. 『국도신문』 4월 25일 자는 검찰청이 24일 공작대 사건과 관련해 김병완 치안국장 대리를 피의자로 소환했고, 이주영 검사가 장시간에 걸쳐 문초를 했다는 기사를 냈다. 전후 사정으로 보아 그가 K인 것이 틀림없다. 그러면 'J. W'는 누구일까? 알 수 없다. 다만 차기 치안국장으로 내정되어 있었던 장석윤 전 사정국장일 가능성이 있는 것 같다.

박준 의원의 주장에 대해 다시 조헌영 의원이 나와 'P' 문제를 해명했다. 공작대가 보고한 모략 정보에는 온갖 것이 다 있는데, 'P'는 인민군 사령관 정재동과 부사령관 안일이 회합할 때 공작대에서 투입했다는 프락치로, 이 회합의 회의록을 만들었다는 사람이지만 모든 것이 날조이다. 그리고 모략 정보 중에는 내무장관과 동그라미 속에 '김金'이라 되어 있는 사람을 이용해 좌익 수용자 석방운동을 하라는 내용이 있는데, '김'이 바로 김준연 씨를 가리킨다. 요컨대 P는 배후 간부가 아니라 단순한 공작대원에 불과하다는 것이었다. 이 모략 정보에는 신성모 국방장관의 아들과 조카, 오제도 검사, 최운하 사찰과장은 물론 김준연 의원까지 빨갱이라 되어 있다며, 국회가 이 바쁜 시간에 이따위 모략과 거짓말을 두고 싸우려는 의도가 어디 있느냐고 했다.6-81, 7~8쪽 하지만 4월 12자에 나오는 'P'가 조헌영 의원이 여기에서 말하는 'P'와 같은 사람인지는 알 수 없다.

김준연 의원도 자신의 이름이 자꾸 거명되자 등단하지 않을 수 없었다. 조헌영 의원이 언급한 회의록에 동그라미 속 'K'가 나오는데 이것을 나와 연결 짓는 사람들이 있다. 날조요 모략이다. 윤치영 의원이 배후관계를 추궁해야 한다고 하는데 나도 동감이다. 내가 김영을 아는 것은 사실이지만, 그의 형 김태일을 알기 때문에 조금 아는 것뿐이다. 김낙영도 잘 아는 사람이지만 최근 1년 동안은 한 자리에서 이야기한 일이 없다. 최동석의 실토로 모든 것이 허위 날조임이 드러났다.6-81, 9~10쪽

국민당 유성갑 의원도 위의 두 기사를 언급했다. 우선 4월 12일 자 기사를 인용하며 공작대 간부 조직도라며 '피, 케, 에스, 씨'라고 쓰여 있는데, 이것이 검찰청에서 발표한 것이 정말 맞는지, 맞는다면 이들이 공작대 간부들인지, 관계된 사람들인지, 배후 조종하는 사람들인지, 정체가 불명한 사람들인지를 밝혀야 할 것이라고 했다. 또한 4월 20일 자 기사를 인용하면서는 '간부'가 아니라 '배후 조종자'를 문초한다고 되어 있는데 언제부터 배후 조종자가 되었는가, 내일은 무엇이 되는가, 내일은 관련자가 되는 것인가, 모레는 속인 사람이 되는가를 물었다.6-81, 21~23쪽

기본적 사실이 맞지 않는 커밍스의 음모론

유성갑 의원이 영문자로 표현된 사람들이 공작대의 '간부'인지 '배후 조종자'인지 '관련자'인지를 물었던 것은 상당히 중요해 보인다. 사실 다른 의원들은 이들을 모두 '배후'라는 모호한 말로 뭉뚱그렸지만, 4월 12 자의 인물들과 4월 20일 자의 인물들은 같은 사람들일 수도 있고, 일부 중첩될 수도 있고, 전혀 다른 인물일 수도 있다. 그리고 검찰의 입장에서 대한정치공작대 사건은 김영과 이무열 등은 물론 총참모장, 치안국장 대리, 헌병사령관, 정운수, 심지어 백성욱 장관까지 포함하는 사건이었다는

것을 기억할 필요가 있다. 검찰이 이 사건에 개입한 시점은 공작대가 내무부의 지원 아래 불법 체포와 고문을 이미 진행하고 있었던 4월 4일이었기 때문에, 검찰은 정부 측 인사들을 배후 조종자로 볼 이유가 충분했다. 이렇게 보면 4월 12일 자의 P는 백성욱, K는 김병완, S는 신태영, C는 정운수로 보는 것도 가능하다. 그리고 이미 이야기한 것이지만 4월 20일 자의 K는 김병완이고, 'C. W'는 박준 의원에 따르면 정운수를 가리키며, 'J. W'는 장석윤일 가능성을 배제할 수 없다.

공작대 사건에 깊은 관심을 보였던 미 대사관은 장석윤을 이 사건의 핵심 인물의 하나로 파악했던 것으로 보인다. 1950년 4월 14일 주한 미 대사관 무관이 미 육군부 G2 참모부장에게 행한 보고에는 "윤치영·대한국민당과 같이 일한 정치공작대는 [헌법] 개정안 지지자들을 위협하였다. 이 정보기관이 다가오는 국회의원 선거에 영향을 주기 위해 설립되었다는 징후들이 있다"는 내용이 있다. 이와 아울러 주한미군 G2에 'Montana Chang'으로 알려져 있는 장석윤이 곧 치안국장 자리에 오를 것이라는 소문이 있었다는 등 장석윤의 최근 동향도 보고되고 있어, 공작대와의 관련성을 암시하고 있다.[1] 하지만 무관의 이러한 보고가 무엇을 근거로 한 것인지는 알 수 없다. 장석윤은 무초 대사가 1952년 2월 14일 자로 국무장관에 보낸 서신에서도 "악명 높은 대한정치공작대의 지도자a leader in the notorious Political Action plot"로 묘사되고 있다. 장석윤은 1952년 1월에 내무장관으로 임명되는데, 무초 대사는 이승만 대통령에게 자신의 상관들이 어떻게 해서 장석윤과 같은 악명 높은 사람이 내무장관이라는 중요한 자리

---

1 「주한 미대사관 무관, 대한정치공작대사건 등에 대해 미육군부 G-2 참모부장에 보고」, *Joint Weeka 14*, 281~283쪽. http://db.history.go.kr/id/dh_017_1950_04_14_0110. (2022.1.21)

에 임명되었는지 궁금해 하고 있다고 항의했다.[2]

　장석윤이 이렇게 공작대와 관련해 미국의 문서에 이름이 많이 오르내린 것은 그가 이승만 정부 초기부터 정보기구의 수장으로서 정치권의 배후에서 많은 영향력을 발휘했기 때문이었을 것이다. 대한민국 최초의 독자적 정보기관은 대한관찰부라는 기관이었다. 미군정과 이승만 대통령은 대한민국 정부가 정식으로 출범하기 직전인 1948년 7월에 미군정 하의 여러 정보기구를 조정 통합해 대한관찰부를 설립했다.[3] 초대 대한관찰부장은 민경식이라는 사람이었지만 이 사람이 횡령과 뇌물수수 혐의로 해임되면서 이승만 대통령의 측근이던 장석윤이 임명되었다. 장석윤은 해방 이전에 미국 전략첩보국[OSS]과 미군정기 정보참모부[G2]에서 활동한 적이 있어 미국도 적임자로 여겼다고 한다. 대한관찰부는 서울을 비롯해 25개 지역에 사무실을 두었고 정원은 315명이었지만, 1949년 3월 5일 제2회 제46차 본회의에서의 이순탁 기획처장의 보고에 의하면 당시 269명의 정규 직원 외에도 상당수의 비정규 직원이 있었다.[2-46, 6쪽] 대한관찰부가 국회와 대중의 눈에 처음으로 크게 드러나게 된 것은 이른바 '수원사건' 때문이었다. 이 사건에 대해서는 김웅진 의원이 1948년 1월 18일 제2회 국회 제7차 본회의에서 처음으로 보고했는데, 1월 16일 수원에서 대한청년단의 합동 행사가 진행되고 있을 때 7명의 청년이 권총을 들고 들어와 독촉 출신의 청년 약 50명을 연행해 가서 구타와 고문을 가했다는 것이다.[2-7, 1~3쪽] 권총을 든 청년들이 바로 대한관찰부원이었다. 국

2　 "The Ambassador in Korea (Muccio) to the Department of State", Pusan, February 14, 1952. http://db.history.go.kr/id/frus_008_0010_0330. (2022.1.21)

3　 이하는 박성진·이상호 「대한민국 국가정보기구의 탄생과 이승만─제1공화국기 사정국[대한관찰부]를 중심으로」, 『아세아연구』 55(2), 74~103쪽을 참조했다.

회가 1월 21일 제10차 본회의에서 법률적 근거도 없는 조직이라며 대한
관찰부의 해산을 결의하는 등 부정적 여론이 확산되자, 이승만 대통령은
대한관찰부를 폐지하고 사정국을 설치하는 방향으로 나아갔다. 하지만
이것조차 국회의 반대로 제대로 진전이 되지 않았으며, 결국 국회가 신년
도 예산안에서 이 정보기구에 예산을 배정하지 않음으로써 이 정보기구
는 자동적으로 폐지되었다. 대통령은 1949년 5월 31일 제54회 국무회의
에서 사정국 폐지를 공식화했다. 하지만 이와 동시에 사정국에 소속되어
있는 "우수한 인재의 극소수30명 정도는 내무부에 포섭하여 대통령 및 국무
총리의 특명사항을 취급하는 조치를 취할 것"을 결정했다.[4] 이는 위에서
인용했던 곽상훈 의원의 발언 내용과 완벽하게 부합하고 있다.

이러한 사실들을 고려하면 이승만 대통령이 사정국의 폐지 이후에도
어떤 식으로든 장석윤으로 하여금 비공식 정보기구를 운영하도록 했을
것이라는 추론이 가능해진다. 따라서 대한정치공작대도 결국은 이러한
정보기구의 하나가 아니었을까 하는 추측도 가능하다. 박성진과 이상호
의 논문도 이러한 결론을 내리고 있다. 나아가 그들은 브루스 커밍스를
인용하며, "대한정치공작대 사건의 본질은 장석윤과 정운수를 비롯해 정
보계통의 친이승만 인사들이 당시 국무총리 서리 겸 국방장관을 맡고 있
던 신성모, 김효석 내무장관, 김병완 치안국장을 몰아내고 고위직을 개편
해 국방장관은 정운수, 치안국장은 장석윤, 내무장관은 백성욱, 육군참모
총장은 김석원, 참모차장은 이응준, 서울시경국장은 장윤보로 대체하려
는 정치적 음모였다"고 주장하고 있다.[5]

하지만 브루스 커밍스의 주장은 문제가 많다. 그는 『한국전쟁의 기원

---

4   위의 글, 95쪽.
5   위의 글, 98~99쪽.

2』489~490쪽에서 대한정치공작대에 관한 이야기를 잠시 하고 있는데, 주요 부분을 다소 편의적으로 옮기기로 한다. "한국전쟁에 이르는 몇 주간에 어두운 파벌투쟁이 이승만 체제를 위협했다. 이 파벌투쟁은 내무부, 경찰, 군, 정보그룹을 무대로 했고 목표는 관료기구와 서울의 수뇌부에 대한 통제권이었다. 한국 시스템의 뿌리에는 사실상 두 개의 정부가 있다. 하나는 공식적이고 공개된 정부이고 다른 하나는 비공식적이고 어두운 조직이다. 어두운 국가 내 국가가 더 효과적이었다. 이 내부투쟁의 구체적인 목표는 신성모 국방장관당시 국무총리 서리 겸직, 김효석 내무장관, 치안국장, 그리고 기타 주요 관리들을 숙청하고, 그들을 이범석, 윤치영, 임영신, 그리고 물론 이승만의 친구들로 대체하는 것이었다. 현직 관리들이 이승만과 가까운 사람들이 아니냐고 묻는다면, 그들은 미국 및 민국당과 더 가까운 사람들이었다고 해야겠다. 내무부와 경찰은 1945년 이래 민국당/한민당의 관료적 저수지였다. 다수의 사람들이 조병옥과 장택상 덕분에 자리를 얻었기 때문이다."

"예컨대 하나의 특별한 목적은 김석원 장군을 육군총참모장의 자리에 앉히는 것이었는데, 이는 신성모와 미국인들이 원치 않는 것이었다. 이 신-김 투쟁은 상당히 중요하다. 왜냐하면 신성모는 고분고분하고 친미적이었던 반면 김석원은 완고하고 미국인을 싫어했기 때문이다. 그는 38선에서의 자극적인 행동 때문에 강력한 미국의 압력 아래 1949년 가을 제1사단장 자리에서 물러났었다. 이 어두운 음모의 쉐도우 캐비넷은 다음과 같은 모습이었다. 국방장관 정운수, 치안국장 장석윤, 내무장관 백성욱, 육군총참모장 김석원, 참모차장 이응준, 서울시경국장 장윤보, 상공장관 임영신."6 커밍스는 이 부분에 대한 미주에서 이 에피소드는 한국에서는 대한정치공작대 사건으로 알려져 있으며, 한국어로 된 자료들이 많지만 거기에 소개된 수많은 설명에 대해서는 옳은지 그른지 확인할 수 없어 미 대사관 자료에 의지한다고 말하고 있다.

하지만 커밍스의 주장에는 잘못된 부분이 많다. 우선 이범석 국무총리는 3월 말에 국정감사에 대한 책임을 지고 사표를 낸 상태였다. 그리고 신성모 국방장관이 국무총리를 겸직하게 되는 것은 아무리 빨리 잡아도 4월 21일이며, 김효석 내무장관이 자리에서 물러난 것은 2월 6일이었다. 김효석 내무장관은 공작대 사건이 일어나기 훨씬 전에 자리에서 물러났고, 신성모 국방장관은 공작대 사건 뒤에 정운수로 대체되기는커녕 국무총리 서리를 겸하게 되었다. 백성욱 내무장관은 2월 7일 임명되었기 때문에 그의 임명은 공작대 사건과 아무 관계가 없다. 따라서 커밍스의 주장은 공작대 사건에 함께 언급될 수 없는 사람들을 모아 놓고 있어 기본적 사실관계에 심각한 오류가 있다. 그리고 커밍스의 주장 이면에는 이승만 대통령이 공작대 사건 같은 것을 겪으면 측근들의 말을 따라 대규모 인적 개편에 나섰을 것이라는 가정이 숨어 있는데, 이는 이승만 대통령을 너무 우습게 보는 것이다.

대한정치공작대가 장석윤의 지하 정보팀이었을 것이라는 추측도 무리가 있다. 이미 대한관찰부 시절 부하들의 불법 폭력과 인권 유린 행위로 인해 조직 자체가 날아간 경험을 가진 사람이 김영 일당들로 하여금 그렇게 무모하게 행동하도록 내버려 두었을 리가 없다. 더욱이 김영과 이무열은 처음에 장석윤이 회합에 참석하는 것을 기피하기도 했다. 반면 장석윤이 어떤 식으로든 이승만 대통령을 위해 사적 정보팀을 운영했으리라는 것은 충분히 상상할 수 있는 일이다. 윤치영은 내무장관 시절 장석윤

---

6   Bruce Cumings, *The Origin of the Korean War*, Vol. II, Princeton, Princeton University Press, 1990, pp. 489~490.

의 도움을 많이 받았을 것이다. 게다가 장석윤은 윤치영의 당조카사위였기 때문에 내무장관에서 물러난 뒤에도 장석윤에게서 고급 정보를 많이 들었을 가능성이 높다. 그는 예컨대 1950년 3월 국정감사 결과 보고 기간에 아주 많은 세세한 정보들로 허정 교통장관 등을 세차게 몰아쳤는데, 이 정보들은 장석윤에게서 나왔을지도 모른다.

고위 관료들 내의 내부투쟁에 관한 커밍스의 주장은 대한정치공작대 사건의 시점으로 좁히지 않고 조금 더 장기적인 시점으로 보면 어느 정도 유용한 측면이 있다. 윤치영이 내무장관이 되면서 왜 조병옥, 장택상과 갈등을 일으켰고, 장관 자리에서 물러난 이후에는 왜 김효석 내무장관과 신성모 국방장관을 자주 공격했는지 조금 이해할 수 있기 때문이다. 또한 공작대 사건과 관련해 신성모 장관은 국회에 출석해 이 사건이 내무부에 속한 일이고 범죄가 있다면 대통령께 보고해서 내무장관을 교체할 것이라고 했는데[6-81, 16~17쪽], 이러한 발언 역시 내부투쟁의 맥락에서 더 쉽게 이해할 수 있을 것이다. 분명히, 윤치영, 백성욱, 장석윤, 정운수 등은 공작대 사건을 이용해 민국당과 신성모 장관을 공격하고자 했고, 민국당은 내무부와 윤치영을 공격했다.

하지만 공작대 사건 자체에만 초점을 맞춘다면 이 내부투쟁의 논리가 깨끗하게 관철되지는 않는다. 또한 커밍스의 큰 퍼즐은 장기적인 시각에서도 이범석이라는 중요한 조각이 잘 들어맞지 않기 때문에 최종적인 설득력은 떨어진다. 커밍스의 내부투쟁론이 설사 타당하다 해도 공작대 사건과 내부투쟁은 기본적으로 별개의 문제로 보아야 할 것 같다. 모든 추측을 배제하고 우리가 이용할 수 있는 조금의 증거에만 의존한다면, 공작대 사건은 사기 정보집단에게 국가기관이 농락당한 사건이라고 해야 할 것이다. 미 대사관이 생각하는 이 사건의 외연은 국가기관이 공작대의 놀음에 연루된 이후까지를 포함하는 것으로 보아야 할 것이다(김영의 공작대 + 국가기관). 이러한 입장은 검찰도 마찬가지였다. 아무튼 커밍스 같은 일부 학자들처럼 김영의 공작대를 정운수나 장석윤의 비밀 정보팀으로 보고 대한정치공작대 사건의 최종적 책임을 이승만 대통령에게로까지 올리려는 시도는 근거가 약하다.

법률적 결론

검찰의 최종 수사 결과에서도 대한정치공작대의 어떤 어두운 몸통 같은 것은 존재하지 않았다. 공작대원 55명은 우선 서울지검 제1정보부 검사들의 지휘 아래 서울시경 사찰분실에서 조사를 받다가 4월 26일 5,000여 페이지에 이르는 조서와 함께 서울지검에 송치되었다구속 47명, 불구속 8명. 김익진 검찰총장은 4월 26일 대검찰청이 수사를 계속하기로 했다고 했고『국도신문』, 1950.4.27, 대검의 최종 수사 결과는 5월 21일에 언론에 보도되었다.『국도신문』, 1950.5.21 서울지검에 송치된 55명 중 12명이 주범으로 기소되고 구속된 35명은 석방되었다. 12명의 주범 중에는 권력의 상층부에 있는 몸통 인사들은 없었다. 물론 이것을 진실의 전부라고 단언할 수는 없겠지만, 이것이 우리가 확실한 증거를 가지고 알 수 있는 최대한이다.

한편 곽상훈 의원은 공작대와 이승만 대통령의 관련에 관한 자신의 국회 발언이 영자 신문에 보도되어 오해를 사고 있다며 4월 24일 성명을 발표해, "다방면으로 철저히 조사한 결과 대한정치공작대는 대통령과 하등 관련이 없음이 판명되었으므로 이를 밝히는 바이다"라고 말했다.『연합신문』, 1950.4.25 또한 백성욱 내무장관은 이미 이야기한 것처럼 4월 25일 자 신문들에 실린 성명을 통해 대한정치공작대 사건과 내무부는 무관하다고 주장했다. 민국당 김준연 의원도 4월 25일 내무부와 윤치영을 비판하는 성명을 발표했다.『서울신문』, 1950.4.26 "문제는 다만 대한정치공작대원들의 허위정보를 제공하여 내무당국이 그에 속아서 과오를 범한 데만 있는 것이 아니라 누가 어째서 대한정치공작대원들로 하여금 그와 같은 정보를 제공하게 하였으며, 또 그것을 상당한 기관을 통해서 세밀히 조사 검토도 하여 보지 않고 덮어놓고 행동을 개시하였는가에 있는 것이다. 나는 재작년 윤 내무장관 시대에 학련위원장 이철승 군과 학련 학생 6명이 얼토당토않은 혐의로 경찰에 체포되었던 일을 상기한다." 이것은 윤치영과 국민당이 자신을 공작대의 배후로 모는 것에 대한 김준연의 정치적 반격이었다. 이처럼 대한정치공작대 사건은 모든 의문을 다 풀지는 못하고 정치적 공방만 남긴 채, 한국전쟁을 겪으며 역사 속으로, 사람들의 망각 속으로, 혹은 사람들의 음모설적 상상력 속으로 사라졌다.

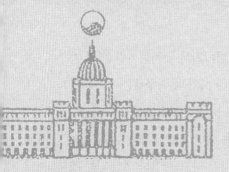

바보야, 문제는 무기야

미국 국무부 극동 정책의 변화

1949년 6월 29일의 미군 철수로 한국전쟁의 발발은 9부 능선을 넘은 것 같았다. 임박한 전쟁에 대한 공포가 신생 대한민국의 전역을 한 순간 절대적 침묵 속에 빠뜨렸고, 이윽고 주체할 수 없는 당혹스러움으로 모습을 바꾸었다. 미국은 한미동맹도, 나토와 유사한 태평양동맹도, 대한민국에 대한 공식적 안전 보장도, 심지어 충분한 군사지원도 약속하지 않았다. 설상가상으로 중국공산당의 최종적 승리가 확실해지면서 대한민국의 안보는 더욱 절망적인 상황에 빠진 것 같았다. 트루먼 행정부는 이미 1949년 6월 2일 국민당 정부에 대한 원조를 연장하지 않음으로써 중국 대륙의 공산화를 최종화했다. 나아가 8월 5일에는 중국 공산화의 근본적 책임은 국민당 정부의 실패에 있다는 취지의 『중국백서China White Paper』를 발간해, 국민당 정부는 물론 세계의 여론에 큰 충격을 주었다. 원래 제목이 *United States Relations With China, With Special Reference to the Period 1944-1949*인 이 백서에 대해서는 우리나라 신문에도 연일 기사가 났다.

1949년에 들어 중국의 공산화가 분명해지자 트루먼 행정부는 여론의 거센 비난, 특히 차이나 로비China Lobby라는 압력집단의 맹렬한 비난에 직면했고, 이에 대한 대응이 『중국백서』였다.[1] 이 백서는 주로 국무부에서 생성된 중국 관련 기밀문서를 거의 모두 집성한 것으로, 1843년 이래의 시기를 다루되 특히 1944~49년에 중점을 두었다. 1,000페이지가 넘는 큰 보고서였지만, 가장 핵심적인 부분은 애치슨 국무장관이 트루먼 대통령에게 보내는 "Letter of Transmittal"이라는 문서였다. 이 "서언"은 보고서의 취지를 총괄적으로 기술한 일종의 서문이자, 이 수많은 기밀문서가 어떻게 해석되어야 하는지를 보여주는 지침이었다. 이 문서는 「미중 관계의 요약A Summary of American-Chinese Relations」이라는 제목의 국무부 출판물로 나오기도 했다.

이 "서언"을 한마디로 요약한다면, 중국 국민당의 몰락은 미국의 대중국 정책의 결함이나 대중국 원조의 부족 때문이 아니라 국민당 자신의 실패 때문이라는 것이었다. "이 비극적인 시기 내내 우리가 완전히 깨달았던 점은, 미국의 물질적 원조, 군사적 기술적 지원, 그리고 선의가 아무리 큰 것이었다 해도, 그것이 저절로 중국을 스스로 일어서게 할 수는 없었다는 것이다. 궁극적으로, 그것은 중국 자신만이 할 수 있다."[2] "불행하지만 불가피한 사실은, 중국 내전의 불길한 결과는 미국 정부가 제어할 수 없는 것이었다는 점이다. 우리나라가 행한, 혹은 우리나라 역량의 합리적 한계 내에서 할 수 있었을지도 모르는 그 어떤 것도 이 결과를 바꾸지 못했을 것이다. 우리나라가 뭔가를 행하지 못해서 이런 결과를 초래했다고 말할 만한 것도 전혀 없다. 이 결과는 중국 내부의 힘들, 우리나라가

1   William Rintz(2009), "The Failure of the China White Paper", Constructing the Past 11(1), Article 8. https://digitalcommons.iwu.edu/constructing/vol11/iss1/8. (2022.3.18)

2   "A Summary of American-Chinese Relations", p.3. https://babel.hathitrust.org/cgi/pt?id=umn.31951p01092478q. (2022.3.18)

영향을 주려 했지만 영향을 줄 수 없었던 힘들의 산물이었다.[3]

이 "서언"에서 또 하나 독특한 것은 국민당의 실패를 다양한 각도에서 다루지만 특히 민주주의에서의 실패를 부각시킨다는 점이다. 예컨대 중일전쟁으로 인한 "물리적 인간적 황폐화는 역사적으로 자유주의와 민주주의의 척추이자 심장인 신흥 중간계급을 크게 파괴했다".[4] "많은 관찰자들의 견해로는, 국민당 정부와 국민당은 부패로 빠져들었고, 지위와 권력을 위한 다툼으로 (…중략…) 빠져들었다. 물론 중국 정부는 서구적 의미의 민주 정부가 아니라 항상 일당 정부였다. 전쟁의 긴장과 압박은 중국 정부가 한때 가지고 있었던 자유주의적 요소들을 급속히 약화시키고 있었고, 과거의 군벌과 다를 것이 없는 반동세력들의 장악력을 강화하고 있었다. 중국 인민대중은 점점 더 정부에 대한 신뢰를 잃고 있었다."[5] "중국의 당장의 미래가 아무리 비극적이라 해도 (…중략…) 결국에는 중국의 심원한 문명과 민주적 개인주의는 스스로를 다시 주장할 것이고, 중국은 외세의 굴레를 벗어던질 것이다."[6]

『중국백서』에 나타난 트루먼 행정부의 이러한 입장은 극동정책의 방향 전환을 예고하는 것이었다. 트루먼 정부는 전후 아시아에서 소련을 봉쇄하는 데 있어 군사원조보다 경제원조를 강조했다. 수원국으로 하여금 경제적 자립을 이루어 민중의 지지를 얻음으로써 공산주의에 저항할 수 있는 자생력을 키운다는 것이었다. 트루먼 정부는 미국을 포함해 외국의 엄청난 경제적 군사적 지원에 힘입어 압도적 물리력을 갖춘 장제스 정부

---

3   위의 글, 15쪽.
4   위의 글, 5쪽.
5   위의 글, 6쪽.
6   위의 글, 15쪽.

가 보잘 것 없는 중국 공산당에 무너지는 것을 보면서 전후 아시아정책의 기본 방침 — 군사원조보다 경제원조에 더 무게를 두는 것, 원조를 수원국의 자생력 향상과 연계시키는 것, 수원국의 민주주의 역량을 강조하는 것 등 — 을 더욱 강조하게 되었다.

메아리 없는 이승만의 군사원조 요청

하지만 이승만 대통령으로서는 미군까지 철수하고 난 뒤에 북한의 남침을 임박한 현실로 보지 않을 수 없었다. 그는 기회가 있을 때마다 미국에 즉각적이고 충분한 군사원조를 요청했다. 예컨대 그는 1949년 8월 20일 자로 트루먼 대통령에게 향후 6주간이 가장 치명적인 시간이 될 것이라며 무기와 탄약을 충분히 지원해달라는 서한을 보냈다. 이 서한에서 그는 안보와 무장에 관한 양국의 상반된 견해를 대조시키고 있다. 미국 군사고문단의 유능한 조언에 따라 우리는 소규모의 유능하고 탄탄한 군을 훈련시켜 왔지만, 공산군과의 전투에 필요한 탄약을 충분히 공급받지 못하고 있다. 어떤 미국 군사고문들은 공산주의자들이 대규모로 공격하지 않을 것이기 때문에 우리의 용감한 군대가 물리칠 수 있다고 한다. 하지만 우리 한국인들은 공산군이 소련의 지휘 아래 대규모로 공격할 것이라고 믿고 있다. 그들은 이미 여러 지점에서 우리를 공격하기 시작했다. 미국 장교들은 우리가 두 달의 전투에 충분한 탄약을 가지고 있다고 하지만 우리 장교들은 이틀밖에 견딜 수 없다고 한다. 미국 고문들은 국지전piecemeal warfare을 생각하고 있지만, 우리 한국인들은 전쟁이 일어날 경우 전면전이자 총력전이 될 것이라고 생각하고 있다. 이승만 대통령은 또한 미국이 충분한 군사지원을 해주더라도 한국이 이를 이용해 38선 이북의 지역을 공격하는 일은 없을 것이라고 확약했다. 하지만 공산군이 남한을 공격하고 수도를 탈취하기 위한 전면적 시도를 감행한다면 모든 힘을 다해 그들을 격파해 북으로 돌려보내고, 나아가 그들의 후퇴하는 병력을 공격해 북한의 노예화된 우리 동포를 해방시킬 것이라는 말도 빼놓지 않았다.[7]

이에 대해 트루먼 대통령은 9월 26일 자 답장에서 적절한 군사원조를 약속하면서도, 한국의 안보에 가장 도움이 되는 길은 나라 경제에 지탱 불가능한 짐이 될 대규모 군사력을 축적하는 것이 아니라 효율적이고 탄탄한 한국군을 발전시키는 것이라고 생각한다고 했다.[8] 이승만 대통령이 위의 서한에서 정말 하고 싶었던 말은 소규모의 유능하고 탄탄한 군으로는 앞으로 예상되는 북한의 전면적 침략에 맞설 수 없다는 것이었지만, 트루먼 대통령은 여기에 반대한다는 뜻을 분명히 했던 것이다. 따라서 이승만 대통령이 여러 차례 요청한 공군과 해군의 강화, 그리고 한국군의 중무장은 미국의 대한군사원조에는 전혀 포함되지 않았다. 미국은 또한 한국군의 군비를 강화하면 이승만 대통령이 북침을 감행해 제3차 세계대전을 초래할지 모른다는 우려를 가지고 있었다. 따라서 이승만 대통령은 기회가 있을 때마다 북벌의 의사가 전혀 없다는 것을 명시적으로 밝혔다. 하지만 트루먼 대통령에게 보낸 서한에서 보듯이 북한이 남침할 경우 이것을 남북통일의 계기로 삼겠다는 결연한 의지도 숨기지 않았다.

---

7   "The President of the Republic of Korea (Rhee) to President Truman", Seoul, August 20, 1949. http://db.history.go.kr/id/frus_005_0010_0900. (2021.10.20)

8   "President Truman to the President of the Republic of Korea (Rhee)", Washington, September 26, 1949. http://db.history.go.kr/id/frus_005_0010_0950. (2021.10.20)

이러한 발언은 '숨겨진 호전성'이라 의심을 받을 만했지만, 이승만 대통령은 이보다 더 나아간 발언도 가끔씩 했다. 예컨대 1949년 10월 초 UP 부사장과의 인터뷰에서 그는 이렇게 말했다.『조선일보』, 1949.10.8 "북한 인민은 나에게 북한의 충량한 한국인이 궐기하여 공산정권을 전복시키도록 호소하는 메시지를 방송할 것을 요청하고 있다. 그 다음에는 그들은 우리가 그들과 합류하기를 기대하고 있다. 우리는 3일 내로 평양을 점령할 수 있다고 나는 확신한다. 만주와 한국 간의 국경은 38선보다 방위가 용이할 것이다. 그럼에도 불구하고 삼가고 있는 이유는 무엇인가? 그것은 유엔과 미국이 우리가 세계대전을 일으킨다는 것은 우매한 일이라고 경고하였기 때문이다. 그러므로 우리는 아직도 참으려는 것이며 우리의 공산문제가 세계문제와 병행하여 해결되기를 기대하는 바이다. 연이나[그러나] 유격대가 살상·방화·파괴를 하는 것은 두통거리이다. 우리는 무기를 요한다. 미국인은 우리가 국제충돌을 일으킬까 염려하고 있으나 만일 세계전쟁이 일어난다면 가장 고통을 받는 것은 우리라는 사실을 우리는 충분히 각오하고 있다."[9] 그리고 1949년 10월 31일 그는 비공식 방한 차 인천항에 정박하고 있던 미국 제7함대 기함 세인트폴Saint Paul 호에 초대를 받아 미국 해군 장병들 앞에서 다음과 같은 연설을 했다.『동아일보』, 1949.11.2 "한국은 산 몸뚱이가 양단된 셈이다. 한국은 앞으로 장기간 남

---

9   이승만 대통령이 1949년 9월 30일 자로 로버트 올리버에게 보낸 서한에도 비슷한 내용이 나온다. 지금 공세적인 조치를 취해 북한 공산군 내의 충성스러운 우리 군인들(our loyal Communist army in the north)과 협력해 평양에서 공산군을 소탕하고 김일성 부하들을 산간지역으로 몰아 아사시킨 후 두만강과 압록강을 따라 우리 방어선을 강화해야 한다는 주장이 처음에 나온다. Robert Oliver, 앞의 책, 251쪽. 한국전쟁 발발 후 북한군이 경무대에서 이 서한의 사본을 발견하고 소련 외상 몰로토프에게 전달했고, 몰로토프는 유엔총회에서 이 서한을 증거로 들며 남한이 북한을 침공했다는 허위 주장을 하게 된다.

북 분열을 용인하지는 않을 것이다. 우리가 전쟁으로써 이 사태를 해결해야 할 때에는 필요한 모든 전투는 우리가 행할 것이다. 우리는 우리의 우인ㅊ人에게 우리를 위하여 싸움을 싸워달라고 요청하지는 않는다. 이 대ㅊ 사상·냉정전쟁에 있어서 우리는 공산주의를 저지하기 위하여 가능한 모든 일을 할 것이다. 중국 또는 여하한 국가가 적화할지라도 우리는 우리의 독립을 유지할 것이다. 남한은 미국의 경제군사적 정신적 지지를 필요로 한다."

미국은 이승만 대통령의 이러한 '숨겨진 호전성'에 민감하게 반응했다. 무초 대사가 11월 4일 자로 애치슨 국무장관에게 보낸 서한에 따르면, 어느 미 대사관 간부가 11월 1일 비공식적으로 경무대를 방문했다. 그는 대통령에게 이 연설이 전 세계의 언론을 탔다고 알려주었고, 이에 대통령은 놀라면서 우려를 표했다. 11월 3일 무초 대사가 경무대를 찾았을 때 대통령은 자신의 연설이 그렇게 많은 관심을 불러일으킨 것에 유감을 표하면서도 생각을 바꾸지는 않았다고 했다. "오늘이나 내일 북으로 움직일 계획은 없지만, 대한민국은 싸울 준비가 되어 있고 필요하다면 힘으로라도 나라를 통일시켜야 한다." "현재의 참을 수 없는 분단이 영원히 계속될 수는 없다."[10] 이승만 대통령은 북한의 남침에 대비하기 위해, 그리고 북한이 남침하면 내친 김에 통일을 이루기 위해 무기를 절실히 원했다. 무초 대사조차 미국 군사고문단의 권고에 따라 국무장관에게 공군과 해군의 최소한의 군비가 필요하다는 보고를 했지만1948.11.8, 미국 행정부는 적극적으로 반응하지 않았다.

미국은 이승만 대통령의 거듭된 군사원조 요청에 전혀 응답하지 않았

10 "The Ambassador in Korea (Muccio) to the Secretary of State", Seoul, November 4, 1949-6 p. m. http://db.history.go.kr/id/frus_005_0010_1030. (2021.10.20)

고 남한이 38선을 1인치라도 넘어가면 한국에서 완전히 나가겠다며 오히려 한국군의 손발을 묶으려고 했다. 군사원조보다 경제원조가 더 중요했고, 1949년 하반기에 주한 미국대사관과 국무부 사이에서 오간 문서들에는 대한경제원조에 관한 문서가 점점 더 많아졌다. 이는 『중국백서』에서 예기된 미국 극동정책의 방향 전환과 상응하는 것이기도 했다. 바보야, 문제는 경제야! 그리고 이때는 빨치산 토벌 등을 위한 이승만 정부의 재정 초과 지출과 통화 증발로 인해 물가가 급속히 상승하고 있었고, 특히 쌀값이 살인적 수준으로 오르고 있던 시점이었다. 그래서 무초 대사는 1949년 11월 14일 자 보고에서, 번스 주한경제협조처장이 한국 정부 관계자들에게 미국 사절은 정부의 지속적인 적자재정을 가장 큰 인플레이션 요인으로 간주하고 있다는 점, 그리고 한국 정부의 불건전한 재정 관행으로 인해 한국 경제회복 프로그램이 위험에 처해 있다는 점을 다시금 분명히 강조했다고 말하고 있다.[11]

이에 대해 미국 국무부는 12월 30일 대한민국 대통령에게 구체적인 경제정책 사항을 전달할 때 다음의 세 가지 고려 사항을 반드시 포함시키라고 지시했다. 첫째, 군사적 정치적 상황이 경제적 상황보다 더 중요하다거나 경제적 상황에 직접적 영향을 받지 않는다고 간주될 수 없다. 반대로 군사·안보 목적의 지출은 무엇보다 정치적 안정의 유지를 의도하는 것이지만 동시에 전체 경제의 필수적 일부이며, 이 세 가지 요소들의 균형이 유지되어야 한다. 둘째, 한국 정부의 무책임한 재정정책이 계속된다면 경제지원회복프로그램이 무효화될 뿐만 아니라 궁극적으로 정부가 붕괴될 수도 있다. 따라서 한국 정부가 회복프로그램의 성공에 기

---

11 "The Ambassador in Korea (Muccio) to the Secretary of State", Seoul, November 14, 1949. http://db.history.go.kr/id/frus_005_0010_1060. (2021.10.20)

술적으로 필요한 조건들을 창출하지 못한다면 한국원조프로그램 전체가 그 실행 가능성 측면에서 재검토되리라는 것을 한국 정부는 깨달아야 한다. 셋째, 보조금과 기타 인위적인 수단을 통해 가격을 억제하려는 노력보다 기본적인 인플레이션 요인들의 제거가 한국 경제의 안정화에 필요하다.[12]

이런 메시지는 미국 국무부 극동정치자문위원회 위원장 필립 제섭이 1950년 1월 12일 제6회 국회 제3차 본회의를 방문한 자리에서도 나왔다. 사실 그는 『중국백서』의 작성에도 관여한 사람으로, 국무부의 변화된 입장을 가장 잘 대변하는 고위 관리 중 하나였다. 그는 이 자리에서 트루먼 대통령의 1950년 1월 4일 연두교서의 요지를 소개했는데, 이 연두교서는 다시 트루먼 대통령의 1949년 취임사를 반영하는 내용이었다. 그의 취임사는 저개발 국가들에 대한 기술 지원과 경제 원조에 관한 정책을 포함하고 있었으며, 그것은 취임사가 다룬 네 가지 사항 중 네 번째 사항이었다. 따라서 이 저개발국 지원 정책은 'Point Four Program'으로 불렸고, 1950년부터 구체화되는 이 프로그램은 농업, 공중보건, 교육 분야에 중점을 두게 된다. 제섭의 연설은 이종선 국회 사무총장의 통역을 통해 이루어졌는데, 회의록에는 "네 가지 포인트의 프로그람"으로 표현되어 있어[6-3, 9쪽] 전후 사정을 모르면 무슨 말인지 알 수 없다. 아무튼 이 부분에서 제섭이 말한 내용은 다음과 같았다. 미국이 세계평화를 위해 다른 나라와 협조를 할 때 해당 국가 스스로 더 많은 노력을 하도록 할 것이다. 해당 국가의 국력을 강화하는 데 있어서는 군사력뿐만 아니라 경제력과 사회적 건강도 중요하고 아울러 민주기관의 건전함도 중요하다. 민주기

12　"The Secretary of State to the Embassy in Korea", Washington, December 30, 1949. http://db.history.go.kr/id/frus_005_0010_1180. (2021.10.20)

관을 유지함으로써 민권과 인민의 자유를 확보해야 한다. 그는 1월 13일에 발표한 성명에서도 자생력과 개인의 자유를 강조했다.『동아일보』, 1950.1.15 "우리의 경제력 한도 내에서 우리가 아세아 제국민에게 제공할 수 있는 원조를 결정하는 한 가지 주요한 요소는 그 국민들이 공산당 전제에 대항하여 자기 정부를 지지 육성할 용의를 얼마나 갖추고 있느냐 하는 것입니다. 우리는 언제든지 자유를 보위할 것입니다. 왜냐하면 아세아의 국민들뿐만 아니라 미국을 비롯하여 모든 유엔 국민들의 진정한 관심은 자유에 있다고 확신하기 때문입니다."

애치슨라인

한편 애치슨 국무장관은 미국 시간으로 1월 12일 워싱턴 내셔널프레스클럽에서 나중에 학자들의 집중적인 조명을 받게 될 아주 중요한 연설을 했다. 그는 이 연설에서 중국 대륙의 공산화 이후 아시아 국가들에 대한 미국 외교정책의 방향을 설명했고, 이른바 '애치슨라인'을 공개적으로 천명했다. 태평양에서의 군사적 안전을 다루는 부분에서는 일본을 포기하거나 일본에 대한 방어를 약화시킬 의사가 전혀 없고 영구 주둔 등을 통해 반드시 방어할 것이라고 약속한다. 이어서 이 방어선defensive perimeter은 알류산 열도에서 일본으로 이어지고 다시 류큐 제도를 거쳐 필리핀으로 이어진다고 말하고 있다. 이 방어선상에 한국은 언급되고 있지 않다. 하지만 이 연설의 조금 뒷부분으로 가면 한국이 다른 맥락에서 언급된다. "첫 번째 사실은 태평양지역의 북부와 남부 사이에서 우리의 책임과 우리의 기회는 큰 차이가 있다는 것이다. 북부에서 우리는 일본에서 직접적 책임이 있고 직접적인 행동 기회가 있다. 한국에서도 조금 덜하기는 하지만 똑같다. 거기에서 우리는 직접적 책임이 있다. 그리고 거기에서 우리는 정말 행동했으며, 거기에서 우리는 남부에서보다 효과를 낼 기회가 더 크다." 이어서 미국 원조의 한계를 다루는 부분에서 다시 한번 한국이 언급된다. "한국에서 우리는 우리의 군사적 점령을 끝내는 큰 발걸음을 내딛었고, 유엔과의 협력 속에서 세계의 거의 모든 국가들의 승인을 받는 독립적이고 주권이 있는 나라를 세웠다. 우리는 이 나라가 수립되는 데 큰 도움을 주었다. 우리는 하원에 이 나라가 확고하게 수립될 때까지 이 도움을 지속시켜줄 것을 요청하고 있으며 이 법안은 지금 하원에 가 있다. 우리가 이 모든 것을 철회해야 하고 이 나라의 수립 도중에 멈추어야 한다는 생각은 내가 보기에 아시아에서의 우리 국익에 있어 가장 철저한 패배주의이고 철저한 광기이다. 그러나 이곳에서 우리의 책임은 더 직접적이고 우리의 기회는 더 분명하다. 남부로 가면 우리의 기회는 훨씬 더 희박하고 우리의 책임은 필리핀을 제외하고는 아주 작다."

사실 애치슨이 말한 방어선은 맥아더 장군이 이미 1948년에 처음으로 구상한 이래 암묵적으로 미국의 공식 입장이 되어 있던 것이었다.[13] 애치슨은 거의 누구나 알고 있는 것을 공개적으로 말한 것뿐이었다. 하지만 공개적으로 말한 것이 문제였다. 더욱이 그러면서도 미국이 한국에 직접적 책임이 있다는 것은 또 무슨 의미인가. 장면 대사는 한국이 방어선의 바깥에 위치하게 된 것은 미국이 한국을 포기한 것으로 간주될지도 모른다는 우려를 미 국무부에 표명했지만, 버터워스Butterworth 극동국장은 이 견해에 동의하지 않으며 한국의 지위는 어떤 선으로 이익을 정의하는 차

---

13   Michael Hopkins, "Dean Acheson and the Place of Korea in American Foreign and Secu-
rity Policy, 1945~1950", 『미국학』 제35권 제2호, 2012.

원을 넘어서 있다고 했다.[14] 실로 애매모호한 답변이었다. 하지만 그 당시의 한국 신문들에서는 이 문제가 거의 다루어지지 않았고, 대신 한국을 명시적으로 언급하는 부분들만 부각되었다. 이승만 대통령 역시 겉으로는 방어선과 관련된 의심은 표현하지 않은 채, 장면 대사를 통해 애치슨에게 "이번 귀관의 성명은 실지 회복, 반공투쟁에 총력을 다하고 있는 한국 국민을 고무시키는 데 큰 도움이 되었다"는 취지의 감사 전문을 보냈다.『조선일보』, 1950.1.15 하지만 실제로는 대한민국이 애치슨 방어선으로부터 제외된 것에 대해 크게 우려해 국무부의 입장을 바꾸려는 외교적 노력을 지속적으로 기울였다. 로버트 올리버에게 보낸 이승만 대통령의 1950년 3월 8일 자 서한에서 보듯이, 대한민국의 안전 보장에 대한 미국의 소극적 태도에 거듭 절망해 왔던 그는 이 애치슨 방어선 문제 역시 소련과의 관계를 악화시키지 않으려는 미국 정부, 특히 국무부의 태도 때문이라고 보았다.[15]

한국원조법안의 부결과 국회의 대응

미국시간 1월 19일에는 모든 한국인을 경악시키는 일이 일어났다. 애치슨의 연설에서도 언급된 6천만 달러의 한국경제원조안이 미국 하원에서 193 대 191의 근소한 표차로 부결된 것이다. 찬성표는 민주당 170명

---

14   "Memorandum of Conversation, by Mr. John Z. Williams of the Office of Northeast Asian Affairs", Washington, January 20, 1950. http://db.history.go.kr/id/frus_006_0010_0030. (2021.10.20)

15   Robert Oliver, 앞의 책, 271쪽.

과 공화당 21명이었고, 반대표는 민주당 61명과 공화당 131명과 노동당 1명이었다.『연합신문』, 1950.1.21 트루먼 행정부는 자당 의원들조차 다 설득하지 못했던 것이다. 이는 중국 대륙의 공산화로 인해 트루먼 행정부의 극동정책 일반에 대한 불신이 커진 탓이었다. 원조안의 부결은 한국에게는 실로 엄청난 충격이었다. 6천만 달러가 오지 않는다면 당장 나라살림이 거덜 날 것이었다. 더욱이 이것은 미국이 중국에 이어 한국도 포기했다는 신호로 해석될 수도 있었다. 바로 위에서 말한 장면 대사와 버터워스의 대화는 사실 이 원조안이 부결된 직후에 이루어진 것이었다. 장면 대사는 애치슨라인에서 한국이 제외된 것뿐만 아니라 이 원조안의 부결도 거론하며 이것이 미국의 한국 포기로 간주될 수 있다고 항의했던 것이다.

한국의 국회도 즉각 반응해, 1월 20일 제10차 본회의에서 이 문제를 다루었다. 민국당 최국현 의원은 극심한 인플레이션을 유발한 정부의 경제정책 실패가 미국에 불신을 심어줘 부결 사태가 난 것이 아니냐고 했다.6-10, 10쪽 답변에 나선 이범석 총리는 우리의 인플레이션 문제 때문에 미국 하원이 절망을 느끼고 원조법안을 부결시킨 것은 아니라고 했다. 원조법안 부결은 고래 싸움에 새우등 터지는 격으로 민주당과 공화당의 싸움으로 인한 것이며, 국무부의 극동정책에 대한 불만이 터져 나온 것이다.6-10, 11~12쪽 이것은 맞는 말이었지만 의원들의 흥분과 비판을 가라앉히지는 못했다. 하지만 국회는 많은 논란 끝에 감정을 앞세우지 말고 정부로 하여금 원조안 부결이 미국의 한국정책 및 극동정책과 어떤 관련성을 가지고 있는지 검토를 한 후 국회에 보고하도록 하자는 결론을 내렸다.6-10, 18~19쪽

1월 21일 제11차 본회의에서는 이훈구 의원이 나와, 미국 대통령, 국무장관, 상하원에 어떤 식으로든 원조를 계속해 달라는 메시지를 전달하자는 긴급동의를 내었다.6-11, 5쪽 그리하여 1월 23일 제12차 본회의에서 다

음과 같은 메시지가 채택되었다.6·12, 10~11쪽 "우리 한국은 일본 제국주의로부터 해방된 이래 민주주의의 적인 공산주의와의 투쟁에 대하야 귀국의 다대한 원조를 깊이 감사하는 바입니다. 그런데 지난 19일 귀 국회에서 본년도 하반기 한국에 대한 원조법안이 통과를 얻지 못하게 된 것을 듣고 놀라지 않을 수 없으며 충심으로 유감의 뜻을 표하나이다. 우리 한국은 민주주의 보루로서 공산주의와 싸우는 것은 우리 한국만을 위한 것이 아니요 실로 세계 민주주의 국가 전체를 위하여 싸우는 것입니다. 우리는 금후 더욱 정치적 경제적 군사적 태세를 정비 강화해서 한국에 부과한 사명을 완수할 것을 약속하며 한국 원조에 대한 귀 국회의 일층 많은 고려를 요청하는 바입니다."

국회는 또한 1월 25일 제14차 본회의에서 이종린 외무국방위원장의 긴급동의로 3명의 국회의원을 미국에 파견해 정부의 대미 외교를 지원하기로 했다. 논의 결과 최종적으로 신익희 의장, 나용균 의원, 이훈구 의원, 이종선 국회 사무총장이 미국에 가기로 했다. 이들은 원래 2월 1일 미국으로 출발할 계획이었지만, 여러 가지 이유로 출발이 계속 연기되었다. 그러던 중 2월 9일 미국 하원은 대한민국과 중국 국민정부에 대한 경제 원조안을 240 대 134로 가결했고, 얼마 전 부결되었던 한국원조액 6천만 달러가 다시 들어올 수 있게 되었다. 상원도 2월 10일 하원에서 넘어온 이 법안을 그대로 통과시켰다.『동아일보』, 1950.2.11, 1950.2.12 애초에 국회의원 3인을 파견하려던 이유가 상당 부분 없어진 셈이었다. 하지만 그래도 국회 차원의 대미 외교가 상당한 의미가 있다고 인정되어, 그들은 결국 3월 18일에 미국으로 떠났다. 그들은 미국 하원이 3월 30일에 다시 1억 달러의 신회계년도 한국원조안을 통과시켰다는 소식을 국회에 전해 왔다.6·68, 4쪽 4월 4일에는 한국으로 오는 길에 샌프란시스코를 방문해 신익희 의장이 기자회견을 열고 한국을 미국의 극동방위선을 포함시켜야 한다고 강조했다.『동아일보』, 1950.4.6 "미국은 극동방위선의 일환으로서 대한민국을 포함시켜야 할 것이다. 한국을 공산주의 침범으로부터 방위하지 않는다는 것은 큰 오류인 것이며 한국은 극동에 있어서의 반공투쟁에 있어서 일본에 못지않게 일 중요한 지위를 차지하고 있는 것이다. 한국은 중요한 극동의 반공보루인 것이다." 그들은 4월 15일 한국으로 돌아왔고, 4월 17일 제78차 본회의에서 방미 결과를 보고했다.

이승만 대통령에 대한 미국 국무부의 불신

조헌영 의원은 원조 요청 메시지를 보내자는 제안이 나왔을 때, 이 동의안을 만장일치로 가결시키자면서도, 이 원조안이 왜 부결되었는지 원인을 밝히고 그 원인을 해결하지 않으면 메시지를 아무리 보내도 소용이 없을 것이라고 했다. 미국이 희망하는 조건을 우리가 충족시켜야 한다. 우선 그들의 원조를 잘 운용해서 우리 경제가 자립할 수 있는 방향으로 나가는 것이 중요한데, 현실은 그런 방향으로 나가고 있지 않다. 또한 미국 친구들에게서 우리나라의 민주주의가 점점 약화되고 있는 것 같다는 말을 자주 듣는데, 이런 생각이 한국원조안의 부결에 영향을 미치지 않았을까 생각된다는 것이었다.6-11, 5쪽 사실 그가 미국 친구들에게서 그런 이야기를 자주 들었다는 것은 놀라운 일이 아니었다. 이즈음 미국 대사관과 국무부 사이에 오간 문서를 보면 한국의 민주주의 상황과 이승만 대통령의 권위주의 경향에 대한 우려가 많이 표출되고 있기 때문이다. 이러한 우려가 미국인들 사이에서 많이 공유되고 있었을 것은 당연했다. 미국 국무부는 이즈음에 날이 갈수록 이승만 대통령에 대한 부정적 견해를 더해 가고 있었던 것으로 보인다.

예컨대 1950년 3월 15일 워싱턴에서 번스를 비롯한 경제협조처 인사들과 버터워스를 비롯한 국무부 인사들이 한국의 경제적 정치적 상황에 대해 대화를 나누었는데, 이승만 대통령에 대한 아주 부정적인 묘사가 많다.[16] 예컨대 번스는 이승만이 경찰 지지를 바탕으로 개인적인 권위주의적 유형의 통치 경향을 강화하고 있다고 하고 있다. 또한 한국 정부의 경찰국가화 경향을 보면서 현재 5월 10일로 예정되어 있는 선거가 어떻게 실시된다 해도 경찰과 청년단에 의해 지배될 것을 우려하고 있다고 했다. 이와 관련해 국무부의 본드Bond는 국무부가 무초 대사에게 이승만의 개인적 통치 경향과 싸울 실탄을 더 제공해야 할 것이라고도 했다. 예컨대 이승만으로 하여금 미국의 지원이 계속될 것인지 확신하지 못하게 하는 것도 하나의 방안일 수 있었다. 이 점에서 보면 하원에서 한국원조법안이 부결된 것은 천 번의 공식 성명보다 훨씬 더 유익한 효과를 냈다. 경제협조처의 스트리트Street는 한국의 문제는 기본적으로 정치적인 문제이며 국무부는 한국에서 "정상적인 민주적 과정"으로 복귀하게 할 조치를 취해야 한다는 견해를 밝혔다. 이에 버터워스는 한국과 같은 나라에는 "정상적인 민주적 과정" 같은 것은 존재하지 않으며, 우리가 이와 다르게 생각한다면 우리 자신을 기만하는 것이라고 대답했다. 그의 말은 한국의 불가피한 혼돈 상황을 인정해야 한다는 뜻인 것 같다.

이 대화에서는 한국의 건강하지 못한 정치적 경제적 경향과 싸우기 위

---

16 "Memorandum of Conversation, by the Officer in Charge of Korean Affairs (Bond)", Washington, March 15, 1950. http://db.history.go.kr/id/frus_006_0010_0130. (2021.10.20)

한 전술에 대해서도 논의가 이루어지고 있다. 본드는 이승만의 가장 강력한 무기는 미국이 가장 중대한 정치적 반향[역풍]을 초래하지 않고는 한국이 망하도록 내버려둘 수 없을 것이라는 그의 인식이라고 했다. 이때 국무부의 도허티Doherty는 현재의 추세가 아주 오래 계속된다면 이러한 결과를 초래할 위험을 감수하는 것이 그나마 차악이 될 때가 올지도 모른다고 했다. 한국의 정치적 경제적 상황이 개선되지 않는다면 한국을 포기할 수밖에 없다는 이야기이다. 본드는 또한 군사지원의 중단 위협을 한국 정부에 대한 무기로 사용하면 도움이 되겠는지 하는 문제를 제기했다. 그는 이승만이 노 혁명가로서 자본투자보다 총알을 더 잘 이해하고 있으며, 이러한 위협은 경제안정화에 대한 국방·경찰 관리들의 방해를 더 직접적으로 차단할 수 있을 것이라고 했다. 여기서 우리는 미국 관리들이 총알을 너무 이해하지 못하고 있었다는 것을 지적하지 않을 수 없다.

1950년 4월 27일 워싱턴에서 열린 극동 관련 부서들의 회의를 요약한 비망록을 보면 무초 대사가 이승만 대통령을 어떻게 보고 있었는지도 알 수 있다.[17] 이승만 대통령은 45년간 한국 독립운동의 지도적 인물이었고, 대부분의 한국인은 그가 한국인을 위해 뭔가를 하려는 순수한 열망을 가지고 있다고 생각하기에 그들로부터 상당한 지지를 받고 있다. 많은 정치인들은 그를 혐오하지만, 그는 영리하게 조작하는 사람shrewd manipulator이기 때문에 권력을 유지할 수 있었다는 것이다. 이승만 대통령이 자본투자보다 총알을 더 잘 이해하고 있는 사람이라거나 영리하게 조작하는 사람이라는 등의 평가는 너무 일면적이고 피상적이라는 혐의를 벗을 수 없다.

이승만 대통령이 선거일을 계속 바꾸는 것에 대해 미국 정부가 강력한

---

17 "Memorandum by Mr. W. G. Hackler of the Bureau of Far Eastern Affairs", Washington, April 27, 1950. http://db.history.go.kr/id/frus_006_0010_0260. (2021.10.20)

경고를 보냈다는 것은 앞에서 이미 보았다. 미국은 자유롭고 공정한 총선의 실시에 지대한 관심을 보였다. 이와 관련해 미국 대사관과 국무부 사이에 여러 차례 문서가 오갔다. 미국은 선거를 연기하려는 것 외에도 2월 7일 김효석 내무장관이 갑자기 경질되고 백성욱 내무장관의 취임 이래 경찰 간부의 대규모 인사가 진행되는 것을 이승만 정부가 선거에 개입하려는 비민주적 시도라 보았다. 이에 따라 이승만 대통령은 5월 2일 노블 박사를 불러서 이러한 상황에 대해 해명했다. 자신이 알지 못하는 사이에 김효석 장관이 민국당 당원이거나 민국당과 연계되어 있는 경찰 간부들을 통해 민국당 기구를 확대시키고자 했다. 이에 대한 불만이 여러 곳에서 제기되어 김 장관을 불러 이에 대해 물었더니 공산주의자들과 중도파들이 선거에서 이겨 정부를 장악하지 못하도록 경찰을 조직하는 것이 필요하다고 하더라는 것이었다. 이것은 김효석 장관에 대한 혐의가 맞는다는 것을 뜻하는 것이었고, 그래서 그의 사임을 요구하고 후임으로 민국당과 아무 관계가 없는 백성욱 장관을 임명했다. 백성욱의 취임 후 대통령은 장관에게 선거 전에 경찰 간부들을 완전히 이동시켜 자유로운 선거가 실시될 수 있도록 하라고 지시했다. 기존 경찰 간부들은 자기 지구에 자기 조직을 만들어 놓았겠지만, 새 경찰 간부는 이 조직을 넘겨받거나 새 조직을 만들 시간이 없으리라는 이유였다. 대통령의 이런 설명에 대해 노블 박사는 진실이 무엇이건 일반적인 여론은 새 내무장관이 선거를 통제하기 위해 자신의 경찰 기구를 세우고 있다는 것이라고 했다. 대통령은 그렇지 않다고 했고, 노블 박사는 대통령에게 일반 여론이 설혹 사실에 기초하지 않은 것이라 해도 아주 강한 영향력을 발휘한다면서 일반 여론을 직시하라고 했다. 대통령은 잘 이해하겠다고 하면서도 자유로운 선거가 실시되어야 하며, 자신은 모든 경찰 간부를 새 지구로 이동시키는 계

획을 그대로 진행시킬 것이라고 했다.[18]

김효석 장관의 경질과 경찰의 대폭적 인사이동의 동기에 대한 이승만 대통령의 말을 모두 다 믿을 수는 없을 것이다. 동기가 그렇게 순수하기만 하지도 않았을 것이다. 그래서 미국도 이승만 대통령에게 대폭적 인사이동을 중지할 것을 요구했고, 대통령도 대사관 직원이 있는 자리에서 백성욱 내무장관에게 정치적 목적을 위해 자신의 직위를 남용했다는 증거가 확보되었을 때만 인사 조치를 할 것을 지시했다.[19] 하지만 이러한 일화들이 가리키는 것은 한국의 정치적 상황이 미국 대사관과 국무부가 이해하는 것보다 훨씬 더 복잡했다는 것이었다. 선거를 연기하는 문제만 해도 그것이 이승만의 어떤 개인적이고 비민주적인 정치적 목적 때문에 시도된 것이 아님을 앞에서 보았다. 그것은 일부 의원들의 임기 연장 욕구, 균형예산의 통과의 시급함, 개헌안을 둘러싼 각 정치세력의 전략 등 다양한 요인들의 함수였다. 하지만 미국 정부는 한국 민주주의 상황의 복잡성을 지극히 단순한 눈으로 재단했던 것으로 보인다. 경찰국가화 경향은 분명히 강하게 존재했고, 이승만의 권위주의적 통치 경향도 점점 강해진 것은 부인할 수 없다. 하지만 버터워스도 인정했듯이, 북한의 남침 위협과 빨치산의 일상적 파괴 활동, 그리고 경제적 사회적 혼돈을 겪고 있던 한국과 같은 나라에서 "정상적인 민주적 과정"이 존재할 수는 없는 것이다. 결과적으로 한국전쟁의 발발을 불과 몇 달 앞둔 상황에서 미국은 좀 더 시급한 문제에 더 신경을 썼어야 했다.

---

18 "The Chargé in Korea (Drumright) to the Secretary of State", Seoul, May 2, 1950-6 p. m. http://db.history.go.kr/id/frus_006_0010_0290. (2021.10.20)

19 "The Chargé in Korea (Drumright) to the Secretary of State", Seoul, May 3, 1950-1 p. m. http://db.history.go.kr/id/frus_006_0010_0320. (2021.10.20)

한 발은 들여놓고 한 발은 빼놓고 있는 미국

더 시급한 문제는 바로 자본투자보다 총알이었으며, 이것이 정확히 이승만 대통령이 줄기차게 요구해 오던 바로 그것이었다. 그는 한국전쟁이 점점 다가오는 시간에 공군과 해군의 강화를 위한 군사지원을 거듭 요구하는 한편, 미국이 한국의 안전을 보장한다는 추가적인 신호를 보내줄 것을 요청했다. 하지만 돌아온 것은 절망밖에 없었다. 예컨대 1월 12일 애치슨라인이 발표된 이래 한국 정부는 미국 정부에 한국이 미국의 극동방위선에 포함된다는 것을 공식적으로 확인해줄 것을 거듭 요구했다. 장면 대사는 4월 3일 워싱턴에서 딘 러스크Dean Rusk 국무부 극동문제 차관보 등 국무부 관리들을 만난 자리에서 미국의 극동방위선이 남한을 포함하도록 확장될 수 있었으면 한다는 한국 정부의 희망을 표했다. 하지만 러스크는 자신이 이 문제를 논의할 처지에 있지는 않다고 하면서도, 장면 대사에게 신문 기사를 너무 믿지 말라고 했다. 이어서 그는 이른바 '방어선'이라는 것은 서태평양에서 미국이 분명한 군사적 책임이 있는 곳들을 열거한 것일 뿐이라고 했다. 즉 일본의 경우 미국이 점령국으로서 책임이 있고, 필리핀의 경우 이전에 미국의 영토였기 때문에 특수한 이해가 걸려 있다는 것 등이었다. 이에 장면 대사는 미국이 이 주제에 대해 어떤 성명도 발표할 수 없다는 것을 안다고 하면서, 하지만 한국 정부와 한국인은 미국의 극동방어계획에서 한국이 제외되어 있는 것처럼 보인다는 사실을 아주 중시하고 있다는 점을 국무부에 알려주고 싶다고 했다. 러스크는 한국에 대한 지금까지의 미국의 물질적 정치적 지지를 비추어볼 때 미국이 한국을 포기하기로 했다는 추론은

성립할 수 없다고 했다.[20]

이처럼 한국 정부의 거듭된 요청에도 불구하고 국무부는 한국에 대한 추가적인 안전 보장의 신호를 보내지 않았다. 오히려 5월 초에는 미국 정계로부터 반대의 신호가 나오기도 했다. 톰 코널리Tom Connally 상원외교위원장이 5월 2일 *US News and World Report*와의 인터뷰에서 미국 정부가 한국을 포기할지도 모르며 소련은 언제든지 마음만 먹으면 남한을 침략할 수 있다는 발언을 한 것이다. 또한 한국이 미국 방위전략의 불가결한 부분이냐는 기자의 질문에 대해 그는 아니라고 했다. "물론 한국과 같은 위치는 약간의 전략적 중요성을 가지고 있다. 그러나 한국의 전략적 가치가 지극히 중요한 것이라고는 생각하지 않는다. 미국 상원외교위원회 석상에서는 일본·오키나와·필리핀이 절대적으로 필요한 방위환防衛環이라고 증언되었다. 그리고 물론 동 지역에 연하는 기타 지구가 있다면 방위환은 좀 더 완전할 것이나 절대적으로 필요한 것은 아니라고 증언된 것이다."『자유신문』, 1950.5.4 딘 러스크는 웹Webb 국무차관에게 보낸 보고서에서 코널리의 발언이 상당한 논란을 일으킬 것으로 보고 국무부가 어떻게 대처할지를 논의하고 있다. 또한 코널리의 '방위환'과 관련해서는, 한국 정부가 특별히 민감하게 여기는 문제로 한국을 미국의 극동방위선에 포함시켜달라는 요구를 많이 받았다면서 다음과 같은 논평했다. "우리 정부가 한국 정부에 이러한 약속을 제공할 입장에 있지 않는 한, 일본-류큐-필리핀 선에 대한 공개적 언급은 한국 정부와 한국인의 자신감을 꺾고, 따라서 상존하는 공산주의 침략 위협에 저항하는 그들의 의지를 꺾는 데만

---

20   "Memorandum of Conversation, by the Officer in Charge of Korean Affairs (Bond)", Washington, April 3, 1950. http://db.history.go.kr/id/frus_006_0010_0200. (2021.10.20)

기여할 수 있다."[21] 요컨대 미국은 내부적으로는 한국을 미국의 극동방위 선에 포함시키지 않았지만, 이에 대한 명시적 선언은 계속 회피했다.

이승만 대통령은 5월 3일 코널리의 발언에 대해 "미국이 이미 언약한 바 있으며 따라서 도의심을 가지고서는 한국 사태로부터 발을 뺄 수 없다는 것을 코널리 상원의원이 망각한 것 같다"고 했다. 아울러 "나는 미국의 원조가 계속되는 것으로 한국을 포기하지 않으려는 미국 인민의 확고한 의도를 알 수 있다"고도 했다.『한성일보』, 1950.5.5 이승만 대통령이 대외적으로는 코널리에 대한 비판을 최대한 자제했지만, 5월 9일 미국 대사관 드럼라이트와 이야기할 때는 그를 격렬하게 비난했다. 그는 대단히 신랄하고 냉소적인 어조로, 한국으로부터 수천 마일 떨어진 사람이 한국과 3천만 한국인에 대해 미국에 아무런 전략적 중요성도 없는 존재로 가볍게 폄하하는 것은 아주 쉬운 일이라고 말했다. 코널리의 발언은 공산주의자들이 내려와서 남한을 접수하라는 공개 초대장이다. 정신이 제대로 박힌 사람이라면 어떻게 그와 같은 비합리적인 발언을 할 수 있는지 의아하다. 코널리의 발언은 큰 해를 끼쳤고, 코널리와 국무부의 가까운 관계에 비추어볼 때 그의 발언은 미국의 정책과 쉽게 분리될 수 없으리라는 것이었다. 드럼라이트는 이승만 대통령과의 대화에서, 북한이 침략할 경우 미국이 한국을 도와줄 각오가 되어 있다는 대통령의 믿음이 코널리의 발언과 공군 지원에 대한 미국의 미온적 태도로 인해 크게 흔들린 것이 분명해 보였다고 논평했다.[22]

---

21   "Memorandum by the Assistant Secretary of State for Far Eastern Affairs (Rusk) to the Under Secretary of State (Webb)", Washington, May 2, 1950. http://db.history.go.kr/id/frus_006_0010_0310. (2021.10.20)

22   "Memorandum of Conversation, by the Chargé in Korea (Drumright)", Seoul, May 9, 1950. http://db.history.go.kr/id/frus_006_0010_0350. (2021.10.20)

미국은 이승만 대통령과 신성모 국방장관이 할리우드액션을 하고 있다고 생각했다. 신성모 국방장관이 5월 11일 외신기자를 상대로 중공군 출신 2개 사단으로 구성된 조선인 병력이 완전무장한 채 입국해 북한의 유능한 전투 병력이 183,100명으로 증가했다고 주장하는 한편 북한의 군사적 능력에 대한 추산치를 발표했을 때,[23] 미국 대사관은 이 추정치를 과장된 것으로 규정했다. 이는 남북한 군사력의 균형이 무너졌다는 인식을 주어 미국으로부터 추가적인 군사원조를 얻어내려는 의도라는 것이었다.[24] 이승만 대통령도 같은 날 외국기자들과의 주례 회견에서 "나는 5월과 6월이 위기의 달이며 무엇이 일어날지도 모른다고 생각하고 있다"며, 미국 "민주주의 기구가 슬로모션이라는 것"을 이해하지만 군사원조가 시급하다고 했다.『국도신문』, 1950.5.14 그는 이튿날에도 현재 38선을 향해 북한 공산군이 집결하고 있고 며칠 전에는 개성 시내에 여러 발의 로켓탄이 떨어져 사상자를 내었다며 미국의 미온적인 군사원조에 유감을 표하고 미국의 결단을 촉구했다.『동아일보』, 1950.5.13 "한국은 지금 열전 와중에 있다. 전쟁 중에 있어서는 누구나 상대 적이 언제나 쳐들어올 것을 상정해야 하기 때문에 북한공산군이 남침하건 말건 우리로서는 만반 준비를 해야 한다. 북한공산군들이 지금 비행기를 준비하고 있다면 그들이 중국이나 일본을 공격하기 위함이 아니고 남한을 공격하기 위함이라는 것은 상상할 수 있는 사실이다. 그러므로 이러한 위험한 상태에서 우리를 원조한다고 하는 미국이 우리에게 무기를 주면 즉시 북벌할 것이라는 것은

23 "The Chargé in Korea (Drumright) to the Secretary of State", Seoul, May 11, 1950. http://db.history.go.kr/id/frus_006_0010_0380. (2021.10.20)

24 "The Chargé in Korea (Drumright) to the Secretary of State", Seoul, May 11, 1950~6 p. m. http://db.history.go.kr/id/frus_006_0010_0390. (2021.10.20)

비논리적이고 또 비현실적이다. (…중략…) 지금 소련은 북한 공산당을 원조하여 군비를 확충하고 있는데 미국은 한 발은 들여놓고 한 발은 빼놓고 있다가 공산당이 남한으로 쳐들어오면 한국정부가 잘못한 때문에 패하였다고 비난하고 가버릴 생각인가?"

한 발은 들여놓고 한 발은 빼놓고 있다는 것이 어쩌면 이즈음 미국의 입장을 제대로 묘사하는 것이 아닌가 싶다. 한국은 공식적으로 미국의 극동방위선에 포함되어 있지 않은데 그렇다고 완전히 배제되어 있는 것도 아닌 것 같다. 미국은 한국에 군사지원을 하면서도 충분한 지원은 해주지 않는다. 이런 애매모호한 입장은 무초 대사가 본국으로 소환되어 5월 10일 한국에 대한 군사원조를 주제로 국무부 관리들, 국무부 내 상호방위원조 사업단 관리들, 그리고 육해공군의 장군들과 함께 회의를 할 때도 드러났다. 국무부가 무초 대사를 소환한 것은 미국의 경제적 정치적 방침에 잘 따르지 않는 이승만 대통령에 대한 경고의 성격을 가진 것이었다. 이 회의에서 무초 대사는 한국 공군과 해군의 증강이 필요하다고 했고, 또한 한국인들이 미국의 소극적인 태도 때문에 비행기와 배를 마련하기 위해 모금운동을 벌이고 있는 사실도 언급했다. 이에 렘니처Lemnitzer 장군은 남한이 극동에서의 미국의 전반적인 전략적 위치에 대해 특별한 가치가 없다고 간주되는 한 한국에 대한 군사원조의 문제는 현 시점에서 본질적으로 정치적인 문제라고 했다. 갤브레이스Galbraith는 한국에 관한 현재의 국가안전보장위원회의 지령에는 공군 지원에 관한 조항이 없으며, 공군을 제공하기 위해서는 우선 이 지령을 수정하는 작업이 이루어져야 할 것이라고 말했다. 이에 무초 대사는 아주 효과적인 공군이 필요한 것은 아니며, 남한에 필요한 것은 최소한 사기 진작을 위한 몇 대의 전투기라고 말했다. 그들의 토론에서는 한국 공군 지원에 대한 의지가 거의 느껴지지

않는다.[25]

초대 주한미군 군사고문단장 윌리엄 로버츠William Roberts 준장이 7월 15일 임기 만료에 따른 귀국을 앞두고 6월 8일 기자단과 만났을 때 미국의 대한군사원조가 소극적이라는 말에 대해 이렇게 답했다. "민주주의 운영은 슬로모션이다. 의원이 많고 이를 설복시킴으로써 답을 얻을 수 있기 때문에 군사원조문제는 좀 늦은 감이 있다. 6월 말일까지 극소일 것이나 7월부터는 본격적으로 될 것이다." 기자들은 남한의 현 군사력으로 외세의 침범에 대응할 수 있는지, 그리고 가상의 적이 침공했을 때 미국의 태도는 무엇인지도 물었다. 이 질문에 대해 로버츠는 "나는 미국 전체로서의 태도는 말할 수 없다. 그러나 북한이 아니고 외국의 어느 나라가 남한을 침공한다면 약할지도 모르나 북한이 침입한다면 어떠한 군대를 가지고 오더라도 충분히 방비할 수 있는 준비가 되어 있다고 본다. 또한 러시아가 남한에 침입하리라고는 보지 않는다. 한국 군대는 현재 수준으로 보아 외국의 동등 병력의 2, 3배를 물리칠 수 있다고 본다"고 대답했다.「동아일보」, 1950.6.9 미국은 슬로모션이었을 뿐만 아니라 지피지기가 전혀 되어 있지 않았던 것이다.

한국전쟁을 한 달 앞둔 5월 말부터 이승만 대통령은 고립감과 위기감을 더욱 더 느낀 것 같다. 무초 대사는 딘 러스크에게 보내는 5월 25일 자 보고에서 트루먼 대통령, 애치슨 국무장관, 그리고 다른 고위급 정부 관료들이 공개 성명서에서 미국의 관심 국가를 언급하고 있지만 한국이 자주 빠지는 것에 대해 주의를 환기시키고 있다. 이러한 누락을 보면서 한

---

25 "Memorandum of Conversation, by the Officer in Charge of Korean Affairs (Bond)", [Washington] May 10, 1950. http://db.history.go.kr/id/frus_006_0010_0360. (2021.10.20)

국 정부는 미국 정부가 한국을 돕겠다는 의지가 확고하지 않으며 기회만 되면 한국을 포기할 것이라고 두려워하고 있다는 것이었다. 특히 이승만 대통령은 코널리가 극동방위선에서 한국을 누락시킨 것과 태평양동맹의 결성을 위한 바기오 회담에 한국이 초청되지 않은 사실을 아주 우려한다고 했다.[26] 무초 대사의 6월 1일 자 보고에도 이승만 대통령의 심경을 알 수 있는 장면이 나온다. 무초 대사는 미국의 고위 관료들이 일본을 방문할 때 한국도 여행 일정에 넣는 것을 관행으로 삼아달라고 요청하고 있다. 이는 자신들의 취약한 군사적 처지에 대해 늘 우려하고 있는 한국인들의 사기 진작에 크게 도움이 되리라는 것이었다. 얼마 전 합동참모본부 인사들이 도쿄를 방문했을 때 이승만 대통령이 그들을 서울로 초대했지만 아무도 오지 않았다. 그리고 현재 존슨Johnson 국방장관과 브래들리Bradley 장군이 도쿄를 방문할 것이라 보도되고 있고, 한국 국방장관이 이승만 대통령의 지시로 존슨 국방장관을 서울로 초대했다. 이날 아침 무초 대사가 로버츠 장군과 번스 박사와 함께 이승만 대통령을 방문했을 때, 대통령이 존슨이 서울에 오는지 물었고 로버츠 장군은 올 수 없다는 연락을 받았다고 했다. 대통령은 아주 괴로워했다. 그는 이것은 한국을 무시하는 것일 뿐만 아니라 더 중요하게는 미국 국방부가 한국의 운명에 무관심함을 보인 것이라며 낙담하고 분노했다.[27]

한국전쟁 발발을 약 일주일 앞둔 6월 17일 이승만 대통령의 초청으로

---

26 "The Ambassador in Korea (Muccio) to the Assistant Secretary of State for Far Eastern Affairs (Rusk)", Seoul, May 25, 1950. http://db.history.go.kr/id/frus_006_0010_0420. (2021.10.20)

27 "The Ambassador in Korea (Muccio) to the Assistant Secretary of State for Far Eastern Affairs (Rusk)", Seoul, June 1, 1950. http://db.history.go.kr/id/frus_006_0010_0450. (2021.10.20)

애치슨 국무장관의 특별고문 존 포스터 덜레스John Foster Dulles가 한국을 방문했다. 그는 6월 14일 밤 맥아더 장군과 대일강화조약 체결 문제를 토의하기 위해 일본으로 향하는 길에 한국을 먼저 방문하게 되었다.『경향신문』, 1950.6.17 대통령은 6월 19일 아침 덜레스에게 예정에 없던 특별 면담을 요청했다. 이는 덜레스에게 북한 공산주의자들의 과업을 더 어렵게 만들기 위해 보다 적극적인 조치가 취해져야 한다는 자신의 견해를 각인시키려는 의도였다. 대통령은 미국이 원조를 계속하겠다는 확실한 약속을 해주기를 희망하고 있었으며, 아시아 국가들이 일정한 형태의 지역연합체로 단결하는 반면 한국은 혼자로 남아 있지 않을까 우려하고 있었다. 그는 적극적인 행동에 대한 자신의 희망이 꼭 군대를 의미하는 것은 아니지만, 뭔가를 하지 않는다면 냉전에서 패배할 것이라고 역설했다. 덜레스는 공식적인 협약, 동맹, 조약이 공동의 적에 대항하는 공동의 행동에 필요한 전제조건은 아니고, 더 중요한 것은 한 정부가 자유세계의 충실한 구성원임을 자신의 행동으로 증명하는 것이며 이럴 경우 그 정부는 공산주의 세력에 맞서 자유세계의 다른 구성원들에 의존할 수 있는 것임을 길게 설명했다. 현재 미국 정부에서 가장 뛰어난 사람들의 의견으로는 소련이 현재로서는 무력 전쟁에 휘말리는 것을 원하고 있지 않으며, 국내에서 반란, 음모, 파괴를 조장할 가능성이 높다. 핵전쟁의 가능성 때문에 제3차 세계대전의 결과에 대해서는 그 어떤 국가도 다른 국가의 안전을 보장할 수 없으며, 이러한 전쟁이 재촉된다면 그 공격은 서울만큼이나 뉴욕에서 가장 먼저 일어날지도 모른다. 하지만 다른 형태의 간접적 침략에 대해서는 미국이 도움을 줄 수 있다. 다만 미국이 도움을 줄 수 있으려면 먼저, 위협을 당하고 있는 그 정부 스스로 자기 나라 안에 공산주의의 성장을 막을 조건들을 창출하기 위해 적극적인 조치를 취해야 한다. 대의정부의

원칙들을 진정으로 존중하고, 그리고 안정된 경제와 국민의 지지를 받을 만한 정부를 창조하기 위해 자제와 근면에 참된 노력을 기울이면 이러한 추가적 원조를 필요한 만큼 계속해서 확보할 수 있으리라는 것이었다.[28]

차기 아이젠하워 행정부에서 국무장관에 오를 세계적 외교가답게 설득력 있는 답변이었지만, 위기감에 시달리고 있는 이승만 대통령에게는 한가한 고담준론으로밖에 들리지 않았을 것이다. 미국이 소련에 대해 전면전의 의사가 전혀 없고 기껏해야 반란이나 폭동을 야기하는 데 그칠 것이라고 판단하고 있는 한, 미국은 한국에 대규모 군사원조를 제공할 이유가 없고, 경제를 안정화시키고 민주주의를 정착시키는 데 신경을 쓰기만 하면 된다. '호전적인' 이승만 대통령에게 대규모 군사원조를 하고 한국군을 강군으로 키운다면 그는 북침을 감행할 것이다. 그러면 미국이 가장 피하고 싶은 제3차 세계대전이 발발할지도 모른다. 그렇다면 대한민국 정부 수립 이래 미국 극동정책의 한 가지 핵심 포인트는 북한에 대한 억지가 아니라 남한에 대한 억지였던 셈이다. 이것은 참으로 터무니없는 주장인 것 같지만 반드시 그렇지는 않다. 남한에 대한 억지는 미국 극동정책의 의도되지 않은 귀결이었다고 할 수 있다.

미국의 억지 대상은 북한이 아니라 남한

앞에서 인용한 많은 미국 국무부 문서들을 보면서 우리는 왜 미국이 이승만 대통령의 상황 인식에 그토록 동의하지 않았는지, 왜 그의 군사원

---

28   "Memorandum of Conversation, by the Director of the Office of Northeast Asian Affairs (Allison)", Seoul, June 19, 1950. http://db.history.go.kr/id/frus_006_0010_0560. (2021.10.20)

조 호소에 그토록 둔감했는지 의문을 갖게 된다. 물론 이에 대한 답은『중국백서』의 "서언"에서 거의 다 찾을 수 있고, 거기에 소련이 무력전쟁에 휘말리기를 원치 않는다는 덜레스의 언급을 더하면 완벽한 답이 만들어진다. 사실 애치슨 국무장관의 1월 12일 자 연설은 이미 이 모든 답을 담고 있었다. 그동안 이 연설에서 가장 많은 조명을 받은 것은 애치슨 방어선이었다. 왜 미국이 이것을 공개적으로 발표했고 왜 한국을 이 방어선에서 제외했는지가 핵심적인 질문이었다. 그러다 보니 이 연설의 전반적인 취지는 무시되는 경향이 있었다.[29]

이 연설에서 애치슨이 미국 태평양정책의 기본 원칙으로 가장 먼저 강조하는 것은, 태평양 각국은 자기 스스로의 주인으로서 결정도 스스로 하고 운명을 개척하는 것도 스스로 하며 때로 실수를 하는 것도 스스로 해야 한다는 것이었다. 어떤 나라도 다른 나라에 대한 책임을 질 수 없고 다른 나라의 기회를 통제할 만큼 현명하거나 공평무사하지 않다. 따라서 미국의 원조도 그것을 원하는 나라에 대해, 그것이 효과를 낼 수 있는 경우에 행해져야 한다. 미국이 결심과 의지를 비롯해 성공에 필요한 모든 것을 다 제공할 수는 없다. 미국의 원조는 그것이 없으면 성공의 방정식이 완성되지 않는 마지막 구성요소일 때 효과적일 수 있다. 이러한 인식은 중국의 국민당 정부가 외부로부터의 그 엄청난 군사적 경제적 지원에도 불구하고 한 순간에 무너진 교훈에서 유래한다. 애치슨이 판단하기에 중국에서 일어난 일은, 비참한 삶을 살고 있던 중국 민중의 고갈되지 않는 인내심이 그냥 끝나버렸다는 것이었다. 그들은 애써 정부를 타도하지도

---

29 James Matray (2002), "Dean Acheson's Press Club Speech Reexamined", Journal of Conflict Studies Vol. 22(1). https://journals.lib.unb.ca/index.php/jcs/article/view/366/578. (2021.10.24)

않았다. 사실은 타도할 것이 없었다. 민중은 정부에 대한 지지를 완전히 철회했고 이 지지가 철회되었을 때 군사기구 전체가 붕괴되었다.

군사에 대한 경제와 민주주의의 이러한 우위는 태평양지역의 안보상황에 대한 미국의 판단에 의해 더욱 강화된다. 애치슨은 태평양지역의 군사적 안전을 다루는 부분에서 군사적 위협은 가장 즉각적인 것은 아니라고 선언한다. 따라서 그 방어선을 공개적으로 명시하며 해당 국가에 대한 전략적 방어를 약속하면서도, 아무도 군사적 공격이 임박했음을 감지하고 있지 않다는 말을 빼먹지 않는다. 한국처럼 방어선에 포함되지 않은 다른 지역들의 군사적 안전과 관련해서는 누구도 군사적 공격으로부터 이 지역의 안전을 보장할 수 없다고 하면서, 일차적으로는 군사적 공격을 받는 나라의 국민이 저항해야 하며, 그런 다음 유엔헌장 아래 전 문명세계의 도움에 의지해야 할 것이라고 했다. 여기에서도 애치슨은 태평양과 극동의 문제를 생각할 때 군사적 고려사항들에 집착하는 것은 실수라고 주장한다. 이곳에서는 다른 긴급한 문제들도 있으며, 이는 군사적 수단을 통해 해결될 수 없다. 이 다른 긴급한 문제들은 태평양의 많은 지역들이 전복subversion과 침투penetration에 취약하다는 사실에서 비롯된다. 이것은 군사적 수단으로 막을 수 없다는 것이었다.

이제 우리는 위에서 인용한 국무부 문서, 그리고 1949년 하반기 이래의 미국 인사들의 행동과 발언을 훨씬 더 잘 이해할 수 있게 된다. 미국은 극동에서 제3차 세계대전으로 이어질지도 모를 대규모 국지전이 일어나기를 원하지 않았다. 이와 마찬가지로 소련에 대해서도 예측 가능한 미래에 정규군이 동원되는 전쟁을 일으키지 않을 것이라고 판단했다. 미국은 이러한 희망과 판단 위에서 극동정책과 한국정책을 구상하고 실행했다. 따라서 이승만 정부가 치안과 국방에 과도한 재정 지출을 하며 인플레이션을 유발하자 강력한 경고를 했고, 선거라는 중요한 민주주의적 과정을 선거 연기나 경찰 개입 등으로 훼손할 것 같으니까 역시 강력한 경고를 했다. 소련의 후원을 등에 업은 북한의 전면 남침은 미국의 소망적 사고 바깥에 있었으므로 군사원조에 대한 이승만 대통령의 호소는 근거가 없는 것이었고, 신성모 국방장관의 기자회견은 무기를 얻기 위한 쇼로 여겨졌다. 어쩌면 미국 국무부는 이승만 대통령에게서 장제스의 모습을 보았는지도 모른다.

1991년 소련이 붕괴되고 정부 기밀문서가 공개된 이래 한국전쟁의 발발에 관한 종래의 학설에 여러 가지 수정이 일어났다. 수정을 당한 학설 중 하나가 애치슨의 연설이 한국을 미국의 극동방어선에서 제외함으로써 북한의 남침에 청신호를 켜주었다는 주장이었다. 브루스 커밍스와 같은 학자들은 심지어 이 연설이 북한의 남침을 유도하기 위한 것이었다고까지 주장했다. 하지만 제임스 매트레이는 1990년대에 공개된 소련 문서를 검토한 후, 애치슨의 연설은 북한의 남침에 거의 아무런 영향을 미치지 않았다고 결론 내리고 있다.[30] 스탈린이 김일성의 남침 승인 요구를 최종적으로 받아들이는 시점에 이르기까지 애치슨의 연설은 한 번도 언급되지 않았다. 오히려 스탈린은 북한의 남침이 감행되는 최종 순간까지 미국의 개입을 두려워했다. 1949년 말까지 스탈린은 김일성의 거듭되는 남침 승인 요구를 거부하며 남한과 미국을 자극하는 행동을 절대로 하지 말 것을 지시했다. 하지만 1950년 4월에 김일성의 요청을 잠정적으로 승인하는데, 여기에는 국제 환경이 한반도의 통일에 보다 적극적인 태도를 취할 수 있는 방향으로 바뀌었기 때문이다. 스탈린이 거론한 첫 번째

---

30   Matray, 위의 글.

요인은 중국공산당의 승리였다. 이것은 북한이 남침할 경우 중공군의 직접 참전을 포함해 중국의 원조를 기대할 수 있음을 뜻했다. 두 번째 요인은 1950년 2월 14일 중소우호동맹상호원조조약의 체결이었다. 이로 인해 미국은 아시아에서 공산주의와 대결하는 데 훨씬 더 주저할 것이었다. 이제 소련도 원자탄을 보유하게 된 것과 더불어 중소동맹의 체결로 인해 미국의 지배적인 분위기는 한반도 불개입이 되었다. 북한의 남침을 이렇게 잠정적으로 승인한 후에도 스탈린은 마지막으로 중국이 승인해야만 한다는 조건으로 김일성에게 최종 승인을 해주었다. 그런데 스탈린이 최종적인 순간까지 미국의 개입을 두려워했다면 왜 최종 승인을 해주었을까? 그것은 미국이 1950년에 남한에 대한 경제원조안을 통과시키고 군사원조도 증가시켜 가는 것을 보면서, 스탈린이 이대로 가면 멀지 않은 장래에 국력을 키운 남한이 북침을 할 것이라고 우려했기 때문이었다. 남침을 미루면 미군이 진주해 있는 대한민국과 국경을 맞대는 가공할 사태가 일어나리라는 것이었다.

매트레이의 주장이 맞는다면, 태평양에서 즉각적인 군사적 위협은 없다는 미국 극동전략의 전제와 그에 따른 경제원조 우선 전략은 1949년 말까지만 타당한 것이었다. 미국의 극동전략이 불과 몇 달 사이에 은밀하게 일어난 소련의 변화된 전략에 제대로 대응하기를 기대하는 것은 분명히 터무니없는 요구일 것이다. 하지만 소련의 스탈린과 중국의 마오는 제3차 세계대전의 발발 가능성을 염두에 두면서까지 한반도전략을 수정했고 김일성의 남침을 승인했다. 이승만 대통령도 끊임없이 미국의 과감한 행동을 요구했고 대한민국에 대한 추가적인 안전 보장 표명을 요구했고 공군과 해군의 대폭적인 증강을 요구했다. 하지만 위의 덜레스의 말에서도 보았듯이 미국 정부는 한국전쟁 발발 전야에도 소련이 북한의 남침을 허용하지 않을 것이라 믿었고, 핵전쟁으로 비화될지 모를 제3차 세계대전의 발발 가능성을 두려워하고 있었다.

소련에 대한 미국의 전략적 판단이 마지막까지 옳은 것이었다면, 미국의 극동정책과 한국정책은 더 이상 바랄 나위 없이 좋은 결과를 낳았을 것이다. 하지만 그 판단은 우리에게는 역사에 길이 남을 오판으로 드러났다. 이로 인해 미국은 억지해야 할 북한의 남침은 억지하지 못하고 오히려 남한을 억지하는 터무니없는 실수를 저질렀다. 애치슨 연설이 북한의 남침에 거의 아무런 영향을 못 미쳤다 해도, 이승만 정부에게는 함부로 움직이지 말라는 확실한 메시지를 전했으며 그래서 이승만 정부를 억지하는 데 좋은 효과를 냈다. 1950년 상반기라는 치명적 상황에서 더욱 필요한 것은 실탄이었고 이승만 대통령은 수도 없이 실탄을 요청했지만 실탄이 필요한 상황은 당장에는 없을 것이라는 대답만 들었다. 허정은 자신의 회고록에서 한국전쟁이 터진 후 피난길에 대전 철도국장실에서 만난 이승만 대통령의 말을 기억하고 있다. "미국 놈에게 속았어!"[31]

하지만 1949년 6월과 1950년 6월의 실패는 이승만 대통령에게 1953년 최후의 승리를 가져다준 자양분이 되었다. 그는 한국전쟁의 휴전을 앞두고 다시 한번 미국을 상대로 필사적인 벼랑끝 외교를 펼친다. 정전협상 1953년 7월 27일 정전협정 체결이 한창 진행 중이던 1953년 6월 18일 그는 2만 5천 명의 반공포로를 석방해 국제사회를 충격에 빠뜨렸다. 포로 교환은 정전협상에서 가장 중요한 사항의 하나였기 때문에 이는 정전협상 자체를 무산시키려는 것이나 다름없었다. 반공포로 석방의 일차적인 목적도 바로 이것이었다. 그는 한국전쟁으로 인한 거대한 희생과 참혹한 비극은 남북

---

31 허정, 앞의 책, 169쪽.

통일로만 보상될 수 있다고 생각했고, 따라서 유엔과 동맹국들에게 정전 협상의 중단과 계속 북진을 호소하고 있었다. 하지만 이미 대세는 결정되어 있었고, 국토 전체가 전장이 된 세계 최약소국의 대통령이 이를 뒤집을 수는 없었다. 그는 미국을 향해 한미동맹, 경제원조, 미국 공군과 해군의 주둔 등등의 조건을 수용하면 받아들이겠다고 했다. 반공포로 석방은 이러한 조건들에 대해 미국 정부가 분명한 태도를 보이지 않는 가운데 나온 이승만의 결사적 행위였다. 현실적으로 그것은 미국을 향해 전쟁이 끝나기 전에 한미군사동맹을 보장하라고 외치는 광인전략이었다. 동맹이 없으면 정전도 없다는 협박이었다. 4년 전 제퍼슨 대통령 이래 어느 한 나라와도 상호방위동맹을 맺은 적이 없다고 했던 미국은 어쩔 수 없이 1953년 8월 8일 잿더미가 된 동북아시아 변방의 약소국과 상호방위 조약에 가조인했다. 이로써 신생 대한민국의 생존에 대한 가장 확실한 보증이 마침내 확보되었다.

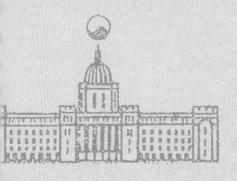

제27장

제헌국회

민주공화국 대한민국의 모태

자유롭고 공정한 5·30총선

1950년 5월 30일 제2대 총선은 큰 사고 없이 무사히 치러졌다. 1948년 5·10총선을 수식했던 "총검과 폭동"은 거의 볼 수 없었다. 미국 정부는 총선이 과연 제대로 치러지기나 할지를 걱정했지만 그것은 기우에 불과했다. 미국 정부를 포함해 적지 않은 사람들은 이승만 정부가 선거에 광범위하게 개입할 것이라고 생각했지만 그와 같은 조직적인 관권 개입은 관찰되지 않았다. 물론 이승만 대통령이 선거운동기간에 경무대에 가만히 있었던 것은 아니다. 5월 24일부터 28일까지 전국을 순회하며, 중간파 후보자와 개헌을 주장하는 후보자들에 대해 나라의 기초를 흔드는 사람들이니 뽑지 말라고 국민들에게 호소했다. 하지만 이것은 대체로 대통령의 우국성심에 찬 통치 행위로 인식되었던 것 같다. 가는 곳마다 구름처럼 모인 군중이 그를 환호와 함께 맞이했다.

5·30총선은 한마디로 자유롭고 공정한 선거였다. 선거 결과도 이를 반영했다. 양대 산맥을 이루던 민국당과 국민당이 참패하고 무소속 후보자가 대거 당선되었다. 더욱이 무소속 당선자 중에는 제1대 총선에 참여하지 않았던 저명한 중간파 후보자들도 있었다. 예나 지금이나 객관적이

고 공정한 보도로 최고의 권위를 자랑하는 뉴욕타임스는 6월 2일 자 사설에서 한국의 총선에 대해 다음과 같은 평가를 했다.『동아일보』, 1950.6.4

한국 남반부에 수립되고 있는 신생 공화국에서 실시된 선거의 본질은 그 결과보다 더욱 커다란 중대성을 띤 것이라 하겠다. 현저한 외부적 압력의 조건 하에서 선거가 원만하게 실시되었다는 것은 주목할 만한 사실이다. 선거는 진정으로 '자유로운' 가운데 진행되었고 투표자들은 의사 표시의 참다운 기회를 향유하였던 것이다. 한국 유권자의 10분의 9가 선거에 참가하였다. 이승만 대통령은 이번 투표로써 그 지반을 상실할 것 같다. 이것은 그의 '강압책'에 대한 항거라고 해석된다. 그렇지만 이것은 이러한 정책이 투표를 반대방향으로 이끌어 갈 수 없다는 사실을 가장 명확하게 입증하는 것이다. 이 대통령 정부는 강력하고 집결되어 있는지 모르겠다. 그러나 이와 같은 사실에도 불구하고 동 정부는 투표자가 공공연히 이의를 발언할 수 있는 것으로 보아 여하한 독재적 형태도 가지고 있지 않음에 틀림없다. (…중략…) 신생 한국 정부는 심각한 불리와 부단한 위험 하에서 전진하여야 할 것이며 침범과 동시에 예속의 위협에 봉착하고 있는 것이다. (…중략…) 민주주의는 곤란한 도정을 걷고 있다. 그러나 한국 인민은 민주주의를 체득하기 위한 가상한 결의를 표명하고 있다. 이번 선거는 그들의 열의를 천명한 또 하나의 증거인 것이다.

총검과 폭동 속에 치러진 선거에서 새로운 정부가 탄생하고 이 정부 역시 총검과 폭동 속에서 끊임없는 위기를 겪는 가운데서도 어떻게든 자유롭고 공정한 선거를 치러냈다는 것은 예사로운 성취가 아니다. 총검과 폭동이 없는 선거란 그 사이에 국가가 폭력수단을 거의 독점하고 내적 평정을 이루었다는 뜻이다. 물론 폭력은 존재했지만 지리산과 태백산

일대 안으로 봉쇄되었고, 산 아래에서는 시민들이 대개 폭력에서 자유로운 일상을 영위할 수 있었다. 하지만 여기에는 상당한 대가가 따랐다. 한편으로 좌익의 척결을 위해 경찰기구가 확대되면서 시민들의 인권 상황이 악화되고 시민적 자유가 억제되었다. 다른 한편으로 치안 확보를 위한 군사비 지출의 증가는 전후에 이미 인플레이션 요인이 많은 상황에서 물가를 더욱 급등시키는 중대한 요인이 되었다. 당시의 의원들이 자주 쓰는 어법으로 공산당을 잡으려다 공산당보다 더 무서운 인플레이션을 불러들인 것이다. 이러한 딜레마 상황에서 이승만 정부는 아무튼 자유롭고 공정한 선거를 통해 민주주의를 재생산하는 데 일단 성공했다.

제2대 총선의 실시는 국제적 의미도 있었다. 이승만 대통령의 고문 로버트 올리버는 AP 합동을 거쳐 5월 19일 자 『서울신문』에 나온 글에서 한국의 제2대 총선이 전후 민주주의의 최대 승리가 될 것이라고 주장했다. 1948년 5·10총선 때는 세 가지 큰 우려가 있었다. 이 선거가 한국에서 최초의 선거인 동시에 최후의 선거가 되지나 않을까? 냉전의 제1선인 곳에 민주주의적 자유지역을 수립하려는 유엔의 실험이 과연 성공할 것인가? 극동 인민이 자립할 경우 그들 사이에서 민주주의가 기능을 발휘할 수 있을까? 이러한 우려가 있었던 이유는 남한의 거의 모든 방면에서 민주주의의 성공을 어렵게 하는 요소가 역사적으로 누적되어 왔기 때문이다. 하지만 남한은 이제 이 모든 난관을 극복하고 제2대 총선을 앞두고 있으며, 이 사실 자체가 한국 민주주의가 중대한 성공을 거두고 있다는 명백한 증거이다. 나아가 이 선거는 소련과 중국에 인접해 있음에도 불구하고, 민주주의가 서방의 성숙한 민주국가에서와 같이 극동에서도 실시될 수 있다는 극적인 증거를 보이고 있다. 따라서 한국의 제2대 총선은 냉전 승패의 시금석이라는 것이었다.

로버트 올리버가 이승만의 고문이라 해서 그의 주장을 폄하할 필요는 없다. 그는 전문 학자로서의 양심을 지킨 사람이었고 없는 말을 지어내지는 않았다. 고문으로 일하면서도 이승만의 독재를 경계했고, 이승만 사후에도 한국을 알리는 많은 글을 썼다. 제2대 총선에 대한 로버트 올리브의 이러한 평가는 한국에 대한 선의와 세계에 대한 폭넓은 시야를 가진 미국 국무부의 관료라면 충분히 쓸 수 있는 것이었다.

붕당정치의 유풍

하지만 한국 민주주의가 처한 상황이 결코 밝은 것은 아니었다. 태생부터 민주주의를 어렵게 하는 구조적 상황적 요인들이 너무나 많았고, 이 요인들이 존재하는 한 민주주의는 극히 취약한 것일 수밖에 없었다. 선거 결과의 이면을 보아도 밝은 미래를 기약하기 어려웠다. 정당이 난립했고, 당선자를 낸 정당과 단체가 무소속을 제외하고 13개에 이르렀다. 전체 204석 중 10석 이상의 당선자를 낸 정당으로는 27석의 민주국민당, 17석의 대한국민당, 13석의 국민회, 10석의 대한청년당뿐이었고, 무소속이 무려 124석에 이르렀다. 각각 70석 정도를 자랑하던 민국당과 국민당의 몰락은 충격적이었다. 여러 정파가 모여 순전히 정치공학적으로 만들어진 국민당의 패배는 그렇다 치고, 상대적으로 역사가 오래되고 비교적 동질적인 구성원들로 이루어진 민국당의 몰락은 아주 놀라운 것이었다. 무엇보다 패배의 질이 좋지 않았다. 제1대 때는 서울 10석 중 4석을 얻었지만 제2대 때는 서울 16석 중 2석밖에 얻지 못했다. 더욱이 거물 정치인들인 백남훈, 백관수, 서상일, 조병옥, 김동원, 김준연, 함상훈, 김도연, 나용균, 이영준 등은 물론이고 중견층인 정광호, 최윤동, 이정래, 서우석, 이원홍, 조한백도 추풍낙엽처럼 떨어졌다. 초대 국회의원의 재선률을 보아도 국민당이 14명, 무소속이 8명, 일민구락부가 4명인 데 비해 민국당은 5명밖에 되지 않았다.『국도신문』, 1950.6.4 참담한 패배였다.

이승만 대통령도 선거 결과를 보고 아주 놀랐을 것이다. 자신은 어떤 정당과도 무관하다고 했지만 국민당이 여당을 자임하고 있었기 때문에 국민당의 참패는 이승만의 패배이기도 했다. 물론 국민회와 대한청년당도 관변세력이었기 때문에 이승만의 패배는 민국당의 패배보다는 덜한 것이었다. 하지만 선거기간 동안 중간파와 개헌파를 뽑지 말라고 했던 대통령의 호소는 그리 잘 먹히지 않았다. 조소앙, 원세훈, 안재홍 같은 거물 중간파 인사들이 당당하게 당선되어 국회에 진출했다. 대통령은 6월 2일 기자회견에서 총선 결과에 대한 감상을 묻는 말에 다음과 같은 말로 당혹감을 숨겼다.『한성일보』, 1950.6.3 "총선거 결과 종래 한민당이나 국회의원들이 다수 낙선되고 무소속이나 중간파에서 다수 당선되었다는 것은 민의의 반영으로 믿는다. 종래 남북협상을 주장하던 분이 여러 명 당선되었는데 그 분들이 이제 와서 종래 주장을 버리고 입후보하였다는 것은 민국 정부를 지지하는 것을 표명한 것으로 앞으로 잘 협력할 줄로 믿는다." 아무튼 뉴욕타임스가 "이승만 대통령이 이번 투표로 그 지반을 상실할 것 같다"고 한 것은 적어도 겉으로 보면 지나친 평가가 아니었다.

기성 정당이 몰락하다시피 한 가운데 무소속이 전체 의석의 과반수를 차지했다는 것은 제헌국회 때처럼 다시 다양한 세력의 이합집단이 거듭될 것임을 뜻했다. 특히 5·10총선에 참여하지 않았던 중간파 의원들이 4~50명 정도 있을 것으로 추정되어, 정치 게임이 한층 복잡해지고 그 폭발성도 더욱 커질 수 있을 것 같았다. 신문들의 예측도 그랬다. 예컨대 6

월 3일 자『경향신문』은 무소속 중에는 조헌영이나 곽상훈 같은 순수한 무소속도 있지만, 당분간 정세를 관망하며 유리한 시기를 노리는 기회주의적 무소속도 많을 것이라며 이들에 대한 민국당과 국민당의 포섭공작이 치열하게 전개될 것이라고 전망하고 있다. 또한 일반 국민의 관심은 개헌문제가 재연될 것인가 하는 점인데, 원내 세력이 어느 정도 안정된 후에 민국당과 제3세력이 손을 잡고 십중팔구 다시 개헌을 제기할 것으로 보고 있다. 제2의 소장파가 다시 출현할지, 출현한다면 어떤 인물일지도 주목되는 점이었다. 요컨대 제2대 국회도 초대 국회의 전철을 밟을 가능성이 크다는 것이었다.

이는 특히 이승만의 입장에서는 붕당정치가 계속되리라는 뜻이었다. 우리는 이승만이 '정당'과 '파당'을 구분하고 국회를 파당의 집합으로 규정하면서 파당은 민의를 대변하지 못한다고 비판하던 것을 기억하고 있다. 그는 틈만 나면 국회를 파당의 집합이라 비판하면서 거국정치의 정당한 파트너로 온전히 인정하지 않았다. 하지만 국회의 파당성을 비판한 것은 그만이 아니었다. 국회의원 중에도 기존 정당의 파당성을 비판하는 사람들이 있었고, 그 중 가장 선두에 선 사람이 조헌영이었다. 이윤영 국무총리 후보자에 대한 국회의 인준 거부로 이승만 대통령이 국회의 파벌적 행동을 비난하자, 조헌영이 "대통령도 반탁에 직접 투쟁한 당파의 두령"이라며 정당과 파당의 구분 자체가 잘못된 것이라고 비판했던 것을 우리는 알고 있다. 그러던 그가 제6회 국회 초기 1950년 1월 9일에 이승만과 똑같은 논법으로 정당과 파당을 구분하고 정당들의 파당화를 비판하며 민국당을 탈당했다. 그는 또한 3월 28일에도 곽상훈, 김광준, 김수선, 전진한, 정준 등 다른 15명의 무소속 의원들과 함께 의원의 양심의 자유를 보장할 것을 요구하는 성명을 발표했다. 이 성명에는 1월 9일의 탈당 성명에 나오던 내용과 비슷한 점이 많아 조헌영이 성명문 작성에 직접 관여했음을 짐작할 수 있다.『서울신문』, 1950.3.39

민주정치는 의회정치를 의미하며 의회정치는 다수에 의하여 운영되는 정치이다. 그래서 이 다수의 구성과 성격의 여하가 곧 그 정치가 진정한 민주정치가 되느냐 못 되느냐하는 것을 결정하는 것이다. 그 다수가 양심적으로 오직 국리민복을 위해서 온당하게 구성된 다수라면 그 정치는 훌륭한 민주주의를 실시할 수 있지마는 만일 그 다수가 권력이나 파당에 의하여 의원의 양심의 자유를 구속함으로써 이루어진 다수라면 그런 다수에 의하여 운영되는 정치는 민주주의를 가장하였을 뿐이요, 그 실상은 독재정치를 면치 못하는 것이다. 그렇게 되면 처사는 공정을 잃고 인사는 정실에 흘러서 관계는 부패하고 민심은 이반되어서 나라를 위태케 할 우려가 없지 않다. 더욱이 오늘날 우리나라의 형편은 국민이 아직 정치적 훈련이 부족하고 살육을 일삼던 붕당의 유풍이 완전히 가시지 못하였으니 이때에 파당에 의하여 의정이 좌우되는 것은 크게 위험한 일이요, 오직 현실에 입각한 타당 공명한 주장이 의회를 영도하게 하는 기풍을 세우는 것이 국가와 민족을 위해서 다시없는 행幸이 될 것이다. 이러한 취지로 우리들 무소속의원은 대한민국 헌법정신을 준수해서 의원 각자의 진정한 양심의 자유를 보장하고 순미한 국회 공기를 조성하고 숭고한 정치 도덕을 수립함으로써 국정의 건전한 운영과 민족의 영원한 안전을 기하는 바이다.

이처럼 이승만은 물론 국회의원들 자신도 현재 국회에서 이루어지고 있는 정치를 조선시대의 붕당정치에 비유하는 일이 많았다. 하지만 붕당에서 출발하지 않은 정당이 이 세상 어디에 있겠는가. 한국의 정당정치는 당분간 붕당들이 이끌 수밖에 없었고 그 이외의 다른 대안은 없었다.

한국의 정치더러 왜 미국이나 영국의 현대 정당정치처럼 하지 못하느냐고 할 수는 없다. 장기간의 진화와 사회화 없이 갑자기 현대 정당이 땅에서 불쑥 솟아나지는 않는다. 따라서 이승만이 기존 정당들을 파당으로 규정하고 정당 간의 경쟁이 없는 거국정치를 계속 고집하는 한 정당정치와 의회정치는 발전할 수 없었다. 절체절명의 위기 앞에서 거국정치가 절대적으로 필요한 건국의 시기였다 해도 그것은 정당정치의 틀을 가진 거국정치여야 했다. 따라서 이승만 대통령이 1951년 12월에 자유당을 창당하고 특정 정당의 당적을 가지게 된 것은 정당정치의 확립을 향한 만시지탄의 첫걸음이라 하겠다. 물론 그렇다고 하루아침에 사정이 달라지지는 않았다. 한국의 정당들이 붕당의 허물을 벗기까지는 아주 오랜 세월이 걸렸다. 그 사이에 파국도 많았다.

내각책임제적 대통령제 헌법은 신의 한 수

제헌국회 시기, 그리고 이 시기를 넘어 한국전쟁의 발발, 한미동맹의 체결, 전후 복구까지의 건국기는 대한민국의 초석이 놓이고 그 위에 판이 깔린 시기였다. 그 판 위에서 국민들은 각자의 삶을 살아나갔고 70년이 지나는 사이에 좋은 나라를 이루었다. 건국기에 그 판 위에서 가장 중요한 행위자는 대통령과 국회였다. 둘의 관계는 이상적인 것과는 거리가 멀었다. 그렇기는커녕 숱한 파행과 소동이 있었다. 그래도 뭔가 최소한 한 가지라도 잘한 점은 있지 않았을까 하는 긍정적인 눈으로 대통령과 국회의 관계를 돌이켜 보기로 하자. 우리는 이내 양자의 관계가 대체로 이승만이라는 예외적 카리스마의 소유자에 의해 지배되었지만, 그래도 국회가 그의 독주에 대한 견제를 멈추지 않았다는 것을 떠올릴 수 있다. 이러한 시소게임이 어떻게 가능했는지, 어떤 모습으로 진행되었는지 생각해 보자.

순수 대통령제에서 대통령의 권력이 제왕적으로 된다는 것은 수많은 정치학자들의 연구가 아니라 해도 우리가 경험적으로 잘 알고 있다. 대통령의 제왕적 권력은 한 나라의 문화적 전통에 따라 더 강화될 수도 있고 여러 가지 다양한 우연적 상황적 요인에 의해서도 더 강화될 수 있다. 이승만 대통령의 경우 그의 개인적 역정과 자질 때문에 아주 예외적인 제왕적 권력을 행사할 가능성이 높아진다. 그는 오랫동안 독립운동가 중에서도 가장 지도적인 위치에 있었던 사람이었고, 대중적 지지 면에서도 다른 정치인들을 압도했다. 지식의 범위와 깊이도 나라 최고의 수준이었고 세계정세를 바라보는 눈도 타의 추종을 불허했다. 탁월한 웅변과 불굴의 의지를 가지고 있었다. 심지어 나이도 웬만한 중진 정치인들의 아버지뻘이었다. 따라서 건국의 시기에 이승만이 없는 정치는 상상하기 어려웠고, 그래서 신익희가 이승만을 종신 대통령으로 모시는 것을 개헌의 한 취지로 삼은 것도 그냥 하는 말이 아니라 이승만의 이러한 백두 같은 위치를 반영하는 것이었다.

그런데 정부가 이러한 예외적 카리스마를 가진 대통령에 의해 운영될 때 정부의 책임성은 어떻게 물을 수 있을까? 책임성이라는 용어는 영어로는 'accountability'이다. 곧 '설명할 수 있음'이다. 민주주의 국가에서 정부는 자신의 행위를 국민에게 설명할 수 있어야 한다. 그것이 곧 정부의 책임성이다. 책임성이 없는 정부에 대해 책임을 묻는 첫 번째 방법이자 최상의 방법은 정부 교체이다. 대통령제에서는 대통령을 바꾸면 된다. 하지만 제헌국회 때 이승만 대통령은 헌법의 한계 내에서 교체 가능한 사람이 아니었다. 즉, 제헌의원들의 임기가 2년이었기 때문에 4년 임기의 이승만 대통령을 교체할 수는 없었다. 이승만이 카리스마적 인물이라는 개인적 요인도 있었다. 그는 저 높은 고원 위에 있는 국가 영도자로서 국회의원이나 국민을 가르치는 사람이었지 그들에게 설명하는 사람이 아니었다. 이승만은 민주주의에 대해서도 국회의원들을 가르쳤다. 당신들은 정당이 아니라 파당을 짓고 있고, 파당은 민의를 대변하지 않는다고 가르쳤다. 의회민주주의란 토론에서 시작해 토론으로 끝나는 체제이며, 이때의 토론은 동등한 사람들이 오직 이성의 힘에만 기대어 행하는 토론이다. 하지만 이승만과 국회의원들은 동등한 사람들이 아니었고, 오직 이성에만 기초한 토론도 그들 사이에서는 이루어질 수 없었다.

이런 가운데 제헌국회의원들이 국민을 대표해 정부에 책임을 물을 수 있는 유일한 방법은 국무총리와 장관들을 국회에 불러 따지는 것이었다. 다행히 제헌헌법은 내각책임제의 요소가 강한 대통령제 헌법이어서 이것을 체계적으로 가능하게 했다. 제헌의원들은 국무회의를 명실상부한 독립기관으로 보았고 국무총리직을 큰 실권이 있는 자리로 보았다. 대통령이 발하는 문서에 국무총리와 장관들의 부서가 정확히 되어 있는지를 살폈다. 1950년 4월 초 이범석 총리가 사임하고 이윤영 사회장관이 총리 후보로 지명되었다가 다시 인준을 거부당하자 이승만 대통령은 이범석으로 하여금 총리 역할을 계속하게 하려고 했다. 국회는 위헌적 행위라며 이를 거부했다. 이에 이승만 대통령이 신성모 국방장관을 총리 임시 서리로 임명했고 국회는 이것을 다시 위헌이라며 인정하지 않았다. 국회는 헌법의 내각책임제적 조항을 철저히 이용해 정부의 책임성을 따졌다. 크고 작은 일이 있을 때마다 총리와 장관들을 국회로 불러 혼을 냈다. 총리와 장관들은 무슨 사안이 생겨 국회에 불려나갈 때면 그 사안에 대해 상세히 설명해야 했다. 국회는 또한 특정 장관에 대한 해임결의안을 자주 냈고 내각총사퇴 결의안도 두세 차례 통과시켰다. 물론 법적으로 실효성이 없는 것이었지만 이러한 결의안은 대통령에게 큰 정치적 부담을 주었다. 그렇게 해서 장관이 교체된 것도 여러 번이었고 이범석 총리도 결국 국정감사의 결과로 사임하게 되었다. 국회는 심지어 대통령도 여러 차례 국회에 출석하게 했다. 조헌영, 노일환, 이재형 등은 당당하고 뛰어난 논변으로 대통령에게 깊은 인상을 주었고, 대통령으로 하여금 가르치지 말고 설명하게 했다.

이렇게 보면 헌법 제정 과정에서 내각책임제 초안이 하룻밤에 대통령제 초안으로 바뀌면서 양자가 절충된 헌법이 만들어진 것은 우연하게도 정말 신의 한 수였다고 하지 않을 수 없다. 원래는 못난 일이어야 했지만 결과적으로 너무나 잘된 일이었다. 그것은 비상이 정상이었던 시기에 대통령과 정부의 독주를 막는 탁월한 제도적 차단기였고, 상황의 무게에 잊히기 쉬웠던 '정상적인 민주적 과정'으로의 복귀를 새삼 상기시키는 경고 등이었다. 이승만은 제2대 국회 때 대통령 직선제 개헌을 관철시킴으로써 자신이 정계에서 완전히 은퇴하지 않는 한 대통령의 교체를 거의 불가능하게 만들었다. 이런 상황에서 부통령과 국회의원의 선거를 제외하고는 총리와 장관에 대한 국회 출석 요구는 정부의 독주를 견제하고 정부의 책임을 물을 수 있는 가장 중요한 헌법적 수단이었을 것 같다. 훗날 국회의사당이 여의도로 옮겨갔을 때 서강대교는 견자교犬子橋라 불리게 되었다. 국회에 출석했던 장관들이 광화문 정부종합청사 집무실로 돌아가려면 서강대교를 지나야 했는데, 국회의원들에게 호되게 당한 후라 서강대교를 지날 때면 국회 쪽을 돌아보며 '개새끼'라고 했다는 것이다. 인격적 모독도 흔하게 당하니 장관들이 국회를 두려워하지 않을 수 없었고, 설명을 아주 잘해야 했다.

건국 대통령의 두 신체

이승만 대통령이 대한민국 초대 국무총리 후보로 이윤영을 지명했을 때, 문시환 의원은 우리 모두가 이승만 박사를 숭배하지만, 이제 그가 행정부 수반이 된 이상 더 이상 혁명인으로 대접해서는 안 된다고 말한 적이 있었다. 이 발언에서 문시환 의원은 건국 대통령에게 어떤 자질이 필요할지 생각해 보려고 할 때 아주 적절한 구분법을 제공했다고 생각된다. 어디에서나 건국이란 비상상태이다. 특히 일본 제국주의에서 해방된 후 남북이 분단되고 공산진영의 직접적 위협을 받는 상태에서 건국은 보통의 비상상태가 아니고 비상한 비상상태였다. 어떤 의미에서 그것은 여전히 혁명적 상황의 계속이었다. 다른 한편 건국은 비상상태에서 정상상태로 전환해 나가는 과정이다. 혁명적 상황의 폭발성을 제거하면서 평온한 일상을 만들어나가야 한다. 따라서 건국 대통령은 혁명가인 동시에 행정가여야 한다. 특히 우리나라와 같은 상황에서 건국 대통령은 이상적으로는 탁월한 혁명가인 동시에 탁월한 행정가여야 했다. 그리고 민주공화국의 건국 대통령은 혁명적 과업을 계속 수행하되 그것을 의회민주주의와 법치의 틀 안에서 해야 한다.

하지만 혁명가에게 필요한 자질이 과감과 결단이라면 의회민주주의 행정가에게 필요한 자질은 인내와 우유부단이다. 혁명가의 제1덕목이 행동력이라면 행정가의 제1덕목은 토론력이다. 결단은 홀로 하는 것이고 토론은 여럿이서 하는 것이다. 혁명가의 시간 지평이 극단적으로는 순간이라면, 행정가의 시간 지평은 극단적으로는 영원이다. 어떤 사람도 두 가지 자질을 동시에 잘 구비하고 있는 사람은 없다. 사실은 어떤가 하면 건국을 둘러싼 상황이 비상한 것일수록 거의 언제나 혁명가의 덕목이 행정가의 덕목에 앞서야 한다는 것이다. 그렇지 않으면 나라의 생존이라는 건국의 최대 과제 자체가 성공할 수 없다. 건국 대통령에게 순간순간 닥쳐오는 시간은 혁명가의 시간 혹은 행정가의 시간으로 뚜렷이 구분되어 오는 것이 아니라 하나의 뭉뚱그려진 혼돈의 시간으로 온다. 그 속에서 그는 긴 시간 지평을 가질 자유와 권리가 없다. 우리는 이승만이 처했던 딜레마를 이런 식으로 볼 수 있다. 그의 성공과 실패에 대해서도 이런 식으로 바라볼 때 그에 대한 보다 성숙한 평가가 나올 수 있을 것이다. 1950년대 중반까지의 건국기에 신생 대한민국을 만들어내고 그 생존을 지키고 안전을 확보한 그의 성공은 의심의 여지가 없다. 반면 날이 갈수록 한국 민주주의가 쇠퇴해 가는 데 있어 그의 실패도 의심의 여지가 없다. 하지만 그의 성공은 그의 실패를 훨씬 능가하며, 이것을 충분히 인정하는 한 가지 방식이 혁명가의 자질과 행정가의 자질을 구분하는 것이다.

한편 이승만은 대통령제 헌법을 관철시키고 대통령이 됨으로써 대한민국 정치의 판을 유지하는 사람이 되었다. 그의 개인적 카리스마와 고원 같은 지위는 그가 그런 사람이 되는 데 더 없이 긍정적인 요인으로 작용했다. 어떤 이들은 단 2년간의 초대 국회 때 내각 교체에 대한 요구가, 그리고 개헌 논의가 어떻게 그렇게 자주 일어날 수 있었는지 신기해할지도 모르겠다. 대한민국의 생존 자체가 문제였던 시대에, 물론 결과론적인 이야기이지만, 국회의원들은 무엇을 믿고 헌정 변화를 그렇게 자주 추구했을까? 권력을 추구했기 때문에? 물론 그럴 것이다. 무슨 일이 일어날지 몰랐기 때문에? 이 역시 옳은 말일 것이다. 하지만 또한 내가 아무리 정치의 판을 흔들어도 다른 어떤 누군가가 정치의 판 자체를 지탱시켜주지 않을까라는 암묵적 믿음이 있어서가 아니었을까? 이 말이 맞는다면 그 누군가는 이승만일 수밖에 없었다. 신익희가 내각책임제로 개헌되더라도 이승만이 종신 대통령이 되어야 한다고 했던 것도, 당분간은 이승만이 대한민국 정치의 판을 유지해주어야 한다고 생각했기 때문이 아니었을까.

한편 대한민국 정치의 판을 유지하는 역할을 맡은 이승만은 대한민국 스스로 대한민국의 판을 유지할 수 없다는 것을 알고 있었다. 그리고 그는 대한민국의 판을 최종적으로 보장할 수 있는 것은 미국밖에 없다고 생각했다. 무엇보다 미국은 세계 최강대국이면서 한반도 주변 4강 중 유일하게 한반도에 대해 영토적 이해관계를 가지지 않았기 때문이었다. 미국 스스로는 이 극동 변방의 국가에서 자신이 무엇을 해야 할지 제대로 몰랐다. 군부는 미련을 버리자고 했고 국무성은 미련을 버리지 못했다. 하지만 한국전쟁의 전야에 이르러 국무부마저 소련이 남하하면 어쩔 수 없다는 입장을 가지게 되었다고 한다. 이승만은 미국 정부를 향해 끊임없이 대한민국이 민주주의의 전초 기지임을 상기시키며 최종적 안전보장을 요구했다. 국무부의 관료들이 안전보장에 대해서는 대답을 회피하면서 인플레이션과 민주주의만을 따질 때 그는 어처구니없어 했을 것이다. 중요한 전략적 판단에서 이승만은 거의 언제나 미국의 모든 정치 지도자들과 국무부 관료들을 능가했다. 그에게 모자란 것은 무기 혹은 국력이었다. 한국전쟁 중 그는 미국에게 다시 한번 대한민국의 무기가 되어줄 것을 거칠게 요구했고 미국은 오랜 망설임 끝에 이를 받아들였다.

제헌국회는 대한민국의 모태

제헌국회는 민주공화국 대한민국의 모태였다. 적수공권으로 대한민국의 미래사를 써나가는 역사적 과업을 떠맡았다. 헌법을 만들어 대한민국 억만년의 터를 닦는 것에서 시작했다. 그리고 절망적으로 거친 황무지에서 나라의 길을 내야 했다. 하나의 역경을 넘으면 또 다른 역경이 기다리고 있었다. 그렇게 넘고 넘으며 나라의 길을 조금씩 열어나갔다. 제헌국회와 함께 오늘이 왔다. 제헌국회가 연 길의 한 굽이에 지금의 대한민국이 서 있고 그 길은 앞으로도 영원히 계속될 것이다. 제헌국회의원들께 나라의 길이 없는 곳에서 길 만드시느라 참 고생하셨다는 말씀을 해드리고 싶다.

참고문헌

1. 1차자료
국무회의록, 1949.

　　　(https://theme.archives.go.kr/next/cabinet/keywordSearchResultDescription.do)

『동아일보』, 1948~1950.

이승만 대통령 연설문, 1948~1950.

　　　(https://www.pa.go.kr/research/contents/speech/index.jsp)

제헌국회 회의록. (https://likms.assembly.go.kr/record/mhs-60-010.do)

『조선일보』, 1948~1950.

한국사데이터베이스 자료대한민국사, 1948~1950.

　　　(https://db.history.go.kr/item/level.do?itemId=dh)

Foreign Relations of the United States VI, VII, VIII (https://db.history.go.kr/item/level.do?itemId=frus)

2. 저서
강준만, 『한국현대사산책-1940년대편』 2, 인물과사상사, 2006.

구대열, 『한국 국제관계사 연구』 1, 2, 역사비평사, 1995.

서희경, 『대한민국 헌법의 탄생』, 창비, 2012.

유진오, 『헌법기초회고록』, 일조각, 1980.

윤치영, 『윤치영의 20세기』, 삼성출판사, 1991.

이대근, 『현대한국경제론-고도성장의 동력을 찾아서』, 한울, 2008.

이승만, 『독립정신』, 동서문화사, 2010.

최태규, 『복받은 인생』, 평양출판사, 1999.

허정, 『내일을 위한 증언-허정 회고록』, 샘터사, 1979.

Bruce Cumings, *The Origin of the Korean War*, Vol. II, Princeton, Princeton University Press : 1990.

Milovan Djilas, *Conversations with Stalin*, Penguin Books, 1967.

Friedrich Hayek, *The Road to Serfdom*, Chicago University Press, 1944[1994].

Robert Oliver, *Syngman Rhee and American Involvement in Korea, 1942-1960 : A Personal Narrative*, Panmun Book Company, Seoul : 1978.

Michael Oakeshott, *Rationalism in Politics and Other Essays*, Liberty Fund, 1991.

Robert Oliver, *Syngman Rhee : The Man Behind the Myth*. 황정일 역, 『이승만-신화에 가린 인물』, 건국대 출판부, 2002.

3. 논문

고중용, 「제헌국회 초기의 정치세력 분포에 대한 연구」, 『한국정치연구』 제30집 제1호, 2021.

김성호, 농지개혁연구, 『국사관논총』 제25집, 국사편찬위원회, 1991.9.3.

김일영, 「농지개혁을 둘러싼 신화의 해체」, 박지향·김철·김일영·이영훈 편, 『해방 전후사의 재인식』 2, 책세상, 2006.

김학준, 「소련은 38도선 이북을 '직접' 통치했다-김학준이 다시 쓴 현대사 결정적 장면 ③」, 『신동아』 2020.10.

박성진, 이상호, 「대한민국 국가정보기구의 탄생과 이승만-제1공화국기 사정국[대한관찰부]를 중심으로」, 『아세아연구』 55(2).

손세일, 「反民族行爲者 처벌 방법 논쟁」, 『월간조선』, 2013.4.

이장희, 「프랑스의 국가긴급권에 대한 소고」, 『청주법학』 제33권 제1호, 2011.5.

장시원, 「농지개혁-지주제 해체와 자작농체제의 성립」, 박지향 외, 『해방 전후사의 재인식』 2

정청세, 「해방 후 농지 개혁의 사회적 조건과 형성 과정-제도적 행위자로서 국가, 지주, 농민」, 연세대 석사논문, 2003.

David Fields, "Syngman Rhee : Socialist", 2017.
　　　https://www.wilsoncenter.org/publication/syngman-rhee-socialist (2021.6.21).

Michael Hopkins, "Dean Acheson and the Place of Korea in American Foreign and Security Policy, 1945-1950", 『미국학』 제35권 제2호, 2012.

Juan Linz, "Presidential or Parliamentary Democracy : Does It Make a Difference?", *The Failure of Presidential Democracy* edited by Juan Linz and Arturo Valenzuela, The Johns Hopkins University Press, 1994.

James Matray, "Dean Acheson's Press Club Speech Reexamined", *Journal of Conflict Studies* Vol. 22(1), 2002.

William Rintz, "The Failure of the China White Paper", Constructing the Past 11(1), Article 8, 2009. https://digitalcommons.iwu.edu/constructing/vol11/iss1/8. (2022.3.18)

Giovanni Sartori, "Neither Presidentialism nor Parliamentarism", *The Failure of Presidential Democracy*.